中國歷史文獻研究會《歷史文獻研究》編輯委員會

主　　　編　趙生群

編　　　委　（按姓氏筆畫爲序）

王　鍔　王記録　朱傑人　杜澤遜　郝潤華　孫葉鋒
黃愛平　曹書傑　張　濤　董恩林　曾學文　趙生群
顧宏義

執 行 主 編　王　鍔

編　　　輯　王永吉　井　超　楊新勛　劉立志　蘇　芃

責 任 編 輯　李　佩

編委會通訊處　江蘇省南京市栖霞區文苑路 1 號南京師範大學
學正樓文學院 313 室《歷史文獻研究》編輯部

郵 政 編 碼　210023

網 絡 地 址　http://www.chla1979.org

電 話 / 傳 真　025-85891384

電 子 郵 箱　lswxyj2013@163.com

總第48輯

中國歷史文獻研究會 編

歷史文獻研究

本刊獲全國高校古籍整理研究工作委員會
國家社科基金社科學術社團主題學術活動資助

廣陵書社

圖書在版編目（ＣＩＰ）數據

歷史文獻研究. 總第48輯 ／ 中國歷史文獻研究會編
. —— 揚州 ：廣陵書社，2022.5
ISBN 978-7-5554-1872-6

Ⅰ．①歷… Ⅱ．①中… Ⅲ．①中國歷史—研究—叢刊
Ⅳ．①K207-55

中國版本圖書館CIP數據核字(2022)第086847號

書　　　名	歷史文獻研究(總第48輯)
編　　　者	中國歷史文獻研究會
責任編輯	李　佩

出版發行　廣陵書社

　　　　　揚州市四望亭路2-4號　　　郵編　225001

　　　　　(0514)85228081(總編辦)　　85228088(發行部)

　　　　　http://www.yzglpub.com　　E-mail:yzglss@163.com

印　　　刷	無錫市海得印務有限公司
裝　　　訂	無錫市西新印刷有限公司
開　　　本	889毫米×1194毫米　1/16
印　　　張	22.25　插頁4
字　　　數	490千字
版　　　次	2022年5月第1版
印　　　次	2022年5月第1次印刷
標準書號	ISBN 978-7-5554-1872-6
定　　　價	116.00元

332354

詩聲衍

序

武進劉逢祿縢中受著

劉子成詩聲衍條例一卷表一卷長編二十六卷序曰諧聲音

之學於今日三百篇其主也羣經傳記周秦諸子之書其輔也

三百篇其原也說文諧聲其委也孫叔然李登呂靜徐邈之倫

諸聲之變而言韻之始也沈約周彥倫陸法言之流部韻之始

準於古而變通以趨時者也至劉平水黃公紹之徒出去古日

遠師心變更而言韻學者與古判若河漢詩三百篇及他經傳

諸子之書殆不可讀矣天運循環無往不復有明三山陳第椎

輪於前我朝顧江段孔莊張諸君子相繼發軔於後幾可以

劉逢祿《詩聲衍》序

分收數部者又有唐韻多同部同訓而重複未刪者無惑乎

字數日孳而故訓日微也今述詩聲衍一書以存古字古音

世之法古者可爲準則猶學漢魏詩文不能用唐宋事實作

古文篆籀不能用隸楷字體也述古今四聲通轉略例一篇

以志由古入今由今返古之轍世之法六朝唐宋文者亦可

按圖而索猶作通俗文字不能用周漢古訓作隸楷行草不

能用古文篆籀字體也合兩書以通其變庶平準古宜今一

存中土之舊不爲華嚴字母娑羅門書所淆惑矣

冬弟一
東分江分
古無
宋
送分絳分
無

東弟二
冬分江分
董
送
腫分講分
宋分絳分
音轉入屋古不同用

蒸弟三
東分庚分
古無
徑分
音轉入職古不同用

侵弟四
覃分鹽分咸分感分儉分豏分勘分豔分陷分
寢
沁
送分
入在緝古不同用

鹽弟五
侵分

劉逢祿《詩聲衍》古今四聲通轉略例表

其六十類古平上去入通轉則十八部不合其音無以知

古今之轉變不分其類無以審古韻之疆界

潮按今所爲表出去入八類別居以此類古韻雖自成一隊而其音

限列表仍退居本位者以毛詩審定其音而分合之

則不能無所繫屬每部空平上去之位則可以今音推尋

其統系庶幾合於古而亦不戾於今乎

表

侵弟四 入聲古不同用 江孔莊張亟同

蒸弟三 無上聲入聲轉灰

東弟二 無上聲古不同用

冬弟一 無上聲入聲轉侵

鹽弟五 古不同用 無上聲入聲轉侵 在緝

陽弟六 無入聲

青弟七 無入聲

眞弟八 無入聲段云入聲 在質古同用

文弟九 無古不同用 入聲轉微入

元弟十 未入聲轉微入 無古不同用

支弟十一 未入聲在錫 古同用

錫弟十二 無入 支之

歌弟十三 無入聲

灰弟十四 入聲古同用

職弟十五 入 灰之

劉逢禄《詩聲衍》古韻二十六部表

蕭弟十六 入聲在屋 古同用

屋弟十七 古蕭同入

肴弟十八 入聲在藥 古同用

藥弟十九 肴之

魚弟二十 入聲在陌 古同用

陌弟二十一 入

愚弟二十二 入聲與蕭同 在屋古同用

微弟二十三 入聲在未

未弟二十四 莊云古不同用

質弟二十五 王機家云古獨用孔莊幷 入未部段合眞部皆款

緝弟二十六 皆入侵鹽同入江孔 古獨用

先生成詩聲衍二十八卷書未竟而歿其長君承寬以賻布

之餘刊先生遺書乃匄先生好友龔君璱人魏君默深以此

書轉屬潮爲襺理成冊潮於六書音均之學本膚淺而二君

委之之疆不獲辭爰竭旬日力爲編定條例一卷附載文集中

其韻表一卷長編二十六卷先生長君以卷帙稍緐力不能

給姑藏之以俟異日恐成非一手逶有牴牾幷取韻表合長

編豐改闕半月鈔成韻表一卷還諸其家輒複者薙之闕漏

者補之爲期既促繆誤必多凡鄙見與先生異同者並以補

注及潮按爲之區別益不敢以譾陋之言愿先生云爾泰興

後學陳潮跋

劉逢禄《詩聲衍》古韻二十六部表

2021 年元代典籍與歷史文化學術研討會暨中國歷史文獻研究會第 42 屆年會開幕式

2021 年元代典籍與歷史文化學術研討會暨中國歷史文獻研究會第 42 屆年會會場

2021 年元代典籍與歷史文化學術研討會暨中國歷史文獻研究會第 42 屆年會分組代表合影

2021 年元代典籍與歷史文化學術研討會暨中國歷史文獻研究會第 42 屆年會開幕式

目 録

Principal Contents

恩施西瓜碑文字釋讀與瓜史意義考論

程　傑

[摘　要]　恩施西瓜碑的文字釋讀決定其内容的理解，筆者折衷諸家已有成果，並就自己的辨識、思考，提供最新的全文釋讀與標點。恩施西瓜碑提到南宋後期八十年淮南地區西瓜種植的情況，而同時宋金詩文作品與地方志中多有淮南及相鄰地區西瓜生產的信息。兩方面相互印證，充分表明南宋中期以來，宋之淮南與金之河南地區同是西瓜種植最爲活躍和先進的地區，對此後江南地區乃至全國西瓜的傳播發展有着最直接的影響。恩施西瓜碑提到的"回回瓜"，由南宋使臣出使蒙古帶回，而那裏的西瓜應是成吉思汗西征大軍從中亞撒馬爾罕等地帶回。元人放棄了前人西瓜來自漠北回紇的説法，明確提出"西瓜種出西域，故名西瓜"，成了此後我們民族對於西瓜歷史的經典記憶和流行説法，而西瓜碑提供了這方面罕見的證據。有論者認爲恩施西瓜碑是勸農文，西瓜碑所説嘉熙"北游"是向北"游擊"，"回回瓜"是回鶻愛里八都魯所獻，來自河西走廊，所論都無理無據，不足取信。

[關鍵詞]　恩施西瓜碑　西瓜　傳播　回回瓜　淮南　西域

　　湖北恩施西瓜碑是目前發現年代最早、保存基本完整、專題記載西瓜種植的碑刻，是我國重要的農業文獻和農史遺迹。近四十年受到廣泛關注，恩施地方和西瓜作物史研究者都發表了不少論著，取得了不少可靠的認識。碑文鎸刻於砂岩石碣立面，年代久遠，風化剥蝕嚴重，而文字釋讀與已有文獻記載並不完全吻合，帶來了一些解讀上的困難。筆者因探討我國西瓜起源問題而涉及此碑，文字識讀和内容解析都有一些自己的發現和看法。近因個别學者相關論文觸發，進一步解讀思考，對此碑的瓜史意義又有了一些新的感知和發現，特撰此文奉獻各界方家，並就有關學者的錯誤論述一併隨機討論，以期增進人們對我國西瓜起源不同説法的瞭解和認識。

一、碑文的釋讀

　　恩施西瓜碑位於今湖北省恩施土家族苗族自治州恩施市城東舞陽壩街道周家河村。今所見最早的文獻記載爲民國恩施縣知事鄭永禧《施州考古録》，記載如下：

西瓜碑記

文分十行行十七字字約二寸餘正書

郡守秦將軍到此栽養萬桑諸菜圃開修蓮

花池創立接客亭及種西瓜西瓜有四種內

一種雲頭蟬兒瓜一種團西瓜一種細子兒

名曰御西瓜此三種在淮南種食八十餘年

矣又一種回回瓜其身長大自庚子嘉熙北

游帶過種來外甜瓜梢瓜有數種咸淳五年

在此試種種出多產滿郡皆與支送其味甚

加種亦遍及鄉村谷刻石於此不可不知也

其瓜於二月盡則以種須是三五次庵種恐

雨不調咸淳庚午孟秋胸山秦闕伯玉謹記[①]

恩施地方文物工作者最初據實地碑刻報導,筆者所見有 1988 年湖北鄂西自治州博物館鄧輝《鄂西南西瓜種植史小考》(下文簡稱《小考》)一文,對碑文的釋讀與上述文字稍異。2004 年鄧治凡、田發剛《施州考古錄校注》,2005 年劉清華《湖北恩施"西瓜碑"碑文考》(下文簡稱《碑文考》)、2008 年劉清華《湖北恩施"西瓜碑"碑文注譯》(下文簡稱《碑文注譯》)等對碑文進一步辨識、標點、解讀,都做出了不少貢獻。所見碑文圖版,比較清晰的有謝春華《恩施州書法文獻》所收。[②] 近閱得劉啓振《湖北恩施南宋"西瓜碑"碑文新考——兼論"庚子嘉熙北游"引種"回回瓜"》(下文簡稱《碑文新考》)一文,[③] 該文論述多有嚴重錯誤,而對碑刻文字有一些考辨值得肯定,其中最大的貢獻則是提供了恩施州博物館二十世紀八十年代拍攝的西瓜碑圖片,如今信息技術方便,從"知網"下載此文放大觀看,比較清晰。2017 年筆者考察我國西瓜起源,涉及此碑,所據圖片取自互聯網,效果遠遜。筆者以民國鄭永禧《施州考古錄》所載爲底本,參校諸家釋讀成果及展示的碑刻攝影圖版,對西瓜碑文細加辨別識讀,錄文標點如下:

《西瓜碑記》[④]

郡守、秦將軍到此[(一)],栽養萬桑、諸果園,開修蓮花池,創立接官亭[(二)],及種西瓜。西瓜有四種:內一種雲頭蟬兒瓜,一種團西瓜,一種細子兒,名曰御西瓜,此三種在淮南種食八十餘年矣。又一種回回瓜,其身長大,自庚子嘉熙北游帶過種來。

① 鄭永禧:《施州考古錄》卷上,民國六年(1917)活字排印本。
② 謝春華:《恩施州書法文獻》上册(歷代碑刻墨迹),北京:中國文史出版社 2018 年版,第 15 頁。
③ 《自然辯證法通訊》第 42 卷第 3 期(2020 年 3 月),第 57—63 頁。
④ 爲方便科技工作者閱讀使用,以簡體字對應錄文標點如下:《西瓜碑記》:郡守、秦將軍到此,栽养万桑、诸果园,开修莲花池,创立接官亭,及种西瓜。西瓜有四种:内一种云头蝉儿瓜,一种团西瓜,一种细子儿,名曰御西瓜,此三种在淮南食八十余年矣。又一种回回瓜,其身长大,自庚子嘉熙北游带过种来。外甜瓜、梢瓜有数种。咸淳五年在此试种,种出多产,满郡皆与支送,其味甚加(嘉),种亦遍及乡村。今刻石于此,不可不知也。其瓜于二月尽则埯种,须是三五次埯种,恐雨不调。咸淳庚午孟春,胸山秦□伯玉谨记。

外甜瓜、梢瓜有數種。咸淳五年在此試種，種出多產，滿郡皆與支送，其味甚加（嘉）^{（三）}，種亦遍及鄉村。今刻石於此^{（四）}，不可不知也。其瓜於二月盡則掩種^{（五）}，須是三五次掩種，恐雨不調。咸淳庚午孟春^{（六）}，朐山秦□伯玉謹記^{（七）}。

文中序號及括注爲筆者所加，依次就標示處的文字辨識、句讀及相關理解略作説明：

（一）郡守、秦將軍：

諸家斷句"郡守秦將軍"連書，是視"郡守秦將軍"爲一人，以郡守而帶將軍銜。鄭永禧《施州考古録》"柳州城"條對此即多揣擬："記秦爲郡守，又稱將軍，無此官制，豈種人之自號歟？諸蠻在北宋時叛、服無常，往往有以將軍自署刺史、知州者，如真宗朝田彥晏以歸德將軍知順州，是曾於此設六寨以防之。然彼族有覃姓，無秦姓，伯玉不知是將軍之名否？朐山爲蘇省之海州（或云朐忍，非是），然則將軍其淮人矣（其瓜故有淮南種）。"^①鄭氏首先提出宋時官制無郡守帶將軍銜的，因而疑此知州、將軍爲恩施當地少數民族首領自封。筆者認爲，南宋後期有軍事節鎮而兼領知州的，如抗元名將孟珙即以京、湖等鎮軍事長史而兼知黃州、岳州，是因戰功顯赫而獲此殊任。此處"秦將軍"當是施州駐軍長、貳之類，非方面節鎮，並不知名，更無非常之功，遠不足以兼領知守之任。而如屬恩施土司之類首領自號，以恩施這樣的鄂西南長江三峽南岸高山深壑之地，對新傳西瓜是否知曉，而能首發種植，值得懷疑。

筆者認爲，此處郡守、秦將軍當爲兩人，碑文所説栽桑種果、修池建亭，包括種瓜在內，均屬州郡行政事務，是郡守即知州主持之事。《施州考古録》"柳州城"條同時記載，施州舊城南門外"隘口石壁千仞，刻有'大宋咸淳丙寅年冬，郡守張朝寶平削嶮巇，修築此路，以便行人'"，咸淳丙寅是咸淳二年（1266）。又載東門"旁有摩崖石刻，其文仿佛一行，上有'伐樹根種'，及下'桃李'二行，'胡桃、杏子、銀杏'字樣，剝落不可辨，疑此即'諸果園'也"。^②清《（同治）增修施南府志》記載："張寶臣，咸淳初知施州，開拓險徑，人皆便之。"^③所説都應是同時之事。此碑所説郡守或即府志所説張朝寶或其繼任者，寶臣或系朝寶表字誤記。秦將軍同時領軍駐此，率士兵協助地方種植、營建。因石面刻字有限，碑志記事簡省，以致文意不甚連貫、完整，重在保留與西瓜種植有關的內容。爲此兩位事主名諱並行省略，而一出姓氏，一姓名俱省，則有這樣兩種可能：（1）郡守廣爲人知，因而姓名並省，駐軍首領當地知者少，將軍又是虛稱非實職，必得標明姓氏才明所指。（2）所記事務，郡守主在種樹、修亭、建池，而將軍於試種西瓜之事致力多、作用大，志文以記載西瓜種植爲主，而特爲表出姓氏。或者兩種可能同時存在。

劉啓振文認爲此處"將軍"是動詞，"將軍"前作者主動略去一字，是作者也即秦伯玉自諱其名，"該句的意思即秦郡守帶領軍隊到此"。爲文自署姓名是通例，諱名而改稱字號則是

---

① 鄭永禧：《施州考古録》卷上。
② 鄭永禧：《施州考古録》卷上。
③ 〔清〕何遠鑒、〔清〕廖彭齡等纂：《（同治）增修施南府志》卷一九，清同治十年刊本。

他人的禮敬方式,這是基本文史常識。劉氏又引《宋史》認爲此張朝寶咸淳五年(1269)夏四月,擔任"安西都統""戰有功"云云。《宋史》所説應是姓名相同的另一人,都統是武職,所指爲州府負責領兵的都統司主管。宋人重文輕武,由武班轉文職難,而由知州轉同級武職更不可思議。劉文所説均無理。

(二)接官亭:

《施州考古録》作"接客亭"。劉啓振文引《(景定)建康志》《(至順)鎮江志》等記載"接官亭"之例,認爲當作"官",所論有理。筆者因此反復審視圖版,碑刻字體近顏體,豎畫多明顯粗壯,此字"宀"下方字符左有明顯長綫粗豎(圖1左),應是"自"的左豎畫,全字以釋爲"官"爲是。

(三)其味甚加(嘉):

"加"當爲"嘉"。劉清華《碑文注譯》:"'加'通'嘉'。"碑文作者原稿或作"嘉",下文有"種"字相接,兩字繁體筆畫均繁多,應是上石時省筆刻作"加",理解爲通假,十分合理。

(四)今刻石於此:

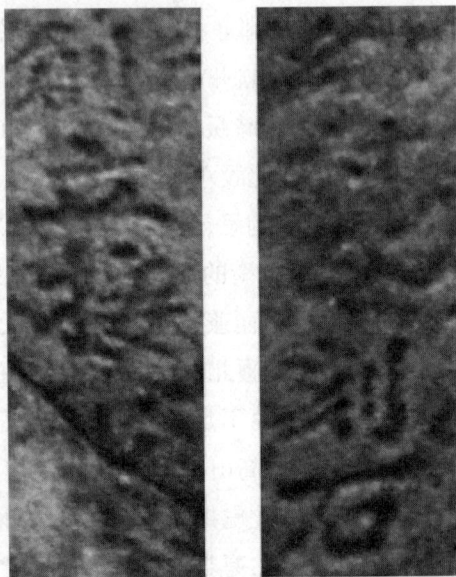

圖1　謝春華《恩施州書法文獻》上册"歷代碑刻墨迹"第15頁西瓜碑圖版截圖

"今",《施州考古録》作"谷",是接上句作"種亦遍及鄉村谷"。鄧治凡、田發剛《施州考古録校注》標點爲"種亦遍及鄉村。谷刻石於此","谷"從下,語意不通,不合鄭氏原意。1988年鄧輝《小考》釋作"處",1994年出版之《中國科學技術典籍通彙》也作"處"。[①]對於"谷"及相應斷句,劉清華先生的認識明顯有個過程,2000年《西瓜碑》文作"處",[②]2005年《碑文考》改從《施州考古録》作"種亦遍及鄉村谷。刻石於此",標點符合鄭永禧原意。而2008年《碑文注譯》又改作"種亦遍及鄉村。無刻石於此",[③]應是將"谷"改釋爲"無",簡化作"无"。2015年恩施市《恩施縣志(1840—1982)》釋作"谷(穀)刻石於此"。[④]2018年版謝春華《恩施州書法文獻》釋作"穀刻石於此"。[⑤]這些識讀意見,主要出於恩施地方,應是碑文剥蝕嚴重、辨識不易而衆説紛紜。2017年筆者撰寫《西瓜傳入我國的時間、來源和途徑考》,

① 閔宗殿:《西瓜碑提要》,任繼愈主編:《中國科學技術典籍通彙·農學卷》,鄭州:河南教育出版社,1994年,第421頁。
② 政協恩施市文史資料委員會、恩施市林特局:《恩施文史資料第十輯(林特專輯)》,湖北恩施日報社印刷廠2000年11月印刷,第239頁。
③ 劉清華:《湖北恩施"西瓜碑"碑文注譯》,《農業考古》2008年第1期,第183—184頁。
④ 恩施市地方志編纂委員會修訂:《恩施縣志(1840—1982)》,武漢:湖北人民出版社,2015年,第671頁。
⑤ 謝春華:《恩施州書法文獻》上册"歷代碑刻墨迹",北京:中國文史出版社,2018年,第16頁。

從網上檢得多種西瓜碑圖片，認真比較辨讀，在拙文的脚注中特別指出："該碑文至今尚有一字誤識，右起第 8 行第 8 字應是 '今'，全句應作 '種亦遍及鄉村。今刻石於此，不可不知也'。'今'，民國鄭永禧《施州考古録》作 '谷' 從上，劉清華作 '無' 從下，均誤。"① 兼圖版（圖 1 右）與語意看，以 "今" 爲是。

筆者的這一釋讀與標點，解決了前後兩句斷句與理解上的困難。劉啓振隨後發表的《西瓜引種傳播及其對中國傳統飲食文化的影響》一文即見采用，却稱出自《施州考古録》。② 同樣的情況也見於其《碑文新考》，將筆者的這一釋讀完全融入自己的碑文釋讀標點中，未作任何交代。③

（五）埯種：

"埯"，《施州考古録》作 "以"，誤；劉清華《碑文考》作 "埯"，是。宋人劉度《切韵》卷四："埯，小坑。" 埯種乃挖小坑種植，恩施一帶崤嶬坡梁地易於乾旱，挖小坑覆土以蓄雨水，利於西瓜發芽生長。

（六）孟春：

"春"，《施州考古録》作 "秋"，乃誤書，諸家釋讀改作 "春"，是。

（七）朐山秦□伯玉謹記：

這是作者文末署名，空方處，碑石爲長方形深裂缺損，原因不明，或曾遭遇企圖鑿縫加楔裂石盗碑者。《施州考古録》小字注 "闕"，意指其缺，可見至遲民國初年即已如此。不難看出，缺處即作者名諱，作者姓 "秦"，單名，表字 "伯玉"，"朐山" 人，朐山屬宋淮南東路海州（治今江蘇連雲港市海州區）。各類史籍查無此人，生平經歷不詳，《施州考古録》及諸家釋讀多疑作者即開卷所説 "秦將軍"。爲文開卷單呼姓氏、自稱將軍，世無此例，所説不妥。劉啓振文認爲此處缺損，是作者即秦氏自諱其名，碑文缺損是作者事後 "命石匠將名字小心翼翼地鏟去，僅留姓氏和表字，以宣示自己官長的尊嚴"。肆意猜測，無理更甚。下文筆者隨文所及，也就秦將軍與碑文作者關係、駐軍性質及與西瓜之事的聯繫提出一些推測，力求切實合理，聊供參考。

這是一道碑志文，屬紀事碑，刻石鑿鑿，不容置疑。文末作者署明 "秦□伯玉謹記"，如碑石不存，僅見文本，也可稱作記文，記體文多從碑志衍生。《施州考古録》記載標題作《西瓜碑記》是兼而言之，碑記也即碑志。劉啓振文因碑文多西瓜種植內容，強辯其性質爲推行西

---

① 程傑：《西瓜傳入我國的時間、來源和途徑考》，《南京師大學報（社會科學版）》2017 年第 4 期，第 92 頁。
② 《中國農史》2019 年第 2 期，第 98—99 頁。
③ 劉啓振：《湖北恩施南宋 "西瓜碑" 碑文新考——兼論 "庚子嘉熙北游" 引種 "回回瓜"》，《自然辯證法通訊》2020 年第 3 期，第 61 頁。

瓜種植的勸農文。勸農文爲官府或相應長官下行文告,以山間刻石爲之,不可思議,劉氏所説顯然是就内容"望文生義",毫無道理。

二、西瓜碑的淮南信息與淮南在宋金西瓜傳播中的地位

碑文釋讀如上,這短短 170 字的碑志是整個宋遼金時期專題記載西瓜文字最多的文獻,包含我國早期西瓜傳種的豐富信息,有着十分重要的歷史價值。其中固然首先是關於南宋末年鄂西山區傳種西瓜的時間、來源、品種、方法等具體記載,無論對我國西瓜種植史,還是鄂西地方農業史來説,都是彌足珍貴的史料。而更值得尋味的是其中關於恩施一帶引種西瓜來源的内容,包含了南宋後期淮南地區西瓜種植與同時異域西瓜優良品種經蒙古草原傳入的信息,都是我國早期西瓜傳播史十分重要的環節,恩施西瓜碑提供了這方面的明確記載和可貴綫索。本節討論其中所説淮南西瓜種植情況及其在宋金西瓜傳播發展史上的意義。

首先有必要認真勾勒一下恩施西瓜碑出現之前,我們透過各類文獻資料所能掌握到的西瓜傳播情況。學界基本公認,西瓜傳入我國最早的文獻記載是五代晋人胡嶠《陷北記》,所記西瓜見於遼上京附近、今内蒙古赤峰市巴林左旗與阿魯科爾旗之間,時間在後晋天福十二年(947)至後周廣順三年(953),稱"契丹破回紇得此種"。以今日國境計,這是西瓜傳入我國唯一確鑿的歷史起點。而據筆者考證,所説西瓜的來源地則是蒙古高原腹地的回紇牙帳一帶,即今蒙古國前杭愛省哈拉和林一帶,而不是以往人們認爲的北疆中部浮圖城。[①] 三十年前,内蒙古敖漢旗遼墓出土宴飲壁畫,其中繪有西瓜,表明在遼中晚期,遼上京周圍盛産西瓜。[②] 同屬遼晚期的北京門頭溝齋堂鎮遼墓壁畫侍女圖繪侍女手執果盤,發掘報告稱"盤内盛石榴、鮮桃、西瓜",[③] 表明西瓜有可能已向南傳至今北京一綫。南宋建炎年間(1127—1130)傅雱《建炎通問録》記載,他出使金人所控雲中府(治今山西大同),金人伴館李侗以"油面煎果及燕山府棗栗,並有西瓜數十盤"招待他,[④] 可見山西大同一綫已有西瓜。這些都是以遼上京爲源頭的後續傳播。

南宋洪皓《松漠紀聞》關於西瓜的記載廣爲人知:"西瓜形如匾蒲而圓,色極青翠,經歲則變黃,其瓤類甜瓜,味甘脆,中有汁尤冷。《五代史·四夷附録》云,以牛糞覆棚種之。予携以歸,今禁圃、鄉圃皆有,亦可留數月。"宋高宗建炎三年(1129)洪皓出使金朝,被拘十五年,

---

① 程傑:《西瓜傳入我國的時間、來源和途徑考》,《南京師大學報(社會科學版)》2017 年第 4 期,第 79—93 頁。
② 敖漢旗博物館:《敖漢旗下灣子遼墓清理簡報》,《内蒙古文物考古》1990 年第 1 期,第 67—84 頁;《敖漢旗羊山 1—3 號遼墓清理簡報》,《内蒙古文物考古》1999 年第 1 期,第 1—43 頁;王大方:《敖漢旗羊山 1 號遼墓"西瓜圖"——兼論契丹引種西瓜及我國出土古代"西瓜籽"等問題》,《内蒙古文物考古》1998 年第 1 期,第 39—43 頁。
③ 北京市文物事業管理局、門頭溝區文化辦公室發掘小組:《北京市齋堂遼壁畫墓發掘報告》,《文物》1980 年第 7 期,第 23—27 頁。盤内石榴、鮮桃都清晰可辨,未見明顯的完整西瓜形狀,似是切成的瓜片樣,因而很難確定所繪即爲西瓜。
④ 〔宋〕徐夢莘:《三朝北盟會編》卷一一〇"建炎元年七月四日壬辰",清光緒三十四年(1908)許涵度校刻本。此條材料,據筆者所見,在西瓜史論者中以劉啓振等《西瓜引種傳播及其對中國傳統飲食文化的影響》一文最早引用,載《中國農史》2019 年第 2 期,第 97—98 頁。

《松漠紀聞》爲晚年南歸後追述而成。此條記載並未交代在金朝所見西瓜的具體地點，其在金被流放冷山（今黑龍江五常市一帶）十多年，此條記載夾在女真白芍藥和長白山兩條内容之間，稍後宋人《三朝北盟會編》將這段内容櫽括到東北女真族的介紹之中，[①]强化了女真史料的屬性，因而易被視爲此間黑龍江南部、吉林和遼寧東部女真部落種植西瓜的證據。

　　上述這些是西瓜傳入我國最初兩個世紀即後周廣順三年（953）至南宋紹興十三年（1143）洪皓使金獲返間的全部信息，涉及今黑龍江五常、内蒙古巴林左旗、山西大同三地，構成一條東北、西南走向的狹長連接綫。筆者認爲，傅雱《建炎通問録》所説李侗是燕（今北京）人，對宋朝心存好感，深爲自己家族淪爲遼金治民而遺憾，盛情準備一頓宴食，花費三四日，西瓜有可能與燕山棗栗一起從其家鄉燕山府（即今北京）弄來。而洪皓《松漠紀聞》所見各條内容之間編排比較隨意，並無明顯連類相從的迹象，所記西瓜雖介於女真白芍藥、長白山兩條之間，但白芍藥前一條爲燕京茶肆之事，長白山後兩條又相繼是金上京西樓和同州關西羊之事，很難確認所記西瓜與前後女真、長白山同屬一地，筆者認爲更有可能説的是紹興十年（1140）洪皓從冷山獲歸燕京之後的經歷。因此筆者認爲，至金初或南宋建炎年間，上述三地再加上燕京（今北京），構成西瓜分布的狹長分布綫，而作爲歷史起點的遼上京（即今内蒙古赤峰市巴林左旗）無疑是其中核心，燕京在遼金有可能處於一個副中心地位。特別提請注意的是，在以往人們認作我國西瓜始傳地的北疆浮圖城乃至整個西北地區，同期無論文獻記載還是出土文物，都没有任何西瓜傳種的信息。

　　按照我國傳統農業的地理區劃，接下來的傳播符合邏輯的順序應該是：燕北→華北→河南→淮南→江南。但歷史總是以偶然的脚步體現着必然的趨勢，在西瓜南傳過程中最受關注的是紹興十三年（1143）洪皓“携以歸，今禁圃、鄉圃皆有”，從燕地或塞外帶回西瓜種，獻給皇家苑圃，至少又種到了故鄉江西饒州（今上饒市鄱陽縣）的私家園圃，學界相關論述已多。其子稱贊説，由此“西瓜始入中國”，[②]洪皓把西瓜直接帶到了南宋核心區。而同時北方地區的信息則要等到宋孝宗乾道六年（1170）范成大使金。范成大由泗州（今江蘇盱眙北）渡淮進入金人統治區，經安徽宿州、河南商丘、睢縣、陳留（治今河南開封市祥符區陳留鎮）往開封，時值夏曆八月，正是西瓜成熟的季節，其《西瓜園》詩題下注稱：“本燕北種，今河南皆種之。”是説河南（即今河南、安徽兩省）的黄、淮之間西瓜廣泛分布。這是南宋與金早期西瓜在其統治區分别傳播的訊息。

　　宋理宗朝（1225—1264）以來，南宋境内西瓜信息不斷增多。反映南宋都城臨安（今浙江杭州）市井生活的《西湖老人繁勝録》，還有《（景定）建康志》（今南京）、《（咸淳）重修毗陵志》（今江蘇常州），以及衢州（今屬浙江）毛珝《儀真》、臨安董嗣杲《中伏》、吉州（治今江西吉安）文天祥《西瓜吟》等詩歌作品記載或咏及西瓜，可見在江南有一定分布範圍。而同

---

① 〔宋〕徐夢莘：《三朝北盟會編》卷三。
② 〔宋〕洪适：《先君述》，《盤洲集》卷七四，《四部叢刊》影宋刊本。

期北方,金人元好問(1190—1257)《續夷堅志》記載山西"臨晉上排喬英家業農,種瓜三二頃","種出西瓜一窠廣畝二分,結實一千二三百顆,他日耕地,瓜根如大椽",①時間在金章宗明昌二年(1191),可見已有一定的種植歷史。南宋德祐二年(1276),宮廷琴師汪元量隨三宮投降遷往元大都,有《通州道中》詩:"一片秋雲妒太虛,窮荒漠漠走群狐。西瓜黃處藤如織,北棗紅時樹若屠。"②是寫今北京通州一帶的西瓜。這些華北地區的信息與前述遼金之交大同、北京一帶的西瓜信息前後呼應。綜合這些信息可見,到宋、金末年,我國東部地區從華北的北京、山西到江南的浙江、江西、江蘇,再加上恩施西瓜碑所在的湖北,都有西瓜分布的迹象。

而恩施西瓜碑一個值得關注處就在於提供了淮南地區西瓜種植較爲具體、確切的訊息。南宋時的淮南,即行政區劃上的淮南東路(簡稱淮東)、淮南西路(簡稱淮西),包括今河南息縣、湖北漢口以東江淮之間所有州縣。③這裏除大別山、桐柏山等山地丘陵外,大多是水土環境較好的傳統農業區。宋、金以淮河爲界,宋之淮南就成了邊疆地區,人口相對空疏,南宋多在其境屯墾和安置北方歸正流民,是西瓜由中原南傳最爲直接和方便的當口之地。恩施西瓜碑文雖然短小,却提供了這一地區西瓜豐富的信息,主要有這樣兩方面:

(1)品種。碑文稱"西瓜有四種":雲頭蟬兒瓜、團西瓜、御西瓜,又一種回回瓜。這是整個宋遼金時期唯一明確的西瓜品種信息,其中三種指明在淮南地區種植。這些品種中,至少排在第一的雲頭蟬兒瓜後續有明確記載。元王禎《農書》記載西瓜"有雲頭者最佳",④《(至順)鎮江志》記載當地雲頭瓜"味尤甘"。⑤而團西瓜,宋理宗朝顧逢《西瓜》詩即已寫及:"多自淮鄉得,天然碧玉團。破來肌體瑩,嚼處齒牙寒。"⑥所謂"碧玉團"應是。可見兩者食用品質都十分優良。

(2)種植時間。碑文稱"此三種在淮南種食八十餘年矣"。碑文作於度宗咸淳六年(1270),上溯八十年是宋光宗紹熙元年(1190)、金章宗明昌元年。前一年即宋孝宗淳熙十六年(1189)二月,宋孝宗禪位太子趙惇,而這年是金世宗大定二十九年,一月金世宗完顏雍病逝,孫完顏璟繼位。也就是說,公元 1189 年,淮河南北宋、金兩朝幾乎同時完成新老皇帝的交替,西瓜碑所說八十多年,應有這一時間因素。

而筆者也在這個時間節點找到了一條兩國交聘,金朝使者贈送西瓜的信息。紹熙二年(1191)夏曆九月,宋光宗趙惇生日,南宋號重明節,八月底金朝派使節完顏兗前來致賀。宋

---

① 〔金〕元好問:《續夷堅志》卷四 "臨晉異瓜",清刻本。
② 〔宋〕汪元量:《湖山類稿》卷二,清光緒《武林往哲遺著》本。
③ 南宋時今江蘇阜寧、鹽城、東臺、如東等市府、縣城都在海邊,以東地區尚未成陸,應予排除。淮河在今江蘇淮安以下,走的是後世所謂黃河故道,大約與今蘇北灌溉總渠平行而偏北。
④ 〔元〕王禎:《農書》卷二九,清光緒二十五年(1899)廣雅書局刻武英殿《聚珍版叢書》本。
⑤ 〔元〕脫因、〔元〕俞希魯:《(至順)鎮江志》卷四,清嘉慶宛委別藏本。
⑥ 北京大學古文獻研究所編:《全宋詩》第 64 册,第 40012 頁,北京:北京大學出版社,1998 年。此條西瓜信息最初由高等教育出版社吳爽先生賜函提供,特此志謝。

人倪思任館伴使，負責接待。倪思《重明節館伴語録》（下文簡稱《館伴録》）詳細記載了朝廷往還以及雙方官員私下饋贈的禮物。完顔兢所送私禮中有面油一十合、茯蓉二斤、松子一十斤、“白糧米一石、西瓜二十個”等食物。① 夏曆八、九月之交，正是中原西瓜成熟的季節，因而金使臣將本國盛産的西瓜帶來作爲禮物，可謂適當其時。倪思《館伴録》序言還談到，“當紹熙初，虜（引者按：金朝）之事朝廷方謹，選使尤以重厚爲先”，是雙方新帝踐祚，關係更爲親善些。不難想像，在這樣的氛圍裏，淮河兩邊的民衆乃至沿邊官兵間的私下往來頻繁，給西瓜由“河南”向“淮南”傳播提供了寬鬆有利的環境。即便没有倪思這樣的官員私下授受，此時去乾道六年（1170）范成大出使金朝已過去整整 20 年，“淮南”與“河南”一衣帶水，由淮北引種西瓜是近水樓臺，民間種植漸漸興起，也十分合理。正是宋光宗紹熙以來八十多年的傳種，使淮南的西瓜種植較之南宋其他地區要遠爲活躍、先進些，恩施西瓜碑所説品種應是淮南民間積極傳種、長期積累的結果。

　　正是受這些信息的啓發，筆者反復搜檢、審視宋元間各類涉及西瓜的資料，發現南宋中葉尤其是宋理宗朝以來，與淮南地區相關的西瓜信息明顯多於其他地區。曾豐（1142—？），樂安（今屬江西）人，宋孝宗乾道五年（1169）進士，集中有《值侯修學趣儒人……因遺蓮花、蓮實、西瓜於吾宗翔叔，作詩以勉之》三詩，分咏蓮花、蓮實和西瓜，西瓜詩：“紺色球兒護水晶，味甘如蜜冷如冰。香風飄滿葵丘戍，散與鴞林解鬱蒸。”② 詩中“葵丘戍”是用軍事戍守典故，聯繫蓮花詩中“群仙競倚西風笑，爲報臨淮政已成”，可知詩題所説對象應是與臨淮守戍有關的官員，是稱贊臨淮某一邊城西瓜飄香的情景。度其生平經歷，時間應在上文討論的紹熙元年（1190）前後十多年間。南宋江湖詩人毛珝《儀真》詩：“販來北棗堪充膳，種得西瓜可析酲。總是中原舊風物，不堪今日是邊城。”③ 地點和時間都較爲明確，詩題所説“儀真”，即今江蘇儀征市，南宋時稱真州，屬淮南東路，是長江與汴河等南北運河體系交會的水陸貨運中轉地。詩歌説西瓜來自北方，在這裏已落地生根，人們已知食用可以解酒。由其詩集《甲子江行》《己酉客淮》等詩題可見，應作於宋理宗端平元年（1234）至淳祐九年（1249）間。而大約同時，吳郡（今江蘇蘇州）顧逢寫作前述《西瓜》詩。再稍後臨安（今杭州）董嗣杲《中伏》詩：“淮童少解事，醉拾西瓜擘。”④ 董氏集中另有《泊蘄州城下晚思》，蘄州治今湖北蘄春北，屬淮南西路，可見他到過淮南西路，詩中所説或即蘄州一帶情景。元人作品中也有所見，元吾丘衍一生主要居住在杭州，其《西瓜詩》：“秋風滿淮甸，縈蔓絡紫絲。邵圃失顔色，翠華射玻璃。當筵鼓金刀，破此傾酒卮。玉露滴蒼珮，月冰散紅犀。”⑤ 則是贊美一種淮南所産青皮紅籽的西瓜優良品種。上述詩人作品有一個共同特點，都把西瓜與淮鄉即宋淮南地區聯繫起來，尤

① 〔宋〕倪思：《重明節館伴語録》，曾棗莊等主編：《全宋文》卷六七〇七。文末注稱此文輯自《永樂大典》卷一一三一二。
② 〔宋〕曾豐：《緣督集》卷八，《文淵閣四庫全書》本。
③ 〔宋〕毛珝：《吾竹小稿》，《文淵閣四庫全書》之《兩宋名賢小集》本。
④ 〔宋〕董嗣杲：《廬山集》卷二，《文淵閣四庫全書》本。
⑤ 〔元〕吾丘衍：《竹素山房詩集》卷一，《武林往哲遺著》本。

其是顧逢的詩指明"多自淮鄉得"。由此可見，此時淮南出産西瓜，瓜質較爲優良，這已成社會共識，淮南的西瓜具有一定的知名度。

進一步拓寬視野，宋金時期淮南東、西路的南北兩翼，西瓜種植信息也相對明確些。前引范成大使金所見"今河南皆種之"，正是從宋泗州（今江蘇盱眙）渡淮出境後的西瓜。而據元好問《中州集》記載，金朝詩人王予可《西瓜》詩有奇句"一片冷截潭底月，六彎斜卷隴頭雲"，爲人們稱賞。金宣宗貞祐二年（1214）金室南渡後，王予可"居上蔡、遂平、郾城之間，在郾城爲最久"，這些地方都在今河南中南部漯河與駐馬店之間。元人王禎《農書》即引用這兩句説明雲頭西瓜品質之好，其意是説王予可稱贊的正是雲頭瓜。[1] 而據元好問進一步記載，金朝滅亡時，王予可不願意受順天軍將領挾持歸順元朝，"不數日病卒，後復有見之淮上者"，[2] 顯然是裝病詐死，實際暗渡淮水進入宋境，其筆下美妙的西瓜正反映金末上蔡、遂平、郾城等臨淮地區的品種信息。上述是淮河以北鄰近地區的情況。

與淮南隔江相望的江南，同樣也有明顯相關的迹象。宋理宗景定二年（1261），《建康志》記載西瓜，[3] 這是現存宋人方志最早的西瓜記載。建康即今江蘇南京，過長江即宋淮南東、西路交界地。宋度宗咸淳四年（1268），《重修毗陵志》記載："西瓜，形如匾蒲而圓，色極青翠，其味甘冷，可留致遠，載《松漠記聞》。近多此種，或刳其中，漬以蜜，經旬皆成汁，渴飲甚佳。"[4] 毗陵即常州，是江南運河沿綫州郡，離長江不遠，由真州、揚州渡江南下爲鎮江，鎮江南下一程即常州，恩施西瓜碑鐫刻的時代，這裏也有了西瓜，而且種植較多，食用得法。再看數十年後元至順（1330—1331）《鎮江志》的記載："西瓜本自西羌來，故名西瓜。其形有圓有橢，子有紅、黑、黃三種。剖之子稀而肌理若卷雲者，名雲頭瓜，味尤甘。"[5] 此時西瓜品種更是多樣，以雲頭瓜最爲突出。在整個宋元時期，整個江南地區方志物産志僅建康（南京）、常州、鎮江三地明確記載種植西瓜，三地都與兩淮隔江相望。可資比較的是，如江南名郡蘇州，儘管范成大出使報導過河南西瓜，其晚年居鄉編纂《吳郡志》，物産志中却未載西瓜。洪皓稱將西瓜帶至都城臨安（杭州）、江西饒州，宋元浙江方志較多，却未見物産志記載西瓜，可見民間傳種有限。而建康（南京）、常州、鎮江三地記載西瓜興起，應是就近受隔江之淮南地區的滲透拉動所致。同樣，長江南岸恩施西瓜碑的出現，也是得諸淮南西瓜的影響。而諸地所載品種也都有明顯的一致性。

將上述淮南及南北相鄰地區的密集信息聯繫起來，放在整個宋遼金時期西瓜傳播相對稀少分散的信息和十分緩慢的過程中顯得特別醒目，充分顯示南宋後期大約宋光宗、金章宗以來的八十年間，尤其是宋理宗朝以來的半個多世紀，宋淮南地區與范成大早先報導的金河

---

① 〔元〕王禎：《農書》卷二九。
② 〔金〕元好問：《中州集》壬集第九，《四部叢刊》影元刊本。
③ 〔宋〕周應合：《（景定）建康志》卷四二，清嘉慶六年金陵孫忠愍祠潘祠刻本。該志修成於宋理宗開慶元年（1259）。
④ 〔宋〕史能之：《（咸淳）重修毗陵志》卷一三，明初刻本。
⑤ 〔元〕脱因、〔元〕俞希魯：《（至順）鎮江志》卷四。

南地區(約當今河南、安徽兩省的黄淮之間)是西瓜種植最爲活躍的地區,是當時全國西瓜種植技術最爲先進的地區。西瓜由燕北的南傳除南宋紹興間洪皓携歸的特殊作用外,由華北而河南而淮南而江南的民間自然傳種推進,應是更主要的傳播方式和途徑。南宋中葉以來,淮南的西瓜種植緊繼河南而起,對此後江南地區的西瓜種植有着遠比洪皓引種更直接的影響。恩施西瓜碑關於淮南西瓜的記載不僅提供了這方面最明確、具體的證據,同時也提示我們這一關注角度,大大豐富和深化了我們的相關認識。

再回頭看西瓜碑文所記秦將軍與署名胊山秦氏的作者,或如《施州考古録》的推測,秦將軍是"淮人",或者秦將軍所部曾久駐淮南及相鄰地區,結合下文討論的信息,更有可能長期駐守京西南路、荊湖北路之與淮南西路緊鄰一綫。施州(恩施)屬夔州路,宋末爲加強長江上游重慶一綫的防守,數度由京西、荊湖路調兵增援。尤其是接近宋末,整個長江以北防守無望,江北部隊自然有渡江退守之勢。秦將軍的部隊有可能正屬這種情況,來自京西、荊湖北路所屬與淮西鄰近一綫,因而對兩淮西瓜種植瞭解較深。而碑文作者胊山秦氏,籍貫屬於宋淮南東路,有可能是秦將軍部屬書記官之類,主管軍中文字事宜。既與秦將軍同姓,又或同鄉同宗,隨從日久私誼深厚。此番施州引種西瓜應由秦將軍發起,作者或也參與謀劃,出於部屬恩誼或同宗親情,在碑文中將西瓜種植之事著意表出。此人、此事與此文因緣湊泊,爲我們留下這道可貴的記載,與上述文人詩歌和方志記載中的淮南西瓜信息適相印證,充分表明南宋後期淮南地區西瓜種植的發展狀況及其在宋金西瓜南北傳種過程中的特殊地位和重要作用,這是恩施西瓜碑的一個重要貢獻。

三、西瓜碑所記"回回瓜"與宋元時期西瓜來源認識的變遷

恩施西瓜碑還記載,"又一種回回瓜,其身長大,自庚子嘉熙北游帶過種來",這是一條更爲重要的信息。筆者《西瓜傳入我國的時間、來源和途徑考》有"恩施西瓜碑所説'回回瓜'或也從蒙古高原傳入"一節,對嘉熙庚子這個年代、"北游"所指之事已有論證。考慮到下文論述的需要,不憚重復將主要觀點和證據再擇要抄述一遍:

"所謂回回瓜,特別指明是理宗嘉熙四年(1240)北游帶來。時間説得如此明確,非同尋常。""所説應非碑文作者本人或碑主郡守秦將軍的經歷,而應是發生在嘉熙四年而廣爲公衆所知之事。""嘉熙四年,蒙古使者王楫前來議索歲幣,這是宋蒙關係的一個轉折點。王楫五月卒於宋,談判中止,和議未成,南宋遣使護送其靈柩歸蒙古。當時金朝新亡,元蒙大軍壓境,江淮間形勢緊張,戰事頻仍,南宋人無端北游不可思議,宋人也幾無向西穿越西夏、吐蕃等勢力範圍往來西域的可能。度其情勢,所謂'嘉熙北游'當是隱指宋、蒙兩國交聘即該年宋使護柩使北之事。西瓜碑刻立之咸淳年間,南宋亡國在即,元蒙已成當頭仇敵,宋人言之沉痛,將'使北'之事説作'北游'。"

"從稍早嘉熙元年(1237)完成的彭大雅、徐霆《黑韃事略》可見,當時蒙古西綫與'回回

國'戰事頗繁,最遠處征戰至今烏兹別克斯坦撒馬爾罕一綫,即上文反復言及的西瓜盛產地,以瓜大著稱。西瓜碑所説'北游'帶回的'回回瓜','其身長大',特徵顯明,與南宋初年洪皓由遼上京故地引入,以及金人傳種至河南、淮南等地的品系明顯不同,應屬更靠近烏兹別克斯坦花拉子模、布哈拉、撒馬爾罕等西瓜名產地的品種,想必是成吉思汗大舉西征時由中亞帶至蒙古首府窩魯朵城即漠北回紇故都一綫,這裏已有西瓜種植的傳統在先。"

筆者相應論述都附有脚注,提供所據文獻資料。在説及宋使護柩使北之事的脚注中即出示這樣一條史料,佚名《宋季三朝政要》卷二:"庚子嘉熙四年……北使王楫來。先是,楫請北朝與本國和好,嵩之遣使至草地,與楫偕來議歲幣,彭大雅使北。"① 是説京西、荆湖北路安撫制置使兼襄陽知府史嵩之(史彌遠侄)曾派人至蒙古(草地)議和,嘉熙四年蒙古使者王楫再來議和,五月不幸病逝,宋朝"遣使歸其柩",② 即派使者護送其柩至蒙古草原。筆者認爲西瓜碑所説"北游"正是此事,"回回瓜"來自蒙古草原,這是繼五代晋人胡嶠《陷北記》又一次將西瓜來源指向這裏。

筆者的上述推證應是合情合理,也不難理解和認同,雖無宋人帶回西瓜的直接記載,但相關環節的旁證也可謂俯拾即是。劉啓振《碑文新考》文也設"'庚子嘉熙北游'引種'回回瓜'"一節,儼然針對性地提出一套新説,就其論述觀點和意向看,不僅關係到西瓜碑所説"回回瓜"的具體來源問題,更牽涉到我國西瓜起源地和初傳狀況的認知問題,有必要認真對待。筆者先就其具體論説一一分析。

劉文這節論述開頭提出的觀點是:"碑刻所記之事必爲施州地方所發生的重大事件,而嘉熙庚子年(1240)之大事莫過於宋蒙交戰。"最後的結論是:"一言以蔽之,'庚子嘉熙北游'實指嘉熙四年(1240)宋將孟珙北襲蒙古軍隊的鄧穰之戰。而'回回瓜'種則爲歸附南宋的回鶻人愛里八都魯一行人從河西地區輾轉帶過江來。"孟珙策劃的"鄧穰之戰",發生在嘉熙四年二月(遠非西瓜成熟季節),《宋史·孟珙傳》記載:"會諜知大元兵於襄樊、隨、信陽招集軍民布種,積船材於鄧之順陽,乃遣張漢英出隨,任義出信陽,焦進出襄,分路撓其勢,遣王堅潛兵燒所積船材。又度師必因糧於蔡,遣張德、劉整分兵入蔡,火其積聚。"③ 這是一場富有戰略意義的行動,意在摧毀元蒙大軍南下的緊需物資,派兵分別由隨州(今屬湖北)、襄樊(今湖北襄陽)、信陽(今屬河南)三路出擊作爲牽制,另派奇兵抄襲蒙古設在鄧州順陽(今河南淅川縣李官橋鎮南)的軍需基地,焚其屯積的造船用材等物資,同時在東綫派兵奔赴蔡州(治今河南駐馬店市汝南縣)燒其軍糧。此戰發生在宋蒙聯合滅金後蒙古的屬地,宋軍指揮者和參戰部隊都屬於京西、荆湖北路,對湖北省地理稍有常識的人都不難看出,所涉地點都在今湖北、河南交界地區,與地處長江三峽南岸的鄂西南施州(今湖北恩施)相去較遠,應無任何直接關聯。

① 〔元〕佚名:《宋季三朝政要》卷二,元皇慶元年(1312)陳氏餘慶堂刻本。
② 〔明〕宋濂:《元史》卷一五三,清乾隆武英殿刻本。
③ 〔元〕脱脱:《宋史》卷四一二,清乾隆武英殿刻本。

爲了將此戰與西瓜碑所説“嘉熙北游”聯繫起來，劉文又曲解“北游”二字，稱：“‘庚子嘉熙北游’中的‘北游’作開赴北方游擊解更爲合適和準確。”“游”，劉清華與筆者都解作“游歷”，這是最簡單合理的理解。“游”無“游擊”義，這也是常識。設若將“游”換作“擊”，或可包括“游擊”的方式，但“鄧穰之戰”從三個方向派兵進攻，以掩護精兵奇襲，是一場精心布局的戰役，絕非劉文所謂“游擊襲擾戰”。試想這場戰役如果真屬一場游擊襲擾，應不會在歷史上得到如此多的關注和重視。

爲了將此戰與西瓜碑“回回瓜”聯繫起來，劉文又進一步歪曲理解“自庚子嘉熙北游帶過種來”整句語意。這句話的主語本祇一個，是説南宋人“北游”而帶回西瓜種子，表達簡潔而明確，而劉文則理解成“‘庚子嘉熙北游’實指嘉熙四年（1240）宋將孟珙北襲蒙古軍隊的鄧穰之戰，而‘回回瓜’種則爲歸附南宋的回鶻人愛里八都魯一行人從河西地區輾轉帶過江來”，顯然偷換了半節主語，主語由一而二，“帶回”也變成了“帶來”，自己帶回變成了他人帶來，所説與西瓜碑本意嚴重背離。

關鍵還在這位論者要把這場稱作游擊襲擾戰的相關方擴大到甘肅河西走廊。劉文强行塞進的另一主語——回鶻人愛里八都魯，見於《宋史·孟珙傳》鄧穰之戰後緊接的記述：“制拜寧武軍節度使、四川宣撫使，兼知夔州。招集麻城縣、巴河、安樂磯、管公店淮民三百五十有九人，皆沿邊經戰之士，號寧武軍，令璋領之。進封漢東郡侯，兼京湖安撫制置使。回鶻愛里八都魯帥壯士百餘、老稚百一十五人、馬二百六十匹來降，創飛鶻軍，改愛里名艾忠孝，充總轄，乞補以官。”是説“鄧穰之戰”後，孟珙相繼收編了兩股力量：一是湖北麻城縣一帶的淮民；一是愛里八都魯率領的部衆。“八都魯”是蒙語，《元史·兵志》作“霸都魯”“拔都魯”，屬敢死隊或近衛軍之類，後來元朝也以此稱授有軍功者。[1] 這位愛里八都魯爲回紇族人，應是元蒙軍隊中獲授“八都魯”稱號的軍官，其率領的壯士應即其部下，多爲回紇族人，另有隨軍家屬之類。南宋在與金人的戰鬥中一直注意借用今河南、山東境内的民間義勇之力，來實現擾敵固邊的目的。孟珙父親孟宗政即曾在唐（河南唐河）、鄧（河南鄧州）、蔡（河南汝南）諸州招得大量壯士創建忠順軍，孟珙顯然也是沿用這種方式。兩撥投附者應與剛剛結束的“鄧穰之戰”戰場相去不遠，愛里八都魯所率更有可能是參戰蒙軍或戰場附近蒙方部隊中的一股，因不滿蒙人壓迫，受宋軍“鄧穰之戰”勝利的感召和鼓舞而前來投附。劉文牽出一通遠在隴南、陝西之交一綫回鶻義勇歸附宋軍之事，意在證明這位回鶻愛里八都魯來自甘肅“河西地區”。但其所舉曹友聞、汪世顯之事都發生在蒙軍西綫攻宋時大散關一綫，時間在宋理宗端平二至三年（1235—1236），[2] 早於“鄧穰之戰”至少三年，從時間上説，與“鄧穰之戰”無絲毫直接關係，從空間上説，與遠在甘肅中西部的河西走廊也有很遠的距離。

西綫蒙軍滅金後，由秦隴南下大舉侵宋，宋西蜀防綫由利州東路、利州西路至成都府路

---

① 〔明〕宋濂：《元史》卷九九。
② 佚名：《昭忠録》，《守山閣叢書》本。

漸次潰敗,到端平三年(1236)年底,今四川中部的潼川府路也僅剩果州(今四川南充)、合州(今重慶合川區)、瀘州等少數州縣,宋軍整個防綫退至重慶以下長江沿綫,這在該論者的論述中也得到印證。而孟珙"鄧穰之戰"遠在宋京湖地區(今湖北河南之間),戰後獲授四川宣撫使,實際祇是節制重慶府以下夔州路一綫軍事,稍後復爲京西、荆湖北路制置使。早在端平二、三年間,蒙軍由甘肅、陝西方向南下攻宋之初,宋諸關守浴血奮戰,此時甘肅隴南和陝西一綫民間回紇義勇前來歸附確有可能,所説曹友聞、汪世顯事中即有,而此後蒙軍一路勢如破竹,宋軍潰敗一瀉千里,在這樣的形勢下,説有來自甘肅中西部河西走廊的回鶻人,以蒙軍"八都魯"身份,千里迢迢追隨宋軍潰敗的腳步,輾轉兩三年,來到長江邊的夔州節制司向孟珙投誠,有這樣的可能嗎?既然是來投附孟珙,自在江北夔州節制司所在夔州爲是,又稱"回鶻人愛里八都魯一行人從河西地區輾轉帶過江來",則是説直接帶到了江南恩施。將一場發生在鄂豫之交、稱作"游擊襲擾"的戰役,相關空間放大到遥遠的甘肅河西走廊以及鄂西南的恩施,還要植入一個無任何明顯關聯迹象的西瓜,極盡牽强附會之致。

通過上述層層分析不難看出,劉文並未從西瓜碑文所説實際語意出發,應是出於某種先入爲主的看法,對西瓜碑文字故意曲解,牽附一些史料以爲證據,而所説人事,時間、空間方枘圓鑿了,無法對應,無法彌合。整套論述粗肆無理,結論無從取信。

令筆者多少有些懷疑的是,如此牽强附會、有失水準的論述,這位學者是否真就信以爲是?筆者的擔心並非無端猜測,我們再看該論者西瓜碑這部分論述的開端:"現有研究對'庚子嘉熙北游'一般解釋爲去往北方游歷,或者不作説明,一帶而過。筆者以爲其謬大矣,南宋理宗嘉熙年間,北方中國正值刀兵四起,狼煙滾滾,南人若此時去北方游歷實不知動機所在,勇氣何來。"這位學者不可能没有看到筆者的論文,而筆者的一節論述僅正文即有 1200 字,絶非"一帶而過",該學者縱然對筆者所論不屑,對筆者所舉《宋季三朝政要》記載嘉熙四年(1240)宋蒙使節往來議和之事也不應忽視。此事至少《元史》卷一百五十三《王楫傳》、商略《通鑒綱目續編》卷二十、王宗沐《宋元資治通鑒》卷四十七、陳邦瞻《宋史紀事本末》卷二十五都赫然有載,並不難確認。這位論者如果真想解決問題,弄清史實,筆者已經提出,按理應予關注,納入思考。如有不同意見,可以提出質疑,大家共同討論。爲何如此罔顧史實,轉斥我輩所説大謬不然?顯然該學者並非致力於弄清事實,解決問題,而祇是爲文造論,別出一説而已!

類似的現象也見於該學者稍後發表的《寒瓜與西瓜辨析——"寒瓜"概念的傳承、演變和認知》一文,同樣與西瓜相關,其中一段的結論是:"南宋之前,寒瓜是一種於深秋至初冬成熟的甜瓜。"[①]結論多少有些可笑,而令筆者倍感詫異的是,拙作中也有"中古所説寒瓜是冬瓜而非西瓜"一節,對應的觀點是:"東晉以來南北分裂,語言上有南北之差,南人所言寒瓜正是北人所説冬瓜,寒即是冬,義同詞異而已。"所舉主要證據有:"初唐釋遠年《兼名苑》注稱:

---

① 劉啓振:《寒瓜與西瓜辨析——"寒瓜"概念的傳承、演變和認知》,《農業考古》2021 年第 4 期,第 172 頁。

'寒瓜，至冬方熟者也。' 稍後日人《本草和名》多采輯唐人本草著述而成，著録 '寒瓜，色青白、皮厚、肉强'。" 這兩節短小的引文下筆者都以脚注詳示出處，並進一步解釋："'青白'指青皮上有霜粉，'肉强'當指肉質較硬，這些都高度符合冬瓜的特徵。"① 《兼名苑》《本草和名》是我國初唐和稍後日本出現的名物辭典性質的著作，體現的是我國隋唐時期的公共知識。如今日本人很少食用冬瓜，但從《本草和名》《兼名苑》這兩條 "寒瓜" 文字中，仍能得出 "寒瓜，植物冬瓜之異名"② 的認識，我國學者再年輕稚嫩，也應能看出上述這兩條材料所説寒瓜是冬瓜。而這位學者偏偏放棄這些最能説明問題、近乎一目了然的材料，佯裝不知，掩耳説鈴，同樣衹爲別出一説而已！

令筆者無法不注意的是，這位學者在展開西瓜碑、寒瓜論述前都詳細羅列評述時賢已有觀點，而獨對筆者這些直接、明確的舉證和論述隻字未提。即便是實際采用了筆者的西瓜碑文字釋讀意見，仍對筆者的論文竭力回避。筆者衹能反躬自省，意識到問題應出在筆者這裏。這位學者很有可能不認同拙作《西瓜傳入我國的時間、來源和途徑考》的觀點，其對 "回回瓜" 極爲牽强的論説應與這篇拙作有關。如果猜測無誤，情況就變得複雜起來，有必要進一步介紹一下拙作的內容：西瓜傳入我國始於五代，五代後晋胡嶠《陷北記》記其在遼上京一帶吃到西瓜，是 "契丹破回紇得此種，以牛糞覆棚而種"。《遼史·太祖本紀》記載，天贊三年（924）遼太祖西征，九月 "次古回鶻城，勒石紀功"。十月 "遣兵逾流沙，拔浮圖城，盡取西鄙諸部"。今人把這兩處記載聯繫起來，得出遼太祖西征至高昌回鶻浮圖城，在那裏獲得西瓜，引種至遼上京一綫。這成了關於我國西瓜起源和早期傳播的流行説法。遼上京在今內蒙古赤峰市巴林左旗林東；"古回鶻城" 在蒙古國中部前杭愛省哈拉和林西北；"浮圖城" 是高昌回鶻汗國的夏都，故址在今新疆昌吉回族自治州吉木薩爾縣北。筆者認爲，遼太祖時國勢尚淺，既無力也無需從我國東北的大本營長驅數千里深入新疆腹地。所謂 "破回紇" 獲西瓜，是在其 "勒石紀功" 的漠北 "古回鶻城"，而不是北疆腹地的高昌回鶻浮圖城。而且從時間上看，夏曆九月二十九日尚在外蒙古中部的 "古回鶻城"，到十月底也不足一個月，怎麼也不可能南下西進趕到北疆腹地並征服 "浮圖城"。所以，筆者斷言，我國西瓜最早見於新疆高昌回紇 "浮圖城" 的説法是錯誤的，五代人説的 "契丹破回紇得此種"，是説在蒙古草原腹地的漠北回紇故都獲得西瓜，由此引種到遼上京，遼人、宋人再從這裏引向塞內、引向江南。中唐回紇鼎盛時舉國崇信摩尼教，摩尼教主張食素，崇尚瓜類食物，漠北回紇故都一帶的西瓜應由中亞摩尼教傳教士帶來。我國西瓜來自中亞撒馬爾罕一帶，這裏既是亞洲西瓜，也是摩尼教的中心。西瓜傳入我國，是從中亞經草原絲路遠程傳至蒙古高原，再由契丹人帶至遼上

---

① 程傑：《西瓜傳入我國的時間、來源和途徑考》，《南京師大學報（社會科學版）》2017 年第 4 期，第 81—82 頁。"色青白" 也有可能指綠與白兩種不同皮色。

② 日本大辭典刊行會：《國語大辭典》第四卷，小學館昭和 48 年（1973）版，第 682 頁。

京，走的是一條不同尋常的傳播路徑。這是筆者的主要觀點，具體論説比較複雜，請見拙作。①
近見有學者對筆者的論説提出不同意見，唯認《遼史·太祖紀》所説爲是，未能就筆者對遼太
祖遠征北疆浮圖城的目的、能力以及短短一個月由漠北回紇故都趕到浮圖城之可能性提出
一系列質疑，提出合理有效的反證。②

　　這位學者也不同意筆者的這些論説，堅持遼太祖西征至新疆中部獲得西瓜，新疆高昌回
紇浮圖城是我國西瓜歷史起點的傳統看法。既然不同意，爲何不正面提出質疑和反駁呢？ 這
多少有些令人費解，筆者進一步妄爲揣測，應是自覺一時無力反駁和推倒筆者所説，而儘量
繞開筆者的論文，這樣就可以了無障礙地肆行自己的論述，理直氣壯地伸張自己的觀點。但
在史實考據論證中，如果對相關歷史文獻資料，對學界已有討論都不想全面掌握、科學面對，
真不知如何保證接下來的論述能令人信服和具有價值。③

　　還是回到這裏西瓜碑"庚子嘉熙北游"與"回回瓜"的討論，這位學者的論述正是體現
了上述動機和方法，既要別出異説以否定筆者的觀點，又要回避筆者的論述，因而也就出現
了上述不指名無理指斥的現象。這樣也就不難明白，這位論者何以挖空心思、極盡牽强附
會要將西瓜碑所説"回回瓜"與所謂河西走廊回紇人掛鈎，其根本目的應是抵制筆者的觀
點來維護五代契丹人由新疆浮圖城獲得西瓜，西瓜首見於我國新疆，由新疆傳入内地的傳
統説法。

　　但在這個問題上，筆者的已有論述不可謂不充分，這裏想特別提醒注意的是，西瓜不是
回紇民族的圖騰，更不是可以種在手心裏、長在馬背上的東西，如果想將我國"河西走廊"以
西地區認作我國西瓜的初傳地和進一步擴散東傳的源頭，也應找到一個大致明確的區域，確
認那裏有一定的種植規模（空間）或種植傳統（時間），具有一定外溢發散的優勢（能量），而不
能祇是泛泛地掛個回紇民族或籠統的西域概念。就整個西域而言，回紇民族與西瓜的明確
聯繫，唯元人《長春真人西游記》所載昌吉回紇王夫婦重陽日以西瓜招待丘處機，時間已是
契丹人從漠北回紇獲得西瓜的 300 年後。自我國五代西瓜始見記載以來，直至清朝中葉，整
個甘肅、寧夏以西地區，包括狹義上的西域，或簡單地説——玉門關外和新疆境内，並無任一

① 程傑：《西瓜傳入我國的時間、來源和途徑考》，《南京師大學報（社會科學版）》2017 年第 4 期，第 79—93 頁。拙作發表
　　後幸承網友指正，校訂本見筆者《花卉瓜果蔬菜文史考論》，第 509—531 頁，北京：商務印書館，2018 年。
② 楊富學、程嘉静、郎娜爾丹：《西瓜由高昌回鶻入契丹路徑問題考辨》，《絲綢之路研究集刊》2021 年第 2 輯，第 257—
　　268、393—394 頁。該文對筆者所説時間問題故意偷换概念，筆者所説遼軍出發點在今蒙古國中部漠北回紇牙帳一帶，
　　被換成"今新疆哈密北巴里坤山"（第 266 頁）；筆者所説往返全程，被換成"由巴里坤東南行"經哈密、敦煌至甘州歸
　　程 800 公里（第 267 頁）。而《遼史》記載，遼軍九月底尚在漠北回紇牙帳一帶，至十月初二僅四天時間即趕到該文所説
　　回鶻西路北疆巴里坤山，該文故意略去這一節最主要的行程。如僅計算這一節的速度，則更爲荒誕，是《遼史》此節記
　　載明顯有誤，不足爲據。該文舉高昌回紇文書所送禮物"瓤瓜"，時間在仲冬十一月，無疑是哈密瓜而非西瓜；又舉西夏
　　文《字書》中的"大石瓜"，或即唐人杜環《經行記》所載大食尋支瓜，是否爲西瓜有待進一步考證。除拙文已經提到的
　　高昌摩尼寺彩繪祭供圖外，該文未能就此新疆西瓜給出新的可靠證據。
③ 查該學者單位圖書館藏書目錄，檢得劉啓振《西瓜引種中國及其本土化研究》（打印本），應是該學者的博士學位論文，
　　標注時間是 2019 年 5 月。知網尚未見，新冠疫情嚴重，無法前往借閲，甚感遺憾。但願這篇經過重重論證、評審的學位
　　論文，能按通行學術規範行事，對待拙作的論述尤其是筆者舉示的這些文獻資料，不是目前這樣的態度和方式！

西瓜著名產地乃至規模產地的記載，也沒有任何西瓜由新疆、甘肅東傳內地的記載，恰恰相反，更多的文獻信息是西北地區，包括新疆的西瓜傳自內地。何以出現這樣的現象，一個重要原因應是我國西北地區水資源的相對缺乏和不斷萎縮，與中亞撒馬爾罕、花剌子模等亞洲傳統西瓜產地不同，在自然狀態下，大部分地區不太適宜發展西瓜產業。即就甘肅而言，明嘉靖十四年（1535）《秦安志》始記載西瓜，並稱："隴以西無西瓜，惟縣川有西瓜，出縣川，雖種亦不結。"[①] 嘉靖三十九年（1560）《平涼府志》記載境內華縣"西瓜，近始宜"，記載鎮原縣西瓜"東南境，近濕者宜諸"，[②] 是說嘉靖間當地才開始種植西瓜，而且袛有相對濕潤的土地才適宜種植。這些還都是甘肅東部地區，而新疆明確的西瓜種植生產更是等到清中葉始見記載，而且還多指明是來自內地，口味不如內地，筆者對此已有較爲詳細的論證和闡説。[③] 相關問題確實有些複雜，如有不同看法，可以正常提出，共同討論。但我們的論述和判斷總要立足充分、可靠的證據，充分考慮各方面的因素，出於科學、合理的論證，即通常所謂"持之有故，言之成理"，而不能想其當然，無中生有，牽強附會，隨意推演。筆者可以肯定地説，所謂西瓜由新疆東傳內地的説法在古代沒有任何文獻支撑，迄今出土文物也幾乎未見這方面的有效信息。同樣，所謂恩施"回回瓜"來自河西走廊的説法更沒有任何有效證據，純屬想當然之詞。

有破即有立，爲了進一步加強筆者前番拙作關於回回瓜"從蒙古高原傳入"的論述，此就前番拙作未及詳示之證據再擇要列舉一二：

（1）南宋末年士人言談中多以"北"稱呼蒙古。如文天祥《文山先生文集》中即以"北地""北人""北庭""北帥""北軍""北兵""北虜""北營"稱呼蒙古一方領地、官員和軍隊。[④] 西瓜碑正屬同一時代，"北游"之"北"應同屬此例。

（2）宋理宗紹定六年（1233）至端平元年（1234），京湖制置使史嵩之派遣屬下鄒伸之赴蒙古聯繫滅金，彭大雅等隨行，端平元年至三年（1236）間，鄒伸之受朝廷派遣使北，徐霆等隨行，[⑤] 前引《宋季三朝政要》所説"嵩之遣使至草地"即指此間事。事後彭大雅、徐霆《黑韃事略》記載："（徐）霆在草地，見其頭目、民户，車載輜重及老小畜產，盡室而行，數日不絕。亦多有十三四歲者，問之，則云：'此皆韃人（引者按：蒙古人）調往征回回國，三年在道，今之年十三四歲者，到彼則十七八歲，皆已勝兵。回回諸種盡已臣服，獨此一種回回，正在西川後門相對。其國之城三百里，出產甚富，地暖，產五穀、果木，瓜之大合抱。至今不肯臣服，茶合觲（引者按：察合台，成吉思汗次子）征之數年矣，故此更增兵也。'"[⑥] 所説久攻未降之回回國，

① 〔明〕胡纘宗纂：《（嘉靖）秦安志》田賦志第七，明嘉靖十四年刻本。
② 〔明〕趙時春修纂：《（嘉靖）平涼府志》卷一〇，明嘉靖刻本。
③ 程傑：《西瓜傳入我國的時間、來源和途徑考》，《南京師大學報（社會科學版）》2017年第4期，第88—89頁；《論我國古代瓜業的歷史發展》，《中國農史》2020年第2期，第32—33頁。
④ 這裏使用的文天祥集是明景泰刊本。宋人著述中對元蒙一方多有蔑稱，元人多改以"北"代指，而現存文天祥集中多稱"北虜"之類，如著名的《指南錄》序、後序即是，保留了作者原作的真實面貌。
⑤ 張政烺：《宋四川安撫制置副使知重慶府彭大雅事輯》，〔宋〕彭大雅著，〔宋〕徐霆疏證，許全勝校注：《黑韃事略校注》，蘭州：蘭州大學出版社，2014年，第242—245頁。
⑥ 〔宋〕彭大雅著，〔宋〕徐霆疏證，許全勝校注：《黑韃事略校注》，第193頁。

據考是撒馬爾罕一帶,[①]蒙古人津津樂道那裏瓜大合抱。公元 1220 年,隨成吉思汗西征的耶律楚材在這一帶所見也是"西瓜大如鼎,半枚已滿筐"。[②]《黑韃事略》作者徐霆曾見到耶律楚材,詳細描寫了他的長相,耶律楚材等從前綫歸來,應會帶回瓜種。而值得注意的是,元人《長春真人西遊記》記載,同時丘處機在新疆昌吉,當地回鶻王獻"西瓜其重及秤,甘瓜如枕許",是西瓜纔重五斤,比甜瓜小得多。王檝嘉熙四年(1240)四月使宋,五月去世,宋人"遣使歸其柩",[③]一路當行兩三月,大約夏曆七八月到達。這是南宋使臣最後一次抵達蒙古草原,正是西瓜成熟的季節,[④]有機會在此見到中亞傳來的碩大西瓜,帶回西瓜種子。

(3)王檝作爲元蒙使臣,五度使宋,"宋人甚禮重之",[⑤]同時南宋使者雖非專任,大致出使次數也應對等。金朝遺民王鶚《汝南遺事》記載,金哀宗天興二年(1233)即宋理宗紹定六年八月,"有敵騎百餘,雜以宋人北行護。覘者謂:北使王檝以奉使還,宋復遣人議和,輜重禮物甚多,以軍防護故也"。[⑥]所說穿越金境北行者正是鄒伸之、彭大雅等一行,可見宋端平、嘉熙間宋蒙使節往來,隨行車載馬馱貨物甚豐,且有軍隊隨護,這也方便宋使者從蒙古草原帶回西瓜之類物產。

不難看出,上述三方面史料信息與恩施西瓜碑"回回瓜"之間都有一定的元素關聯,"北"與"韃人"(蒙古人),"回回瓜"與"回回國","瓜之大合抱"與"其身長大"可以形成多維銜接的信息鏈。筆者前番拙作即已大致勾勒清楚,無奈劉啓振先生佯裝不知、横生枝節,而結合這裏的詳細舉證,我們可以大致肯定地說,恩施西瓜碑所說"其身長大"之"回回瓜",應是中亞撒馬爾罕一帶的優良品種,由成吉思汗西征部隊帶回蒙古草原,嘉熙四年由南宋使臣帶至南宋。

在前節對秦將軍原駐地推測的基礎上,值得進一步注意的是,彭大雅、徐霆等第一次出使是由襄陽出發,還歸襄陽。[⑦]襄陽是南宋邊防重鎮,是宋人由蒙古草原返境最安全的捷徑,嘉熙四年宋臣使北,應仍取此路。也就是說"回回瓜"由草原帶回,有可能首先在襄陽一綫落脚,在所屬京西、荊湖北路傳種。而此後因與元軍爭控長江上游重慶至夔門一綫,京湖地

---

① 〔宋〕彭大雅著,〔宋〕徐霆疏證,許全勝校注:《黑韃事略校注》,第 194 頁。
② 〔元〕耶律楚材:《贈高善長一百韵》,《湛然居士集》卷一二,《四部叢刊》影元抄本。
③ 〔明〕宋濂:《元史》卷一五三。
④ 蒙古高原腹地有一定的農業基礎。〔蘇聯〕Л·伊西耶夫《鄂爾渾回鶻汗國》:"回鶻汗國的居民以牧業經濟和農業經濟爲主,回鶻封建貴族占有沿克木奇克、烏魯克木、鄂爾渾及色楞格等河流域的肥沃土地和草場。該汗國的居民是用牲畜耕種土地的,估計還會種植穀子,因爲在回鶻人的古城遺址中已發掘出手磨盤和犁鏵的殘片。據此可以推論,城市和農村居民曾經從事農業。"載《民族譯叢》1987 年第 3 期,第 47 頁。
⑤ 〔明〕宋濂:《元史》卷一五三。
⑥ 〔金〕王鶚:《汝南遺事》卷二,《文淵閣四庫全書》本。
⑦ 〔宋〕彭大雅著,〔宋〕徐霆疏證,許全勝校注:《黑韃事略校注》,第 244—245 頁。

區與夔州路一綫多節鎮兼領、軍事聯防,經常調動京湖地區駐軍增援,[①]也爲南宋末年"回回瓜"由軍方移種夔州路所屬施州提供了契機。

費了這番周折,進一步明確了西瓜碑所說"北游"之事的實際情形和"回回瓜"的合理來源,將其放在宋元人西瓜史的語境中,就會發現西瓜碑提供的這道宋蒙之間"回回瓜"傳遞的信息,同樣有着十分重要的瓜史認識意義。

宋人對我國西瓜來源的認識,都出於五代胡嶠《陷北記》和南宋洪皓《松漠紀聞》的記載,西瓜在"契丹破回紇"後,從那裏連同名稱一併引入遼上京一綫,因而宋人衹認爲其源頭在燕北。范成大《西瓜園》題注所謂"本燕北種,今河南皆種之",毛玨《儀真》詩所謂"總是中原舊風物",都確認西瓜是從燕北經中原南傳。儘管西瓜以"西"爲名,宋人却從未將西瓜與西方、西域聯繫起來。也就是說,宋人認爲胡嶠《陷北記》所說契丹獲得西瓜的回紇在北方而不在西域,更不待說是所謂北疆浮圖城。[②]而到了元朝,相關說法開始發生變化。元蒙大軍西征,耶律楚材、丘處機等記載西域所見西瓜,時間都在成吉思汗時期。尤其是耶律楚材從征至中亞,又樂於關注和記載所經地區的風土物產,其詩文稱西遼州即撒馬爾罕一帶"西瓜大如鼎,半枚已滿筐","八普城(引者按: 今烏兹別克斯坦納曼幹西)西瓜大者五十斤,長耳(引者按:驢)僅負二枚"。[③]這些記載,元人當時即多注意,如元中葉陸友仁《研北雜志》即曾專門摘録。

正是由於元人對中亞地區西瓜傳統產區的直接瞭解增多,在相關話語中,西瓜的來源開始明確由"北"轉"西",由"燕北"轉向"西域",由"契丹破回紇"轉向"元帝征西域"。完成於元世祖至元十年(1273)的官修《農桑輯要》即稱:"蓋不知中國之物出於異方者非一,以古言之,胡桃、西瓜是不產於流沙、葱嶺之外乎;以今言之,甘蔗、茗芽是不產於牂柯、卭筰之表乎?然皆爲中國珍用。"[④]是認爲西瓜與胡桃一樣來自西域。四十年後的王禎《農書》則直接這樣定義西瓜:"種出西域,故名西瓜。"[⑤]前引《(至順)鎮江志》稱"西瓜,本自西羌來,故名西瓜",西羌也泛指西域。我們再比較一下文人詩歌,宋人范成大《西瓜園》"形模濩落淡如水,未可蒲萄苜蓿誇",是說西瓜口味不濟,不能與漢人從西域引進的蒲萄、苜蓿相提並論。毛玨《儀真》詩將"西瓜"與"北棗"相對而言,認作"中原"之"風物",都說西瓜的來源在北方。而元人周權《西瓜》詩"當年傳種非東陵,蒲萄石榴來與並",[⑥]則是說西瓜非漢地原有,是與蒲萄、石榴一樣

---

① 早在孟珙主持這一帶軍事布防時,即有此舉。《宋史》孟珙本傳記載,嘉熙三年(1239)任京西、湖北路安撫制置使。"諜報大元兵欲大舉臨江,珙策必道施、黔,以透湖、湘,請粟十萬石,以給軍餉。以二千人屯峽州,千人屯歸州。……大元兵自隨窺江,珙密遣劉全拒敵,遣伍思智以千人屯施州(引者按: 恩施)。"郭天翔《南宋京湖戰區軍事領導體制變遷研究》(河南大學碩士學位論文,2017年)指出,理宗開慶元年(1259)以後,賈似道爲京西、荆湖南北、四川宣撫大使,統籌長江中上游對蒙防禦,聯合指揮體系愈加發展,"跨政區、戰區的軍隊調動、應援更爲頻繁",見知網該學位論文第62頁。

② 即就整個古代而言,也未見有認爲契丹人獲得西瓜的回紇在北疆、在西域,因爲距離太遙遠了,相關說法都出於今人的誤解。

③ 〔元〕耶律楚材著,〔元〕盛如梓刪略,〔清〕李文田注:《西游録注》,清光緒二十三年(1897)刻本。

④ 〔元〕司農司:《農桑輯要》卷二,清武英殿《聚珍版叢書》本。牂柯,指今貴州、雲南一綫;卭筰,指今四川西昌一綫。

⑤ 〔元〕王禎:《農書》卷二九。

⑥ 〔元〕周權:《此山詩集》卷三,《文淵閣四庫全書》本。

來自西域。這是不同於宋人的新説法,西瓜的來源已不是五代胡嶠所説的漠北回紇,也不是宋人所説的燕北遼京,而明確是西域,是"流沙、葱嶺之外"。王禎《農書》所説"西瓜種出西域,故名西瓜",由此成爲後世關於我國西瓜來源和名稱由來最通行的説法。

令人遺憾的是,關於西瓜如何從西域傳來,元朝無人談及,後世各類關於西瓜的話語、傳説中也無任何這方面的具體信息。明初葉子奇《草木子》説:"西瓜,元世祖征西域,中國始有種。"① 元世祖忽必烈主征漠南,統一中國,無西征經歷,這一説法没有史實根據。但忽必烈歸續華夏正統,建立元朝,人們將西瓜由西域傳入的功績派給他,也是順應蒙古大軍馳騁西域,中亞西瓜開始進入國人視野的歷史事實,給我國西瓜的傳入一個時間明確、文化上又較爲堂正、易於令人信服的認知。這一説法客觀上也進一步强化了西瓜來自西域的説法,所謂西域遠非玉門關外我國甘肅西部及新疆地區。

恩施西瓜碑這一長期沉睡在鄂西南深山的石刻文獻,其可貴之處就在於提供了西瓜來自西域可資尋繹的信息。根據我們上文的考證推論,所謂西瓜來自西域以及西瓜來自元帝西征,都不是毫無依據,也不是一種望文生義的想像。事實應是元太祖成吉思汗時期和太宗窩闊台初年蒙古大軍西征,將中亞撒馬爾罕一帶優良的西瓜品種帶回蒙古草原,南宋使臣由此帶至南宋。恩施西瓜碑記載的"回回瓜",無論是時間還是名稱,都與宋元之際我國西瓜來源及名稱認知的轉變高度對應和貼合,使此間西瓜歷史知識的轉型有了一絲不難尋繹、理解的綫索,使元人"種出西域,故名西瓜"這一全新説法獲得了一條比較合理的史實依據,而這一史實信息客觀上也呼應了筆者所論五代漠北回紇西瓜來自中亞撒馬爾罕一帶的情景,相關説法潛含長遠而統一的史實基礎,因而構成我們民族關於西瓜及其名稱由來毫無疑義的歷史記憶和經典話語。這是恩施西瓜碑在我國西瓜發展史及相應科學、文化認識史上的重要意義。

總結全文論述,恩施西瓜碑的文字釋讀決定内容的理解,筆者折衷諸家已有成果,並就自己的辨識、思考,提供最新的全文釋讀與標點。恩施西瓜碑提到南宋後期八十年淮南地區西瓜種植的情況,而同時宋金詩文作品與地方志中多有淮南及相鄰地區西瓜生產的信息。兩方面相互印證,充分表明南宋中期以來,宋之淮南與金之河南地區同是西瓜種植最爲活躍和種植技術最爲先進的地區,對此後江南地區乃至全國西瓜的傳播發展有着最直接的影響。恩施西瓜碑提到的"回回瓜",由南宋使臣出使蒙古帶回,而那裏的西瓜應是成吉思汗西征大軍從中亞撒馬爾罕等地帶回。元人放棄了前人西瓜來自漠北回紇的説法,明確提出"西瓜種出西域,故名西瓜",這成了此後我們民族西瓜歷史的經典記憶和流行説法,而西瓜碑提供了這方面罕見的證據。有論者認爲恩施西瓜碑是勸農文,西瓜碑所説嘉熙"北游"是向北"游擊","回回瓜"是回鶻愛里八都魯所獻,來自河西走廊,所論都無理無據,不足取信。

(程傑,南京師範大學文學院教授)

---

① 〔明〕葉子奇:《草木子》卷四,清乾隆五十一年(1786)刻本。

清劉逢禄《詩聲衍》注釋

周玉秀　王　揚等[①]

　　王力先生《上古韻母系統研究》一文中説：“近代古韻學家,大致可分爲考古、審音兩派。考古派有顧炎武、段玉裁、孔廣森、王念孫、嚴可均、江有誥、章炳麟等,審音派有江永、戴震、劉逢禄、黃侃等。”[②]可見劉逢禄是清代審音派古韻學的重要人物,他繼承了段玉裁、王念孫、孔廣森、張惠言等人的研究成果,分古韻爲二十六部,獨立八部入聲,主張陰陽入三聲相配,對後來黃侃等人的古韻分部有很大影響。但由於他的音學著述生前没有刊刻,後人的整理工作也做得不夠,故學界鮮有論及。《詩聲衍》是其古韻研究的代表性成果,原書手稿共二十八卷,其中《條例》一卷,《韻表》一卷,《長編》二十六卷。《長編》已佚,今天我們能看到的衹有他的後學陳潮整理的《序》《條例》《古今四聲通轉略例》《韻表》四篇,它們比較系統地反映了劉逢禄的古韻研究成果和音學思想,對全面研究劉逢禄的學術貢獻及漢語音韻學史,都是彌足珍貴的材料。因此,我們據復旦大學圖書館藏本《詩聲衍》及道光十年思誤齋刊行《劉禮部集》所載相關内容,加以標點注釋,以供學術界進一步研究。

序

　　劉子成《詩聲衍》:《條例》一卷,《表》一卷,《長編》二十六卷。

　　序曰：譚聲音之學於今日,《三百篇》,其主也;羣經傳記周秦諸子之書,其輔也。《三百篇》,其原也;《説文》諧聲,其委也。[1]孫叔然、李登、吕靜、徐邈之倫,[2]諧聲之變而言韻之始也。沈約、周彦倫、陸法言之流,[3]部韻之始準於古而變通以趨時者也。至劉平水、黃公紹之徒出,[4]去古日遠,師心變更,而言韻學者與古判若河漢,《詩三百篇》及他經傳諸子之書,殆不可讀矣。

　　天運循環,無往不復,有明三山陳第椎輪於前,[5]我朝顧、江、段、孔、莊、張諸君子相繼發軔於後,[6]幾可以行遠登高。而三代之聲音如在天上者,乃如接於耳而應於心也。然則《詩聲衍》何爲而作乎？曰：將以推諸君子未竟之志,析其義類,考其離合,集其大成,以繻聲統六書之綱也。

　　其建類始冬終甲,何也？曰：冬者,歲之終而音之元也,《三百篇》此部之字始於《采蘩》二章之“中宫”,[7]《切韻》以此部字誤併東部者亦始於“中宫”。[8]《太元》準卦氣,[9]以“中”

① 參加注釋的還有馬光耀、孔祥瑩、鄭曉丹三位同學。
② 王力:《王力語言學論文集》,北京:商務印書館,2000 年,第 59、60 頁。

當《中孚》首，[10]曰："陽氣潛萌於黄宫，信無不在其中。"[11]此即《歸藏》首《坤》，[12]《周易》首《乾》，[13]而乾元用九之義，[14]律中黄鍾之音也。[15]

次以東，何也？曰：冬之音寬閎而字少，故其部無上聲、入聲；東之音峻上，故上聲之字悉隸之。[16]又音近蕭魚，故有一類與蕭愚同入屋覺而不通用，[17]其與冬部通用最近，故次之。

次以蒸，何也？曰：蒸者，冬之次近者也，其部亦無上聲、入聲。[18]故"徵"之上爲"宫徵"之"徵"，[19]"登"之上爲"等待"之"等"，[20]"仍"之上爲"鼎鼐"之"鼐"。[21]古今皆在灰部，《切韻》亦以職德配之咍，不以配蒸登也。[22]

侵鹽有入矣，次於蒸，何也？曰：侵亦冬之至近者也，鹽則雙聲近陽，故分於侵而同入於緝。[23]

不以緝次之，何也？曰：緝部之字，反紐至侵鹽覃者較少。[24]古《詩·小戎》二章或以爲通用，或以爲不通用。[25]孔氏以古無入聲，[26]猶獨立此部爲談聲之短言，[27]王氏以此部並無去聲(今案："厭"具四聲，"砭"有平聲，"貶"爲上聲，"墊豔"有去聲，説亦未的)，故以殿衆音也。[28]

陽次鹽，何也？曰：音相近而不相淆也。

青次陽，何也？曰：青陽之分，在古尤嚴於青真。自許敬宗、劉淵、吴棫誤合《切韻》之庚耕而古音大亂。[29]今吴中方言於陽聲誤併青聲之字(庚更行兄横衡觥迎羹杭盲彭傖鎗鐺榜鶊蝱礚鍠鐺杏孟梗骾硬阬枋瞠桹鑛)，猶上與古合。其誤始於《莊子·胠篋》篇"衡争"爲韻，[30]而羣經諸子無是也。故以青次陽，猶淄澠之既入，而知味者自能別也。[31]

真次青，何也？曰：古《周易》、屈宋之文，合用之廣較甚於東冬也。[32]別之以文，何也？曰：真清而文濁，猶冬濁而東清也。[33]

次以元，何也？曰：真文近微齊而無入聲，[34]元近歌而反紐於微齊，同在未物，[35]《詩》亦不合用也。

支佳聲近歌麻，而反紐獨爲錫，[36]故分錫於支。而歌麻古無入聲字，[37]由支分入歌麻之數十字母(皮爲離施儀宜移奇罷垂吹隨池馳垂①)，古今亦皆無入聲。[38]既分"皮爲"以下入歌，必次錫於其間以别之也。

灰尤聲近蕭也(尤，古音怡，今吴方言尚合；蕭，古音修，今音變爲肴豪)，[39]而灰類之反紐獨爲職德，蕭類與愚類之反紐同爲屋。[40]故次職於灰蕭之間，次屋於蕭類之後以别之，使人觀其委之異而益知其源之分也。[41]

愚類與蕭魚聲相類，清於魚而濁於蕭(孔云：今湖廣音最得其似)，②故其入聲與蕭類同在屋類，而魚類之入聲獨爲陌。[42]

不以肴類次蕭，何也？曰：存古音也。[43]

---

① 原文"垂"字重複，當删。
② 〔清〕孔廣森：《詩聲類》，中華書局，1983 年，第 32 頁。

別藥於肴，何也？（段氏、孔氏據此部謂古無入聲。）曰：以適今也，亦以證古蕭之入與肴之入不相假也。[44]

微尾未物四聲，通轉之最明者也，分爲二，何也？曰：段、孔以古無四聲，[45]而不能廢輕清重濁之別、長短緩急之辨。王、莊細審古音，[46]確知微尾爲一類，未物自爲一類。[47]古《詩》不相通用，故分之以志輕重清濁之別，次之，以別於支與灰之委也。

次以質，何也？曰：顧、江、孔、莊俱以質物同合微部，段氏知其不可合而分之，以合真部，[48]其意以爲古無以委聲爲建首，而不統於平部者。[49]王氏細審古音，以爲質部與未部各有去入而無平上。故於未物之外別爲一類，而仍次於未物，[50]猶附庸之君與大國命卿，同爲社稷之臣，而名實不同也。

終之以緝，何也？曰：《切韻》以緝盍以下九部，配侵覃以下九部，審音之最得者矣。段氏本之分緝盍爲二，孔氏併爲合類，以爲談類之陰聲，別以肴類爲青類之陰聲，使侵鹽二部如異類之不同入不可也。王氏分緝盍爲二，而絕不以配侵鹽，亦未爲得也。[51]今仍合之，以爲侵鹽同入之部，[52]表其中“内立劦盍執簡枼”聲之字以爲未部，雙聲相通而與質部絕遠。[53]此所以於諸家而外，酌古沿今，定爲二十六部者也。[54]

其列字終於甲，何也？曰：甲於古文從入、從乀，或同十字，甲象萬物之首，[55]内甲即乾元用九之義也。厥字既箸於侵，重隸於緝，[56]以箸反組在侵，侵最近冬。亦《切韻》始東終乏，[57]循環無端之例也。

曰：若是，則取《毛詩》所用字爲表足矣，今臚《説文》五百四十部之字，又補所不收之《廣韻》諸字，[58]竝其解説十餘萬言，又細攷其音轉之不合古詩者，疏通而證明之，何也？曰：將以一人之勞省衆人之逸，俾承學之士爲樂府協律之事者，童而習之，皆可絃歌，以合《韶》《武》之音，[59]且俾爲小學者無以復加，庶得潛心於大義也。然而其志大，其思深，前人之啟予者逝，不可追矣，將伯助予，[60]實難其人，董而理之，跂予望之。

[1]譚：同“談”。《三百篇》：指《詩經》。《説文》：全稱爲《説文解字》，東漢許慎（約58—約147）著。全書共收9353個字，以許慎首創的五百四十個部首爲次序排列。諧聲，即形聲，漢字構形的“六書”之一。這裏指《説文》中的主諧字（即聲符）與被諧字（即形聲字）所組成的諧聲系統。

[2]孫叔然：名炎，字叔然，生卒年不詳，三國魏經學家，樂安（今山東博興）人。所著《爾雅音義》一書用反切注音，惜原書已佚。《經典釋文》《集韻》《初學記》等引用其反切一百多例。李登：三國魏音韻學家，著有《聲類》十卷，今已佚。吕靜：西晉音韻學家，編有《韻集》，是僅晚於李登《聲類》的早期韻書，今已佚。徐邈（343—397）：字仙民，東晉時東莞姑幕（今山東莒縣）人，著有《正五經音訓》《穀梁傳注》等。

[3]沈約（441—513）：字休文，南朝梁文學家、史學家，吴興武康（今浙江德清）人。著有《四聲譜》，已佚。他與周顒等於永明年間創立“四聲八病”説，是“永明體”詩的重要創始人之一。周彦倫：名顒，字彦倫，南朝齊音韻學家、詩人，汝南安城（今河南汝南）人。也是“永明體”詩的創始人之一。陸法言（約562—？）：名詞（一説名慈），以字行，隋朝音韻學家，相州鄴（今河北臨漳）人。他潛心研究音韻，於隋仁壽元年（601）編成《切韻》五卷。該書以當時的洛陽音爲基準，兼顧古音和方音，影響甚大。自《切韻》出，六朝諸家韻書漸亡。

[4]劉平水：指劉淵，江北平水（今山西臨汾）人，後人因稱“劉平水”。曾編寫刊行《壬子新刊禮部韻略》，

該書共 107 韻,後人又合併一韻,元初陰時夫著《韻府群玉》定名 106 韻爲 "平水韻"。 黄公紹:字直翁,生活於宋元之際,福建邵武人。 著有《古今韻會》,原書已佚,同時人熊忠所編《古今韻會舉要》存其大概。

[5]陳第(1541—1617):字季立,號一齋,又號温麻山農,明代音韻學家,福建連江人。 著有《毛詩古音考》《屈宋古音義》《讀詩拙言》等。 提出 "時有古今,地有南北,字有更革,音有轉移" [1] 的語音發展觀,徹底批判了 "叶音説",對顧炎武、江永等人有重大影響。 椎輪:本指原始的無輻車輪,後來也用以稱創始者。

[6]顧:指顧炎武(1613—1682),字忠清,又字寧人,號亭林,明清之際思想家、史學家、語言學家,南直隸昆山(今江蘇昆山)人。 著有《韻補正》《音學五書》等。 他考證上古文獻中的押韻情況,并運用諧聲繫聯法,離析唐韻,將古韻分爲十部,是古韻學的奠基人。 江:指江永(1681—1762),字慎修,又字慎齋,清代經學家、音韻學家,徽州婺源(今江西婺源)人。 著有《古韻標準》《音學辨微》《四聲切韻表》等,分古韻爲十三部。 段:指段玉裁(1735—1815),字若膺,又字喬林,號茂堂、硯北居士,清代經學家、訓詁學家、音韻學家,江蘇金壇人。 著《六書音韻表》,分古韻爲六類十七部,"支""脂""之"三部分立,是其創見。 孔:指孔廣森(1752—1786),字衆仲,又字撝約,號顨軒,清代經學家、音韻學家,山東曲阜人。 著有《詩聲類》十二卷,分古韻爲十八部,將 "東""冬" 二部分立,并明確提出 "陰陽對轉" 之説。 莊:指莊述祖(1750—1816),字葆琛,號珍藝,清代經學家,江蘇武進人。 著有《説文轉注》二十卷、《説文諧聲》一卷。 莊述祖是劉逢禄的舅父,對劉逢禄有巨大影響。 張:指張惠言(1761—1802),字皋文,一作皋聞,號茗柯,初名一鳴,清代經學家、文學家,江蘇武進人。 曾作《説文諧聲譜》,未竟而卒。

[7]《詩經·召南·采蘩》二章:"于以采蘩? 于澗之中。 于以用之? 公侯之宫。""中宫"韻,屬於上古冬部。

[8]上古韻東冬不同,後世浸混。 孔廣森《詩聲類》始分立。 今《廣韻·東韻》所收 "中宫" 及從 "冬衆宗中蟲戎宫農夆宋" 得聲之字,皆上古冬部字。

[9]《太元》:即《太玄經》,西漢揚雄著。 清人避康熙皇帝之名諱 "玄燁",改爲《太元經》。

[10]《太玄經》的 "首",相當於《周易》的卦,《周易》以八卦相重爲六十四卦,《太玄經》則以一二三錯於方、州、部、家爲八十一首。《太玄經》的 "首" 皆以《周易》卦氣爲次序,而變其名稱。《易》卦氣起於《中孚》,《太玄經》的第一 "首" 爲 "中",正當《易·中孚》。

[11]其:今本《太玄經·中》作 "乎"。 今按,《周易·中孚》卦象爲☲☱,下兑上巽,象徵 "中心誠信"。《太玄經·中》之 "陽氣潛萌於黄宫,信無不在乎中" 即釋此意。

[12]《歸藏》:古筮書名。《周禮·春官·大卜》:"掌三《易》之灋,一曰《連山》,二曰《歸藏》,三曰《周易》。" [2] 鄭玄注:"歸藏者,萬物莫不歸藏於其中。" [3]《歸藏》首卦爲 "坤"。

[13]《乾》:爲《周易》六十四卦之首。《周易》,我國古代藴含哲理的占卜書,爲儒家六經之一。 鄭玄云:"《周易》者,言《易》道周普,無所不備。" [4]

[14]乾元用九:《周易·乾·文言》云:"乾元用九,乃見天則。" [5] 乾元,天的原始之德,指光偉宇宙間開創萬物的陽氣,於時配春。 用九,《周易》占筮過程中,凡筮得陽爻,其數或 "七" 或 "九","九" 可變而 "七" 不可變,故《周易》筮法原則是用 "九" 不用 "七"。"用九" 指明《周易》哲學以 "變" 爲主的特點。

[15]黄鍾:古代音樂的十二律之一。 依《禮記·月令》,一年十二月與十二律相應,而仲冬之月,律中黄鍾。

---

① 〔明〕陳第:《毛詩古音考》,北京:中華書局,1988 年,第 7 頁。

② 〔清〕孫詒讓:《周禮正義》,北京:中華書局,2013 年,第 1928 頁。

③ 〔清〕孫詒讓:《周禮正義》,第 1928 頁。

④ 〔清〕阮元校刻:《十三經注疏》,北京:中華書局,1980 年,第 9 頁。

⑤ 〔清〕阮元校刻:《十三經注疏》,第 17 頁。

古人把音樂中的五聲與五方、五行相配，“宮商角徵羽”之“宮”恰好配五方之“中”和五行之“土”，土亦代表中央、黃色。劉氏用以解釋其韻部始“冬”及揚雄《太玄經·中》首二句之用意。

〔16〕劉氏認爲冬部音“寬闊而字少”，無上、入二聲字，故冬部的上聲歸於東部。

〔17〕劉氏愚部或稱侯部，與東屋爲陰陽入相配之關係。故東愚同入。

〔18〕劉氏認爲蒸部上古無上聲、入聲，有失片面。蒸部上聲祇是字少而已。

〔19〕徵：五音之一，音陟里切。

〔20〕等，上古爲陰聲韻（多改切），在劉氏灰部。六朝以後始轉爲陽聲韻（多肯切）。

〔21〕薾，上古亦在劉氏灰部。

〔22〕此謂入聲韻職德和陰聲韻之咍相配，不與陽聲韻蒸登相配。

〔23〕此條謂侵與鹽兩部的不同。侵音轉近冬而鹽音轉近陽，故當分爲兩部；其對應的入聲韻爲緝部。

〔24〕反紐：下文《論正反紐》云：“正紐者，自平之入；反紐者，自入之平。”指入聲音轉而與平上押韻或諧聲的情況。此謂緝部字獨立性强，與陽聲韻侵鹽覃三部押韻和諧聲的字較少。

〔25〕《詩經·秦風·小戎》二章：“騏駵是中，騧驪是驂。龍盾之合，鋈以觼軜。言念君子，温其在邑。方何爲期，胡然我念之。”顧炎武《音論》云“合、軜、邑、念四字皆平而韻驂”，① 將五字看作通押；段玉裁《六書音韻表》以“合軜邑”相押，不以五字通押。今按，《小戎》二章應是三個韻段：“中驂”韻，“合軜邑”韻，“期之”韻。

〔26〕孔廣森《詩聲類》云：“至於入聲，則自緝、合等閉口音外，悉當分隸自支至之七部而轉爲去聲。蓋入聲創自江左，非中原舊讀。”②

〔27〕短言：與長言相對。劉逢禄認爲短言爲入聲，長言爲去聲。此處謂孔廣森《詩聲類》立合類（即緝部）與談類對轉。

〔28〕王氏：指王念孫（1744—1832），字懷祖，號石臞，清代經學家、音韻學家、訓詁學家，江蘇高郵人。其音韻學著作有《古韻譜》等，將至部獨立，分古韻爲二十一部，晚年吸收孔廣森冬部獨立説，分古韻爲二十二部。他認爲：“緝合以下九部，當分爲二部，徧攷《三百篇》及群經、《楚辭》所用之韻，皆在入聲中，而無與去聲同用者。”③ 劉氏同意王説，故以緝部列於衆音之後。

〔29〕許敬宗（592—672）：字延族，唐代杭州新城（今浙江杭州）人。唐封演《聞見記·聲韻》云：“隋朝陸法言與顔、魏諸公定南北音，撰爲《切韻》，凡一萬二千一百五十八字，以爲文楷式。而先仙删山之類，分爲別韻。屬文之士，共苦其苛細。國初，許敬宗等詳議，以其韻窄，湊合而用之。”④ 吴棫（約1100—1154）：字才老，宋代韻學家、訓詁學家。著有《毛詩補音》《楚辭釋音》《韻補》，前兩者皆已佚。他利用《詩經》《周易》《楚辭》等先秦韻文研究古音，又根據古人用韻推究《廣韻》二〇六韻在古音中的分合，提出“古音通轉”説，分古韻爲九部。

〔30〕《莊子·胠篋》：“故絶聖棄知，大盜乃止；擿玉毀珠，小盜不起；焚符破璽，而民朴鄙；掊斗折衡，而民不争。”“止起鄙”韻，“衡争”韻。

〔31〕淄澠：古二水名，相傳其味不同。此以二水相混喻古耕陽二部字音變相混，知味者喻懂古今音變之人。

① 〔清〕顧炎武：《音學五書》，北京：中華書局，1982年，第40頁。
② 〔清〕孔廣森：《詩聲類》，第1頁。
③ 〔清〕王引之：《經義述聞》，南京：江蘇古籍出版社，2000年，第751—752頁。
④ 趙貞信：《封氏聞見記校注》，中華書局，2005年，第13頁。

［32］屈宋：屈原和宋玉。今按，真青二部字，在上古文獻如《周易》《楚辭》及《老子》《莊子》等中，合韻較多，故劉氏將二部相次。

［33］劉氏此處所言清濁，蓋就韻之開合而言。依《韻鏡》，東真爲開口韻，冬文爲合口韻。

［34］劉氏陽聲韻真文兩部無入聲。

［35］此謂元歌微三部的入聲皆在未部。劉氏未部包括去聲未霽卦泰隊和入聲物月曷。

［36］此句意謂支佳與歌麻音雖近，而歌麻無入聲，支佳反紐則爲入聲錫韻。

［37］劉氏謂歌麻古無入聲，實誤。古韻歌之入聲爲月，即劉氏未部的一部分。劉氏微未相配，而歌部無入聲。

［38］此處"今"謂《切韻》音。

［39］灰、尤爲上古之部字，蕭爲幽部字，之幽二部古音相近。

［40］劉氏屋部包括上古屋覺兩部，故以蕭愚同入。

［41］此謂尤類反紐爲職德，蕭類反紐爲屋。由職德與屋之不同，可反推尤蕭之不同。

［42］陌部：或稱鐸部。

［43］劉氏蕭部次於職後屋前，肴在屋後，以示蕭肴不同。

［44］劉氏藥部爲肴部入聲而獨立，曰"古同用異部"。

［45］段玉裁認爲："古平上爲一類，去入爲一類；上與平一也，去與入一也。上聲備於《三百篇》，去聲備於魏晉。"[1]孔廣森認爲古無入聲。

［46］王、莊：分別指王念孫、莊述祖。

［47］此二句謂平上爲一類，去入爲一類。故去入之未部當獨立。

［48］段玉裁認爲質物二部不能合併，他將質部分離，與第十二部陽聲韻真部相配；物部與第十五部陰聲脂部相配。其《六書音韻表三·古異平同入説》云："入爲平委。平音十七，入音不能具也，故異平而同入……質櫛屑爲第十二部之入聲，亦即第十一部之入音；術物迄月没曷末點鎋薛爲第十五部之入聲，亦即第十三部第十四部之入音。"[2]

［49］無以委聲爲建首而不統於平部，謂無以入聲獨立爲部者，入聲皆當歸於平聲之中。

［50］王念孫《古韻譜》第十二至部（即質部）獨立，僅有去、入聲；第十三部脂部，包括平、上、去、入，其中去入即劉氏未部。劉氏微、未、質三部獨立。

［51］王念孫《古韻譜》侵第三、覃第四，而盍第十五、緝第十六，没有將陽聲韻侵鹽和入聲韻緝盍相配，劉氏認爲不妥。

［52］劉氏將緝盍合併爲緝部，作爲與侵鹽相配的入聲韻。

［53］這是説，緝部表中諧聲偏旁"内立"等，從之得聲者有屬於未部的，如"訥位"等字。這些字雖與未部相通，但與質部相差非常遠，絶不相通。説明未、質、緝三部應當獨立。

［54］劉氏二十六部表見後文。

［55］《説文·甲部》曰："甲，東方之孟，易氣萌動。从木戴孚甲之象。一曰：人頭宜爲甲，甲象人頭。"段玉裁改"宜"爲"空"，云："空，各本作宜，今依《集韻》，作空爲善。空腔古今字，許言'頭空''履空''領空''脛空'，皆今之腔也。人頭空謂髑髏也。"[3]

---

① 〔清〕段玉裁：《説文解字注》，上海：上海古籍出版社，1981 年，第 815 頁。
② 〔清〕段玉裁：《説文解字注》，第 831 頁。
③ 〔清〕段玉裁：《説文解字注》，第 740 頁。

[56]厭：《廣韻·艷韻》"於艷切"，爲劉氏侵部字；《葉韻》"於葉切"，爲劉氏緝部字。

[57]始東終乏：指《切韻》第一韻爲東，最後一韻爲乏。

[58]《廣韻》：全稱爲《大宋重修廣韻》，成書於北宋真宗大中祥符元年（1008），是陳彭年、丘雍等奉真宗詔令對《切韻》進行修訂而成，基本繼承了《切韻》的語音系統。《廣韻》共收 26194 個字，分韻 206 韻，其中平聲 57、上聲 55、去聲 60、入聲 34。

[59]《韶》《武》：皆樂曲名。《韶》又名《大韶》，相傳爲舜時的一組舞樂，其主題表現了"舜紹堯之道德"；《武》又名《大武》，是周代的祭祀舞樂之一，歌頌了周武王戰勝商紂王的功德。

[60]將伯助予：請別人幫助自己。《詩·小雅·正月》："載輸爾載，將伯助予。"

條例（二十有一則）

一、論"古有四聲"，辨孔氏"古無入聲"之誤

《齊書·陸厥傳》："永明末盛爲文章，[1]吳興沈約、陳郡謝朓、琅琊王融以氣類相推轂，[2]汝南周彦倫善識聲韻，約等又皆用宮商，[3]以平、上、去、入爲四聲。以此制韻，不可增減，世呼爲'永明體'。"梁周捨舉"天子聖哲"以曉武帝，[4]帝雅不信用，[5]沈約作《郊居賦》以示王筠，[6]讀至"雌霓連蜷"句，常恐筠呼"霓"爲"倪"。[7]孔氏據此遂謂入聲刱自江左，[8]非中原舊讀，"江左文人尚有不知入聲者，豈可執以律三代之文章"？又云："入聲自緝合等閉口音外，悉當分隸平部。"非也，梁武特不尚永明體耳，非不知入聲也。今試取《三百篇》讀之，惟緝合部轉有與驂念同協者，《小戎》二章是也（孔改顧氏之説，以"中驂"合韻，"合軜邑"合韻，"期之"爲韻，而"念"字不入韻，非篤論也）。[9]

若冬東蒸陽青真文元歌九部之字，微特《詩三百篇》本無入聲，[10]於《説文》偏旁字亦無入聲。雖沈約等好變古趨新，亦不能强屋沃配東冬，以他部之入配此九部也。

若侵鹽灰蕭魚愚微七部，於《説文》偏旁字本有入聲，[11]而《毛詩》以平入通韻者絶少，（灰部以上、去通韻者，《子衿》《渭陽》之"佩"，[12]《采薇》《杕杜》《大東》之"疚"，[13]《嘉魚》《賓筵》之"又"，[14]《我將》之"右"，[15]《十月之交》之"矣"，[16]《召旻》之"舊"，數字而已；[17]其用上、去而通平韻者，《文王》《生民》《既醉》《蕩》之"時"，[18]《桑柔》之"能"，[19]《召旻》之"哉"三字而已；[20]其用入也，《出車》《大東》《靈臺》《常武》之"來"，[21]古讀如"勑"，非韻平也；鳩部①與入通韻者，《中谷②有蓷》之"淑"、[22]《清人》之"軸"、[23]《唐·揚水》之"鵠"[23]三字而已；[24]其用入也，各部之字無雜平韻者，雖中原舊讀，不能轉爲平也；魚部與入通韻者，"惡莫度作斁"本有去、入兩聲，非始於六代也；愚部之入雖同蕭部，然惟《小戎》之"驅"、[25]《桑柔》之"垢"、[26]《角弓》之"附"三見；[27]微部雖與未部同聲，而《詩》之用平也不雜去入，用去入也不雜一平，可知四聲之緣起矣。）則謂古無入聲者，亦析之未精矣。

---

① 鳩部，指二十六部之蕭部。
② 原稿"谷"誤作"國"，今正。

[1]永明：南朝齊武帝蕭賾的年號，時間爲 483—493 年。

[2]謝朓(464—499)：字玄暉，南朝齊詩人，陳郡陽夏(河南太康)人。世稱"小謝"，是"永明體"詩的重要創始人之一。 王融(467—493)：字元長，南朝齊詩人，琅琊臨沂(今山東臨沂)人，也是"永明體"詩的重要創始人之一。

[3]宮商：指音律，我國古代有宮、商、角、徵、羽五聲音階。這裏泛指聲調。

[4]周捨(469—524)：字升逸，南朝梁詩人，周顒之子，汝南安成人。"天子聖哲"四字的聲調分別爲平、上、去、入，周捨借以説明漢語中存在這四個聲調。武帝：指南朝梁武帝蕭衍(464—549)，字叔達，公元 502—549 年在位。

[5]雅：甚、很。

[6]《梁書·沈約傳》云："約性不飲酒，少嗜欲，雖時遇隆重，而居處儉素。立宅東田，矚望郊阜。嘗爲《郊居賦》。"① 王筠(481—549)：字元禮，琅琊臨沂(今山東臨沂)人。

[7]《廣韻·齊韻》收"霓倪"二字，同"五稽切"。"霓"字注曰："雌虹。又五結、五擊二切。"《屑韻》曰："霓，虹。又音倪。"説明"霓"字中古有入聲讀音。

[8]左，原稿作"右"，誤。今據孔廣森《詩聲類·序》正。江左：即江東，泛指南方。

[9]《詩經·秦風·小戎》二章："騏駵是中，騧驪是驂。龍盾之合，鋈以觼軜。言念君子，温其在邑。方何爲期，胡然我念之。"顧炎武云："合、軜、邑、念四字皆平而韻驂。"② 孔廣森《詩聲類·緩類》云："驂，古讀若參。《詩》唯《小戎》一見，與'中'字通韻。"③ 其《詩聲分例·四韻例》分析《小戎》二章韻例如劉氏所言。④

[10]此謂《詩經》中没有與此九部通押的入聲字。

[11]此謂《説文》中字與上七部同諧聲者有入聲字。如"蕭"從"肅"聲，前者平聲而後者入聲。

[12]《鄭風·子衿》二章："青青子佩，悠悠我思。縱我不往，子寧不來？""佩思來"韻。《秦風·渭陽》二章："我送舅氏，悠悠我思。何以贈之？瓊瑰玉佩。""思之佩"韻。

[13]《小雅·采薇》三章："憂心孔疚，我行不來！"《小雅·杕杜》四章："匪載匪來，憂心孔疚。"《小雅·大東》二章："既往既來，使我心疚。"皆"疚來"韻。

[14]《小雅·南有嘉魚》四章："翩翩者鵻，烝然來思。君子有酒，嘉賓式燕又思。""來又"韻。《小雅·賓之初筵》二章："其湛曰樂，各奏爾能。賓載手仇，室人入又。酌彼康爵，以奏爾時。""能又時"韻。五章："凡此飲酒，或醉或否。既立之監，或佐之史。彼醉不臧，不醉反恥。式勿從謂，無俾大怠。匪言勿言，匪由勿語。由醉之言，俾出童羖。三爵不識，矧敢多又。""否史恥怠又"韻。

[15]《周頌·我將》："我將我享，維羊維牛，維天其右之。""牛右"韻。

[16]《小雅·十月之交》五章："抑此皇父，豈曰不時？胡爲我作，不即我謀。徹我墻屋，田卒污萊。曰予不戕，禮則然矣。""時謀萊矣"韻。

[17]《大雅·召旻》七章："昔先王受命，有如召公。日辟國百里，今也日蹙國百里。於乎哀哉！維今之人，不尚有舊。""里哉舊"韻。

[18]《大雅·文王》一章："有周不顯，帝命不時。文王陟降，在帝左右。""時右"韻。《大雅·生民》八章："上帝居歆，胡臭亶時。后稷肇祀，庶無罪悔，以迄於今。""時悔"韻。《大雅·既醉》五章："威儀孔時，君

① 〔唐〕姚思廉：《梁書》，北京：中華書局，1973 年，第 236 頁。
② 〔清〕顧炎武：《音學五書》，第 40 頁。
③ 〔清〕孔廣森：《詩聲類》，第 17 頁。
④ 〔清〕孔廣森：《詩聲類》，第 55 頁。

子有孝子。”“時子”韻。《大雅·蕩》七章：“匪上帝不時，殷不用舊。”“時舊”韻。

［19］《大雅·桑柔》十章：“維此聖人，瞻言百里。維彼愚人，覆狂以喜。匪言不能，胡斯畏忌？”“里喜能忌”韻。

［20］《大雅·召旻》七章“里哉舊”韻，原文見上。

［21］《小雅·出車》一章：“我出我車，于彼牧矣。自天子所，謂我來矣。召彼僕夫，謂之載矣。王事多難，維其棘矣。”“來載棘”韻。《小雅·大東》二章：“既往既來，使我心疚。”“來疚”韻。四章：“東人之子，職勞不來。西人之子，粲粲衣服。舟人之子，熊羆是裘。私人之子，百僚是試。”“來服裘試”韻。《大雅·靈臺》二章：“經始勿亟，庶民子來。王在靈囿，麀鹿攸伏。”“亟來囿伏”韻。《大雅·常武》六章：“王猶允塞，徐方既來。”“塞來”韻。

［22］《王風·中谷有蓷》二章：“中谷有蓷，暵其脩矣。有女仳離，條其嘯矣。條其嘯矣，遇人之不淑矣。”“脩嘯淑”韻。

［23］《鄭風·清人》三章：“清人在軸，駟介陶陶。左旋右抽，中軍作好。”“軸陶抽好”韻。

［24］《唐風·揚之水》二章：“揚之水，白石皓皓。素衣朱繡，從子于鵠。既見君子，云何其憂？”“皓繡鵠憂”韻。

［25］《秦風·小戎》一章：“游環脅驅，陰靷鋈續。文茵暢轂，駕我騏馵。言念君子，溫其如玉。在其板屋，亂我心曲。”“驅續轂馵玉屋曲”韻。

［26］《大雅·桑柔》十二章：“大風有隧，有空大谷。維此良人，作爲式穀。維彼不順，征以中垢。”“谷穀垢”韻。

［27］《小雅·角弓》六章：“毋教猱升木，如塗塗附。君子有徽猷，小人與屬。”“木附屬”韻。

二、論長言、短言、重讀、輕讀，辨段氏“古無去聲”之誤

《公羊春秋》云：“《春秋》伐者爲客，伐者爲主。”何休《解詁》：“伐人者爲客，讀‘伐’長言之；見伐者爲主，讀‘伐’短言之。齊人語也。”［1］《淮南子》云：“輕土多利，重土多遲；清水音小，濁水音大。”［2］此一字有兩聲、三聲、四聲之説也。按：何氏讀“伐”長言之，今所謂去聲也；讀“伐”短言之，今所謂入聲也。第今韻所謂去聲者，［3］即去之一字，而《唐·羔裘》、《左氏》“蠱”繇辭以韻平，［4］則標名已戾於古，［5］段氏因謂古無去聲，［6］則又未免舉一而廢百，蓋去之與上，正如平聲之有陰陽，以耦相從，廢之則上聲類孤，於平、上轉入之音理隔矣。［7］

考魚部之入，古可由去而轉平。未部、質部之入長言之，至去而止，檢偏旁諧聲字，惟“貴比次利殹”數字可以轉，而之微部其餘則不能也。段於魚部去入聲之字，以《雨無正》之“夜夕惡”皆爲平聲，［8］於未部之字皆以爲入聲，無乃窒於今而仍戾於古乎？

［1］見《春秋公羊傳·莊公二十八年》。

［2］見《淮南子·地形》。

［3］第：副詞，衹是。

［4］《唐風·羔裘》一章：“羔裘豹祛，自我人居居。豈無他人，維子之故。”“祛居故”韻，其中“居”爲平聲。《左傳·僖公十五年》：“秦伯伐晉，卜徒父筮之，吉：‘涉河，侯車敗。’詰之。對曰：‘乃大吉也。三敗，必獲晉君。’其卦遇《蠱》，曰：‘千乘三去，三去之餘，獲其雄狐。’”“去”與平聲字“餘狐”韻。

［5］戾：相違背，不同。

[6]段玉裁《六書音韻表·古四聲説》曰:"古四聲不同今韻,猶古本音不同今韻也。考周秦漢初之文,有平、上、入而无去。洎乎魏晉,上、入聲多轉而爲去聲,平聲多轉爲仄聲。於是乎四聲大備,而與古不侔。……古平上爲一類,去入爲一類。上與平一也,去與入一也。上聲備於《三百篇》,去聲備於魏晉。"①

[7]隔:阻塞。

[8]《小雅·雨無正》二章:"三事大夫,莫肯夙夜。邦君諸侯,莫肯朝夕。庶曰式臧,覆出爲惡。"段玉裁《六書音韻表·詩經韻分十七部表》以"夫夜夕惡"相韻,歸於其第五部"平聲魚虞模,上聲語麌姥,去聲御遇暮,入聲藥鐸"之平聲,他認爲"夜夕"二字本是魚部字,後分別變爲《廣韻》之《禡》《昔》二韻。

三、論古上、去之别,辨段氏不分東冬爲二部、孔氏分之未細

論上、去於聲之輕重清濁,[1]微而顯者也。[2]未部、質部之字不與平韻,即不與上韻矣。孔分東冬爲二類,識過於段,其冬類闌入"戎農"二字,宜入東部。[3]檢《三百篇》及《周易》《論語》《老》《莊》、屈宋、《太元》之文,冬部字雖至少,而合韻東部者蓋寡,合蒸侵者爲多(近見嚴可均《説文聲類》并冬於侵,則非也)。《長門賦》冬侵合用至十六字,曾不闌入東部畛域。[4]知《切韻》冬爲"都宗切",其聲寬閎;東爲"德紅切",其聲峻上,蓋有所受之也。《詩》用東部,檢《説文》偏旁則通董腫等部;其用冬部,則惟《擊鼓》二章與"仲宋"爲韻;[5]其用蒸部,則俱平聲。檢二部偏旁,亦無上聲,此古上、去之界最爲著明者也。[6]

[1]此句謂從輕重清濁的角度辨析上、去二聲。

[2]微而顯:謂將上去二聲微妙隱約的區别揭示出來。杜預《春秋左傳集注序》曰:"發傳之體有三,而爲例之情有五。一曰微而顯。文見於此,而起義在彼。"孔穎達疏謂"微而顯"云"辭微而義顯也"。②

[3]劉氏認爲孔氏歸入冬部的從"戎農"得聲之字應當併入東部。今按,"戎農"當歸冬部。上古冬部字從侵部分化而來,常與蒸部侵部字押韻。《小雅·常棣》三章:"每有良朋,烝也無戎。""朋戎"韻,"朋"爲蒸部字。又《出車》五章:"喓喓草蟲,趯趯阜螽。未見君子,憂心忡忡;既見君子,我心則降。赫赫南仲,薄伐西戎。""戎"與冬部字押韻。《小雅·蓼蕭》四章:"蓼彼蕭斯,零露濃濃。既見君子,鞗革沖沖。""濃沖"韻,"沖"亦冬部字。

[4]《長門賦》:西漢司馬相如的騷體賦,其第二段"心音宮臨風淫陰音襜闈吟南"押韻,第三段"中宮崇窮音"押韻,其中"宮中崇窮"皆孔氏冬部字。

[5]《邶風·擊鼓》二章:"從孫子仲,平陳與宋。不我以歸,憂心有忡。""仲宋"韻,二字於《廣韻》爲去聲。

[6]劉氏此處以東冬二部字平聲與上聲押韻、諧聲而鮮與去聲相押相諧,説明上聲與去聲之不同。

四、論入聲分部

段氏以異平同入爲合韻之樞紐,[1]其義極精,如東侯、陽魚、蒸之、耕支、眞脂、元未灰〈微〉③,[2]以同入通合者,無論矣。侵與灰不近也,而侵之入緝與灰之入職則相近,故"急入"

---

① 〔清〕段玉裁:《説文解字注》,第815頁。
② 〔清〕阮元校刻:《十三經注疏》,第1706頁。
③ "微"原稿無。疑"灰"即"微"之誤,《序》中已論二部之關係。

可協"餞服國式"。[3]（《六月》《思齊》）支與魚不近也，而魚之入在昔，支之入在錫，故"釋"可協"積擊策適"，[4]"狄"（亦聲錫韻）可協"鬒掃晳帝"。[5]以此類推，同入通合之理可得其大概矣。

［1］異平同入：指兩個或幾個平聲（包括上聲、去聲）韻，可以與一個入聲韻相配。江永首倡此説，其《四聲切韻表·凡例》云："平上去入，聲之轉也。一轉爲上，再轉爲去，三轉爲入，幾於窮，僅得三十四部，當三聲之過半耳。窮則變，故入聲多不直轉；變則通，故入聲又可同用。除緝、合以下九部爲侵、覃九韻所專，不爲他韻借，他韻亦不能借。其餘二十五部諸韻，或合二三韻而共一入，無入者間有之，有入者爲多。"①如江氏以平聲豪冬兩韻入聲同爲沃，三者構成陰陽入相配的格局。段玉裁贊成江氏主張，明確提出"異平同入説"。《六書音韻表·古異平同入説》云："入爲平委，平音十七，入音不能具也。故異平而同入。職德二韻爲第一部之入聲，而第二部第六部之入音即此也……合韻之樞紐於此可求矣。"②

［2］《六書音韻表》云："屋沃燭覺爲第三部之入聲，而第四部及第九部之入音即此也。"段氏第四部即劉氏愚部，第九部即劉氏東部，東愚異平同入。陽魚、蒸之、耕支、真脂，段皆有説可參。劉氏元未微三部，相當於段氏第十四、第十五部。段氏云："術物迄月没曷末黠鎋薛爲第十五部之入聲，亦即第十三部第十四部之入音。"③段氏第十五部包含脂微二部，其入聲實際相當於後來學者所分物月二部，月與歌元對轉，物與微文對轉。

［3］《小雅·六月》一章："六月棲棲，戎車既飭。四牡騤騤，載是常服。獫狁孔熾，我是用急。王于出征，以匡王國。""急"與"飭服熾國"韻。《大雅·思齊》四章："不聞亦式，不諫亦入。""入"與"式"韻。"急入"二字在劉氏緝部，"服熾國式"在職部。

［4］《楚辭·悲回風》中"釋"與"積擊策迹逖適"等韻。"釋"鐸部，"積擊策"等錫部。

［5］《鄘風·君子偕老》二章："玼兮玼兮，其之翟也。鬒髮如雲，不屑髢也；玉之瑱也，象之揥也。揚且之晳也。胡然而天也！胡然而帝也！""翟髢揥晳帝"韻。翟，《經典釋文》作"狄"，云："本亦作翟。""狄"與"翟"通。《説文》云狄"從犬，亦省聲"。翟，藥部，"狄髢揥晳帝"錫部。

五、論正紐、反紐

張皋文《合韻表》五篇，[1]其四曰：同入四聲，有正紐、反紐。正紐者，自平之入；反紐者，自入之平。凡入聲字，反紐爲韻，正紐不爲韻。[2]如灰之入爲職，蒸之入亦爲職，愚之入亦爲職，[3]皆正紐也。就職發聲呼而平之，則職之平爲灰，故職不韻蒸愚也。又如魚之入爲玉，顓之入亦爲玉，牛之入亦爲玉，牙之入亦爲玉，[4]皆正紐也。就玉發聲呼而平之，則玉之平爲魚，故玉不韻顓牛牙也。[5]（案：屋部爲東愚蕭三部同入，東部雖有容從谷聲、家從豕聲、練從束聲、充從育聲、殻從肎聲、襪之或體爲襩、《周官注》攗讀如弄諸證，[6]然必聲轉入蕭愚二部，而後入屋部，古東部無平入同用也。）蓋入聲，古所謂短言；短言不成永歌，必引而長之。正紐者，聲之收；反紐者，聲之引也。（冬部無入聲。[7]東部之入在蕭愚二部。蒸部之入在灰部。侵部之入爲緝部。鹽部之入在魚部。[8]陽部之入在魚部，亦在緝部。[9]青真二部之入在微部。[10]

---

①〔清〕江永：《四聲切韻表》，《叢書集成初編》，北京：中華書局，1985年，第19頁。
②〔清〕段玉裁：《説文解字注》，第831頁。
③〔清〕段玉裁：《説文解字注》，第831頁。

文部之入在未部，亦在微部。元部之入在未部。微部之入在未部，亦在緝部。緝部反紐近未部。[11]歌部之入在支部，亦在魚部。[12]灰部之入在本部。蕭部之入在本部，亦在灰部。[13]肴部之入在本部。愚部之入在蕭部，亦在本部。魚部之入在本部，亦在愚部。[14]諸部聲从灰蕭魚部來者不拘同入。其他如青部聲入微，青之入在微也；真部聲入微，真之入亦微也；微部聲入文，微文之入同在祭也；[15]祭部聲入緝，緝反紐在未也；歌部聲入文真，青部聲入歌，真青文三部之入同在微，歌之入亦在微也。及他合韻以四聲反正紐推之。）

[1]《合韻表》出自張成孫《説文諧聲譜》。《説文諧聲譜》始於莊述祖，未卒業，屬張惠言爲之，亦未竟而卒。惠言子張成孫繼父業，於道光十六年（1836）完成。全書正文五十卷，附錄二卷，其中卷二爲《論五首》，論古韻五事，《合韻表》爲其中之一。

[2]反紐爲韻，正紐不爲韻：謂入聲可轉爲去、上、平聲而與之押韻，平、上、去則不能轉至入而與之押韻。也就是説，四聲自平轉入不可，而自入轉平是可以的。

[3]愚之入爲職，祇是劉氏推論，戰國秦漢間個別方言中有職部字轉與屋部通押的，如《大戴禮記·公冠》中“禄”與“或服德福極”韻，“禄”爲屋部字，其他爲職部字。

[4]此説誤。上古魚部對轉的入聲是鐸部，“魚牙”皆魚部字，“玉”是屋部字。

[5]顝，劉氏愚部字；牛，劉氏灰部字。此處意謂雖然異平可以同入，但不能反過來説一入可以轉爲不同的平聲，“玉”祇能轉爲“魚”而不能轉爲“顝”和“牛”。這是劉氏受其所處時代語音的影響而得出的認識，與上古音實際不相符合。

[6]《周官注》：指東漢鄭玄的《周禮注》。《周禮·夏官·大司馬》：“三鼓摝鐸。”鄭玄注引鄭司農曰：“摝讀如弄。”① “摝”上古音來母屋部，“弄”來母東部，兩字聲紐相同，韻部對轉。漢代口語中有可能塞音尾變爲鼻音尾了。劉氏此處所舉形聲字及“摝讀如弄”之例，是要説明上古陽聲韻東部没有平入對轉的。他認爲這些對轉例，其流轉過程應是先由陽聲轉爲陰聲，再由陰聲轉爲入聲。按後代語音流轉的實際，“摝讀如弄”應當是入聲轉爲陰聲，再轉爲陽聲；或入聲直接轉爲陽聲。

[7]冬部無入聲，此説誤。由於劉氏蕭愚同入，將冬部對轉的入聲與屋合併，故謂冬部無入聲。

[8]鹽部之入在魚部，此説值得進一步研究。劉氏將侵鹽兩部的入聲合爲緝部，表中云兩部入聲同在緝。此云鹽之入在魚，指其第二十一部陌。從上古早期個別韻例及諧聲字看，有鹽與鐸通轉的遺迹，如《大雅·常武》三章：“赫赫業業，有嚴天子。王舒保作，匪紹匪遊。”“業作”韻。“業”爲劉氏緝部字，實際應當是葉部字；“作”爲陌部字。葉陌兩部的對轉陰聲皆爲魚。

[9]此二句謂陽之入在魚，鹽之入在緝在魚，則陽之入亦可在緝。從理論上講，這種推論是可以成立的，但實際用例較少。

[10]劉氏微部入聲包括物月曷韻，此謂青真二部轉爲入聲的在微部入聲中，實際主要是真部入聲。青部祇有極個別的字與微部（實際主要是脂部）通押，如《周頌·載芟》：“載穫濟濟，有實其積，萬億及秭。爲酒爲醴，烝畀祖妣，以洽百禮。”段氏認爲“積”與“濟秭醴妣禮”合韻。“積”青部入聲，即錫韻字，“濟秭醴妣禮”皆脂部字。

[11]緝部反紐近未部，指緝部由入聲變爲去聲，音與未部近。如“靹”緝部字，而“内”未部字。

[12]歌部之入在支部亦在魚部，這也是從理論上進行推論，因爲上古歌部一部分字中古轉入支韻，一部分與魚部的一部分字演變合流成爲麻韻，因此劉氏認爲歌魚麻可以同入。但從諧聲字與上古用韻實際看，歌

---

① 〔清〕阮元校刻：《十三經注疏》，第 838 頁。

與支魚同入聲者絕少。

　　[13]蕭部之入在灰部：上古灰部一部分字中古轉入蕭部，故劉氏謂其入聲亦相通。如《小雅·楚茨》五章"備戒告"韻，"告"爲蕭部入聲，"備戒"爲灰部入聲。

　　[14]魚部之入在本部亦在愚部：魚愚二部秦漢時期音有混者，先秦界限比較清楚。

　　[15]微文之入同在祭：此處"祭"，是劉氏"未"部之一部分。

六、論宋元韻書之妄并《廣韻》之誤

　　陸法言《切韻》分部二百有六，今《廣韻》其舊目也。封演《聞見記》[1]云：文士苦其苛細。許敬宗等詳議，以其韻窄，奏合而用之。南宋劉淵《新刊禮部韻略》徑并所注同用之韻爲一韻，爲部百有七。其大誤者，如支脂之并爲一，不知古劃然三部也；元魂痕三部并爲一，不知古元部宜下合寒桓，魂痕宜上合文欣也（上聲阮混很同用、去聲願恩恨同用皆誤）。先仙并爲一，不知古"先"音如"詵"，宜上合魂痕文欣，仙宜上合删山也。蕭肴并爲一，肴豪均注獨用，不知"蕭"古音"修"，宜注獨用，宵肴豪宜注合用也。庚耕清并爲一，不知庚之古今音皆同陽唐，宜上合陽唐，耕清宜下合青也（上聲梗耿靜同用、去聲映諍勁同用皆誤）。侵注獨用，覃談注同用，不知"覃"古音同"蕈"，宜上合侵，談下合鹽也。入聲之棼亂，蓋茫無畔岸矣。劉淵又并證嶝入徑，爲許敬宗等所未議及。元陰時夫遂并拯等入迥，則青蒸之上去盡紊。[2]宋鄭庠始考求古音分爲六類，失之太濫。[3]明陳季立《毛詩古音考》析之未精。崑山顧氏分爲十部，各以入聲分配之，稍稍完密。婺源江氏分爲十三，金壇段氏分十七，曲阜孔氏分十八，武進莊氏、張氏分二十，高郵王氏分二十二，益密矣。今采諸家之書，更正《廣韻》標目，倣陸法言之意，如支脂之三韻分之以存古，類之以適今。江韻之分以東鍾之音，將轉入陽也。庚韻之分以陽唐之音，將轉入耕青也。尤侯幽之分，以尤爲古之咍灰韻，將轉入蕭；侯爲古虞音，將轉入蕭幽也。今分二十六部，爲《長編》二十六卷，[4]其注字則以《說文》爲本，兼采《爾雅》《釋名》經籍訓詁等書，[5]以博其義。庶幾長孫訥言所謂"酌古沿今，無以復加者"焉。[6]

　　[1]封演：生卒年不詳，唐代天寶十五年(756)進士，渤海蓨縣(今河北景縣)人。所作筆記《聞見記》，記戴各種典章制度、風俗習慣、古迹傳說及當時士大夫軼事，是研究唐代社會、文學的重要資料。此處所引見《封氏聞見記·聲韻》。

　　[2]陰時夫：生卒年不詳，名幼遇，亦作時遇，字時夫，宋元之際音韻學家，江西奉新人。著有《韻府群玉》二十卷，後來通行的"平水韻"實從此書中録出。

　　[3]鄭庠：宋人。戴震《聲韻考》云："鄭庠作《古音辨》，分陽支先虞尤覃六部，東冬鍾江唐庚耕清青蒸登竝從陽韻，脂之微齊佳皆灰咍竝從支韻，真諄臻文殷元魂痕寒桓删山仙竝從先韻，魚模歌戈麻竝從虞韻，蕭宵肴豪侯幽竝從尤韻，侵談鹽添咸銜嚴凡竝從覃韻。"①

　　[4]《長編》：指《詩聲衍·長編》二十六卷。

　　[5]《爾雅》：中國最早的一部訓詁專書，成書於漢代。分十九篇，是一部研究先秦詞彙的重要資料匯編。《釋名》：東漢劉熙著，用因聲求義的方法解釋漢語語源，考究各種日常事物名稱的來源和含義。

---

① 〔清〕戴震：《聲韻考》卷三《古音》，《叢書集成新編》第40冊，臺北：新文豐出版社，2008年，第376頁。

[6]長孫訥言：生卒年不詳，唐代黃門侍郎長孫師之子，北平(今河北保定)人。他曾爲陸法言《切韻》作箋注，今本《廣韻》前附有長孫訥言的《切韻箋注序》，謂《切韻》"酌古沿今，無以加也"。

七、論不可以合韻而濫全韻之部分

《毛詩》用韻，界畫甚嚴，其中間有出入，古韻家以合音目之，當代方音容有異讀(此顧氏亭林説)。太史采得之時，其不協中聲者，必或文之以足其辭，或節之以足其志。若乃和之詠歌而順，調之宮徵而諧，則仍之而不改。不必如後世綴文之士專事於一字一韻，以求免聲病也。近日考古家每泥一字之合，以潰其全韻之津涯，如見《小戎》"中"與"驂"韻，則指以爲侵中通；見《碩人》"倩"① 與"盼"韻，[1]則指以爲青先通；見《文王》之"躬"與"天"韻、[2]《思齊》之"入"與"式"韻，[3]則又指以爲冬真、職緝通，甚至指古書異體重文及漢儒説經改讀之字，據以爲每部與每部通之堅證，是猶執卷石以盡泰山之高，抱勺水以盡江海之多，匪惟泥古，亦豈能適今？今既別古韻，部居爲二十六部，長編每卷後列合韻若干字，使用古韻家知其分之不可亂，則知其合之不可苟矣。(此條陳潮依例目補。)[4]

[1]《衛風·碩人》二章："巧笑倩兮，美目盼兮。""倩盼"韻。"倩"從"青"聲，本青部字。"盼"從"分"聲，真部字。

[2]《大雅·文王》七章："命之不易，無遏爾躬。宣昭義問，有虞殷自天。"此處顧炎武等皆以"問天"相韻。劉氏云或以"躬天"合韻而推論冬真二部可通，是混淆各部界畫，實不可取。

[3]《大雅·思齊》四章："不聞亦式，不諫亦人。""式人"韻。"式"職部，"人"緝部。

[5]陳潮(1801—1835)：字東之，江蘇泰興霞幕圩(今曲霞鎮)人。著有《陳東之經説》一卷，《華嚴經音義》二卷，《依唐石經校定十二經》一卷，《四元細草》二卷。劉逢禄《詩聲衍》今存部分就是陳潮承劉氏友人之託編訂的。

八、論《詩》以雙聲合韻

《小雅·谷風》三章以"蔦萋② 怨"爲韻，[1]顧氏以末二句無韻，非也。"委"本從禾聲，歌元二類聲相近，《廣韻》"涴"字在三十九《過》是也。且"委宛"二字爲雙聲，故"萋"與"怨"韻(萋怨亦雙聲也)。《詩》雖不多見，而可徵用韻變通，無所不有矣。(以下陳潮補)今詳引《毛詩》若干條以衍之：《君子偕老》以"翟"韻"鬄"③，[2]《角弓》以"裕"韻"瘉"，[3]《桑柔》以"垢"韻"穀"，以"寇"韻"可"，[4]《楚茨》以"告"韻"戒"，[5]《賓筵》以"奏"韻"祖"，[6]《車攻》以"調"韻"同"，[7]《桑扈》以"那"韻"難"，[8]《皇矣》以"禡"韻"侮"(侮古音如茂)，[9]《大田》以"滕"韻"賊"(賊古音如特)。[10]見於他書者如《易·剝卦》以"用"韻"尤"，[11]《屯卦》以"禽"韻"窮"，[12]《大戴禮·投壺篇》以"士"韻"所"④，[13]《月令》以"騰"韻"同"，[14]屈

---

① 倩，原稿誤作"債"，今正。
② 萋，原稿誤作"婁"，今正。
③ 鬄，今本或作"髢"。
④ 所，原稿誤作"從"，今正。

子《天問》以"龍"韻"游"（游本旌旗之斿字，古音當如流，或倒轉作龍虯爲韻。按：周秦人無倒轉用韻者）諸類，[15]今以聲求之，皆相比不亂。又有聲不甚相比而其音可類從者，如《桑扈》以"敖"韻"求"，[16]《桑柔》以"瞻"韻"相"，[17]《小旻》以"膴"韻"謀"，[18]《常武》以"士"韻"祖"，[19]《六月》以"顒"韻"公"，并韻"躬"，[20]《蕩》以"諶"韻"終"，[21]《禮記·孔子閒居》以"神"韻"先"，[22]屈子《遠游》以"冰"韻"門"，[23]或與上句韻，相引者縮讀從上，或與下句韻，相引者順讀趣下，皆宛轉相協，若出天然，明乎此而廣推其類，則無惑乎合韻之説矣。

[1]《小雅·谷風》三章："習習谷風，維山崔嵬。無草不死，無木不萎。忘我大德，思我小怨。""嵬萎"爲微部字，"怨"爲元部字，二者爲旁對轉關係。

[2]《鄘風·君子偕老》二章"翟"與"鬒揥晳帝"韻。"翟"是古韻藥部字，"鬒揥"等字是錫部字。

[3]《小雅·角弓》三章："此令兄弟，綽綽有裕。不令兄弟，交相爲瘉。""瘉裕"韻。"瘉"愚部，"裕"爲屋部。

[4]《大雅·桑柔》十二章："大風有隧，有空大谷。維此良人，作爲式穀；維彼不順，征以中垢。""谷穀"屋部，"垢"愚部。

[5]《小雅·楚茨》五章："禮儀既備，鐘鼓既戒，孝孫徂位，工祝致告：'神具醉止。'皇尸載起。""備戒"職部，"告"屋部。

[6]《小雅·賓之初筵》二章："籥舞笙鼓，樂既和奏。烝衎烈祖，以洽百禮。百禮既至，有壬有林。錫爾純嘏，子孫其湛。"劉氏以"鼓奏祖"韻，"鼓祖"魚部，"奏"愚部。

[7]《小雅·車攻》五章："決拾既佽，弓矢既調。射夫既同，助我舉柴。""調"蕭部，"同"東部。

[8]《小雅·桑扈》三章："之屏之翰，百辟爲憲。不戢不難，受福不那。""翰憲難"，元部，"那"歌部。

[9]《大雅·皇矣》八章："是類是禡，是致是附，四方以無侮。""禡"魚部，"附侮"愚部。

[10]《小雅·大田》二章："去其螟螣，及其蟊賊，無害我田稚。田祖有神，秉畀炎火。""螣賊"韻，"螣"蒸部，"賊"職部。

[11]《易·剝》："六五：貫魚以宮人寵，無不利。"《象》曰："以宮人寵，終無尤也。""上九：碩果不食，君子得輿，小人剝廬。"《象》曰："君子得輿，民所載也；小人剝廬，終不可用也。""尤"灰部，"用"東部。今按，《説文》："以，用也。"《剝》卦《象傳》自六四爻始韻脚皆灰部字，疑"用"本作"以"，後人改爲"用"。

[12]《易·屯·象》曰："即鹿無虞，以從禽也。君子舍之，往吝窮也。""禽"侵部，"窮"冬部。

[13]《大戴禮記·投壺》："今日泰射，四正具舉，大夫君子，凡以庶士，小大莫處，御於君所，以燕以射，則燕則譽。"劉氏以"士"爲韻脚，與"舉處所射譽"韻。"士"劉氏灰部，其他字皆魚部。今按，"大夫君子，凡以庶士"可看作韻中韻，"子士"韻，灰部。

[14]《禮記·月令》："是月也，天氣下降，地氣上騰，天地和同，草木萌動。""騰"蒸部，"同動"東部。

[15]《楚辭·天問》："焉有虬龍，負熊以遊？雄虺九首，儵忽焉在？何所不死？長人何守？"按：劉氏以"龍遊"爲韻，"龍"東部，"遊"蕭部。此處"龍"可不入韻，當以"遊首守"韻，皆蕭部字。

[16]《小雅·桑扈》四章："兕觥其觩，旨酒思柔。彼交匪敖，萬福來求。""敖"劉氏肴部，"觩柔求"蕭部。

[17]《大雅·桑柔》八章："維此惠君，民人所瞻。秉心宣猶，考慎其相。維彼不順，自獨俾臧。自有肺腸，俾民卒狂。""瞻"劉氏鹽部，"相臧腸狂"陽部。

[18]《小雅·小旻》五章："國雖靡止，或聖或否。民雖靡膴，或哲或謀。""膴"魚部，"止否謀"之部。今按，"膴"可不入韻。

[19]《大雅·常武》一章："赫赫明明。王命卿士，南仲大祖，大師皇父：'整我六師，以修我戎。既敬既戒，

惠此南國。'"劉氏以"士"與"祖父"韻，"士"之部，"祖父"魚部。今按，"士"可不入韻。

[20]《小雅·六月》三章："四牡修廣，其大有顒。薄伐玁狁，以奏膚公。""顒"從"禺"聲，愚部，轉陽聲東部與"公"韻。

[21]《大雅·蕩》一章："天生烝民，其命匪諶？靡不有初，鮮克有終。""諶"侵部，"終"冬部。

[22]《禮記·孔子閒居》："清明在躬，氣志如神。嗜欲將至，有開必先。天降時雨，山川出雲。"①"神先"真部，"雲"文部。

[23]《楚辭·遠遊》："舒并節以馳騖兮，逴絕垠乎寒門。軼迅風於清源兮，從顓頊乎增冰。""門"文部，"冰"蒸部。今按，本條陳潮所補，皆韻之對轉、旁轉及旁對轉者，并非雙聲合韻之例。

九、論《詩》以轉注爲韻[1]

《棫樸》"追琢其章"，《有客》"敦琢其旅"，《行葦》"敦彼行葦""敦弓既堅"，《釋文》"敦追"皆有"雕"訓，皆有"追"音。[2]《北門》"敦"與"遺"韻，[3]《周官·司几筵》鄭注"敦"讀爲"燾"，[4]則"敦"本有"追雕圛"數音也。《小旻》"是用不集"，《傳》："集，就也。"王應麟《詩孜序》言朱子從《韓詩》，[5]作"是用不就"，今本仍作"集"。"集"有"就"訓，則與"猶咎道"韻。[6]《雨無正》"荅"與"退"韻，[7]《新序》《漢書》引作"對"，[8]"荅"有"對"訓，則與"退"韻。《六月》"我是用急"，《詩本音》以"急字非韻。[9]《鹽鐵論》引作'我是用戒'，[10]當从之"。孔氏引《呂氏春秋》《爾雅·釋訓》證"急"字入職韻者，[11]不獨此詩有之。"經始勿亟"之"亟"，[12]"玁狁孔棘"之"棘"，[13]義皆爲急。《檀弓》"夫子之病革矣"注："革，急也。""革棘亟急"四字可以轉相訓，故亦可轉爲音，不必改作"戒"也。《常棣》之"飫"即"饇饇"同訓。[14]《大田》二章"去其螟螣"，"螣"本朕聲，不與"賊"韻。[15]《説文》引《詩》作"去其螟蟘"，則同韻矣。《詩釋文》："螣，本亦作蟘。""螣"即"蟘"字，亦方言訓故也。（詳各部合韻下。）

[1]東漢許慎《説文解字叙》云："轉注者，建類一首，同意相受，考、老是也。"從下文所言之例看，劉氏所謂轉注，指同一詞音轉的情形，如"敦"轉爲"追""雕"等音。

[2]《釋文》：全名《經典釋文》，唐陸德明撰，共 30 卷。以注音爲主，兼釋意義，所注包括《周易》《尚書》《毛詩》《周禮》《儀禮》《禮記》《春秋左傳》《公羊傳》《穀梁傳》《孝經》《論語》《老子》《莊子》《爾雅》十四部經典。《大雅·棫樸》五章："追琢其章，金玉其相。勉勉我王，綱紀四方。"毛傳："追，彫也。金曰彫，玉曰琢。"②《周頌·有客》一章："有客有客，亦白其馬。有萋有且，敦琢其旅。"馬瑞辰《毛詩傳箋通釋》："敦與彫雙聲，敦即彫字之假借，字亦作雕。"③《大雅·行葦》三章："敦弓既堅，四鍭既鈞；舍矢既均，序賓以賢。"毛傳："敦弓，畫弓也。"《釋文》："敦音彫。"孔穎達《正義》："敦與彫，古今之異。彫是畫飾之義，故云'敦弓，畫弓也'。"④

[3]《邶風·北門》三章："王事敦我，政事一埤遺我。我入自外，室人交徧摧我。""敦遺"韻，"敦"轉音"追"。《釋文》云："敦，毛如字。《韓詩》云'敦，迫'。鄭都回反。"⑤

① 〔清〕阮元校刻：《十三經注疏》，第 1617 頁。
② 〔清〕阮元校刻：《十三經注疏》，第 514 頁。
③ 〔清〕馬瑞辰：《毛詩傳箋通釋》，北京：中華書局，1989 年，第 1088 頁。
④ 〔清〕阮元校刻：《十三經注疏》，第 534 頁。
⑤ 〔清〕阮元校刻：《十三經注疏》，第 310 頁。

[4]敦讀爲燾：謂"敦"通"燾"。《周禮·春官·司几筵》："每敦一几。"鄭玄注："敦，讀曰燾。燾，覆也。"①

[5]《詩攷》：宋王應麟撰。王應麟(1223—1296)，字伯厚，號深寧，南宋慶元(今浙江寧波)人。著作有《困學紀聞》《玉海》等。朱子：指朱熹。《韓詩》：漢初韓嬰所傳。《漢書·藝文志》著錄《内傳》四卷、《外傳》六卷，另有《韓故》三十六卷、《韓説》四十一卷。南宋以後，僅存《外傳》。清趙懷玉曾輯《内傳》文，附於《外傳》之後。

[6]《小雅·小旻》三章："我龜既厭，不我告猶。謀夫孔多，是用不集。發言盈庭，誰敢執其咎？如匪行邁謀，是用不得于道。""集"與"猶咎道"韻，"集"緝部，其他三字皆蕭部。

[7]《小雅·雨無正》四章："戎成不退，饑成不遂。曾我暬御，憯憯日瘁。凡百君子，莫肯用訊。聽言則荅，譖言則退。""荅"劉氏緝部，"退遂瘁"未部。

[8]《新序·雜事》《漢書·賈鄒枚路傳》引此詩皆作"聽言則對，譖言則退"。

[9]《小雅·六月》："六月棲棲，戎車既飭。四牡騤騤，載是常服。玁狁孔熾，我是用急。王于出征，以匡王國。"顧炎武《詩本音》卷五云："急字非韻。《鹽鐵論》引此作'我是用戒'，當從之。"②"急"劉氏緝部，"戒"職部。

[10]《鹽鐵論》：西漢桓寬根據著名的"鹽鐵會議"記錄整理撰寫的重要史書，其中以對話形式記述了漢昭帝時期關於政治、經濟、軍事、外交、文化的一場大辯論内容。

[11]孔廣森《詩聲類》卷十一《陰聲幽宵之類》云："《六月》'玁狁孔熾，我是用急。王于出征，以匡王國'。《詩本音》云：急字非韻，《鹽鐵論》引此作'我是用戒'，當從之。愚按：《爾雅·釋訓》：'佻佻、契契，愈遐急也；宴宴、粲粲，尼居息也；哀哀、悽悽，懷抱德也。'《吕氏春秋》：'凡耕之大方，力者欲柔，柔者欲力；息者欲勞，勞者欲息；棘者欲肥，肥者欲棘；急者欲緩，緩者欲急。''急'字入職韻者，不獨此詩有之。"③

[12]《大雅·靈臺》二章："經始勿亟，庶民子來。王在靈囿，麀鹿攸伏。"

[13]《小雅·采薇》五章："四牡翼翼，象弭魚服。豈不日戒？玁狁孔棘！"

[14]《小雅·常棣》六章："儐爾籩豆，飲酒之飫。兄弟既具，和樂且孺。""豆飫具孺"皆劉氏愚部。《説文》："飫，燕食也。""醧，私宴歡也。"

[15]《小雅·大田》二章："去其螟螣，及其蟊賊，無害我田稚。田祖有神，秉畀炎火。""螣"從朕聲，劉氏侵部；"賊"職部。今按，"螣"當從"騰"省聲，蒸部字，與"賊"陽入對轉。《説文》引作"蟘"，即"蚮"之異體，亦職部字。

十、論《毛詩》以假借爲韻

《毛詩》用韻錯綜變化，整齊疏密，人巧天工。江氏、孔氏析之精矣，更有借韻之例。則吾友莊君卿珊讀書得閒，而發前人所未發者也。《鄭風·褰裳》"涉溱"之"溱"，《説文·水部》："溱水，出鄭國。從水，曾聲。《詩》曰：'溱與洧，方渙渙兮。'"[1]"溱水，出桂陽臨武，入匯。從水，秦聲。"是"溱"當作"溱"。"曾"與"人"不同部。《詩》則借"溱"以韻之。[2]《小雅》"我馬維駒"之"駒"，《説文·馬部》："馬高六尺爲驕。從馬，喬聲。《詩》曰：'我馬維驕。'一曰野馬。"《株林》"乘我乘駒"《傳》："大夫乘駒。"《箋》："馬六尺以下曰駒。"是"駒"當作

---

① 〔清〕阮元校刻：《十三經注疏》，第775頁。
② 〔清〕顧炎武：《音學五書》，第117頁。
③ 〔清〕孔廣森：《詩聲類》，第42頁。

"驕"。"喬"與"株濡諏"不同部,《詩》則借"駒"以韻之。[3]愚因推之,"素衣朱繡"[4]《傳》: "繡,黼也。"《箋》云:"繡,當爲綃"。《魯詩》作朱"綃",[5]《儀禮》作"宵"。[6]肖聲在宥部, 肅聲在蕭部。《詩》則借"繡"以韻"晧鵠憂"也。[7]《車攻》"助我舉柴",本當作"積"。"積" 在支部,不與"伙"韻。《詩》則借"柴"以韻之。[8]《左氏春秋》引《常棣》"外禦其侮",今《毛 詩》作"務"。《箋》本《爾雅》:"務,侮也。"蓋"務"聲同"霧"。霧,《洪範》作"蒙",[9]聲相 近,故以韻"戎",[10]亦借韻也。"戚施"①引作"醜鼀"[11]。爾聲在微部,《詩》則借"施"以 韻"離"。[12]《宛央》"秩秩"之"摧",依《周官》作"匊",則在愚部。依《説文》作"莝",則 在歌部。《詩》則借"摧"以韻"綏"。[13]"敦弓既句",本字當爲"彀","彀"在蕭部,《詩》則 借"句"以韻"鍭"。[14]《大東》②"熊羆是裘",本當作"求"。《箋》云"聲相近",非也。"求" 在蕭部,"裘"在灰部。《詩》故借"裘"以韻"試"。[15]皆其例也。

[1]見《鄭風·溱洧》一章。

[2]《鄭風·褰裳》一章:"子惠思我,褰裳涉溱。子不我思,豈無他人。""溱人"真部。

[3]《小雅·皇皇者華》二章:"我馬維駒,六轡如濡。載馳載驅,周爰咨諏。""駒濡驅諏"劉氏愚部,"驕" 宥部。《陳風·株林》:"乘我乘駒,朝食於株。""駒株"愚部。

[4]《唐風·揚之水》一章:"素衣朱襮,從子于沃。"毛傳:"襮,領也。諸侯繡黼丹朱中衣。"鄭玄箋曰: "繡,當爲綃。"③

[5]《魯詩》,漢初魯人申公所傳,西晉以後亡佚。

[6]《儀禮·士昏禮》:"姆纚、笄、宵衣,在其右。"鄭玄注:"宵,讀爲《詩》'素衣朱綃'之綃,《魯詩》以 綃爲綺屬也。"④

[7]《唐風·揚之水》二章:"揚之水,白石晧晧。素衣朱繡,從子于鵠。既見君子,云何其憂。""繡晧憂鵠" 劉氏蕭部。此處意謂"綃"是宥部字,《詩》用借字"繡"與蕭部字押韻。

[8]《小雅·車攻》五章:"決拾既伙,弓矢既調。射夫既同,助我舉柴。"毛傳:"柴,積也。"⑤《説文》"掔" 字下引《詩》作"助我舉掔"。"伙"劉氏微部,劉氏蓋以从"此"之字亦微部,故云《詩》不用本字"積",而用 借字"柴"以與"伙"韻。今按,"柴",支部;"積"錫部。陰入對轉,可通假。

[9]《尚書·洪範》:"七、稽疑:擇建立卜筮人,乃命卜筮。曰雨,曰霽,曰蒙,曰驛,曰克,曰貞,曰悔,凡 七。"孔安國傳:"蒙,陰闇。"⑥《釋文》:"蒙,武工反;徐,亡鉤反。""亡鉤反"即"霧"之音。

[10]《小雅·常棣》四章:"兄弟鬩于牆,外禦其務。每有良朋,烝也無戎。""戎"冬部,"務"蕭部。此 處意謂"務"當讀如"蒙"而與"戎"韻。今按:"侮"是劉氏愚部字,對轉陽聲是東部。而蕭冬陰陽對轉,故 借字"務"與"戎"韻。

[11]戚施:即蟾蜍、蛤蟆,喻貌醜駝背之人。《説文》"鼀"字下引《詩》作"得此醜鼀"。

[12]《邶風·新臺》三章:"魚網之設,鴻則離之。燕婉之求,得此戚施。""離施"歌部。劉氏意謂本字

---

① 校注者按:"戚施"前蓋脱"説文"二字。
② 《大東》,原稿誤作《小東》,今正。
③ 〔清〕阮元校刻:《十三經注疏》,第 362 頁。
④ 〔清〕阮元校刻:《十三經注疏》,第 965 頁。
⑤ 〔清〕阮元校刻:《十三經注疏》,第 429 頁。
⑥ 〔清〕阮元校刻:《十三經注疏》,第 191 頁。

當作"罷"，但从爾得聲字在微部，故用借字"施"以與"離"押韻。

[13]《小雅·鴛鴦》四章："乘馬在廐，秣之摧之。君子萬年，福禄綏之。""摧綏"微部。《周禮·太宰》"七曰芻秣之式"，鄭玄注："芻秣，養牛馬禾穀也。"①《説文》："莝，斬芻。"段注："《小雅》'秣之摧之'，以'摧'爲'莝'。"②劉氏意謂本字當作"莝"，歌部。《詩》爲了與微部"綏"押韻，用借字"摧"。

[14]《大雅·行葦》三章："敦弓既句，既挾四鍭。四鍭如樹，序賓以不侮。""句鍭樹侮"愚部。劉氏意謂"句"本字當作"彀"，然"彀"是蕭部字，"鍭樹侮"皆愚部，故用借字"句"以協韻。

[15]《小雅·大東》四章："東人之子，職勞不來。西人之子，粲粲衣服。舟人之子，熊羆是裘。私人之子，百僚是試。""來服裘試"皆劉氏灰部。劉氏意謂"裘"本字當作"求"，然"求"在蕭部，故借用"裘"以協韻。今按："求""裘"本不同，"求"非"裘"之本字。甲骨文"求"作 𤟥，象多足蟲之形，爲"蛷"之初文；"裘"作 𧚍，金文增加聲符"求"作 𧘇。《説文》以"求"爲"裘"之古文，誤。③故"熊羆是裘"之"裘"非借字。

十一、論反切之始先於讀如、讀若

如"蒺藜"爲"茨"，[1]"之焉"爲"旃"，[2]"者歟"爲"諸"，"奈何"爲"那"，[3]"終葵"爲"椎"，[4]"邾婁"爲"鄒"之類，[5]可以濟讀如、讀若之窮。然有反切所不能傳，如《説文·口部》"唉"訓"膺也"，[6]《欠部》"欸"訓"訾也"，[7]《玉篇》訓"恚聲"，《唐韻》並"烏開切"。以今方音考之，則訓"膺"之"唉"必短言之始肖，訓"訾"之"欸"必長言之始肖，[8]蓋反切第能傳其音，長言短言兼能傳音之形容，今人專用反切而不用漢人舊例，於音理疏矣。（此條陳潮依例目補）

[1]《鄘風·牆有茨》一章："牆有茨，不可埽也。"毛傳："茨，蒺藜也。"④

[2]《唐風·采苓》一章："舍旃舍旃，苟亦無然。"鄭箋："旃之言焉也。舍之焉，舍之焉，謂謗訕人，欲使見貶退也。"⑤

[3]《左傳·宣公二年》："牛則有皮，犀兕尚多，棄甲則那？"杜注："那，猶何也。"⑥《釋文》："那，乃多反。"

[4]《周禮·考工記·玉人》："大圭長三尺。杼上終葵首。"鄭玄注："終葵，椎也。"⑦

[5]鄒：地名。《説文》："鄒，魯縣。古邾婁國。帝顓頊之後所封。"段注："周時或云鄒，或云邾婁者，語言緩急之殊也……邾婁之合聲爲鄒，夷語也。"⑧

[6]《説文·口部》："唉，膺也。"段注："《方言》：'欸，然也。南楚凡言然者曰欸，或曰譍。'按《廣雅》：欸、譍、然，膺也。本《方言》。許以唉訓膺，《欠部》欸訓訾，與《方言》異。蓋唉、欸古通用也。"⑨

[7]《説文·欠部》："欸，訾也。"段注："按：訾者，訾之字誤。訾者，思稱意也。訾者，訶也。分見《言部》《口部》。"⑩

---

①　〔清〕阮元校刻：《十三經注疏》，第 648 頁。
②　〔清〕段玉裁：《説文解字注》，第 44 頁。
③　黃德寬主編：《古文字譜系疏證》，北京：商務印書館，2007 年，第 482、486 頁。
④　〔清〕阮元校刻：《十三經注疏》，第 313 頁。
⑤　〔清〕阮元校刻：《十三經注疏》，第 367 頁。
⑥　〔清〕阮元校刻：《十三經注疏》，第 1866 頁。
⑦　〔清〕阮元校刻：《十三經注疏》，第 922 頁。
⑧　〔清〕段玉裁：《説文解字注》，第 296 頁。
⑨　〔清〕段玉裁：《説文解字注》，第 57 頁。
⑩　〔清〕段玉裁：《説文解字注》，第 412 頁。

［8］肖：像。此處所謂"短言""長言"，是從語氣角度講的，不是聲調的區別。

十二、論漢人説經改字多從雙聲疊韻求義

孜之諸經，除字形近而譌、音近而譌外，無非雙聲疊韻者，其例莫備於《周禮·考工》一冊。如杜子春讀"弧深"①之"弧"爲"汗"[1]（《釋文》"汗一音紆"），讀"左不楗"之"楗"爲"蹇"，[2]讀"通四方之珍異以資之"之"資"爲"齊"，[3]讀"榷崇"之"榷"爲"較"，[4]讀"置槷以縣"之"槷"爲"杙"，[5]鄭司農讀"秦無廬"②之"廬"爲"纑"，[6]"既建而迆"爲"倚移"之"移"，[7]讀"挈爾而纖"之"挈"爲"桑螵蛸"之"蛸"，[8]讀"薑蚤"之"薑"爲"哉"，[9]讀"欲其眼也"之"眼"爲"限"，[10]讀"雖敝不蔽"之"蔽"爲"耗"，[11]讀"弗之溓也"之"溓"爲"黏"，[12]讀"轚圉"之"轚"爲"綴"（綴古音如對之入），[13]讀"鰌其牛後"之"鰌"爲"繑"、[14]"輈欲頎典"之"頎"爲"懇"、"典"爲"殄"，[15]讀"重三鋝"之"鋝"爲"刷"，[16]讀"欲其惌也"之"惌"爲"菀彼北林"之"菀"（《釋文》：或云，鄭司農音鬱），[17]讀"以博爲帴"之"帴"爲"剗"，[18]讀"上公用龍"之"龍"爲"厖"，[19]讀"髻墾薜暴"之"暴"爲"剥"，[20]讀"數目牼脰"之"牼"爲"牽"（苦顔切），[21]讀"句兵欲無僤"之"僤"爲"彈丸"之"彈"（去聲），[22]讀"凡行奠水"之"奠"爲"停"，[23]讀"斬目必荼"之"荼"爲"舒"，[24]讀"坎執於火而無朕"之"朕"爲"燂"。[25]後鄭讀"函鮑"之"鮑"爲"鞄"，[26]讀"侈則柞"之"柞"爲"咋"，[27]讀"犀甲七屬"之"屬"爲"注"（"水屬不理孫"[28]之屬亦同），讀"以其笴厚"之"笴"爲"槀"，[29]讀"紾而昔之"之"昔"爲"錯"，[30]讀"凡梮之類不能方"之"梮"爲"胹"。[31]皆由雙聲疊韻變通以盡其類。他如鄭氏定"拾級聚足"之"拾"爲"涉"，[32]定《檀弓》之"填池"爲"奠徹"。[33]《易·豫卦》"朋盍簪"，京房作"撍"，馬融作"臧"，荀作"宗"（是謂雙聲）。[34]《公羊·桓十二年》之"毆蛇"，《左氏》作"曲池"（是謂雙聲），[35]字義絶不相入，而以聲類求之，則無不可通（審雙聲必嚴而後得聲的也）。説經如此類者，難以疏舉。必究乎此，而後可以得古音之合，乃可以知古韻之分。（此條陳潮依例目補）

［1］杜子春（約前 30 年—約 58 年）：東漢經學家，河南郡緱氏縣（今河南偃師）人。其所注《周禮》，鄭玄《周禮注》中引用百數十條。其著作今已佚，清馬國翰《玉函山房輯佚書》輯有《周禮杜氏注》二卷。《周禮·考工記·輈人》："凡揉輈，欲其孫而無弧深。"杜子春云："弧讀爲浄而不汗之汗。"③"弧"與"汗"上古同在魚部匣母。

［2］《考工記·輈人》："終日馳騁，左不楗。"杜子春云："楗讀爲蹇。"④"楗蹇"皆元部；"楗"群母，"蹇"見母。

［3］《考工記》："或通四方之珍異以資之。"鄭玄注："故書'資'作'齊'。杜子春云：'齊當爲資，讀如

---

① 深，原稿作"汗"，誤。今依《周禮》改正。
② 秦，原稿作"燕"，誤。今依《周禮》改正。
③〔清〕阮元校刻：《十三經注疏》，第 913 頁。
④〔清〕阮元校刻：《十三經注疏》，第 914 頁。

冬資絺綌之資。’”①“資”微部精母，“齊”微部從母，二字疊韻。

　　[4]《考工記·輿人》：“以其隧之半爲之較崇。”鄭玄注：“故書‘較’作‘榷’。杜子春云‘當爲較’。”②“榷較”皆見母；“榷”藥部，“較”宵部。

　　[5]《考工記·匠人》：“置槷以縣，眡以景。”鄭玄注：“故書‘槷’或作‘弋’。杜子春云‘槷當爲弋，讀爲杙’。”③“槷”據形當爲古疑母月部字，劉氏未部入聲。“弋杙”皆職部余母。

　　[6]鄭司農（？—83）：即鄭衆，字仲師，後世稱先鄭、鄭司農，東漢經學家，河南開封人。著有《春秋左氏傳條例》九卷、《孝經注》二卷。晚年曾奉詔作《春秋删》十九篇。《周禮·考工記》：“粵無鎛，燕無函，秦無廬，胡無弓車。”鄭司農云：“廬讀爲纑。”④“廬纑”皆魚部來母。

　　[7]《考工記》：“戈柲六尺有六寸，既建而迤，崇於軫四尺，謂之二等。”鄭司農云：“迤讀爲‘倚移從風’之‘移’，謂著戈於車邪倚也。”⑤“迤移”皆歌部余母。

　　[8]《考工記·輪人》：“望其輻，欲其掣爾而纖也。”鄭玄注：“鄭司農云：‘掣讀爲紛容掣參之掣。’玄謂如‘桑蠕蜎’之蜎。”⑥“掣蜎”皆宵部心母。

　　[9]《考工記·輪人》：“察其菑蚤不齵，則輪雖敝不匡。”鄭司農云：“菑讀如雜厠之厠，謂建輻也。泰山平原所樹立物爲菑，聲如戴，博立梟棊亦爲菑。”⑦“菑戴”皆灰部莊母。

　　[10]《考工記·輪人》：“望其轂，欲其眼也。”鄭司農云：“眼讀如限切之限。”⑧“眼”文部疑母，“限”文部匣母。

　　[11]《考工記·輪人》：“陽也者積理而堅，陰也者疏理而柔，是故以火養其陰而齊諸其陽，則轂雖敝不蔽。”鄭司農云：“積讀爲奠祭之奠，蔽當作耗。”⑨“蔽耗”皆宵部曉母。

　　[12]《考工記·輪人》：“參分其輻之長而殺其一，則雖有深泥，亦弗之溓也。”鄭司農云：“溓讀爲黏，謂泥不黏著輻也。”⑩“溓”談部來母，“黏”談部泥母。

　　[13]《考工記·輿人》：“參分軹圍，去一以爲轛圍。”鄭司農云：“轛讀如繫綴之綴。”⑪“轛”質部端母，“綴”月部端母，兩者皆劉氏未部。

　　[14]《考工記·輈人》：“不援其邸，必緧其牛後。”鄭玄注：“故書‘緧’作‘鰌’。鄭司農云：‘鰌讀爲緧，關東謂紂爲緧。鰌，魚字。’”⑫

　　[15]《考工記·輈人》：“是故輈欲頎典，輈深則折，淺則負。”鄭司農云：“頎讀爲懇，典讀爲殄。”⑬《釋文》：“頎，苦很反。”“頎懇”皆文部溪母。“典”文部端母，“殄”文部定母。

　　[16]《考工記·冶氏》：“重三鋝。”鄭司農云：“鋝，量名也。讀爲刷。”⑭“鋝”月部來母，“刷”月部山母，

① 〔清〕阮元校刻：《十三經注疏》，第905頁。
② 〔清〕阮元校刻：《十三經注疏》，第910頁。
③ 〔清〕阮元校刻：《十三經注疏》，第927頁。
④ 〔清〕阮元校刻：《十三經注疏》，第905頁。
⑤ 〔清〕阮元校刻：《十三經注疏》，第907頁。
⑥ 〔清〕阮元校刻：《十三經注疏》，第907頁。
⑦ 〔清〕阮元校刻：《十三經注疏》，第907頁。
⑧ 〔清〕阮元校刻：《十三經注疏》，第908頁。
⑨ 〔清〕阮元校刻：《十三經注疏》，第908頁。
⑩ 〔清〕阮元校刻：《十三經注疏》，第908頁。
⑪ 〔清〕阮元校刻：《十三經注疏》，第910頁。
⑫ 〔清〕阮元校刻：《十三經注疏》，第914頁。
⑬ 〔清〕阮元校刻：《十三經注疏》，第914頁。
⑭ 〔清〕阮元校刻：《十三經注疏》，第915頁。

皆劉氏未部入聲。

[17]《考工記·函人》:"視其鑽空,欲其惌也。"鄭司農云:"惌,讀爲'宛彼北林'之宛。"① "宛惌"皆影母元部字。

[18]《考工記·鮑人》:"若苟自急者先裂,則是以博爲帴也。"鄭司農云:"帴讀爲翦,謂以廣爲狹也。"② "帴翦"皆精母元部字。

[19]《考工記·玉人》:"天子用全,上公用龍,侯用瓚,伯用將。"鄭司農云:"龍當爲尨,尨謂雜色。"③ "龍"來母東部,"尨"明母東部。

[20]《考工記·瓬人》:"凡陶瓬之事,髻墾薜暴不入市。"鄭司農云:"髻讀爲刮。薜讀爲黄檗之檗。暴讀爲剥。"④ "暴"並母屋部,"剥"幫母屋部。

[21]《考工記·梓人》:"銳喙決吻,數目顅脰。"鄭玄注:"故書'顅'或作'牼'。鄭司農云:'牼讀爲"牼頭無髮"之牼。'"⑤ "牼"見母青部,"牼"見母元部。

[22]《考工記·廬人》:"凡兵,句兵欲無彈,刺兵欲無蜎。"鄭玄注:"故書'彈'或作'但'。鄭司農云:'但讀爲彈丸之彈。'"⑥ "但彈"皆定母元部。

[23]《考工記·匠人》:"凡行奠水,磬折以參伍。"鄭司農云:"奠讀爲亭。"⑦ "奠停"定母青部。

[24]《考工記·弓人》:"斲目必荼。"鄭司農云:"荼讀爲舒。"⑧ "荼"定母魚部,"舒"書母魚部。

[25]《考工記·弓人》:"撟幹欲孰於火而無贏,撟角欲孰於火而無燂。"鄭玄注:"故書'燂'或作'朕'。鄭司農云:'字從燂。'"⑨ "朕燂"皆定母侵部。

[26]《考工記》:"攻皮之工:函、鮑、韗、韋、裘。"鄭司農云:"鮑讀爲鮑魚之鮑,書或爲鞄,《蒼頡篇》有鞄。"⑩ "鮑鞄"皆並母幽部。

[27]《考工記·冶氏》:"鍾已厚則石,已薄則播,侈則柞,弇則鬱,長甬則震。"鄭玄注:"柞讀爲'咋咋然'之咋,聲大外也。"⑪ "柞咋"皆從母陌部。

[28]《考工記·匠人》:"水屬不理孫,謂之不行。"鄭玄注:"屬讀爲注。"⑫ "屬"章母屋部,"注"章母侯部。

[29]《考工記·矢人》:"五分其長而羽其一,以其笴厚爲之羽深。"鄭玄注:"笴讀爲槀,謂矢幹,古文假借字。"⑬ "笴"見母歌部,"槀"見母宵部。

[30]《考工記·弓人》:"稺牛之角直而澤,老牛之角紾而昔。"鄭司農云:"紾讀爲'抮縛'之抮,昔讀爲'交錯'之錯,謂牛角觕理錯也。"⑭ "昔"心母鐸部,"錯"清母鐸部。

[31]《考工記·弓人》:"凡昵之類不能方。"鄭玄注:"故書'昵'或作'樴'。杜子春云:'樴讀爲"不義

① 〔清〕阮元校刻:《十三經注疏》,第 917 頁。
② 〔清〕阮元校刻:《十三經注疏》,第 917 頁。
③ 〔清〕阮元校刻:《十三經注疏》,第 922 頁。
④ 〔清〕阮元校刻:《十三經注疏》,第 924 頁。
⑤ 〔清〕阮元校刻:《十三經注疏》,第 925 頁。
⑥ 〔清〕阮元校刻:《十三經注疏》,第 926 頁。
⑦ 〔清〕阮元校刻:《十三經注疏》,第 933 頁。
⑧ 〔清〕阮元校刻:《十三經注疏》,第 935 頁。
⑨ 〔清〕阮元校刻:《十三經注疏》,第 936 頁。
⑩ 〔清〕阮元校刻:《十三經注疏》,第 906 頁。
⑪ 〔清〕阮元校刻:《十三經注疏》,第 916 頁。
⑫ 〔清〕阮元校刻:《十三經注疏》,第 933 頁。
⑬ 〔清〕阮元校刻:《十三經注疏》,第 924 頁。
⑭ 〔清〕阮元校刻:《十三經注疏》,第 934 頁。

不昵"之昵,或爲黐。黐,黏也。玄謂檄脂膏腫敗之腫,腫亦黏也。'"①"檄腫"皆章母職部。

[32]《禮記·曲禮上》:"拾級聚足,連步以上。"鄭玄注:"拾當爲涉,聲之誤也。"②"拾"禪母緝部,"涉"禪母葉部,皆劉氏緝部。

[33]《禮記·檀弓上》:"曾子弔於負夏,主人既祖,填池,推柩而反之。"鄭玄注:"填池,當爲奠徹,聲之誤也。"③"奠"定母青部,"填"定母真部。"池"定母歌部,"徹"定母月部。

[34]"簪撢臧宗"皆精母。"簪撢"侵部,"臧"陽部,"宗"冬部。

[35]《公羊傳·桓公十二年》:"盟於殹蛇。"《釋文》:"殹,丘於反,又音曲後反。蛇音移,又音池。""殹"溪母侯部,"曲"溪母屋部,"蛇"船母歌部,"池"定母歌部。

十三、論一字有輕重緩急數讀不必分爲二部

致一字分收數部,其誤蓋始於葛洪《字苑》,[1]一字或三聲四聲,幾至於不可分。如"治治""上上""下下"皆分動静,[2]然"君君""臣臣""父父""子子"不可得而分也。則其説固不畫一矣。致今韻"惡"字凡具四聲,而屈子賦"好蔽美而偁惡"與上"導言不固"爲韻,[3]"孰云察予之善惡"與上"爾何懷乎故宇"爲韻,[4]是"美惡"與"好惡"同讀矣。"好"具二音,[5]而《釋文》與《春秋經》凡"修好"字皆呼報反,是上去不別矣。"厭"具四聲,而《春秋傳》"屬厭而已",[6]《釋文》:"於鹽反,又於豔反。"是平去義不別也。考"厭"字,《説文》凡三字,"猒"訓"飽也","壓"訓"壞也","厭"訓"筓也"。義雖別而音則同,大抵此類之字,急讀則爲入,緩讀則可平可去,不必分隸諸部也。(此條陳潮依例目補。)

[1]葛洪(283—363):字稚川,自號"抱朴子",東晉道教理論家、煉丹家和醫藥學家,丹陽郡句容(今江蘇句容)人。《字苑》:全稱《要用字苑》,書已佚。《顏氏家訓·音辭》云:"諸字書,焉者鳥名,或云語詞,皆音於愆反。自葛洪《要用字苑》分焉字音訓。"④

[2]動静:指名詞與動詞。如《廣韻·之韻》:"治,水名,出東萊。亦理也。直之切。"《志韻》:"治,理也。直吏切。"可見"治"之"治理"義有平、去二音。劉氏意謂上古"治"無平、去之别。其他各例仿此。

[3]《廣韻》中"惡"有三音:《模韻》:"惡,安也。哀都切。"爲平聲。《暮韻》:"惡,憎惡也。烏路切。"爲去聲。《鐸韻》:"惡,不善也。《説文》曰:'過也。'烏各切。"爲入聲。劉氏謂四音,蓋其時"惡心"義之上聲已產生。《離騷》:"理弱而媒拙兮,恐導言之不固。世溷濁而嫉賢兮,好蔽美而稱惡。"《廣韻》"固"古暮切,去聲。劉氏謂"美惡"之"惡"爲入聲,與去聲"固"韻,則上古無去入之別。

[4]《離騷》:"何所獨無芳草兮,爾何懷乎故宇?世幽昧以眩曜兮,孰云察余之善惡?"《廣韻》"宇"王矩切,上聲,與"惡"爲韻。

[5]"好"具二音:指"好"字有上、去二聲。《廣韻·晧韻》:"好,善也。美也。"呼晧切,上聲。《号韻》:"好,愛好。亦璧孔也。"呼到切,去聲。《左傳·僖公九年》:"夏,會於葵丘。尋盟,且脩好,禮也。"杜預注:"好,呼報反。""呼報反"爲去聲,而"脩好"之"好"爲美善之義。

[6]"厭"具四聲:指"厭"字有平、上、去、入四聲。《廣韻》"厭"有三切,《琰韻》"厭,厭魅也,於琰切",

---

① 〔清〕阮元校刻:《十三經注疏》,第935頁。
② 〔清〕阮元校刻:《十三經注疏》,第1238頁。
③ 〔清〕阮元校刻:《十三經注疏》,第1285頁。
④ 莊輝明,章義和:《顏氏家訓譯注》,上海:上海古籍出版社,1999年,第334—335頁。

上聲;《豔韻》"厭,《論語》曰:'食不厭精。'於豔切",去聲;《葉韻》"厭,厭伏。亦惡夢。於葉切",入聲。《左傳音義》"於鹽反"爲平聲。

十四、論有同得聲字分收各部者

"形羿汧開麗研妍"同從开聲,"形羿"在青部,[1]"開麗研妍汧"在元部。"員冐章"同從口聲,[2]"口章"在脂部,"員"收文部[3]"冐"收元部。[4]"裔雟裔"同從卨聲,"卨裔裔"在未部,"雟"收支部。[5]"逮叀蚩(潮按:蚩非中聲,辨見《韻表》)妻崒"同從中聲。"中"讀若"徹",收質部。"蚩"讀若"聘",收耕部。[6]"妻"(婦從女持帚,妻亦從女又持中。中,艸也,當是會意,中非聲)在脂部,"崒"在未部,[7]"逮"在緝部,[8]"叀"在元部。[9]"曰失㑗"同從乙聲,"曰"在未部,[10]"失"在質部,[11]"㑗"收支部。[12]"弟曳虒系厎厄辰延"同從厂聲,"虒厎"在支部,"弟"在脂部,[13]"系厂曳"收未部,"厄"(厄,五果切,俗音如㑗)收歌部,[14]"辰延"收元部。[15]"襄粟"同從㐅聲,"襄"在脂部,[16]"粟"在文部,[17]"㐅"在未部[18](㐅,《廣韻》在合韻,徐鍇從聿省聲,逮在未韻)。

[1]《説文》:"羿,相從也。從从开聲。一曰从持二爲幷。"今按:"幷"字甲骨文作"𢆶""𢆸"等形,從从,從一或二,象連結二人相幷立之形。① 戰國文字承襲甲骨文。小篆訛變,故許慎分析爲從开得聲。

[2]《説文》:"韋,相背也。從舛,口聲。獸皮之韋,可以束枉戾相韋背,故借以爲皮韋。𦟤,古文韋。"韋,商代金文從四止,從口(丁,城之初文),會守城之意,圍之初文。戰國文字承襲此形而略有省變。許慎所謂"相背"是借義。②

[3]《説文》:"員,物數也。從貝,口聲。鼎,籀文從鼎。"員,甲骨文、金文從鼎,從〇,〇亦聲。〇之繁文,鼎口爲圓形,故以鼎輔助表意。甲骨文或因契刻不易爲圓而作方形。戰國文字承襲金文。〇符或譌作日,鼎旁或譌作貝。《説文》"口聲"當改作"〇聲"。③

[4]《説文》:"冐,小蟲也。從肉口聲。一曰空也。"冐,從口,從肉,會口食肉飽厭之意,餍之初文。所從口或譌作▽、◣形,許慎遂以爲冐從口得聲。④

[5]雟,甲骨文𩾃,從佳,頭上有◤形冠飾。金文或下加丙象佳之剪尾形,或上省◤形冠飾。戰國文字或於丙内加口爲飾,遂與卨旁相混。本不從"卨"聲。⑤

[6]《説文》:"蚩,蟲曳行也。從虫中聲。讀若聘。"蚩,丑善切,上古元部字,中爲月部字,二字陽入對轉。

[7]《説文》:"崒,危高也。從自中聲。讀若臬。"臬,亦月部字。

[8]《説文》:"逮,疾也。從止,從又。又,手也。中聲。"有學者認爲非中聲。⑥

[9]叀:甲骨文作𢧵,是紡塼之"塼"的初文,上古音在元部。在古文字中多讀惠,從惠得聲的字或從叀。⑦

[10]《説文》:"曰,詞也。從口乙聲。亦象口气出也。"後世學者認爲"乙"非聲,章太炎《文始》云:"尋

---

① 黄德寬主編:《古文字譜系疏證》,第 2215 頁。
② 黄德寬主編:《古文字譜系疏證》,第 2870 頁。
③ 黄德寬主編:《古文字譜系疏證》,第 3618 頁。
④ 黄德寬主編:《古文字譜系疏證》,第 2562 頁。
⑤ 黄德寬主編:《古文字譜系疏證》,第 1995 頁。
⑥ 黄德寬主編:《古文字譜系疏證》,第 4009 頁。
⑦ 黄德寬主編:《古文字譜系疏證》,第 2885 頁。

曰上實非乙字，口氣出之説爲合。”①

[11]失：金文作，“从中，从元，會隱遁之意，即佚之初文。秦系文字上部中譌爲或，《説文》篆文作，與秦文字相承而譌。《説文》：‘失，縱也。从手，乙聲。’此乃據譌變的篆文説解”。②

[12]戹：西周金文作，象車戹之形，軛之初文。《説文》：“軛，轅前也。从車，戹聲。”“戹，隘也。从户，乙聲。”小篆戹由形譌變。③乙非聲。

[13]《説文》：“弟，韋束之次弟也。从古字之象。，古文弟。從古文韋省，丿聲。”甲骨文作等形，从（柲之初文），从。會柲纏韋有次弟之意，是弟的本字，④本不从丿聲。

[14]《説文》：“厄，科厄，木節也。从卩厂聲。賈侍中説，以爲厄，裹也。一曰厄，蓋也。”故厄不从丿聲，而从厂聲。劉氏誤以丿、厂爲一字，故謂厄从丿聲。厎亦从厂聲。

[15]《説文》釋“辰”爲从厂聲。辰，甲骨文作等形，是一個象形字，不從厂聲。延，甲骨文作，从彳，从止，會於道路行走之意。《説文》：“延，安步延延也。从廴从止。”延加一横畫爲飾筆，而演化爲延。《説文》：“延，長行也。从延，丿聲。”許慎誤分延、延爲二字，而以延从丿聲。

[16]《説文》：“褱，俠也。从衣，眔聲。”徐鉉等曰：“眔非聲，未詳。”今按：金文作，小篆承襲之。从眔之字分屬脂文緝三部，脂文陰陽對轉，緝部讀音當有不同來源。姑存疑。

[17]《説文》：“罤，周人謂兄曰罤。从弟从眔。”

[18]《説文》：“眔，目相及也。从目，从隶省。”徒合切，今音在緝部。有古文字學家認爲甲骨文、金文即此字，當从目从水，會目垂涕，或涕之古字。⑤按：蓋泪字，與當不同。待考。

十五、論有與所以得聲字不同部者

“充”从育省聲，“育”在屋部，“充”在東部。[1]“農”从囟聲（囟重文作脖，息从囟聲），“囟”在未部，“農”在東部（徐鍇云：農當从凶聲）。[2]“参”从“㐱”聲，“㐱”在眞部，“参”收侵部（潮按：参非㐱聲，辨見《韻表》）。[3]“習”从聲，“”在未部，“習”在緝部（肆部之彗古文作篲）[4]“枼”。从世聲，“世”在未部，“枼”在緝部（徐鉉説枼从市聲。潮按：市世異聲，辨見《韻表》）。[5]“敜”从古聲，“敜”在鹽部，“古”在魚部。[6]“曾”从囧聲，“囧”古文“囱”，在東部，“曾”收蒸部（古文曾从褱會意）。[7]“朋”古文“鳳”，“鳳”从凡聲，在侵部，“朋”收蒸部。[8]“裘”古文作“求”（今分二義），“裘”在灰部，“求”在蕭部。[9]“瘫”从瘖省聲，“瘖”在侵部，“瘫”在蒸部（古文瘫从㫃，象飛揚之形，不从疒也）。[10]“兢”从丯聲，“丯”在未部，“兢”在蒸部（《韻會》引《説文》兢从丵聲。《六書故》引唐本丵爲丯之古文，[11]豐、兢竝从得聲，丯、豐在東部，兢收蒸部）。[12]“杏”从可省聲，“可”在歌部，“杏”在陽部（《六書故》引唐本从口。林罕説杏以哽省聲）。[13]“贏”从羸聲，“羸”在歌部，“贏”在青部（潮按：贏非羸聲，辨見《韻表》）。[14]“允”从㠯聲，“秋”从來聲，“存”从才聲。“㠯來才”在之部，“允秋存”在眞文部。[15]“鷊”

① 章太炎：《文始》，《章太炎全集》，上海：上海人民出版社，2014年，第225頁。
② 黄德寬主編：《古文字譜系疏證》，第3349頁。
③ 黄德寬主編：《古文字譜系疏證》，第1992頁。
④ 黄德寬主編：《古文字譜系疏證》，第3046—3047頁。
⑤ 黄德寬主編：《古文字譜系疏證》，第3836頁。

從藝聲，“虔”從文聲。“藝文”在文部，“鸛虔”在元部。[16]“元”從兀聲，“莧”①從首聲，“糞”從八聲。“兀首”在未部，“八”在質部，“元莧”在元部，“糞”在脂部。[17]“憲”從害聲，“叔”從少聲（從少亦可會意），“害少”在未部，“憲叔”在元部。[18]“縣”從每聲，“罍”從囟聲，“每”在灰部，“囟”在未部，“縣罍”在元部（古文還作拘）。[19]“曼”從冒聲，“冒”在蕭部，“曼”在元部。[20]“鬳”從虍聲（《六書故》引唐本鬳從虙省聲），“虍”在魚部，“鬳”在元部。[21]“必”從弋聲，“弋”在之部，“必”在質部（吳氏鼎臣云：必當從八聲，必、八②雙聲。今《説文》從弋聲者，轉寫之誤）。[22]“甀”從呈聲，“呈”在耕部，“甀”在質部。[23]“犀”從辛聲，“辛”在真部，“犀”在脂部。[24]“葢”從盍聲，“盍”在緝部，“葢”在未部。[25]“兑”從合聲（兑為口，從八從口會意，八分也），“舌”從干聲（從口從干亦會意），“合干”在元部，“兑舌”在未部。[26]“截”從雀聲，“雀”在宥部，“截”在未部。[27]“卑”從甲聲（徐鉉從甲會意），“甲”在緝部，“卑”在支部。[28]“斯”從其聲，“其”在灰部，“斯”在支部。[29]“盧虖”從虍聲，“虍”在魚部，“盧虖”在歌部。[30]“疑”從矣聲（古文矢），“息”從自聲，“疑息”在灰部，“矢自”在微部。[31]“匿”從若聲，“若”在魚部，“匿”在之部（潮按：匿非若聲，辨見《韻表》）。[32]“夔”從轟聲，“昱”從立聲，“轟立”在緝部，“焦昱”在蕭部。[33]“奥”從舜聲，“舜”在元部，“奥”在蕭部。[34]“襃”從采，“采”在微部，“襃”在蕭部（潮按：段注謂《説文》從衣采聲，聲衍字。衣之有襃，猶禾之有采，故曰從衣采）。[35]“复”從高聲，“高”在灰部，“复”在蕭部。[36]“甾”從肉聲，“甾”在宥部，“肉”在蕭部。[37]“句”從丩聲，“丩”在蕭部，“句”在愚部。[38]“飄”從臺聲（聲不近，當是會意），“臺”在文部，“飄”在蕭部。[39]“魯”從羲省聲（魯從魚聲，從魯聲之櫓蕎或俱作鹵，可知魯音同鹵，古文炊即旅字，旅又同呂，不必從羲省也），“羲”在歌部，“魯”在魚部。[40]“奧需”同從而聲，“奧”在元部，“需”在愚部，“而”在灰部。[41]“得彤彭”同從彡聲，“彤彡得”在侵部，“彭”在陽部。[42]

[1]“充”冬部，“育”覺部（劉氏屋部）。冬覺對轉。

[2]農：金文作🔯，從田，從蓐，會治草農耕之意。蓐亦聲。《説文》：“農，耕也。從晨，囟聲。從🔯，籀文農從林。🔯，古文農。🔯，亦古文農。”許慎據訛變形體，故分析有誤。

[3]《説文》：“曑，商星也。從晶，參聲。🔯，或省。”金文作🔯、🔯等形，從三得聲，不從參聲。

[4]習：《説文》：“習，數飛也。從羽，白聲。”甲骨文作🔯、🔯等形，從羽，從日，會鳥近日而高飛之意。戰國文字習所從日旁或作🔯、🔯，或譌作🔯、🔯。③故“習”本不從白（自）聲。

[5]枼：《説文》：“枼，楄也。枼，薄也。從木世聲。”金文作🔯、🔯等形，象樹葉之形，葉之初文。不從“世”聲。

[6]《説文》：“敊，進取也。從又，古聲。”今按：敢，金文作🔯，從爭，甘聲。小篆訛變而從古。

[7]《説文》：“曾，詞之舒也。從八，從曰，囟聲。”甲骨文作🔯，象器具之形。金文作🔯，或下加🔯為飾。戰國文字或易田為目、日等形。小篆田訛變為囟，日訛變為曰。故曾本不從囟（囱）聲。

[8]朋：甲金文作🔯、🔯等，象以繩貫貝分為兩組之形。《説文》收鳳之古文🔯，當為甲骨文中🔯、🔯、🔯

---

① 莧，原稿誤作“莧”，今正。
② 八，原稿誤作“入”，今正。
③ 黄德寬主編：《古文字譜系疏證》，第 3848 頁。

之譌變或省形。

　　[9]《説文》："裘，皮衣也。从衣，求聲。一曰，象形，與衰同意。㪅，古文省衣。"以求爲裘之古文。裘，甲骨文作㪅，金文作㪅，均象裘衣形。求，甲骨文作㪅，金文作㪅，古文字學家以爲象多足蟲之形。蠤之初文。《説文》："蠤，多足蟲也。从虵。求聲。"

　　[10]《説文》："雁，鳥也。从隹，瘖省聲。或从人，人亦聲。㪅，籀文雁从鳥。"甲骨文作㪅，於鳥之脯部加指示符號，以表示鳥胸所在，爲膺之初文。《説文》："膺，智也。从肉，雁聲。"西周金文作㪅，譌變繁化而成今形，許慎遂有"瘖省聲"之誤解。[1]

　　[11]《六書故》：元代戴侗著。全書三十三卷，用六書理論分析漢字結構，能援引鐘鼎文字説明字形，並辨析字義引申與文字假借的不同。

　　[12]《説文》："競，競也。从二兄，二兄競意。从丯聲，讀若矜。一曰競，敬也。"競乃競之異體，周秦文字或將競字上部所从二辛譌爲二丯。

　　[13]《説文》："杏，从木，可省聲。"今學者以爲从木，从口，會杏實可口之意。

　　[14]贏：《説文》从貝羸聲。羸屬歌部，甲骨文作㪅、㪅等形，象蝸牛觸角、蜷體、有足之形，是贏之初文。後訛變繁化而成㪅、㪅等形，即贏所从。羸，甲骨文或用作方國名，疑讀作贏。[2]

　　[15]《説文》："允，信也。从儿，㠯聲。"段玉裁認爲"以非聲"。甲骨文作㪅，義爲果真。構形待考。《説文》："狀，犬張斷怒也。从犬，來聲。"狀，當是會意字。《説文》："存，恤問也。从子，才聲。""存才"均屬從紐，文灰通轉。"存"即"在"。

　　[16]《説文》："鸛，鳥也。从鳥，莫聲。"難，元部；莫，文部。文元旁轉。《説文》："虔，虎行兒。从虍，文聲。讀若矜。"段玉裁曰："聲當是衍字。"是也，"虔"爲會意字，或以"行兒"當爲"文兒"。

　　[17]《説文》："元，始也。从一，从兀。"元，商代金文作㪅，象人而突出其頭部之形。甲骨文或作㪅，上加短横爲飾。元兀一字分化，元月對轉。《説文》："'莧，山羊細角者。从兔足，苜聲。讀若丸。寬字从此。'"莧，甲骨文作㪅，象細角山羊之形。不从苜聲。

　　[18]《説文》："憲，敏也。从心，从目，害省聲。""憲害"元月（劉氏未部）對轉。《説文》："叔，殘穿也。从又，从歺。讀若殘。""歺叔"亦月元對轉。

　　[19]《説文》："緐，馬髦飾也。从糸，每聲。"段玉裁曰："每者，艸盛上出，故从糸每會意。"[3]段説是。《説文》："舁，升高也。从舁，囟聲。㪅，或从卪。"囟，真部；㪅，元部。真元旁轉。

　　[20]《説文》："曼，引也。从又，冒聲。"金文作㪅，从㝵，冃聲。以雙聲相諧。

　　[21]《説文》："虜，鬲屬。从鬲，虍聲。"

　　[22]《説文》："必，分極也。从八、弋，弋亦聲。"甲骨文作㪅，象戈柲之形，柲之初文。金文作㪅、㪅等形，八爲疊加聲符。弋非聲。

　　[23]《説文》："戬，利也。一曰翦也，从戈，晉聲。"金文作㪅从戈，从㪅，㪅又演化爲㪅或㪅。構形不明。

　　[24]《説文》："屖，屖遲也。从尸，辛聲。""屖"脂部，"辛"真部。脂真對轉。

　　[25]《説文》："葢，苦也，从艸，盍聲。"又："盍，覆也，从血、大。"春秋金文作㪅（秦公簋葢所从），从㪅、从皿。㪅，象器蓋相合之形。"葢"从艸从盍會意。

　　[26]《説文》："兑，説也，从儿，㕣聲。"兑，月部；㕣，元部。月元對轉。《説文》："舌，在口所以言也。

---

[1]　黃德寬主編：《古文字譜系疏證》，第328—329頁。
[2]　黃德寬主編：《古文字譜系疏證》，第2316頁。
[3]　〔清〕段玉裁：《説文解字注》，第658頁。

別味也。从干，从口，干亦聲。"甲骨文作🗨，象口吐舌之形。不从干聲。

[27]《説文》："雀，依人小鳥也。从小、佳。讀與爵同。""截，斷也。从戈，雀聲。"

[28]《説文》："卑，賤也，執事也，从ナ、甲。"甲非聲。

[29]斯：《説文》："斯，析也。从斤，其聲。""斯"與"其"聲韻皆異。"斯析"一字之變易。"斯"从"其"聲當是戰國秦漢時期的方言現象。

[30]《説文》："盧，古陶器也。从豆，虍聲。""鸕，鸕鳥也。从佳，虍聲。""盧"歌部，"鸕"魚部。

[31]《説文》："疑，惑也。从子、止、匕，矢聲。"甲骨文作𣏾，象人回首顧盼之形，後訛變繁化成今形，本不从矢聲。《説文》："息，喘也。从心，从自，自亦聲。"自本義指鼻子，息爲會意字，自非聲。

[32]《説文》："匿，亡也。从匸若聲。"段玉裁云："此取雙聲爲形聲也。"①劉氏《韻表》筆者未見，不敢妄議。

[33]《説文》："燋，火所傷也。从火，雥聲。𤏐，或省。'"金文作𤏐，从火、从佳，會以火燒鳥之意。戰國文字或从雔。小篆或从雥。會意字，不从雥聲。學界認爲，"昱翌"本一字，亦即"翼"，甲骨文作🦋，"日"與"立"皆後來增加字符，古音在職部。②

[34]《説文》："奥，宛也，室之西南隅。从宀番聲。"臣鉉等曰：番非聲，未詳。段玉裁曰："廾部𥝦讀若書卷，則奥宜讀若怨，而古音不尔者，取雙聲爲聲也。"③

[35]《説文》："褎，袂也。从衣，采聲。褏，俗褎从由。""采褎"定紐雙聲。

[36]《説文》："复，行故道也。从夂，富省聲。"甲骨文作𡕭，从𠷎下作倒止（夂）狀。不从富聲。

[37]《説文》："㿬，瓦器也。从缶，肉聲。""肉"蕭部入聲（劉氏屋部）；"㿬"肴部。

[38]《説文》："句，曲也。从口，丩聲。""句"當从丩口聲，"丩句"皆劉氏愚部。

[39]《説文》："饗，食飪也。从丮，鄉聲。《易》曰，饗飪。"甲骨文作𩚏，从丮、从亯，會人於亯（祭享建築）前有所獻之意。引申熟食可獻，即熟之初文。秦簡或作𩚏，从鄉已有聲化趨勢。饗、鄉均屬定紐，雙聲諧聲。④

[40]《説文》："魯，鈍詞也。从白，鮝省聲。""魯"當从魚聲。

[41]奭：从大从而，會人鬚柔軟之意。需，金文作𩁹，从雨，从天，會雨天不宜出行而有所待之意。不从而聲。

[42]"肜"从彡聲，本侵部字，後分化爲冬部，而讀"以戎切"。《説文》："彭，鼓聲也。从壴，彡聲。"甲骨文作𪔛，合體象形字。"壴"爲"鼓"字初文，諸斜筆表示鼓聲。不從彡聲。

十六、論有字可兩讀應兼收二部者

《説文·丨部》丨字注云："丨，引而上行讀若囟，引而下行讀若退。"據此知古本有一字二音宜兼收二部者，讀若"囟"在灰部，[1]讀若"退"在未部。"覀"讀若"禪"（《説文》"三年導服之導"即禪聲之轉），又讀若"沾"，又讀若"誓"（誓弼㯳肄部，[2]禪沾侵部），應兼收侵未二部。"幵"《説文》得聲字，有在青部者，有在元部者，宜兼收青元二部[3]。"皀"《説文》又讀若"香"，段氏云："本音當在緝。"故"鵖"從皀聲。[4]"鄉"亦從皀聲，應兼收陽緝二部。"敦"古音如"追"，

---

① 〔清〕段玉裁：《説文解字注》，第635頁。
② 李學勤主編：《字源》，天津：天津古籍出版社，2012年，第606頁。
③ 〔清〕段玉裁：《説文解字注》，第338頁。
④ 黄德寬主編：《古文字譜系疏證》，第579頁。

亦如"團",見《毛詩》,當兼收元微二部。"内"本音在未部,奴對切,古亦用爲"出内"字,今段"納"爲之,出内之義則爲"奴荅切",《詩·小戎》"軜"從内聲,與"合"韻,是古音本有"奴對""奴荅"二音,應兼收未緝二部(此類甚多,詳見《韻表》)。

[1]囟:真部字,非灰部。

[2]肆部:當指劉氏質部。

[3]段玉裁曰:"籀文枾讀若刊,小篆作枾,然則干开同音可知。荆罰字本从井,荆到从开,畫然異字異音。今則絶不知有从井之字,以刑代荆,音義兩失。而凡刑聲并聲之字盡失古音,得吾説存之,而後大略可證。"① 故劉氏所謂在青部者爲"井"字之訛變。

[4]皀:甲骨文作𥙿、𥛆等形,象豆形器盛放食物形。大徐本《説文》注音"皮及切",又讀若"香"。《説文》:"鵖,䳄鵖也。从鳥皀聲。"大徐本"彼及切"。《説文》:"䳄,䳄鵖也。从鳥乏聲。"音"平立切"。二字同在緝部,聲母有清濁之别。

十七、論有字可兩讀應專收一部者

"𦣹"收微隱二韻,[1]而"殷"從𦣹聲,古在文部。"番"收元戈二韻,[2]而從番聲之字,古皆在元部。"睿"古文濬,或作"濬叡",古文"𥇓"、籀文"𡐫",二字義既相通(睿从谷从卪,深通川也。叡从叔从目从谷省,深明也,通也),音亦當近,故"璿"從睿聲,古文作"璇",籀文作"𡐫"。可見"睿容"二字古本相通,[3]應專收文部(此類甚多,詳見《韻表》)。

[1]《廣韻·微韻》:"𦣹,《説文》曰:'歸也。'从反身。"音"於希切"。《隱韻》:"𦣹,歸依也。"音"於謹切"。古韻微文對轉。

[2]《廣韻·元韻》:"番,《説文》曰:'獸足謂之番。'經典作番。又'翻''盤''潘'三音。《書》亦音波。"音"附袁切"。《戈韻》:"番,《書》曰:'番番良士。'"音"博禾切"。古韻元歌對轉。

[3]《説文》:"睿,深通川也。从谷从卪。卪,殘地;阬坎意也。《虞書》曰:'睿畎澮距川。'"音"私閏切"。《説文》:"叡,深明也。通也。从叔从目,从谷省。𥇓,古文叡。"音"以芮切"。

十八、論有從偏旁省聲形近而訛者

"甜"從舌非聲,"恬桰銛𤎩"竝可從"甜"省聲,收談部(今惟恬字從甜省聲,餘俱作舌聲,[1] 盍韻之"猰",從犬從舌會意,非聲。[2]潮按:鄭注《周禮·酒人》云:"若今恬酒矣。""甜"止作"恬",是"甜"亦後人俗字羼入《説文》者从之省聲,非也。辨見《韻表》)。"劫"從去非聲,[3]"㹱宏鈐㹡怯"可從"劫"省聲,[4]收緝部。"𡩡"從𡭗(或從隸省,會意)非聲,"鰥"可從"𡩡"省聲,收文部(此類甚多,詳見《韻表》)。

[1]《説文》:"甜,美也。从甘从舌。舌,知甘者。""恬,安也。从心,甜省聲。""桰,炊竈木。从木舌聲。""銛,鍤屬。从金舌聲。讀若棪。桑欽讀若鐮。""舌桰"月部,"甜恬銛"皆劉氏鹽部。

[2]《説文》:"猰,犬食也。从犬从舌。讀若比目魚鰈之鰈。"劉氏緝部。

[3]《説文》:"劫,人欲去,以力脅止曰劫。或曰以力止去曰劫。"劉氏緝部。

① 〔清〕段玉裁:《説文解字注》,第715頁。

〔4〕《説文》："虓，豟屬。从虎去聲。""屌，閉也。从户，劫省聲。""鈠，組帶鐵也。从金，劫省聲。讀若劫。""狜，多畏也。从犬去聲。忦，杜林説'狜从心'。""虓"劉氏鹽部，"屌鈠狜"皆劉氏緝部。緝鹽對轉。

十九、論有得聲之字形近互謁應改正者

"蠆萬"二字篆文相近，惟从貝之"賹"萬聲，應收元部，餘如"講構勱噧癘屬邁"从蠆聲，"嚰邁厲"从蠆聲，"犡灟"从屬聲，今俱誤作萬聲，應改正收未部。"娩"（兔子。娩，疾也。从女兔。潮案：娩字辨見《韻表》）[1]"挽"（生子兔身也。从子从兔）[2]"娩"（生子齊均也，从女从生兔聲）[3]三字同讀，緣兔子生疾，故生子挽身字从兔，段借作"寬挽"（省作兔）字。生子齊均之"娩"及他从兔聲字，竝應从"挽"省聲，收元部。"飲"从人食（食亦聲），"蝕飭飾"竝應从飲聲（今作从人食聲）收職部。[4]"蔽"从叔聲，"叔"从叔省聲，"瞆"或作"聲"，今《説文》無"叔"字，徐鉉説"寂"字之省，[5]當是"叡"字之省[6]（姚氏據《玉篇》"叔，太息也"，謂即"唱噴"重文，但"叔"字義不可解）。"染"裴光遠説从木，所以染。九，染之數也（今作杂聲，《説文》無杂字）。[7]

〔1〕《説文》："娩，兔子也。娩，疾也。从女、兔。"段注謂"娩，疾也"上"當有'一曰'二字"①。劉氏元部。

〔2〕《説文》："挽，生子兔身也。从子兔。"元部。

〔3〕《説文》："娩，生子齊均也。从女从生，兔聲。"小徐本作"从女挽聲"。段玉裁改爲"从女兔生"。《説文》無"兔"字，段氏增補之。劉氏元部。

〔4〕"食飲"并職部字。

〔5〕《説文》："瞆，聾也。从耳貴聲。聑，瞆或从叔。"臣鉉等曰：當从蔽省，義見蔽字注。""蔽，艸也。從艸叔聲。"徐鉉案："《説文》無叔字，當是寂字之省。而聲不相近，未詳。"

〔6〕《説文》："叡，奴探堅意也。从奴从貝。貝，堅寶也。讀若概。"劉氏未部。

〔7〕《説文》："染，以繒染爲色。从水杂聲。"徐鍇曰："《説文》無杂字。裴光遠云：'从木，木者所以染，梔、茜之屬也；从九，九者染之數也。未知其審。'"劉氏鹽部。

二十、論有得聲字應從《説文》偏旁補入者

"稀"徐鍇説从爻，稀疏之義。[1]"巾"象禾之根莖。"蒂晞"等字皆从"稀"省聲。姚氏據《周官釋文》、《虞書》鄭注，以爲"希"即古文"黹"，"希"字應補。[2]"舽"从舟从舁闕。"俤樇舲"竝从舁聲。今《玉篇》有"舁"字，火種也，讀若"俤"（迻，籀文作遘，俤聲），从卄持火，會意，"舁"字應補。"牀"徐鍇説从木从疒省（疒，倚也，人有疾病，象倚著之形），象有所倚著，會意。[3]"牆戕"之屬竝从牀省聲，[4]今《説文》凡从"爿"字皆作爿聲（脱爿字）。《五經文字》有"爿"字，[5]音同"牆"（《類篇》坿片字後），"爿"字應補（片从半木，爿亦从半木。鐘鼎有鼎字，莊以爲古文藏字，[6]會意。如正亙、止屮、巴叧之類）。

〔1〕《説文》："稀，疏也。从禾希聲。"徐鍇曰："概既以禾爲準，稀亦同也。當言从禾、爻、巾，無聲字，後人加之。爻者，希疏之義，與爽同意。巾亦是其希象。至蒂與晞皆从稀省，何以知之？《説文·巾部》《爻部》

並無希字，以是知之。”①

［2］姚氏：指姚文田。嚴可均、姚文田《説文校議》曰：“稀希即黹字，今黹下脱重文耳。《周禮·司服》‘則希冕’注：‘希，或作黹，字之誤也。’實則黹希同體，鼎彝器銘黹有[illegible]數形，希即黹之變。故《周禮》相承希黹隨作，許書莃唏晞脪郗晞稀俙欷豨絺皆希聲，是舊本必有希字。而小徐謂皆從稀省，斯不然矣。”②

［3］《説文》：“牀，安身之几坐也。从木、爿。”徐鍇曰：“牀即以安身也。《春秋左傳》曰，薳子馮僞病，掘地下冰而牀焉。至今恭坐則榻也。故从木、爿。爿則疾字之旁，象人之斜身有所倚著，實不成字。至于牆牂戕，並从牀字之省形，並在右，其左並曰聲。”③

［4］《説文》：“牆，垣蔽也。从嗇，爿聲。”“戕，搶也。他國臣來弑君曰戕。从戈，爿聲。”

［5］《五經文字》：唐代張參奉敕主持編纂的一部正定群經文字形、音、義的著作。

［6］莊：指莊述祖。

二十一、論所收《説文》字其音義竝同者可作重文或體

《牛部》“犡犗”並云“牛白脊也”；[1]《虎部》“虩虢”並云“虎皃”；[2]《口部》“叫，嘑也”，《言部》“訆，大嘑也”，此二部字多通，可推廣併省之：“噭警”“吪譌”“呧詆”“呰訾”“吂詤”“嚶譻”“呭詍”“嗔謓”“咮啄噣”“唬謼”。《口部》“呼嘑”並載，又《言部》“評謼”復出，四字可併。《口部》“吹”、《龠部》“龡”，《口部》“咊”、《龠部》“龢”。“听”（《口部》）“忻”（《心部》）“訢”（《言部》）“欣”（《欠部》）四字可併。[3]《口部》“咼，口戾不正也”，《立部》“竵，不正也”，《女部》“媧，古文嬀”，又《疒部》“瘑，口咼也”（卷五《夂部》：“干，跨步也。从反夂。䍐从此。”此古竵字）。[4]“启闓”俱訓“開”，聲又同。《辵部》“遞，過也”，《心部》“愆，過也”，重文“寒”，籀文“諐”，四字可併。[5]“退，斅也”，《攴部》“敗，毁也”可併。“述”籀“遂”、《行部》“術”可併。“返仮反”三字可併。“遲”重文“迟”、籀文“遟”、《彳部》“徲”可併。“達衛率”三文可併。“帥帨”二文可併。“邎繇”可併。[6]“逮隶隸”俱訓“及”。“毌貫遺摜”四字可併。“迅弔”“逞程”。《彳部》“徲，行平易也”，即“夷”字。“德傳”俱訓“使”。“很詪”。[7]《止部》“歱”、《足部》“踵”、（凡从足之字或从止，故跟或跟，歫即距）。《龠部》“龤，樂和龤也”，《言部》“諧，詥也”，《口部》“喈，鳥鳴聲”。[8]“絑”即丹“朱”。“飆”即“涼”字。“伯鯀”作“百鮌”。夷“羿”作“芎”。“契”作“偰”，又作“离”。有“莘”作“姺”。姜“原”作“嫄”。陳“亢”作“伉”。“竺篤”俱訓“厚”。“詖”古文“頗”。“得尋”重見《彳部》《見部》。“吹”重見《口部》《欠部》，“歗嘯”字重見同。“曟”日月合宿爲“辰”。“櫨”注引《吕氏春秋》“櫨橘夏孰”。[9]“圓員圜”。“梅楳某”古文“槑”。“欜柝”同引《易》“重門擊柝”。[10]《衣部》“褻”引《詩》“褻袢”，“袢”下引《詩》“紲袢”。[11]“曾層”重收。“百首”一字二部。“鬲䰛”“自𦣹”“大亣”俱可併。《日部》“的”引《易》爲“的顙”，《馬部》“馰”引作“馰顙”。[12]《木部》“枖”引《詩》“桃之枖枖”，《女部》“媄”下引作“媄”。[13]《衣部》“袾”引《詩》“静女其袾”，

---

① 〔南唐〕徐鍇：《説文解字繫傳通釋》，《四部叢刊初編》縮印本，第140頁。
② 丁福保：《説文解字詁林》，昆明：雲南人民出版社，2006年，第1783頁。
③ 〔南唐〕徐鍇：《説文解字繫傳通釋》，第113頁。

《女部》"姒"下引作"姒"。[14]《手部》"擎"引《詩》"赤舃擎擎"，《己部》"圣"下引作"己己"。[15]《習部》"翫"下引《春秋傳》"翫歲而愒日"，《心部》引作"忨歲而濈日"。[16]《龀部》"齹"重文"龇"下引《書》"鳥獸龇毛"，《毛部》引作"鳥獸𣬛氄"。[17]《辵部》"述"下引《書》"旁述屏功"，《人部》"俜"下引作"方鳩俜功"。[18]《水部》"沱"下引《詩》"江有沱"，"汜"下引作"汜"。[19]《艸部》"蘸"字《火部》重出；[20]"愷"《心部》《豈部》重出。[21]"挈"《孔部》《手部》重出。[22]"蛾"《虫部》《蚰部》重出。[23]"蝥"《虫部》《蟲部》重文重出。[24]"塗"《土部》《水部》重出。[25]"敶"《攴部》《土部》重出。[26]"楥"《木部》《金部》重出。[27]"輗"《車部》《网部》重出。[28]"涶"《口部》《水部》重出。[29]"惄"《心部》《口部》重出。[30]"踞"《足部》《尸部》重出。[31]"敖"《放部》《出部》重出。[32]"吁"《口部》《亏部》重出。[33]"否"《口部》《不部》重出。[34]"谷"《口部》《水部》重出。[35]"鞈"《革部》《鼓部》重出。[36]"劃"《畫部》《刀部》重出。[37]"剫"《攴部》《刀部》重出。[38]"歉"《喜部》《欠部》重出。[39]"閑"《木部》《門部》重出。[40]"恁"《心部》《食部》重出。[41]"坓"《之部》《土部》重出。[42]"院"《宀部》《阜部》重出。[43]"挈"《手部》《韋部》重出。[44]"采"《人部》《子部》重出。[45]"希"《𧲺部》《亥部》重出。[46]"壽"爲部首，又見《土部》。[47]"象"爲部首，又見《象①部》。[48]"巫"爲部首，又見《手部》。[49]他如巢車之"巢"加車旁，芻莖養牛之"芻"加牛旁，畜産之"産"加牛旁，燒紫樊燎之"紫"別爲示，"瑟彼玉瓚"之"瑟"旁加玉，"葛藟縈之"之"縈"別作"蔡"，百穀艸木麗乎土之"麗"別加艸，大抵多漢氏俗字，或轉寫校改者增加，故《後叙》言重文一千一百六十三，以今本悉數之，轉於原數有增也。

［1］"𢪸将"皆來紐月部。

［2］"㷀"疑紐月部，"㠩"疑紐物部。二字皆劉氏未部。

［3］上列諸例各組字皆同音，爲異體字。

［4］"咼"溪紐歌部，"譌"曉紐歌部，"瘑"匣紐歌部。

［5］《説文》："過，過也。"段注："本義此爲經過之過，《心部》愆、寒、𩓋爲有過之過，然其義相引伸也。"②"過愆"皆溪紐元部。

［6］以上諸例各組字皆同音，爲異體字。

［7］《説文·彳部》："很，不聽從也。一曰行難也。一曰盩也。从彳，皀聲。"《言部》："誾，眼戾也。从言皀聲。"二字皆匣紐真部。

［8］"齰齘"皆匣紐脂部，"喈"見紐脂部。

［9］《説文·木部》："櫨，柱上栭也。从木，盧聲。伊尹曰：果之美者，箕山之東，青鳧之所，有櫨橘焉，夏孰也。一曰宅櫨木，出弘農山也。"引文見《吕氏春秋·本味》。此條謂"櫨"兼二義，與諸條不同例。

［10］《説文·木部》"櫪，夜行所擊者。从木，橐聲。《易》曰：'重門擊櫪。'""柝，判也。从木，㡮聲。《易》曰：'重門擊柝。'"

［11］《説文·衣部》："褻，私服。从衣，埶聲。《詩》曰：'是褻絆也。'""絆，無色也。从衣，半聲。一曰《詩》

---

① 象，當爲"㣇"之誤。

② 〔清〕段玉裁：《説文解字注》，第 74 頁。

曰：‘是紲袢也。’讀若普。”“褻紲”皆心紐月部，劉氏未部。《鄘風·君子偕老》本字當爲“褻”，“紲”是通假字。

［12］《説文·日部》：“旳，明也。从日，勺聲。《易》曰：‘爲旳顙。’”《馬部》：“馰，馬白頟也。从馬，的省聲。一曰駿也。《易》曰：‘爲馰顙。’”“馰”爲“的”之分化字，二字皆端母藥部字。

［13］《説文·木部》：“枖，木少盛皃。从木，夭聲。《詩》曰：‘桃之枖枖。’”《女部》：“媄，巧也。一曰女子笑皃。《詩》曰：‘桃之媄媄。’从女，芺聲。”“枖媄”皆影母肴部字。

［14］《説文·衣部》：“袾，好佳也。从衣，朱聲。《詩》曰：‘静女其袾。’”《女部》：“姝，好也。从女，殳聲。《詩》曰：‘静女其姝。’”“袾姝”皆昌母侯部，異體字。

［15］《説文·手部》：“掔，固也。从手，臤聲。讀若《詩》‘赤舄掔掔’。”苦閑切，溪紐真部。《己部》：“巹，謹身有所承也。从己、丞。讀若《詩》云‘赤舄己己。’”己，見紐之部，“己丞”陰陽對轉。

［16］《説文·習部》：“翫，習猒也。从習，元聲。《春秋傳》曰：‘翫歲而愒日。’”《心部》：“忨，貪也。从心，元聲。《春秋傳》曰：‘忨歲而㵣日。’”二字皆疑紐元部。

［17］《説文·毳部》：“毴，羽獵韋絝。从毳，弁聲。𧝐，或从衣从朕。《虞書》曰：‘鳥獸𧝐毛。’”日紐蒸部。《毛部》“毪，毛盛也。从毛，隼聲。《虞書》曰：‘鳥獸毪髦。’”而尹切，又人勇切。此三字形當爲今言“毛茸茸”之本字，本冬部或蒸部字，方音有轉爲文部者。

［18］《説文·辵部》：“逑，斂聚也。从辵，求聲。《虞書》曰：‘旁逑孱功。’又曰：‘怨匹曰逑。’”《人部》：“僝，具也。从人，孨聲。讀若汝南潺水。《虞書》曰：‘旁救僝功。’”僝，仕戀切，床紐元部。《孨部》：“孱，迮也。一曰呻吟也。从孨在尸下。”七連切，清母元部。引《虞書》“孱僝”爲通假關係。

［19］《説文·水部》：“洍，洍水也。从水，𦣝聲。《詩》曰：‘江有洍。’”“汜，水别復入水也。一曰汜，窮瀆也。从水，巳聲。《詩》曰：‘江有汜。’”“洍汜”皆灰部，《説文》“洍”下引《詩》是其假借用法。

［20］《説文·艸部》：“蘸，艸也。从艸，難聲。”《火部》：“然，燒也。从火，肰聲。[illegible]或从艸、難。”按：“蘸”借爲然燒之“然”。

［21］《説文·心部》：“愷，樂也。从心，豈聲。”《豈部》：“愷，康也。从心、豈，豈亦聲。”

［22］《説文·丮部》：“巩，褢也。从丮，工聲。𢀜，巩或加手。”《手部》：“𢪔，擁也。从手，巩聲。”

［23］《説文·虫部》：“蛾，羅也。从虫，我聲。”《䖵部》：“𧕎，蠶化飛蟲。从䖵，我聲。”

［24］《説文 · 虫部》：“蝥，盤蝥也。从虫，敄聲。”《蟲部》：“蟊，蟲食艸根者。从蟲，象其形。吏抵冒取民財則生。[illegible]，蟊或从敄。”

［25］《説文·水部》：“滝，涂也。从水，从土，龙聲。讀若隴。”《土部》：“壟，涂也。从土，滝聲。”

［26］《説文·土部》：“壞，敗也。从土，褱聲。[illegible]，古文壞省。[illegible]，籀文壞。”小徐本《説文·攴部》：“𣀔，毁也。从攴，褱聲。”

［27］《説文·木部》：“槾，杇也。从木，曼聲。”《金部》：“鏝，鐵杇也。从金，曼聲。槾鏝，或从木。”

［28］《説文·車部》：“輟，車小缺復合者。从車，叕聲。”《网部》：“罬，捕鳥覆車也。从网，叕聲。[illegible]罬，或从車。”

［29］《説文·水部》：“涶，河津也。在西河西。从水，垂聲。”《口部》：“唾，口液也。从口，垂聲。涶，唾或从水。”亦通用。

［30］《説文·心部》：“悊，敬也。从心，折聲。”《口部》：“哲，知也。从口，折聲。悊，哲或从心。”

［31］《説文·足部》：“踞，蹲也。从足，居聲。”《尸部》：“居，蹲也。从尸古者，居从古。踞俗居从足。”

［32］《説文·放部》：“敖，出游也。从出，从放。”《出部》：“敖，游也。从出，从放。”

［33］《説文·口部》：“吁，驚也。从口，于聲。”《亏部》：“吁，驚語也。从口，从亏，亏亦聲。”“亏”即“于”，篆文作“亐”。

[34]《説文·口部》：“否，不也。從口，從不。”《不部》：“否，不也。從口，從不，不亦聲。”

[35]《説文·口部》：“凷，山閒陷泥地。從口，從水敗皃。讀若沇州之沇。九州之渥地也，故以沇名焉。”《説文·水部》：“沇，水。出河東東垣王屋山，東爲泲。從水，允聲。𠹉，古文沇。”凷沇古今字，凷廢。

[36]《説文·革部》：“鞈，防汗也。從革，合聲。”《鼓部》：“鞳，鼓聲也。從鼓，合聲。𩌰，古文鞳從革。”“鞈”用作古文“鞳”，當爲通假字。

[37]《説文·刀部》：“劃，錐刀曰劃。從刀，從畫，畫亦聲。”《畫部》：“畫，界也。象田四界。聿，所以畫之。”𤱩亦古文畫。

[38]《説文·刀部》：“劇，判也。從刀，度聲。”《攴部》：“敱，閉也。從攴，度聲。讀若杜。𢾅，敱或從刀。”

[39]《説文·欠部》：“歖，卒喜也。從欠，從喜。”《喜部》：“喜，樂也。從壴，從口。”𣢡，古文喜從欠，與歖同。”

[40]《説文·門部》：“閑，闌也。從門，中有木。”今大徐本《説文·木部》無“閑”字，小徐本《説文·木部》：“閑，止也。從木門。”

[41]《説文·心部》：“恁，下齎也。從心，任聲。”《食部》：“飪，大孰也。從食，壬聲。恁，亦古文飪。”古文用“恁”，用作通假字。

[42]《説文·之部》：“坒，艸木妄生也。從之，在土上。讀若皇。”《土部》：“封，爵諸侯之土也。從之，從土，從寸，守其制度也……坒，古文封省。”此二字當是演變混同。封，金文作𡊽，從又從土丰聲。丰，甲骨文作𡴥，象艸木豐茂形。訛變坒形與篆文坒混同。坒，甲骨文作𡴥，本從止王聲。訛變止與中同。

[43]《説文·𨸏部》：“院，堅也。從𨸏，完聲。”“奐，周垣也。從宀，奐聲。㿧，奐或從𨸏。”

[44]《説文·手部》：“掫，束也。從手，秋聲。《詩》曰：‘百禄是掫。’”《韋部》：“韇，收束也。從韋，樵聲。讀若酋。韇韇或從要。㩅韇，或從秋、手。”

[45]《説文·人部》：“保，養也。從人，從孚省。孚，古文孚。𤔽，古文保。𤔽，古文保不省。”《子部》：“孟，長也。從子皿聲。𥁠古文孟。”

[46]《説文·豕部》：“豕，彘也。”古文作𢑓。《彑部》：“𢑓，古文亥爲豕，與豕同。”

[47]《説文·𡇒部》：“𡇒，度也，民所度居也。從回，象城𡇒之重，兩亭相對也。或但從口。”《土部》：“墉，城垣也。從土，庸聲。𡼪古文墉。”今按：墉𡇒同義，故古文皆同𡇒形。

[48]《説文·希部》：“希，脩豪獸也。一曰河內名豕也。從彑，下象毛足……讀若弟。希，籕文，希，古文。”音“羊至切”。《彑部》：“𢑛，豕走也。從彑從豕省。”音“通貫切”。

[49]《説文·巫部》：“巫，背呂也。象脅肋也。”《手部》：“手，拳也。象形。”𠦂，古文手。二字本不同形，訛變而混同。

古今四聲通轉略例

自元陰時夫兄弟輯《韻府羣玉》一書，寶康瓠者率家置一編矣。[1]今應制作詩，宜遵功令。其他作五、七言律詩，雖不能不拘四聲之例，而《唐韻》如東鍾同用、魚虞模同用、真文魂痕同用、元寒刪山同用，唐人多不拘守一部(潮按：唐人自程試外，雖近體詩多不拘通轉舊例，河間紀氏昀屢言之)。[2]蓋古今不變之音而六朝人强爲分析，至一字本止一義，亦必强分三聲、四聲，以足每部之數，遂有一字而分收數部者。又《唐韻》多有同部同訓而重複未刪者，無惑乎字數日孳而故訓日微也。今述《詩聲衍》一書，以存古字古音。世之法古者可爲準則，猶學漢魏詩文，不能用唐宋事實；作古文篆籀，不能用隸楷字體也。述《古今四聲通轉略例》一篇，以志由古入今、由今返古之轍。世之法六朝唐宋文者，亦可按圖而索，猶作通俗文字，不能用周漢古訓；作隸楷行草，不能用古文篆籀字體也。合兩書以通其變，庶乎準古宜今，一存中土之舊，不爲華嚴字母、娑羅門書所淆惑矣。[3]

冬弟一	冬	古無	宋	無
	東分		送分	
	江分		絳分	
東弟二	東	董	送	音轉入屋，古不同用
	冬分	腫分	宋分	
	江分	講分	絳分	
蒸弟三	蒸	古無		音轉入職，古不同用
	東分			
	庚分		徑分	
侵弟四	侵	寢	沁	入在緝，古不同用
	覃分	感分	勘分	
	鹽分	儉分	艷分	
	咸分	豏分	陷分	
	東分		送分	
鹽弟五	鹽	儉分	艷	入在緝，古不同用
	覃分	豏分		
	咸分	感分		
陽弟六	陽	養	漾	古無
	庚分	梗分	敬分	
青弟七	青	迥	敬	古無
	庚分	梗分	徑分	
真弟八	真	軫	震	古無
	先分	銑分		
文弟九	文	吻	問	古無
	元分	銑分	震分	
	真分	軫分	願分	
	先分			
元弟十	元	阮	願	古無
	寒并	旱并	翰并	
	删并	潸并	諫并	
	先分	銑分	霰分	
支弟十一	支	紙	寘	入在錫，古同用異部
	齊分	薺分	霽分	
	佳分	蟹分	卦分	

續表

錫弟十二				錫(支之入,古同用異部)
				陌分
歌弟十三	歌	哿	箇	無
	支分	紙分	寘分	
	麻分			
灰弟十四	灰	賄	寘	入在職,古同用
	支分	紙分	卦分	
	尤分	蟹分	宥分	
		有分		
職弟十五				職(灰之入,古同用異部)
				屋分
				陌分
蕭弟十六	蕭	篠	嘯	入在屋,古同用
	肴分	巧分	效分	
	豪分	皓分	號分	
	尤分			
屋弟十七				屋(蕭愚同入,古同用異部)
				沃并
				覺并
				藥分
肴弟十八	肴	巧	效	入在葉,古同用異部
	豪分	篠分	號分	
	蕭分	皓分	嘯分	
藥弟十九				藥(肴之入,古同用異部)
				沃分
				覺分
魚弟二十	魚	語	御	入在陌,古同用異部
	虞分	麌分	遇分	
		馬分	禡分	
陌弟二十一				陌(魚之入,古同用異部)
				藥分
愚弟二十二	尤	有	宥	入與蕭同,在屋,古同用異部
	虞分	麌分	遇分	
微弟二十三	微	尾	去聲在未,古同聲異用	入聲在未,古同聲異用
	齊并	薺分		
	佳分	紙分		
	灰分	蟹分		
		賄分		

續表

未弟二十四			未	物
			霽分	月并
			卦分	曷并
			泰并	
			隊	
質弟二十五				質(古獨用)
				黠并
				屑并
緝弟二十六				緝(古獨用)
				合并
				葉并
				洽并

右韻目二十六部，平類十八，上類十六，去類十八，入類八。其六十類古平上去入通轉，則十八部。不合其音，無以知古今之轉變；不分其類，無以審古韻之疆界。

潮按：今所爲表，出去入八類別居，以《毛詩》審定其分合之限，列表仍退居本位者，以此類古韻雖自成一隊，而其音則不能無所繫屬，每部空平上去之位，則可以今音推尋其統系，庶幾合於古而亦不戾於今乎！

〔1〕寶康瓠：這裏指把無價值的東西看作寶貝。康瓠：空葫蘆，空酒器，比喻無實際價值的東西或無才之人。賈誼《吊屈原賦》："斡棄周鼎，寶康瓠兮。"

〔2〕紀昀（1724—1805）：字曉嵐，別字春帆，號石雲，直隸河間府獻縣（今河北滄縣）人。清代政治家、文學家，曾任《四庫全書》總纂官。

〔3〕華嚴字母：古代佛教僧侶用漢字標識梵語而産生了一個字母表。因表内四十二個字母出於《大方廣佛華嚴經入法界品》，故稱"華嚴字母"。娑，蓋"婆"之誤。婆羅門書：《隋書·經籍志》載《婆羅門書》一卷，附注云"梁有《扶南胡書》一卷"。"自後漢佛法行於中國，又得西域胡書，能以十四字貫一切音，文省而義廣，謂之婆羅門書。"①

表

冬弟一（無上聲入聲，轉侵，入緝，古不同用）

東弟二（無入聲，轉蕭、愚，入屋，古不同用）

蒸弟三（無上聲入聲，轉灰，入職，古不同用）

侵弟四（入聲在緝，古不同用，江、孔、莊、張説同）

鹽弟五（入聲在緝，古不同用）

陽弟六（無入聲）

青弟七（無入聲）

真弟八（無入聲，段云：入聲在質。古不同用）

---

① 〔唐〕魏徵等：《隋書》，北京：中華書局，1973年，第947頁。

文弟九(無入聲,轉微,入未,古不同用)

元弟十(無入聲,轉微,入未,古不同用)

支弟十一(入聲在錫,古同用)

錫弟十二(支之入)

歌弟十三(無入聲)

灰弟十四(入聲在職,古同用)

職弟十五(灰之入)

蕭弟十六(入聲在屋,古同用)

屋弟十七(蕭、魚同入,古獨用)

肴弟十八(入聲在藥,古同用)

藥弟十九(肴之入)

魚弟二十(入聲在陌,古同用)

陌弟二十一(魚之入)

愚弟二十二(入聲與蕭同在屋,古同用)

微弟二十三(入聲去聲在未,莊云:古不同用)

未弟二十四(莊云:古獨用)

質弟二十五(王觀察云:古獨用。孔、莊并入未部,段合真部,皆誤)

緝弟二十六(侵鹽同入,江、孔皆云:古獨用)

先生成《詩聲衍》二十八卷,書未竟而歿。其長君承寬以賻布之餘刊先生遺書,乃勾先生好友龔君璱人、魏君默深以此書轉屬潮,[1]爲觸理成冊。潮於六書音均之學本膚淺,而二君委之,彊不獲辭,爰竭旬日,力爲編訂《條例》一卷,附載文集中,其《韻表》一卷,《長編》二十六卷,先生長君以卷帙稍縣,力不能給,姑藏之以俟異日。恐成非一手,遂有牴牾,并取《韻表》合《長編》讐改,閱半月,鈔成《韻表》一卷,還諸其家。緐複者薙之,闕漏者補之,爲期既促,繆誤必多。凡鄙見與先生異同者,並以"補注"及"潮按"爲之區別。蓋不敢以謭漏之言忘先生云爾。泰興後學陳潮跋。

[1]龔君璱人:即龔自珍(1792—1841),又名鞏祚,字璱人,一字爾玉,號定盦,浙江仁和(今杭州)人。清代思想家、文學家,曾從劉逢禄受《公羊春秋》。

[2]魏君默深:即魏源(1794—1857),原名遠達,字默深,又字墨生、漢士,號良圖,湖南邵陽人。清代思想家、政治家、文學家。

(周玉秀,西北師範大學文學院教授,王揚、馬光耀、孔祥瑩、鄭曉丹,西北師範大學碩士研究生)

甲骨文所見商代對"帝"的信仰*

謝炳軍

[摘　要]　認爲在商代天帝不享有至高無上的神權的説法是不對的。甲骨文和傳世文獻皆表明，天帝是商代的至上神。主要的理由有五點：一是對帝神權的崇拜是商王朝和各方國的"共同信仰"，王權的唯一合法來源是"帝命"成爲當時的共識；二是相較祖先神，帝對人間有最爲嚴厲的懲罰手段，享有終止王權的唯一權力；三是商王將人王稱爲"王帝""某帝""帝某"，正是崇拜帝權的一種表現；四是畏懼"帝工"傷害人間的能力，正反映出帝崇高的神權；五是從武丁到帝辛，商王自始至終都虔誠地崇拜着帝權，尤其是帝辛對"帝賦王權"有着絶對認同。這些都可證明帝在商代是作爲至上神存在的。

[關鍵詞]　甲骨文　天帝　共同信仰　鬼神崇拜　祖先神

自 1899 年王懿榮發現殷墟甲骨文，至今已有 120 餘年。在 120 餘年的甲骨文研究史中，對甲骨文所見"帝"是否爲商代至上神的問題，中西方學者從卜例、詞源學、統計比較學等多角度進行了考察，但至今尚未達成共識。其中一個重要的原因是，對王權與帝的關係問題、對帝的信仰和認識在商周王權更替中的意義問題、甲骨卜辭與傳世文獻的銜接問題等課題還有待進一步探索，本文嘗試在這些方面有所推進。

一、學術史回顧

傅斯年《新獲卜辭寫本後記跋》（1930）將商之帝視爲商人族譜上的"帝嚳"，"小邦周"也以"帝嚳"爲帝，也即商人、周人雖種族不同，但有着共同信仰；[1] 陳夢家《殷虚卜辭綜述》（1956）不同意傅斯年的觀點，以甲骨文爲例證，指出商人的上帝是自然的主宰，是控制農業生産的神，還没有被賦予人格化，且不接受人間的祭祀，[2] 此"帝不接受祭祀"的論斷影響至今。郭沫若《卜辭通纂》（1958）則從卜辭中讀出商人已有至上神觀念的信息，因爲"凡風雨禍福、年歲之豐嗇，征戰之成敗，城邑之建築，均爲帝所主宰"，[3] 而此時帝已被賦予人格，是殷人至上神的同時又是殷的祖先神。[4] 隨後，胡厚宣《殷卜辭中的上帝和王帝》（1959）列舉了

---

* 本文是教育部哲學社會科學重大項目"甲骨文對中華思想文化的影響和作用研究"（17JZD045）的階段性成果。

[1]　李濟等：《安陽發掘報告（第二期）》，《中央研究院歷史語言研究所專刊之一》，臺北：南天書局有限公司，1978 年，第 377 頁。
[2]　陳夢家：《殷虚卜辭綜述》，北京：中華書局，1988 年，第 580 頁。
[3]　郭沫若：《卜辭通纂》，《郭沫若全集·考古編》，北京：科學出版社，1982 年，第 367 頁。
[4]　郭沫若：《青銅時代》，北京：科學出版社，1957 年，第 9 頁。

341 條卜辭,全面論證了"商人已經有至上神觀念"之説的正確性,但否認帝與商王的血統關係,强調帝有無限尊嚴,時王不能直接對帝有所祈求,衹能讓先祖神轉請上帝。[①] 胡先生這一創見至今仍爲學界所重視。

到了 20 世紀 90 年代,研究者對商代的帝又有新的考察。晁福林《論殷代神權》(1990)以甲骨文爲主要依據,認爲祖先神、自然神、天神這三大神權各自獨立,互不統屬,否定了"帝爲至上神"的説法,主要的理由爲:帝衹是氣象諸事的主宰之一,自然神、祖先神也有支配氣象的能力;殷人對祖先神舉行隆重的祭祀,對於帝却不奉獻任何祭品,可見居於殷代神權顯赫地位的是殷人的祖先神,而不是帝。[②]

進入 21 世紀,裴錫圭《"花東子卜辭"和"子組卜辭"中指稱武丁的"丁"可能應該讀爲"帝"》(2005)一文指出:卜辭中稱先王的"帝",跟上帝的"帝"以及後來所謂嫡庶的"嫡",在語義上有緊密聯繫,且與"嫡"有密切關係的"帝"這個稱呼,按理也應該可以用於活着的人。[③] 此爲新見。

國外學者對"帝"的認識也各有不同。日本學者松丸道雄《殷人の觀念世界》(1989)認爲,在殷人的觀念裏,世界是由最高神"帝"支配的。[④] 伊若泊(Robert Eno)《商代的信仰有至上神"帝"嗎?》(1990)一文也質疑"在商代時期存在至上神'帝'"這個普遍的看法,他根據甲骨文探討了"帝"可能包含的内涵,認爲祭祀帝的儀式的缺位(The Absence of Sacrifices to Ti),不是因爲帝身份的至高無上,而是因爲"帝"是作爲祖先神的集合體的術語(Ti as a Plural Term),所以作爲對祖先神尊稱的"帝"字從來不指向單一的至上神的觀念。[⑤] 其後,"帝不是商人的至上神"的見解爲朱鳳瀚所認同,他在《商周時期的天神崇拜》(1993)中認爲,上帝對於商人來説,既非嚴格意義上的至上神,亦非保護神,但同時肯定了上帝對商王有人事任免的特權。[⑥] 此後,雖"帝非商人至上神"的看法影響漸深,但"帝爲商人至上神"的看法也爲學界廣泛接受。意大利學者安東尼奥《中國古代文明——從商朝甲骨刻辭看中國上古史》(1999)認爲,大體而言,商王與作爲至上神帝的關係是一種隸屬的關係,帝可爲商王提供照顧和保護。[⑦] 魯惟一(Michael Loewe)和夏含夷(Edward L. Shaughnessy)合編的《劍橋中國古代史:從文明起源到公元前 221 年》所收入的美國學者吉德煒(David N. Keightley)的《商:中國的第一個歷史朝代》(1999)一文,重申"帝爲商人至上神"之説,明確地指出,"晚商的王們和他們的擁護者相信,帝主宰着一個包括祖先神和其他神靈在内的

① 胡厚宣:《殷卜辭中的上帝和王帝》,《歷史研究》1959 年第 9、10 期。
② 晁福林:《論殷代神權》,《中國社會科學》1990 年第 1 期。
③ 裴錫圭:《裴錫圭學術文集·甲骨文卷》,上海:復旦大學出版社,2015 年,第 522 頁。
④ 〔日〕松丸道雄:《殷人の觀念世界》,宋鎮豪等主編:《甲骨文獻集成》第 29 册,成都:四川大學出版社,2001 年,第 374 頁。
⑤ Robert Eno: *Was There a High-God Ti in Shang Religion, Early China*, Vol 15(1990):1-14.
⑥ 朱鳳瀚:《商周時期的天神崇拜》,《中國社會科學》1993 年第 4 期,第 194—197 頁。
⑦ 〔意〕安東尼奥·阿瑪薩里著,劉儒庭、王天清、齊明譯:《中國古代文明·從商朝甲骨刻辭看中國上古史》,北京:社會科學文獻出版社,1997 年,第 45 頁。

統治集團，有能力影響商人生活成敗的方方面面”。①而謝濟《上帝崇拜在商代宗教信仰中的地位》（2003）又否認了上帝的特權，認爲“凡是上帝有的神權，祖先神自然神也有，没有任何一種祈求是要經過祖先神或别的神然後再去祈求上帝的”。②

由上可見，中西方學界都對“帝”的意見各執一端，研究似乎陷入了僵局。當我們再次回顧這 120 餘年的甲骨文中“帝爲何物”的研究史，便不禁追問我們的研究忽略了什麽？各家視爲理所當然的意見有哪些值得吸收，哪些值得再作檢討？而尤其值得加以質疑的是，那些割裂商王朝和“小邦周”聯繫的觀點，是否真的站得穩脚跟？如果否認了王權由至上神“帝”授予的觀點，商周王權的合法性將何在？當我們肯定甲骨文材料的真實可靠之時，如何來看待傳世文獻的價值呢？當思考這些問題時，有必要將研究的視角延伸到商王朝和方國的“共同信仰”上來，進而説明王權的合法來源。還有必要在甲骨文和傳世文獻中尋找到一個合理的平衡點，用以考察商周之際對帝的信仰問題，以評估歷史當事人對“帝命”的認知在商周王朝更替中的意義。

二、帝賦王權

在討論商代王權的來源這個問題時，從上文所見學者的意見，可概括爲三種：一是帝賦王權；二是祖賦王權；三是帝即祖，所以帝賦王權也是祖賦王權。但從甲骨文與傳世文獻來看，第三種意見恐怕難以成立。那麽是帝賦王權，還是祖賦王權呢？這是一個不好回答的問題。爲解決此問題，有必要提出“共同信仰”這個概念。通過這個學術視角，或許可以合理地解釋夏商周三代王權更替的歷史邏輯。

共同信仰，即方國聯盟的公共信仰，是天下共主王權的合法來源。從狹義上來説，是指在一個國家之中，方國聯盟或後世的中央和地方所共同相信和擁護、處於主流的、統一人心的意識形態。若從廣義上來説，可以指不同的國家、不同的民族所共同相信和擁護的意識形態。本文是從狹義上使用“共同信仰”這個概念。從這個概念出發，可以知道“共同信仰”不是小團體、小範圍內的信仰，而是聯盟或國家層面的信仰。具體而言，在商代，共同信仰既是王朝的信仰，也是各個方國的信仰，體現的是王朝和方國價值觀的一致性，以及人心的統一性。根據此認識，我們可以展開對商代共同信仰的討論。

---

① David N. Keightley: *The Shang: China's First Historical Dynasty* , 參見 Michael Loewe and Edward L. Shaughnessy: *The Cambridge History of Ancient China: From the Origins of Civilization to 221 B.C*, New York: Cambridge University Press, 1999：252. 原文説：“The Late Shang kings and their supporters believed that Di presided over a hierarchy of ancestral and other powers that were capable of influencing the success of failure and most aspects of Shang life.”
② 謝濟：《上帝崇拜在商代宗教信仰中的地位》，王宇信、宋鎮豪主編：《紀念殷墟甲骨文發現一百周年國際學術研討會論文集》，北京：社會科學文獻出版社，2003 年，第 483 頁。

1. 從甲骨文與傳世文獻來看,商代的共同信仰以對帝的信仰爲核心。

甲骨文中,"帝"字寫成"帝"(《合集》14127 正),[①] 許慎《説文》:"帝,諦也,王天下之號也。從上,束聲。"[②] 現代學者多否定此説。姚孝遂説:"許慎關於帝字形義的説解均誤。帝字初文既不從上,更非从束聲。論者多以爲象花蒂形,郭沫若引吳大澂、王國維之説而加以補正,至爲詳悉。但帝字究竟何所取象,仍然待考。卜辭帝指天帝,並非王天下之號。"[③] 此爲正見。"帝"字單獨在甲骨文中出現時,是專指天帝,與"諦"之義没有多大聯繫。

如殷墟甲骨文所見,帝的權威集中體現在主宰天氣、人間的幸福和災禍,掌控着戰爭的勝負等方面。[④] 雖然"上帝能降予王室的吉凶禍福神權,祖先也同樣有",[⑤] 但帝的最高權威是不宜否認的。前董學者已指出,"人王通過了先公先王或其它諸神而向上帝求雨祈年,或禱告戰役的勝利",[⑥] "殷人以爲上帝至上,有着無限尊嚴。他雖然掌握着人間的雨水和年收,以及方國的侵犯和征伐,但如有所禱告,則祇能向先祖爲之,要先祖在帝左右轉請上帝,而不能直接對上帝有所祈求",[⑦] 時王不敢也不能"越級祈求"帝的心理和行爲,恰是帝居於神權最高地位的一個證明。而人間不祭祀帝,並不是因爲帝的地位不高而引不起人間祭祀的興趣,[⑧] 而是因爲帝不接受人間的祭祀。帝不享用人間供品的態度,是帝高高在上、不食人間煙火的一個旁證,正説明帝的超凡脱俗,不可讓人間輕易接近。

從甲骨卜辭看,雖然祖先神也作祟作害于商王,但是其懲罰的程度却没有帝的嚴厲,"這可能是因爲商之祖先缺乏權限和動機"。[⑨] 祖先神的懲罰,尚可以通過獻祭豐厚的供品和隆重的儀式加以減弱和化解,商人也是這樣做的。但是面對帝的懲罰,商王是無能爲力的。其一是帝與商王無血緣關係,其二是帝不享用祭品,體現了帝處事不受祭品影響和控制的品格。從卜辭可以看到,某個城邑的衰落興起,商人皆認爲是帝的命令和決策的結果。《合集》14200 正載:"貞王作邑,帝若。"意即,商王卜問建設某城邑,帝同意此事。《合集》14209 正載:"貞帝惟其終兹邑。"意即,商王卜問帝將終結此城邑的命運。帝的權威也正是通過其授命和懲罰的手段實現的。祖先神與商王有着血緣聯繫,在商王看來,雖然他們偶爾也會作害作祟,

---

① 郭沫若主編:《甲骨文合集》第 5 册,北京:中華書局,1982 年,第 2005 頁。

② 〔漢〕許慎撰,〔宋〕徐鉉校定:《説文解字》卷一上,北京:中華書局,2013 年,第 1 頁上。

③ 于省吾主編,姚孝遂按語編撰:《甲骨文字詁林》第 2 册,北京:中華書局,1996 年,第 1086 頁。

④ 也可參見胡厚宣:《殷卜辭中的上帝和王帝》,《歷史研究》1959 年第 9、10 期;陳夢家:《殷虚卜辭綜述》,北京:中華書局,1988 年,第 580 頁。

⑤ 謝濟:《上帝崇拜在商代宗教信仰中的地位》,王宇信、宋鎮豪主編:《紀念殷墟甲骨文發現一百周年國際學術研討會論文集》,第 471 頁。

⑥ 陳夢家:《殷虚卜辭綜述》,第 580 頁。

⑦ 胡厚宣:《殷卜辭中的上帝和王帝(下)》,《歷史研究》1959 年第 10 期,第 110 頁。

⑧ 晁福林認爲,"在殷人的神靈世界裹帝並不能和祖先神等相頡頏。在殷代祭典的祭祀種類、祭品多寡、祭祀次數等方面,帝和祖先神等相比均望塵莫及。……殷人對於帝却一毛不拔,不奉獻任何祭品"。參見晁福林:《論殷代神權》,《中國社會科學》1990 年第 1 期,第 109 頁。

⑨ Edited by Michael Loewe and Edward L.Shaughnessy. *The Cambridge History of Ancient China: From the Origins of Civilization to 221 B.C.* Cambridge University Press , 1999,P 253. 原文説:"The Shang ancestors never struck at the dynasty in such vital spots, presumably because they lacked the power and the motivation."

但他們不會像帝那樣會終結某個城邑的命運，更不會終止商王朝的國運。也即，于公于私，祖先神都缺乏嚴屬地懲罰商王朝的動機。當然，祖先神也沒有帝的這項權力。

還應該看到，人類信仰文化有着某種共同性。[①]僅就對至上神的認識而言，儘管不同民族對他的稱謂可能不同，但對自他授權人間之後而淡出人間視野的認識卻有着使人吃驚的一致性。路易斯·M·霍普費（Lewis M. Hopfe）、馬克·R·伍德沃德（Mark R. Woodward）的研究表明：

> 人們通常相信，至上神確立了人間世界之後，他似乎就走出了人間的視綫，人間也就主要關注和敬拜當地的神祇。例如，在許多傳統的非洲宗教中，創造了世界的至上神就再也不主動涉身人間，而由他管轄的一部分較小的神靈（如決定大地肥沃多產的女神）在日常生活中更爲重要。又如，美洲本土的許多宗教認爲，在所有較小的神祇之上和之外，存在一個與人間的關注相分離的至上神，人間很少祈求至上神，可能祇有在極爲緊急的情況下，才會求助至上神，而人間祈禱和關注的主要對象是自然神和祖先神。再如，印度教中，人間雖將梵天視爲世界的創造者，普遍崇敬他，但信徒並不爲他舉辦祭儀。[②]

這就爲甲骨卜辭所見"帝"不享祀提供了一個有益的啓發。而且還應該指出，普通民衆可以不關注帝的意向，但王朝和各方國的首領則必須留意帝的意向，尤其是以商王爲中心的王族，更應密切地關注帝命。因爲帝命是商王朝執政的唯一合法依據，也是各個方國共同擁護王權的唯一正當理由。雖然殷墟卜辭沒有留下卜問王權繼承者的證據，但傳世文獻依然可以提供有益的參考。《周禮·春官·大卜》："凡國大貞，卜立君……"[③]意即國家的大疑中有卜問設立誰爲國君之事，可見王權的授予是需要帝同意的。

2. 從甲骨文所見商王朝與方國的關係來看，它們有着共同信仰，即對帝權有着共同的崇拜。

我們不妨以商王朝與"小邦周"的關係爲例，展開論述。商王朝與"小邦周"的關係問題，中外學者對此都曾有過研究。[④]我們的研究表明，至晚至武丁之時，周作爲一個方國，已承認

① 張福貴等學者提出，"中國特色"的文化哲學前提是，承認人類文化的同一性。參見張福貴著：《文學史的命名與文學史觀的反思》，北京：北京大學出版社，2014年，第127—132頁。受此啓發，以及聯繫中西信仰文化，我們意識到人類的信仰文化也具有某種共同的特徵。

② 參見〔美〕劉易斯·M·霍普費、馬克·R·伍德沃德著，辛岩譯：《世界宗教》（第11版），北京：北京聯合出版公司，2018年，第3、26、74、104頁。

③ 〔漢〕鄭玄注，〔唐〕賈公彥疏，趙伯雄整理：《周禮注疏》，李學勤主編《十三經注疏》，北京：北京大學出版社，2000年，第753—754頁。

④ 代表性的成果有張光直：《殷周關係的再檢討》，載《中國青銅時代》，北京：生活·讀書·新知三聯書店，1983年，第81—106頁；David N. Keightley: *The Shang State as Seen in the Oracle-bone Inscriptions, Early China,* Vol. 5（1979-80），pp25—34.

商爲天下共主,並且周人逐漸取得商王朝的信任,被委以重任。董作賓《殷墟文字乙編》2170載:"周方其无⊡①(咎)。"3536載:"周方弗其有⊡(咎)。"②張秉權《殷墟文字丙編》444:"丙辰卜,賓貞,王惠周方正。貞,王勿惟周方正。"③這三例卜辭都是第一期武丁卜辭,商王朝稱"小邦周"爲"周方"。④但最爲常見的是,商王朝將"小邦周"稱爲"周"。《合集》8452:"……周允……申夕㘷……旬有……其⊡(咎)。"8453正:"丙午卜,亘,貞周弗……"8454:"甲申卜,王,貞……卯……周……若。"8455:"……寅卜……貞……弓……周。"8456:"……殼,貞周……"8457:"丁卯卜,貞周其有⊡。"8465:"……周朿(次)⑤我……"8467正:"……周……雨。"⑥從這八例卜辭來看,武丁對周是有足夠關注的,他關注周有無過失、周有無順從、周有無在適當的職位上活動、周有無得到充足的雨水,等等。

那麼,武丁爲何關注周處理政事的能力以及影響周方國農業收成的雨水等情況?一個合理的解釋是,這是武丁對周的政績考察,若周政績優秀,將會予以重用。《合集》6812:"己卯卜,允,貞令多子族比⑦犬侯璞⑧周載⑨王事。五月。"6813:"貞令多子族罙(及)犬侯、璞周載王事。"⑩這是商王命令多子族聯合犬侯、周人處理王朝事務的卜辭。説明周在武丁之時已經得到王朝的看重。周也憑藉效力王事的功勞,獲得了武丁賞賜的爵位。最明顯的例子是,到了武丁晚期,卜辭已出現了"周侯"。《合集》20074:"令周侯,今生月亡⊡。"⑪意即,命令

① ⊡,于省吾認爲應讀爲咎,"舊釋⊡爲禍、爲凸、爲骨、爲卜、爲庚、爲凶,均臆測無據"。于先生列出三個理由。一是,金文魯侯簋有"⊡工"一詞,郭沫若讀爲猷功,此使銘文意義通達,由此可知⊡讀音猷。二是,臨沂漢簡佚書中"許由"寫作"許⊡",由此可知西漢時還借⊡爲由。三是字書《龍龕手鑒》標注⊡音爲"其九反",此音與由音均屬古韻幽部,由此可知⊡也讀爲咎。參見于省吾:《甲骨文字釋林》,北京:中華書局,2009年,第253—254頁。本文取信于先生之説。
② 參見董作賓編:《殷墟文字乙編》,歷史語言研究所出版,1948—1953年,第2170、3536片;又見《甲骨文合集》8472正甲、正乙;又見張光直:《殷周關係的再檢討》,載於《中國青銅時代》,北京:生活·讀書·新知三聯書店,1983年,第100頁。
③ 參見張秉權編:《殷墟文字丙編》,歷史語言研究所出版,1957—1972年,第444片。又見張光直著:《殷周關係的再檢討》,載《中國青銅時代》,北京:生活·讀書·新知三聯書店,1983年,第100頁。
④ 參見張光直:《殷周關係的再檢討》,載《中國青銅時代》,北京:生活·讀書·新知三聯書店,1983年,第100頁。
⑤ 朿,甲骨文寫作"朿"。于省吾認爲此字應隸定爲朿,讀作次,在甲骨文中有"位次"和用作地名之義。參見于省吾:《甲骨文字釋林》,北京:中華書局,2009年,第439—440頁;也見于省吾主編,姚孝遂按語編撰:《甲骨文字詁林》,北京:中華書局,1996年,第4冊,第2929頁。
⑥ 參見胡厚宣主編,王宇信、楊升南總審校:《甲骨文合集釋文》,北京:中國社會科學出版社,2009年,第459頁。也見姚孝遂主編:《殷墟甲骨刻辭摹釋總集》,北京:中華書局,1988年,第206頁。
⑦ "比"字的甲骨文與"從"字容易混淆,林澐已有詳核的辨析,並認爲"比"是"親密聯合"之義。參見林澐:《甲骨文中所見的商代方國聯盟》,《古文字研究》第6輯,北京:中華書局,1981年,第69—74頁;也見于省吾主編,姚孝遂按語編撰:《甲骨文字詁林》第1冊,北京:中華書局,1996年,第135—138頁。
⑧ 璞,《合集釋文》釋爲"寇",似乎不合文意。《摹釋總集》摹其形爲"璞",不取"寇"字。吉德煒釋"璞",解爲"受珍惜的(precious)"。結合周逐漸受到商王朝重用的情況來看,吉德煒的解釋是可信的。參見《甲骨文合集釋文》第378頁;《殷墟甲骨刻辭摹釋總集》第171頁上欄;David N. Keightley: *The Shang State as Seen in the Oracle-bone Inscriptions, Early China*, Vol. 5(1979-80), pp25.
⑨ 此讀爲"載"字的甲骨文寫作"屮""屮",學術界有讀爲"古""葉"等。于省吾認爲,"屮"是古甾字,可通"載",含義爲"行"。參見于省吾主編,姚孝遂按語編撰:《甲骨文字詁林》第1冊,北京:中華書局,1996年,第699頁;也見于省吾:《甲骨文字釋林》,北京:中華書局,2009年,第91—92頁。"載王事"即"行王事",處理商王交待的事務。
⑩ 胡厚宣主編,王宇信、楊升南總審校:《甲骨文合集釋文》,北京:中國社會科學出版社,2009年,第378頁。也見姚孝遂主編:《殷墟甲骨刻辭摹釋總集》,北京:中華書局,1988年,第171頁上欄。
⑪ 胡厚宣主編,王宇信、楊升南總審校:《甲骨文合集釋文》,北京:中國社會科學出版社,2009年,第1005頁。

周侯處理某事，將要到來的這一個月沒有過失。周原出土的甲骨文 H 11：84 載："貞王其桒又大甲，曾周方白，盍，凶正，不左，于受又又。"[①] 這是周臣服於商的一個明證。所以，通過聯結零散的卜辭信息，我們可以獲知，在武丁之時，周已經接受商王朝的任命，成爲商王朝頗爲器重的一方諸侯。這也可與傳世文獻相印證，《史記·殷本紀》説周文王在帝辛之時已貴爲商王朝的"三公"之一，[②] 如果不是周一步一步得到商王朝的器重，周能在帝辛之時位高權重嗎？恐怕不能。

"小邦周"是作爲臣服於殷商王朝的一個方國存在的，而商則處在天下之主或方國聯盟之主的地位。正如學者所説，"原爲商服國，後取代商朝的周人在其文誥中屢屢提及對商的共主地位的承認，認爲商朝是天命所歸的中央王朝"，[③] 而獲得天下共主的"天命"需要帝的授權。這是包括周在內的、從屬於商的方國或諸侯國的共識。《詩經·大雅·文王》："有周不顯，帝命不時。……殷之未喪師，克配上帝。"[④] 可見周人認爲，殷還沒有喪失民衆，是因爲它的政績可以匹配上帝的授權，而周的地位顯不顯赫，也取決於帝命。《史記·周本紀》載殷末周武王召集盟軍在孟津進行軍事演習，"是時，諸侯不期而會盟津者八百諸侯。諸侯皆曰：'紂可伐矣。'武王曰：'女未知天命，未可也。'乃還師歸。"[⑤] 此可見"八百諸侯"也是依照"天命"（即帝命）行事的，他們同殷周一樣，對帝保持着虔誠的信仰。

綜上所述，從甲骨文看，商王朝虔誠地信仰着至上神"帝"，並認爲王權的唯一合法來源是"帝命"；周接受商王朝的封賞，從屬於商，並承認"帝賦王權"的合法性，對帝保持着最高的敬畏；四方諸侯，與商王朝和周人一樣，恪守帝命，對維護帝這一共同信仰而言，是強大的捍衛力量。

三、恪謹帝命

因爲商王有"帝賦王權"的認知，所以對帝有着最高程度的敬畏。這種由對帝的信仰所體現出來的崇拜，可用"恪謹帝命"四字來概括。值得注意的是，商王朝和各方國對帝的共同信仰，在王朝興盛之時，對商王而言，它是他們王權合法來源的基礎；而在王朝衰微之時，帝命的轉移卻成爲了朝代更替的強大的輿論力量。可以説，不論是哪個方面，都可以證明商王朝和它的從屬國對帝命絕對的信從和敬畏。

① 曹瑋編：《周原甲骨文》，北京：世界圖書出版公司，2002 年，第 64 頁。釋文參彭邦炯、謝濟、馬季凡主編：《甲骨文合集補編》第 6 册，北京：語文出版社，1999 年，第 2001 頁。
② 〔漢〕司馬遷著，〔南朝宋〕裴駰集解，〔唐〕司馬貞索隱，〔唐〕張守節正義：《史記》，北京：中華書局，2013 年，第 136—137 頁。
③ 王宇信、徐義華：《商代國家與社會》，北京：中國社會科學出版社，2011 年，第 565 頁。
④ 〔漢〕毛亨傳，〔漢〕鄭玄箋，〔唐〕孔穎達疏，〔唐〕陸德明音釋：《毛詩注疏》，上海：上海古籍出版社，2013 年，第 1370、1376 頁。
⑤ 〔漢〕司馬遷著，〔南朝宋〕裴駰集解，〔唐〕司馬貞索隱，〔唐〕張守節正義：《史記》，第 156 頁。

　　首先,從第一期武丁卜辭看,以武丁爲核心的商王朝密切關注帝的意向,包括帝對人間是否滿意,是否同意商王做某一件事,體現出商王對帝之權威的畏懼。最爲明顯的一個例證是,這個時期有大量的"王占曰"卜辭警示王朝將有禍患發生,如"王占曰'帝惟兹邑蠱,^①不若'"(《合集》94 反)、"王占曰'勿出,下上蠱,惟有孽(害)'"(《合集》11018 反)、^②"王占曰'有祟'"(《合集》11446)、"王占曰'其來艱'"(《合集》11460 反)、"癸巳卜,賓,帝□其既入邑摧"(《合集》9733 正)、"貞惟帝孽我年"(《合集》10124 正)、"辛未卜,争,貞生八月帝令多雨"(《合集》10976 正),^③等等,卜辭時常可見商王擔憂帝作害人間之事,表明了時王有很强烈的憂患意識。而商王之所以憂患,一個主要的原因是,帝的意向是難以卜知的。從甲骨卜辭看,武丁對這點有理智的認識。吉德煒的研究表明,武丁時期,即使出現武丁的預言不應驗的情況,貞人依然是本着實録的原則書寫卜辭,且這種情形極爲普遍。^④這恰是武丁和貞人階層承認帝的意圖難測的證明。

　　其次,商人將人王也稱爲"帝某"或"某帝",是人間對"帝"最大權威的崇拜的一個體現。從第二期及之後的卜辭看,祖庚祖甲時出現了"王帝"一詞。《合集》24978 載:"貞惟王帝□祟,不若。"《合集》24979 載:"……祝……上帝……出……"《合集》24980 載:"……王卜曰兹下……若,兹惠(惟)王帝……見。"《合集》24982 載:"(1)甲……曰貞……父丁……有。(2)甲戌卜,王曰貞勿告于帝丁。不彝。"^⑤對於"王帝"的意義,裘錫圭説:"大概就指時王之考。"^⑥從上舉的例子來看,這個意見應該是正確的。可以看到,"父丁"和"帝丁"在同一版龜甲上,因爲卜辭屬於第二期,所以"父丁""帝丁"皆是祖庚、祖甲對武丁的稱謂。時王將其父稱爲"帝",以表示最高的孝敬之意,也從側面説明了"帝"的神權和地位之高。

　　再次,對"帝工""帝臣"的畏懼,也從側面反映了帝命的威嚴。第四期卜辭武乙、文武丁時,卜辭出現了卜問帝之大臣作害的情況,如《合集》34482"帝工孽",帝工即"上帝之臣正"。^⑦從卜辭中不能知道商王如何消除"帝工"的危害。今暫且據《史記·殷本紀》之文,或許也可管窺彼時商王之作爲。《殷本紀》載:

　　　　帝武乙無道,爲偶人,謂之天神。與之博,令人爲行。天神不勝,乃僇辱之。爲

---

① 蠱,郭沫若説:"殆龍字之異,假爲寵。"(《卜辭通纂》,第 597 頁)胡厚宣説:"今案由後文'不若'看來,似亦當爲一灾害字。疑當讀作蠱。……蠱有蠱厲之義。"參見胡厚宣《殷卜辭中的上帝和王帝(上)》,《歷史研究》1959 年第 9 期,第 34 頁。也即,胡先生解此字爲"危厲"之意。姚孝遂説:"'蠱'字從'龍',從'屮','屮'當爲聲符。其義當爲灾咎。"(于省吾主編:《甲骨文字詁林》第 2 册,第 1762 頁)姚先生之説可從。
② 孽,從裘釗等學者。參見劉釗:《新甲骨文編(增訂本)》,福州:福建人民出版社,2014 年,第 352 頁。
③ 姚孝遂主編:《殷墟甲骨刻辭摹釋總集》,北京:中華書局,1988 年,第 232、241、259 頁。
④ 〔美〕吉德煒:《中國正史之淵源:商王占卜是否一貫正確?》,《古文字研究》第 13 輯,北京:中華書局,1986 年,第 126—127 頁。
⑤ 姚孝遂主編:《殷墟甲骨刻辭摹釋總集》,第 554—555 頁。
⑥ 裘錫圭:《古代文史研究新探》,南京:江蘇古籍出版社,1992 年,第 299 頁。
⑦ 陳夢家:《殷虚卜辭綜述》,第 572 頁。

革囊,盛血,卬而射之,命曰"射天"。[1]

此説武乙侮辱天神之事。武乙用泥土或木材造了一個人形,稱謂此人形爲"天神",並同天神下棋,命令人代替天神移動棋子。天神不敵武乙,便遭到他的懲罰和侮辱。"天神"與"帝工"是同義的。武乙侮辱天神,並認爲天神的智商不如他,但天神却有着作祟人間的能力,令人間感到無奈。武乙的射天行爲,雖没有射擊帝的用心,也不可能挑戰帝的最高權威,但對帝的不滿却可以説是肯定的。帝的至上權威,在商王看來,仍是永遠無法超越的,因爲他管理人間的權力的合法性正來源於帝的授權。

最後,也是很重要的一點,商的亡國之君帝辛對"帝"的解讀,符合商周的信仰邏輯。就這個方面,現詳爲論述如下:

考察殷墟甲骨卜辭,可以發現帝乙、帝辛之時,貞人名字逐漸從卜辭中消失。並且,從武丁卜辭到帝乙帝辛卜辭,貞人的數量也在逐漸減少。據日本學者島邦男的研究,武丁時期有貞人36人,祖己、祖庚、祖甲時有貞人24人,康丁時也有24人,武乙時有5人,文武丁時有19人,帝乙時有2人,帝辛時有5人。[2]此是以五期卜辭所見人名爲標準來統計貞人的數量,雖然未能準確地反映各個時期貞人的數量(因爲並不是所有卜辭都記録了貞人之名),但從宏觀上可以獲知貞人階層身份地位是逐漸下降的。武丁時期,貞人數量最多,出現了大量記有貞人之名的卜辭。寫手將貞人之名刻進甲骨,最主要的原因即它是占筮機構正常運行的成文或不成文的工作原則。貞人數量多,卜問的事項也多,專人負責某項卜問之事,並跟蹤卜問之事的應驗情况,爲了減少或杜絶錯亂的情况發生,寫手刻上貞人之名是自然而然之事。《周禮·春官·宗伯》載:"凡卜筮既事,則繫幣以比其命,歲終,則計其占之中否。"賈公彦《疏》:"卜筮皆有禮神之幣及命龜筮之辭。書其辭及兆於簡策之上,並繫其幣,合藏府庫之中。至歲終,摠計占之中否,而句考之。"[3]意即,凡是卜筮之儀式已經完成,就會用布帛繫在書寫命辭的甲骨或簡策上,等到年終就統計占辭是否應驗。賈公彦未見過甲骨文,所以認爲卜辭是記録在簡策之上。當然,也不能排除寫手將卜辭記在簡策上的情况,但這點目前尚未能確認。

貞人之名從卜辭中消失和貞人數量的鋭減,意味着貞人階層地位逐漸下移。取代貞人位置的是,第五期卜辭中涌現的"王占曰"中的"王",王成了主要的占卜者和預言家,貞人階層自此走向沉默。這是什麽原因呢? 是貞人無法給予商王希望的預言,還是商王從自己控制的占卜之中找到了與帝溝通的巨大樂趣? 帶着這個疑問,我們在甲骨文與傳世文獻之中尋找合理的解釋。

第一,帝辛企圖通過控制占卜樹立他的權威,並獲得他想像中的權力安全感。如前文所

---

① 〔漢〕司馬遷著,〔南朝宋〕裴駰集解,〔唐〕司馬貞索隱,〔唐〕張守節正義:《史記》,第134頁。
② 〔日〕島邦男著,濮茅左、顧偉良譯:《殷墟卜辭研究》,上海:上海古籍出版社,2006年,第58頁。
③ 〔漢〕鄭玄注,〔唐〕賈公彦疏:《周禮注疏》,趙伯雄整理,李學勤主編:《十三經注疏》,北京:北京大學出版社,2000年,第764頁。

述,貞人階層是商朝共同信仰的維護者,負責與帝、祖先神、自然神等神靈體系的溝通。從甲骨卜辭可以看出,多位貞人常常就同一件事而卜問多次,小心翼翼地尋找神靈最有可能的暗示。顯然,在貞人看來,以帝爲核心的神靈體系,其真實的意向是難以看清的,帝的真實意向尤其難以把握。① 人與神的溝通隔着重重的障礙,② 對於這一點,貞人應深有體會,所以他們的占辭(預言)常常帶着非常謹慎的態度,不敢輕易對未來下結論。"習卜""三卜"的占卜方法的運用和制度化,③ 是商王勤於政事和保障王朝參政議政的民主意識的體現。④ 而到了帝乙、帝辛時期,相較第一期、第二期卜辭中很多的"有祟"(如《合集》7147 正:"癸丑卜,囗,貞,旬无憂。王占曰:'有祟,其有來艱。'气至一日乙卯,允有來艱自……")、"帝瞽王"等不吉之辭,第五期卜辭出現了大量的"王占曰'引(舊釋弘)吉'"(如《合集》35347)、⑤ "王占曰'吉'",如以《合集》統計,從第 35345 片到 41956 片,至少有 300 多條卜辭由王來解釋兆象,並判斷爲"吉"或"引吉"。如何解釋這一反常的現象呢? 是帝乙、帝辛時期,商王朝無灾無害嗎? 美國學者夏含夷説:"正如我所理解的,到了商代末期,占卜不再是一種簡單地獲知未來的手段,而取而代之的是一種控制未來的嘗試。"⑥ 更確切地説,此時期的商王是希望通過控制解釋未來的所有權,宣示他無與倫比的正確性。吉德煒説:"到帝乙、帝辛時代,正史終於宣布勝利,商王從此一貫正確。不過,隨着這項勝利的到來,真正的占卜也名存實亡,不再是肯定商王統治正統性的有力工具。"⑦ 顯然,從第五期卜辭開始,對帝的未來意向的卜問淡出了商王的視野,也即,在商王看來,帝已經完成了授命之事,在他任職期間,不會收回成命,這使他們自欺欺人地認爲帝授予的權力不會失效,他們又由此獲得了想像中的安全感。《尚

---

① 作爲至上神的帝,其真實的心意的神秘莫測,正是其具有最高權威的一個體現。在人們心目中,帝給予人間的暗示,未必都是正確的,甚至經常是以捉弄人間的方式出現的。德國著名的宗教學家、哲學家對"神聖"這一個重要的宗教範疇很有研究,他指出,帝的憤怒是"不可預料的",又是"專橫跋扈的",但是在信仰帝的人看來,上帝的憤怒遠非對上帝神性的削弱,這樣神性的自然表達,是"神性"本身具有的必不可少的因素。參見〔德〕魯道夫·奧托:《神聖者的觀念》,丁建波譯,北京:中國社會科學出版社,2009 年,第 25 頁。

② 人、神溝通的困難,從屈原《卜居》太卜鄭詹尹所説"數有所不逮,神有所不通,……龜策誠不能知事"可得到一個旁證。參見〔宋〕洪興祖撰,白化文等點校:《楚辭補注》,北京:中華書局,2015 年,第 178 頁。

③ 宋鎮豪闡明了商代"習卜"的内涵,認爲"習卜"是一種"在不同時間上對同一事情進行因襲占卜"的占卜手段。參見宋鎮豪:《殷代"習卜"和有關占卜制度的研究》,《中國史研究》1987 年第 4 期,第 100 頁。習卜體現了商王對政事的持續關心。宋先生又論證了商代"三卜"制的確立過程及其影響,他認爲"三卜"的占卜制度,是由武丁時期的"三卜""四卜""五卜""六卜"的不固定卜用骨數,到第五期"卜用三骨"成爲習慣卜法。參見《再論殷商王朝甲骨占卜制度》,《中國歷史博物館館刊》1999 年第 1 期,第 21 頁。在帝乙、帝辛之時,"三卜"制(包括"卜用三骨"和以元卜、左卜和右卜爲主要的貞人等占卜的方法和人員構成)已經承型,西周以來流行的"三卜制"直接承繼了這一文化遺産。參見《論古代甲骨卜的"三卜"制》,《甲骨文獻集成》第 17 册,成都:四川大學出版社,2001 年,第 163 頁。

④ 從傳世文獻來看,卜筮是早期中國士人參政議政的一種重要方式。《書·洪範》載有箕子建議周武王治國理政的話語,箕人認爲應該建立國家的"稽疑"制度,用來向神靈詢問國家的疑事,他説:"擇建立卜筮人,乃命卜筮。……立時人作卜筮,三人占,則從二人之言。汝則有大疑,謀及乃心,謀及卿士,謀及庶人,謀及卜筮。"參見〔漢〕孔安國注,〔唐〕孔穎達疏:《尚書正義》,廖名春、陳明整理,李學勤主編《十三經注疏》,北京:北京大學出版社,2000 年,第 372 頁。顯然,"三人占,則從二人之言",它的精神與"少數服從多數"的民主原則相近。

⑤ 陳年福:《殷墟甲骨文摹釋全編》第 6 卷,北京:綫裝書局,2010 年,第 3177 頁。

⑥ Shaughnessy, Edward Louis. *The Composition of the Zhouyi*. Stanford University, Ph.D, 1983, p67. 原文説: "As I understand it, is that by the later Shang, divination was not simply a means of knowing the future but was instead an attempt to control the future."

⑦ 〔美〕吉德煒:《中國正史之淵源:商王占卜是否一貫正確?》,《古文字研究》第 13 輯,北京:中華書局,1986 年,第 127 頁。

書·商書·西伯戡黎》載：

> 西伯既戡黎，祖伊恐，奔告于王曰："天子，天既訖我殷命，格人元龜，罔敢知吉。
> 非先王不相我後人，惟王淫戲用自絕。故天棄我，不有康食……。"王曰："嗚呼，我
> 生不有命在天。"①

祖伊是商的賢臣，早已覺察到"小邦周"的日益强大，着急地勸諫帝辛，他直接指出當前王朝面臨的重大政治危機，認爲上天已經抛棄王朝，因爲商王不務正業、自甘墮落。但帝辛却十分自信地認爲他活着之時，王權有着天命保障。②可以看出，帝辛輕易地回絕了來自賢人祖伊苦口的勸諫，錯失了挽回帝命、補救王朝的最後一綫希望。那麽是什麽原因使帝辛有如此膨脹的自信，以致拒絕來自賢臣的一切勸諫呢？這就是我們將要探討的第二個方面。

第二，帝辛有智力上的優越感，有體力上的天生優勢，他把自己當成了最主要的貞人，體驗到了與帝進行溝通的權力滿足感，同時也就喪失了貞人占卜的理性思維。《史記·殷本紀》載："帝紂資辨捷疾，聞見甚敏；材力過人，手格猛獸；知足以距諫，言足以飾非；矜人臣以能，高天下以聲，以爲皆出己之下。"③由此可見帝辛是一個文武全才之人，他才能之高，本應有一番政治作爲，但他却喜歡與臣民比試智慧，甚至剥奪維護國家共同信仰正常運行的貞人階層的話語權，把自己當成了唯一重要的貞人，使卜筮制度喪失了參政議政的功能，淪爲帝辛體驗與帝溝通的權力游戲，並由此造成了政治灾難。那是什麽因素導致了帝辛陷入了"權力的泥坑"，而他的臣民却未伸出救援之手？筆者認爲有兩個主要因素：

一是帝辛對共同信仰中"帝"的體認，處於落後的狀態，没有達到當時周人的認識水準。帝辛承認"帝賦王權"這個形成共同信仰的認知基礎，也即他堅信他的王權是帝授予的，是帝説了算的，若帝不剥奪，即使他爲非作歹，倒行逆施，都不會導致王權的喪失；帝若要轉移王權，他也祇能認命。但帝辛却未能想到"得到臣民擁護"在維持帝命上的決定性意義，而周人看到了這點，並將它稱爲"德"，代表了商周之際華夏民族信仰新的成長。

二是帝辛缺乏作爲一個專業的貞人基本的職業素質。貞人階層世代爲王室工作，他們長期觀察天象和地形，長期地考察國家生活的方方面面，積累了早期中國科學知識和人生智

---

① 杜澤遜主編：《尚書注疏匯校》第5册，北京：中華書局，2018年，第16—18頁。
② "天命"的意義值得説明，在商代末期，"帝命"也逐漸被稱爲"天命"。在古人看來，天廣大無邊，而居住于天庭的帝，其對王的任命，既可稱爲"大命"（如《書·太甲上》："天監厥德，用集大命。"）也可稱爲"天命"。甲骨文中"大邑商"寫作"天邑商"就是一個顯證。郭沫若説："'天邑商'即大邑商之别稱。……今案卜辭已屢見'天邑商'，蓋殷人舊有此稱。"（參見《卜辭通纂》，《郭沫若全集·考古編》，北京：科學出版社，1982年，第543頁）日本學者池田末利論證了商代"帝""天"同音一義（參見《中國古代宗教史研究》，宋鎮豪等主編：《甲骨文獻集成》第30册，成都：四川大學出版社，2001年，第10—13頁）。
③〔漢〕司馬遷著，〔南朝宋〕裴駰集解，〔唐〕司馬貞索隱，〔唐〕張守節正義：《史記》，第135頁。

慧,形成了占卜的理性思維。談及中國的占卜學的精神實質,法國漢學家汪德邁提出了"占卜理性的精神"這個概念,[①]强調貞人在占卜的時期,把握宇宙之間萬物相互存在的那種"真正有意義關聯",從當下的實際出發進行預測未來。[②]顯然,這種對過去、現在與未來關係的敏銳直覺和經驗判斷,是需要經過專門的訓練和長期的占卜實踐才能具有的。尤其是對當下趨勢的正確判斷,是需要明察秋毫的洞察力的。但從第五期大量的卜辭看來,商王並不具有專業貞人的理性精神,例如,他拒絕貞人"不吉"的勸告,而由他操演的占卜活動中,幾乎全是"吉"或"引吉"的預言;而實際上王朝却處在危險的邊緣,作爲也許可稱得上是商王朝的一位"侯伯"的盂方首領,到了卜辭第五期時,明顯地背叛了商王朝。[③]王子楊指出,"商代末年,商朝周邊方國、部族不朝王庭,紛紛叛亂,反映到卜辭中,集中體現在帝辛征伐東部的人方和西部的盂方"(參看《合集》36344、36348)。[④]

總而言之,從甲骨卜辭以及《詩經》《尚書》《史記》等傳世文獻看,商王從武丁到帝辛,自始至終都虔誠地崇拜着帝權。武丁經常卜問帝的意向,其後商人將人王稱爲"王帝""某帝""帝某",畏懼"帝工"傷害人間的能力,以及帝辛對"帝賦人權"的認同,這些方面都可見商人對帝絕對的信仰,由此也可證明帝在商代是作爲至上神存在的。

餘論

探索中華信仰體系是研究中華思想文化的一個非常重要的課題。借助甲骨文文獻,結合傳世文獻以及前人的研究成果,探求中華早期信仰的狀態和趨勢,可以獲知它成長的歷史軌迹。而商周之際的王朝更替,是伴隨着舊的信仰體系的削弱,以及新的信仰元素的加入而進行的。所謂舊的信仰體系,即是由殷墟甲骨文所反映的商王朝的鬼神崇拜。由甲骨文所見,以及陳夢家、郭沫若、胡厚宣、島邦男、常玉芝、晁福林、朱鳳瀚等學者的研究,[⑤]儘管學者們對上帝的權力和祖先神的地位的認識仍有分歧,但對鬼神崇拜是商朝信仰體系的

---

① 〔法〕汪德邁:《中國思想的兩種理性:占卜與表意》,金絲燕譯,北京:北京大學出版社,2016 年,第 21 頁。汪德邁解釋這一個概念時説:"它(筆者按:中國占卜學)把現象世界的無窮偶合化爲幾種格式化的、付諸計算的知性。"意思大概是説,中國占卜學通過觀察紛亂的現象,逐漸深入到對事物本質的追尋,已經屬於"準科學"的範疇。

② 〔法〕汪德邁:《中國思想的兩種理性:占卜與表意》,金絲燕譯,第 96—99 頁。

③ 參見陳夢家:《殷虛卜辭綜述》,第 309—310 頁;董作賓:《殷曆譜》下編,宋鎮豪等主編:《甲骨文獻集成》第 31 册,成都:四川大學出版社,2001 年版,第二卷,第 217 頁;也見張光直:《商文明》,北京:生活·讀書·新知三聯書店,2019 年,第 280 頁。

④ 王子楊:《揭示帝乙、帝辛時期對西土的一次用兵》,宋鎮豪主編:《甲骨文與殷商史》新八輯,上海:上海古籍出版社,2018 年,第 228 頁。

⑤ 可參考如下文獻,郭沫若主編,胡厚宣總編輯:《甲骨文合集》,北京:中華書局,1982 年;彭邦炯、謝濟、馬季凡:《甲骨文合集補編》,北京:語文出版社,1999 年;陳夢家:《殷虛卜辭綜述》,北京:中華書局,1988 年;郭沫若:《郭沫若全集·考古編·卜辭通纂》,北京:科學出版社,1982 年;胡厚宣:《殷卜辭中的上帝和王帝》,《歷史研究》1959 年第 9、10 期;〔日〕島邦男撰,濮茅左、顧偉良譯:《殷墟卜辭研究》,上海:上海古籍出版社,2006 年;宋鎮豪主編,常玉芝著:《商代宗教祭祀》,北京:中國社會科學出版社,2010 年;晁福林:《論殷代神權》,《中國社會科學》1990 年第 1 期;朱鳳瀚:《商周時期的天神崇拜》,《中國社會科學》1993 年第 4 期,等等。

主幹這點應該不會有異議。所謂新的信仰元素，即是“德”之價值。“德”之價值的發現，源自周人思索帝命在人間權力系統中的意義。對決定帝命的主要因素是什麽這個問題的思索，使周人的視綫從以帝爲核心的鬼神延伸至蒼生。由此，周人發現了人道和人德是獲得帝命而成王的第一把鑰匙。這是意識到了道德對帝命的重大影響，是信仰在思想文化方面的進步。

（謝炳軍，廣東外語外貿大學教師）

《毛詩注疏》版本考*

孔祥軍

[摘　要]《毛詩注疏》存世版本皆出自十行本系統。宋刊十行本雖爲祖本,然成於書坊,難稱精審,其錯訛多爲其後諸本所承。元代翻刻宋本,遞經修補,現存印本之中存在大量正德、嘉靖時期補版,補版既添新誤,亦有可稱之處。明永樂本、明李元陽所刻閩本,前者似據元本之早印本而成,後者則據晚印本,然閩本所據印本,補版究竟幾何,又閩本校改依據及其它細節,尚待進一步討論。其後,萬曆北京國子監本之於閩本,明崇禎毛氏汲古閣毛本之於明監本,清乾隆武英殿本之於明監本,清文淵閣《四庫全書》本之於殿本,亦有改動。清儒阮元重刻元刊明修十行本,擇舊作校記附於卷後,並暗改文字若干。阮本版片於道光、同治時期各有一次修版,不同時期印本又有差別。

[關鍵詞]　宋刊十行本《毛詩注疏》　元刊明修十行本　明刊九行本　清武英殿刊十行本　阮元重刊十行本

　　以刊本而言,南宋高宗前,經注本與單疏本皆別刻單行,《毛詩》亦然,直至紹熙三年(1192)提舉兩浙東路常平茶鹽公事黄唐方主持刊行《毛詩》經、注、疏之合刻本,[①]又稱越刊八行本,此本今亡,唯有殘抄本傳世。[②]此外,有學者認爲魏了翁《毛詩要義》出自八行本《毛詩注疏》,"宋版《毛詩要義》的文本質量極高,絶非十行本可比……我們推測它有可能出自

---

*　本文是國家社科基金項目"阮刻《十三經注疏》圈字彙校考正集成研究"(19BTQ049)階段性成果。

①　張麗娟:《宋代經書注疏刊刻研究》,北京:北京大學出版社,2013年,第296頁。日本東京國立博物館藏有早期寫本《毛詩正義》卷十八,上欄抄經注,下欄抄疏文,頁眉處抄釋音,業已具備匯爲一本的形態,對此,程蘇東兄有專文探討:《東京國立博物館藏唐人〈毛詩並毛詩正義大雅殘卷〉正名及考論》,2016年上海師範大學"《十三經注疏》研究——'從本土到海外'國際學術研討會"提交論文。

②　楊守敬曾從日本携回《毛詩注疏》殘抄本一部,今藏臺北"故宮博物院",據李霖《南宋越刊八行本注疏編纂考》(《文史》,2012年第4輯,第105—119頁),此本殘存五册,爲卷一上、卷四上下、卷五、卷六上下、卷十二上下,乃出自黄唐本。又承杜澤遜老師告知,此殘本五册,大部分是從十行本補抄,真正有校勘價值的祇有一册半。

現已失傳的黄唐本”，^①此種猜測是否成立尚需進一步研究。^②而傳世之《毛詩注疏》則皆爲十行本系統，^③兹不揣淺陋，以時代爲段，分述其版本源流，以就教于方家。

一、宋刊十行本

現存最早十行本《毛詩注疏》，爲南宋建安劉叔剛一經堂刊《附釋音毛詩注疏》（下簡稱足利本），今藏日本足利學校遺迹圖書館，汲古書院曾據之分四册影印，作爲《足利學校秘籍叢刊》第二，于昭和四十八年（1973）出版第一卷、第二卷，昭和四十九年（1974）出版第三卷、第四卷。此本半頁十行，除偶有缺頁，據他本抄補外，字畫清晰，版面潔净，當爲早印本，堪稱傳世合刻刊本《毛詩注疏》之祖。其匯刻方式，應是將單疏本孔穎達《正義》依照所標起止，分别插入附釋文經注本。略舉兩例，以證此説。其一，足利本卷一之一第八頁左欄第三行，《毛詩序》“故正得失，動天地，感鬼神，莫近於詩”，下録陸德明《釋文》，有“厚音后本或作序非”，《序》文並無“厚”字，此八字顯然有誤，阮刻《毛詩注疏》附録盧宣旬摘録本《校勘記》（下簡稱盧記）補云：“案：此節釋音‘厚音后本或作序非’八字，當在下節。”下節《序》文即云“先王以是經夫婦，成孝敬，厚人倫，美教化，移風俗”，則此八字當在下節也，檢《中華再造善本·毛詩詁訓傳》，兩節《序》文釋音並在一段，孔《疏》插入附釋音經注本時，因疏忽而致誤，藉之正可窺見注疏合刻之遺迹也。其二，足利本卷五之二頁十左欄第四行，孔《疏》“義亦同也”後有一“〇”，後文云“唯唯維葵反沈養水反韓詩作遺遺言不能制也”，檢單疏本，至“義亦同

---

① 李霖、〔日〕喬秀巖：《南宋刊單疏本〈毛詩正義〉·影印前言》，北京：人民文學出版社，2012 年，第 17 頁。宋本《毛詩要義》與宋刊十行本相比，確實勝字迭見，尤其是鄭風前部分，校勘價值極高，詳參拙作《日本天理大學附屬圖書館藏〈毛詩要義〉考異（鄭風前部分）》，張伯偉主編：《域外汉籍研究集刊》第 14 輯，北京：中華書局，2016 年，第 371—406 頁。

② 今宋刻八行本及《要義》皆存世者，尚有《禮記》《周易》二經，以《禮記》爲例，八行本《禮記正義》卷六十第二十葉疏文“各舉觶於其長也”（《影印南宋越刊八行本禮記正義》，北京：北京大學出版社，2014 年，第 1426 頁），《禮記要義》卷二十七却引作“各舉觸於其長也”（北京圖書館出版社 2003 年影印中國國家圖書館藏宋淳祐十二年魏克愚刻本）；又同卷《正義》第二十六葉疏文“雖恩不同義必同也”（第 1432 頁），《要義》引作“雖恩不同義必同也”；又同卷《正義》第二十七葉疏文“掌弓矢之材”（第 1433 頁），《要義》引作“掌弓矢之林”；後二例，元刊明修十行本《十三經注疏·禮記注疏》作“恩”“林”（北京圖書館出版社 2006 年影印北京市文物局藏元刻明修本），《要義》所引反同於十行本，而與八行本相異，則《禮記要義》是否引自八行本《禮記正義》令人十分懷疑。以此類推，《毛詩要義》是否就引自八行本《毛詩注疏》，也自然祇能是種猜測了。而且《要義》卷一下卷末即第九五條所摘録的内容雜糅了《經典釋文·毛詩音義·何彼襛矣》兩則注文，那麽此爲魏了翁直接從《釋文》摘録，還是其所據底本即爲附釋音之注疏本，難以確知也。又承喬秀巖先生告知，據其最新研究，“《要義》的底本可能不是整套完備的刻本，而是拼凑的，甚至也會有抄本。古代讀書，就數量來説，主要是靠抄本。古代的抄本相當於現在的複印本或電子版。刻本難求，所以要抄寫。主要想了解内容，不能要求所有文字都與底本一致。所以像《要義》這種書，對其文本要有彈性的理解”。

③ 王國維《舊刊本毛詩注疏殘葉跋》云：“江安傅氏藏舊刊《毛詩注疏》卷二第十六葉，每半葉十三行，行大二十四字，小三十一字，刊刻精雅，與宋趙本、建本均不同。案：常熟瞿氏有《尚書注疏》二十卷，每半葉十三行，行大二十六字至二十九字，小三十五字，《正義》序後别附纂圖，其地理圖題‘平水劉敏仲’，蓋即平陽刊本，貴池劉氏藏元元貞丙申平陽梁氏刊《論語注疏解經》十卷，亦每半葉十三行，行大二十四五字，小三十一字。此殘葉行款並與之近，當亦平水刊本。”（《觀堂集林》，北京：中華書局，1959 年，第 1042 頁）據此，則曾有十三行本《毛詩注疏》存世，又傅增湘云：“（《毛詩注疏》二十卷）金平水刊本，十三行二十五六字不等，注雙行三十一至三十五字，白口，左右雙欄。内閣大庫曾出殘葉，與大庫所藏《尚書注疏》版式同，而與海虞瞿氏藏平水本《尚書》不同。”（《藏園訂補郘亭知見傳本書目》，北京：中華書局，2009 年，第 55 頁）所述與前者板式稍異，傅氏並謂與瞿氏所藏平水本《尚書注疏》不同，不知前後殘葉是否同屬一書。

也”爲止，則可確定非《疏》文，又檢《釋文》，“唯唯維葵反”以下皆爲《釋文》，則“○”乃區別前後不同也，以十行本體例而言，《釋文》一般是在經注之後，無有附録《疏》文之後者，此處顯誤，浦鏜《十三經注疏正字》云：“一十九字係《音義》，當在上《箋》下，誤入《疏》。”文選樓單行本《毛詩注疏校勘記》（下簡稱阮記）云：“案：山井鼎云‘《釋文》混在《疏》中，當改正也’，是也。”乃因合刻者將《疏》文插入附釋音經注本時，偶有疏忽，錯入鄭《箋》、《釋文》之間，遂致誤如此也。據此二例可知，十行本合刻方式當是取《疏》文插入附釋音經注本也。[①]足利本雖是諸本之祖，然成於書坊，難稱精審，取此本與單疏本對校，即可知其《疏》文部分錯訛極多，又爲其後諸本所承，相沿不替，故今日所見《毛詩注疏》可謂無善本也。

二、元刊明修十行本

宋刊十行本，元代有翻刻本，後遞經修補，因有大量正德年間補版印頁，故又被誤稱爲正德本，如山井鼎《七經孟子考文凡例》云“有曰正德本者，迺明正德刊《十三經注疏》，世稀有之”，山井鼎之説誤也，顧廣圻云：“南雍本，世稱十行本，蓋原出宋季建附音本，而元、明間所刻，正德以後，遞有修補”，[②]顧説是也。以《毛詩注疏》而言，十行本之真祖乃足利本，山井鼎所謂正德本以及阮記所據、阮元《重刊宋本毛詩注疏》（下簡稱阮本）之底本皆非宋本。[③]所知元刊明修十行本《毛詩注疏》全本影印出版者有兩部，一爲李盛鐸舊藏本（下簡稱李本），單經傳世，今藏國家圖書館；一爲劉盼遂舊藏《十三經注疏》本（下簡稱劉本），今藏北京市文物局，兩種皆收入《中華再造善本》。李本、劉本與足利本同爲半頁十行，二者關係極爲緊密，可謂一脈相承。從版式上來説，李本、劉本，應皆由同一套版片印刷而成，祇不過李本、劉本補版數量有别而已，其行款、格式以及經注、《疏》文的結構位置與足利本幾乎一樣，特別是足利本剜添之處，李本、劉本也照樣摹刻，如足利本卷二之三頁六右欄第二行，《箋》文“我無日不思也”，此行文字迫促，似爲剜添之迹，李本、劉本皆同，阮本亦然，而阮記則云：“小字本、相臺本同，閩本、明監本、毛本，‘無’上衍‘我’字，十行本初刻無，後剜添，考《正義》云‘故我有所至念於衛，無一日而不思念之也’，是《箋》本無‘我’字，剜添者非也。”意顧廣圻見此行字距有異，遂以爲十行本初刻無“我”字，後因擠入“我”字而有若此剜添之迹，足利本已如此，元刊翻刻而已，顧氏所謂十行本初刻不知所指爲何本，易使人誤解也。從具體文字來説，足利本本非善本，一旦翻刻，復滋新訛，故往往足利本不誤，李本、劉本以及阮本則誤同。如足利本卷一之五頁五右欄第一行，“以興禮命卑者是彼賤妾”，“禮命”，李本作“禮雖”，劉本、阮

① 喬秀巖亦持此説，詳見《〈毛詩正義〉的歷程》，收入《北京讀經説記》，臺北：萬卷樓圖書股份有限公司，2013 年，第 222 頁。又見《南宋刊單疏本〈毛詩正義〉·影印前言》，北京：人民文學出版社，2012 年，第 10 頁。
② 〔清〕張敦仁：《撫本禮記鄭注考異序》，王欣夫輯：《顧千里集》，北京：中華書局，2007 年，第 132 頁。
③ 長澤規矩也從刻工角度，結合正德本與宋刻十行本的比較，論定世稱“十行本”者爲元刻非宋刻，詳參《正德十行本注疏非宋本考》，〔日〕長澤規矩也：《書志學論考》，東京：松雲堂書店，1937 年。

本同,阮記云:"閩本、明監本、毛本,‘雖’作‘命’,案:所改是也。"考《疏》云:"以興禮命卑者是彼賤妾,雖卑,亦隨夫人以次序進御於君所",若前後皆言"雖卑",顯爲重複,又"禮命卑者"乃本《序》箋所言"命謂禮命貴賤",則"雖"字顯爲"命"字之訛;又如足利本卷九之三頁十四右欄第一行,"實無陽而得陽名也","無陽",單疏本同,李本作"陰陽",劉本、阮本同,浦鏜《正字》云:"‘無’,誤‘陰’",揆諸文義,《疏》文意謂無陽而得稱陽,顯當作"無陽",此二例足利本皆不誤,惟李本、劉本及阮本誤,類似例子極多,可見三者當爲一體系也。

李本、劉本雖爲同一版本,但補版數量有別,劉本補版遠較李本爲多,遂致二本文字有異,如李本卷四之三頁七左欄第五行,"孟姜信美好而又且開習於婦禮","開習",足利本同,劉本作"閑習",單疏本同,"開習"不辭,且鄭《箋》明云:"言孟姜信美好,且閑習婦禮",則作"閑習"是也;又如李本卷五之一頁十三左欄第六、七行,"言柳柔脆之木者欲取無益於其故以柔脆解之","其",足利本同,劉本作"禁",單疏本同,此句《疏》文釋《傳》,毛《傳》云:"折柳以爲藩園,無益於禁矣",又前《疏》云:"此言折柳木以爲藩菜果之圃,則柳木柔脆無益於圃之禁",故當作"禁",此二例似足利本誤於前,李本此二頁皆爲元刊,則承足利本之訛,劉本此二頁皆爲明代嘉靖補版,則明代補版時有校改也。除了補版外,即便同一版片,二本文字亦有相異者,如卷九之三頁十一左欄第七行,李本"文王閑門修德而不與戰","閑門",足利本同,劉本作"閉門",單疏本同,"閑門修德",不知何義,"閑"字顯因與"閉"字字形相近而訛,《大雅·緜》《疏》引《帝王世紀》,正作"文王閉門修德",故應作"閉",仔細比較,二本此頁明爲同一元刊版片印製;又李本卷十之一頁十七右欄第六行,"唯才子用","子",足利本同,劉本作"是",單疏本同,"惟才子用",不知何義,"子"字顯爲"是"字之誤,二本此頁亦爲同一元刊版片印製,連版片裂紋走向都是一樣的,前後兩例皆有文字之異,或爲修版時挖改所致。

阮本之底本亦爲元刊明修本,惜未能傳世,故無從深入探討。傳世十行本,除足利本、元刊明修本、阮本外,還有一部十行抄本《毛詩疏》(下簡稱十行抄本),此前未見相關討論,因其性質特殊,故附見于此。今藏日本米澤圖書館,全書二十卷,分裝十冊,卷首題曰"附釋音毛詩注疏卷之一",則其所據底本當經注、《疏》、《釋文》匯合之本也,然其正文並無經、注,唯有孔《疏》,"疏"作大字,《疏》文雙行小字,半頁十行,或其底本即合刻之十行本,而于抄寫時剔去經注,僅存《疏》文,偶采《釋文》。此本與足利本及李本、劉本文字多合,然復有相異者,且異文反與單疏本合,故謂其性質特殊也。舉例説明,其一,足利本卷十二之一頁二左欄第八行,"訓爲小爇也","爇",李本作"熟",劉本、阮本同,"爇"即"熟",單疏本作"熱",十行抄本同,阮記云:"案:浦鏜云‘爇誤熟’,是也。"此引《説文》,宋本《説文》卷十上"火"部"炎"字,作"小熱"也,《釋文》引《説文》同,則作"熱"是也;又足利本卷十二之二頁九右欄第五行,"且朝臣皆有車馬無所可擇民之富有者以往","民",李本、劉本、阮本同,單疏本作"故擇民",十行抄本同,此句《疏》文釋箋,《箋》云"又擇民之富有車馬者,以往居于向也",《疏》釋其故,乃因朝臣皆有車馬可供遠行,無需擇之,而平民則需擇其富者,非此,不能供具車馬之用也,其"故擇"二字,正本《箋》文之"又擇"二字,豈可闕之,阮記云:"案:浦鏜云‘擇下當脱故知擇三字',是也,此'擇'字複出而致誤。"浦鏜所疑是,所正非也,由此二例可見十行抄本文字頗有勝於足利本者;又足利本卷十六之四頁五左欄第六行,"正義曰毛讀患爲串",李本、劉本、阮本同,單疏本"串"字下有雙行小注"古患反"三字,十行抄本同,爲各本僅見者,可證此抄本與單疏本有極深淵源關係。不僅如此,十行抄本亦有勝於單疏本之處,如足利本卷十之二頁九左欄第三行,"箋解菜之新田","菜",單疏本、李本、劉本、阮本皆同,而十行抄本作"采",阮記云:"案:浦鏜云'采誤菜',是也。"本詩經文云:"薄言采芑,于彼新田。"則顯當作"采",此例唯有十行抄本不誤。類似情況還有不少,究其緣由,或因十行抄本之底本與足利本有異,或因曾據失傳之善本如八行本以校改,或因抄寫者經學修養極爲精湛,故能於抄寫時改正錯謬,詳情難以坐實,如何認識此本之價值,尚待進一步研究。

三、明刊九行本

現在學界比較通行的看法,《十三經注疏》全部匯刻始於明嘉靖時李元陽,[①]以刻於閩中,故稱閩本,東方出版社曾據日本東京大學東洋文化研究所藏本影印出版。[②]至萬曆十四年(1586),北京國子監據閩本翻刻,世稱明監本,又因與南京國子監藏元刊明修經疏版片相區别,故稱北監本。崇禎改元,常熟毛氏汲古閣復據明監本重翻,世稱毛本,有文物出版社影印本。[③]

以《毛詩注疏》而言,閩本、明監本、毛本爲同一版本體系,皆半頁九行,毛《傳》、鄭《箋》改爲單行中字,明監本版心標記"萬曆十七年刊",是爲微異。明刊九行本與宋元十行本,可謂一脉相承,張敦仁云:"李元陽本、萬曆監本、毛晉本,則以十行爲之祖,而又轉轉相承,今於此三者不更區别,謂之俗注疏而已。"[④]又,莫友芝云:"有十行十七字附釋音本,係宋元舊刊,至明正德後遞有修補之頁,即明初南雍所集舊板也……至嘉靖中,閩中御史李元陽等即用此十行本重寫,刊爲十三經注疏。"[⑤]莫説含混,閩本所據究屬何本,仍須進一步探求,以《毛詩注疏》爲例,卷十四之一《甫田》,足利本頁五左欄第一行"此即義取其陳也","義",李本此頁爲元刊元印,亦作"義",劉本此頁疑爲明嘉靖補版明印,作"我",閩本、明監本、毛本皆作"義",單疏本作"我",此處孔《疏》乃引經文,經文作"我取其陳",則當作"我",單疏本是也,劉本作"我"不作"義",可見嘉靖補版時有校改,閩本等却與李本同,而與劉本異,由此可知,閩本

① 汪紹楹:《阮氏重刻宋本十三經注疏考》,《文史》第 3 輯,北京:中華書局,1963 年,第 52 頁。杜澤遜《〈孟子〉入經和〈十三經〉彙刊》,《微湖山堂叢稿》,上海:上海古籍出版社,2014 年,第 64 頁。北京市文物局藏有一套劉盼遂舊藏元刊明修本《十三經注疏》,闕《儀禮注疏》,以楊復《儀禮圖》補之,直至明嘉靖五年(1526),方由陳鳳梧合刻《儀禮注疏》於山東,李元陽即用陳本匯刻。

② 《明版閩刻十三經注疏》,北京:東方出版社 2011 年影印明嘉靖時期李元陽刻本。

③ 《明汲古閣刻本十三經註疏》,北京:文物出版社 2015 年影印明毛氏汲古閣刻本。

④ 〔清〕張敦仁:《撫本禮記鄭注考異序》,王欣夫輯:《顧千里集》,第 132 頁。

⑤ 〔清〕莫友芝撰,傅增湘訂補:《藏園訂補郘亭知見傳本書目》,北京:中華書局,2009 年,第 2 頁。

所據底本情況複雜,難以遽下定論。

雖然,就《毛詩》而言,其與十行本亦多有不同,其例甚夥,以卷十二之二《雨無正》爲例,足利本頁十右欄第二行"七章上一章章十句次二章章八句下三章章六句","上一章",李本、劉本同,閩本作"上二章",明監本、毛本同,本詩經文共七章,若作"上一章",則全篇六章,顯非事實,又上二章皆爲十句,故作"上一章"顯誤,單疏本作"上二章"可證;又足利本頁十二右欄第四行,"傳勤勞正義曰詁文",李本、劉本、阮本同,"詁文",閩本作"釋詁文",明監本、毛本同,"詁文",不知何義,檢《爾雅·釋詁》:"倫、勩、邛、敕、勤、愉、庸、癉,勞也。"則作"釋詁文"是也,單疏本作"釋詁文"可證;又足利本頁十三右欄第二、三行,"言兵寇已成而不能禦而退之天下之衆飢困已成而不能禦而退之天下之衆飢困已成而不能恤而安之",李本、劉本、阮本同,閩本作"言兵寇已成而不能禦而退之天下之衆飢困已成而不能恤而安之",明監本、毛本同,足利本文字重複且語意不通,顯然有誤,其"禦而退之天下之衆飢困已成而不能"當爲衍文,單疏本即無此十五字可證;又足利本頁十四左,"箋解賢人之意正使者君有不正我從之",李本、劉本、阮本同,閩本作"箋解賢人之意不可使者君有不正我不從之",明監本、毛本同,此句《疏》文釋箋,《箋》云:"不可使者,不正,不從也",故《疏》文引而述之,則十行本文句多誤,明矣,單疏本與閩本同可證。閩本與十行本有如許不同,究竟是緣於理校改訂,還是別有所據,難以遽斷也。

不僅如此,明監本之於閩本、毛本之於明監本,亦多有改動之處,如足利本卷八之一頁二十一右欄第三行,"其餘稻秫苽梁之輩皆名爲禾","梁",李本、劉本、閩本同,明監本作"粱",毛本同,"粱"者從木,如何名爲禾,作"梁"顯誤,單疏本、《毛詩要義》所引皆作"粱",可證;又足利本卷九之四頁一左,"唯四章因言自壘而出即説自西而反五章乃更述在西方之事爲小到耳","到",李本、劉本、阮本、閩本同,明監本作"別",毛本同,單疏本作"倒","小到",不辭,西方之事自應在前,自西而反顯然在後,然四章先言自西而反,五章方言在西之事,此即所謂"小倒"也,故當從單疏本,阮記云:"閩本同,明監本、毛本,'到'作'別',案:當作'倒',《正義》例用'倒'也。"是也,明監本改作"別",非也,此明監本改閩本之例。足利本卷十之一頁十六左欄第三行,"陸機疏云莪蒿也一名蘿蒿也生澤田漸洳之處菜似邪蒿而細","菜",李本、劉本、阮本、閩本、明監本同,毛本作"葉",單疏本亦作"葉",檢《段氏毛詩集解》卷十七《菁菁者莪》小注引:"陸《疏》曰:莪,蒿也,一名蘿蒿,生澤田漸洳之處,葉似邪蒿而細",則作"葉"是也;又足利本卷十二之一頁七左欄第五行,"乃云不自爲政是今昊天之辭","今",李本、劉本、阮本、閩本、明監本同,毛本作"令",考《箋》云:"欲使昊天出《圖》《書》,有所授命,民乃得安",《疏》文之"令"正本《箋》文之"使",則作"令"是也,單疏本作"令",可證,浦鏜《正字》云:"'令',監本誤'今'。"是也,此毛本改明監本之例。明監本又有重修本,二者區別是各卷卷首題銜,明監本作"皇明朝列大夫國子監祭酒臣黄風翔/承直郎司業臣楊起元等奉/敕重校刊",重修本"皇明朝列大夫國子監祭酒臣黄風翔/承直郎司業臣楊起元等奉/"合爲雙行,小字占一行,"敕重較刊/皇明朝列大夫國子監祭酒臣吴士元/"占一行,

"承德郎司業仍加俸一級臣黄錦等奉/旨重修"占一行,上文所舉毛本異文二例,重修本與明監本同,故可排除重修本已改動,毛本承之的可能性。然而,重修本確實有修改,甚至有原本不誤,重修本誤者,如足利本卷十三之一頁十五右欄第八行,"計秋日之寒","計",單疏本、阮本、明監本同;李本訛作"許",劉本、閩本、毛本同,爲何毛本能越過明監本,而與閩本同? 意明監本見此處作"許"有誤,遂改作"計",重修監本見其"計"字與閩本不符,以爲錯訛,遂又改作"許",而毛本承之,故作"許",不作"計"。浦鏜《正字·例言》云:"十三經所見者四本:一監本,一監本修版,修版視原本誤多十之三……。"或是。阮記云:"閩本、明監本、毛本,'計'誤'許'。"則其所據本非明監本,乃重修監本也。

　　需要特別説明的是,有明一代,除了九行刊本系統之外,還有一種《毛詩注疏》傳世,今藏重慶市圖書館。據所見書影,是書半頁八行,十行本及九行本標識之大字"疏",皆改爲圈内"正義",並將原《疏》文標起止之"正義曰"三字删去。與之版式相同者,有明刊八行本《周易兼義》及《尚書注疏》傳世。後者今藏臺灣"中央圖書館",此本即張鈞衡《擇是居叢書》影刻之底本,杜澤遜先生定爲明永樂元年刊本,指出此本雖爲八行但内容乃承十行本而來,并推測永樂初年或嘗據未經明修之十行本重刻諸經注疏。[①] 據此,則此八行本《毛詩注疏》亦當爲永樂初年刊本,而其詳情,尚待深入研究。

四、清武英殿刊十行本

　　清乾隆四年(1739)至十一年(1746)十二月,武英殿重刊《十三經注疏》告竣,[②] 世稱殿本,有綫裝書局原大影印本。[③] 殿本以明北監本爲底本,[④] 以《毛詩注疏》而言,其版心處標注"乾隆四年校刊",即承明監本版心標注"萬曆十七年"的做法,但在版式上却進行了相當大的調整,重新回歸爲半頁十行,陸德明《釋文》做了分段集中,孔穎達《正義》所標起止文字全部删去,鄭玄《詩譜》移至卷首,[⑤] 各卷亦悉數重排。此外,《毛詩注疏》全文施加了句讀,[⑥] 且於各卷卷末附有簡短考證,是爲創舉。特別值得一提的是,殿本對底本文字進行了相當多

① 杜澤遜:《明永樂本〈尚書注疏〉跋》,《微湖山堂叢稿》,第 35—37 頁。另參拙文《美國加州大學東亞圖書館藏元刊十行本〈周易兼義〉的文獻價值》,《廣西師範大學學報(哲學社會科學版)》2019 年第 1 期,第 18—23 頁。

② 張學謙:《武英殿本〈二十四史〉校刊始末考》,《文史》2014 年第 1 輯,第 101 頁。

③ 《武英殿本十三經注疏》,北京:綫裝書局 2013 年影印天津市圖書館藏清武英殿刻本。

④ 杜澤遜先生認爲殿本的底本非萬曆初本,而是崇禎年間修版印刷的本子,見《影印乾隆武英殿本〈十三經注疏〉序》。

⑤ 有學者認爲殿本將鄭《譜》移至卷首是擅自改動原貌,實際上鄭《譜》本來單行,故經注皆不附録,足利本卷四之一頁三左欄第六行,《疏》云:"王詩次在鄭上,《譜》退閩下者,欲近雅、頌,與王世相次故也。"據此,可知雖王風列於鄭風之前,而《王城譜》却在《豳譜》之後,此爲鄭《譜》本來次序,直至孔穎達作《正義》,始將鄭《譜》分列於風、雅、頌之首,以相配之故,不得不調整《譜》序,故將《王城譜》提至《鄭譜》之前,殿本將鄭《譜》全部抽出,合并列於卷首,是恢復鄭《譜》單行的本來面貌,何來擅自改動。

⑥ 繼清殿本,後世之整理本有民國萬有文庫本、海南傳世藏書本、北大簡體、北大繁體、臺灣新文豐公司分段標點本、儒藏本以及上海古籍出版社新整理本,就標點水準而言,無一能與之相比者,這一方面説明殿本整理者對經疏的理解已經達到了一個極高的層次,另一方面也説明後人幾乎完全忽視了殿本句讀的價值,根本未能參考學習。

的改動，這些改動往往是正確的，并能爲單疏本等所印證。稍具例證，可概見之。如足利本卷九之四《出車》，頁一右欄第五行，“作出車詩勞還帥也”，“詩”，李本、劉本、閩本、明監本、毛本、阮本同，殿本作“詩者”，考《詩疏》，多“作……詩者……也”之例，故應有“者”字，單疏本正作“詩者”，《正字》云“脫‘者’字”，是也。頁二右欄第二行，“其召我必急矣不可緩以待命欲疾趨之也汝文命不辭即召僕夫忠也知自急難欲疾趨之敬也”，“汝文命”，李本作“以文命”，劉本同，閩本作“以王命”，明監本、毛本、阮本同，殿本作“汝聞命”，“忠”也、“敬”也者，皆因“汝聞命不辭”也，單疏本正作“汝聞命”可證，“汝文命”“以文命”“以王命”皆不合句義，且其訛變之迹顯然，“聞”訛作“文”（足利本），“汝”又訛作“以”（李本），“文”又訛作“王”（閩本），越變越離奇，惟殿本與單疏本合；又“自”，李本、劉本、閩本、明監本、毛本、阮本同，殿本作“有”，“知自急難”，不辭，“自”字顯爲“有”字之訛，單疏本正作“有”可證，《正字》云“‘自’，當‘事’字誤”，意是字非也。頁二左欄第八、九行，“設此施而屬之於旄之上干矣以屬旆於旄乃建立彼旄於戎車之上矣旄在地已屬之於干旄言建旆則亦同建之也”，李本作“設此施而屬之於旄之上干█以屬旆於旄乃建立彼旄於戎車之上矣旄在地已屬之於下旄言建旆則亦同建之也”，劉本作“設此旆而屬之於旄之上干█以屬旆於旄乃建立彼旄於戎車之上矣旄在地已屬之於下旄言建旆則亦同建之也”，閩本作“設此旆而屬之於旄之上干矣以屬旆於旄乃建立彼旄於戎車之上矣旄在地已屬之於干旄言建旆則亦同建之也”，明監本、毛本、阮本同，殿本作“設此旆而屬之於旄之干矣以屬旆於旄乃建立彼旆於戎車之上矣旄在地已屬之於干旄言建旄則亦同建之也”，《要義》引作“設此旆而屬之於旄之干矣以屬旆於旄乃建立彼旆於戎車之上矣旆在地已屬之於干旄言建旄則亦同建之也”，單疏本作“設此旆而屬之於旄之干矣以屬旆於旄乃建立彼旆於戎車之上矣旄在地已屬之於干旄言建旆則亦同建之也”，此句諸本忽有出入，文字混亂多舛，致使句義晦澀難明，考此句《疏》文乃釋經也，本詩經文云：“設此旄矣，建彼旄矣。”《傳》曰：“旄，干旄。”《箋》云：“設旆者，屬之於干旄，而建之戎車。”結合經注可知，乃設旆而屬之於旄之干，此所謂“設此旄矣”，再將此設旆之旄，立於車上，此所謂“建彼旄矣”，設旆於旄之干，在地已屬之，故經雖言“建旄”，實則建有旆之旄，旆亦建之也，據此，《疏》文當作：“設此旆而屬之於旄之干矣，以屬旆於旄，乃建立彼旆於戎車之上矣，旄在地已屬之於干，旄言建，旆則亦同建之也。”諸本皆有舛誤，惟殿本所誤最少也。頁三左欄第六行，“言文王命以殷王之命命南仲往城築於彼朔方故南仲所以往朔方而築於也”，“而築於”，李本、劉本、阮本同，閩本作“而築城”，明監本、毛本同，殿本作“而築壘”，“築於”，不知何義，此句《疏》文據箋釋經，本詩經云：“王命南仲，往城于方。”《箋》云：“王使南仲爲將率，往築城于朔方，爲軍壘以禦北狄之難。”又下《疏》云：“知爲築壘者，以軍之所處而城之，唯有壘耳。”故當作“壘”，單疏本作“壘”可證，阮記云：“此‘築於’者，經之‘城于’。”誤也。此《出車》一詩所見之異也，全篇類似情況，不勝枚舉。殿本如何能做到跨越十行本、九行本系統，而與單疏本暗合的校勘成績，發人深思。常規推測，應是理校所致，然而也有理校無法解釋的情況，足利本卷九之四頁八右欄第一行，“文武並言者以此篇武王詩之始而武王因文王之業欲見文治内外而憂勤武承其後而逸樂由是萬物盛多能備禮也可以告於神明”，李本、劉本、閩本、明監本、毛本、阮本同，殿本作“文武並言者以此篇武王詩之始而武王因文王之業欲見文治内外而憂勤武承其後而逸樂由是萬物盛多是故並見也經六章皆陳魚多酒旨是萬物盛多能備禮也言可以告於神明”，比足利本多出“是故並見也經六章皆陳魚多酒旨是萬物盛多”及“言”共計二十字，此段《疏》文前言“文武並言者”，隨之解釋爲何如此，并以“是故並見也”以結之，前後呼應，以明《序》并言“文武”之義，下文另言經六章皆言魚多酒旨，此正解《序》“萬物盛多”也，此段十九字豈可闕也，《疏》文再引《序》文“可以告於神明”以釋之，則“言”字亦不可闕，則殿本所補皆是也，令人匪夷所思者，殿本此段文字竟然與單疏本一字不差，這不得不令人懷疑，殿本整理者應別有所據，或是見到了單疏本或八行本之類的善本，檢十行抄本此段文字，作“文武並言者以此篇武王詩之始而武王因文王之業欲見文治内外而憂勤武承其后而逸樂由是萬物盛多是故並見也經六章皆陳魚旨是萬物已備礼也言可以告於神明”，雖與單疏本、殿本略有小異，但總體類似，則其所抄底本與殿本所見之本亦有相近關係，其詳情已無法確知。

殿本流傳不廣，直至同治十年（1871），廣東書局重刊殿本，版式一仍其舊，版心處於“乾隆四年校刊”左另行刻有“同治十年重刊”字樣，以示區別。此外，重刊本也有改動文字之處，如足利本卷四之二頁二右欄第十行，“昭十六年左傳子産曰昔我先君桓公與商人皆出自周庸次比耦以艾殺此地斬之蓬蒿藜翟而共處之”，“翟”，李本、劉本、閩本、毛本、明監本、殿本、阮本同，重刊殿本作“藋”，“藋”者，釐草也，徒弔切；“翟”者，山雉也，音狄，音澤，則二者形聲義皆異，此處“蓬蒿藜藋”，皆草物，與山雉何關？檢《左傳》昭公十六年，正作“藋”，單疏本亦作“藋”，則“翟”字當爲“藋”字之誤，浦鏜《正字》云：“‘藋’，誤‘翟’。”重刊所改是也。

乾隆三十七年（1772）編《四庫全書》，其中《十三經注疏》即用殿本謄録。[1] 以《毛詩注疏》而言，今所習見本爲影印《文淵閣四庫全書》本（下簡稱庫本），[2] 文淵閣抄本雖是抄録殿本，但亦有文字改動，其中部分改動之處，《欽定四庫全書考證・經部・毛詩注疏》有相關説明。如足利本卷七之一頁五左欄第五行，“序云男子棄業”，“子”，李本、劉本、閩本、明監本、毛本、殿本、阮本同，庫本作“女”，考本詩《序》云：“男女棄其舊業。”則此處當作“女”，單疏本正作“女”，可證，《四庫全書考證》云：“刊本‘女’訛‘子’，據《序》改。”改之是也；又如足利本卷十二之二頁七右欄第八行，“周禮有太宰卿小宰卿大夫宰夫下大夫”，“小宰卿”，李本、劉本、閩本、明監本、毛本、殿本、阮本同，庫本作“小宰中”，檢《周禮・天官・冢宰》，“治官之屬，太宰卿一人，小宰、中大夫二人，宰夫、下大夫四人”，據此，“小宰卿”顯誤，或因見前有“太宰卿”，遂望文生義，以爲必有“小宰卿”，而改“中大夫”之“中”爲“卿”，誤甚也，單疏本、《毛詩要義》皆作“小宰中”可證，《四庫全書考證》云：“刊本‘中’訛‘卿’，今改。”改之是

---

① 杜澤遜：《〈十三經注疏彙校〉緣起及設想》，《微湖山堂叢稿》，第 8 頁。
② 《毛詩注疏》，《景印文淵閣四庫全書》第 69 册，臺北：臺灣商務印書館 1983 年影印文淵閣本。

也。然而，亦有改之，而《考證》無説者，如足利本卷十二之三頁十九右欄第五行，“故其地多蟣淫女或亂之氣所生也”，“或”，李本、劉本、閩本、明監本、毛本、殿本、阮本同，文淵閣抄本作“惑”，“或亂”，不辭，此《疏》引《洪範五行傳》，檢單疏本《春秋左傳正義》莊公十八年亦引《洪範五行傳》，正作“惑亂”，則作“惑”是也，單疏本、《毛詩要義》皆作“惑”可證，文淵閣抄本改之，是也，然《考證》無説，不知其所據。需要指出的是，文津閣抄本①與文淵閣抄本雖同爲四庫抄本，但文字亦有不同。如足利本卷二之二頁九左欄第一行，“定本木雁隨陽無陰字”，十行本、閩本、明監本、毛本、殿本同，李本作“定木木雁隨陽無陰字”，劉本同，文淵閣抄本作“定本本雁隨陽無陰字”，李本之“定木”，必爲“定本”之訛，其“本”字因闕下橫而誤作“木”也，據此可推知，“定本木”之“木”亦當爲“本”字之訛，則當作“定本本雁隨陽無陰字”，而文津閣本則改作“定本鴻雁隨陽無陰字”，與諸本皆異；又如，足利本卷九之二頁二右欄第五行，“聘禮注云饗謂享大牢以飲賓”，“享”，李本、劉本、閩本、明監本、毛本、阮本同，文淵閣抄本亦作“享”，殿本作“亨”，檢《儀禮·聘禮》注，正作“亨”，單疏本作“亨”，可證，《正字》云：“‘亨’音‘烹’，古‘烹’字，誤作‘享’。”是也，文津閣抄本則作“亨”，與殿本合，則文淵閣本作“享”誤也。其他諸抄本是否存在類似情況，仍需進一步比對研究。

五、阮元重刊十行本

嘉慶二十年（1815）阮元於江西主持重刊“宋本十三經注疏”，翌年書成，②其在《重刊宋本十三經注疏》弁首《重刻宋板注疏總目録》（下稱《目録》）中談及此事始末，云：“元家所藏十行宋本，有十一經，雖無《儀禮》《爾雅》，但有蘇州北宋所刻之單疏板本，爲賈公彦、邢昺之原書，此二經更在十行本之前，元舊作《十三經注疏校勘記》，雖不專主十行本、單疏本，而大端實在此二本。嘉慶二十年，元至江西，武寧盧氏宣旬讀余《校勘記》而有慕於宋本，南昌給事中黃氏中傑亦苦毛板之朽，因以元所藏十一經至南昌學堂重刻之，且借校蘇州黃氏丕烈所藏單疏二經重刻之……刻書者，最患以臆見改古書，今重刻宋板，凡有明知宋板之誤字，亦不使輕改，但加圈于誤字之旁，而別據《校勘記》，擇其説附載於每卷之末，俾後之學者不疑于古籍之不可據，慎之至也。”③此處所謂“《十三經注疏校勘記》”，乃指單行本《宋本十三經注疏校勘記》二百十七卷，《經典釋文校勘記》廿六卷。《校勘記》原名《考證》，撰成於嘉慶十

---

① 《十三經注疏》，廣陵書社編：《四庫全書選刊：文津閣本》，揚州：廣陵書社 2015 年影印本。
② 清代胡稷《重刊宋本十三經注疏後記》云：“嘉慶二十有一年秋八月，南昌學堂《重刊宋本十三經注疏》成，卷四百十六并附録校勘記，爲書一千八百一十葉，距始事於二十年仲春，歷時十有九月。”又《雷塘庵主弟子記》卷五：“（嘉慶二十一年）秋，刻《宋本十三經注疏》成。”《續修四庫全書》第557册，上海：上海古籍出版社 2003 年影印清道光琅嬛仙館刻本，第 271 頁上欄a。
③ 〔清〕阮元：《揅經室三集》卷二《江西校刻宋本十三經注疏書後》，亦有此段文字，中華書局整理本《揅經室集》誤“慕”爲“摹”，北京：中華書局，1993 年，第 620 頁。

一年（1806）丙寅，刊於十三年（1808）戊辰，①即文選樓本也。②據阮元《目録》，《校勘記》的學術成果并未直接反映在重刻版片的文字上，而是通過一種圈字標注的方式，既保持了原本的文字形態，又將校改意見呈現出來，以供讀者判斷，此即所謂"今重刻宋板，凡有明知宋板之誤字，亦不使輕改，但加圈于誤字之旁，而別據《校勘記》，擇其説附載於每卷之末"。此處所言擇其説附載於卷末者，即爲盧宣旬摘録本《校勘記》，若此正文後附校勘記的做法可謂創新，然而以《毛詩注疏》而言，阮元重刊所據本實非宋本，乃元翻宋本，③故由上文所引可知，阮本往往與李本、劉本同，而與足利本異，且阮本是否真如《目録》所言不改底本，值得懷疑。按照一般理解，顧廣圻《毛詩注疏校勘記》所據底本，④與阮元重刊《毛詩注疏》所據底本，應該是一個本子，重刻本若是完全依照原本，那麼《校勘記》引文與阮本文字應該是完全一致的，但事實並非如此。如阮本卷二之一頁五左欄第四行，"今不用而與衆物汎汎然"，張敦仁《校勘記》引文作"今不用而與物汎汎然"，盧宣旬摘録《校勘記》引文亦作"今不用而與物汎汎然"，盧記本附阮本正文後，絶不應前後自相違背，此"衆"字究竟乃阮本所據之底本本有，還是重刊時新添，難以確知；又如阮本卷十之二頁六左欄第七行，"帥謂軍將至五長"，張敦仁《校勘記》引文云"帥謂軍將至伍長"，云："閩本、明監本、毛本，'伍'誤'五'，下同。"盧記引文云"帥謂軍將至五長"，補云："閩本、明監本、毛本同，案：'五'當作'伍'，下同。"盧記所引又與阮本同，而與《校勘記》異，又改寫《校勘記》，以與阮本文字一致也。此類例子，還有很多，令人不得不懷疑，要麼二者所據並非同一底本，要麼阮本重刊的過程中存在着改動底本文字的情況，而非一字不改，故張敦仁云"近日有重刻十行本者，款式無異，其中字句特多改易，雖當否參半，但難可徵信"，⑤似爲實情。

　　阮本雖然存在如許問題，但問世之後，流傳極廣，成爲最爲通行的文本。然而阮本刊刻情況極爲複雜，可確切考知者，有嘉慶南昌府學初刻本，道光六年（1826）重校本，同治十二年（1873）江西書局重修本，此三種實際上是一套版片，而遞經修補。重新翻雕印行者，則有光緒十八年（1892）湖南務本書局重刊本，此外，還有一種重刊阮本，無牌記説明刊刻情況，而仔細比對字體印面以及標注圈字，與阮本絶異，不知爲何本。影印方面，藝文印書館早年曾據高郵王氏舊藏嘉慶初刻阮本，剪貼爲四拼一影印出版，後不斷重印，藍燈文化事業股份有

① 汪紹楹：《阮氏重刻宋本十三經注疏考》，《文史》第 3 輯，北京：中華書局，1963 年，第 27 頁。

② 單行本《校勘記》除文選樓本外，尚有《清經解》本，因《清經解》本身刊刻情況複雜，其所收録之《校勘記》間有錯謬，亦在情理之中。如卷一《毛詩正義序》"於其所作疏内"條，經解本作"'所'字止句錯在此"，參見〔清〕阮元、〔清〕王先謙編：《清經解　清經解續編》第 6 册，南京：鳳凰出版社 2005 年影印本，第 6729 頁，而文選樓本作"'所'字上句錯在此"，"止"字顯爲"上"字之訛。又如卷一《螽斯》"其股似璏瑁又"條，經解本作"'又'當作'文'"（第 6733 頁），文選樓本則作"'又'當作'叉'"，二者又異。

③ 蔣鵬翔撰，沈楠審定：《阮刻毛詩注疏出版説明》，〔清〕阮元校刻：《阮刻毛詩注疏》，杭州：西泠印社出版社 2013 年影印上海圖書館藏嘉慶年間江西南昌府學刊本，第 3 頁。

④ 阮記前附《引據各本目録》，其中"注疏本"列有"十行本七十卷"，小注云："日本山井鼎所云'宋版'即此書，其源出於《沿革例》所云'建本有音釋注疏'，遞加修改，至明正德時，山井鼎云'與正德刊本略似'，不知其似二而實一也，是爲各本注疏之祖。"山井鼎所云"宋版"乃謂足利本，即宋刊十行本，與校勘記所據底本不同。

⑤ 〔清〕張敦仁：《撫本禮記鄭注考異序》，《顧千里集》，第 132 頁。

限公司、新文豐出版公司亦翻印此版，2009 年中華書局曾影印出版所謂“清嘉慶刊本《十三經注疏》”，實際上是翻印自臺灣藝文印書館本，而滅去其名，真正影印嘉慶阮本者，爲傳古樓“四部要籍選刊”，自 2013 年西泠印社出版單面影印《阮刻毛詩注疏》，後改由浙江大學出版社，陸續單面影印出版了嘉慶初刻《周易》《尚書》《禮記》《左傳》諸經注疏。民國二十四（1935）年，世界書局曾據江西書局同治十二年（1873）重修阮本，[①]剪貼爲九拼一影印出版，并將阮本標注所用“o”，統一改爲“▲”，1980 年中華書局又取世界書局本，參考江西書局同治十二年重修阮本，校改影印出版，此後屢有重印，成爲大陸最爲常見、使用最多的《十三經注疏》影印本。

綜上所述，傳世《毛詩注疏》皆爲十行本系統，但代有改訂，刊行流傳情況極爲複雜，很多方面亟待深入研究，唯有進行系統全面、無有遺漏的彙校，才能爲解決相關問題提供最基本的文本參照。

（孔祥軍，揚州大學社會發展學院教授）

---

① 詳參張劍：《世界書局縮印本阮刻〈十三經注疏〉底本初探——以〈春秋穀梁傳注疏〉爲考察對象》，《揚州文化研究論叢》2018 年第 1 期，第 65—81 頁。又如，阮本卷一之三頁十三右欄第三行，“共有之”之“共”，道光六年（1826）重校本亦作“共”，同治十二年（1873）江西書局重修本改作“其”，世界書局縮印本作“其”，據此，可知其底本當爲同治十二年（1873）重修本也。

論《禮記·中庸》"半塗而廢"的經義

郎文行

[摘 要] 《禮記·中庸》"遵道而行半塗而廢"與《禮記·表記》"鄉道而行中道而廢"、《論語·雍也》"力不足者中道而廢"内涵相同。漢魏學者關於"半塗而廢"或"中道而廢"注文簡略,孔疏以來的注家,往往脱離經典語境,將"半塗而廢"字面理解爲有始無終,並對《中庸》"遵道而行半塗而廢"進行曲解。爲彌縫經義,宋代以後學者又對《表記》"鄉道而行中道而廢"進行穿鑿解釋。其實"半塗而廢"與"中道而廢"的經文義理,旨在强調爲學修道永無止境,直至年老力衰休息廢止之時,程度仍在大道半塗之中。《中庸》"遵道而行半塗而廢"的經義有深刻的思想背景,體現了儒家學説世界認知的特點,與《周易》《尚書》《詩經》《論語》《莊子》《戰國策》等文獻義相印證。

[關鍵詞] 中庸 半塗而廢 經義 新詮

引言

"半塗而廢"是常用的成語,《辭源》解釋"半塗而廢"謂:"比喻做事不能堅持到底。塗,同'途'。"[1]"半塗而廢"最早見於《禮記·中庸》"君子遵道而行,半塗而廢,吾弗能已矣"。[2]楊天宇《禮記譯注》譯文爲:"君子遵循道義而行,(有人)半途而廢。我却不能停止。"[3]是當前較爲通行的解釋。楊注"半塗而廢"的意義與成語理解相同,並且楊注在"半途而廢"前括注"有人"二字,以使上下文義相貫。"半塗而廢"的主語究竟是不是所謂的"有人",其實頗有疑問。我們考察鄭注孔疏以下學者對"半塗而廢"的注釋,發現"半塗而廢"的注解以及與之相關的《表記》"鄉道而行中道而廢"的注解,曾經是經書注釋史中的一個重要疑案,《中庸》"半塗而廢"的注解仍是一個尚需深入探討的問題。本文將在梳理歷代學者意見的同時,對《中庸》"半塗而廢"的疑義進行辨正,並提出相對可信的解釋,祈請方家讀者指正。

---

① 《辭源》(修訂本),北京:商務印書館,1998 年,第 0415 頁。
② 〔漢〕鄭玄注,〔唐〕孔穎達疏:《禮記正義》卷五二,〔清〕阮元校刻:《十三經注疏》第 6 册,北京:中華書局 2009 年影印清嘉慶南昌府學刊本,第 3530 頁上欄 a。
③ 楊天宇:《禮記譯注》,上海:上海古籍出版社,1997 年,第 902 頁。

一、孔疏歧解與問題緣起

《中庸》"半塗而廢"與《表記》"中道而廢"，孔疏解釋已經出現歧解，爲後來的聚訟争議埋下了伏筆。

> 《禮記·中庸》："君子遵道而行，半塗而廢，吾弗能已矣。"鄭玄注："廢，猶罷止也。弗能已矣，汲汲行道，而爲時人之隱行。"孔穎達疏："君子遵道而行半塗而廢者，言君子之人，初既遵循道德而行，當須行之終竟。今不能終竟，猶如人行于道路，半塗而自休廢。廢猶罷止也。吾弗能已矣，已猶止也，吾弗能如時人半塗而休止，言汲汲行道無休已也。"①

案鄭注釋"半塗而廢"稍嫌語焉不詳。孔疏謂"今不能終竟，猶如人行于道路，半塗而自休廢。廢猶罷止也"。則孔疏"半塗而廢"已有貶義。據孔疏"吾弗能如時人半塗而休止"，則孔疏以爲半塗而廢爲時人之行，而君子應當汲汲行道不能停止。因此孔疏解釋此段經文，君子爲"遵道而行"的主語，時人爲"半塗而廢"的主語，聖人（吾）爲"弗能已矣"的主語。楊天宇《禮記譯注》與孔疏大旨略同。

"遵道而行半塗而廢"的異文，見於載籍又有《禮記·表記》。

> 《禮記·表記》："《小雅》曰：'高山仰止，景行行止。'子曰：'《詩》之好仁如此，鄉道而行，中道而廢，忘身之老也，不知年數之不足，俛焉日有孳孳，斃而後已。'"鄭玄注："廢，喻力極罷頓，不能復行則止也。"孔穎達疏："鄉道而行中道而廢者，言好仁之甚，鄉仁道而行，在於中道，力之罷極而始休廢之也。"②

《表記》此作"鄉道而行中道而廢"，鄭注"喻力極罷頓，不能復行則止也"云云，較之《中庸》，意義稍詳。孔疏此謂"在於中道，力之罷極而始休廢之也"，較之《中庸》疏文，則又無貶斥意味。且孔疏以爲"鄉道而行""中道而廢"的主語都是"《詩》之好仁者"，與《中庸》疏亦不相同。是孔疏釋《中庸》《表記》，義已兩歧。

此外，《論語·雍也》："冉求曰：'非不悦子之道，力不足也。'子曰：'力不足者，中道而廢，今汝畫。'"③《論語》"中道而廢"，與《表記》相同，不過《表記》前有"鄉道而行"，此前則

---

① 〔漢〕鄭玄注，〔唐〕孔穎達疏：《禮記正義》卷五二，第3530頁上欄a—第3530頁下欄a。
② 〔漢〕鄭玄注，〔唐〕孔穎達疏：《禮記正義》卷五四，第3559頁下欄b—第3560頁下欄b。
③ 〔魏〕何晏集解，〔宋〕邢昺疏：《論語注疏》卷六，〔清〕阮元校刻：《十三經注疏》第10册，北京：中華書局2009年影印清嘉慶南昌府學刊本，第5383頁上欄a。

作"力不足者",二者同異,亦頗值玩味。何晏《論語集解》引孔安國注"力不足者,當中道而廢",①於"中道而廢"並無發揮。皇侃《義疏》:"云'子曰力不足者中道而廢'者,孔子抑冉求無企慕之心也,言汝但學不行之矣,若行之而力不足者,當中道而廢耳。"②亦不直斥"中道而廢"的意義。邢昺疏謂"此孔子責冉求之不説學也。言力不足者當中道而廢,今女自止耳,非力極也"。③義與皇氏相同。

今案"鄉道而行""遵道而行","鄉"通"嚮",與"遵"義同;"中道而廢""半塗而廢","中"與"半"義同,"道"與"塗"義近。就經義訓詁的實踐來看,"半塗而廢""中道而廢",其文雖有不同,其義當無差異,不應如孔疏兩義歧出。鄭注、孔疏、皇疏、邢疏釋《中庸》《表記》《論語》之"半塗而廢"與"中道而廢",各自因文立説,其間鮮少溝通,這在群經會通的經學詮釋傳統中比較罕見。宋代以後,孔疏有關"中道而廢""半塗而廢"的歧解,常常導致學者異説迭出,遂使"半塗而廢""中道而廢"的經義解釋聚訟紛紜,莫衷一是。

二、宋元以後的經解聚訟

(一)《中庸》"半塗而廢"的疑義

宋元以來學者注釋《中庸》"半塗而廢",沿襲孔疏認爲"半塗而廢"意謂有始無終的代表性意見有兩種。

其一,《禮記集説·中庸》引河南程氏曰:

> 素隱行怪,是過者也。半塗而廢,是不及也。不見知而不悔,是中者也。④

程頤、程顥以"素隱行怪"對應"過",以"半塗而廢"對應"不及",以"不見知而不悔"對應"中",分別發揮中庸義理,其説純爲理學之言。《禮記集説》所見吕大臨、郭忠孝、林氏等,義並與程氏同。

其二,朱子《中庸章句集注》:

> 遵道而行,則能擇乎善矣。半塗而廢,則力之不足也。此其知雖足以及之,而行有不逮,當强而不强者也。已,止也。聖人于此非勉焉而不敢廢,蓋至誠無息,自有所不能止也。⑤

---

① 〔魏〕何晏集解,〔宋〕邢昺疏:《論語注疏》卷六,第 5383 頁上欄 a。
② 〔梁〕皇侃撰,高尚榘點校:《論語義疏》卷三,北京:中華書局,2013 年,第 136 頁。
③ 〔魏〕何晏集解,〔宋〕邢昺疏:《論語注疏》卷六,第 5383 頁上欄 b。
④ 〔宋〕衛湜:《禮記集説》卷一二六,《四庫全書》第 120 册,上海:上海古籍出版社 1987 年影印文淵閣本,第 95 頁上欄 b。
⑤ 〔宋〕朱熹:《四書章句集注》,北京:中華書局,1983 年,第 22 頁。

其解釋"半塗而廢"謂"知雖足以及之，而行有不逮"，當本之《論語》"力不足者，半塗而廢，今汝畫"，朱子在此已經開始嘗試溝通《中庸》與《論語》的經義，此舉着實與前代學者大不相同，但其對"半塗而廢"的解釋仍然含糊其辭。不僅如此，朱子對《中庸》與《表記》也進行過比較，《朱子語類》卷三二《論語十四·雍也篇三·冉求曰非不說子之道章》：

> 中道而廢，與半途而廢不同。半途是有那懶而不進之意；中道是那只管前去，中道力不足而止。他這中道說得好。（高）。①

據此可知朱子師弟論學，於"半塗而廢""中道而廢"，仍沿孔疏歧義兩解，並且有意區分"半塗而廢"與"中道而廢"的差異。

然而，宋儒對"半塗而廢"並非沒有異議，如宋儒有改變經文句讀者，如《禮記集說·中庸》引吳興沈氏曰：

> 先儒類以"君子遵道而行"之文屬"半塗而廢"，"君子依乎中庸"之文屬"遯世不見"，恐非通論。嘗因文會理，蓋夫子因言弗為行怪釣名之事，故以"君子遵道而行"斷之。因言弗為半塗而廢之事，故以"君子依乎中庸"斷之，是二者皆君子之事也。至於時止則止，時行則行，動靜不失其時，則聖人之事也，故以"惟聖者能之"斷之，則文順理明。②

審沈清臣之說，乃以"遵道而行半塗而廢"不當連讀，按現代標點，沈氏則將《中庸》此段文字斷句作"子曰：素隱行怪，後世有述焉，吾弗為之矣，君子遵道而行。半塗而廢，吾弗能已矣，君子依乎中庸。遯世不見知而不悔，唯聖者能之"。沈氏謂此"文順理明"，與鄭、孔、朱子、程氏諸說皆不相同。

又如袁甫《蒙齋中庸講義》：

> 既曰"道"矣，而又"半塗而廢"，則何以造此道之極？夫子許其遵而咎其廢也，故曰：若我則弗能已也，我惟依乎中庸而已。③

顯然袁氏並不認為"遵道而行"與"半塗而廢"主語指稱有異，而以"夫子許其遵而咎其廢也"附會其說，意謂夫子贊許其遵道而行，又歸咎其半塗而廢。當然這裏的"半塗而廢"仍然是貶斥意義。

① 〔宋〕黎靖德編，王星賢點校：《朱子語類》，北京：中華書局，1986 年，第 803 頁。
② 〔宋〕衛湜：《禮記集說》卷一二六，第 98 頁下欄 b。
③ 〔宋〕袁甫：《蒙齋中庸講義》卷二，《四庫全書》第 199 冊，上海：上海古籍出版社 1987 年影印文淵閣本，第 571 頁下欄 a。

由上可見《中庸》"半塗而廢"的釋義,孔疏之後學者頗爲困惑。問題的關鍵在於:君子既然遵道而行,又豈能半塗而廢?因此"半塗而廢"的主語,孔疏系之"時人",朱子謂之"當強而不強者"。而袁甫則附會經文義旨謂"夫子許其遵而咎其廢也",沈氏乃又改變經師歷代相傳之句讀。

宋儒既然認同《中庸》孔疏"半塗而廢"爲有始無終的理解,那麽《表記》"中道而廢"應該作何理解?查衛氏《禮記集説》,相對《中庸》"半塗而廢"人皆有説,宋儒於《表記》"中道而廢"置辭頗少。若吕大臨、陸佃等對"中道而廢"雖然所有疏通,然其立説往往引用《論語·雍也》"力不足者,中道而廢",以發揮孔穎達"在於中道,力之罷極而始休廢之也"的成説,而且他們並不與《中庸》"半塗而廢"進行參證。另外,《朱子語類》中朱子師弟特別説明"半塗而廢"與"中道而廢"的不同,説明朱子師弟對"半塗而廢"或"中道而廢"的意義,其實也有疑問。

(二)《表記》"中道而廢"的異説

如上文所述,以經義訓詁的實踐來看,"半塗而廢"與"中道而廢"的意義應該相同。孔疏歧義兩出,宋儒遵從孔疏的同時,又特別強調"半塗而廢"爲有始無終的負面意思,這就使得"半塗而廢"與"中道而廢"的詞義對立更加明顯,也就不得不引起後來學者的反思。

如明代學者陳絳在《金罍子》中篇卷三謂:

> 《坊記》①"鄉道而行中道而廢",解與《中庸》"遵道而行半途而廢"同義,如此則下文"忘身之老也""不知年數之不足也""俛焉日有孳孳斃而已",都不合。愚意此"中"字音"衆","中道"與《中庸》"從容中道"之"中道"同,道謂仁也,"中道"所謂中心安仁也,言求仁者,必至是而後已,猶射者之期於中的而止耳。②

陳絳看到了"半塗而廢"與"中道而廢"的詞義矛盾,但他仍然認同"半塗而廢"爲有始無終的負面意思。陳絳以爲《表記》"中道而廢"的意思若與"半塗而廢"相同,顯然與《表記》語境的上下文義違戾不合,故謂"中字音衆",以"中"讀去聲。尋陳氏之意,中者,合也,"中道而廢"謂合於道而廢止,這樣就彌合了"中道而廢"與"半塗而廢"的詞義矛盾。清鄭方坤《經稗》卷一三"禮"下,稱述陳絳《金罍子》之文。

清《欽定禮記義疏》載明人姚舜牧之説謂:

---

① 坊記,當作"表記",原誤。
② 〔明〕陳絳:《金罍子》中篇卷三,明萬曆三十四年(1606)陳昱刻本,第 4 頁 a。

"中道而廢"當作"中道不廢"。①

方苞撰《禮記析疑》説與姚舜牧説同：

> 引《詩》見中心安仁者，雖不可企及，苟能如詩人之好仁，日有孳孳斃而后已，
> 雖利仁之事，終亦可以至於安仁也。當作"中道不廢"，文誤也。②

姚氏、方氏其實認爲"中道而廢"與"半塗而廢"意義相同，都是有始無終的負面意思。然而這種負面的意思，又與《表記》語境不符，故姚氏、方氏認爲"中道而廢"當作"中道不廢"。姚氏、方氏就《中庸》孔疏"半塗而廢"之貶義，而謂《表記》"中道而廢"作"中道不廢"，其原因與陳絳《金罍子》説相同，仍是彌合"半塗而廢"與"中道而廢"的詞義矛盾。故陳氏改音，姚氏、方氏改字，個中緣由如出一轍。

姚氏、方氏之説，杭世駿《續禮記集説》、郝懿行《禮記箋》等並有稱述，可見改字之説在清代頗爲流行。又杭書載姚際恒之説謂：

> 又曰"中道而廢"不可詳，鄭氏謂"力極罷頓則止"，與下"斃而後已"義相戾。
> 徐伯魯作"反"，説又與下"忘身之老"義不連。③

徐伯魯爲明末學者徐師曾，據此可知明人又有改"中道而廢"作"中道而反"者。然而，無論"而"字作"不"，抑或"廢"字作"反"，皆屬臆測妄改，並無校勘學的文獻依據，其説雖然新穎，但其言未必可信。

杭書又引朱軾之説謂：

> 又曰："中道而廢"，謂豈肯中道而廢也？④

朱軾亦爲彌合"半塗而廢"與"中道而廢"的詞義矛盾，而强讀經文陳述語氣（下文稱之爲"改讀"）爲疑問語氣，其用心可謂良苦矣。

明人改字之説，在清代雖然頗爲流行，但也不是没有反對意見，《欽定禮記義疏》有"存疑"謂：

---

① 〔清〕乾隆敕撰：《欽定禮記義疏》卷六八，《四庫全書》第126册，上海：上海古籍出版社1987年影印文淵閣本，第243頁上欄a。
② 〔清〕方苞：《禮記析疑》卷三二，《四庫全書》第128册，上海：上海古籍出版社1987年影印文淵閣本，第233頁下欄a。
③ 〔清〕杭世駿：《續禮記集説》卷九〇，《續修四庫全書》第102册，上海：上海古籍出版社2002年影印清光緒二十一年（1895）浙江書局刊本，第600頁上欄a。
④ 〔清〕杭世駿：《續禮記集説》卷九〇，第600頁上欄b。

案足疾曰廢,此“廢”字只是力竭不能自前之意,至此而猶必進,故見其好仁,語氣直下。[①]

即不認同改字。又有翁方綱《禮記附記》謂:

“鄉道而行中道而廢”,此二句連下一氣相系爲義,非可以“中道而廢”作廢止義也,正謂中途將休而忘身之老耳。或欲改作“中道不廢”者,非也。[②]

又如任啓運《禮記章句》:

夫子讀《詩》而歎其好仁,言鄉道而行,至於中道,其力已竭,猶不敢怠,益勉於行,死而後已。引以證其爲道遠之意。[③]

《義疏》“存疑”,翁氏、任氏之說仍然本于孔疏,未將《中庸》“半塗而廢”與《表記》“中道而廢”進行會通論述,這説明他們仍然不能理解《中庸》“半塗而廢”的經義。

由上簡略徵述,可見唐宋學者對“半塗而廢”“中道而廢”歧義兩解的做法,已經明顯不爲明清學者所接受,明清學者一反唐宋學者的意見,而以爲“半塗而廢”與“中道而廢”意義相同。然而相同的意義,置之《中庸》尚可附會成説,置之《表記》則必違戾不通,故於“中道而廢”或改音、或改字、或改讀,以彌合詞義矛盾。總之,唐宋學者與明清學者立説的起點已經截然不同,但他們共同的特征,都是認同“半塗而廢”爲有始無終的負面意思。

三、“半塗而廢”的經義新詮

我們認爲,《中庸》“半塗而廢”與《表記》“中道而廢”的歧解,其實質乃是經學義理問題,而非文字訓詁或者文獻考據問題。

(一)“半塗而廢”義理本質的掘發

《中庸》“半塗而廢”,鄭注:“廢,猶罷止也。”《表記》“中道而廢”,鄭注:“廢,喻力極罷頓,不能復行則止也。”觀鄭注釋“廢”字,一爲“罷止”,一爲“罷頓”,二者意義相同,這説明鄭玄認爲“半塗而廢”與“中道而廢”並無差異。鄭注《中庸》“半塗而廢”稍嫌簡略,而注《表

---

① 〔清〕乾隆敕撰:《欽定禮記義疏》卷六八,第 243 頁上欄a。
② 〔清〕翁方綱:《禮記附記》卷八,《續修四庫全書》第 103 冊,上海:上海古籍出版社 2002 年影印翁方綱稿本,第 627 頁。
③ 〔清〕任啓運:《禮記章句》卷一一,《續修四庫全書》第 99 冊,上海:上海古籍出版社 2002 年影印清乾隆三十八年(1773)清芬堂刊本,第 378 頁下欄b。

記》"中道而廢"頗爲詳盡，"罷頓"的原因是"力極"，"力極"指的是"力竭"；"中道而廢"
説明的是"不能復行則止也"的事實。《表記》詳盡的注釋，可以與《中庸》簡略的注釋相互
補充、相互印證，這種前後互見的注解方式，正是鄭玄注釋"三禮"的一大特色，[①] 所以，據鄭
玄注解體例來看，"半塗而廢"就是"中道而廢"。後來學者對鄭注體例失去理解，乃是"半
塗而廢"的經解産生疑義的原因之一。

"半塗而廢""中道而廢"的經義旨在强調爲學修道永無止境，直至年老力衰休息廢止之
時，程度仍在大道半塗之中，與《詩經‧車舝》"高山仰止，景行行止"[②]、《論語‧泰伯》"任重
而道遠。仁以爲己任，不亦重乎？死而後已，不亦遠乎？"[③] 等義相發明。這就是《中庸》"半
塗而廢"的經學義理，其内涵大略如今白話"永遠在路上"，證之古語則謂"半塗而廢"。因此
"君子遵道而行，半塗而廢"，乃是理所當然、義無反顧的高尚行爲，孔子感歎而謂"吾弗能已
也"，是謂自己怎麼能夠停下來呢？那麼，孔子批評冉有"力不足者，中道而廢，今汝畫"，其緣
由也就不言自明了。[④]《論語‧述而》："葉公問孔子于子路，子路不對。子曰：女奚不曰，其
爲人也，發憤忘食，樂以忘憂，不知老之將至云爾。"[⑤] "發憤忘食，樂以忘憂，不知老之將至"，
正是《中庸》"半塗而廢"的最好注脚了。

（二）"半塗而廢"義理産生的背景

《中庸》"半塗而廢"義理的産生，與先秦哲學討論人類認知終極或者説世界是否可知的
根本命題有關。世界究竟可不可知，《莊子‧養生主》謂："吾生也有涯，而知也無涯。以有涯
隨無涯，殆已！已而爲知者，殆而已矣！"[⑥] 莊子雖然晚於孔子，但莊子已有明確的結論，可見
世界可不可知的思考，一定早於莊子的時代。莊子認爲"以有涯隨無涯，殆已"，自然放棄了
人的能動，其本質是反智的。不過莊子的答案，祇是先秦哲學的一端，而且這一端就是道家
學説的起點，也就是道家的"道"。

另外的一端，雖然有"未知生焉知死"的審慎態度，但是仍然認爲"人能弘道，非道能弘
人"，他們對世界的認知，抱有極大的熱情，並且爲之努力不懈，顯然，這就是孔子及其後學代
表的儒家學説。《中庸》謂："夫婦之愚，可以與知焉，及其至也，雖聖人亦有所不知焉。夫婦

---

① 關於鄭玄"三禮"注互見體例的研究，郭超穎有相關論述，詳見《〈儀禮〉文獻探研録》，北京：人民出版社，2020 年，第
21—22 頁。
② 〔漢〕毛亨傳，〔漢〕鄭玄箋，〔唐〕孔穎達疏：《毛詩正義》卷一四，〔清〕阮元校刻：《十三經注疏》第 3 册，北京：中華書局
2009 年影印清嘉慶南昌府學刊本，第 1035 頁上欄 b。
③ 〔魏〕何晏集解，〔宋〕邢昺疏：《論語注疏》卷八，第 5401 頁下欄 a。
④ 〔宋〕張栻《論語解》謂："爲仁未有力不足者，故仁以爲己任者，死而後已焉。今冉求患力之不足，非力之不足也。乃自
畫耳。所謂中道而廢者，如行半塗而足廢者也。士之學聖人，不幸而死則已矣，此則可言力不足也。不然，而或止焉，則
皆爲自畫耳。畫者，非有止之，而自不肯前也。"其釋《論語》"力不足者，中道而廢"，最得經義立言的本原。見程樹
德撰，程俊英、蔣見元點校：《論語集釋》卷十一，北京：中華書局，1990 年，第 388 頁。
⑤ 〔魏〕何晏集解，〔宋〕邢昺疏：《論語注疏》卷七，第 5392 頁下欄 b。
⑥ 〔清〕王先謙撰，沈嘯寰點校：《莊子集解》，北京：中華書局，1987 年，第 28 頁。

之不肖,可以能行焉,及其至也,雖聖人亦有所不能焉。"[1] 這是儒家對世界可不可知的基本態度,這就是儒家的"道"。世界並非不可認知,但是世界無限廣大,《中庸》又謂"天地之大也,人猶有所憾",[2] 這是儒家對於世界不能不有的遺憾,那麽人應該抱有怎樣的態度,才能認知世界,才能修道行道?

如上所述,《詩經》謂:"高山仰止,景行行止。"《論語》謂:"任重而道遠。仁以爲己任,不亦重乎? 死而後已,不亦遠乎?"《中庸》謂:"遵道而行,半塗而廢。"《表記》謂:"鄉道而行,中道而廢,忘身之老也,不知年數之不足,俛焉日有孳孳,斃而後已。"這是説,相比道的廣大,世界的無限,個體的認知程度終究是有限的。而且個體的生命也是有限的,人生道路終結的那一點,在道的什麽程度呢? 儒家學説以爲在道的半塗之中,這就是所謂的"行百里者半九十"了。從人的方面説,這是"遵道""鄉道"的無限熱情;而從道的方面説,祇能是"中道""半塗"的遺憾。因此"半塗而廢""中道而廢"的態度與認知,就有了個體努力、個體自強的悲壯意味。

道是没有邊界没有止境的,個體的努力祇有永不止息,才能無限接近道的終極,《周易·乾卦》象曰"天行健,君子以自强不息",[3]《周易·繫辭下》又謂"仰則觀象於天,俯則觀法於地,觀鳥獸之文與地之宜,近取諸身,遠取諸物,於是始作八卦,以通神明之德,以類萬物之情",[4] 説明的正是這個道理。個體的生命必定"半塗而廢""中道而廢",然《易》畢竟可以"人更三聖世歷三古",[5] 終究能夠"以通神明之德,以類萬物之情"。所以孔子説"遵道而行半塗而廢""鄉道而行中道而廢",與《易傳》的自强精神是一貫的,[6] 而這正是孔子學説的又一可貴之處。

"以有涯隨無涯殆已"與"遵道而行半塗而廢"的區别,就是儒道兩家關於世界本原人類認知的分水嶺,"半塗而廢""中道而廢"經學義理產生的背景,就是儒道兩家對世界本原與人類認知的思考分歧。那麽,今天的我們是不是仍然需要"遵道而行半塗而廢"呢? 這仍然是一個根本的問題,可見經學義理具有永恒的生命和無限的魅力。

(三)"半塗而廢"義理爭議的緣由

上文我們梳理了《中庸》"半塗而廢"孔疏歧解的問題緣起以及宋元以來經解聚訟的情

---

[1] 〔漢〕鄭玄注,〔唐〕孔穎達疏:《禮記正義》卷五二,第 3530 頁上欄 a。
[2] 〔漢〕鄭玄注,〔唐〕孔穎達疏:《禮記正義》卷五二,第 3530 頁上欄 a。
[3] 〔魏〕王弼,〔晉〕韓康伯注,〔唐〕孔穎達疏:《周易正義》卷一,〔清〕阮元校刻:《十三經注疏》第 1 册,北京:中華書局 2009 年影印清嘉慶南昌府學刊本,第 24 頁下欄 a。
[4] 〔魏〕王弼,〔晉〕韓康伯注,〔唐〕孔穎達疏:《周易正義》卷八,第 179 頁下欄 b。
[5] 陳國慶:《漢書藝文志注釋彙編》,北京:中華書局,1983 年,第 18 頁。
[6] 劉大鈞《周易概論·關於〈周易大傳〉》接續清儒崔述、近人侯外廬討論《易傳》學術思想歸屬問題,臚列文獻例證若干條,揭示《彖》《象》《文言》《繫辭》等與《中庸》思想的共性,認爲"《易大傳》之《文言》《彖》《象》應屬思孟學派所整理、潤色,《繫辭》中亦有思孟學的内容"。據此可知《中庸》"遵道而行半塗而廢"與《易傳》自强精神的一貫,當非偶然現象,故本文此節論述可與劉氏之説相互參證。劉説詳見《周易概論》,成都:巴蜀書社,2016 年,第 17—21 頁。

況，並通過以注證注、以經證經的方式，還原其旨在強調爲學修道永無止境，直至年老力衰休息廢止之時，程度仍在大道半塗之中的義理本質，並與《周易》《詩經》《論語》等溝通，揭示《中庸》"半塗而廢"義理産生的背景。大道無窮無盡，個體生命祇能無限接近道的終點，而且古人講求自强不息日新其德，更不會認爲大道存在終點，所以個體生命努力的結果是悲壯的"半塗而廢""中道而廢"，這正是自强不息日新其德另外一個側面的經典表達。那麽，在個體的生命過程之中，哪怕之前的努力已經取得相當的成就，一旦其不能堅持行道，就意味着之前的努力全部付諸東流前功盡棄。所以古人强調慎終如始，比如《尚書·旅獒》："爲山九仞，功虧一簣。"①《詩經·大雅·蕩》："靡不有初，鮮克有終。"②《戰國策·秦策五》："《詩》云'行百里者，半於九十'，此言末路之難。"③ 等等。

這樣一種對慎終之難的執着體認，尤其是"行百里者，半於九十"之類的思想表述，就直接導致"半塗而廢""中道而廢"的詞義，從經典語境的本義中轉移出走，進而具備不能做到慎終如始堅持到底的負面貶斥意義。這種詞義轉移在漢魏文獻中比較常見，比如，《新語·懷慮》："蘇秦、張儀身尊於位，……内無堅計，身無定名，功業不平，中道而廢，身死於凡人之手。"④《鹽鐵論·遵道》："小人智淺而謀大，羸弱而任重，故中道而廢，蘇秦、商鞅是也。"⑤《東觀漢記·傳十·陳元》："光武興立《左氏》，而桓譚、衛宏并共毀訾，故中道而廢。"⑥《嵇康集·家誡》："或有中道而廢，或有不成一匱而敗之。"⑦《晉書·甘卓傳》："將軍既有忠節，中道而廢，更爲敗軍將，恐將軍之下亦各便求西還，不可得守也。"⑧《抱朴子·對俗》："仙道遲成，多所禁忌，自無超世之志，强力之才，不能守之。其或頗好心疑，中道而廢，便謂仙道長生，果不可得耳。"⑨ 等都是如此。

在漢魏時期，"中道而廢"明顯具有不能克終的意義，但"半塗而廢"不能克終意義的表現則並不顯著。通過前文的梳理，我們看到漢魏時期孔安國、鄭玄、何晏、皇侃等對《論語》《中庸》《表記》的解釋并未脱離經典語境，這説明"中道而廢"詞義的轉移在漢魏時期尚未影響經典解釋。⑩ 到了唐代，"半塗而廢"的詞義不僅已經發生轉移，⑪ 並且已經對經典解釋

---

① 〔漢〕孔安國傳，〔唐〕孔穎達疏：《尚書正義》卷一三，〔清〕阮元校刻：《十三經注疏》第 3 冊，北京：中華書局 2009 年影印清南昌府學刊本，第 415 頁上欄 a。

② 〔漢〕毛亨傳，〔漢〕鄭玄箋，〔唐〕孔穎達疏：《毛詩正義》卷一八，第 1191 頁上欄 b。

③ 何建章：《戰國策注釋》卷七，北京：中華書局，1990 年，第 261 頁。

④ 王利器：《新語校注》，北京：中華書局，2012 年，第 129 頁。

⑤ 王利器：《鹽鐵論校注》卷五，北京：中華書局，1992 年，第 293 頁。

⑥ 吳樹平：《東觀漢記校注》卷一五，北京：中華書局，2008 年，第 627 頁。

⑦ 戴明揚：《嵇康集校注》卷一〇，北京：中華書局，2014 年，第 544 頁。

⑧ 〔唐〕房玄齡等：《晉書》卷七〇，北京：中華書局，1974 年，第 1865 頁。

⑨ 王明：《抱朴子内篇校釋》卷三，北京：中華書局，1985 年，第 46—47 頁。

⑩ 《荀子·榮辱》："既知一則務知二，有之而可久也。"〔唐〕楊倞注："不可中道而廢。"可見"中道而廢"詞義轉移到了唐代，已經影響經典解釋。詳見〔清〕王先謙撰，沈嘯寰、王星賢點校：《荀子集解》卷二，北京：中華書局，1988 年，第 69 頁。

⑪ 如《白氏六帖事類集》卷八"慎第五十"："慎終。半塗而廢：君子遵道而行，半塗而廢，吾不能已矣。"就將"半塗而廢"置於不能克終的意義之中，這也是後世成語意義形成的重要原因之一。詳見〔唐〕白居易：《白氏六帖事類集》第二冊，北京：文物出版社，1987 年，第 86 頁 a。

發生作用,其中孔疏的表現尤爲明顯,如《毛詩正義·關雎》:"庸人好賢,則志有懈倦。中道而廢,則善心傷。"[①] 如果考慮到孔疏本是整合南北義疏得到的經學成果,那麼"半塗而廢"出現詞義轉移并對經典解釋發生影響,則至少可以追溯到南朝時代。本文論述的孔疏關於《中庸》"半塗而廢"的歧誤,正是在這樣的情境中產生。不過,孔疏在《表記》"中道而廢"的疏解中,由於《表記》原文徵引《詩經》"高山仰止,景行行止"的語境限制,却並未出現偏差,這是孔疏關於《中庸》《表記》兩出歧解的原因。

孔疏以後諸家學者關於《中庸》"半塗而廢"、《表記》"中道而廢"的經義解釋,可謂立説愈新而經義愈晦,就其討論的學術理路來看,他們爭議的核心應在於對《中庸》"半塗而廢"的理解。孔疏釋"半塗而廢"作貶義,以"遵道而行"主語爲君子,又加"時人"爲"半塗而廢"的主語,屬於增字爲訓,其説雖可通,其實不可取,故沈清臣乃將"遵道而行半塗而廢"經文句讀上下隔斷。而二程祇談《中庸》"半塗而廢",對於《表記》"中道而廢"則不能置辭。朱子承認《中庸》孔疏以"半塗而廢"爲貶義,於《表記》又沿孔疏之舊解。朱子兩經歧解,是説有本源;二程祇談《中庸》、不談《表記》,也是比較審慎的態度。至於改音如陳澧,改字如姚舜牧、徐師曾、方苞,改讀如朱軾等,其改動的對象均爲《表記》"中道而廢",其改動的原因在於他們既承認"半塗而廢"的貶義,同時又不能認同唐宋學者兩出歧義的做法。然而,如果"半塗而廢"與"中道而廢"意義相同,在《表記》的語境下,"中道而廢"又不可能如"半塗而廢"爲貶義,因而對於《表記》,他們祇能改動經文以求彌合。經過改音、改字、改讀,《中庸》"半塗而廢"與《表記》"中道而廢",則完全成爲兩個層面的意思,事實上這又與孔疏兩出歧義的邏輯沒有區別。

根據我們考察,孔疏以來聚訟的緣由根本,乃是"半塗而廢"作爲一個詞語,其經學義理的討論背景被學者忽視剝離之後,其意義由經學的"半塗而廢",變成習語的"半塗而廢",內涵完全相反,而且習語的意義又反轉影響了經文義理的理解,致使孔疏呈現義有兩歧的面貌,進而成爲後世爭議的源頭。另一方面《中庸》"半塗而廢"鄭注文字簡略,其與《表記》注文前後互見的注解體例,又未引起學者的重視與深思,致使孔疏以來的學者,失去了藉由鄭注探討經文義理的機會,因此《中庸》"半塗而廢"的經學義理,也就未能得到後來學者的真正理解。

結語

中國經學訓詁傳統强調無徵不信,這自然是經義訓詁的優勢。徵信傳統重視材料,繼而發展成爲體系完備的經典考據學,對經學的興盛起到了重要的作用。然而梳理《中庸》"半塗而廢"的經義注釋歷史,我們却遺憾地發現,如果脱離經學義理的本原立場,任意進行引徵

---

① 〔漢〕毛亨傳,〔漢〕鄭玄箋,〔唐〕孔穎達疏:《毛詩正義》卷一,第 570 頁下欄a。

文獻考據文字解釋經旨的工作，其結果又不能對經義的本質進行準確地把握。就《中庸》"半塗而廢"的經義來看，宋代理學學者既然不能準確分析孔疏歧義兩存的原因，也就不能理解鄭玄簡略注文的深刻意義，面對文獻材料他們自然不能違背孔疏解釋的基本指向，致使他們對《中庸》"半塗而廢"的義理發揮雖然每進日新，但終究莫名其妙。明清以來的考據學者，借助改音、改字、改讀等考據學的做法，比附文獻穿鑿解釋，以期達到文獻義理的通順，然而他們的做法，既違背了考據學無徵不信的傳統，也使他們的經義歧説更加不能讓人信服。因此回歸經學義理的本原立場，認真涵詠古注立言的用意，撥散後世文獻歧解的迷霧，對經典義理産生比較準確的把握，進而對經典本身發生新的認識，就應當引起我們的重視。《中庸》爲子思所作，是儒家學説思孟學派的重要文獻，歷來學者均給予足夠的重視。宋代以來，《中庸》進入以《四書》爲主體的理學思想體系，對中華文化傳統的影響尤爲深遠。但是《中庸》"半塗而廢"的經學義理，却長期處在聚訟之中，這種聚訟直到現代學術轉型時期經學退出現代學科體系方才停歇。《中庸》作爲中華優秀傳統文化的代表文獻，在重視推進中國特色哲學社會科學"三大體系"建設的今天，作爲知識體系構成元素的"半塗而廢"，其經學義理的本質應該得到還原，長期聚訟形成的歧解也應該得到澄清。這是當代經學經義訓詁研究的價值所在，也是實現中華優秀傳統文化創新性發展、創造性轉化的基礎工作之一。

（郎文行，南京曉莊學院文學院講師）

和珅本與阮刻本《禮記注疏》關係考

李學辰

[摘　要]　和珅本《禮記注疏》刊刻後流傳不廣,其價值久不爲人所知,而阮刻本《禮記注疏》是學界公認的二百年來最好的版本。本文通過對校和珅本、阮刻本,參校八行本、元十行本、閩本、監本、毛本、殿本等,揭示出阮元《禮記注疏校勘記》暗引和珅本,阮刻本的祖本南昌府本,初刻本參考和珅本補足闕文,修印本參考和珅本改正文字,和珅本與阮刻本關係十分密切。和珅本的學術價值有待進一步彰顯。

[關鍵字]　和珅本　阮刻本　禮記注疏　版本研究

　　清乾隆六十年(1795),和珅依據宋十行本覆刻《禮記注疏》六十三卷。和珅本《禮記注疏》刊刻後流傳不廣,然而,這并不意味着其學術價值不高。事實上,在學界影響最大的阮刻本《禮記注疏》就從和珅本中獲益良多,從阮元《禮記注疏校勘記》的編纂,到阮元校刻《禮記注疏》南昌府本,都有利用和珅本《禮記注疏》的明顯痕迹。本文通過考量和珅本《禮記注疏》與阮刻本《禮記注疏》的關係,揭示和珅本《禮記注疏》的學術價值。

一、阮元《禮記注疏校勘記》暗引和珅本《禮記注疏》

　　清嘉慶年間,阮元先是召集學人編撰《十三經注疏校勘記》,後來校刻《十三經注疏》時又把《十三經注疏校勘記》摘録整理并附在每卷之後。阮元校刻《禮記注疏》亦是如此。阮元在《禮記注疏校勘記·引據各本目録》中並未列出和珅本,而是於《禮記注疏校勘記序》委曲提及和珅本,指出其底本是"贋本":

　　　　《禮記》七十卷之本出於吴中吴泰來家,乾隆間,惠棟用以校汲古閣本,識之云"訛字四千七百有四,脱字一千一百四十有五,闕文二千二百一十有七,文字異者二千六百二十有五,羨文九百七十有一,點勘是正。四百年來闕誤之書,犁然備具,爲之稱快"。今記中所云"惠棟校宋本者"是也,其真本今藏曲阜孔氏。近年有巧僞之書貫取六十三卷舊刻,添注塗改,綴以惠棟跋語,鬻於人,鏤板京師者,乃贋本耳。①

────────────

① 〔清〕阮元:《禮記注疏校勘記序》,《阮刻禮記注疏》第 1 册,杭州:浙江大學出版社,2015 年,第 78—79 頁。

阮元所謂"鬻於人，鏤板京師者"，頗爲隱晦。此序作於嘉慶四年（1799）以後，和珅已名毀身死，阮元不必諱言其失。較爲合理的解釋是，嘉慶皇帝厭棄和珅，阮元的《十三經注疏校勘記》又將獻於廟堂，故委曲而言。關於和珅本《禮記注疏》的底本，清代學者陳鱣在親校和珅本之後認定其底本爲宋十行本《禮記注疏》。

> 余家舊有十行本，惜多修版。近得和刻，因借友人所臨惠本而重校之，其所分七十卷，俱鈎識之。至于第十九卷《曾子問》第二十一葉，十行本久經全脱，閩、監、毛本因而空白者，和刻已補，其連脱數行者，縮寫補全。惟妄改處頗多，兹照惠校更正，仍目之曰宋本，以和刻亦原于宋也。①

陳鱣所言極是。阮元《禮記注疏校勘記序》論斷和珅本底本爲"贋本"，稍嫌無識。然而，對和珅本《禮記注疏》的版本價值，阮元《禮記注疏校勘記》並未輕視，而是通過暗引的方式，徵引和珅本《禮記注疏》文字。兹舉二例説明：

> 1. 所以然者凡謚如此是其禮也所以然者凡謚表其實行：閩本同；監、毛本無"如此是其禮也所以然者凡謚"十二字，案此十二字蓋涉上文誤衍，監、毛本削之是也；或以"細行則受細名大行則受大名"十二字易之，非；按惠棟校宋本無此十二字。②

辰案：校以現存的《禮記注疏》的各個版本，元十行本、閩本作"如此是其禮也所以然者凡謚"，八行本、監本、毛本、殿本無此十二字，唯和珅本作"細行則受細名大行則受大名"。阮校中的"或以'細行則受細名大行則受大名'十二字易之"當據和珅本而言，然以"或以"模糊描述，刻意迴避其具體出處，暗引和珅本。③

> 2. 故用土周而：惠棟校宋本作"故"，此本"故"誤"所"，閩、監、毛本同；此本第二十頁止此，其二十一頁全脱，閩、監、毛本同；因共空白二十三行，今據惠棟校宋本補。④
> 葬於園中也：補。此本此頁缺，明監、毛本同，據校勘記補刊。記云：惠棟校宋

① 〔清〕陳鱣：《宋本禮記注疏跋》，《經籍跋文》，《續修四庫全書》第 923 册，上海：上海古籍出版社 2002 年影印龍眠山房葉氏刊本，第 666 頁下欄A 面。
② 〔清〕阮元：《阮刻禮記注疏》第 6 册，第 1513 頁。
③ 本文中，八行本爲《中華再造善本》影印宋兩浙東路茶鹽司刻《禮記正義》70 卷；元十行本爲《中華再造善本》影印元刻明修《禮記注疏》63 卷；閩本爲日本東京大學東洋文化研究所藏明嘉靖李元陽刻本《禮記注疏》63 卷；監本爲日本東京圖書館藏明國子監刻《禮記注疏》63 卷；毛本爲美國哈佛大學漢和圖書館藏明崇禎毛晉汲古閣刻本《禮記注疏》63 卷；殿本爲清乾隆四年（1739）武英殿刻《十三經注疏》本《禮記注疏》63 卷；和珅本爲日本内閣文庫藏清和珅仿宋刻本《禮記注疏》63 卷。
④ 所補文字自疏文"葬於園中也"至經文"○曾子"，乃十行本《禮記注疏》卷十九第二十一頁内容。

本如此。《考文》所録同,而有一二處異:"夏后氏之堲周葬中殤下殤"無"下殤"二字;《檀弓》所言據士及庶人也",言"作"云";"下殤無遣車"無"車"字;"與成人同隆",隆"作"路";"爲當用人抗舉棺",舉"作"與";"述其事狀以決之",之"下有"者"字;"是許之之辭",之"字不重;又"注史佚上""注畏知禮上"皆有空闕。浦鏜校從《儀禮經傳通解續》補入,亦有少不同:"往還取幣",幣"上有"一"字;"爲當用人抗舉棺",舉"作"與";"夏后氏之堲周葬中殤下殤",下殤"二字有;"檀弓所言",言"亦作"云";"下殤無遣車",亦無"車"字;"與成人同隆",隆"亦作"路",屬下讀。①

辰案:元十行本卷十九第二十一頁全闕,閩本、監本、毛本、殿本同。阮校明言根據八行本補録闕文。筆者經過仔細校讀之後發現,阮校補入的文字與八行本多有不合之處,而這些不合之處却與和珅本高度吻合,現揭示如下:

(1)爲當用人抗舉棺而往墓。②

辰案:"舉",和珅本同,八行本作"與"。

(2)史佚曰吾敢乎哉者言吾雖欲如此猶不敢恐達禮者所譏注畏知禮也者。③

辰案:"所譏注畏知禮也者",和珅本同,八行本作"所譏 **注** 畏知禮也者",其它各本皆闕文。"史佚曰吾敢乎哉者言吾雖欲如此猶不敢恐達禮者所譏"乃是上一條注文之疏文,而"**注**畏知禮也者"乃下一條注文,案十行本《禮記》的體例,二者之間應有"○"作間隔。阮校補録的這段文字的面貌與八行本不同,僅與和珅本同誤,應是對和珅本的暗引。

元十行本卷十九第二十一頁全闕,閩本、監本、毛本、殿本同,唯八行本、和珅本留存相應的經書內容。以上所舉二例,和珅本錯誤,八行本正確的,阮校與和珅本同誤;和珅本正確,八行本錯誤的,阮校與和珅本同是。阮元《禮記注疏校勘記》暗引和珅本不言而喻。

通過以上實例,我們可以肯定:雖然阮元在《禮記注疏校勘記序》中論斷和珅本《禮記注疏》底本爲"贗本",藉此貶低和珅本《禮記注疏》的版本價值,但《禮記注疏校勘記》却通過暗引的方式徵引和珅本文字。

當代學界頗有響應陳鱣學術觀點者,承認和珅本《禮記注疏》的底本爲宋十行本,在《禮記》版本流傳中具有特殊意義,如王欣夫《蛾術軒篋存善本書録》稱和珅本爲"覆宋刻本",張麗娟的《宋代經書注疏刊刻研究》更進一步明確和珅本《禮記注疏》的底本爲南宋劉叔剛坊刻十行本《禮記注疏》,即宋十行本《禮記注疏》。宋十行本是《禮記注疏》"十行本"系統的祖本,開《禮記》經文、注文、疏文、釋文合刻的先河,在後世遞經元十行本、閩本、監本、毛本、殿本、阮刻本等版本的嬗變。現今宋十行本《禮記注疏》已經失傳,和珅本《禮記注疏》

---

① 〔清〕阮元:《阮刻禮記注疏》第 6 冊,第 1521—1522 頁。
② 〔清〕阮元:《阮刻禮記注疏》第 6 冊,第 1504 頁。
③ 〔清〕阮元:《阮刻禮記注疏》第 6 冊,第 1504 頁。

依據宋十行本直接覆刻而來，在《禮記》的版本流傳中具有特殊意義。

二、阮元刊刻《禮記注疏》對和珅本《禮記注疏》的利用

阮刻本《禮記注疏》的底本爲元十行本《禮記注疏》。元十行本《禮記注疏》本身是一部殘缺不全的本子，王鍔《元十行本〈附釋音禮記注疏〉的缺陷》[①]對元十行本的殘缺、訛舛等情況進行揭示。面對殘缺不全的底本，阮元強調底本的闕文是依據"惠棟校宋本"即八行本補入的。然而，阮刻本《禮記注疏》是附釋文的注疏合刻本，八行本《禮記正義》是不附釋文的注疏合刻本，二者之間的經、注、疏編纂體例亦不同，阮刻本《禮記注疏》如何能依據八行本《禮記正義》補正元十行本《禮記注疏》的缺陷？

阮刻本《禮記注疏》最早於南昌府學校刻，後歷經重校修印，版本衆多，南昌府本作爲阮刻本《禮記注疏》的初刻本，最能體現其初刻時的具體面貌。筆者在校讀阮刻《禮記注疏》南昌府本後發現，在校刻之初，阮刻《禮記注疏》南昌府本存在依據和珅本《禮記注疏》補入底本闕文、校改文字的情況。

首先，筆者選取一則阮刻《禮記注疏》南昌府本校補底本闕文的實例，討論其對和珅本《禮記注疏》的利用。元十行本《禮記注疏》卷二十一第十一頁缺失，導致該頁經文、注文、釋文、疏文全部脫去，現以阮刻《禮記注疏》南昌府本計之，闕文共計716字。阮刻《禮記注疏》南昌府本校補闕文如下：

上古中古而來故云皆從其初前文云燔黍捭豚謂中古之時次云及其死也似還論中古之死但中古神農未有宮室上棟下宇及在五帝以來此及其死也而云升屋則非神農時也故熊氏云及其死也以爲五帝時或爲三王時皇氏以爲及其死也還論中古時飯腥苴孰謂五帝時故云然後其義非也〇昔者先王未有宮室冬則居營窟夏則居橧巢寒則累土暑則聚薪柴居其上〇窟苦忽反橧本又作增又作曾同則登反橑本又作巢助交反未有火化食腥也食草木之實鳥獸之肉飲其血茹其毛未有麻絲衣其羽皮此上古之時也〇茹音汝衣於既反〇後聖有作作起然後脩火之利執治萬物范金鑄作器用〇鑄之樹反合土瓦瓴甓及瓺大〇合如字徐音閤瓴音令甓步歷反瓺音瓽大音泰瓺大皆樽名以爲臺榭宮室牖戶榭器之所藏也〇榭音謝本亦作謝牖音酉以炮裹燒之也〇炮薄交反徐扶交反裹音果以燔加於火上〇燔音煩以亨煮之鑊也〇亨普伻反煮也下合亨同鑊戶郭反以炙貫之火上〇炙之石反貫古亂反以爲醴酪烝釀之也酪酢釃〇醴音禮酪音洛烝之承反釀女亮反酢七故反釃才再反徐祖冀反治其麻絲以爲布帛以養生送死以事鬼神上帝皆從其朔朔亦初也亦謂今行之然〔疏〕昔者先王至其朔〇正義曰此一節更論上古之事昔者先王既云未有宮室則揔是五帝之前云未有火化之事則唯爲伏犧之前以上文中古神農有火故也〇冬則居營窟者營

① 王鍔：《元十行本〈附釋音禮記注疏〉的缺陷》，《〈禮記〉版本研究》，北京：中華書局，2018年，第387—423頁。

累其土而爲窟地高則穴於地下則窟於地上謂於地上累土而爲窟○夏則居橧巢者謂橧聚其薪以

爲巢○飲其血茹其毛者雖食鳥獸之肉若不能飽者則茹食其毛以助飽也若漢時蘇武以雪雜羊毛而

食之是其類也○後聖至其朔○正義曰此一節論中古神農及五帝并三王之事各隨文解之○後聖有

作者謂上古之後聖人作起○然後脩火之利者謂神農也火利言脩者火利先有用之簡少至神農更脩

益使多故云脩知者以世本云燧人出火案鄭六藝論云燧人在伏犧之前凡六紀九十一代廣雅云一紀

二十六萬七千年六紀計一百六①

與阮刻本《禮記注疏》補入的這段文字相對應，八行本《禮記正義》經文“昔者先王未有
宮室”至“皆從其朔”刊刻如下：

昔者先王未有宮室冬則居營窟夏則居橧巢寒則累土暑則聚薪柴居其上未有火化食

腥也食草木之實鳥獸之肉飲其血茹其毛未有麻絲衣其羽皮此上古之時也後聖有作作

起然後脩火之利䡄治萬物范金鑄作器用合土瓦䪻䡆及甀大以爲臺榭宮室牖戶椸器之所藏

也以炮裹燒之也以燔加於火上以亨煮之鑊也以炙貫之火上以爲醴酪烝釀之也酪酢䕩治其

麻絲以爲布帛以養生送死以事鬼神上帝皆從其朔朔亦初也亦謂今行之然②

八行本《禮記正義》按疏文分章録入經注文字，以至經注文字與疏文相距甚遠，其内容
編排方式與元十行本所屬的《禮記》“十行本”内容編排方式不同，③且八行本《禮記正義》
無釋文文字，根本不能滿足南昌府本校補元十行本闕文的需求。山井鼎的《七經孟子考文補
遺》雖然記録釋文文字，但並不完整，且其疏文體例與八行本《禮記正義》同。④與元十行本
《禮記注疏》卷二十一第十一頁的闕文相比，其他諸本亦有不同程度的闕文，其中閩本《禮記
注疏》卷二十一相應文字僅存 105 字，闕文 611 字；監本《禮記注疏》卷二十一相應文字僅
存 162 字，闕文 554 字；毛本《禮記注疏》卷二十一相應文字僅存 495 字，闕文 221 字；殿本
《禮記注疏》卷二十一相應文字僅存 403 字，闕文 313 字。惟有和珅本《禮記注疏》該頁文字
完好無缺。和珅本是阮元校刻《禮記注疏》南昌府本補入元十行本卷二十一第十一頁闕文
唯一能够利用的《禮記》版本。

其次，筆者在比勘阮刻《禮記注疏》諸本時發現南昌府本存在初印本與修印本之分，修
印本在初印本的基礎上進行了大量的校改。筆者的這一發現與蔣鵬翔在浙江大學出版社影
印出版的《阮刻禮記注疏》出版説明中提出的“清嘉慶阮刻《十三經注疏》内部同樣存在初

---

① 〔清〕阮元：《阮刻禮記注疏》第 6 冊，第 1627—1628 頁。
② 〔漢〕鄭玄注，〔唐〕孔穎達疏，影印南宋越刊八行本《禮記正義》，北京：北京大學出版社，2014 年，第 637 頁。
③ 李學辰：《八行本〈禮記正義〉與和珅刻本〈禮記注疏〉體例比較研究》，《歷史文獻研究·總第 42 輯》，揚州：廣陵書社，
2019 年。
④ 〔日〕山井鼎撰，〔日〕物觀補遺：《七經孟子考文補遺》，北京：國家圖書館出版社，2016 年，第 542 頁下欄。

印本與校定本之分"的觀點相應和。臺灣藝文印書館影印的阮刻《禮記注疏》與浙江大學出版社影印出版的阮刻《禮記注疏》同是清嘉慶二十年（1815）南昌府本，文字却有很大出入，相較而言，浙江大學出版社影印出版的南昌府本挖改修補痕迹明顯，考其校補文字，則更爲優勝。臺灣藝文印書館影印的嘉慶二十年南昌府本《禮記注疏》應是初印本，浙江大學出版社影印出版的則是修印本。筆者將此二者進行對校，并比勘《禮記》諸版本，發現阮刻《禮記注疏》南昌府本從初印本到修印本的校改同樣參考、利用了和珅本《禮記注疏》。現選取部分對校結果説明這一事實。

1.前三日名之。君未葬當稱子某。①

案："君"，和珅本同。藝文本作"云"，八行本、元十行本、閩本、監本、毛本、殿本同。

2.君尚有親而與族人燕。②

案："尚有"，和珅本同。藝文本作"上存"，八行本、元十行本、閩本、監本、毛本、殿本同。

3.使禮儀有序，民得治理。③

案："得"，和珅本同。藝文本作"之"，八行本、元十行本、閩本、監本、毛本、殿本同。

4.爲宗伯之爲也。④

案："伯"，和珅本同。藝文本作"人"，八行本、元十行本、毛本同；閩本、監本闕文。

5.元侯相饗，亦得用之。⑤

案："饗"，和珅本同。藝文本作"與"，八行本、元十行本、閩本、監本、毛本、殿本同。

6.象天恭敬之義，既自不同。⑥

案："同"，和珅本同。藝文本作"通"，八行本、元十行本、閩本、監本、毛本、殿本同。

7.臧武仲與邾人戰於狐駘。⑦

案："駘"，和珅本同。藝文本作"臺"，八行本、元十行本、閩本、監本、毛本、殿本同。

8.父爲其子本應報以三年。⑧

案："其"，和珅本同。藝文本作"於"，八行本、元十行本、閩本、監本、毛本、殿本同。

9.若君未除，則從君服之。⑨

案："君"，和珅本同。藝文本作"爲"，八行本、元十行本、閩本、監本、毛本、殿本同。

---

① 〔清〕阮元：《阮刻禮記注疏》第6册，第1405頁。
② 〔清〕阮元：《阮刻禮記注疏》第6册，第1573頁。
③ 〔清〕阮元：《阮刻禮記注疏》第7册，第1679頁。
④ 〔清〕阮元：《阮刻禮記注疏》第7册，第1793頁。
⑤ 〔清〕阮元：《阮刻禮記注疏》第7册，第1901頁。
⑥ 〔清〕阮元：《阮刻禮記注疏》第7册，第1949頁。
⑦ 〔清〕阮元：《阮刻禮記注疏》第8册，第2287頁。
⑧ 〔清〕阮元：《阮刻禮記注疏》第9册，第2314頁。
⑨ 〔清〕阮元：《阮刻禮記注疏》第9册，第2334頁。

10. 比反而君有親喪。^①

案："有",和珅本同。藝文本作"諸",八行本同;元十行本作"謂",閩本、監本、毛本、殿本同。

以上十則比勘結果,揭示出阮刻《禮記注疏》南昌府本的校修參考和利用了和珅本《禮記注疏》,類似例子還有很多。這充分說明了和珅本在阮刻本《禮記注疏》傳承中所起到的作用。

結語:當今社會,信息發達,學術條件優越,國學復興,目前通行的《禮記》版本均有一些缺憾之處,難以滿足人們日益增長的研讀需求,挖掘、整理出更好的《禮記》版本成爲當務之急,這是時代發展的需求,也是傳播中華傳統文化的迫切需要。在這種情況下,依據宋十行本《禮記注疏》直接翻刻而來、版本精良的和珅本《禮記注疏》就顯得彌足珍貴,在《禮記》諸版本中脱穎而出。清代學者不僅深知和珅本《禮記注疏》的版本意義,更以實際舉措證明了他們對於和珅本《禮記注疏》校勘學價值的高度重視。從阮元《禮記注疏校勘記》的編纂,到阮刻《禮記注疏》南昌府本的初印,再到阮刻《禮記注疏》南昌府本的校定,都存在利用和珅本《禮記注疏》之處。時至今日,和珅本《禮記注疏》的校勘價值依然不容小覷。

(李學辰,浙江海洋大學師範學院講師)

---

① 〔清〕阮元:《阮刻禮記注疏》第9册,第2334頁。

范甯《穀梁》例學著述考

陳以鳳

[摘　要]　范甯撰《春秋穀梁傳集解》時"商略名例",以例解經。《隋書·經籍志》所著録的《春秋穀梁傳例》,楊士勛所稱引的《略例》,均爲范甯《穀梁》例學專著,二者成書與《集解》密切相關。考之《集解》,范甯義例可分爲"傳例""范自例"兩類。楊士勛疏文中所徵引的"范氏例""范氏略例""范別例"等,皆異名同指,可統稱"略例"。"傳例""略例"各具特色,差異鮮明。基於對兩書名稱、篇幅以及范氏義例内容、特色的總體考察,約可推知,《春秋穀梁傳例》的内容應爲《集解》中的三十八條"傳例",《略例》包含《集解》中的"傳例""范自例"與楊疏中統稱"略例"者,是爲《穀梁》例學總結之作。清代學者對范甯義例有失詳查,誤將"略例"輯録至《傳例》中。

[關鍵詞]　范甯　春秋穀梁傳例　略例　傳例

范甯爲東晉經學家,《隋書·經籍志》著録其著作,除《春秋穀梁傳集解》(下文省稱《集解》)外,另有《春秋穀梁傳例》(下文省稱《傳例》)一卷。[①] 後者從名稱上看,蓋爲一例學專著。然《晉書·范甯傳》未有片言齒及,《舊唐書·經籍志》《新唐書·藝文志》亦未著録,此書或在五代戰亂時佚失,内容不得而知。清姚振宗《隋書經籍志考證》列此書,但名下僅羅列唐代楊士勛、《四庫全書總目提要》與清代王謨關於范甯義例的些許記載,[②] 對其内容並未深入考述。《傳例》内容爲何,與范甯《集解》有何關係,皆啓人疑寶。

楊士勛《春秋穀梁傳疏》中云,范甯"别爲'略例'百餘條",[③] 並於疏中徵引"范氏略例"[④]"范略例"[⑤] 多條。如何理解其中的"略例"? 這百餘條"略例"是否也出自《傳例》一書,還是别集爲他書? 如另成他書,從内容上看應亦是范甯例學之作,其與《傳例》又是什麽關係? 二者成書時間孰先孰後? 目前學界對范甯義例多有關注,但側重於内容的考

---

① 〔唐〕魏徵等:《隋書》卷三十二《經籍志》,北京:中華書局,1973年,第931頁。

② 參見〔清〕姚振宗《隋書經籍志考證》,《師石山房叢書》,上海:上海開明書店,1936年,第112頁上欄。

③ 〔晉〕范甯集解,〔唐〕楊士勛疏:《春秋穀梁傳注疏》序,〔清〕阮元校刻:《十三經注疏》第5册,北京:中華書局,2009年,第5128頁。

④ 如桓公九年,春,紀季姜歸於京師。楊士勛疏:"范氏略例云:'逆王后有二者,以書逆王后,皆由過魯。若魯主婚而過我,則言歸。若不主婚而過我,則直言逆。'"

⑤ 如閔公二年,夏,五月,乙酉,吉禘於莊公。楊士勛疏:"范略例云:'祭祀例有九,皆書月以示譏。九者,謂桓有二烝一嘗,總三也;閔吉禘,四也;僖禘大廟,五也;文著祫、嘗,六也;宣公有事,七也;昭公禘武宫,八也;定公從祀,九也。'"

察,① 對上述諸問題鮮有探討者。今筆者不揣譾陋,嘗試從《春秋》例學角度給予總體關照,對范甯義例進行定位與梳理,進而考察其例學著述。

一、"商略名例"與《傳例》《略例》

《晉書‧范甯傳》載:"初,甯以《春秋》穀梁氏未有善釋,遂沉思積年,爲之集解,其義精審,爲世所重。"②范甯的《集解》爲今存世所見《春秋穀梁傳》的最早注本。在《春秋穀梁傳序》中,范甯自述撰寫《集解》的緣起與經過,謂:

> 升平之末,歲次大梁,先君北蕃迴軫,頓駕於吴,乃帥門生故吏、我兄弟子姪,研講六籍,次及三傳……釋《穀梁傳》者雖近十家,皆膚淺末學,不經師匠……於是乃商略名例,敷陳疑滯,博示諸儒同異之説……今撰諸子之言,各記其姓名,名曰《春秋穀梁傳集解》。③

此中亦提到了《集解》解經之具體方法:"商略名例,敷陳疑滯。"即從例學出發,商討"名例",由例而"敷陳疑滯",暢明經義。何謂"名例"? 當代學者葛志毅先生參考《公羊傳》,從狹義與廣義兩方面論析,認爲狹義"名例"僅相當於名、字二者,廣義的"名例"則包括所謂州、國、氏、人、名、字、子七等,④ 這一認識深具啓發意義。參之《集解》中存在着諸多義例,如"稱名例"⑤"聘例"⑥"圍例"⑦"大水例"⑧ 等,筆者認爲范甯的"名例"含義較廣,不僅包括《公羊傳》七等,而且還涉及到禮義法度、自然災異、侵伐征戰,等等。

對於范甯序云的"商略名例",楊士勛釋道:"商略名例者,即范氏別爲'略例'百餘條是

---

① 學者文廷海、周國林、趙友林、肖耀林、閆春新等人對范甯義例進行了研究。文廷海、周國林《〈春秋穀梁傳注疏〉例法研究》(《古籍整理研究學刊》2007 年第 5 期,第 12—17 頁)一文將范甯義例分爲"略例""傳例""注例"三種,認爲范甯對《春秋穀梁傳》例法的總結和研究做了開創性貢獻;趙友林《〈春秋〉三傳書法義例研究》(人民出版社 2010 年版,第 130—144 頁)指出:范甯對《穀梁》書法義例進行了回護、彌縫,並進一步擴充、修正、深化;肖耀林《〈穀梁傳〉范甯注研究》(暨南大學碩士學位論文,廣州,2010 年,第 40—50 頁)將范甯義例分爲"略例"與"傳例",進行了輯録梳理,並略析"略例""傳例"的特色;閆春新《范甯對〈春秋穀梁〉"日月時"例的繼承》(《齊魯學刊》2015 年第 6 期,第 17—21 頁)從日月時例角度論析范甯義例,認爲范甯進一步注解、闡發、發掘、補充了《穀梁》之日月時例,貢獻突出。臺灣學者王熙元《穀梁范注發微》第四章《范注對穀梁義例之發明》(嘉新水泥公司文化基金會 1972 年版,第 493—742 頁)以范甯注爲研究對象,將范注中二十三例目分爲書法、特義、事類三種,闡述范甯對《穀梁》義例的發明。
② 〔唐〕房玄齡等:《晉書》卷七十五《范甯傳》,北京:中華書局,1974 年,第 1989 頁。
③ 〔晉〕范甯集解,〔唐〕楊士勛疏:《春秋穀梁傳注疏》序,〔清〕阮元校刻:《十三經注疏》第 5 册,第 5127—5128 頁。
④ 葛志毅:《春秋例論》,《管子學刊》2006 年第 3 期,第 74 頁。
⑤ 如隱公元年,三月,公及邾儀父盟於眛。《穀梁傳》:"儀,字也。父猶傅也,男子之美稱也。"范甯注:"傅,師傅。附庸之君未王命,例稱名。善其結信於魯,故以字配之。"
⑥ 如隱公七年,夏,齊侯使其弟年來聘。范甯注:"聘例時。"
⑦ 如隱公五年,冬,宋人伐鄭,圍長葛。范甯注:"圍例時。"
⑧ 如桓公元年,秋,大水。范甯注:"大水例時。"

也。"① 另在"春秋穀梁傳序"幾字下，楊士勛疏云："以傳《穀梁》者雖多，妄引三《傳》，辭理典據不足可觀，故與門徒商略名例，傳示同異也。所云名例者，即范氏所據，別爲'略例'一百餘條是也。"② 范甯提到的"商略名例"，楊士勛兩處皆以"別爲'略例'百餘條"釋之。其中的"略例"一詞耐人尋味，或可有兩解：一爲專屬的例名，類同杜預《春秋經傳集解》、范甯《春秋穀梁傳集解》中的"傳例"（詳見下文論述）。然檢之《春秋》例學著述，除楊士勛徵引時稱"范氏略例""范略例"外，其他著述並無"略例"這一例名。二爲書名，其内容爲范甯撰《集解》時與門徒所商定的一百餘條義例。然楊士勛稱的是"別爲'略例'百餘條"，史志如《漢書·藝文志》《隋書·經籍志》等載録書籍，一般言某書多少篇或多少卷，而殆無稱某書多少條者。我們認爲正確理解"別爲'略例'百餘條"一句，關鍵在於"別爲"二字。"別爲"意味着此"'略例'百餘條"乃是范甯在《春秋穀梁傳集解》之外又另行撰寫的。然其由東晉流傳至唐楊士勛時期當有文本載體，這一文本應即是范甯的另一例學著作。如此，令人生疑的是，"略例"非專屬例名，何以稱之"'略例'百餘條"？這或與其出處有關，即"略例"是書中義例的省稱。這百餘條"略例"皆出自《略例》一書。故而，廣義上的"略例"既是書名，③ 或由"商略名例"一語概括而成；亦是例名，如楊疏所稱"范氏略例"或"范略例"者，爲范甯《略例》一書中義例的省稱。

《隋書·經籍志》分别著録范甯《春秋穀梁傳集解》《春秋穀梁傳例》。南宋王應麟曰："《穀梁》先有尹更始、唐固、麋信、孔衍、江熙、段肅、張靖等十餘家，范甯以爲膚淺，乃商略名例，爲《集解》十二卷、《例》一卷。"④ 此處"《例》一卷"，顯然即《隋志》所著録的《傳例》。王氏將《集解》與《傳例》並列，蓋因二者關係密切，皆由"商略名例"而得。進一步而言，既然范甯明言其撰《集解》時"商略名例"，從名稱上看，《傳例》蓋爲例學專書，那麼其應是范甯與門徒注解《春秋穀梁傳》時"商略名例"的重要結果，是以《傳例》與《集解》緊密相係。楊士勛稱"商略名例者，即范氏別爲'略例'百餘條是也"，而"略例"百餘條皆出自《略例》一書，顯然《略例》更是"商略名例"之成果。是以，《傳例》《略例》皆是范甯於《集解》文本注釋之外，別爲另成的例學著作。

《傳例》僅見載於《隋書·經籍志》。《略例》見稱、徵引於楊士勛，說明此書唐代尚存，然《晉書·范甯傳》未著一字，《南史》《隋書·經籍志》《舊唐書·經籍志》《新唐書·藝文志》《經典釋文》等距范甯時代較近的史書典籍皆未載録。同爲范甯例學之作，《略例》與《傳例》不被同時著録，之間有何關係，亦發人深思。

今《傳例》《略例》皆佚失，二者成書皆與范甯撰《集解》時"商略名例"密切相關。欲

---

① 〔晉〕范甯集解，〔唐〕楊士勛疏：《春秋穀梁傳注疏》序，〔清〕阮元校刻：《十三經注疏》第 5 册，第 5128 頁。
② 〔晉〕范甯集解，〔唐〕楊士勛疏：《春秋穀梁傳注疏》序，〔清〕阮元校刻：《十三經注疏》第 5 册，第 5123 頁。
③ 筆者案：魏王弼撰有《周易略例》一書。唐邢璹注曰："略例者，舉釋綱目之名，統明文理之稱。略，不具也；例，舉並也。"此中"略例"雖爲書名，顯然與范甯《略例》書名的含義不同。
④ 轉引自〔清〕朱彝尊：《經義考》卷一百七十四《春秋》七，清光緒二十三年浙江書局刻本，第 8 頁 b。

探求二書内容,還需從范甯《集解》中尋求綫索,探尋當時范甯與門徒到底商略了哪些義例?

首先《集解》中存在多處"傳例曰"。如,"隱公二年,無侅帥師入極"一條經文下,范甯注云:"傳例曰:'滅國有三術,中國日,卑國月,夷狄時。'"其中所謂"傳例",清羅士琳釋曰:"凡注稱'傳例'爲《傳》所本有者。"① 此語切中肯綮。《穀梁傳》釋《春秋》經義,隨文而發,間有例存焉,却無特著的格式與例名。范甯解經,首先通《傳》,《傳》文内含的"傳例"即由他推導、抽繹而出,於《集解》中以"傳例曰"形式一一明列。即如當代學者秦平言:"范甯注意到《穀梁傳》在解釋《春秋》時非常注意提煉經文的凡例;《集解》中時常出現的'傳例曰',指的正是《穀梁傳》所歸納的《春秋》之凡例。"②

《春秋經傳集解》杜預注中亦有"傳例曰"。如隱公元年,"公子益師卒"一條,杜注曰:"傳例曰:'公不與小斂,故不書日,所以示厚薄也。'"孔穎達正義云:"傳文與上下作例者,注皆謂之傳例。"③《穀梁》《左氏》《公羊》三家在例學上具有相通之處,范甯《集解》中的"傳例"也可作如是觀。即此乃《穀梁傳》自身上下貫通,互文詮釋《春秋》時内含的義例。且因"傳例"是傳文"上下作例"所得,其大抵都有一條或數條相對應的傳文。

特别值得注意的是"傳例"之歸屬問題。《穀梁》"傳例"爲《傳》本有,却未明確出現在《穀梁》傳文中,衹出現在范甯注中,乃由范甯歸納、詮解《春秋穀梁傳》所得,是他理解《春秋》經傳過程中所得的法則,當屬范甯義例的重要内容。

除了"傳例",《集解》中還有一些以"×例×"筆法書寫的義例。具體如:隱公二年,春,公會戎於潛。范甯注曰:"會例時。"又如:隱公二年,冬,鄭人伐衛。范甯注曰:"伐例時。"此兩條皆范甯於經下作注,而所稱"會例""伐例"或爲范氏所命名,或爲范氏承繼《春秋》經師所稱。清代學者許桂林在《穀梁釋例》一書中將范甯注中的"×例×"統稱爲"傳外餘例"。④ 然"傳外餘例"一名是許氏立足於《穀梁傳》所命,承其所建構的《春秋穀梁傳》"時月日例"而言,並未以范甯例學爲依歸,⑤ 尚待商榷。文廷海、周國林《〈春秋穀梁傳注疏〉例法研究》一文因"×例×"筆法之義例出現於范甯注中,而稱其爲"注例"。⑥ 然范甯注中所提到的義例不僅有"注例",還有諸多"傳例"。如以位置而言,"注例"則包括"傳例",故而此稱呼忽略了范甯的書寫方式與具體指向,界定含糊。今爲更清晰區分范甯注中的兩類義例,鑒於"會例""伐例"等以"×例×"筆法書寫的義例出現於范注中,是范甯自己於"傳例"外對《春秋穀梁》義例的新建構,暫稱之爲"范自例"。

---

① 〔清〕羅士琳:《穀梁釋例·跋》,〔清〕許桂林:《穀梁釋例》,清咸豐四年刻《粵雅堂叢書》本,第2頁b。

② 秦平:《范甯〈春秋穀梁傳集解〉的解釋學意義》,載《人文論叢》2007年卷,第223—224頁。

③ 〔晉〕杜預集解,〔唐〕孔穎達正義:《春秋左傳正義》卷二,〔清〕阮元校刻:《十三經注疏》第4册,北京:中華書局,2009年,第3722—3723頁。

④ 〔清〕許桂林:《穀梁釋例·總論》,第6頁a。

⑤ 據學者研究,許桂林《穀梁釋例》對《春秋穀梁》時月日書法概念重新做了詮釋與定義,旨在建構自己的釋經體系,對范甯、徐邈等前代《穀梁》學家的注釋及義例多非之。參見許超傑《〈穀梁〉善於經:清代〈穀梁〉學文獻四種研究》,華東師範大學博士學位論文,上海,2017年,第33—67頁。

⑥ 文廷海、周國林:《〈春秋穀梁傳注疏〉例法研究》,《古籍整理研究學刊》2007年第5期,第14—15頁。

《集解》之外，在《春秋穀梁傳疏》中我們亦可見到楊士勛所徵引的諸多范甯義例。楊疏所引稱呼不一，有稱"范氏略例"①"范略例"②者，有稱"范氏例"③"范例"④者，還有稱"范氏別例"⑤"范別例"⑥者，頗令人疑惑。但它們都冠名范氏，從其歸屬上看，皆是范甯例學的重要內容，應屬范氏"商略名例"範疇，今暫稱之爲"疏中范甯例"。

由上述可知，范甯的《春秋穀梁傳集解》呈現着以例解經的鮮明特色。通過考察《集解》與楊士勛疏文，其義例暫可分爲"傳例""范自例"與"疏中范甯例"三類。那麼《傳例》《略例》兩書應該分別包含上述哪一類或者哪幾類義例呢？如僅從名稱上看，《傳例》似乎與《集解》中的"傳例"關係密切，是不是輯錄"傳例"而成的單行本？《略例》似乎與疏中的"范氏略例""范略例"相關係，它是否僅包含這兩種呢？楊疏中另徵引的"范氏例""范例""范氏別例""范別例"和《略例》又有什麼關係？諸多問題皆待抉疑祛惑。

二、清代學者對《春秋穀梁傳例》的輯佚

《春秋穀梁傳例》一書約在五代戰亂時佚失，至清代輯佚學興起，學者們對此書進行了鉤沉、輯佚。《清史稿·藝文志》著錄："晉范甯《穀梁傳例》一卷，黃奭輯。"⑦黃奭生活於嘉慶、咸豐年間，所輯《穀梁傳例》存於《黃氏逸書考》中，共有"日食例""不書王例""遂事例""逆王后例"等二十四則。⑧

事實上，早在黃奭之前，乾隆年間的余蕭客已關注到《傳例》一書。他在《古經解鉤沉》中引《隋書》列范甯《穀梁傳例》一卷，並鉤沉一條義例。具體內容爲：

> 《春秋》上下無王者，凡一百有八。桓無王者，見不奉王法。餘公無王者，爲不書正月，不得書王。桓初即位者已見治，故書王以示義。（范甯例，疏，三）⑨

---

① 如桓公八年，祭公來，遂逆王后於紀。楊士勛疏："依范氏略例，凡有十九遂事，傳亦有釋之者，亦有不釋者，此是例之首。"
② 如莊公十年，三月，宋人遷宿。楊士勛疏："范略例云：'凡遷有十。亡遷有三者，齊人遷陽、宋人遷宿、齊師遷紀是也。好遷有七者，邢遷夷儀、衛遷帝丘、蔡遷州來、許遷於葉、許遷於夷、許遷白羽、許遷容城是也。餘遷皆月，許四遷不月者，以其小，略之如邑也。遷紀不月者，文承月下，蒙之可知也。'"
③ 如桓公元年，春，王正月。楊士勛疏："又范氏例云：'《春秋》上下無王者，凡一百有八。桓無王者，見不奉王法；餘公無王者，爲不書正月，不得書王。'"
④ 如莊公二十年，夏，齊大災。楊士勛疏："范例云：'災有十二，內則書日，外者書時，國曰災，邑曰火。內則書日，新宮、御廩之類是也。其外則時者，則宋大水、齊大災之等是也。'"
⑤ 如文公六年，冬，閏月不告月，猶朝於廟。楊士勛疏："范氏別例云：書不告朔有三，皆所以示譏耳。則此文，一也；公四不視朔，二也；襄二十九年，公在楚，三也。"
⑥ 如僖公十有五年，冬，十有一月，壬戌，晉侯及秦伯戰於韓，獲晉侯。楊士勛疏："范別例云：凡書獲有七：謂莒挐一也，晉侯二也，華元三也，蔡公子濕四也，陳夏齧五也，齊國書六也，麟七也。"
⑦ 〔清〕趙爾巽等：《清史稿》卷一四五《藝文志》，北京：中華書局，1977年，第4244頁。
⑧ 〔清〕黃奭輯：《穀梁傳例》，《黃氏逸書考》第19冊，民國十四年王鑒修補印本。
⑨ 〔清〕余蕭客：《古經解鉤沉》卷二十三，《文淵閣四庫全書》第194冊，上海：上海古籍出版社，1987年，第699頁。筆者案：此段校之阮元校刻《十三經注疏》本《春秋穀梁傳注疏》，"桓初即位"後"者"字當爲"若"字。

由案語"疏""三"知，此一條出自《春秋穀梁傳注疏》卷三的楊士勛疏文。

另外，乾嘉年間王謨亦輯有范甯《穀梁傳例》一卷，存於《漢魏遺書鈔》中，但《清史稿》未著録。今筆者細考，王謨與黄奭所輯内容幾近完全一致。^①值得注意的是，王謨還於《序録》對《穀梁傳例》之輯佚作了些許説明："《隋志》范甯撰《穀梁傳例》一卷……謨按：范氏'傳例'凡已見《集解》者無容贅録，今惟鈔出楊氏疏中所引'略例''別例'共二十四條。"^②可知，王謨所輯内容出自楊士勛疏文。這與前述余蕭客的鉤沉在來源上别無二途。至此可以確定，清代學者所輯署名范甯的《穀梁傳例》，内容實皆是楊士勛疏中所徵引的義例。這似乎與我們對《傳例》一書的推論大相徑庭。再細繹前述王謨按語，其中似乎也間接表達了他對《傳例》一書的看法，即此書包含《集解》中的"傳例"與楊氏疏中所引的二十四條"略例""别例"。這一觀點是否成立？目前幾未有學者關注過，還有待審查。

詳細對勘清儒所輯楊疏中的義例，實際上與《春秋穀梁傳注疏》中楊士勛的徵引還略有差别。今詳列經文出處，將王謨、黄奭所輯，對照阮元校刻《十三經注疏》本楊士勛疏文所引，兹舉有代表性的四則，列表如下：

表-1

經文	王謨輯本	黄奭輯本	楊士勛徵引
1.桓公元年，春，王正月，桓無王，其曰王，何也？謹始也。	不書王例：《春秋》上下無王者，凡一百有八。桓無王者，見不奉王法。餘公無王者，爲不書正月，不得書王。	不書王例：《春秋》上下無王者，凡一百有八。桓無王者，見不奉王法。餘公無王者，爲不書正月，不得書王。	范氏例云："《春秋》上下無王者，凡一百有八。桓無王者，見不奉王法。餘公無王者，爲不書正月，不得書王。"
2.桓公九年，春，紀季姜歸於京師。	逆王后例：凡有二，皆由過魯。若魯主婚而過我，則言歸。若不主婚而過我，則直言逆。	逆王后例：凡有二，皆由過魯。若魯主婚而過我，則言歸。若不主婚而過我，則直言逆。	范氏略例云："逆王后有二者，以書逆王后，皆由過魯。若魯主婚而過我，則言歸。若不主婚而過我，則直言逆。"
3.僖公十有五年，冬，十有一月，壬戌，晉侯及秦伯戰於韓，獲晉侯。	獲例：凡書獲有七，謂莒挐一也，晉侯二也，華元三也，蔡公子濕四也，陳夏齧五也，齊國書六也，麟七也。	獲例：凡書獲有七，謂莒挐一也，晉侯二也，華元三也，蔡公子濕四也，陳夏齧五也，齊國書六也，麟七也。	范别例云："凡書獲有七：謂莒挐一也，晉侯二也，華元三也，蔡公子濕四也，陳夏齧五也，齊國書六也，麟七也。"
4.昭公三十有一年，夏，晉侯使荀櫟唁公於乾侯。	唁例：唁有三，吊失國曰唁。唁雖有三，吊失國三，三釋一而已。	唁例：唁有三，吊失國曰唁。唁雖有三，吊失國三，三釋一而已。	范例云："唁有三，吊失國曰唁。唁雖有三，吊失國三，三釋一而已。"

從上表所列，首先可見王謨、黄奭所輯内容完全一致，亦可見王、黄兩輯本與楊士勛徵引的差異，主要體現在例名上。具體有二：一是王謨、黄奭在輯佚時，依據義例内容，自擬了例名，如表中所列"不書王例""逆王后例""獲例""唁例"等；二是王、黄兩輯本省却了楊疏徵引時對義例的原稱呼，如表中"楊士勛徵引"一欄的"范氏例""范氏略例""范别例""范例"等。另外，在内容上，第二則中王、黄輯本"凡有二"與楊疏所引"逆王后有二者，以書逆

---

① 王謨、黄奭二人各輯"日食例""不書王例"等二十四條，排列順序一致。

② 〔清〕王謨輯：《穀梁傳例·序録》，《漢魏遺書鈔》第三集，嘉慶三年刻本，第 1 頁 a。

王后"表述存有差異,不過兩者核心要義是一致的。

那麼,楊疏中的"范氏例""范氏略例""范別例""范例"等名稱各有什麼内涵? 是否可如王謨輯佚時統稱爲"略例""別例"? 學者們鮮有對清儒的《傳例》輯本詳辨深究者,下面從楊疏入手細考之。

三、"略例"與《略例》

統計楊疏中的徵引,稱"范氏例""范例"者最多,凡十七見,僅舉二例以見其概:

> 1. 經文:桓公元年,春,王正月。
> 楊疏:"又范氏例云:《春秋》上下無王者,凡一百有八。桓無王者,見不奉王法。餘公無王者,爲不書正月,不得書王。"
> 2. 經文:莊公二十年,夏,齊大災。
> 楊疏:"范例云:災有十二,内則書日,外者書時,國曰災,邑曰火。内則書日,新宫、御廩之類是也。其外則時者,則宋大水、齊大災之等是也。"

從義例學上而言,注家以例解經,所發明之例皆可冠其姓氏,楊士勛徵引時稱"范氏例"或"范例",正彰顯諸例爲范甯的新建構。

楊疏中又有稱"范氏別例""范別例"者,凡九見,兹舉二例:

> 1. 經文:文公六年,冬,閏月不告月,猶朝於廟。
> 楊疏:"范氏別例云:書不告朔有三,皆所以示譏耳。則此文,一也;公四不視朔,二也;襄二十九年,公在楚,三也。"
> 2. 經文:僖公十有五年,冬,十有一月,壬戌,晉侯及秦伯戰於韓,獲晉侯。
> 楊疏:"范別例云:凡書獲有七:謂莒挐一也,晉侯二也,華元三也,蔡公子濕四也,陳夏齧五也,齊國書六也,麟七也。"

楊疏所稱的"范別例",清代學者陳澧釋云:"范氏注中已有例,又別爲'略例',故可稱'別例'。"[①] 這一理解不乏啓示。此"別例"一名,即相對於范甯注中的"傳例"與"范自例"而言的。因楊疏中所引用的義例是范甯於注外"別爲"之的,故稱"別例"。

楊疏中稱"范氏略例"或"范略例"者,凡四見,略舉一例:

---

① 〔清〕陳澧著,楊志剛編校:《東塾讀書記》卷十《春秋三傳》,上海:中西書局,2012年,第166頁。

經文：桓公八年，祭公來，遂逆王后於紀。

楊疏：“依范氏略例，凡有十九遂事，傳亦有釋之者，亦有不釋者，此是例之首。”

如前所述，楊士勛稱范甯別爲“略例”百餘條，疏中四條徑稱“范氏略例”或“范略例”者，顯然是因它們出自《略例》一書。

綜觀上列五例，雖然“范氏例”“范例”“范氏略例”“范略例”“范氏別例”“范別例”例名不盡一致，但内容却具有相通性，在書寫形式上亦有内在的規律性，如所言“《春秋》上下無王者，凡一百有八”，“災有十二”，“書不告朔有三”，“凡書獲有七”，“凡有十九遂事”，等等，皆是先對《春秋》同類記載進行了統計，然後再分別就具體内容的異同進一步詮釋。故而，我們認爲楊疏所引用的“范氏例”“范例”“范別例”等應同“范氏略例”“范略例”，都出自《略例》一書，皆是范甯全面觀照、深入探究《春秋》經文所得。這些稱呼其實異名同指，從來源上可統稱爲范甯“略例”。是以，王謨所輯“別例”“略例”二十四條首先應歸屬於《略例》一書。它們是否也同屬於《傳例》，還需再論。

《四庫全書總目提要》云：

> 又自序有“商略名例”之句，疏稱甯別有“略例”百餘條，此本不載。然注中時有“傳例曰”字，或士勛割裂其文，散入注疏中歟？[①]

此中，四庫館臣懷疑楊士勛在義疏《集解》時“割裂”了《略例》一書，將其中的百餘條“略例”“散入注疏”中，並以注中的“傳例曰”爲證。此後，柳興恩於《穀梁大義述》中沿用此説。[②]陳澧亦贊同之，並於《東塾讀書記》中作案語加以證明，謂：“澧案：隱二年疏云：‘《春秋》二百四十二年，無王者一百有八’云云，與桓元年疏所引‘范氏例’之語同，此楊氏取‘范氏例’散入疏中之證。”[③]

由《提要》“割裂”説而觀之，四庫館臣、柳興恩、陳澧等人對《略例》一書的看法似乎也滲透其中，即《略例》包括著注中“傳例”與疏中“范氏例”。而前據王謨按語窺知其對《傳例》一書内容的認識，即他認爲《傳例》函括注中“傳例”與疏中所引的“略例”“別例”。由上文考之，王氏所稱的“略例”“別例”與陳澧所言的“范氏例”，三者異名同指，皆可稱爲范甯“略例”。如此，兩種觀點相對照，則《傳例》與《略例》内容相同，都函括著注中“傳例”與疏中“略例”。又，兩書不被同時著録，它們是否存在同書異名的可能性？以往學界對兩書的關係未有關注者，下文從范甯義例入手考證之。

---

① 〔清〕永瑢等撰：《四庫全書總目》卷二六《春秋穀梁傳注疏提要》，北京：中華書局，1965 年，第 211 頁下欄。

② 〔清〕柳興恩：《穀梁大義述》卷一六，光緒十四年刻《皇清經解續編》本，第 211 頁。

③ 〔清〕陳澧著，楊志剛編校：《東塾讀書記》卷十《春秋三傳》，第 166 頁。

四、“傳例”與“略例”

從名稱上看，范甯《集解》中的“傳例”、楊疏中的“略例”分別與《傳例》《略例》兩書關係最爲密切。考察兩書關係，還需從這兩類義例入手。

（一）“傳例”略析

《集解》中的“傳例”共計三十八條，[①]有着鮮明的特色，概述如下：

其一，“傳例”與《穀梁傳》傳文密切相係。具體又可分三種情況：第一，“傳例”與《穀梁傳》傳文完全相同，直接取自傳文。如，隱公二年，范甯注：“傳例曰：斬樹木、壞宮室曰伐。”此“傳例”直接取自隱公五年傳文“斬樹木、壞宮室曰伐”。第二，“傳例”與《穀梁傳》傳文略有差異，“傳例”未改傳文原意，簡略精煉傳文而成。如，隱公五年，范甯注：“傳例曰：公往時，正也。”即精煉莊公二十三年傳文“公如，往時，正也”而成。第三，“傳例”綜合、歸納幾條傳文而成，如，隱公二年，范甯注：“傳例曰：滅國有三術，中國日，卑國月，夷狄時。”由宣公十五年傳文“滅國有三術，中國謹日，卑國月，夷狄不日”，與襄公六年傳文“中國日，卑國月，夷狄時”二者歸納而成。由此亦可知，范甯總結、抉發“傳例”的三種方式：一徑取傳文而成例，二抽繹傳文而成例，三歸納傳文而融成一例。

其二，“傳例”依其內容又可簡單分爲兩類：一類“傳例”闡釋《春秋》經文遣詞用語之內涵。如，隱公四年，春，王二月，庚辰，莒人伐杞，取牟婁。范注：“傳例曰：取，易辭也。”此處范甯依據莊公九年、昭公二十五年、哀公九年、哀公十三年四條《穀梁傳》傳文“取，易辭也”歸納成“傳例”，闡釋動詞“取”的內涵，其內容涉及到取邑、取人、取國，進而依此再對他處相類經文中的“取”字釋義。如，隱公十年，宋人、蔡人、衛人伐載，鄭伯伐取之。范注：“凡書取國，皆滅也。變滅言取，明其易。”范甯即是依據“傳例”釋“取”，闡明經文書“取”而不書“滅”，意在突顯鄭伯借宋人、蔡人、衛人之力而輕易滅載。另一類“傳例”爲《穀梁傳》之“日月時例”。《春秋》經文對各事件時、月、日記載各不相同，《穀梁傳》作者認爲經文時、月、日的書與不書蘊含着褒貶善惡的深意，並形成了以“日月時例”解經的特色。如楊士勛在疏解“隱公元年，三月，公及邾儀父盟於眜”不書“日”時，總結道：“此傳凡是書經，皆有日月之例者，以日月相承，其事可悉，史官記事，必當具文，豈有大聖修撰，而或詳或略？故知無日者，仲尼略之，見褒貶耳。”[②]范甯深諳《穀梁傳》解經筆法，於傳文中勾提了諸多“日月時例”。如，

[①] 目前學界文廷海、周國林《〈春秋穀梁傳注疏〉例法研究》（《古籍整理研究學刊》2007 年第 5 期，第 12—13 頁）與肖耀林《〈穀梁傳〉范甯注研究》（暨南大學碩士學位論文，廣州，2010 年，第 41—43 頁）分別對范甯“傳例”進行了輯錄梳理。前者輯有三十五條，輯錄略簡，有遺漏者；後者輯有四十一條，詳列“傳例”與對應“傳文”，然有重復者與誤輯者，如第 9 條與第 16 條、第 12 條與 25 條“傳例”內容兩兩相同，第 19 條“何休曰傳例”非范甯“傳例”，不應屬之。今筆者據阮刻本《春秋穀梁傳注疏》檢錄之，計爲三十八條。

[②] 〔晉〕范甯集解，〔唐〕楊士勛疏：《春秋穀梁傳注疏》卷一，〔清〕阮元校刻：《十三經注疏》第 5 册，第 5130 頁。

隱公三年,范甯注:"傳例曰:外盟不日。"此則"傳例"取自隱公八年傳文"外盟不日",於"外盟"立例,詮釋經文的時間書寫,進而彰顯《春秋》内外有别、詳内略外的深層涵義。

(二)"略例"述論

清王謨、黄奭所輯楊士勛疏中的義例(即"略例")爲二十四條。今筆者爬梳細研,二人所輯亦存謬誤、闕略處。如王謨、黄奭輯本中第一例"日食例"。此例存於"隱公三年,春,王二月,己巳,日有食之"經文下的楊疏中,范甯祇是引用杜預注與京房《易傳》進行注解,[1]自己並未作任何詮釋,故楊士勛云"未審范意如何"。[2]而下云"《穀梁》之例,書日食凡四種之别",實爲楊氏對《穀梁》義例的總結,並不屬於范甯"略例"内容。王、黄輯本將之列爲范甯"日食例",實屬張冠李戴。另,楊疏中還有冠名"范例""范氏例"而徵引的義例七則,[3]亦應屬范甯"略例"範疇,依王、黄本的擬名標準,可分別命名爲"地震例""諸侯例""稱弟例""會葬例""大蒐例""在例""入例",然二輯本皆闕錄。今在王、黄輯本基礎上,删去"日食例",加入上列"地震例"等七例,綜括而計,楊疏中的"略例"實爲三十條。

前文解疑"范例""范略例""范别例"各名稱的内涵,已對楊士勛疏所徵引的范甯"略例"略作分析。今再以楊疏中的三例細觀之。

1. 經文:莊公十年,三月,宋人遷宿。

楊疏:"范略例云:凡遷有十。亡遷有三者,齊人遷陽,宋人遷宿,齊師遷紀是也。好遷有七者,邢遷夷儀,衛遷帝丘,蔡遷州來,許遷於葉,許遷於夷,許遷白羽,許遷容城是也。餘遷皆月,許四遷不月者,以其小,略之如邑也。遷紀不月者,文承月下,蒙之可知也。"

此中,范甯首舉《春秋》經文"遷"者總數目,然後分爲"亡遷""好遷"兩類,條列十"遷"的經文出處,並論析許、紀"遷"而不書"月"之原因。

2. 經文:僖公九年,秋,七月,乙酉,伯姬卒。

楊疏:"范氏别例云:内女卒葬例有六,葬有三,卒亦有三。卒者,此文一也,僖十六年鄫季姬二也,成八年杞叔姬三也。葬者,莊四年葬紀伯姬,三十年葬紀叔姬,

---

[1] 隱公三年,春,王二月,己巳,日有食之。范甯注:"杜預曰:'日行遲,一歲一周天。月行疾,一月一周天。一歲凡十二交會。然日月動物,雖行度有大量,不能不小有盈縮,故有雖交會而不食者,或有頻交而食者。唯正陽之月,君子忌之,故有伐鼓用幣之事。'京房《易傳》曰:'日者陽之精,人君之象。驕溢專明,爲陰所侵,則有日有食之災。不救,必有篡臣之萌。其救也,君懷謙虚下賢,受諫任德,日食之災爲消也。'"

[2] 參見〔晉〕范甯集解,〔唐〕楊士勛疏:《春秋穀梁傳注疏》卷一,〔清〕阮元校刻:《十三經注疏》第 5 册,第 5134 頁。

[3] 僅舉兩則:一,文公九年,九月,癸酉,地震。楊疏:"范例云:地震五,例日。"二,定公四年,劉卷卒。楊疏:"范例云:寰内諸侯,非列土諸侯。非列土諸侯而書之者,賢之也。"

襄三十年宋葬共姬,是也。文十二年子叔姬不數之者,與此伯姬同是未適人,故總
爲一。"

此中,范甯亦先舉"卒葬例"數目,然後分別羅列"卒例""葬例"各三處經文,並詮釋"文十
二年子叔姬不數"的緣由。

　　3. 經文:成公元年,春,三月,作丘甲。
　　楊疏:"范別例云:作例有六,直云作者三,云新作亦三也。云作三者,謂作丘甲,
　　一也;作三軍,二也;作僖公主,三也。云新作三者,謂新作南門,一也;新延厩,二也;
　　新作雉門及兩觀,三也。言作者不必有新,言新①則兼作也。"

此例亦同於上兩者,先計"作"例數目,然後分別列"作""新作"各三者的經文出處,並分析
"作"與"新作"的區別。

　　上述三例共性顯而易見,由此亦彰顯了范甯"略例"的特色,其爲范甯對《春秋》經文的
論析總結,主要是比勘、統計《春秋》所書,剖析異同,進而彰顯經文的褒貶之意和書法義理。
概而言之,即比經成例,由例釋經。其内容書寫亦呈現着鮮明的規律,大約可分爲三個層次:
一是全面統計《春秋》中該例記載之次數,二是詳細羅列該例在經文中的出處,三是歸納該
例書寫章法,並剖析特殊書寫的内涵。

　　值得注意的是,因爲"略例"是以徵引的方式存於楊疏中流傳至今的。而楊士勛在徵引
時,采取了直接徵引、摘節引用、大意引用、轉述等各種不同方式,故今所見"略例"並非全部
都包含上述完整的三方面内容。如,文公九年,九月,癸酉,地震。楊疏徵引的"略例",祇稱"地
震五,例日",並未詳列《春秋》所載"地震"的五處經文。

　　由上述對《集解》中的"傳例"與楊士勛所徵引范甯"略例"的論析可知,二者各具特色、
差異鮮明。具體而言,在出處、内容、類型等方面,二者皆有不同:"傳例"取材於《穀梁傳》文,
而"略例"來自於對《春秋》經文的解構與歸納;"傳例"乃"傳文上下作例而得",内容與傳
文相係,"略例"大致有統計例數、羅列經文、闡明義涵三部分;"傳例"既有對《春秋》經文字
詞釋義,又包含"日月時例",而"略例"多通過比勘經文闡發《春秋》書寫的褒貶義理。

五、《傳例》與《略例》

　　《隋書·經籍志》著録的范甯《春秋穀梁傳例》一卷爲一例學專著。由《春秋》例學通識

---

① "言新"二字原無,阮元《校勘記》云:"閩、監、毛本同單疏本上有'言新'二字,案有者是。"據補。參見〔晉〕范甯集解,
　〔唐〕楊士勛疏:《春秋穀梁傳注疏》,〔清〕阮元校刻:《十三經注疏》第5册,第5254頁。

看,今《集解》中的"傳例"亦是專屬例名。"略例"則是楊士勛對范甯《略例》書中義例的省稱,其内容與"傳例"迥然不同。從例名與書名對應關係上看,我們認爲《傳例》是范甯專門勾提《穀梁傳》"傳例"而編成的單行本。誠如學者所言:"《春秋穀梁傳例》當是專門總結、説明《穀梁傳》'傳例'的。"[①]且慮及篇幅,今《集解》中的三十八條"傳例"編爲一卷是極可能的。如依王謨觀點,《傳例》一書内容爲《集解》中"傳例"與《疏》中"略例",則包含着近七十條義例,從篇目上歸爲一卷,亦約略較多。據此諸端,《隋志》所著録的《傳例》一書内容應爲《集解》中的三十八條"傳例"。

或因《略例》一書正史未著録,清代學者未有輯佚者。其書名蓋出自范甯"商略名例"一語。楊士勛疏稱:"商略名例者,即范氏别爲'略例'百餘條是也。"其内容則應函括范甯與門徒集解《春秋穀梁傳》時所"商略"的全部"名例"。如此,前文所言《集解》中的"傳例""范自例"與楊疏中統稱"略例"者皆是范甯例學的重要内容,悉應屬之。詳考三類義例,亦可爲筆者此觀點提供進一步佐證,略論如下:

第一,據前文所論,《略例》爲范甯撰《集解》時與門徒等人"商略名例""别爲"而成書。而今所輯"傳例"正有"徐邈曰:傳例曰""泰曰:傳例曰",[②]徐邈爲范甯故吏,范泰爲其子,[③]可謂是范甯序中所言與"門生故吏、兄弟子姪""商略名例"之明證。此類"傳例"應屬於《略例》一書。由此推之,則今輯《集解》中的其他"傳例",亦屬於《略例》一書。

第二,《集解》中的"范自例"與楊疏中的"略例"有互文者,共計三則。爲清晰起見,兹以"災例"爲例察之:

表-2

類別＼例之	例名	經文	例之内容
略例	災例	莊公二十年,夏,齊大災。	范例云:"災有十二,内者書日,外者書時。"
范自例	内災例	桓公十有四年,秋,八月,壬申,御廪災。	范甯注:"内災例日。"
	外災例	莊公二十年,夏,齊大災。	范甯注:"外災例時。"

從中可見,"略例"與"范自例"皆於"災"立例,"范自例"又有"内災""外災"之分,但其例旨相通,即常例爲内災日,外災時。

又如,范甯注與楊士勛所徵引中皆有"蒐狩例"。前者,經文:"桓公四年,春,正月,公狩於郎。"范甯注:"蒐狩例時。而此月者,重公失禮也。"後者,經文:"昭公八年,秋,蒐於紅。"楊疏:"范氏例云:蒐狩書時,其例有九……。"前者爲"范自例",後者"范氏例"亦即"略例",

① 邱峰:《范甯及其經學成就》,《蘭州大學學報(社會科學版)》2006 年第 2 期,第 43 頁。
② 莊公三年,范甯注:"徐邈曰:'傳例曰:往月,危往也。'"僖公元年,范甯注:"泰曰:'傳例曰:以者,不以者也。'"
③ 《春秋穀梁傳序》云:"乃帥門生故吏、我兄弟子姪,研講六籍,次及三《傳》。……於是乃商略名例,敷陳疑滯。"楊士勛疏:"'故吏'謂昔日君臣,江、徐之屬是也。'兄弟子姪',即邵、凱、雍、泰之等是也。"又,"春秋穀梁傳序"幾字下,楊士勛疏云:"范甯字武子,順陽縣人,爲豫章太守。父名汪。長子名泰,字伯倫;中子名雍,字仲倫;小子名凱,字季倫。"由兩處楊疏可知,徐邈爲范甯故吏,范泰爲其子。參見〔晉〕范甯集解,〔唐〕楊士勛疏:《春秋穀梁傳注疏》,〔清〕阮元校刻:《十三經注疏》第 5 册,第 5127、5123 頁。

兩者皆詮釋"蒐狩"，闡明書時爲其常例，内容也幾近完全一樣。另，"范自例"與"略例"皆有"入例"，就"入"的時間書寫闡釋經文褒貶之意，指出"入"書時爲常例，次惡則月，惡甚則日。①

故而"范自例"與"略例"相互文者，雖表述形式有差異，但内含例法一致。這爲考察"范自例"與"略例"關係提供了重要綫索。楊士勛引用時稱的是"范例""范氏例""范氏别例"，而"范例""范氏例""范氏别例"皆引自《略例》一書，進而可知與之相互文、共同詮釋"災""蒐狩""入"的四條"范自例"亦應歸屬《略例》一書。從此角度推衍，其餘的"范自例"應具有一致性，即同屬於《略例》，祇是楊士勛没有全部稱引而已。

第三，統計"傳例""范自例""略例"三類例法，《集解》中的"傳例"三十八條、"范自例"三十三條，楊疏中統稱"略例"者三十條，共計一百零一條。這與楊士勛所言的"百餘條"接近，契合《略例》一書的義例數目。

故《略例》實是將范甯勾提《穀梁傳》所得的"傳例"以及新建構的"范自例""略例"彙集而成的總結之作，也是《穀梁》例學積纍的成果。

如同《春秋經傳集解》中的"傳例"收録於杜預《春秋釋例》裏，②今范甯《集解》中的"傳例"實際上亦應編入《略例》中。而《傳例》書名具有專屬性，"略例"與"傳例"明顯有異，不能録入。是以，《傳例》《略例》二者並非同書異名。實則《略例》一書内容更豐富，函括着《傳例》。進而言之，《穀梁》學家范甯解經以《穀梁傳》爲依歸，作《集解》需先通《傳》，故《傳例》成書應較早。《略例》則爲范甯例學的集成之作，成書當晚於《傳例》，或並非成書於范甯之手，而由後人彙編而成。

由此再反觀清人的觀點：前述四庫館臣等人對《略例》一書内容的推測更爲切實。然其云《集解》中的"傳例曰"爲楊疏割裂《略例》一書所致，則言嫌隨意，有失謹慎。此説忽略了楊疏與《略例》的關係，事實上是楊士勛藉助范甯《略例》來義疏《集解》。面對《集解》中經、傳、注已定的編排，他將《略例》中的三類義例徵引於相應注、疏中，以便更清晰地闡析范注内涵。且楊士勛無論是直接徵引，還是摘録、轉述，都含有其深入的思考，同時還作了補充、詮釋的工作。③這種"散入""名例"的義疏方式，看似割裂拆分了例學著作，實乃貫通經、傳、

---

① 隱公二年，夏，五月，莒人入向。范甯注："入例時，惡甚則日，次惡則月，他皆放此。"哀公七年，秋，八月，己酉，入邾，以邾子益來。楊疏："范例云：僖二十八年，三月，丙午，晉侯入曹，執曹伯，畀宋人，例曰：'入者，内弗受也。日入，惡入者也。'次惡則月，據此日入與被例同，故知日人以表惡也。"

② 具體如隱公元年，冬，公子益師卒。《春秋經傳集解》杜注："傳例曰：公不與小斂，故不書日，所以示厚薄也。"《春秋釋例·大夫卒例第六》："公不與小斂大斂，則不書日，示薄厚，戒將來也。"另如僖公二十六年，冬，楚人伐宋，圍緡。公以楚師伐齊，取穀。《春秋經傳集解》杜注："傳例曰：師能左右之曰'以'。"《春秋釋例·及會例第十六》曰："凡師能左右之曰'以'。"此兩條《經傳集解》中的"傳例"與《春秋釋例》中的例法内容基本一致。目前筆者雖未完全統計、比勘《經傳集解》與《春秋釋例》"傳例"相同者的數目與内容，學界亦未有相關研究，但由上述兩例，略可知《春秋經傳集解》的"傳例"與《春秋釋例》存在密不可分的關係。

③ 如文公十有三年，十有二月，己丑，公及晉侯盟，還自晉。楊疏："還例有四，范别例云三者，蓋直據内爲三，不數外臣故也。"此中，楊士勛依據經文指出"還例四"，並對范甯歸納"還例"的標準進行詮解，即"蓋直據内爲三，不數外臣故也"，解釋了二者數目不一的原因。

注的重新編次，蘊含着楊士勛對范甯義例的整體把握與闡發。而王謨、黃奭等人對《傳例》的輯佚有失妥當，誤將"略例"錄入，係因對范氏義例失於詳查所致。

結語

孔子因魯史而修《春秋》，筆削之間存大義。漢代儒生奉《春秋》爲經，積極從字詞、史事、書法的解讀訓釋中闡釋經文本旨，並引申、總結出一些規則、通識作爲"例"以解經暢義。何休《春秋公羊解詁序》曰："往者略依胡毋生《條例》，多得其正。故遂隱括，使就繩墨焉。"[①]可知西漢《公羊》學先師胡毋生以例解《春秋》，《公羊》例學已由此發端。又《後漢書》載賈逵作《左氏條例》二十一篇，[②]穎容著《春秋左氏條例》五萬餘言，[③]可知《左氏》義例之學在漢代亦已發軔，並有著作傳世。西晉杜預進一步發揮之，著《春秋釋例》，構建了相對完整的《左氏春秋》例學體系。

至於《穀梁》，西漢宣帝時既立學官，其家法已然固定。《穀梁》學者釋《春秋》經義，亦從例入手，構設"日月時例"，以例明義，與《公羊》《左氏》對辯問難，祇是當時或尚未有專門的義例之作，直至東晉范甯，《穀梁》義例之學纔彰顯於世。

范甯"商略名例"，以例解經，抉發、勾提《穀梁傳》內含義例而成"傳例"，並剖析《春秋穀梁》經、傳文，構建"范自例"與"略例"。"傳例""范自例""略例"三類義例各有特色。通過上文的綜合考究，其例學著述的內容亦清晰可見：《隋書》所著錄的《傳例》一書，是范甯輯錄《集解》中三十八條"傳例"而成的單行本。楊士勛所稱的范甯《略例》一書，內容當包含《集解》中的"傳例""范自例"及楊疏中的"略例"等一百餘條。後者收錄了范氏所有義例，是范甯《穀梁》例學的集成之作。

有賴於《傳例》《略例》二書，范甯例學要旨得以清晰呈現，《穀梁春秋》義例體系至此亦得到系統性構建。然或因楊士勛作義疏後，《傳例》《略例》二書的主體內容基本都包含於《春秋穀梁傳注疏》中，反而本身受到的關注較少，皆盡佚失，殊爲可惜。

（陳以鳳，孔子研究院副研究員）

---

① 〔東漢〕何休解詁，〔唐〕徐彥疏：《春秋公羊傳注疏》序，〔清〕阮元校刻：《十三經注疏》第 5 册，北京：中華書局，2009 年，第 4760 頁。
② 〔南朝宋〕范曄：《後漢書》卷三十六《賈逵傳》，北京：中華書局，1965 年，第 1234 頁。
③ 〔南朝宋〕范曄：《後漢書》卷七十九下《儒林列傳·穎容傳》，第 2584 頁。

《鹽鐵論》引《論語》考論*

陳　峰

[摘　要]　《論語》在西漢時期流布廣遠,成爲儒者闡發義理精藴、寄寓政治理想、回應現實問題的思想資源。《鹽鐵論》引述、化用《論語》原文多達 186 處,頻次遠超漢代子史著述。《鹽鐵論》撰作於漢宣帝之時,反映了武帝末、宣帝初時的《論語》傳衍,正值《漢書・藝文志》所叙述魯、齊兩家《論語》學術譜系的時間上限。由《鹽鐵論》所徵引的《論語》來看,引文與今本《論語》的歧異之處,可與陸德明《經典釋文》互證,由此推定《古論語》在西漢時期確有傳播;從漢唐《論語》學史演進視角觀照這些徵引,體現了西漢章句之學的萌芽形態。在《鹽鐵論》中,御史大夫、賢良文學等囿於自身的政治學術立場,在論辯引述時將《論語》中的文句篇章抽離出原有的文本系統加以立論,反映了雙方在擇取經典資源、展現歷史觀念、表達政治論述上的差異與新意,反映了漢代《論語》學演進的歷史實景。

[關鍵詞]　鹽鐵論　論語　西漢經學

　　《論語》雖在兩漢時期僅爲傳記以附翼於經書之列,而從傳世與出土文獻來看,兩漢時期《論語》已流布自通都大邑至於鄉村鄙野。上至帝王,下至庶民,通曉、研究《論語》的事例,見諸《漢書》所載不一而足。王國維《漢魏博士考》斷言漢時《論語》之傳播“實廣於五經”。[①]關於西漢《論語》學史的研究,前賢或憑據《漢書・藝文志》而排比魯、齊、古三家《論語》先後次第,或尋繹史籍、子書、別集的引述而略窺傳述情形,尚未對《鹽鐵論》一書徵引《論語》的情形作出專門研究。據筆者初步統計,《鹽鐵論》引述、化用《論語》原文多達 186 處,頻次遠超《春秋繁露》《韓詩外傳》《説苑》《史記》等書,是西漢時期引述《論語》次數最多的典籍。

　　西漢始元六年(前 81),昭帝詔令有司問民間疾苦。郡國賢良文學集結於京師,指陳鹽鐵官營、均輸平準爲民生困乏的根源,提議廢除鹽鐵、酒榷、均輸官。與此相對,御史大夫桑弘羊反對賢良文學的主張。在鹽鐵會議上,雙方各執一詞,引經據典,論辯往復,“當時相詰難,頗有其議文”。[②]昭帝時汝南人桓寬,將鹽鐵會議上御史大夫與賢良文學的論辯“增廣條目,極其論難”,[③]整理爲《鹽鐵論》。

　　從鹽鐵會議的前因而言,賢良文學以申訴民間疾苦爲名,實則陳述時政種種弊端的基礎

---

*　本文是國家社科基金重大項目“中國禮教思想史(多卷本)”(20&ZD030)的階段性成果。

① 王國維:《觀堂集林》卷四,石家莊:河北教育出版社,2003 年,第 88 頁。
② 〔漢〕班固:《漢書》卷六十六,北京:中華書局,2002 年,第 2903 頁。
③ 〔漢〕班固:《漢書》卷六十六,第 2903 頁。

上闡揚儒家治國理政的原則與策略,呼應有司"問以治亂"①的問題。就其後果而論,鹽鐵會議之後,漢廷廢除了關內鐵官和全國酒類的專賣,但於鹽鐵專賣一項仍沿舊轍,可見賢良文學雖在論辯中屢占上風,却在具體政策的改弦更張上作用甚微。至於論辯内容,章太炎曾有如下評議:

> 漢論著者莫如《鹽鐵》。然觀其駁議,御史大夫、丞相史言此,而文學賢良言彼,不相劘切;有時牽引小事,攻劫無已,則論已離其宗。或有却擊如罵,侮弄如嘲;故發言終日,而不得所凝止。其文雖博麗哉,以持論則不中矣。②

依章氏所見,《鹽鐵論》所辯語涉多端,未有定論。而文辭博麗印證了《鹽鐵論》對儒家經典的旁徵博引,持論不中更可視作桓寬此書真實記載論辯過程的獨到價值。換言之,《鹽鐵論》一書的思想價值,不在於産生某種決策並對當時朝政産生直接影響,而是論辯雙方對自身思想主張的確認與重申,並將這些思想與經典的詮解縮而爲一,從而賦予了經典的多重意涵,反映了漢代儒學演進的多重樣態。正如徐復觀先生在評議此次會議的爭論時所説:

> 在以鹽鐵專賣爲中心的爭論中,當然牽涉到思想文化的問題;但在爭論所涉及的思想文化,主要祇是爲了加强自己的立場,及印證自己所把握的現實問題而發生作用。所以他們所運用的思想文化的範圍,相當廣泛而富有彈性。同一家的典籍思想,兩方都可任意引用。③

經典在服務於論辯、應用於現實的同時,也被解釋者賦予了豐富的意涵。《鹽鐵論》保留大量經典引文,這對於文獻不足的西漢經學史研究而言無疑是彌足珍貴的。回歸到鹽鐵會議召開的歷史背景來看,《鹽鐵論》對《論語》如此高頻率的引用並非偶然。始元五年(前 82),即鹽鐵會議召開的前一年,昭帝下詔舉賢良文學,增博士弟子員,在詔令中特別説道:

> 朕以眇身,獲保宗廟,戰戰栗栗,夙興夜寐,修古帝王之事,通《保傅傳》《孝經》《論語》《尚書》,未云有明。其令三輔、太常舉賢良各二人,郡國文學高第各一人。④

帝王對經學的造詣難以論衡,不過詔令的導向作用是毋庸置疑的。經過郡國選舉的賢良文學,成爲霍光集團改易舊制、闡揚儒術的中堅力量。始元六年時漢昭帝年僅十六歲,論辯雙

---

① 〔漢〕班固:《漢書》卷六十六,第 2903 頁。
② 章太炎著,龐俊等疏證:《國故論衡疏證》中之五,北京:中華書局,2008 年,第 401 頁。
③ 徐復觀:《兩漢思想史》第三卷,上海:華東師範大學出版社,2001 年,第 115 頁。
④ 〔漢〕班固:《漢書》卷七,第 223 頁。

方爲了在鹽鐵會議上取得論辯的勝利,頻繁引用《論語》迎合帝王的好尚,便於決裁者的理解,這也在情理之中。

　　關於《論語》源流系譜的梳理,最早見於班固(32—92)所撰《漢書·藝文志》。班固自述此篇是從劉歆(公元前50—公元23)《七略》"删其要"① 而成,並對漢代《論語》傳承中的文本譜系、典範人物、代表著述有所記載,其中説到:"傳《齊論》者,昌邑中尉王吉、少府宋畸、御史大夫貢禹、尚書令五鹿充宗、膠東庸生,唯王陽名家。傳《魯論語》者,常山都尉龔奮、長信少府夏侯勝、丞相韋賢、魯扶卿、前將軍蕭望之、安昌侯張禹,皆名家。"② 這些學者的主要活動年代最早不超過昭宣之時。換言之,《鹽鐵論》撰作時間正值《漢書·藝文志》所叙述魯、齊兩家《論語》學術譜系的時間上限,恰可反映武帝末、宣帝初時的《論語》傳衍的生動情形。因此,本文擬從梳理《鹽鐵論》對《論語》的引述情形入手,辨別異文,探析西漢《論語》章句之學的因循與創獲,進而分疏鹽鐵會議中論辯雙方如何援用《論語》的思想資源以申論政見,凸顯《論語》進入廟堂生態後所被賦予的別樣形態。

一、引述與異文

　　據筆者統計,《鹽鐵論》引用《論語》共186次,涉及到從《學而》至《堯曰》的全部篇章。頻次最高者爲卷五之《殊路》篇,達11次。《褒賢》10次,《利議》《散不足》各9次,《論儒》《地廣》《貧富》《論誹》《授時》各7次,《毀學》《大論》各6次,《本議》《憂邊》《相刺》《遵道》《孝養》《後刑》各5次,此外尚有零星引用共70次。③ 這些引述大致可以劃分爲直接引用與間接化用兩種類型,且在引用頻次上直接引用略高於間接化用。

　　直接引用可由文本對勘加以確定,如《憂邊》篇呈現文學與大夫在激辯邊境政策的内容,文學認爲"夫欲安民富國之道,在於反本,本立而道生",④ 並引孔子所云"不通於論者難於言治,道不同者,不與相謀"⑤ 標榜與大夫的歧異。大夫反脣相譏,指陳"父没,則子不改父之道也"⑥ 以回擊文學請罷鹽鐵、讓利於民的主張,文學又引出孔子所言"麻冕,禮也,今也純,儉,吾從衆"⑦ 來説明變通舊制的合理性。在辯論往復之中,文學、大夫所引《論語》分別出自《學

①　〔漢〕班固:《漢書》卷三十,第1701頁。

②　〔漢〕班固:《漢書》卷三十,第1717頁。

③　《非鞅》《刺權》《雜論》各4次,《通有》《禁耕》《刺復》《未通》《頌賢》《國疾》《崇禮》《周秦》各3次,《力耕》《晁錯》《刺議》《疾貪》《備胡》《執務》《和親》《論鄒》《刑德》《申韓》各2次,《錯幣》《園池》《輕重》《救匱》《箴石》《水旱》《能言》《誅秦》《西域》《世務》《險固》《論功》《論菑》《詔聖》各1次。而《復古》《除狹》《取下》《擊之》《結和》《伐功》《繇役》《論勇》等篇皆無明顯徵引《論語》之處。龍文玲曾統計《鹽鐵論》引《論語》共145處,見《〈鹽鐵論〉引書用書蠡測》,《中國典籍與文化》2010年第1期,第52—53頁。

④　〔漢〕桓寬撰集,王利器校注:《鹽鐵論校注》卷二,北京:中華書局,1992年,第162頁。

⑤　〔漢〕桓寬撰集,王利器校注:《鹽鐵論校注》卷二,第162頁。

⑥　〔漢〕桓寬撰集,王利器校注:《鹽鐵論校注》卷二,第162頁。

⑦　〔漢〕桓寬撰集,王利器校注:《鹽鐵論校注》卷二,第162—163頁。

而》《陽貨》《里仁》《子罕》等篇。尤值得關注的是,“不通於論者難於言治”一語已不見於今本《論語》,當屬《論語》逸文。在討論《論語》書名含義時,學界對“論”字的理解最爲糾紛。然《論語》正文中“論”字僅兩次出現,一爲《先進》“論篤是與,君子者乎?”二爲《陽貨》“世叔討論之”,前者指言論,後者指整理,而“不通於論”之“論”當指道理、倫理,正如皇侃所謂“倫者,理也,言此書之中蘊含萬理也”,^①這爲我們理解《論語》書名問題提供了新的視角。

《鹽鐵論》直接引述《論語》的內容,還可以從書中“《論語》曰”“孔子曰”“《語》曰”“《語》”“《傳》曰”等表述中獲取提示。引文中有不見於今本《論語》的內容,如《鹽鐵論》三處引“孔子曰”的內容,分別是《通有》“不可,大儉極下”^②《相刺》“詩人疾之不能默,丘疾之不能伏”^③以及《執務》“吾於《河廣》,知德之至也”。^④通考《鹽鐵論》全書,共有 27 處引文作“孔子曰”,除此三條外其餘內容皆直接引自今本《論語》,且有 25 條爲文學所引,故可推知此三條當爲《論語》逸文。至於“語”“傳”,非特指《論語》,姑且不論。

間接化用方面,鹽鐵會議的論辯雙方或彙集《論語》不同文句而融爲一體,或據《論語》原文改寫而斷章取義,或秉承師說,或參入己意,化用與詮釋互爲表裏。例如文學表彰臣節,推重比干、伍子胥,謂“君子能行是不能禦非,雖在刑戮之中,非其罪也”,^⑤乃是襲用孔子表彰公冶長“雖在縲絏之中,非其罪也”等語而來。再如文學陳述治國方略時,頻頻化用《論語》中論政、論治之文句,推闡孔子的教化理念,在《禁耕》篇中說“國富而教之以禮,則行道有讓”,^⑥出自《子路》篇富民、教民的論述。在雙方相互攻辯中,御史大夫譏諷文學抱殘守缺,“硜硜然守一道”,^⑦正是《論語》中所指的“小人”;文學亦不甘示弱,化用《季氏》篇“三桓之子孫微矣”之語,稱“不以道進者必不以道退,不以義得者必不以義亡。季、孟之權,三桓之富,不可及也,孔子爲之曰‘微’”。^⑧《論語》論三桓子孫之微,慨嘆權力下移中動蕩的政治秩序,寄寓對季氏擅權的不滿,而文學將三桓子孫結局歸因於道義缺失,暗諷御史大夫等不修道德,最終不免衰微下場。

在比勘異文的基礎上,需要進一步討論《鹽鐵論》中引述《論語》的文本問題。如前文所述,《漢書·藝文志》董理《論語》傳承時標舉古、齊、魯三家,並著錄《燕傳說》,而陸賈爲楚人,亦頻引《論語》,說明至鹽鐵會議召開前《論語》的傳播已遍及南北,不過文本尚未釐定,各地所傳在篇章文字上不免出入。參加鹽鐵會議的賢良文學已難以詳考,然《大論》篇中提

---

① 〔南朝梁〕皇侃:《論語義疏·自序》,北京:中華書局,2013 年,第 2 頁。
② 〔漢〕桓寬撰集,王利器校注:《鹽鐵論校注》卷一,第 43 頁。
③ 〔漢〕桓寬撰集,王利器校注:《鹽鐵論校注》卷五,第 253 頁。王充亦引此語,見《論衡校釋》卷二十九,北京:中華書局,1990 年,第 1183 頁。
④ 〔漢〕桓寬撰集,王利器校注:《鹽鐵論校注》卷七,第 455 頁。
⑤ 〔漢〕桓寬撰集,王利器校注:《鹽鐵論校注》卷二,第 96 頁。
⑥ 〔漢〕桓寬撰集,王利器校注:《鹽鐵論校注》卷一,第 68 頁。
⑦ 〔漢〕桓寬撰集,王利器校注:《鹽鐵論校注》卷二,第 150 頁。
⑧ 〔漢〕桓寬撰集,王利器校注:《鹽鐵論校注》卷四,第 241 頁。

到"賢良茂陵唐生""文學魯國萬生""中山劉子雍""九江祝生"① 等人，能反映漢初《論語》的地域傳播。在思想傾向上，賢良文學在申論陰陽、綱常、禮制等問題上無疑深受董仲舒的影響，在《論語》引述上亦不乏因循印迹。例如文學曾説：

> 孔子曰："有國有家者，不患貧而患不均，不患寡而患不安。"故天子不言多少，諸侯不言利害，大夫不言得喪。畜仁義以風之，廣德行以懷之。②

《春秋繁露·度制》中説："孔子曰：'不患貧而患不均。'故有所積重，則有所空虛矣。"③ 由此可以推知，董仲舒分別是將"貧"與"均"、"寡"與"安"相對而言，與今本《論語·季氏》章所載不同。俞樾曾對此異文有詳細考辨，《群經平議》中説：

> 寡、貧二字傳寫互易，此本作"不患貧而患不均，不患寡而患不安"，貧以財言，不均亦以財言，財宜乎均，不均則不如無財矣。……寡以人言，不安亦以人言，人宜乎安，不安則不如無人矣。……下文云"均無貧"，此承上句言，又云"和無寡，安無傾"，此承下句言。觀"均無貧"之一語，可知此文之誤易矣。④

就文理而論，俞樾所辨言之成理，於上下文義更加妥帖。然定州漢墓竹簡《論語》殘存的本章簡文爲"……均，不患貧而患不安"，⑤ 與今本《論語》同，説明異文並行在漢初已然。而《春秋繁露》所採用的《論語》，與文學所傳當屬同一文本系統，益可證明《鹽鐵論》所用《論語》文本的複雜性。

　　若從班固所述漢代《論語》系譜來看，齊、魯兩派最早的代表人物如王吉、夏侯勝、韋賢等是武帝末年至昭宣時期的人物，與鹽鐵會議中的賢良文學同時或稍後。《鹽鐵論》中是否引用過《古論語》，這一問題可以在《大論》篇中得到答案。文學曾説：

> 孔子生於亂世，思堯、舜之道，東西南北，灼頭濡足，庶幾世主之悟。悠悠者皆是，君闇，大夫妬，孰合有媒？⑥

"悠悠者皆是"語出《微子》"滔滔者天下皆是也，而誰以易之"。司馬遷曾師事孔安國，《史

---

① 〔漢〕桓寬撰集，王利器校注：《鹽鐵論校注》卷十，第613頁。
② 〔漢〕桓寬撰集，王利器校注：《鹽鐵論校注》卷一，第2頁。
③ 〔漢〕董仲舒撰，〔清〕蘇輿義證：《春秋繁露義證》卷八，北京：中華書局，1992年，第227頁。
④ 〔清〕俞樾：《群經平議》卷三十一，《續修四庫全書》第178冊，上海：上海古籍出版社，2002年，第511頁。
⑤ 河北省文物研究所定州漢墓竹簡整理小組：《定州漢墓竹簡論語》，北京：文物出版社，1997年，第77頁。
⑥ 〔漢〕桓寬撰集，王利器校注：《鹽鐵論校注》卷十，第605頁。

記·孔子世家》載:"桀溺曰:'悠悠者天下皆是也,而誰以易之。'"① 裴駰《史記集解》云:"孔安國曰:'悠悠者,周流之貌也。言當今天下治亂同,空舍此適彼,故曰誰以易之。'"② 這表明孔安國所傳文本亦作"悠悠",何晏《論語集解》已據今文改動孔注。此外,鄭玄注釋《論語》所憑依的文本亦作"悠悠",③ 劉寶楠考釋此異文時曾謂:

> 《釋文》引鄭本作"悠悠",《世家》載此文正作"悠悠",僞孔注本亦同。……《鹽鐵論·大論篇》言孔子云:"悠悠者皆是。"皆同鄭本,當是古論。④

自南宋王應麟以來,學者輯佚《古論語》大抵不出如下三途:一是整理何晏《論語集解》中的孔注,二是尋繹司馬遷《史記》中《論語》引文,三是從《説文》《釋文》所著録的文本歧異以推論《古論語》。由是觀之,《鹽鐵論·大論》所引,既有《史記》以參照,又有孔安國、鄭玄之注加以佐證,將其歸爲《古論語》的内容當無疑義。

當然,《鹽鐵論》中亦有用《魯論語》而不用《古論語》的例證。比如《季氏》篇"侍於君子有三愆"章載"言未及之而言謂之躁",《孝養》中文學云:"故卑位而言高者,罪也,言不及而言者,傲也。"⑤《經典釋文》云:"魯讀躁爲傲,今從古"。⑥ 意即"傲"爲《魯論語》所傳,"躁"爲《古論語》所傳,《鹽鐵論》此處用《魯論語》而非《古論語》。在歷代注家中,"躁"與安静、"傲"與謙遜相對而言,文義亦存在細微差别。

《鹽鐵論》對《論語》的徵引,印證了《論語》在西漢前中期廣泛流傳的史實。而異文的梳理至少爲《論語》學研究提供了三個可供參考的面相。一是《鹽鐵論》中保存了部分《論語》的逸文,説明在昭宣時期《論語》文本尚在衍變之中,未有定型。二是文學賢良在引述《論語》時,無論是在思想還是文本上都對《春秋繁露》存在因循,而《春秋繁露》所引《論語》在夏侯勝、王吉諸人之前,當屬齊、魯之外另一系統的文本。三是重新審視《古論語》的真實性。何晏説:"古《論》惟博士孔安國爲之訓解,而世不傳。"⑦ 而宋元以降的學者因《古文尚書》之僞而質疑孔注之真,甚至論斷《古論語》是孔氏所僞造。平實而論,《古論語》的内容殘存不多,而《鹽鐵論》的引述更屬吉光片羽,然則透過文獻互證我們可以確信《古論語》在西漢曾有流傳,且不晚於齊、魯兩家,《漢書·藝文志》著録《古論語》是其來有自的。

---

① 〔漢〕司馬遷撰,〔南朝宋〕裴駰集解,〔唐〕司馬貞索隱,〔唐〕張守節正義:《史記》卷四十七,北京:中華書局,2003 年,第 1928—1929 頁。
② 〔漢〕司馬遷撰,〔南朝宋〕裴駰集解,〔唐〕司馬貞索隱,〔唐〕張守節正義:《史記》卷四十七,第 1929 頁。
③ 〔唐〕陸德明:《經典釋文》,北京:中華書局,1983 年,第 354 頁。
④ 〔清〕劉寶楠:《論語正義》卷二十一,北京:中華書局,1990 年,第 721—722 頁。
⑤ 〔漢〕桓寬撰集,王利器校注:《鹽鐵論校注》卷五,第 310 頁。
⑥ 〔唐〕陸德明:《經典釋文》,第 353 頁。
⑦ 〔魏〕何晏:《論語集解序》,《十三經古注》,北京:中華書局,2014 年,第 1947 頁。

二、離章與辨句

　　章句之學是西漢經學中的顯學,既包括對經典中句讀的釐定、字義的辨析,亦寓含詮釋者循章逐句的解說闡發以及整體理解。從漢初至昭宣時期的經學演變歷程來看,儒術的獨尊與章句之學的興盛是互爲因果的。[①] 一方面,儒學典籍在傳承與普及的過程中須仰賴儒生書之竹帛、口授心傳,運用章句之學以說解經義成爲儒生職志,甚至成爲入仕求官的手段。另一方面,漢武帝表彰六經的政策爲章句之學的興盛提供了文化土壤,同時章句之學也使儒家經典的傳承與詮解更爲複雜且完整,派際間的差異也更趨嚴格。[②] 儘管漢文帝時置《論語》等傳記博士一事尚有疑義,然則《論語》在漢初傳布不絶如縷却是無可争議的事實。在儒門内部而言,章句之學的應運而生確保了《論語》文本實現更準確、更廣泛的傳播。

　　與孔安國、包咸、馬融、鄭玄等儒者注釋文本的方式不同,參與鹽鐵會議的雙方在引述《論語》時往往是採取“拿來主義”的態度,雜採多種《論語》版本,由此可以推見桓寬在整理《鹽鐵論》時是較爲真實地還原論辯過程,並非反映今文學立場的一家之言。因此,《鹽鐵論》所引《論語》能生動地展現章句學興盛之局下經典詮解的多元圖景,同時也爲我們重新審視漢代《論語》章句的傳承與衍變提供新的視角。

　　《鹽鐵論》中對孝、仁、義等問題的探討,與《論語》文本詮釋關係密切,最可體現漢儒循章衍義、串講文句的注經特質。漢代號稱以孝治天下,作爲思想觀念的孝道無論是在經學詮釋,或是政治、社會中都占據重要地位。鹽鐵會議上,孝養之道也是雙方争論的議題之一。文學說:

> 　　善養者不必芻豢也,善供服者不必錦繡也。以己之所有盡事其親,孝之至也。故匹夫勤勞,猶足以順禮,歠菽飲水,足以致其敬。孔子曰:“今之孝者,是爲能養,不敬,何以别乎?”故上孝養志,其次養色,其次養體。[③]

孔子所云“今之孝者”等語,見《論語·爲政》,是孔子對“子游問孝”的答復,其間還略去了“至於犬馬,皆能有養”。如何理解“犬馬”,在漢人那裏便已有不同説法。包咸《論語章句》載:“犬以守禦,馬以代勞,皆養人者。一曰:人之所養乃至於犬馬,不敬則無以别。孟子曰:‘食而不愛,豕畜之。愛而不敬,獸畜之。’”[④] 前説以犬馬養人,後説是以犬馬爲喻。《孟子》在宋升格

---

① 林慶彰《兩漢章句之學重探》認爲從漢初至昭宣時代治經訓詁通大義而已,自宣、元至於東漢明、章時期用章句方式詮解經書成爲主流,參見葉純芳:《中國經學史大綱》,北京:北京大學出版社,2016年,第140頁。
② 有關漢代章句之學興起的歷史動因,參見樊波成:《章句學興衰史——兼論漢代儒術的統一與今古學的升降》,《文史哲》2020年第1期,第148—149頁。
③ 〔漢〕桓寬撰集,王利器校注:《鹽鐵論校注》卷五,第308頁。
④ 〔魏〕何晏:《論語集解》卷二,《十三經古注》,第1957頁。

以後,以犬馬爲喻的説法成爲主流。文學提及的"芻豢""錦繡"是指供養父母衣食的方式,屬於"養體"方面,由此可以推斷,文學是將犬馬視作養人之具,代表了漢儒中更爲普遍的理解。這一詮解確立了養志、養色、養體在實現孝道中的優先序列,與《禮記·祭義》所述"孝有三:大孝尊親,其次弗辱,其下能養"①相近,人子的誠敬成爲孝的核心内容,並不以外在的物質條件作爲基礎。

文學對孝養的理解,顯然是丞相史等人所無法認同的。丞相史對此辯稱:

> 孝子曰甘毳以養口,輕暖以養體。曾子養曾晳,必有酒肉。無端絻,雖公西赤不能以爲容。無肴膳,雖閔、曾不能以卒養。禮無虛加,故必有其實然後爲之文。與其禮有餘而養不足,寧養有餘而禮不足。②

公西赤爲禮容,是化用《論語·先進》"端章甫,願爲小相"而來。閔子蹇、曾參之孝在《論語》中班班可考。在丞相史看來,《論語》所載孝行,無一不是以物質生活資料爲基礎。因此,推行孝道的意義並不在於實現父子在道義上的自足,而是爲基層社會的安定提供保障。與文學針鋒相對,丞相史對實行孝道的優先次序另有別解,並引《論語》文句以立説:

> 上孝養色,其次安親,其次全身。……虛禮無益於己也。文實配行,禮養俱施,然後可以言孝。孝在實質,不在於飾貌;全身在於謹慎,不在於馳語也。③

在《爲政》篇,子夏問孝,孔子答云:"色難。有事,弟子服其勞,有酒食,先生饌,曾是以爲孝乎?"丞相史所指"養色"便是語出此章。如何解釋"色難",在包咸與鄭玄處便有糾紛。包咸謂"承順父母顏色乃爲難也",鄭玄解云:"和顏説色,是爲難也。"④兩家區別在於"色"指向的主體,包、鄭分別指父母、人子。《論語》所言服勞奉養云云,皆就人子而言。從丞相史的引證來看,安頓親人、保全身體皆指人子而言,故可推斷所"養"之"色"亦指人子侍奉親人時的容色,這一理解與鄭玄注是相近的。

文學與御史圍繞"仁義"的爭論亦能説明兩家對《論語》章旨的不同理解。"仁"是《論語》的核心要義之一,較少與"義"連用。孟子極重義利之辨,確立了"義"在儒家道德範疇中的關鍵地位。受到孟子的影響,漢儒如陸賈、賈誼、董仲舒都不乏共論仁義的論述,而《鹽鐵論》論"仁義"多達 32 次,⑤其中 30 處爲文學賢良所述。在某些表述中,"義"的重要性並

---

① 〔清〕阮元校刻:《禮記正義》卷四十八,《十三經注疏》,北京:中華書局,2009 年,第 3468 頁。
② 〔漢〕桓寬撰集,王利器校注:《鹽鐵論校注》卷五,第 308 頁。
③ 〔漢〕桓寬撰集,王利器校注:《鹽鐵論校注》卷五,第 309—310 頁。
④ 見〔清〕阮元校刻:《毛詩正義》卷二,《十三經注疏》,北京:中華書局,2009 年,第 636 頁。
⑤ 楊勇:《〈鹽鐵論〉與孟子思想探微》,《哲學研究》2017 年第 1 期,第 54 頁。

不亞於"仁",如《論儒》中文學所云:

> 孔子曰:"名不正則言不順,言不順則事不成。"如何其苟合而以成霸王也? 君子執德秉義而行,故造次必於是,顛沛必於是。①

名正言順等語出自《論語·子路》。《里仁》論"仁",謂"君子無終食之間違仁,造次必於是,顛沛必於是",而在文學的叙述中"無終食之間違仁"被"執德秉義"所替代。"仁政"是儒生進行政治論述時無可避免的議題,不過在孔、孟那裏,"仁政"强調的是從政者内在的品德修爲,也充斥着是否得君行道的偶然性。相較於孔、孟原旨來説,文學屢屢聲言的"仁義"側重點在於"義",凸顯社會規範對於個人的約束,政治理想須在現實政治力量的多重博弈中得以達成。至於御史大夫對"仁義"的理解,則顯得更爲泛化,其論云:

> 商君雖革法改教,志存於彊國利民。鄒子之作,變化之術,亦歸於仁義。祭仲自貶損以行權,時也。故小枉大直,君子爲之。今硜硜然守一道,引尾生之意,即晉文之譎諸侯以尊周室不足道,而管仲蒙恥辱以存亡不足稱也。②

在桑弘羊的理解中,無論是主張嚴刑峻法的商鞅,或是標榜五德終始説的鄒衍,都可視作"仁義"的代表。伴隨着儒術在朝堂地位的日漸尊顯,帝王、權臣都可從儒經中借題發揮以增加自身論述的合理性。換言之,"仁義"不再專指道德而言,功業的成就、學理的圓融都可以視作"仁義"的表徵,從而消解在經典詮釋中儒生的獨占性。

章旨的理解固然可以彰顯兩派立場的分野,而引述中所鋪設的語境、所排比的文辭,可幫助今人進一步審視漢人對《論語》的具體解讀,更可爲衆説紛紜的《論語》詮釋提供參照。如桑弘羊在陳述治國策略時曾述及"富曰苟美"一語,其文云:

> 官尊者禄厚,本美者枝茂。故文王德而子孫封,周公相而伯禽富。水廣者魚大,父尊者子貴。《傳》曰:"河、海潤千里。"盛德及四海,況之妻子乎? 故夫貴於朝,妻貴於室,富曰苟美,古之道也。③

《論語·子路》載:"子謂衛公子荆善居室。始有,曰:'苟合矣。'少有,曰:'苟完矣。'富有,曰:'苟美矣。'"歷代學者對"苟"字的訓釋可分作三類,一解爲"苟且",一解爲"亟",一解

---

① 〔漢〕桓寬撰集,王利器校注:《鹽鐵論校注》卷二,第150頁。
② 〔漢〕桓寬撰集,王利器校注:《鹽鐵論校注》卷二,第150頁。
③ 〔漢〕桓寬撰集,王利器校注:《鹽鐵論校注》卷二,第121頁。

爲"誠"，其中以"苟且"之説流傳最廣。如皇侃説："苟，苟且也。苟且，非本意也。"[1] 又云："富有，謂家道遂大富有時也。亦云苟且爲美，非是性之所欲，故云苟美也。"[2] 皇侃此説的重點在於，用"苟且"之釋凸顯秉性的本善。邢昺推衍皇説，朱熹謂："苟，聊且粗略之意"，又引楊時之説稱"務爲全美，則累物而嬌吝之心生。公子荆皆曰苟而已，則不以外物爲心，其欲易足故也"。[3] 釋爲"苟且"，意在説明終無泰侈之心。而反觀桑弘羊所述，"苟"祇可解爲"誠""信"，表示的確信然之意，如劉寶楠所云"其意已足，無所復歉也"。[4] 桑弘羊的理解，固然有其興利富國的用意，亦可視作漢人對"苟富"的一般性理解，與後世詮釋中德性重於財物的理念不同。

再如，《論語·子張》載子夏之言"百工居肆以成其事，君子學以致其道"。包咸對此的理解是"言百工處其肆則事成，猶君子學以致其道"，[5] 突出"猶"字，意在將此語的重心落在爲學致道上。《鹽鐵論》兩度引述子夏此語，皆出自大夫之口。一處是《通有》篇，謂"《語》曰：'百工居肆，以致其事。'農商交易，以利本末"。[6] 另一處是《水旱》篇，謂"工致其事，則剛柔和，器用便"。[7] 很明顯，大夫在此斷章取義，截取百工致事一段進行立論。在《論語》原文的語脉中，"事"的理解必然與"工""肆"兩字相連接，注家分歧亦表現於此。皇侃認爲"百工者，巧師也"，"居肆者，其居者常所作物器之處也"。[8] 邢昺謂"審曲面勢以飭五材，以辨民器，謂之百工"，"肆，謂官府造作之處"。[9] 大夫的理解是"農商交易，以利本末"，"財物流通，有以均之"，[10] 意即"百工"泛指一切物質財富的生産者，"肆"指市場交易之所。因此，大夫所解既非還原古代百工協作生産的故事，亦消解了子夏此語論學的通義之味，取而代之的是更具時代性、實用性的解釋。

三、構塑與新詮

相較於東漢以降不斷成熟的經解注疏而言，《鹽鐵論》對儒家經典的闡發更近於隨文闡義，重大義而輕訓詁，試圖建構起文本詮釋與回應現實之間的關聯。鹽鐵會議上，爭論的主題多元、論辯交錯，"上自禮樂刑法，下逮農耕商賈，内則少府頒資，外則蠻夷戰守"，[11] 雙方無

---

① 〔南朝梁〕皇侃：《論語義疏》卷七，第 332 頁。
② 〔南朝梁〕皇侃：《論語義疏》卷七，第 332 頁。
③ 〔宋〕朱熹：《論語集注》卷七，《四書章句集注》，北京：中華書局，1983 年，第 143 頁。
④ 〔清〕劉寶楠：《論語正義》卷十六，第 528 頁。
⑤ 〔魏〕何晏：《論語集解》卷十九，《十三經古注》，第 2031 頁。
⑥ 〔漢〕桓寬撰集，王利器校注：《鹽鐵論校注》卷一，第 43 頁。
⑦ 〔漢〕桓寬撰集，王利器校注：《鹽鐵論校注》卷六，第 430 頁。
⑧ 〔南朝梁〕皇侃：《論語義疏》卷十，第 500 頁。
⑨ 〔清〕阮元校刻：《論語注疏》卷十九，北京：中華書局，2009 年，第 5501 頁。
⑩ 〔漢〕桓寬撰集，王利器校注：《鹽鐵論校注》卷一，第 43 頁。
⑪ 〔明〕金蟠：《鹽鐵論自序》，見《鹽鐵論校注》附錄四，第 798 頁。

不論爭,《論語》的引述在這些辯題中也如影隨形地呈現。漢武帝罷黜百家、表彰六經,開啟了儒學走入廟堂的顯赫歷程。在這一過程中,儒學的地位並非綫性升格,而是充斥着與其他學派、勢力的博弈與融合。在尊儒的既定方針之下,如何構塑儒學的歷史,分疏儒學的内容,詮解儒學的政治主張與現實功用,便成爲鹽鐵會議上文學賢良與執政有司論辯的核心議題,由此生發了論辯雙方對《論語》文本的諸多新解。

構塑儒學歷史,必然涉及孔子及其門徒政治踐履的評價問題。文學説:"孔子生於亂世,思堯、舜之道",而"適齊,景公欺之。適衛,靈公圍,陽虎謗之,桓魋害之"。①文學在此密集地運用《論語》中的典故,涉及《述而》《憲問》《陽貨》《微子》諸篇,認爲孔子無法實現抱負是亂世、昏君、佞人所致,儒家之道亦賴孔子傳承而不絶如縷。與之針鋒相對,大夫認爲孔子周遊列國,惶惶如喪家之犬,恰是儒學不周世用的最佳證明。大夫在描述孔子生平時這樣説道:

> 文學所稱聖知者,孔子也,治魯不遂,見逐於齊,不用於衛,遇圍於匡,困於陳、蔡。夫知時不用猶説,强也;知困而不能已,貪也;不知見欺而往,愚也;困辱不能死,恥也。若此四者,庸民之所不爲也,而况君子乎!②

大夫言"治魯不遂",文學的説辭却是"孔子仕於魯,前仕三月及齊平,後仕三月及鄭平,務以德安近而綏遠"。③無論政績如何,最後的結局即如《論語》所載:"齊人歸女樂,季桓子受之,三日不朝,孔子行。"(《微子》)孔子抱着"吾老矣,不能用"(《微子》)的失落心態離開齊國,又"畏於匡"(《子罕》),"在陳絶糧"(《衛靈公》),言"衛靈公之無道"(《憲問》),這同樣是大夫譏諷孔子的文獻依憑。與文學不同,大夫將孔子失敗的根源歸結於其自身的品德與學説,謂孔子"能方不能圓",④即衹知抱殘守缺、不知世務變通。對於孔子所標榜的禮教,御史等人同樣是借用《論語》所載反唇相譏,《鹽鐵論》中詳載御史所論:

> 《論語》:"親於其身爲不善者,君子不入也。"有是言而行不足從也。季氏爲無道,逐其君,奪其政,而冉求、仲由臣焉。《禮》:"男女不授受,不交爵。"孔子適衛,因嬖臣彌子瑕以見衛夫人,子路不説。子瑕,佞臣也,夫子因之,非正也。男女不交,孔子見南子,非禮也。禮義由孔氏,且貶道以求容,惡在其釋事而退也?⑤

---

① 〔漢〕桓寬撰集,王利器校注:《鹽鐵論校注》卷十,第605頁。
② 〔漢〕桓寬撰集,王利器校注:《鹽鐵論校注》卷十,第604—605頁。
③ 〔漢〕桓寬撰集,王利器校注:《鹽鐵論校注》卷七,第445頁。
④ 〔漢〕桓寬撰集,王利器校注:《鹽鐵論校注》卷二,第150頁。
⑤ 〔漢〕桓寬撰集,王利器校注:《鹽鐵論校注》卷二,第151頁。

御史此言可分解爲如下三個要點。第一，從文獻來源看，"親於其身爲不善者，君子不入也"，語見《陽貨》，是子路聽聞孔子所述。冉求、仲由事季氏，典出《先進》篇中孔子所謂"今由與求也，可謂具臣矣"。至於子見南子之事，見諸《雍也》"子見南子，子路不悦"，在引述《論語》中間及《禮記》，亦可表明御史對儒家典籍的嫻熟。第二，從文獻編排看，"君子不入"等語是孔子欲赴佛肸之召時子路所説，御史將此語視作儒家奉行的普遍原則，略去其言説的具體語境；而在孔子見南子的叙事中，御史的説辭與《吕氏春秋·貴因篇》一致，在《論語》的基礎上增入了"因嬖臣彌子瑕以見"等語，增强對孔子人格的質疑。第三，從文獻解讀上看，御史認爲孔子對季氏、衛君等人的態度，是自毀道德以取悦他人，這與文學的立場是大相徑庭的。御史批評"禮義由孔氏"，意即諸如仁、義、禮等範疇的解釋權，並不是儒生所能壟斷。在朝廷尊儒的方針之下，御史亦不可全然否定禮義的價值與作用，故在鹽鐵會議上表現出對儒家學説的某種鑒别與取用。御史對儒家獨尊的不滿，欲雜糅諸家之説以爲己用，亦與漢初學術博大龐雜的遺風有同工之妙。

對孔門歷史的分疏，最終是爲了導出對儒學治國之道的探討。在治國主張上，文學認爲："國富而教之以禮，則行道有讓，而工商不相豫，人懷敦樸以相接，而莫相利。"[1]以禮讓爲國，避免上下交征利的惡果，這可視作對《孟子》仁政學説的推闡。賢良進一步説道：

> 周公之相成王也，百姓饒樂，國無窮人，非代之耕織也。易其田疇，薄其税斂，則民富矣。上以奉君親，下無饑寒之憂，則教可成也。《語》曰："既富矣，又何加焉？曰，教之。"教之以德，齊之以禮，則民徙義而從善，莫不入孝出悌，夫何奢侈暴慢之有？[2]

先富後教、教之以德、齊之以禮等語，見諸《子路》《爲政》等篇。孔子謂："德之不修，學之不講，聞義不能徙，不善不能改，是吾憂也。"(《述而》)《論語》此章本是爲教育門徒而説，賢良反用其文、推廣其義，將此視作孔子教民的理念，無疑是在强調仁義道德的導範意義。而在大夫的言説中，君主臣僚治理社會不必以道德爲本，而是"智"與"權"起關鍵作用。大夫説：

> 伯夷以廉饑，尾生以信死。由小器而虧大體，匹夫匹婦之爲諒也，經於溝瀆而莫之知也。何功名之有？……夫智不足與謀，而權不能舉當世，民斯爲下也。今舉亡而爲有，虚而爲盈，布衣穿屨，深念徐行，若有遺亡，非立功名之士，而亦未免於世俗也。[3]

---

① 〔漢〕桓寬撰集，王利器校注：《鹽鐵論校注》卷一，第68頁。
② 〔漢〕桓寬撰集，王利器校注：《鹽鐵論校注》卷六，第423頁。
③ 〔漢〕桓寬撰集，王利器校注：《鹽鐵論校注》卷四，第240—241頁。

　　這段論述化用《論語》之處甚多。《論語》稱伯夷“求仁得仁”“不念舊惡，怨是用希”，大夫却將《八佾》篇孔子對管仲“器小”的評價置於伯夷之上；“匹夫匹婦”等語出自《憲問》，本是孔子讚譽管仲之仁時所設的反問，大夫以此語評斷伯夷、微生高，即指抱守儒家之道者與匹夫匹婦無異。再如孔子謂“困而不學，民斯爲下矣”，而在大夫的論説中以智、權取代了知、學的作用。又如“亡而爲有，虚而爲盈”，出自《述而》，孔子謂此“難乎有恒矣”，大夫引此則直指文學、賢良所言仁義皆爲空説。無獨有偶，大夫説：“今文學言治則稱堯、舜，道行則言孔、墨，授之政則不達，懷古道而不能行。”[①] 這是化用《子路》篇“誦《詩》三百，授之以政，不達，使於四方，不能專對，雖多，亦奚以爲”而來。又如大夫説：“儒者口能言治亂，而無能以行之……言之不出，恥躬之不逮。故卑而言高，能言而不能行者，君子恥之矣。”[②] 將《里仁》《憲問》中孔子論言行的兩則論述合而爲一。在頻繁的引述中，大夫將《論語》文句重新排比，並鋪陳語境、滲入己意，將《論語》的格言警句化作針對對方的武器，激烈批評文學、賢良在政治主張上的空想性。

　　與文學賢良充斥着道德理想主義的論斷不同，桑弘羊等人的闡述尤其措意於政治秩序的穩定與現實利益的固守。文質説是西漢經學史上的重大主題，爲孔子“質勝文則野，文勝質則史”（《雍也》）、“文猶質也，質猶文也”（《顔淵》）等論述所導出。孔子的論説爲西漢文質説鋪墊了兩種不同的發展方向：一即文質相替，形成三統遞變；二即文質統一，分別表示禮的外在形制與内在精神。在文學的論述中，關於文質的兩重意涵兼而有之。如文學謂：“三王之時，迭盛迭衰。衰則扶之，傾則定之。是以夏忠、殷敬、周文，庠序之教，恭讓之禮，粲然可得而觀也。”[③] 又説：“救僞以質，防失以禮。”[④] 將此兩説合觀，則知文學言文質的用意在於以儒家仁政禮教以革新時弊。大夫對文質關係的詮解更具現實企圖，其云：“湯、文繼衰，漢興乘弊。一質一文，非苟易常也。俗弊更法，非務變古也，亦所以救失扶衰也。故教與俗改，弊與世易。”[⑤] 大夫在此接受了文質相替的説法，但絶不同意將時弊的解決提高到文質之辨的高度，從源頭上消解文學、賢良尋求變革的意義。此外，在辯論鹽鐵政策的必要性時，桑弘羊曾引《論語》而陳言：

　　　　君有非，則臣覆蓋之。父有非，則子匿逃之。故君薨，臣不變君之政；父没，則子不改父之道也。[⑥]

“父有非，則子匿逃之”是子爲父隱的翻版；“臣不變君之政”由“百官總己以聽於塚宰”延伸

① 〔漢〕桓寬撰集，王利器校注：《鹽鐵論校注》卷五，第 256 頁。
② 〔漢〕桓寬撰集，王利器校注：《鹽鐵論校注》卷七，第 459 頁。
③ 〔漢〕桓寬撰集，王利器校注：《鹽鐵論校注》卷一，第 56 頁。
④ 〔漢〕桓寬撰集，王利器校注：《鹽鐵論校注》卷一，第 57 頁。
⑤ 〔漢〕桓寬撰集，王利器校注：《鹽鐵論校注》卷一，第 56—57 頁。
⑥ 〔漢〕桓寬撰集，王利器校注：《鹽鐵論校注》卷二，第 162 頁。

而來。"子不改父之道"一語,在《論語》的《學而》《里仁》篇兩次出現。《論語》謂"三年無改於父之道,可謂孝矣",桑弘羊將人子對父權的順從視作大孝,且略去"三年"一詞,强化父道之有效。由此可見,兩派在理解《論語》中論孝諸篇的章旨上呈現分野。文學賢良所理解的"孝",側重於表達人子的崇敬之心,强調情感的内在生成與自然順發,並在"禮"與"養"中得到落實。御史大夫、丞相史論孝,雖亦由《論語》生發而來,但是他們着眼於孝道對於社會治理的現實意義,更突出孝道中尊親權威的規範約束,賦予了孝道更具時代性與現實性的意義。

四、结语

《鹽鐵論》對《論語》的引述,既可證明《古論語》的流傳,又能説明《論語》文本在此武、昭之時已基本定型。鹽鐵會議的論辯雙方囿於自身的政治學術立場,將《論語》中的文句篇章抽離出原有的文本系統以服務於自身的論説,實質上是西漢經學中串講大義、申明章旨這一治學取徑的生動呈現。在尊儒已成定局的情勢之下,御史大夫等人在論辯中亦不得不一再援引《論語》以攻駁對手、佐成己説。儘管他們對孔子及孔門弟子的評價與文學、賢良所述大相徑庭,對儒家的政治理想亦是貶斥多於頌揚,而這些龐雜多元的詮解路徑恰可反映儒學身處廟堂之中的多重樣態,反映了《論語》在武帝之後地位不斷升格的歷史實景。

(陳峰,湖南大學馬克思主義學院助理教授)

朝鮮古銅活字殘本《爾雅注疏》考論*

瞿林江

[摘　要]　日本國立國會圖書館藏朝鮮古銅活字殘本《爾雅注疏》現存六卷、一百四十四頁，涉及《爾雅》中的十一篇，合訂爲一册。原爲李氏朝鮮鄭百朋舊藏，後傳入日本，先藏於京都的圓光寺，最後於明治三十九年（1906）六月二十一日方歸於東京的帝國圖書館。其所據之底本當是未經補頁的元刊九行本，用“癸未字”或“庚子字”排印。由於未經補頁的元刊九行本爲早期刻本，故此本之校勘價值不容忽視。但相對而言，此本也有缺陷，值得注意。推而廣之，李朝時期排印的群經注疏本當具有共同的特徵、價值和缺陷。

[關鍵詞]　李氏朝鮮　活字印刷　爾雅注疏

唐天寶元年（742），《爾雅》作爲科舉考試用書，正式步入儒家經典行列，影響力迅速擴大到中國周邊國家，成爲以新羅爲代表的朝鮮半島學子們紛紛研習的對象，這也是史書中有關《爾雅》傳入朝鮮半島的最早的確切記録。[①]彼時，《爾雅》尚多以采買的卷軸裝形式傳入半島。五代兩宋時期，雕版印刷術東渡傳入高麗，中國典籍遂在朝鮮半島開始大規模翻刻、流通。明清時期，半島進入李氏朝鮮後，刻書數量更多、質量更優、品種更全，呈現出一派繁榮景象，尤其是活字印刷術得到大面積推廣和使用。《爾雅》作爲東亞漢字文化圈的重要的課讀用書，也大約在此時出現了活字印本。本文討論日本國立國會圖書館藏朝鮮活字殘本《爾雅注疏》（書號820-10）的相關問題，祈請方家指正。

一、活字本《爾雅注疏》版本特徵及傳本

此殘本新書衣内有舊書衣。舊書衣磨損嚴重，左上墨書行楷“爾雅注疏”四字；右上書“爲”字，推測爲《千字文》編號；右下書有“三册不足”四字，説明此本原是三册殘本。現合訂爲一册，新書衣題簽“爾雅注疏全”，其實全本衹存六卷一百四十四頁，涉及《爾雅》中的十一篇，合訂爲一册，具體情况爲：卷二，《釋言》第一（當作“二”），三十一頁（第六頁重）；卷三，《釋訓》第三、《釋親》第四，二十八頁；卷六，《釋地》第九、《釋丘》第十，十九頁；卷七，《釋山》第十一、《釋水》第十二，十七頁；卷十，《釋魚》第十六、《釋鳥》第十七，二十八頁；卷十一，《釋

---

*　本文是2017年國家社科基金後期資助項目“《爾雅注疏》彙校”（17FZW002）的階段性成果。
①　具體參考任曉霏等：《中國傳世辭書在漢字文化圈的傳播與影響——以〈爾雅〉在朝鮮半島的傳播爲例》，《江蘇大學學報（社會科學版）》2021年第2期。

獸》第十八、《釋獸（當作
"畜"）》第十九，二十一頁。
首頁（即卷二第一頁）版框
長三十六釐米，四周雙邊，
白口，雙魚尾。魚尾內均有
三葉紋，呈現出典型的朝鮮
古銅活字版本特徵。版心
內，靠近上魚尾處，有"爾雅
幾"卷數序號，靠近下魚
尾處，標注頁碼，無刻工姓
名。每半頁十行，每行十七
字，近柳體。經文大字單行，
郭注、毋昭裔《音略》在其
下雙行排列，邢疏則另起一
行，比前述內容低一字，以

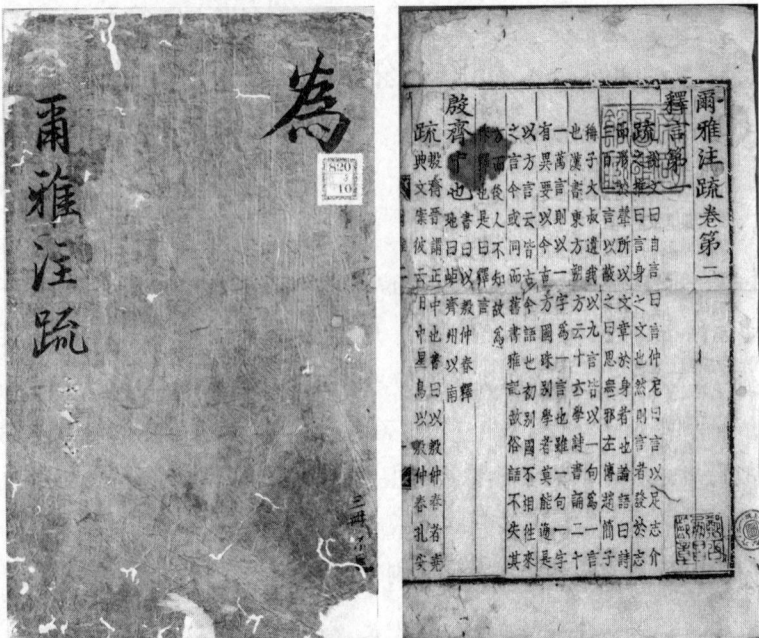

圖一　日本國立國會圖書館藏朝鮮古活字刊殘本
《爾雅注疏》書衣及首頁

大字"疏"字領起雙行排列，每行十六字。通書無避諱字及相關刻工姓名。

　　全書藏書印主要集中在卷二、卷六、卷十首頁，版框右下角有"鄭百朋昌齡章"（朱文方
形），版框外有同心圓圖章，內圓書"圖"字，外圓邊緣書"明治三九・六・二一・購求"（朱文圓
形），版框右上角有"帝國圖書館藏"（朱文方形）。另外，卷三尾頁又有"敬復齋"（藍文房形）。
據朝鮮《文化柳氏嘉靖譜》《文科榜目》《朝鮮王朝實錄》等典籍記載，鄭百朋，字昌齡，號樂
水，忠清道溫陽郡（今屬韓國）人，生卒年不詳，朝鮮燕山君李隆十年（明弘治十七年，1504）乙
科進士，正德十五年（1520）年任司諫，嘉靖十五年（1536）任刑曹判書、忠清道觀察使，嘉靖二
十四年（1545）任正憲大夫知中樞府事，常爲進香使出使北京。嘉靖三十二年（1553）九月九日
大司憲尹春年啓曰："然近來權鈞、尹仁鏡、鄭百朋，皆有姜子，特蒙上恩，而別爲繼後矣。"①可
知彼時鄭百朋已逝。此本作爲鄭百朋舊藏，"鄭百朋昌齡章"（朱文方形）當在此前所鈐。

　　鄭百朋逝世後，此本流落日本。三要元佶（1548—1612），號閑室，亦稱佶長老、閑室和尚，
足利學校第九代校長，"敬復齋"（藍文房形）是其藏書印。長慶六年（1601），德川家康在京
都創建兼學校性質的圓光寺，聘請三要元佶擔任庠主。作爲日本最早的學校之一，圓光寺保
存着衆多當時從朝鮮傳入日本的書籍。此本雖無圓光寺的相關印記，但想必早期即保存在圓
光寺內，直到明治三十九年（1906）六月二十一日方入藏"帝國圖書館"。該圖書館位於東京，
設立於明治五年（1872），隸屬於文部省。經歷自書籍館（1872）、東京書籍館（1875）、東京府
書籍館（1877）、東京圖書館（1880）的變遷後，至明治三十年（1897）年又改回"帝國圖書館"。

---

① 《朝鮮王朝實錄・明宗實錄》卷十五，網址：http://sillok.history.go.kr/id/wma_10809009_001

昭和二十二年（1947）改稱爲“國立國會圖書館”，成爲當時日本國內最大的國立圖書館，次年對外開放。館內收藏了明治以後日本國內出版的所有書籍以及大量漢文典籍，此本《爾雅注疏》即保存在內至今。

此外，日本國立國會圖書館、國立公文書館尚各藏一部完帙的朝鮮古活字刊本《爾雅注疏》，均爲十一卷：前者共四册；後者共六册，但目録顯示爲“校訂者：周齊己（明）”“林鵝峰手跋本”，舊藏“林家（大學頭）”。《經籍訪古志》亦記載狩谷望之（1775—1835）“求古樓”舊藏朝鮮國活字刊本《爾雅注疏》十一卷，疑即公文書館所藏之本，《志》云：

> 首有天順八年富順胡深序，又有吉水周齊己後序。卷端（初稿作“首”）有“宣賜之記”“疏庵”“輔臣弼仲”“西河後人”四印，共爲朝鮮國人（初稿無“人”字）印。又有“讀耕齋之家藏”（初稿下有“及林懲藏書”五字）印。册皮背（初稿下有“面”字）題云：“嘉靖十六年十月日內賜益陽君懷《爾雅》一件，命降謝恩。”卷末護頁有“辛丑之歲七月信勝”記，信勝即道春先生也。[1]

據乾隆《富順縣志》記載，周齊己（或訛作“已”“巳”）爲明吉水縣（今屬江西）人，景泰二年（1451）任富順縣（今屬四川）教諭，天順四年（1460）作《祈雨有感序》並賦詩，立碑於升澤廟。胡深（1422—1481），字本淵，富順縣人，景泰二年進士，治《詩》，萬曆《四川總志》卷十二説他曾“任户部主事，抗直不阿，忤權貴，謫戍塞外，後公論既定，詔復其官”。[2] 疑二人相識，故天順八年（1464）當是二人先後作序跋的時間。然所謂“首有天順八年富順胡深序，又有吉水周齊己後序”，疑二人手跋被朝鮮人輾轉謄録並排印入書中，或此本爲二人舊藏，上有二人手跋，朝鮮人出使中國，購得後帶回朝鮮，總之當與書中其他文字判然有别，待日後親睹後再加考察。此本於嘉靖十六年（1537）十月被賜予成宗李娎第七子李懷（1488—1552），李懷字順之，弘治丙辰（九年，1496）被封爲益陽君。“宣賜之記”（朱文方）即朝鮮內賜印。李懷後，該本又先後經過“疏庵”（任叔英，1576—1623，字茂叔，號疏庵、東海散人，奉川人）、“輔臣弼仲”、“西河後人”等人收藏，最終流落日本。

林羅山（1583—1657），名信勝，法號道春，京都人，是江户初期程朱學派重要的代表人物，“辛丑之歲七月信勝”當即林氏於慶長六年（1601）七月得該書時所書。其第三子林恕（1618—1680），一名春勝，號春齋、鵝峰；第四子林靖（1624—1661），一名守勝，字子文、彦復，號讀耕齋；其孫林戆（1644—1732），林恕次子，號鳳岡，均是當時的名儒。“讀耕齋之家

---

① 〔日〕澀江全善、森立之等撰：《經籍訪古志·經籍訪古志（初稿）》，賈貴榮編：《日本藏漢籍善本書志書目集成》第1册，北京：北京圖書館出版社，2003年，第137、735、737、738頁。

② 蘇曉威説：“胡深生卒不詳，事迹見《明史》卷一百八十傳第六十八，天順末（1464）進士，郁林（今廣西玉林）知州任上卒。”（《日本現藏數種〈爾雅〉類文獻研究》，《域外漢籍研究集刊》第十八輯，2019年，第448頁），其實該人是定遠衛人，非四川富順人。

藏”“林懲(疑爲“懋”之訛)藏書”等印章即是林家舊藏之標識。寬永七年(1630),林羅山在江戶城北上野忍岡建家塾。元禄三年(1690)家塾擴建爲昌平坂學問所,林懲也繼承祖、父二人被任命爲“大學頭”。祖孫三代,共同擁護程朱理學及林家歷代藏書,被奉爲一時美談。明治七年(1874),昌平坂藏書遷往淺草公園,更名爲“淺草文庫”,明治十四年(1881)年又劃歸內閣文庫,即今之公文書館。

總之,日本國內現藏三部朝鮮古活字本《爾雅注疏》,雖不能推斷爲同一版片所刷印,但今所見國會圖書館藏本的原分冊情況當與公文書館藏本相同,祇是由於殘缺過半,故後人合訂爲一冊,便於收藏。

二、活字本《爾雅注疏》所據底本

竇秀艷先生説:“雖然天順八年胡序、周序本未見目録著録,朝鮮重刻本也已失傳,但是它表明明初天順年間曾經刻印《爾雅注疏》,其時代要早於正德彙印數十年。”[1]即懷疑此古銅活字本所據底本爲周齊己校訂本,但細思並不可信。一來校刻書籍實非易事,周齊己名不見經傳,身爲一縣教諭,實在不必爲此大費周章;二來周齊己後序僅見公文書館藏本,國會圖書館所藏兩部活字本均未見謄録或著録;三來周齊己校訂本未有其他任何文獻著録。因此,此活字本所據之底本當另加考察。然而全書無刊刻者、刊刻地點、刷印時間等信息的相關序跋、牌記,我們祇能從用字特徵上着手。關於李氏朝鮮用銅活字印書的概況,正祖李祘(1776 年至 1800 年在位)有過這樣一段叙述,云:

> 我東活字印書之法,始自國初。太宗朝癸未,以經筵古注《詩》《書》《左傳》爲本,命李稷等鑄十萬字,是爲“癸未字”。世宗朝庚子,命李藏等改鑄,是爲“庚子字”。甲寅,以庚子字纖密,出經筵所藏《孝順事實》《爲善陰隲》等書爲字本,命金墩等鑄二十餘萬字,是爲“甲寅字”,行之者三百年。予於壬辰在東宮,仰請大朝,以內下甲寅字所印《心經》《萬病回春》二書爲字本,鑄五萬字藏之,是爲“壬辰字”。臨御之元年丁酉,命關西伯以本朝人韓構書爲字本,鑄八萬餘字,亦儲之內閣。大抵前後所鑄鑄字,銅體不一。其擺印也,率用濕紙均黏,每刷一版,另立數人,以朱墨逐勢勾抹,猶患欹斜,動費時日,監印諸臣屢以是爲言。壬子,命倣中國《四庫書》聚珍板式,取《字典》字本,木用黃楊,刻成大小三十二萬餘字,名曰“生生字”。乙卯,《整理儀軌》及《園幸定例》等書將編次印行,命以生生字爲本,範銅鑄字大小竝三十餘萬,名之曰“整理字”,藏于奎瀛新府。[2]

---

① 竇秀艷:《雅學文獻學研究》,北京:中國社會科學出版社,2015 年,第 161 頁。
② 《朝鮮王朝實録·正祖實録》卷四四,網址:http://sillok.history.go.kr/id/wva_12003017_004

世宗間卞季良又説：

> 鑄字之設，可印群書，以傳永世，誠爲無窮之利矣。然其始鑄，字樣有未盡善者，印書者病其功未易就。永樂庚子冬十有一月，我殿下發於宸衷，命工曹參判李藏新鑄字樣，極爲精緻。命知申事金益精、左代言鄭招監掌其事，七閲月而功訖。印者便之，而一日所印，多至二十餘紙矣。恭惟我光孝大王作之於前，我主上殿下述之於後，而條理之密，有又加焉者。由是而無書不印，無人不學，文教之興當日進，而世道之隆當益盛矣。①

可見整個朝鮮時期至少有七次大規模的鑄字活動。從此本有限的版本信息來看，其所排印年代當在明天順八年（1464）以前，即屬於“癸未（永樂元年，1403）字”“庚子（永樂十八年，1420）字”“甲寅（宣德九年，1434）字”三種字中的一種。又“庚子字”比“癸未字”更加纖密、精緻、周整，更便於排印，流傳更廣，“無書不印”，疑此本即用“癸未字”或“庚子字”排印。縱觀明永樂以前中國本土《爾雅》的刊刻情況，此朝鮮古活字本所據之底本當是未經補頁的元刊九行本，理由如下：

其一、明初時宋、元刊群經注疏本常見，棄用當時盛行的合刻本而重新拼合經、注、疏、音釋，無疑是不明智的選擇，可能性也極低。《永樂大典》所據《禮記注疏》底本即爲宋刊十行本，②此活字本《爾雅注疏》當類似。

其二、歷代書志雖無宋本《爾雅注疏》的記載，但南宋初年鄭樵所撰《通志·藝文略》中有“《爾雅兼義》十卷”的記載，元刻十行本《十三經注疏》中的《爾雅注疏》即據之翻刻。今日本宮内廳書陵部所藏元刻本《爾雅注疏》乃早期印本，字體斬然遒勁，訛脱極少，雖有缺頁，但存頁中闕字幾乎不見，大有宋刻之遺風。此活字本闕字、訛字甚多，顯然非據宮内廳藏本排印。

其三、在《中國古籍總目》中，不論是《十三經注疏》合刻本，還是單行本，所載《爾雅注疏》均標爲“元刻明修本”，其中《中華再造善本》影印的北京市文物局藏本和《原國立北平圖書館甲庫善本叢書》影印的吳興姚覲元藏本較爲常見，書中均充斥大量阮元《爾雅注疏校勘記》所謂“正德本”“舊本”等補頁。這些補頁產生於正德六年（1511）以後，③與此活字本無涉，可以排除。

其四、阮元《校勘記》中所謂“元本”，字體方正而訛誤極多，經考訂也並非刊刻於元代，

---

① 《朝鮮王朝實錄·世宗實錄》卷十八，網址：http://sillok.history.go.kr/id/wda_10410029_002

② 筆者曾說：“此《永樂大典》殘卷大字經文的分段和宋、元十行本相同，而考察對比後，我們斷定其傳抄自宋十行本。”（《新見〈永樂大典〉殘卷引“禮記類”諸書及版本考》，《文獻》2018年第1期）

③ 楊新勛：《元十行本〈十三經注疏〉明修叢考——以〈論語注疏解經〉爲中心》，《南京師範大學文學院學報》2019年第1期。

而是明初的覆刻本。① 其文字準確性也與此活字本相差甚大,故可排除。而清代藏書家張金吾曾收藏一套元刻原印本《爾雅注疏》,云"《爾雅注疏》無南宋十行本,除北宋單疏本外,以此本爲最古。是本全書俱係元槧,絶無明代補刊者,蓋元刊元印本也。卷首有'汲古閣''西河季子之印'兩印",② 惜今不知所在。所幸其同版殘葉保留在原鐵琴銅劍樓藏本的"元刊"頁面中,③ 該本現藏國家圖書館(善本書號:03292),此活字本當即據之。

其五、鐵琴銅劍樓藏本中的這些"元刊"頁面由於刷印次數過多,版面字迹模糊,多數已不能辨識,我們將其與此活字本加以比對,發現二者基本吻合,甚至連所闕或訛誤之字亦與之有關,今略舉數例(見表一):

表一　朝鮮活字本《爾雅注疏》與鐵琴銅劍樓藏本、宮内廳藏本對勘

序	卷頁面行	朝鮮活字本	鐵琴銅劍樓藏本	宮内廳藏本
1	六 6B9④	玉藻云士佩瑀□	玉藻云士佩瑀□	玉藻云士佩瑀玟
2	六 16A1	案周禮□殯職云	案周禮■嬪職云	案周禮九嬪職云
3	六 16A2	主婦執□金敦黍	主婦執□金敦黍	主婦執一金敦黍
4	七 6A2	暮居允荒	■居允荒	幽居允荒
5	十 8A2	出日南□□□	出日南■■■	出日南鰿音積
6	十 8A9	名餘以賑爲質	名餘■■爲質	名餘賑白爲質
7	十 10A4	有牙最毒郭注曰	有牙最毒郭■曰	有牙最毒郭璞曰
8	十一 10B9	莊子云驪驥驊騮	莊子云■驥驊騮	莊子云騏驥驊騮

從中不難看出,鐵琴銅劍樓藏本"元刊"頁面中的墨釘之處,活字本排印時進行了部分填充,但學識有限,又未加詳核,故所填之字多有訛誤,而這些訛誤之處,在宮内廳藏本中却準確無誤。這説明朝鮮活字本所據之底本正是與鐵琴銅劍樓藏本"元刊"相同之頁面,即宮内廳藏本之覆刻本。這反過來又可以説明元刊本模糊處甚多,不易識別,故導致此活字本缺字、訛字亦甚多。

三、活字本《爾雅注疏》校勘價值

鐵琴銅劍樓藏本"元刊"頁面保存有限,此活字本彌補了這些缺憾。由於"元刊"頁面翻刻自早期刻本(即宮内廳藏本),故校勘價值值得關注。

首先,國家圖書館和日本靜嘉堂現存的兩部宋刻單疏本《爾雅疏》均爲宋元明遞修本,其中元、明以後補頁及描補處尤其惡劣,錯訛極多。元刊《爾雅注疏》據南宋初年《爾雅兼義》

---

① 日人阿部隆一説:"其原刻版面也是該版本的粗糙翻印,其雕刻方法明顯是明前期的樣式。"見《日本國見在宋元版本志經部》,《阿部隆一遺稿集》,東京:汲古書院,1993 年,第 1 卷,第 365 頁。
② 〔清〕張金吾:《愛日精廬藏書志》,北京:中華書局,2012 年,第 90 頁。
③ 瞿林江:《日本宮内廳書陵部所藏〈爾雅注疏〉考論》,《經學文獻研究集刊》2021 年第 25 輯。
④ "六 6B9"即卷六第六頁 B 面第九行,下仿此。

覆刻,很大程度上保存了單疏本早期面貌,校勘價值極高,即使經過朝鮮人用活字排印,也多有保存下來。今以卷二爲例,對校《國學基本典籍叢刊》影印的國圖藏單疏本,列表如下(見表二):

表二　朝鮮活字本《爾雅注疏》與單疏本對勘

序	卷頁行	朝鮮活字本	單疏本	序	卷頁行	朝鮮活字本	單疏本
1	二1B5	成是南箕	箕作其,非	2	二2A4	駟遽傳也	傳作轉,非[①]
3	二2B10	文王有聲云	脱云	4	二3B2	予必以不享	予作子,非
5	二3B8	魯令弟子	闕魯	6	二3B9	毋敖毋偕立	敖作教,非
7	二3B10	幼鞠稚也	稚作離,非	8	二4A8	皆爲止也	脱止
9	二4B3	又廣雅云	云作去,非	10	二4B6	抱布貿絲	布作在,非
11	二6A8	大雅洞酌	洞作泂,非	12	二6B8	或曰鈷	鈷作粘,非
13	二15B8	是不非	下衍也	14	二16B8	不能自安	自作目,非
15	二17B8	周頌載芟	載作戴,非	16	二17B9	毛傳云	云作去,非
17	二29B1	襴是袍之别	襴作襉,非	18	二29B10	翻蘙也	翻作翩,非[②]
19	二30A8	搴猶拔也	拔作教,非	20	二30A9	周南關雎	南作爲,非
21	二30A10	而擇之也	之也闕	22	二30B2	經也法也	法闕
23	二30B6	多嫉妬	多作介,非	24	二30B8	茜是禾幹	是作易,非
25	二31A3	蒲騷之役	騷作驕,非	26	二31B3	盍請濟師	盍請闕
27	二31B5	謂之綸	綸作論,非	28	二31B5	詩曰維絲伊緡者	説曰維終伊緡將,非
29	二31B5	何彼穠矣	穠作襛,非	30	二31B8	吐沫漦	壯沫鼇,非
31	二31B8	涎沫	泹沫,非	32	二31B8	褒人之神	褒作裹,非
33	二32A7	一名皇	一闕				

其次,國内現存元刊本均爲明代修補本,其中即便如《中華再造善本》影印本卷二首頁這樣的明初補版,錯訛也極多,因其是對元刊本直接覆刻,故用此朝鮮活字本亦可糾正其許多訛謬之處,仍以卷二爲例(見表三):

表三　朝鮮活字本《爾雅注疏》與元刊明修本對勘

序	卷頁行	朝鮮活字本	元刊明修本	序	卷頁行	朝鮮活字本	元刊明修本
1	二1A4	詩三百	三作二,非	2	二1A7	今或同	今作令,非
3	二1A10	案彼云	案作築,非	4	二1B7	尸謖	尸作户,非
5	二1B10	至河乃復	河作何,非	6	二2A1	周徧也	徧作偏,非
7	二2B10	述行者也	行作有,非	8	二4B6	抱布貿絲	貿作買,非

---

① 阮校云:"《釋文》音經:'傳也,張戀反,注同。'此本'傳'誤'轉',今訂正。單疏本經中'傳'字亦誤'轉'。"參見〔清〕阮元校刻:《十三經注疏》,北京:中華書局,1980年,第2585頁下欄。

② 阮校云:"'翻',葉鈔《釋文》……同,《通志堂》釋文……作'翩'。單疏本此頁補刻,故作'翩'。按《玉篇》'翻,蘙也',《廣韻》'翻,羽葆幢',皆本此經。"(《十三經注疏》,第2589頁上欄)

續表

序	卷頁行	朝鮮活字本	元刊明修本	序	卷頁行	朝鮮活字本	元刊明修本
9	二4B9	扉用席	扉作昧,非	10	二5A7	草王之再也	再作時,非
11	二5A10	宋衛	東齊,非	12	二5B2	矐音衢	矐作懼,非
13	二5B6	親暱者	暱作匿,非	14	二12B3	皆持以絳	絳作鋒,非
15	二13B6	肆放也	放作枚,非	16	二13B10	書曰禄	曰作一,非
17	二15A9	方言云	方作左,非	18	二16A9	注詩曰	注作法,非
19	二16B10	別二名	二闕	20	二17A9	棄忘也	棄作萊,非
21	二18A9	梱緻	緻作緻,非	22	二18B4	皆堪可也	堪作肯,非
23	二19B5	有馬白顛	顛作頜,非	24	二20B5	小雅南有	雅作指,非
25	二20B9	有飫禮焉	焉作爲,非	26	二21A6	小雅十月	小作尔,非
27	二21B3	雨无正	兩无玉,非	28	二24A1	愧憖也	憖作恥,非
29	二25A7	辦具也	辦作辨,非	30	二26B5	秦風車鄰	車作重,非
31	二27A4	廓息淺	郭息義,非	32	二28B5	匹角切	匹作四,非
33	二29A5	小雅四牡	牡作莊,非	34	二29A5	莊子云	莊作牡,非
35	二32A3	兼有蘦蔽	兼作梫,非				

　　最後,阮元校刻《十三經注疏》時,因家無"宋十行注疏"本《爾雅注疏》,故用顧廣圻翻刻的明吳元恭本後印的剜改本與單疏本加以重構。然即便如此,阮本也難免受明清注疏本的誤導,産生一些新的訛誤,可用朝鮮活字本糾正,今以中華書局1980年縮印的阮刻本爲例,列表如下(見表四):

表四　朝鮮活字本《爾雅注疏》與阮校本對勘一

序	卷頁行	朝鮮活字本	阮校本	序	卷頁行	朝鮮活字本	阮校本
1	二2B2	格爾衆庶	爾下衍來①	2	二5A4	圮皮美反	皮作彼,非
3	二5A9	憮救撫也	憮作撫,非②	4	二5A9	救亡媿切	脱③
5	二5B9	音初	初加切,非④	6	二6A5	釋〔器〕云	脱云
7	二8B2	蘱音埋	脱⑤	8	二9A2	豈弟	愷悌,非⑥
9	二9A5	下云髦俊也	云作士,非⑦	10	二9A6	序卦云	序作叙,非
11	二11B4	澤潤浹洽	澤潤倒	12	二12B8	以猶鬼神	猶作猷,非

---

① 劉光蕡云:"邢疏釋注亦無'來'字,與今《商書》同,此疑衍。"[《爾雅注疏校勘札記·釋言第二》,光緒二十年(1894)陝甘味經刊書處重校刊本,第1頁a面]

② 劉光蕡云:"案《方言》'憮,哀也',《説文》'憮,愛也',雖與'撫'義同,然此以'撫'釋'憮'字,則上字應作'憮',《釋文》、陸佃《新義》、郝《義疏》、邵《正義》均作'憮'。"(《爾雅注疏校勘札記·釋言第二》,第1頁b面)

③《中華再造善本》影印之元刻明修本亦脱,據南宋十行經注本、元巾箱本、雪牕本當補,惟"媿"當作"婢"。

④《中華再造善本》影印之元刻明修本亦作"初加切",南宋十行經注本、元巾箱本、雪牕本單作"初",是。

⑤《中華再造善本》影印之元刻明修本亦脱,據南宋十行經注本當補。

⑥ 宋刊單疏本、宫内廳藏元刊明修本、明刊注疏本、清武英殿本均作"豈弟",與《毛詩箋》合。

⑦ 劉光蕡云:"作'士'誤。"(《爾雅注疏校勘札記·釋言第二》,第2頁b面)

續表

序	卷頁行	朝鮮活字本	阮校本	序	卷頁行	朝鮮活字本	阮校本
13	二 13A2	坎卦水也	脱卦	14	二 13A5	任權而均物	均作鈞，非
15	二 13B4	彊暴也	彊作强，非[8]	16	二 13B4	詩序云	序作叙，非
17	二 14A2	謂燒燎	脱謂	18	二 14A5	印烘于煁	印作卬，非
19	二 14B3	毛傳云榛	榛上有棘，非	20	二 16A3	分符問切	符作部，非[9]
21	二 16A5	憡才細切	脱	22	二 16A9	注詩曰	注作法，非
23	二 16B3	周南汝墳	墳作濆，非	24	二 17A1	土之爲言	土作上，非
25	二 17B6	不可襄也	脱也	26	二 18A4	謨火故切	故作胡，非
27	二 20A4	小戎俴收	俴作淺，非	28	二 20A8	躝音獵	在寠音上[10]
29	二 22A4	謂殄絶也	殄作畛，非	30	二 22A6	以畛爲場	場作場，非
31	二 22B4	釋詁云夏	詁作訓，非	32	二 23B2	君威之正	威作成，非
33	二 24B7	諗音審	審作沈，非[11]	34	二 24B8	通見書傳	脱傳
35	二 29B5	覞他典切	脱[12]	36	二 30A8	皆擇菜也	擇作釋，非[13]
37	二 30B3	所守以爲	守以倒[14]	38	二 31A6	皇華也	皇華倒[15]

　　從中可以看出來，活字本除了與《中華再造善本》影印之元刻明修本文字一致、可糾正阮本錯訛之處外，其校勘價值還體現在如"殽亡媿切""音初""藗音埋""分符問切""躝音獵""諗音審""覞他典切"等《中華再造善本》影印之元刻明修本無或與之文字不同、位置不同的《音釋》上。此外尚有如卷二第二十五頁A面第十行"関呼急切"（雪牕本同，南宋十行經注本、元巾箱本"急"作"歷"）、卷二第三十頁B面第七行"帯非潰切"（雪牕本同，南宋十行經注本、元巾箱本作"音貝"）等祇與雪牕本相同之音釋，都進一步説明此活字本排印者所據之底本參考了雪牕本所附之《音釋》，而雪牕本也恰恰是元刊《爾雅注疏》本經注部分的來源。[16]

---

⑧　阮校云："按注云'彊梁，凌暴'，疏引《詩序》'彊暴之男'，則字當從'彊'。"（《十三經注疏》，第 2586 頁下欄）

⑨　《中華再造善本》影印之元刻明修本亦作"部"，南宋十行經注本、巾箱本、雪牕本作"符"。張宗泰云："《釋文》'分，符問反'，今本'符'作'部'，當緣注'謂分部'而誤。"（《爾雅注疏本正誤》卷四，《續修四庫全書》本，第 187 册，第 343 頁。）

⑩　《中華再造善本》影印之元刻明修本亦在"寠"音上。

⑪　《中華再造善本》影印之元刻明修本亦作"沈"，南宋十行經注本、巾箱本、雪牕本作"審"。

⑫　《中華再造善本》影印之元刻明修本亦脱，南宋十行經注本、巾箱本、雪牕本有。

⑬　劉光蕡云："《廣雅》云'芼，搴取也'，《説文》'芼'作'覒'，云'擇也'。《詩·關雎》'左右芼之'，疏引孫炎曰'皆擇菜也'，即邢所本，此作'釋'誤。"（《爾雅注疏校勘札記·釋言第二》，第 4 頁 b 面）

⑭　劉光蕡云："'守以'，《周禮》鄭注同，此誤倒。"（《爾雅注疏校勘札記·釋言第二》，第 4 頁 b 面）

⑮　盧文弨云："'皇'字易識，《釋詁》首見，陸不爲作音，……因注引《釋草》曰'葟、華，榮'，故爲'葟'字作音耳，傳寫脱去艸頭，遂以'皇'字爲正文，在'華'字之下，其實非也。郭於《釋草》引此文作'皇、華也'，是其明證。"（《經典釋文考證·爾雅音義上考證》，《盧文弨全集》，杭州：浙江大學出版社，2017 年，第 5 册，第 362、363 頁）

⑯　具體可參見拙文《〈爾雅〉版本源流考》，《斯文不墜在人間——李慶善教授誕辰百周年紀念文集》，北京：北京聯合出版公司，2017 年，第 348—361 頁。

四、活字本《爾雅注疏》缺陷

前已提及活字本《爾雅注疏》的訛脫非常明顯。這主要是因爲相對於傳統的雕版刷印，活字排印用字靈活性、隨意性更大，因而對排印者文化素養、文字識別能力要求更高，非專業熟練的工匠不能勝任，這也是活字印刷術自北宋發明以來很難在國內大面積推廣的主要原因。然而到了朝鮮半島，這一技術却廣爲傳播，大有後來居上之態，這主要是因爲半島缺少雕版所需之棗、梨、梓等適合中國南方氣候所生長之木材，且半島戰事頻仍，書籍散亡甚亟，采用活字排印，無疑是一個明智的選擇。李氏朝鮮時代所排印之書籍整體質量却大不如雕版刷印之本，故鮮爲歷代藏書家重視、稱羨。比如此活字本《爾雅注疏》，我們對比宮内廳藏元刊本後，發現其缺陷主要體現三個方面：

其一，大面積的文字空白，致使文本不完整，典型的如卷二第二頁、第三頁、第五頁等。

造成這類空白的原因，排除所據之底本文字大面積磨損外，主要是所據之底本並非如宮内廳藏元刊本這樣的原刊，而是如鐵琴銅劍樓藏本那樣的翻刻本，其墨釘處過大，活字本排印者無法填補，衹能空出（見圖二）。

其二，承襲了底本的文字訛誤，鮮有更正者，今略舉數例（見表五）：

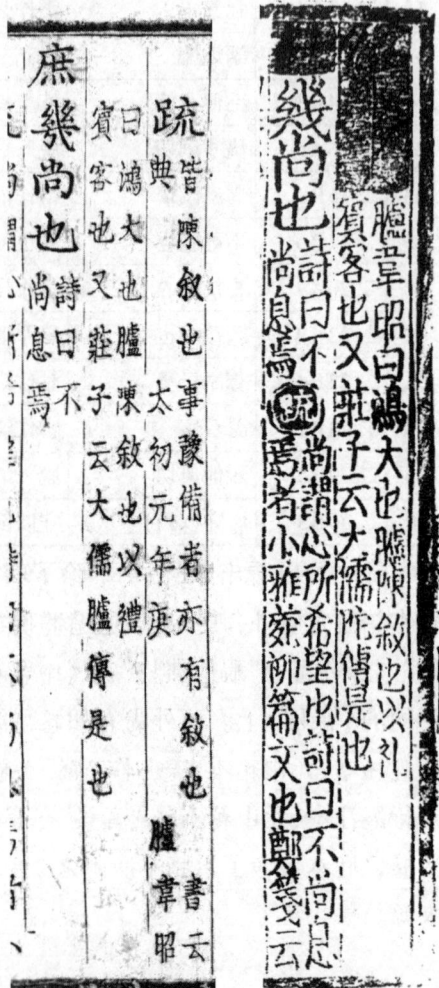

圖二　《爾雅注疏》卷二第三頁活字本空白處、鐵琴銅劍樓藏本墨釘對比

表五　朝鮮活字本《爾雅注疏》與阮校本對勘二

序	卷頁行	朝鮮活字本	阮校本	序	卷頁行	朝鮮活字本	阮校本
1	二1A5	東方朔方云	無下方，是	2	二1A6	二十一萬言	一作二，是
3	二1A7	往來之言	下有也，是	4	二1A8	故爲作釋	爲下有之，是
5	二1A10	書曰以殷	上有注，是	6	二1B3	齊陳曰斯	下有諺見詩，是
7	二1B8	禮記曰	上有注，是	8	二2B8	無母何恃	下有是也，是
9	二4B1	慨徧急也	徧作褊，是	10	二4B3	維是徧心	徧作褊，是
11	二4B10	皆相反逮	反作及，是	12	二5A3	皆出行	下有也注，是

續表

序	卷頁行	朝鮮活字本	阮校本	序	卷頁行	朝鮮活字本	阮校本
13	二5A4	圯敗覆也	圯作圮,是①	14	二5A9	敉寧見書	寧作義,是②
15	二5B2	瘦爲脙	上有瘠,是	16	二6B1	晉執	下有虞公及其大夫并伯,是
17	二6B7	陳楚之肉	肉作内,是	18	二8A2	見詩書	上有皆字,是
19	二9B10	又七年左傳	又作文,是	20	二10A1	庇其根本	根本倒,是
21	二11A4	吉凶先兆	兆作見,是	22	二11B6	小雅楚□篇	無篇,是
23	二12A9	慄慼也	作大字,是	24	二12A9	慄慼也	下有戰慄者憂慼五字,是
25	二12A9	慄也郭言	言作云,是	26	二12B6	以獻鬼神祇	祇作祗,是
27	二13B10	所謂毛蟸	脱所,是	28	二14B10	衆侈爲奢多	侈多倒,是
29	二15A3	大木所侵	侵作偎,是	30	二15A9	水爲沜筏	水下有中,是

　　這些訛誤基本承襲自宮内廳藏本，經元代翻刻，依舊未予更正。究其原因，是宮内廳藏本所據之底本爲南宋初年福建建陽地區坊刻之《爾雅兼義》，雖由雪牕本、單疏本兩善本拼合而成，但坊刻不精，故訛誤一直流傳下來，直至阮元據單疏原本校刻《爾雅注疏》，才得到部分彌補。

　　其三，產生了大量新的訛誤，爲此本最劣處，今略舉數例（見表六）：

表六　朝鮮活字本《爾雅注疏》與阮校本對勘三

序	卷頁行	朝鮮活字本	阮校本	序	卷頁行	朝鮮活字本	阮校本
1	二1A3	自言曰	自作直,是	2	二1A10	殷齊晉謂	晉作皆,是
3	二1B4	斯柝誃張	柝作析,是	4	二1B4	期柝	作斯析,是
5	二1B6	侈誃音義同	侈誃倒,是	6	二2A2	者傳云	者作左,是
7	二2A5	臨嵩	嵩作品,是	8	二2B4	畛底致也	底作底,是
9	二2B5	周下武	周下有頌,是	10	二2B6	定其六功	六作大,是
11	二2B6	見毛讀	見作是,是	12	二2B8	皆休恃也	休作依,是
13	二2B10	述行者也	者作之,是	14	二3A3	女也盦古	女作文,是
15	二3A5	太初元年庚	庚作更,是	16	二3A8	小雅苑柳	苑作菀,是
17	二3B2	大戎氏	大作犬,是	18	二3B3	無户廢	户作乃,是
19	二3B7	敖憮傲也	憮作嫵	20	二4B8	徹饋○于	○作饌
21	二5A7	皆重席也	席作再,是	22	二5A7	草王之再	王作生,是
23	二5A7	周易坎甘	甘作卦,是	24	二5A8	呼童矗	童作重,是
25	二5B3	瘦瞿腐敗	瞿作朣,是	26	二5B10	皆用心	皆下有謂,是
27	二6A1	大雅詹卬	詹作瞻,是	28	二6A1	鞠人忕式	訇作鞠,是
29	二6A3	副貳之義	義脱	30	二6A5	翦羽謂之族	族作鏃,是

---

① 黄焯云："案'圯'當作'圮'，毁也，字從已，與'圯'別。圯，音怡，橋也，字從已，各本皆誤。"（《經典釋文彙校》，北京：中華書局，2006年，第851頁）

② 阮校云："注疏本作'敉寧'，因《疏》引《書·大誥》'敉寧'字致誤。"（《十三經注疏》，第2585頁下欄）

篇幅所限，此下不列，足見新增之訛誤遠遠多於所承襲之謬誤，且多因字形相近而產生。從中可見排印者文字識別能力有限，此本之文本質量也有待提高。

五、餘論

除《爾雅注疏》外，日本國立國會圖書館尚藏有朝鮮活字本《儀禮注疏》十七卷，漢鄭玄注，唐賈公彥疏，綫裝共十七冊，合訂爲十冊，框長三十四釐米，有"御本""拂"等印記，未見。又傅增湘曾於丙寅年臘月（1927 年初）在北京琉璃廠購得朝鮮活字本《周禮注疏》，卷首末有朝鮮人題記，傅氏跋云：

> 案洪氏跋爲嘉靖三十一年賜本，當彼國明宗九年，其印行或在永樂之初。考彼國太宗時，以經筵古注《詩》《書》《左傳》爲本，命判司平府事李稷等鑄十萬字，是爲癸未字。是書字體波折猶有明初遺風，且既印諸經，則《周禮》自在續開之列，其爲癸未字所印殆無疑義。至正、嘉以後，則結體漸就整束矣。……標題爲"附釋音"，則亦出於宋十行本，第五、六卷疏中多空白處，或爲宋本漶漫處。然寧聽其空缺，而不加填補，具見彼邦學者之矜慎，不似明人刻書之鹵莽也。[1]

今日本米澤市立圖書館藏有朝鮮活字本《附釋音周禮注疏》四十二卷，共二十二冊，漢鄭玄注，唐陸德明釋文，唐賈公彥疏，半葉九行十七字，小字雙行，行亦十七字，版框 31.2 釐米 × 19.2 釐米，與傅氏藏本同版，首頁鈐有"宣賜之記"、"內賜"（小鐘印）、"麻谷藏書"、"覺心"、"羽溪李戡彥慎家藏記"等印。

綜合以上對《爾雅》《儀禮》《周禮》三經注疏本的認識與分析，我們大致可以推斷李氏朝鮮初期以銅活字形式排印的群經注疏本的一些共同特徵：

其一，排印的目的是滿足當時儒生對經書的迫切需求。李朝建國前後，戰事頻仍，百廢待舉，統治者摒棄佛教，以儒教立國，但經書却極其缺乏。正如朝鮮學者權近於永樂七年（1409）印《十一家注孫子跋》中所轉錄的太宗李芳遠於永樂元年（1403）所說："凡欲爲治，必須博觀典籍，然後可以窮理正心，而致修齊治平之效也。吾東方在海外，中國之書罕至。板刻之本易以剜缺，且難盡刊天下之書也。予欲範銅爲字，隨所得書，必就而印之，以廣其傳，誠爲無窮之利。"排印好的典籍，也多半以內賜的方式頒給當時的儒生使用，這從現存的各本中鈐有"宣賜之記""內賜"等印記以及相關題跋中可以看得出來。

其二，排印所據之底本爲南宋十行注疏本或元十行注疏本。後者翻刻自前者，版式一致，文字也相差不大，在當時的中國本土都廣爲流傳，其中或有一兩部傳入李朝，排印者即以之

---

[1] 傅增湘：《藏園群書題記》，上海：上海古籍出版社，1989 年，第 20 頁。

爲據，如此文所討論之《爾雅注疏》即以元十行注疏本爲據，而傅增湘所得之《周禮注疏》或即以南宋十行注疏本爲據。排印後，雖卷數整體保持不變，但册數、行款、版框大小、避諱字等均有不同程度的改變，呈現出相當的隨意性，誠如上所述"隨所得而印之"，需要具體版本具體分析。

其三，排印用字當爲明永樂年間的"癸未字"或"庚子字"。後者比前者更加纖密、精緻、周整。此文所述之《爾雅注疏》即以"癸未字"或"庚子字"排印。而據傅增湘所述，其所得《周禮注疏》因保留明初遺風，或即以"癸未字"排印。今以日本米澤市立圖書館藏《附釋音周禮注疏》觀之，其字體與此日本國立國會圖書館藏《爾雅注疏》相近，或均以"癸未字"排印，亦未可知。

其四，排印不精，存在大量的空白或訛脱。傅增湘所得之《周禮注疏》第五、六卷疏中多空白處，而此本《爾雅注疏》闕漏、訛脱之處較之更甚。這多半是由於所據底本墨釘過多或磨損嚴重所致。然通過考察後，我們發現排印者亦偶有自行填補者，有填補正確者，亦有填補訛誤者，蓋其學識有限之故，傅增湘所謂"然寧聽其空缺，而不加填補"，並非完全屬實。

總之，體現中華文明核心價值觀的《十三經注疏》，大約在明朝初年因活字印刷術的推廣而在朝鮮半島普及開來。時至今日，雖然祇剩下一些零本可供參閱，但其文獻及文化價值不容忽略，仍然值得我們去仔細考察、細細品味。

（瞿林江，陝西師範大學文學院副教授）

論清人運用"禮例"校勘《儀禮》的成就與不足 *

聶 濤

[摘 要] 清人《儀禮》之學遠邁前代,對《儀禮》文本的校勘堪稱其基石。綜觀清代《儀禮》校勘成就的取得,與清人對於禮例這種方法的運用緊密相連。本文從分析禮例的內涵與發展入手,結合清人校勘實例,從訂正誤字、校對衍文,對今古文之取捨,辨正舊説,於細微之處校前人所未校等四個方面闡述其功效。亦指出運用禮例校勘存在對文本特殊語境的忽視;因屬推論而在新出版本證據面前,很容易被證僞或推翻;當禮例和版本之間皆有根據時,難以取捨等三個方面的不足,從而爲準確理解清人《儀禮》校勘的特色提供了較爲新穎而深入的視角。

[關鍵詞] 儀禮 清代 禮例 校勘

一、前言

中國經學的注疏傳統中,訓釋經的方式十分繁富。在衆多方法之中,"就經求例""就例通經",治經解經以"發凡起例"爲途徑的做法,在《周易》、《春秋》、三《禮》等經籍的解釋史上甚爲習見。[①] "例"成爲這些經典的治學者們時常關注和運用的手段。其中又以禮書的記述條理、順序,最具典型,適於援引,以爲對比之例。在禮書的研究及考釋中,"例"被學者認爲是當務之急。[②] 由於《儀禮》本身的特殊性,無論名物度數、揖讓周旋,皆可以掌握儀注相同,等級差別和上下文義來推比,使得這一方法特別適合於《儀禮》的校勘。故鄭雯馨曾歸納禮例在禮學研究上的三個方面:"應用禮例研究經籍文本,可分爲:一校勘經文、考訂舊説。二,界定禮制、補足禮文。三,貫通經籍,研治其他經籍文本,從而界定《儀禮》與其他經籍的關係。"[③]

清人《儀禮》之學遠邁前代,對《儀禮》文本的校勘恰爲其基石。正如學者所指出的,清

---

* 本文是江蘇省 2020 年度高校哲學社會科學研究一般項目(2020SJA 0535)、金陵科技學院高層次人才科研啟動項目"清代《儀禮》校勘學研究"(202040520400153)的階段性成果。

① 馬楠曾據以概括漢唐《春秋》、三《禮》經學的特色爲"比經推例",見《比經推例——漢唐經學導論》,北京:新世界出版社,2012 年。

② 程克雅:《乾嘉禮學學者解經方法中"文例"之建立與運用——以凌廷堪〈禮經釋例・飲食之例〉三篇爲主的探究》,見蔣秋華師主編:《乾嘉學者的治經方法》,臺北:"中央研究院"・中國文哲研究所,2000 年,第 461—507 頁。

③ 鄭雯馨《論〈儀禮〉禮例研究法——以鄭玄、賈公彥、凌廷堪爲討論中心》,臺灣大學中國文學系博士論文,臺北,2013 年,第 97 頁。

代《儀禮》之學，"由衰微而達於極盛，校勘之役相與始終"。① 論其校勘成就之取得與特色之所在，對禮例的運用可説是一大關鍵。沈文倬對此，嘗有清晰的洞見：

> 兩漢《禮經》爲絶學，肄習者鮮，傳本多訛。歷代禮家重校勘，自元敖繼公以下頗有改定，而清代諸師校理尤精。凡存世衆本皆訛，以禮例比勘其制、其儀、其文而誤删、補脱、正誤者，咸若剖符復合，固善之善者也。②

沈文倬在此不僅指出清人校勘精湛，更指出運用禮例的規則性以比勘文字，校正訛誤正是清人校勘之特色。彭林亦曾借淩廷堪《禮經釋例》，點出運用"以例校禮"正是清人校勘飛躍之重要特色："《儀禮》之文字校勘，有賴於經義之理解，而經義之理解則不離文字之校正，兩者相輔相成，不可或缺。至淩廷堪《禮經釋例》，將前人研究成果總結提煉，歸納各色儀節，創爲通例，尤有助於校勘。如此交匯融通，校勘之有飛躍，宜矣。"③ 因此，如欲深入了解清人《儀禮》校勘之學的成就與不足，實無法忽視這一以例校禮的方法特色。惟對此現象的研究，尚未見專門深入討論者。因不揣謭陋，從禮例的内涵及其歷史發展、清人運用禮例校勘的具體成果分析與禮例校勘的問題和不足三個方面，進行若干探索，祈大雅君子教正之。

二、禮例的内涵及其歷史發展

在經學作品中，較早討論"例"者，殆爲《春秋》。從《左傳》《公羊傳》《穀梁傳》之奠基，到杜預撰成《春秋釋例》，《春秋》褒貶義例，一再爲學者所探察。如杜預《春秋經傳集解序》云：

> 其發凡以言例，皆經國之常制，周公之垂法，史書之舊章，仲尼從而修之，以成一經之通體。……經之條貫，必出於傳。傳之義例，緫歸諸凡，推變例以正褒貶，簡二傳以去異端，蓋丘明之志也。④

至於所謂"禮例"一詞，鄭雯馨的研究指出該詞最早出現在清代毛奇齡《春秋毛氏傳》中。毛氏曰：

---

① 彭林：《論清人〈儀禮〉校勘之特色》，《中國史研究》1998 年 2 月第 1 期，第 25 頁。
② 沈文倬：《菿闇述禮（選録）》，《菿闇文存》，北京：商務印書館，2006 年，第 663 頁。
③ 彭林：《論清人〈儀禮〉校勘之特色》，第 35—36 頁。
④ 〔晉〕杜預撰、〔唐〕孔穎達正義：《春秋左傳正義》，臺北：藝文印書館重刊宋本《十三經註疏》附《校勘記》，1976 年，第 11—15 頁。

一曰禮例,謂《春秋》二十二門皆典禮也。……二曰事例,則以二十二門一千八百餘條無非事也。……三曰文例,則史文之法也。……乃四曰義例,則直通貫乎禮與事與文之間,天下有禮與事與文而無義者乎! ①

鄭雯馨並歸納説:"禮例當指具體的禮文規則,事例爲歷史事件、義例則是抽象的原則概念,文例指文字叙述所具有的法度。禮例、事例、文例皆是形式上用來比較的根據,而義例則是隱含的觀點。毛氏將禮例應用於《春秋》,使禮例依附於《春秋》,尚未彰顯其獨特的禮學意涵。"② 事實上,就禮書的解釋來説,"例"的抉發,由於文獻難徵,句讀淆亂,在本文未能通讀之先,抉發凡例、説明辭例,這一工作是爲了通曉經文傳注之意義,更進一步是藉此闡發禮義。與闡明褒貶善惡的春秋左氏"釋例"的涵義有顯著目標上的差異。

何謂"禮例"? 學術界尚有不同的説法。如錢玄在《三禮通論》中以爲:"例,指凡例,即行禮時的一些規則。"③ 依據此説法,他在該書中分禮例爲:向位之儀、跪拜之儀、脱屨之儀、盥洗之儀、授受之儀、迎送之儀、飲食之儀、奏樂之儀。④ 基本上沿用了淩廷堪《禮經釋例》的條目,但其對於禮例的定義與淩氏稍别,惟其未詳細説明分類的原則與依據。葉國良師在《論淩廷堪的〈禮經釋例〉》一文中指出,例這個詞本身帶有模糊性,"從語言邏輯看,'凡……'應是全稱,指無例外,但事實上古人使用此詞時却不見得如此。禮涉及人事,而人事其實極爲紛雜,用'凡……'的語言來表達每每有時而窮。"故從行爲動作、器物方位等角度將淩書的禮例分爲三類:"一、定例:無例外,或絶少例外。二、常例:大多數。三、特例:極少數。指行禮時遇到特殊狀況必須加以權變的個案。"⑤ 將禮例的分類推向細化和精深。

近來對於禮例研究的代表性著作,允推鄭雯馨的《論〈儀禮〉禮例研究法——以鄭玄、賈公彦、淩廷堪爲討論中心》,她在廣參前人的基礎之上,得出綜合性的説法,曰:

> "禮例",指以禮爲範圍,具有必然性的規則或規律,包含政治制度、個人生活規範、價值觀等方面。禮例的作用,一方面在規範言行,引導價值觀。另一方面,根據既有的原則決斷當下新事件。因此就時間向度而言,禮是社會長期實踐、用以維持秩序的產物,禮例亦是長期形成的規則或規律,其本質如同"慣例"。禮例的應用過程爲互見異同、分類、推次,不僅可應用於知識或經驗的學習,亦可用於評判人事褒貶。就表現形式與内容而言,可分爲義例、禮例、文例、事例,或言"凡"、例句,然而實際分析、應用時,這些區别並無法明確分割(也不宜分割)。⑥

---

① 〔清〕毛奇齡:《春秋毛氏傳》,《景印文淵閣四庫全書》第 176 册,臺北:臺灣商務印書館,1983 年,第 11—13 頁。
② 鄭雯馨:《論〈儀禮〉禮例研究法——以鄭玄、賈公彦、淩廷堪爲討論中心》,第 4 頁。
③ 錢玄:《三禮通論》,南京:南京師範大學出版社,1996 年,第 67 頁。
④ 錢玄:《三禮通論》,第 515—556 頁。
⑤ 葉國良師:《論淩廷堪的〈禮經釋例〉》,見《禮學研究的諸面向》,新竹:臺灣清華大學出版社,2010 年,第 87,89 頁。
⑥ 鄭雯馨:《論〈儀禮〉禮例研究法——以鄭玄、賈公彦、淩廷堪爲討論中心》,第 21 頁。

　　鄭氏的上述言論不但指出了禮例的内涵，還就其應用理據進行了闡述。故本文在實際處理中，即采取上述説法，將禮書中的凡言、例句以及有關於禮的必然性規則等皆視爲禮例。

　　對禮例内涵的探討，雖起于晚近。但從經學史本身來看，運用禮例詮釋經書，早已見諸三《禮》文字、鄭玄《三禮注》等作品。黄侃在《禮學略説》中，論治禮"求條例"之法曰：

　　　　求條例，奈何？發凡言例，本《禮經》之舊法，《周禮》之列數陳事，條理粲然；
　　此固凡之大者，雖不言凡，而義在晐括可知也。①

　　其後鄭玄注《儀禮》，非但注經，又發爲凡例，並善於運用禮例和經文相互比勘進行詮釋。對此黄侃指出：

　　　　鄭君注《禮》，大抵先就經以求例，復據例以通經，故經文所無，往往據例以補
　　之，經文之誤，往往據例以正之。如：《喪服》齊衰三月章，止言曾祖父母，而《注》
　　兼高祖言之；又"大夫爲宗子"，《注》云"宗子既不降其母，妻亦不降"，此其據例補
　　經也。如：《大射儀》"小臣詔揖諸公卿大夫，諸公卿大夫西面北上"，《注》云："上
　　言大夫，誤衍耳。"以大夫諸公卿面有異，下又特言揖大夫，大夫皆少進，故知此"大
　　夫""大夫"四字皆誤衍。《聘禮》私覿節，"士介請覿，擯者執上幣以出禮請受，賓
　　固辭"。《注》云："固衍字，當如面大夫也。"以下士介面大夫但言賓辭，不言固，故
　　知此"固"爲衍字。此其據例正經也。②

　　可見，鄭玄對於《儀禮》已初步建立了"據例補經""據例正經"的義例。其後賈公彦《儀禮疏》亦常揭例爲説。如陳澧《東塾讀書記》所云：

　　　　有鄭《注》發凡，而賈《疏》辨其同異者。……有鄭《注》不云凡，而與發凡無異，
　　賈《疏》申明爲凡例者。……有鄭《注》不發凡，而賈《疏》發凡者。……有經是變
　　例，鄭《注》發凡，而《疏》申明之者。……有賈《疏》不云凡，而無異發凡者。……
　　綜而論之，鄭、賈熟於《禮經》之例，乃能作《注》作《疏》；《注》精而簡，《疏》則詳
　　而密，分析常例、變例，究其因由，且經有不具者，亦可以例補之。③

　　釋例的基本要求是熟悉經文，鄭《注》、賈《疏》對此嫻熟，故能逐步發展出"義例"之説。宋人雖注重心性之説，然而期間如朱熹《儀禮經傳通解》、李如圭《儀禮釋宫》、魏了翁《儀禮

---

① 黄侃：《禮學略説》，見《黄侃論學雜著》，臺北：學藝出版社，1969 年，第 458 頁。
② 黄侃：《禮學略説》，見《黄侃論學雜著》，第 459 頁。
③ 〔清〕陳澧著，鍾旭元、魏達純校點：《東塾讀書記》，上海：上海古籍出版社，2012 年，第 132—136 頁。

要義》皆注重釋例之闡發。元、明《儀禮》研究衰微，及至清代，清人重新揭舉"禮例"之説。如清初萬斯大（1633—1683）《儀禮商》歸納飲食之例曰：

> 古者飲食賓客之禮，曰食、曰饗、曰燕。食主於飯而已，其禮簡；饗則几設而不依，爵盈而不飲，禮雖盛而情未洽；惟燕所以示慈惠，主於飲酒，恩意懇款，盡醉飽之歡，故其用至廣。①

又如淩曙（1775—1829），其《禮説》曰：

> 《易》《禮》《春秋》，此皆以例言者也。其中有正例，有變例；且有變例中之正例，有正例中之變例；更有變例中之變例也。參伍錯綜，非比而同之，不能知也。②

至於賡續前人，在清代禮學研究史上，淩廷堪（1757—1809）可謂抉發禮例一大家。其《禮經釋例》一書，成爲清人以例治禮的代表作品。彭林譽爲："以其高遠之識見，獨創《儀禮》研究體例，於諸儀中求例，復以諸例求禮，使千年沈滯，爲之一掃，《儀禮》之學，頓開生面，成爲禮學研究史上的里程碑之作。"③ 在《禮經釋例序》中，淩氏云：

> 《儀禮》十七篇，禮之本經也。其節文威儀，委曲繁重，驟閱之，如治絲而棼，細繹之，皆有經緯可分也；乍睹之，如入山而迷，徐歷之，皆有途徑可躋也。是故不得其經緯途徑，雖上哲亦苦其難。苟其得之，中材固可以勉而赴焉。經緯途徑之謂何？例而已矣。④

在淩廷堪之後，將這一"釋例"之法用至極限的，便是晚清曹元弼（1867—1953）。其所撰《禮經校釋》"能旁推互勘，以義讀正"，⑤ "順其上下，推其本意，正訛補脱，乙衍改錯，不下千餘處"。⑥ 其《禮經學》，在繼承前人基礎上，特別注重禮經行文有關凡例的總結，是書卷一

---

① 〔清〕萬斯大：《儀禮商·燕禮》，見〔清〕萬斯大撰，溫顯貴校注：《經學五書》，上海：華東師範大學出版社，2012 年，第 194 頁。
② 〔清〕淩曙：《禮説》卷一，《續修四庫全書》第 110 册，上海：上海古籍出版社 2002 年影印道光九年《皇清經解》本，第 505 頁。
③ 彭林：《〈禮經釋例〉前言》，見〔清〕淩廷堪撰，彭林點校：《禮經釋例》，臺北："中央研究院"·中國文哲研究所，2002 年，第 9 頁。
④ 〔清〕淩廷堪撰，彭林點校：《禮經釋例·序》，第 37 頁。
⑤ 〔清〕曹元弼：《〈禮經纂疏〉序》，見《禮經校釋》，《續修四庫全書》第 94 册，上海：上海古籍出版社 2003 年影印光緒刻本，第 538 頁。
⑥ 〔清〕曹元弼撰，周洪校點：《禮經學》，北京：北京大學出版社，2012 年，第 411 頁。

“明例”部分，開宗明義即申論禮之大體“曰親親、曰尊尊、曰長長、曰賢賢、曰男女有別”。①
其後區分爲節文等殺例；喪服例；宫室例；職官例；經文例；禮通例；記傳例；注例；疏例；
校賈《疏》舉例；讀經例；注疏通例等類，可謂集禮例研究之大成。

三、清人運用禮例的校勘成果析論

（一）訂正誤字、校對衍文

從上文的分析，已可看出清人對於禮例的重視。禮例的研究方法，在清代也達到了一個
高峰。清人在從事《儀禮》文本的校勘時，每能自覺運用此法，正訛補缺。其最明顯的功能
便是據禮例以訂正誤字、校對衍文。蓋各類禮儀皆有規則、各階級皆有其禮數，若經文出現
誤字、衍文，亦能予以校正。如：

1.《大射》：“一耦出，揖如升射，及階，勝者先升，升堂少右。”

案此爲《大射禮》中“飲不勝者”的儀節，根據經文，司射命設豐，司宫士捧豐由西階升
堂，北面坐設于西楹的西邊。待其他儀節完成之後，“小射正作升飲射爵者，如作射”，一耦出，
“揖如升射，及階，勝者先升，升堂少右”。鄭《注》：“先升，尊賢也。少右，辟飲者，亦因相飲
之禮然。”賈《疏》：“云‘亦因相飲之禮然’者，案《鄉飲酒》《鄉射》獻酬之禮，獻者在右，酬
者在左，故云‘亦’也。”②然則，阮元《儀禮注疏校勘記》云：“升，《通解》不重。”③

是阮元在此指出存在異文。即《通解》作“勝者先升堂，少右”。比觀《鄉射禮》同節，云：
“司射作升飲者，如作射。一耦進，揖如升射。及階，勝者先升，升堂，少右。”阮校云：“徐本、
楊氏、敖氏俱重升字，唐石經、《通解》俱不重。”④

盧文弨校《鄉射》此處，亦以“升”爲衍文，云：“楊、敖皆重升字。”⑤今根據經文之例，鄭
玄二注並云：“先升，尊賢也。”不過欲明先升之意，非謂當於升字後斷句。且當時情境，乃一
耦中二人俱出，勝者先升堂，其升之動作指向者即爲堂上，堂上之位次稍右，以便避讓，禮意
完全。後人不明其意，誤於升字後斷句，而使“堂少右”句不詞，遂臆增升字。後武威漢簡出土，
其簡本《泰射》此處正作“勝者先升堂，少右”。是漢時傳本即如此，益可證今本“升”字爲衍
文。

2.《喪服》：“舅。傳曰：何以緦？從服也。”

鄭《注》：“舅，母之昆弟。”“從於母而服之。”賈《疏》：“傳發問者，亦疑於外親而有服。

---

① 〔清〕曹元弼撰，周洪校點：《禮經學》，第 1 頁。
② 〔漢〕鄭玄注，〔唐〕賈公彦疏：《儀禮注疏》卷十八，臺北：藝文印書館重刊宋本《十三經註疏》附《校勘記》，1976 年，第
213 頁。
③ 〔清〕阮元等：《儀禮注疏校勘記》卷七，《續修四庫全書》第 181 册，上海：上海古籍出版社 2002 年影印文選樓刻本，第
378 頁。
④ 〔清〕阮元等：《儀禮注疏校勘記》卷五，第 346 頁。
⑤ 〔清〕盧文弨著，陳東輝、彭喜雙點校：《儀禮注疏詳校》卷五，臺北：“中央研究院”·中國文哲研究所，2012 年，第 100 頁。

菩從服者,從於母而服之。不言報者,既是母之懷抱之親,不得言報也。"① 案此所言爲《喪服》總麻三月之章,舅與甥相互爲服。《喪服》:"甥。"傳曰:"甥者何也?謂吾舅者,吾謂之甥。何以總也?報之也。"鄭《注》:"姊妹之子。"依傳注之意,甥爲舅服是從於母而服喪;舅爲甥服則是報服,所以不言報者,"既是母之懷抱之親,不得言報也"。惟此鄭《注》"舅,母之昆弟"之"昆弟",存在異文,明刻如監本、毛本皆作"兄弟"。盧文弨引戴震曰:

> 兄,宋本"昆"。戴云:"考篇内及《爾雅·釋親》,皆不稱兄弟,母妻之黨始稱之,不宜溷同。"②

其後,阮元《校勘記》從之,曰:

> 昆,徐本、《集釋》《通解》俱作"昆",楊氏作"兄"。戴震校《集釋》云:考篇内及《爾雅·釋親》,皆不稱兄弟,母妻之黨始稱之,又爲小功以下通稱,不宜溷同。③

可見二者同引戴震所校爲據。今案戴震所校正從禮例入手,其所謂"篇内不稱兄弟",核之經文,乃指《喪服》總麻三月章内,其所列條目,如"族昆弟""從祖昆弟之長殤""從父昆弟""從祖昆弟之子""從母昆弟""君母之昆弟""從父昆弟之子之長殤""昆弟之孫之長殤""爲夫之從父昆弟之妻"等,皆著"昆弟"之名,無兄弟之稱。蓋總麻之服,爲五服中等級最低的一服。這是"由於周代特別注重宗法,因此形成獨尊己族而抑制外親的現象,而總計外親之類別,則有母黨、妻黨與本親女黨三類。雖然外親有三大類,不過當時服制的規畫,對於外親之服皆以總麻爲正例,而且即使爲外親有服喪之禮,最高也僅及於二世之親而已,同時還不是對於所有二世之親皆有服,而且絕無爲外親三世、四世之服"。④ 是以服術"親親"之原則而論,周代社會自然重男系宗親而以外親爲輕。故《喪服》所規定的服制中,父系長輩直系宗親之服均在齊衰三月以上,而"外親"除了外祖父母與從母加服小功之外,其餘均爲"總麻三月"之服。其中爲母親昆弟(即舅)、舅之子、從母昆弟服總麻乃爲母黨服之正例。⑤《爾雅·釋親》母妻之黨稱昆弟,合之禮文,正是這種親疏關係的體現,是此章所言多言昆弟而不言兄弟之證也。故清人所校爲是。

3.《特牲饋食禮》:"主人奠觶于薦北。賓坐取觶,還,東面,拜。主人答拜。"

案此節經文所涉儀節爲祭祀之日,迎尸入九飯,主人、主婦、賓長三獻尸的儀節完成之

① 〔漢〕鄭玄注,〔唐〕賈公彥疏:《儀禮注疏》卷三十三,第 390 頁。
② 〔清〕盧文弨著,陳東輝、彭喜雙點校:《儀禮注疏詳校》卷第十一,第 243 頁。
③ 〔清〕阮元等:《儀禮注疏校勘記》卷十一,第 454 頁。
④ 林素英:《喪服制度的文化意義——以〈儀禮·喪服〉爲討論中心》,臺北:文津出版社,1989 年,第 115 頁。
⑤ 林素英:《喪服制度的文化意義——以〈儀禮·喪服〉爲討論中心》,第 115 頁。

後，"主人降阼階，西面拜賓，如初洗"，開始行獻賓與兄弟的儀節。前後文爲："主人洗觶，賓辭，主人對。卒洗，酌，西面。賓北面拜。主人奠觶于薦北。賓坐取觶，還，東面，拜。主人答拜。賓奠觶于薦南，揖，復位。"戴震校《集釋》云：

> 案此下各本衍一拜字。考上經"賓北面拜"，主人奠觶于薦北下云"主人答拜"，答賓北面之拜也。賓坐取觶，下乃云"賓坐奠觶于薦南"，賓方執觶在手，不得拜明矣。[1]

隨後，盧文弨《儀禮注疏詳校》亦引戴説，謂下"拜"字爲衍文。[2] 王引之《經義述聞》亦同戴説，並謂："無賓兩拜，主人止答一拜之理。"[3] 淩廷堪在戴震的基礎上，通過禮例指出經文之誤，其來有自："考下文旅酬，'兄弟弟子洗酌於東方之尊，阼階前北面舉觶於長兄弟，如主人酬賓儀'，《疏》云：'如主人酬賓儀者，長兄弟北面拜，弟子奠於薦南，長兄弟坐取觶，還，西面拜，弟子北面答拜，長兄弟奠於薦北，揖，復位。'此是賈氏由上節經文推出者。'還，西面拜'，與上經'還，東面拜'正同。則戴氏所謂'拜'字誤衍者，唐初本已有之，但賈氏未能訂正耳。"[4] 胡培翬《儀禮正義》亦云："汪氏中《儀禮》校本刪'拜'字，謂無賓兩拜、主人止答一拜之理。今案：敖氏、姜氏、蔡氏皆以奠觶於薦北下拜文，蓋亦疑經賓兩拜主人正答一拜，而不知還東面下之'拜'爲衍字也。《禮經釋例》《經義述聞》皆同戴説。"[5]

今案主人酬賓，賓北面、東面各拜一拜，主人則答一拜，於《儀禮》禮例不合。從飲酒禮的流程來看，《儀禮》各篇載主人酬賓的禮儀，其中涉及"拜"者，如《鄉飲酒禮》："賓西階上立，主人實觶賓之席前，北面。賓西階上拜。主人少退。卒拜。進，坐奠觶于薦西。賓辭，坐取觶，復位。主人阼階上拜送。"又如《鄉射禮》："賓西階上立，主人實觶賓之席前，北面。賓西階上拜。主人坐奠觶于薦西。賓辭，坐取觶，以興，反位，主人阼階上拜送。"再如《燕禮》："主人酌膳，賓西階上拜。受爵于筵前，反位。主人拜送爵。"

從上引數篇禮文可知，一系列的儀節可歸納爲：主人實爵之後，賓拜受，賓取爵，主人拜送。而此《特牲饋食禮》中"主人實爵"之後，"賓拜"。賓取觶後，又"東面拜"，與上述禮例爲異，無據。因此，清人所謂"拜"爲衍文的説法，乃貼合禮例的規則，所校爲有理。沈文倬先生結合武威漢簡，謂簡本此篇正無"拜"字，益證清人之説爲可信。[6]

---

① 〔宋〕李如圭：《儀禮集釋》卷二十七，〔清〕錢儀吉輯：《經苑》，臺北：大通書局1970年影印清同治七年(1868)本，第2289頁。

② 〔清〕盧文弨著，陳東輝、彭喜雙點校：《儀禮注疏詳校》卷第十五，第322頁。

③ 〔清〕王引之撰，盧思徵、馬濤、徐煒君校點：《經義述聞》，上海：上海古籍出版社，2016年，第621頁。

④ 〔清〕淩廷堪撰，彭林點校：《禮經釋例》卷四，第205—206頁。

⑤ 〔清〕胡培翬撰，段熙仲點校：《儀禮正義》卷三十，南京：江蘇古籍出版社，1993年，第2160頁。

⑥ 沈文倬：《菿闇述禮(選録)》，《菿闇文存》，第665頁。

(二)據禮例以校今古文之取捨

校勘與異文相伴而生。對《儀禮》校勘而言,其區別於其他經書的一大特色便是今古文問題。鄭玄在給《儀禮》作注時,凡遇今古文異文,都要作一番校勘,或從今文,或從古文,成爲《儀禮》鄭《注》本身的一大内容。今人楊天宇盡索《儀禮》全書中鄭玄從今、從古之字例,凡 371 例,並做了精細的分類。其中直接應用禮例取捨今古文爲"據禮制決所從",其他如據文意、據文例、據上下文以決所從等亦可歸於禮例應用者。① 阮元《儀禮注疏校勘記序》云:"鄭《注》疊古今文,最爲詳核,語助多寡,靡不悉紀。今校是經,寧詳毋略,用鄭氏家法也。"② 是清人體此,亦多能運用禮例以説明鄭注取捨之標準。

如《燕禮》:"射人納賓",鄭《注》:"今文曰擯者。"

此處儀節爲燕禮當日,君臣各就位次之後,射人向國君請賓,國君命賓之後,射人重新納賓之禮:"射人納賓。賓入,及庭,公降一等揖之。"鄭《注》:"射人爲擯者也。今文曰'擯者'。"面對"射人"抑或"擯者"的今古文差異,徐養原以爲:《大射》作"擯者"。③

徐氏但指出《大射》異文,未下判斷。然推測其語氣,似有從"今文"之義。其所據《大射》云云,實則賈《疏》已言之,曰:"案《大射》'大射正擯',此云射人爲擯,與上'射人請賓'義同,還是小射正也。"④ 後胡承珙《儀禮古今文疏義》曰:

> 案鄭云"射人爲擯者也",此經"請賓""命賓"皆射人,若如今文云"擯者納賓",則嫌異人,故鄭從古文。⑤

可見,胡氏從關於《燕禮》請賓、命賓皆射人爲之的禮例出發,以爲此處若如今文所謂"擯者納賓",則予人以其他角色爲之,啓人疑竇,故認爲鄭玄從古文的理由正是從全經的體例考慮,顯然較徐養原僅從比對他篇異文的角度更爲可靠。後王關仕結合武威漢簡本,曰:

> 鄭《注》:"射人爲擯者也,今文曰擯者。"《大射》"擯者納賓",甲本同。鄭此不從者,以燕禮無射人兼擯者之文,如《大射》"射人請擯,……遂爲擯者",故此不從今文。實今文非是,本篇甲本以下皆稱射人。⑥

① 楊天宇:《鄭玄三禮註研究》,北京:中國社會科學出版社,2008 年,第 303—313 頁。
② 〔清〕阮元:《儀禮注疏校勘記·序》,《儀禮注疏》,第 9 頁。
③ 〔清〕徐養原:《儀禮古今文異同》卷二,《續修四庫全書》第 90 册,上海:上海古籍出版社 2002 年影印光緒《湖州叢書》本,第 298 頁。
④ 〔漢〕鄭玄注,〔唐〕賈公彦疏:《儀禮注疏》卷十四,第 161 頁。
⑤ 〔清〕胡承珙:《儀禮古今文疏義》卷六,光緒三年(1877)湖北崇文官書局刻本,第 1 頁 b。
⑥ 王關仕:《儀禮漢簡本考證》,臺北:學生書局,1975 年,第 63 頁。

王氏於此，同樣引用《大射》簡本與今本之對比，並指出《燕禮》之中無明確表示"射人兼擯者"的文字，凸顯鄭玄注經時的慎重。從簡本亦可證，凡"擯者"皆稱"射人"，同於古文，可爲胡氏之説的張本。

（三）辨正舊説

文本流傳，脱誤難免，幸賴有古注存其面目。然注者畢竟屬一家之言，其中觀念又潛伏其中，如未能獨學深思，往往受其誤導。而規則的必然性，適可提供辨正舊説的切入角度。

如《士冠禮》"若殺，則特豚，載合升"，鄭《注》："凡牲皆用左胖。"

此見於《士冠禮》鄭注中夏殷冠子之法用醮禮一節。鄭《注》之所以用夏殷之法爲説，乃爲了區別上文賓與冠者以醴行禮之法，自有其三禮體系方面建構之考慮。鄭氏認爲用酒行醮禮，爲"夏殷之禮"，"國有舊俗可行，聖人用焉不改者也"。賈《疏》釋之爲："自此（若不醴，則醮用酒）已上説周禮冠子之法，自此已下至取'籩脯以降，如初'，説夏殷冠子法。"[①] 是賈公彦作《疏》，主闡鄭學，不得不沿襲鄭玄脉絡，以醮爲"夏殷之法"，區別於周禮，則牲用左胖，亦成爲夏殷舊俗，與周相異。其曰：

> 案《特牲》《少牢》皆用右胖，《少儀》云："大牢則以牛左肩折九個"，爲歸胙用
> 左，則用右而祭之。《鄉飲酒》《鄉射》主人用右體，生人亦與祭同用右者，皆據周而
> 言也。此云"用左"，鄭據夏、殷之法，與周異也。但《士虞》喪祭用左，反吉故也。[②]

賈公彦在此，檢視《儀禮》經文，發現用牲禮例與此鄭《注》所言不合，然在迴護鄭《注》的前提下，仍用夏殷之法作了詮釋。此後宋人魏了翁、李如圭皆從其説，歷代刻本此處皆作"左"字。直到清人始對鄭《注》"左"字產生置疑。褚寅亮以爲：

> 左字，疑右字之訛。蓋諸吉禮皆升右胖，而此注言凡，則是解全經之通例，何反
> 背經而云左？斯不然矣。《疏》不悟其訛，乃云據夏、殷法，曲説也。[③]

其他如沈彤《儀禮小疏》亦云："'凡牲，皆用左胖'，亦誤。"[④] 盛世佐《儀禮集編》："《注》左胖之左，恐是右字之訛。"[⑤] 盧文弨《儀禮注疏詳校》直接了斷曰："凡'牲皆用左胖'，左必是右字誤。"[⑥] 凌廷堪《禮經釋例》詳考經文儀節，提出"凡牲皆用右胖，唯變禮反吉用左胖"

---

① 〔漢〕鄭玄注，〔唐〕賈公彦疏：《儀禮注疏》卷三，第28頁。
② 〔漢〕鄭玄注，〔唐〕賈公彦疏：《儀禮注疏》卷三，第29頁。
③ 〔清〕褚寅亮：《儀禮管見》卷上之一，《叢書集成初編》，北京：商務印書館，1935年，第8頁。
④ 〔清〕沈彤：《儀禮小疏》卷三，《景印文淵閣四庫全書》第109冊，臺北：臺灣商務印書館，1983年，第918頁。
⑤ 〔清〕盛世佐：《儀禮集編》卷二，《景印文淵閣四庫全書》第110冊，臺北：臺灣商務印書館，1983年，第112頁。
⑥ 〔清〕盧文弨著，陳東輝、彭喜雙點校：《儀禮注疏詳校》卷第一，第31頁。

的禮例,並言:"竊謂注凡牲皆用左胖,當作'右胖','左'字蓋傳寫之誤。"①

蓋根據禮例,如《鄉飲酒禮》:"賓俎,脊、脅、肩、肺。主人俎,脊、脅、臂、肺。介俎,脊、脅、肫、胳、肺。肺皆離。皆右體,進腠。"《鄉射禮·記》:"賓俎,脊、脅、肩、肺。主人俎,脊、脅、臂、肺。肺皆離。皆右體也。進腠。"鄭《注》:"右體,周所貴也。"此爲嘉禮用右胖也。《少牢饋食禮》實鼎,"司馬升羊右胖,髀不升",鄭《注》:"上右胖,周所貴也。"又云:"司士升豕右胖,髀不升。"《有司徹》:"司馬枇羊,亦司馬載。載右體。"此皆吉禮用右胖也。惟《既夕禮》大遷奠陳鼎:"其實:羊左胖,髀不升。"注:"反吉祭也。"《士虞禮·記》豚解,"升左肩",是反吉用左胖,乃《儀禮》中規則。此處《士冠禮》,人道之始,屬嘉禮,亦應用"右胖"。是清人依據禮例,實事求是,所校比之賈公彦牽强迴護之説,更爲合理。

（四）後出轉精,校前人所未校

禮例的運用需要以對禮文的熟練爲前提,越是細微之處越能見校勘者對於經文領會的深淺。如曹元弼的《禮經校釋》,其之所以能在盧文弨、阮元、胡培翬之後,取得卓越校勘之成績,端賴這一方法的運用,其中多有校前人所未校者。如:

1.《士冠禮》:"乃宿賓。賓如主人服,出門左,西面,再拜。主人東面,答拜。"

賈《疏》:"凡宿賓之法,案《特牲》云前期三日筮尸,乃宿尸。厥明夕陳鼎,則前期二日宿之也。《少牢》'筮吉'下云'宿',鄭《注》云'大夫尊,儀益多,筮月既戒,諸官以齊戒矣,至前祭一日,又戒以進之,使知祭日當來',又云'前宿一日,宿戒尸',《注》云'先宿尸者,重所用爲尸者,又爲將筮','吉,則乃遂宿尸',是前祭二日筮尸訖宿尸,至前祭一日又宿尸,天子、諸侯祭前三日宿之,使致齊也。"②

在此,賈《疏》詳細申發了宿賓之例。然其"前祭二日筮尸訖宿尸,至前祭一日又宿尸"明顯與《少牢》所述有別,文字之間似有訛誤。案,根據祭祀的儀節,舉行祭禮的前兩天,要先前往邀請可以擔任尸的人。第二天早晨,也就是祭前一日,再用占筮來確定用誰爲尸。占卦結果如果吉利,主人再前往尸家邀請。此即《少牢》所謂:"前宿一日,宿戒尸。明日朝筮尸,如筮日之禮。……吉則乃遂宿尸,祝擯。"據敖繼公説,凡可爲尸者,都宿戒之,然後通過占筮來確定誰爲祭祀當日所用尸。可見,宿尸在前,筮尸在後。若占卜得吉,再往而宿尸。然無論盧文弨抑或阮元諸人皆未指出。惟曹元弼《禮經校釋》曰:

> "前祭二日筮尸訖宿尸,至前祭一日又宿尸",當爲是"前祭二日宿尸,至前祭一
> 日筮尸訖,又宿尸"。③

① 〔清〕淩廷堪撰,彭林點校:《禮經釋例》卷五,第 273 頁。
② 〔漢〕鄭玄注,〔唐〕賈公彦疏:《儀禮註疏》卷一,第 7 頁。
③ 〔清〕曹元弼:《禮經校釋》卷一,第 120 頁。

曹氏此處的説法，方合乎禮例。若如諸本，則顯然未見賈《疏》真面。然非熟讀經文，詳體禮例，旁人難以覺察，正可見曹氏之超卓。

2.《士相見禮》：“主人請見，賓反見，退。主人送于門外，再拜。”

此記士相見之禮，鄭《注》：“請見者，爲賓崇禮來，相接以矜莊，歡心未交也，賓反見，則燕矣。下云‘凡燕見於君’至‘凡侍坐於君子’，博記反見之燕義。”賈《疏》釋之曰：

> 云“賓反見，則燕矣”者，上《士冠》禮賓、《士昏》納采之等，禮記皆有禮賓、饗賓之事，明此行禮，主人留必不虛，宜有歡燕，故云“則燕矣”。[1]

賈《疏》中“禮記”二字，文義不明。對此，盧文弨引浦鏜之説，謂：“下‘禮記’二字，浦云衍文。”[2]然自宋單疏本以下無異文，皆作“禮記”。阮元《儀禮注疏校勘記》未見出校。惟曹元弼指出：

> 禮記皆有禮賓，校曰：“記”當爲“訖”。[3]

曹元弼以爲賈《疏》中“禮記”當爲“禮訖”之誤。核之禮文，賓主人行禮既畢，必有禮賓及儐使者之禮，所以“申主人之敬也”。[4]《士冠禮》“賓出，主人送于廟門外。請醴賓，賓禮辭，許”下“冠者”見君與鄉大夫鄉先生畢，“乃醴賓以壹獻之禮”。《士昏禮》納采問名禮畢，儐者“出請醴賓”。鄭《注》：“此醴亦當爲禮。”《聘禮》聘享禮畢，“賓奉束錦以請覿。儐者入告，出辭。請禮賓，賓禮辭，聽命”。是禮例，皆有禮賓之事，此處賈《疏》所引《士冠》《士昏》正是反映此行爲，故所謂“禮記”爲“禮訖”，當是形近而訛，日人倉石武四郎《儀禮疏攷正》即以爲曹元弼根據禮例校正之，較浦鏜所云爲優長。[5]

3.《聘禮》：“習夫人之聘享亦如之。習公事，不習私事。”賈《疏》：“是又問卿訖，賓西面如覿幣，入門右。”

《聘禮》儀節，自命使、授幣、將行告禰、受命遂行至過邦假道之後，有“預習威儀”之節目，其經文曰：“未入竟，壹肆。爲壇壝，畫階，帷其北，無宮。朝服，無主，無執也。介皆與，北面，西上。習享，士執庭實，習夫人之聘享亦如之。習公事，不習私事。”意謂：將至所聘國而尚未入境時，要演習一次聘問的儀節。堆土爲壇像堂，畫出堂階，在北邊挂上帷幕，但無須標出宮的圍牆。演習時，賓穿着朝服，不設主人，也不捧圭，衆介皆參與。演習獻享時，士介拿

---

① 〔漢〕鄭玄注，〔唐〕賈公彥疏：《儀禮注疏》卷七，第71頁。
② 〔清〕盧文弨著，陳東輝、彭喜雙點校：《儀禮注疏詳校》卷第三，第58頁。
③ 〔清〕曹元弼：《禮經校釋》卷三，第148頁。
④ 〔清〕凌廷堪撰，彭林點校：《禮經釋例》卷六，第308頁。
⑤ 〔日〕倉石武四郎：《儀禮疏攷正》，東京：汲古書院，1980年，第68頁。

着禮物(庭實),演習聘問和獻夫人的禮儀也一樣,祇演習公事,個人私下拜訪的禮儀就不再演習。體現了對於所聘之事慎重的禮義。

曹氏對賈《疏》中"賓西面如覿幣"的文字,指出"西"字爲衍文。[①] 對此,無論盧文弨抑或阮元,在其著作中皆未出校,而單疏本與此相同,亦留有"西"字。仔細分析,可知曹氏此處根據的實乃《聘禮》實行的禮例和前後的文例。根據賈《疏》"私事者,謂私覿於君,私面於卿大夫"可知,《聘禮》在聘享的主要儀節之後,尚有私覿和私面的儀節,而經文於"賓朝服問卿"一節,曰:"擯者出請事,賓面,如覿幣。"鄭《注》:"面,亦見也,其謂之面,威儀質也。"可見,此處的"面"乃是一種禮儀的專稱,並非面向之意,故前所述"賓西面如覿幣"的"西"確有可能爲衍文。

總之,如上舉諸例,皆可見曹氏運用禮例,對於細微之處或前人所忽方面的處理,確有勝於前賢之所在。這也提醒我們在評價曹氏《禮經校釋》一書時,必須特別注意禮例在其中的作用。

四、運用禮例校勘的問題與不足

上文所舉,已足以證明禮例在校勘上的功效。然而,清人運用禮例校勘固然取得極大的成就,但亦存在某些不足或缺陷。

首先,禮例是一種解經方法,運用這種方法來校勘,它必然受到方法本身的限制。即鄭雯馨所言:"推次法根植於禮例的必然性,即同類的禮文應具有固定、一致的現象與規則,禮意、禮文二者之間應具有固定的關係。反之,若禮意、禮文與禮例不一致,將使類推產生問題。於是,禮文現象與規則的對應是否固定、一致,禮意解釋是否合宜,不僅是影響禮例是否成立、推論是否合宜的關鍵,也會涉及禮例解經的可信度與經典的意涵。"[②] 在這一前提上,鄭氏得出:"判斷禮例的解經效用,當可從禮意、禮文的結構加以討論"的觀點。[③] 其所言雖然是從解經入手,但對於校勘同樣適用,即禮例常常忽視特殊情況或語境之間的細微區別從而導致判斷的誤差。

如《鄉飲酒禮·記》:"賓俎:脊、脅、肩、肺。主人俎:脊、脅、臂、肺。介俎:脊、脅、胉、胳、肺。肺皆離。皆右體,進腠。"對此,鄭《注》謂:"凡牲,前脛骨三:肩、臂、臑也;後脛骨二:膊、胳也。尊者俎尊骨,卑者俎卑骨。《祭統》曰:'凡爲俎者,以骨爲主,骨有貴賤。'凡前貴後賤。"是鄭玄應用"尊者俎尊骨,卑者俎卑骨"的禮例,指出賓、主人、介之俎代表的是各自的身分尊卑。然而鄭玄並未解釋除了肺之外,何以介俎用"脊、脅、胉、胳"四體的緣故,和其所言"凡俎實之數,奇"相矛盾,且四體之數多於主人和賓,尊卑不倫,不符合禮例。對此,朱子《儀禮經傳

---

① 〔清〕曹元弼:《禮經校釋》卷九,第 271 頁。
② 鄭雯馨:《論〈儀禮〉禮例研究法——以鄭玄、賈公彥、凌廷堪爲討論中心》,第 258 頁。
③ 鄭雯馨:《論〈儀禮〉禮例研究法——以鄭玄、賈公彥、凌廷堪爲討論中心》,第 258 頁。

通解》曰：

> 今按，“介俎，脊、脅、胳、肺”，印本“胳”上有“肫”字，然《釋文》無音，《疏》又
> 云“有臑肫而介不用”，明本無此字也。成都石經亦誤。今據音、《疏》刪去。①

可見朱子據賈《疏》和陸德明《經典釋文》，認爲此處“肫”爲衍文。此後，敖繼公及明監本、乾隆殿本等多依朱子之説校改。如敖繼公謂：

> 《疏》云“介用胳”，又云“或有肫、胳兩言者”云云。又《釋文》此處無“肫”音，
> 至下乃音之。今據《釋文》與《疏》之前説，則“胳”上固無“肫”字。又考《疏》之後説，
> 則是作疏之時，或本已有兩言“肫、胳”二字者矣。是蓋後人妄增之，而當時無有是
> 正之者，故二本並行。其後石經與印本但以或本爲據，所以皆誤。今從《通解》刪之。②

然而盧文弨校“肫”字曰：

> 石經有，朱刪。以《疏》云“有臑肫，而介不用”，明本無此字也。金案：“《疏》
> 又云‘或有介俎肫胳，兩言者，欲見用體無常，若有一大夫，即介用肫，若有二大夫，
> 則介用胳，故肫胳兩見亦是也’。”又案：“前經‘乃設折俎’下，疏引此記亦有‘肫’
> 字，則賈《疏》所據之本明有‘肫’字。”今官本亦刪之，非是。③

盧文弨引金曰追之説及自己所見，指出賈公彥作《疏》時，所見之《儀禮》已有兩種不同的本子，一有“肫”，一無“肫”。賈《疏》原文作：

> 或有介俎肫胳兩言者，欲見用體無常，若有一大夫即介用肫，若有二大夫則介
> 用胳，故肫、胳兩見亦是也。④

由此可見，賈公彥作《疏》時，也有作“肫胳”的本子，且其認爲，“肫胳”兩字並存，乃視一大夫、二大夫情境之不同，於經義上言之成理，因此無法判斷二本之是非。如果照朱子所説刪去“肫”字，則賈《疏》“肫胳兩見”的説法就不可通了。阮元對此問題的看法，前後頗爲有趣，其《儀禮石經校勘記》引朱子《通解》之説，刪去“肫”字，又曰：

---

①〔宋〕朱熹著，黄幹編：《儀禮經傳通解正續編》卷七，北京：北京大學出版社，2012年，第196頁。
②〔元〕敖繼公撰，孫寶點校：《儀禮集説》卷四，上海：上海古籍出版社，2017年，第178頁。
③〔清〕盧文弨著，陳東輝、彭喜雙點校：《儀禮注疏詳校》卷第四，第77—78頁。
④〔漢〕鄭玄注，〔唐〕賈公彥疏：《儀禮注疏》卷十，第104頁。

賈或本有"肫"字,益可知正本無"肫"字矣。前經乃設折俎下,《疏》引此處經文有"肫"字者,據或本也。蓋用體無常,舉一可概其餘。故《鄉射·記》云:"獲者之俎,折脊、脅、肺、臑。"《注》云:"臑,若膞、胳、觳之折,以大夫之餘體。"鄭兼舉者,如《疏》所言:"大夫一人,獲者即得膞;大夫二人,獲者即得胳;大夫三人,獲者即得觳也。"若必肫胳兼舉之,則《鄉射·記》"脊、脅、肺、臑"之下何以不兼言"膞、胳、觳"乎?①

阮元認爲,即使"兼舉",不必一一道明。以《鄉飲酒禮·記》和《鄉射·記》互勘,以爲"肫"字可刪,是從朱子之説。可是,到了《儀禮注疏校勘記》,其説法則變成:

> "胳"上,唐石經、徐本、《集釋》、楊氏俱有"肫"字;毛本、《通解》、敖氏無。朱子曰……敖氏曰:"《疏》云或有肫胳兩言者云云,則是作《疏》之時,或本已有兩言肫胳二字者矣,是蓋後人妄增之,而當時無有是正之者,故二本並行。其後石經與印本但以或本爲據,所以皆誤。"按,賈云"肫胳兩見亦是也",又前("乃設折俎")《疏》云"下有介俎脊脅肫胳",仍有"肫"字,則賈氏所據之本雖無"肫"字,亦不以有"肫"爲非。②

這裏阮元根據賈公彥《疏》,又認爲"肫"不一定是衍文。似乎不認同朱子刪去"肫"的作法。根據常規的禮例,介俎自然是"脊、脅、胳、肺",然而賈《疏》當時已存在有"肫"、無"肫"兩本,且其認爲後者在經義上亦可通。胡培翬執着於鄭《注》禮例,因朱子、敖繼公之説,認爲賈《疏》"或本"兩言的説法,是後人妄增之。③但既然唐時已有此現象,且賈《疏》特別提出來説明,在沒有其他有力證據的情況下,僅憑通常情況下的禮例,是否可以逕行刪去呢?

其次,禮例畢竟屬於一種推論,自有其不周延性。在出現新的版本之後,很容易被證僞或推翻,乃至得出更確切的結論。

如《士相見禮》:"非以君命使,則不稱寡。大夫、士,則曰寡君之老。"鄭《注》:"謂擯贊者辭也。不稱寡者,不言寡君之某,言姓名而已。大夫、卿、士,其使則皆曰寡君之某,《檀弓》曰:'仕而未有祿者,君有饋焉曰獻,使焉曰寡君之老。'"

今案此句經文難明,鄭《注》亦未注明,諸家校注亦紛紛難決,盧文弨《儀禮注疏詳校》曰:

> 敖云:"此文不可强通。或曰'君之老'與'大夫士'之文宜易處,蓋傳寫者因

---

① 〔清〕阮元:《儀禮石經校勘記》卷一,臺北:新文豐出版公司,1984 年,第 29—30 頁。
② 〔清〕阮元等:《儀禮注疏校勘記》卷四,第 334 頁。
③ 〔清〕胡培翬撰,段熙仲點校:《儀禮正義》卷七,第 429 頁。

‘寡’字之同而誤也，未審是否。”盛則以“不稱寡大夫”爲句，下依《玉藻》之文，改作“公士擯，則曰寡君之老”，此與注疏不相合。戴則以“士則曰”三字爲衍文。文詔案：數説之中，戴説近是。①

此處，阮元《校勘記》未出校，戴震以爲衍文。其後王引之《經義述聞》在戴震的基礎之上，進一步校正曰：

> “非以君命使，則不稱寡大夫”，此下《唐石經》及各本俱有“士”字。案《疏》曰：“經直云‘大夫’，鄭兼云‘士’者，經本文是‘士’，則云‘非以君命使’，可以兼士也。”據此，則“大夫”下本無“士”字，特以本篇是士相見禮，故《注》兼士言之耳。經文“士”字，後人所加。今依戴氏所校《集釋》删正。②

又曰：

> “寡大夫”下“則曰”二字，因下文“士大夫則曰下臣”而衍也。……鄭注《玉藻》“公士擯”節曰：“謂聘也。大聘使上大夫，小聘使下大夫。”然則大夫以君命使，則擯者稱寡大夫、寡君之老；非以君命使，則不稱寡大夫、寡君之老矣。鄭不悟“則曰”之爲衍文，而讀“大夫”下屬，且以“不稱寡”爲句，非也。敖繼公見俗本“大夫”下有“士”字，乃謂“君之老與大夫士之文宜易處”，尤誤。③

二家從禮文義例結合文辭出發，所校似令人信服，然今武威漢簡出土，取以核之，簡本作“非以君命使，則不稱寡。大夫則曰：寡君之恭”，無“士”字。對此，沈文倬校曰：

> 此節注家均依《玉藻》立解，“謂擯贊者之辭”，乃使臣之擯者對主國稱其使臣之稱謂。此禮主於士，上句指士爲擯者，非以君命出使；如使臣爲卿則不稱“寡君之老”；使臣爲大夫則不稱“寡”，寡即寡大夫。下句連類而及大夫爲擯者，今本作“大夫士”，與上句矛盾，無法通釋。戴震以下，均以爲文有訛舛，或説“士則曰”三字衍文；或説誤“使”爲“士”，迄無定論。得簡本而知本無“士”字，則此大夫爲擯者，使臣當爲卿，仍稱寡君之老。今本誤衍“士”字。④

① 〔清〕盧文弨著，陳東輝、彭喜雙點校：《儀禮注疏詳校》卷第三，第 62 頁。
② 〔清〕王引之撰，盧思徵、馬濤、徐煒君校點：《經義述聞》，第 566 頁。
③ 〔清〕王引之撰，盧思徵、馬濤、徐煒君校點：《經義述聞》，第 566—567 頁。
④ 沈文倬：《〈禮〉漢簡異文釋》，《菿闇文存》，第 82 頁。

　　可見戴震、王引之雖發現問題，並嘗試運用禮例以校正，但終因方法本身的限制，在簡本出土之後，比較而觀，便顯得終未圓滿。此正禮例不足之一例。

　　第三，當禮例和版本之間，皆有根據時，如何取捨的問題。如《士昏禮·記》："納徵。執皮，攝之，內文，兼執足，左首。"阮元刻本《儀禮注疏》所附《校勘記》，於"執皮者"下曰：

　　　　執皮者，《要義》同。毛本下有"二人"兩字。[①]

　　然而文選樓單行本《校勘記》則作："單疏、《要義》俱無'二人'兩字，是也。"[②] 此可見南昌府學本校勘記對於文選樓本的加工處理。然則，所謂毛本之"執皮者二人"的異文，究竟是毛本訛誤，還是宋單疏本有誤呢？

　　根據經文，納徵時"玄纁束帛、儷皮"，鄭《注》："儷，兩也"，可見有兩張鹿皮。張爾岐《儀禮鄭注句讀》謂：

　　　　納徵之禮，賓執束帛入，別有二人執皮，以為庭實。其執之之法，襞攝之，使文在內，兩手兼執其四足，首向左，二人相隨入門，至庭，則并立，以西為上，三分庭之一而在其南。[③]

　　參之《聘禮》聘享儀節，"擯者出請。賓裼，奉束帛加璧享。擯者入告，出許。庭實，皮則攝之，毛在內，內攝之，入設也。賓入門左，揖讓如初，升致命，張皮"。是兩者儀節相似，可藉以比勘。尊此禮例，當有二人執皮，則毛本作"二人執皮"反合於禮例。然則宋單疏本、宋人著作等皆無此二字。從時間上來說，宋本自然較為可靠，且有此二字者乃清人所指摘的毛氏汲古閣本，故阮元《校勘記》起先從宋本，後校刻《十三經注疏》時，雖未明確表態，但用語已然不同。顯見彼已有見於禮例之規則，然囿於版本，衹是提出，改易用語，以待後人。此處正可見禮例與版本之間的衝突，校勘者作何取捨的問題。

五、結論

　　過去學界論清人《儀禮》校勘之特色，往往從與石經互勘、廣求善本以對校、運用《經典釋文》《說文解字》等小學類文獻校經以及理校等方面論述之。此類說法固然有道理，然而仔細檢討清代關於《十三經》的校勘，無不知利用唐刻石經、《經典釋文》、《說文解字》，對於善本的尋訪與搜求，更是校勘之先務。單純的理校之法，亦很難成為《儀禮》校勘的特色，畢

----

① 〔清〕《儀禮注疏附校勘記》卷六，第 67 頁。
② 〔清〕阮元等：《儀禮注疏校勘記》卷二，第 316 頁。
③ 〔清〕張爾岐：《儀禮鄭注句讀》卷二，臺北：學海出版社，1997 年，第 95 頁。

竟這一方法對於所有文本的校勘都存在一定的適用性。在這些論述的基礎上，如何拓展、深化，從而提煉出清代《儀禮》校勘的獨有特色是本文嘗試解決的一大問題。

　　就本文所見，清人運用禮例這一治經方法以從事《儀禮》文本的校勘，堪稱其區別於其他經書校勘的一大特色，可稱之爲“以例校禮”。前人雖有見於此，但皆未暇深論。本文從分析禮例的内涵與歷史發展入手，結合清人《儀禮》校勘的實例，較爲深入細緻地探討了這一現象，似可爲以往之補充。就其功用而言，這一方法，在訂正誤字、校對衍文，對今古文之取捨，辨正舊説，於細微之處校前人所未校等四個方面，皆擁有不俗的表現。但禮例是一種解經方法，運用這種方法來校勘，它必然受到方法本身的限制，如具有對文本特殊語境的忽視，因屬推論而在新出版本證據面前，很容易被證僞或推翻以及當禮例和版本之間皆有根據時，如何取捨等方面的問題。

　　總之，運用禮例在清人《儀禮》校勘中確實發揮了重要的作用，取得了顯著成果的同時，也無法避免問題的存在，這提示我們必須從實例出發，辯證看待。

（聶濤，金陵科技學院人文學院講師、南京師範大學文學院博士後）

方苞與《周官義疏》關係考論*

沈 暢

[摘 要] 中國國家圖書館藏清抄本《三禮義疏》（A01967）的《周官義疏》部分是經三禮館臣於乾隆十年貼改修訂的乾隆六年進呈稿。經與方苞個人著作《周官析疑》對比分析，確定《周官析疑》中絕大部分意見都被用作方苞主修的《周官義疏》乾隆六年進呈稿的案語，甚至前者中明顯與清王朝皇權、鹽税等重要制度相牴牾的觀點也被納入後者的案語中。而《周官義疏》乾隆六年進呈稿中來自《周官析疑》的部分案語甚至出現與已經選爲“正義”的前人經説明顯牴牾的情況。因此，《周官義疏》乾隆六年進呈稿是在方苞全面掌控下，按照其學術觀點纂修的。

[關鍵詞] 周禮 周官義疏 方苞 周官析疑

清乾隆朝官修的《周官義疏》是《周禮》最後一部官修經義，也是清代唯一一部《周禮》官修著作。但其主持者方苞在纂修中的實際作用卻一直難以定論。

自三禮館開館，至乾隆六年（1741）《周官義疏》初次奏進，方苞一直是《周官義疏》纂修的主持者。關於這一點，不僅有方苞及其生徒官獻瑶的記載，[①]而且，乾隆七年（1742）張廷玉在轉奏方苞致仕折時亦稱“《三禮》係方苞等三人纂修，方苞分纂《周禮》，周學健分纂《儀禮》，李紱分纂《禮記》”。[②]根據《清高宗實録》載，方苞是乾隆元年（1736）七月九日三禮館初開時任命的副總裁，而李紱和周學健則是分别在乾隆元年十二月二十五日與乾隆五年（1740）十二月初七日充任副總裁。據這份奏折可以確定，方苞確實一直主修《周官義疏》，直至乾隆七年致仕爲止。

正是由於直至乾隆六年《周官義疏》奏上，負責纂修《周官義疏》的副總裁一直爲方苞，而不像《儀禮》《禮記》因三禮館人事更迭，先後有多位主事者，故而後世遂有方苞一人獨撰《周官義疏》之説。依據目前的資料，首次正式提出這一説法的是《四庫全書總目提要補正》的作者胡玉縉。胡玉縉據雷鋐《方苞行狀》中“獨纂修三禮”，“進《周官義疏》，上留閲兼旬，命發刻，一無所更”等語，結合《周官義疏》與《周官析疑》在文字上的異同，[③]認爲《周官義

---

* 本文是上海市“超級博士後”激勵計劃日常經費資助項目（2019181）的階段性成果。

① 〔清〕方苞撰，劉季高校點：《方苞集》卷六《與鄂少保論修三禮書》，上海：上海古籍出版社，1983年，第154—155頁。〔清〕官獻瑶：《石谿讀周官》卷首《讀周官序》，《續修四庫全書》第79冊，上海：上海古籍出版社2002年影印清道光二十五年刊本，第556頁。

② 《乾隆朝漢文録副奏折》，中國第一歷史檔案館藏（縮微號004-1180），轉引自林存陽：《三禮館：清代學術與政治互動的鏈環》，北京：社會科學文獻出版社，2008年，第48頁。

③ 按：方苞“析疑”四十卷爲《周官析疑》三十六卷《考工記析疑》四卷，分别命名序卷，但爲行文簡潔，本文凡整體泛指《周官析疑》《考工記析疑》時，均省稱《周官析疑》。

疏》係方苞一人所撰。① 但劉康威指出，方苞自己明確表示《永樂大典》所載經説非自己鈎沉，而且他與鍾琬反復討論，故而《周官義疏》並非方苞個人著作。② 此後林存陽、張濤等人均認同劉康威之説。

但是，《周官義疏》在方苞離館之後的乾隆十年（1745）有過一次修訂工作。《清實録》載：“（乾隆十年十二月二十七日）大學士張廷玉等奏：本月二十四日，三禮館恭進儀禮、禮記《義疏》，奉旨交臣等閲看。但查該館奏内，據稱《三禮義疏》卷帙浩繁，開館迄今，總裁屢易。前進《周禮義疏》中有牴牾駁雜之處，尚須重加釐正……得旨：著張廷玉、高斌會同該館辦理。”③ 這次修訂工作的結束時間，張濤根據“中央研究院”歷史語言研究所藏内閣大庫檔案，確定在乾隆十一年（1746）秋末冬初。④ 由於此次修訂工作持續了近一年時間，因此，其修改幅度應該不會太小，而已經離京多年的方苞却不可能參與此次修改。正是由於在方苞離館後，《周官義疏》進行了近一年的修訂，因此，《周官義疏》刊本的面貌與乾隆六年底進呈稿的面貌一定存在不小的差異。這樣一次修訂的存在，決定了僅依據經過三禮館臣修訂的《周官義疏》刊本並不能將方苞與《周官義疏》的關係分辨明白。祇有掌握了三禮館臣對《周官義疏》修訂的實際情況，特別是方苞主持纂修時期的《周官義疏》暨乾隆六年進呈稿的面貌，才有可能對方苞在《周官義疏》纂修工作中的實際作用取得較爲精準的認識。

一、《周官義疏》貼改稿本的發現及抄寫與貼改時間的考定

張濤在《乾隆三禮館研究》暨正式出版的《乾隆三禮館史論》中多次使用《三禮義疏》稿本，并在第三章第三節專闢《關於〈三禮義疏〉稿本》一個標題對他使用的稿本進行描述。⑤ 另外，張濤《乾隆朝三禮館考》在討論《三禮義疏》纂修分工時，對這部《三禮義疏》稿本的情況有更爲詳細的介紹。根據張濤描述，他所見稿本是中國國家圖書館藏索書號爲A01969的一部，另有兩部索書號分別爲A01967、A01968的清抄本《三禮義疏》也藏於中國國家圖書館。這三部書都是中國國家圖書館的前身學部圖書館成立時，由内閣大庫撥來的内府藏書，爲清廷纂修《三禮義疏》後存庫的舊物，毫無問題。⑥ 此三書均又見於《北京圖書館古籍善本書目》著録，張濤對這三部《三禮義疏》版本性質的認定，便是依據北京圖書館的著録。⑦

---

① 胡玉縉：《四庫全書總目提要補正》，上海：上海書店出版社，1998 年，第 127 頁。
② 劉康威：《方苞的〈周禮〉學研究》，東吳大學碩士學位論文，臺北，2005 年，第 62 頁。
③ 《清高宗實録》卷二五五，《清實録》第 12 册，北京：中華書局 1985 年影印本，第 308 頁。
④ 張濤：《乾隆三禮館研究》，清華大學博士學位論文，北京，2012 年，第 52 頁。又見張濤：《乾隆三禮館史論》，上海：上海人民出版社，2015 年，第 78 頁。
⑤ 張濤：《乾隆三禮館研究》，第 130—132 頁。又見張濤：《乾隆三禮館史論》，第 187—189 頁。
⑥ 按：這三部書在民國年間史錫永所編《京師圖書館善本書目》中均明確著録爲清内閣。史目現國内已無傳本，但史目對這三部書性質的著録見方甦生《清内閣庫貯舊檔輯刊叙録》稱引，載《清内閣庫貯舊檔輯刊》第 1 册，北平故宫博物院文獻館 1935 年編印，第 25 頁。
⑦ 北京圖書館編：《北京圖書館古籍善本書目·經部》，北京：書目文獻出版社，1987 年，第 84 頁。

　　張濤對 A 01969(下簡稱"丙本")這一部中國國家圖書館著録爲"稿本"的描述是基本可信的,它實際是三禮館《永樂大典》輯録稿與《三禮義疏》稿本的混裝。張濤在其《三禮館輯録〈永樂大典〉經説考》一文中具體指出丙本的前 27 册《周官義疏》部分中,除册 4、5 爲《周官義疏》草稿"天官·小宰"至"天官·宫伯"殘卷外,1—3、6—27 共計 25 册爲三禮館臣的《永樂大典》輯録稿。[①]

　　張濤對 A 01968(下簡稱"乙本")的描述也基本無誤。這部書内常有天頭地脚的校字及浮簽,且浮簽常標示要查"正本",更有描述稿本面貌的浮簽。如册 11 葉 4《周禮》小司徒職"乃頒比法于六鄉之大夫"浮簽云"稿本藍筆一無所與之下添'也'字。删'昭然矣……'廿二字,甚是,此處未改正。(查正本添删)"。而且這部書既有"四聲圈將來刊刻用之,其正本概不必添"的標注(册 51《儀禮義疏》卷首上書衣),又對版心不合式處進行批注(册 15《周禮》"地官司市"葉 1)。可知這部出現了署"丁卯六月初九日"即乾隆十二年(1747)批語的清本確實是校正付刊的清稿,而非原稿或寫清進呈的正本。

　　但是,張濤對 A 01967(下簡稱"甲本")性質的考察遺漏了這部《三禮義疏》的重要特徵與信息。

(一)甲本《周官義疏》是貼改稿本

　　中國國家圖書館藏甲本《三禮義疏》所含三部分的行款相同。但是相比于《儀禮義疏》和《禮記義疏》較爲乾净整潔的頁面,《周官義疏》除了最後 4 册禮圖外,前 45 册却貼滿浮簽,這些浮簽既有僅寫一行字的窄條,也有遠超過原書半葉行數、折疊後方能塞在書册之内的巨型寬浮簽。另外,包括部分被浮簽遮蓋的原文在内,不少原寫段落的首末字之外被貼上橙色鈎銷狀紙條,表示删除。

　　甲本《周官義疏》上的浮簽及删除文字的數量是十分巨大的,幾乎每一職都有貼補與删節。以天官"大宰職"爲例,《周官義疏》將大宰職職文分爲 111 節,出現浮簽及鈎銷紙條删除的有 54 節,接近半數;《周官義疏》大宰職共有案語 64 則,此本有 45 處案語變動,其中除了 4 處將原有案語删除,其餘 41 則中有 14 則是原無案語,浮簽貼補,有 11 則是用浮簽對原有案語進行替換,修改數量達到三分之二。再如秋官"朝士"職,《周官義疏》分 11 節,此本每節均有改動;《周官義疏》朝士職有案語 11 則,此本有 11 處案語變動,除去 1 處删去原有案語外,祇有 1 則案語没有變動。上述兩個職文並非特例,此本幾乎整部書都有删除與貼補的痕迹。《周禮》六篇相比,前五官的删除貼補比例又高於《考工記》。

　　將甲本《周官義疏》上删除貼補文字的内容與通行本《周官義疏》進行比較,可以發現,甲本《周官義疏》經過直角括號删除和浮簽貼補之後的文字與通行本的文字是基本一致的。如甲本《周官義疏》上小宰職的直角括號删除和浮簽貼補共有 69 處。經與通行本《周官義

---

① 張濤:《三禮館輯録〈永樂大典〉經説考》,《故宮博物院院刊》2011 年第 6 期,第 100—101 頁。

疏》對比，甲本修改之後的文本與通行本《周官義疏》一致。又如甲本《周官義疏》上小司寇職的直角括號刪除和浮簽貼補共有 24 處，這 24 處修改後的文字也是與通行本《周官義疏》一致的。

甲本《周官義疏》貼改之前的文字又是如何？根據《三禮義疏》的《凡例》，《三禮義疏》中的正義、辨正、通論、餘論、存疑、存異、總論七項均是輯録清以前各家經説。雖然甲本《周官義疏》不少的貼改是針對這七項内容進行的，但甲本《周官義疏》上這七項的原寫部分都難以準確追蹤。相比於以上七項來源複雜的情況，《三禮義疏》的案語全部出自三禮館臣之手，這部分的改動軌跡就相對容易追尋。由於《周官義疏》在第一次進呈之前一直由方苞主修，而且《周官義疏》對《周禮》成書的觀點與方苞《周官析疑》《周官辨》一致，我們就嘗試將《周官義疏》與《周官析疑》對比。經過對比，我們發現，甲本《周官義疏》貼改前的案語與《周官析疑》的内容大量相同。仍以小宰職爲例，其貼改刪節前的原寫案語共 22 則，在這 22 則中，僅有 1 則原寫案語不見于《周官析疑》，其餘 21 則的原寫案語都與《周官析疑》對應正文的析疑内容基本一致。又如地官“載師”職，其貼改刪節前的原寫案語共 6 則，祇有 “以公邑之田任甸地”節案語爲符合案語行文習慣對《析疑》此處首句進行改寫，本則後半及其他 5 則原寫案語與《周官析疑》無二，其中 “以宅田士田賈田任近郊之地”一節的案語長達 500 字，更是與《周官析疑》的文字絲毫不差。既然甲本《周官析疑》大多數原寫案語與方苞《周官析疑》雷同，説明甲本《周官義疏》的原寫部分與作爲第一次進呈前《周官義疏》主修的方苞關係極其密切。

既然甲本《周官義疏》貼改之後的内容與通行本《周官義疏》基本一致，而原寫案語又大量與方苞《周官析疑》相同，這部甲本《周官義疏》應該是《周官義疏》方苞主修時期與乾隆十年以後三禮館臣修改定本之間銜接的關鍵。我們認爲，這部出自内閣大庫的甲本《周官義疏》是三禮館修纂《周官義疏》的貼改稿本。

這一判斷是有直接的證據支持的。乙本是乾隆十三年（1748）以後三禮館付刊前的清本樣稿。在這部清本樣稿上貼有示意修改的浮簽，有一些浮簽提到“原稿”。經核查，乙本《周官義疏》上浮簽提到的“原稿”與甲本《周官義疏》的狀態基本一致，尤其一些刪除、貼改之處。如乙本《周官義疏》册 11 葉 4 小司徒職“乃頒比法于六鄉之大夫”節案語天頭貼有浮簽，云“稿本藍筆‘一無所與’之下添‘也’字。删‘昭然矣⋯⋯’廿二字，甚是，此處未改正。（查正本添删）”。甲本册 11 葉 3—4 小司徒職“乃頒比法于六鄉之大夫”節案語確實于“一無所與”下旁填“也”字，又用鈎銷紙條删去原寫案語末“昭然矣且若非六卿則宜與遂大夫同何以職事迥別乎”22 字。又如乙本《周官義疏》册 12 葉 6 鄉大夫職“三年則大比”節正義末貼有浮簽“原稿‘賢能國之寶也’，今改（添）‘天府掌寶物。賢能之書亦是寶物’，是否賈公彦原注，應查照”。甲本《周官義疏》册 12 葉 5 鄉大夫職“三年則大比”節正義末條原寫“賈公彦曰：賢能，國之寶也。故藏于天府”，鈎銷紙條删去“賢能，國之寶也”，其旁浮簽貼補“天府掌寶物。賢能之書亦是寶物”一句。此 2 例中，甲本《周官義疏》的貼補删改狀況與乙本《周官義疏》浮簽所言"原稿"改動狀況一致。説明甲本《周官義疏》就是乙本《周官義疏》所提及的"原稿"。

由於乙本《周官義疏》已經是寫清的樣稿,這部滿是删節與浮簽貼補的甲本《周官義疏》就是彌足珍貴的貼改稿本。

(二)甲本《周官義疏》是乾隆十年三禮館臣修改原稿

作爲原稿的甲本《周官義疏》抄于何時? 我們可以從甲本《周官義疏》本身尋找證據。張濤曾查得中國第一歷史檔案館藏乾隆六年四月大學士三禮館總裁官鄂爾泰《奏爲奉敕纂修三禮編次事宜條例恭請聖誨事》與《周官義疏》卷首"聖制"有關:

> 臣等伏讀《日知薈説》論《周官》者凡十章,皆五官精義,深切治體,可法後世,竊思漢宣帝集諸儒于石渠,講五經同異,稱制以决之,垂諸史册,猶相傳爲盛典。況我皇上推闡經義,實前儒所未發,宜揭篇首,昭示來兹。此書若標"欽定",則宜加"聖制"二字冠諸儒總論之前;若標"御纂",則用《周易折中》之例,並作案語列諸儒總論之後。未知當否,伏候聖裁。[①]

據這封奏折可知,《周官義疏》卷首的"聖制"是乾隆六年四月以後才由三禮館臣上奏建議加入,而且當時僅確定10條聖制。甲本《周官義疏》已經將通行本《周官義疏》11條聖制的前10條寫在"卷首"前7葉,並在目録首葉第3行頂格寫"聖制",在凡例第2則明確説明"聖制《日知薈説》十則"。而且卷首的"綱領""總辨"兩項也是從聖制後的第8葉開始抄寫,至首册末的卷首第42葉結束。説明甲本《周官義疏》的前10條聖制是抄書時原寫的而非後來增入的。由於"聖制"是乾隆六年四月才由三禮館奏請加入,因此,甲本《周官義疏》的抄寫時間應該在此之後。

從裝潢來看,乙本與丙本兩部《三禮義疏》均爲毛裝、普通書衣,且丙本《儀禮》《禮記》部分的書衣上常寫有纂修官和謄録姓名,乙本的書衣上常有多位校字纂修官的簽署。這些現象顯示出的是草稿的特徵。與此二本不同的是,甲本《三禮義疏》全部182册均爲綫裝,黄綾書衣、黄絹書籤,開本高31.5釐米、寬19.8釐米,版匡高21.9釐米、寬16.1釐米。這樣的開本裝幀形式明顯是很正式的内府寫本,應該是三禮館專爲進呈所抄。《周官義疏》在乾隆六年末首次進呈,至乾隆十年進呈《儀禮義疏》《禮記義疏》兩書時,三禮館臣奏請對《周官義疏》重加釐正並得准辦理,經過一年左右方才修改完成,定稿進呈,因此《周官義疏》經歷兩次奏進。既然甲本《周官義疏》的原寫内容與通行本差異較大,且修改後的内容又同於

---

① 〔清〕鄂爾泰:《奏爲奉敕纂修三禮編次事宜條例恭請聖誨事》,中國第一歷史檔案館藏(檔號:04-01-38-0003-006),轉引自張濤:《乾隆三禮館研究》,第65頁。

通行本,説明它不可能是經歷乾隆十年修改之後的進呈本。由於甲本《周官義疏》原抄部分抄寫的上限是乾隆六年四月三禮館臣奏請加聖制獲准之後,下距首次進呈僅有半年,因此甲本《周官義疏》應當正是乾隆六年末的奏進本。

甲本《周官義疏》貼補删改部分的性質如何？通行本《周官義疏》卷首的"聖制"共有11條,但甲本《周官義疏》原寫僅有10條,與乾隆六年四月的奏折及一直沿用到通行本的《凡例》第2條説法一致。甲本《周官義疏》上的第11則聖制是貼補的。《清高宗實録》乾隆十年十二月十三日載和碩莊親王允禄等奏請將乾隆七年正月二十八日諭旨論"歌奏各爲一事""敕發三禮館。昭揭經義,永迪來兹"。[①]乾隆下旨令大學士張廷玉、尚書高斌看閲審查是否允當,應否頒發三禮館。張廷玉、高斌隨後奏稱"允宜如莊親王等所請,敕發三禮館纂入成書,垂教萬世。查《三禮義疏》原纂體例,敬採《御製日知薈説》《樂善堂文集》内論及三禮者,彙爲聖制一門,冠於卷首。今應將欽奉諭旨纂入。其本篇各有案語,應將莊親王及臣等奏帖中語意融洽採取,以廣發明。俾研經習禮之家共知聖訓昭垂,實爲千古定論,則教澤之所被,更無窮矣"。[②]乾隆從此奏。今甲本《周官義疏》貼補及通行本的聖制第11則内容與《清高宗實録》卷一五九乾隆七年正月二十八日載乾隆諭和碩莊親王允禄等所論一字不差,[③]甲本《周官義疏》册23卷22大司樂職"乃奏黄鐘歌大吕舞雲門以祀天神"節的貼補案語的内容完全貫徹乾隆"歌奏各爲一事"的觀點,説明這兩處貼補正是遵照此旨進行的。而且此等關乎聖制的修改在當時屬於一等重大的事務,三禮館臣必然在得旨後立即辦理,絲毫不敢拖延。因此,上述兩處貼補均是發生在乾隆十年十二月從張廷玉、高斌之請以後不久。這一時間與乾隆十年十二月二十七日奏請并獲准釐正《周官義疏》的時間正相吻合。由於此後三禮館一直在對《三禮義疏》進行修改,因此關於"歌奏各爲一事"的這兩處修改應該是與釐正《周官義疏》牴牾駁雜之處的工作合併進行的。既然針對"歌奏各爲一事"的增補修改痕迹反映在甲本《周官義疏》上,説明甲本《周官義疏》就是增補修改"歌奏各爲一事"的工作本,而且,甲本《周官義疏》上的貼補删改數量如此巨大,因此,可以認定,甲本《周官義疏》就是乾隆十年三禮館臣奉旨釐正《周官義疏》的修改原稿。另外,甲本《三禮義疏》中《儀禮義疏》《禮記義疏》的裝潢與《周官義疏》一致,這兩部分應該就是乾隆十年進呈本。因乾隆准張廷玉等奏將《儀禮義疏》與《禮記義疏》并發該館互加校正,故而這三部不同時期的進呈本被一並發還,作爲修改工作本,待修改完成後,合併存放。

甲本《周官義疏》的原寫部分是乾隆六年進呈的方苞主修稿,而這一文本又被發還作爲乾隆十年這一次釐正修訂的工作本,成爲乾隆十年三禮館臣修改原稿。甲本《周官義疏》這一雙重性質的認定,使得我們找到了《周官義疏》由方苞主修到三禮館臣奉敕修改這兩個階段間變化軌迹的關鍵證據。方苞與《周官義疏》纂修的關係也會因此而愈加明晰。

---

① 《清高宗實録》卷二五四,《清實録》第12册,第292頁。
② 《清高宗實録》卷二五四,《清實録》第12册,第292—293頁。
③ 《清高宗實録》卷一五九,《清實録》第11册,第12—13頁。

二、從乾隆六年進呈稿看方苞在纂修中的實際作用

從胡玉縉開始,學者長時間聚訟於方苞與《周官義疏》的關係,却難有準確結論,其根本原因在於材料掌握不够充分。胡玉縉、劉康威等對發生在乾隆十年的三禮館臣奉敕釐正《周官義疏》史實并不甚瞭解,故而不清楚《周官義疏》與《儀禮義疏》《禮記義疏》纂修過程的差異,以及《周官義疏》纂修兩階段的情況,這就根本不會想到方苞纂修的《周官義疏》與《周官義疏》刊本會存在重大差異。林存陽與張濤在《清實錄》中發現乾隆十年釐正《周官義疏》的綫索,將《周官義疏》成書的研究推進了一大步,但是由於林、張二位對中國國家圖書館藏三部原藏內閣大庫的三禮館寫本《三禮義疏》的性質未及深考,以至於沒有發現甲本《周官義疏》在《周官義疏》纂修兩階段上特殊的過渡性質,更加沒有認識到甲本《周官義疏》是由乾隆六年進呈到乾隆十年釐正變化的關鍵。這就導致他們雖然知道方苞主修的《周官義疏》與《周官義疏》刊本一定存在差異,却未能細究。

既然甲本《周官義疏》具有乾隆六年方苞主修進呈稿與乾隆十年三禮館臣修改原稿的雙重性質,要想弄清方苞對《周官義疏》纂修的掌控力度,最直接最有效的辦法就是對比考實乾隆六年進呈稿與方苞《周禮》經義觀點的異同。

(一)《周官析疑》與《周官義疏》乾隆六年進呈稿的案語

方苞傳世《周禮》著作有《周官集注》《周官析疑》《周官辨》。據方苞《周官集注序》言:"余嘗析其疑義以示生徒,猶苦舊說難自別擇,乃並纂錄合爲一編。大指在發其端緒,使學者易求。"① 因此,《周官集注》在於融會貫通,便於入門。所以,方苞詮釋《周禮》的觀點尤其是新見,主要還是體現在《周官析疑》與《周官辨》兩部書上。《周官辨》是方苞對《周禮》性質及成書的綜合論述,而且《周官辨》10 條已經基本被改寫成《周官義疏》卷首的《擬周禮總辨八則》。《周官析疑》則是方苞對《周禮》逐節分析疏解的成果,充分反映方苞對《周禮》字句義理理解的細節。想探究方苞在《周官義疏》修纂中所起的作用,弄清方苞對《周官義疏》纂修過程的掌控情況,必須從《周官析疑》入手。

1.《周官析疑》在方苞主修期間被採爲《周官義疏》案語的情況

依據《周官義疏》的體例,清代學者及三禮館臣的觀點均以案語形式附在採取清以前學者經說而成的正義、辨正、通論、餘論、存疑、存異、總論七項內容之後,想探究方苞的《周禮》經義觀點對他主修期間的《周官義疏》的影響,就應該考察方苞詮釋《周禮》的觀點在案語中所佔的分量。

如果僅將刊本《周官義疏》的案語與方苞《周官析疑》相比較,二者的差異還是很大的。

---

① 〔清〕方苞:《周官集注》卷首《周官集注序》,清雍正刻本,第 2 頁。

據統計，刊本《周官義疏》共有案語 1886 則，其中見於《周官析疑》的爲 1059 則，反言之，《周官義疏》中不見於方苞著作的案語有 827 則，佔 43.8%。也就是說，在刊本《周官義疏》的案語中，方苞的觀點僅佔半數稍過，而從《周官析疑》的角度來看，全書 1554 則，未被爲刊本《周官義疏》採用的條目有 713 條，佔 45.9%。這兩個佔比率，以主修的身份來看，很是可觀。但如果說"方苞一人所纂"，就很名不副實了。

但是，如果將《周官義疏》乾隆六年進呈稿上貼改前的案語與《周官析疑》對比，情況就大不相同。《周官義疏》乾隆六年進呈稿共有案語 1814 則，其中不見於《周官析疑》的僅有 373 則，佔 20.6%。從《周官析疑》的角度來看，僅有 166 則未被《周官義疏》乾隆六年進呈稿採用，佔全書 1554 則的 10.7%。與刊本相比，乾隆六年進呈稿案語襲用方苞學術觀點的情況就特別明顯了。

當然，即使在乾隆六年進呈稿中，《周官析疑》還有一成多條目沒有被採用爲案語，其實這與《周禮》的文本構成、特性以及方苞的學術風格有關。

現將《周官義疏》乾隆六年進呈稿的案語分卷分析如下二表：

表 1　進呈稿新創案語情況分卷統計表

	天官	地官	春官	夏官	秋官	考工記	總計
進呈稿案語條數	319	343	386	240	250	276	1814
非《析疑》條數	29	44	82	43	15	160	373
案語新創率	9.09%	12.83%	21.24%	17.92%	6.00%	57.97%	20.56%

表 2　《析疑》被進呈稿廢棄情況分卷統計表

	天官	地官	春官	夏官	秋官	考工記	總計
《析疑》條數	277	308	335	200	250	184	1554
未被進呈稿采用條數	18	14	28	12	23	71	166
《析疑》廢棄率	6.50%	4.55%	8.36%	6.00%	9.20%	38.59%	10.68%

上二表顯示，《周官析疑》未被《周官義疏》乾隆六年進呈稿采爲案語的這一成多條目的分佈非常集中。《周官義疏》乾隆六年進呈稿《考工記》部分共有案語 276 則，其中不見於《考工記析疑》的有 160 則，達到 58%，而前五官不見於《周官析疑》案語的佔比均未超過 22%。從《考工記析疑》角度來看，全書 184 則，未被《周官義疏》乾隆六年進呈稿採用的有 71 則，也有 39%，而《周官析疑》前五官各自廢棄條目的佔比均不到一成。如果把《考工記》整體扣除，《周官義疏》乾隆六年進呈稿的前五官共有案語 1538 則，其中不見於《周官析疑》對應部分的僅有 213 則，佔 13.8%。《周官析疑》的這一部分共有條目 1370 則，未被乾隆六年進呈稿採用的僅有 95 則，僅有 6.9%。與《周官析疑》全書在《周官義疏》乾隆六年進呈稿中 10.7% 的廢棄率相比，方苞在前五官纂修中的作用更爲可觀了。

之所以在纂修《考工記》這部分的乾隆六年進呈稿時,方苞的學術觀點被集中廢棄,並不是因爲方苞在主修《周官義疏》時期對這些部分的掌控成效與其他部分存在不同,而是與方苞的學術特點有直接關係。

方苞的《周禮》研究長於義理疏通,這一特點十分明確地反映在《周官析疑》的内容上。與《周禮》前五官"設官分職"的性質完全不同,《考工記》的主體部分全是具體務實的技術工藝記録,因此,方苞在《考工記》部分,意見明顯少於前五官。所以,原刻本《考工記析疑》四卷僅有 70 葉、184 則,《周官析疑》五官却有三十六卷 748 葉、1370 則。故而,即使《周官義疏》乾隆六年進呈稿由方苞主修,拙于實證的《考工記析疑》既無法在數量上滿足《義疏》纂修的需求,也無法被完全納入《周官義疏》的《考工記》部分。在《考工記》内部,也有佐證這一判斷的"反證"。與《考工記》其他部分不同,《周官義疏》乾隆六年進呈稿的《考工記總叙》有案語 13 則,乾隆十年釐正時也未整條增删案語,《考工記析疑》的《考工記總叙》部分也是 13 則,二者相比,有 10 則是有繼承關係的。可見《周官義疏·考工記總叙》部分的案語與《考工記析疑》關係極爲密切。究其原因,作爲《考工記》全篇的通論,《考工記總叙》是以總論百工特點性質爲核心,並不涉及具體技術,因此,拙於技術實證的《考工記析疑》在這一部分便因其義理發揮内容與《考工記總叙》性質相合而更容易被納入《周官義疏》之中。

因此,除去《考工記》因方苞的學術特點與《周官義疏》風格不合的情況外,方苞《周官析疑》中的個人學術觀點被由方苞主持的《周官義疏》乾隆六年進呈稿採爲案語的比例已經接近 93%。可以説,在數量上,方苞《周官析疑》幾乎被《周官義疏》前五官全盤採用。

2.《周官析疑》"偏頗之語"被採入乾隆六年進呈稿

除了案語條目統計數據所展現的採用比例,更爲直觀的展現則是《周官義疏》乾隆六年進呈稿中存在的明顯與清王朝正統觀念制度相牴牾的案語詞句。按常理來講,這樣的"偏頗之語"是不可能也不應該出現在官修書上的,但確是在《周官義疏》乾隆六年進呈稿中真實存在的。而且,這些"偏頗之語"均與《周官析疑》的相關内容一般無二。

如《天官·小宰》"小宰之職"節乾隆六年進呈稿的第一段案語:

> 案:王宫之政令,宫中之事也。凡宫之糾禁,則事在宫外而關涉於宫中者,如王后世子夫人世婦之吊事,則有躔衛儀法;内外宗春官世婦下及女奚之出入於王宫,則有班次期會:皆有糾禁,所治不止后宫也。曰王宫而后宫兼之矣。正歲以宫刑憲禁於王宫是也。宫刑使大宰之貳掌之,則雖天子不得私喜怒,而妃妾驕恣虐下之患不禁而自弭矣。①

這段案語與《周官析疑》卷三小宰職"掌建邦之宫刑,以治王宫之政令。凡宫之糾禁"節內容相同。[①] 本段議論最終落在作爲大宰之貳的小宰執掌宫刑,天子、妃妾皆受制約,"雖天子不得私喜怒",這種論調明顯與乾隆帝所言"朕爲天下主,一切慶賞刑威,皆自朕出"的乾綱獨斷即乾隆朝高度君主集權制度南轅北轍。[②] 因此,三禮館臣在釐正時删去這段案語,新撰寫一則僅對比概括小宰與内宰職務分工的案語,而對小宰職權範圍隻字不提。

又如《天官·大宰》"以八柄詔王馭群臣"節案語,《周官義疏》乾隆六年進呈稿比刊本多一句"所以然者,情僞百出,耳目易欺,人主一心豈能徧察",此處乾隆六年進呈稿的整則案語與《周官析疑》卷二同。[③] 比刊本多出的這一句明顯有貶低人主的嫌疑,放在官修書中頗爲不敬,故爲三禮館臣釐正時删去。

再如《天官·大宰》"七曰刑賞以馭其威"節乾隆六年進呈稿案語爲:

> 案:都鄙刑賞其長得自專。恐妄作威福,故其獄訟必上於國。則知賞亦不得專
> 行。雖假以威福之柄,而仍操之自上。故曰"以馭其威"。[④]

這條案語與《周官析疑》卷二"七曰刑賞以馭其威"條一致。[⑤] 其中"恐妄作威福"一句明顯對地方官吏品質有所懷疑,這便有非議清廷選官制度與監察制度的嫌疑,頗不合時宜。故而,三禮館臣在釐正時便將此案語删去,重寫新案語爲:"案:都鄙刑賞其長自主之。然必遵用大宰之則,故曰'以馭其威'。"[⑥]

最爲甚者,是乾隆六年進呈稿《天官·序官》"鹽人"節案語:

> 山澤林鹽爲國之寶,以民賴之生養也。周公於山林川澤皆官爲之守,而時頒於
> 民。然猶取其骨物羽物草貢葛征以當邦賦。惟鹽則無守無頒無賦而聽民自取何也?
> 官守而時頒,恐貧民生爭,且竭取耳。鹽則口食而外,多取無所用之。聽民自取而
> 無賦,則商賈雖爲阜通,而不得專之以要厚利。聖人體民之忠、處物之當如此。[⑦]

這段案語與《周官析疑》卷一"鹽人"條全同。[⑧] 方苞認爲:對於鹽,應該"聽民自取而無賦,則商賈雖爲阜通,而不得專之以要厚利",即不收鹽課。但鹽課是清代基本賦稅制度,在清代

---

① 〔清〕方苞:《周官析疑》,《續修四庫全書》第 79 册,上海:上海古籍出版社 2002 年影印清刻本,第 24 頁。
② 《清高宗實錄》卷七一,《清實錄》第 10 册,第 140 頁。
③ 《周官義疏》(進呈稿)卷二,第 12 頁 b—第 13 頁 a。〔清〕方苞:《周官析疑》,《續修四庫全書》第 79 册,第 13—14 頁。
④ 《周官義疏》(進呈稿)卷二,第 11 頁。
⑤ 〔清〕方苞:《周官析疑》,《續修四庫全書》第 79 册,第 13 頁。
⑥ 《周官義疏》(進呈稿)卷二,第 11 頁。《欽定周官義疏》,《景印文淵閣四庫全書》第 98 册,臺北:臺北商務印書館,1986 年,第 71 頁。
⑦ 《周官義疏》(進呈稿)卷一,第 23 頁 b—第 24 頁 a。
⑧ 〔清〕方苞:《周官析疑》,《續修四庫全書》第 79 册,第 7—8 頁。

道光朝以前是僅次於地丁的第二大税收來源,而且在雍正末乾隆初,鹽課的歲入總量及在總税收額中的佔比,都處於增長期,[①] 故而方苞這一觀點實與當時國家鹽法大政相悖,十分不合時宜。因此,三禮館臣在釐正時直接將整段案語删去。

之所以方苞敢發這些議論,是因爲自從《南山集》案脱身後,方苞一直備受康雍乾三代帝王器重,且有身爲朝廷重臣的同鄉張廷玉庇護,特别是乾隆初年“三年喪”之議,方苞堅定支持乾隆帝的意見,深受乾隆帝的信任,即使乾隆四年以後,乾隆對方苞間有訓飭,仍多加寬宥。這樣的要員,在私人著作中發一些書生意氣的議論,本不足奇。但這些乾隆六年進呈稿採自《周官析疑》的案語都被三禮館臣在乾隆十年釐正時做了加工,消除了其中不合時宜的偏頗之處,説明其他三禮館臣並不認可方苞的這些個人觀點,至少是認爲前副總裁方苞的這類書生文士的個人議論與官修經義並不相協,故在他離館後,對之進行删落。

但是,方苞的這類偏頗甚至輕議鹽法之語出現在《周官義疏》乾隆六年進呈稿中,足以證明方苞在主持《周官義疏》修纂期間,對全書的修纂具有絶對的掌控力,以致毫無顧忌地將自己《周官析疑》的内容作爲案語納入《周官義疏》之中,即使有不少不合時宜的“偏頗之語”保存在了乾隆六年進呈稿中,也没有反對的阻力。其他三禮館臣也衹能等到方苞離館後才能夠對之進行删改。

方苞的《周官析疑》條目被《周官義疏》乾隆六年進呈稿採用情況的數量統計,以及《周官析疑》中明顯與清王朝的觀念制度相牴牾的條目被乾隆六年進呈稿直接採爲案語的性質分析的結果,共同指向了這樣一個結論:方苞在主修《周官義疏》期間對全書的修纂具有絶對的掌控力。

(二)白璧微瑕:乾隆六年進呈稿承用自《周官析疑》的案語與正義偶見牴牾

《周官義疏》的纂修體例是按照正義、辨正、通論、餘論、存疑、存異、總論七項裁取臚列前人經説,然後加以案語。乾隆六年進呈稿經方苞帶領三禮館臣歷時五年半的精心纂修,前人經説以及作爲前人經説補充的案語經過精心打磨錘煉,基本達到彼此照應、融合爲一體的程度,這一特點在乾隆六年進呈稿中表現得十分突出,毋庸置疑。

但是,仔細排查乾隆六年進呈稿中的案語與前人經説,仍然偶爾能發現採摭自《周官析疑》的案語與選爲“正義”的前人經説出現明顯牴牾的現象。

如《周官義疏》司刺職“壹宥曰不識”條正義云:

> 鄭氏康成曰:識,審也。不審,若今仇讐,當報甲,見乙誠以爲甲而殺之者。[②]

---

① 何本方:《清代户部諸關初探》,《南開學報(哲學社會科學版)》1984年第3期,第42頁。
② 《周官義疏》(進呈稿)卷三六,第35頁b。

乾隆六年進呈稿有此正義，但正義之後又有一段案語：

　　案：不識者，僻陋之人，未識國法。非下文生而惷愚者比。①

這段案語與正義有有意、無意之別，二者之意正相反，故在乾隆十年釐正時被三禮館臣刪去。

　　這段案語出自《周官析疑》卷三十四，《周官析疑》原文前有"李光坡曰"四字，②知方苞實用李光坡《周禮述注》説。其實李光坡用的是《周禮注》中鄭玄所引并反駁的鄭衆説進行發揮。鄭衆云："不識，謂愚民無所識，則宥之。"③乾隆六年進呈稿既然選取鄭玄注爲正義，自然是捨棄了被鄭玄反駁的鄭衆注，但却保留與所選正義截然相反的案語，明顯出現了案語與正義牴牾。

　　又如《周官義疏》卷二一《春官·内宗》"凡卿大夫之喪，掌其吊臨"條正義引鄭玄云："王后吊臨諸侯而已，是以言'掌卿大夫'云。"④又引賈疏："卿大夫喪后不吊，故遣内宗掌吊臨之事。《喪大記》'夫人吊臨卿大夫'者，諸侯臣少故也。"⑤可見《義疏》以注疏言王后不吊臨卿大夫喪爲是。但在乾隆六年進呈稿此後有案語云：

　　案：注疏及王氏昭禹説俱未安。若外諸侯，惟后之父母。或有歸國哭臨之禮，而絶無見於經傳。即如漢儒之説，以公卿爲内諸侯，苟屬異姓庶姓及同姓之疏遠者，后亦不宜往吊也。若卿大夫爲王伯叔父兄弟親兄弟之子，卿大夫之妻爲王之姑姊妹，王后不臨其喪，可乎？世婦、内宗所吊，則王之同姓而疏遠、婚姻而切近者。王后之吊，僅一見於女巫職，而他無及焉，何也？《内宰》"正后之服位，而詔其禮樂之儀"，《内小臣》"祭祀賓客喪紀，擯詔后之禮事"，則吊事具矣。⑥

所謂王昭禹説指的是《周官訂義》卷三七所載王氏比較《天官·世婦》"掌吊臨于卿大夫之喪"鄭注"王使往吊"與此處行文差異，認爲此處有"凡"是專指同族卿大夫。這段案語不認可注疏及王昭禹以爵位高低定王后吊臨與否的準則，並以近親爵低者之情理爲反證駁斥注疏，實欲以"后當吊臨同姓"改釋，與"正義"所選鄭注賈疏產生牴牾。因此，針對此處正義與案語的矛盾，三禮館臣在釐正時直接刪去前引乾隆六年進呈稿的全段案語，並貼補正義所

---

①　《周官義疏》（進呈稿）卷三六，第 36 頁 a。

②　〔清〕方苞：《周官析疑》，《續修四庫全書》第 79 册，第 347—348 頁。

③　〔漢〕鄭玄注，〔唐〕賈公彥疏，彭林整理：《周禮注疏》，上海：上海古籍出版社，2010 年，第 1382 頁。

④　《周官義疏》（進呈稿）卷二一，第 42 頁 b—第 43 頁 a。《周官義疏》，《景印文淵閣四庫全書》第 98 册，第 567 頁。

⑤　《周官義疏》（進呈稿）卷二一，第 43 頁 a。《周官義疏》，《景印文淵閣四庫全書》第 98 册，第 567 頁。

⑥　《周官義疏》（進呈稿）卷二一，第 43 頁。

載賈疏中因隱括而删落的文字。① 查這段案語全出自《周官析疑》卷二〇,② 正是方苞本人的觀點。

再如《周官義疏》卷二九《夏官·大司馬》"以旌爲左右和之門,羣吏各帥其車徒,以叙和出左右"條正義引鄭玄云:"軍門曰'和'。今謂之'壘門',立兩旌以爲之。叙和出,用次第出和門也。"③ 正義又引鄭鍔之説:"田而教戰,欲使衆心和一也,故設爲'和門'。"④ 説明《周官義疏》贊同鄭玄以"和"爲軍門之名,也就是賈疏所引《左傳》"師克在和,不在衆"之義。但乾隆六年進呈稿此後案語第一節云:

> "和"之義,當爲面、爲角。《國策》"見棺之前和",凡物皆得稱。注"軍門曰和",
> 經曰"左右和之門",則不得以和爲門之名,明矣。⑤

這段案語全見《周官析疑》卷二七。⑥ 在這段案語中,方苞明確反對正義所引鄭注及鄭鍔以"和"爲門之名,具有特定含義的説法,而是以"左右和"爲詞,且認爲此處"和"與《戰國策·魏策二》"魏惠王死"章"見棺之前和"中假"和"爲"咊"或"桓"的用法相同,⑦ 釋爲"面"。因此,這段案語其實是對《周官義疏》選爲正義的前人經説的駁斥。所以,三禮館臣在釐正時針對此處正義與案語的矛盾,直接删去前引乾隆六年進呈稿這一節案語,替換成"植旌爲門不以轅者,凡車皆行,不得止之以爲門也"。⑧

復如《周官義疏》卷九《地官·大司徒》"凡萬民之不服教而有獄訟者與有地治者聽而斷之"條正義引鄭玄云:"有地治者,謂鄉州及治都鄙者也。"⑨ 但在乾隆六年進呈稿此後案語有一節云:

> 《秋官》鄉遂公邑所上之獄訟,司寇聽其辭;都家所上,則曰"聽其成書其
> 成與其聽獄訟者",是都家之長自與有司聽斷,不關於司徒。注有地治者兼都
> 鄙,似誤。⑩

這段案語與《義疏》前文所選定正義中的鄭注針鋒相對。經查,這段案語不但全見於《周官

① 《周官義疏》(進呈稿)卷二一,第43頁a。《周官義疏》,《景印文淵閣四庫全書》第98册,第567頁。
② 〔清〕方苞:《周官析疑》,《續修四庫全書》第79册,第210頁。
③ 《周官義疏》(進呈稿)卷二九,第40頁b—第41頁a。《周官義疏》,《景印文淵閣四庫全書》第99册,第97頁。
④ 《周官義疏》(進呈稿)卷二九,第41頁a。《周官義疏》,《景印文淵閣四庫全書》第99册,第97頁。
⑤ 《周官義疏》(進呈稿)卷二九,第41頁a。
⑥ 〔清〕方苞:《周官析疑》,《續修四庫全書》第79册,第275頁。
⑦ 諸祖耿:《戰國策集注匯考》(增補本),南京:鳳凰出版社,2008年,第1209頁。
⑧ 《周官義疏》(進呈稿)卷二九,第41頁a。《周官義疏》,《景印文淵閣四庫全書》第99册,第97頁。
⑨ 《周官義疏》(進呈稿)卷九,第50頁b。《周官義疏》,《景印文淵閣四庫全書》第98册,第287—288頁。
⑩ 《周官義疏》(進呈稿)卷九,第51頁a。

析疑》卷九，而且在《周官析疑》中明標是方苞弟子鍾琬之説。^①正是因爲此處案語與前文正義相左，三禮館臣在乾隆十年釐定時，將這段案語删除。

以上四條與選爲正義的前人經説相牴牾的案語，不僅有方苞自己獨創新説，也有方苞稱引的前人經説與採用的弟子新解，涵蓋了《周官析疑》條目中的三種類型。因此，方苞在採用《周官析疑》中的這三類内容爲《周官義疏》案語時，均出現了與選爲正義的前人經説牴牾的情況。

根據由方苞起草並經修改後納入《周官義疏》卷首的《凡例》，七項前人經説中的"正義"是"直詁經義，確然無疑者"。^②既然已經"確然無疑"，按照常理，案語不應該反駁正義。出現這種案語與正義牴牾的情況，雖不能據以徑直認定乾隆六年進呈稿有"選前人經説以佐案語"的嫌疑，但是，由於《周官析疑》是方苞個人著作，特別是其中刻於康熙雍正年間的天地春夏四官部分，^③對主持纂修《周官義疏》的方苞不免有先入爲主的影響，偶有出現採自《析疑》條目的案語與選爲正義的前人經説有失照應乃至有牴牾之處，確實在所難免。這一情況在乾隆六年進呈稿中雖然數量極少，難以影響全書的整體質量，卻正能説明《周官義疏》的裁定完全出自方苞之手，因爲他人不可能有這種先入爲主，以致造成正義與案語有失照應。這更加無可辯駁地證實了方苞在主修《周官義疏》期間對全書的修纂具有全面且絶對的掌控力。

三、結論

由於缺乏對《周官義疏》成書過程的深入了解，此前學界對方苞在《周官義疏》纂修中所起作用的研究一直難以取得定論。經過對《周官義疏》乾隆六年進呈稿進行深入分析，方苞在《周官義疏》纂修中的真實作用逐漸呈現在我們面前。

乾隆元年三禮館詔開以後，身爲副總裁的方苞分主《周禮》，實際主持《周官義疏》的纂修工作。在纂修過程中，方苞以自著《周官析疑》《周官辨》的核心觀點作爲《周官義疏》的基本學術觀點，并將自著《周官析疑》已經完成内容的絶大部分融入《周官義疏》的案語之中，又採取他人觀點，特別是江永的觀點對案語進行補充。^④同時，方苞帶領《周官義疏》的纂修團隊即"二三君子"，^⑤從前人著作中採取前人經説，分成七類納入《周官義疏》之中，然後融合前人經説與案語，形成義疏。其最終成果是乾隆六年進呈的《周官

① 〔清〕方苞：《周官析疑》，《續修四庫全書》第 79 册，第 93 頁。
② 〔清〕方苞撰，劉季高校點：《方苞集·集外文》卷二《擬定纂修三禮條例劄子》，第 565 頁。《周官義疏》（進呈稿）卷首《凡例》，第 2 頁 a。《周官義疏》，《景印文淵閣四庫全書》第 98 册，第 6 頁。
③ 〔清〕顧琮：《序》，〔清〕方苞：《周官析疑》，《續修四庫全書》第 79 册，第 2 頁。
④ 按：經統計，《周官義疏》乾隆六年進呈稿採用與江永《周禮疑義舉要》内容相同而不見於《周官析疑》的案語共有 50 條，其中《考工記》部分獨佔 35 條。
⑤ 〔清〕方苞撰，劉季高校點：《方苞集》卷六《與鄂少保論修三禮書》，第 155 頁。

義疏》中除卷四十五至四十八《禮圖》以外的部分。就乾隆六年進呈稿而言,雖然《周官義疏》不是方苞的個人著作,但却是以《周官析疑》《周官辨》中方苞有關《周禮》的總體學術理念與具體學術觀點爲旨歸。可以説,《周官義疏》乾隆六年進呈稿是基本按照方苞的意圖,在方苞的指揮下進行纂修的,從總體看法到具體經解,它幾乎完全反映了方苞的《周禮》經義觀點。

雖然在方苞離館之後,三禮館臣對方苞主持的《周官義疏》稿本進行了大規模修訂,更改了一部分方苞的意見,最終形成《周官義疏》的定本。但是,《周官義疏》的基礎畢竟是由方苞所奠定,這是不可否認的。

(沈暢,復旦大學中國語言文學系助理研究員)

從曹元弼《禮經校釋》"妻爲夫"條談婚禮的成禮

林秀富

[**摘　要**]　曹元弼在《禮經校釋》"妻爲夫"條評論汪中成婦的主張，探討婚禮成禮及其意義。汪、曹二人均以《曾子問》婚禮變禮諸條爲基礎，佐以婚禮、喪禮、喪服及鄭玄注相關内容，指出成婦確切的禮程點。以《曾子問》婚禮諸條爲婚禮權利義務關係的重要文獻，確有卓識，可惜所主張的成婦禮程點，並未能貫通"女未廟見而死"條，探尋婚禮成禮，還是得回歸婚禮正禮。

[**關鍵詞**]　曾子問　禮經校釋　廟見　成婦

　　曹元弼（1867—1953）在《禮經校釋》"妻爲夫"條評論汪中（1744—1794）女子親迎成婦的主張，提出女子納幣成婦的觀點。汪、曹二人都以《曾子問》婚禮諸條做爲主要論據。本文透過《士昏禮》禮程與《曾子問》婚禮諸條的對應關係，來檢視汪、曹二人的主張，並探討婚禮成禮的相關問題。

一、汪、曹以《曾子問》婚禮諸條來定義婚禮權利義務的關係

　　《曾子問》婚禮變禮諸條，以"曾子問曰"提問，再以"孔子曰"回答，探討婚禮逢喪的情況，摘録如下：[①]

> 　　曾子問曰："昏禮既納幣，有吉日，女之父母死，則如之何？"孔子曰："婿使人弔。如婿之父母死，則女之家亦使人弔。父喪稱父，母喪稱母。父母不在，則稱伯父、世母。婿，已葬，婿之伯父致命女氏曰：'某之子有父母之喪，不得嗣爲兄弟，使某致命。'女氏許諾而弗敢嫁，禮也。婿免喪，女之父母使人請，婿弗取而后嫁之，禮也。女之父母死，婿亦如之。"
> 　　曾子問曰："親迎，女在塗，而婿之父母死，如之何？"孔子曰："女改服布深衣、縞總，以趨喪。女在塗，而女之父母死，則女反。""如婿親迎，女未至，而有齊衰大功之喪，則如之何？"孔子曰："男不入，改服於外次；女入，改服於内次。然後即位而哭。"

---

①　〔漢〕鄭玄注，〔唐〕孔穎達疏：《禮記注疏》卷一八，重刊宋本《十三經注疏》附《校勘記》，臺北：藝文印書館，1981 年，第364 頁 b—366 頁 a。

　　曾子問曰："除喪則不復昏禮乎？"孔子曰："祭，過時不祭，禮也。又何反於初？"

　　曾子問曰："女未廟見而死，則如之何？"孔子曰："不遷於祖，不祔於皇姑，婿不杖、不菲、不次，歸葬於女氏之黨，示未成婦也。"

　　曾子問曰："取女，有吉日而女死，如之何？"孔子曰："婿齊衰而弔，既葬而除之。夫死亦如之。"①

　　婚禮舉行過程，遭逢喪禮，造成婚禮中斷，《曾子問》探討在此情況之下，男女雙方的權利、義務，以及婚禮接續舉辦的問題。其中，討論的禮程點有"納幣""有吉日""親迎""廟見"等。喪禮的對象則有雙方父母、新人本身或新郎宗族大功以上人員等。

　　汪中在《女子許嫁而婿死，從死與守志議》一文根據的是《曾子問》"親迎，女在塗，而婿之父母死"條，以及《士昏禮》女子親迎前後稱"女""婦"的説法，主張女子親迎成婦。②

　　曹元弼反對汪中的觀點，以《曾子問》"取女，有吉日而女死"條，以及《喪服傳》"婦人不貳斬"和"三從"之義，並徵引《士昏禮》《公羊傳》《曲禮》説明"納幣"之重，以及鄭玄"徵，成也"之説爲證，主張女子納幣成婦。③

　　汪、曹二人婚禮成禮的主張雖然不同，然其成婦説，都以《曾子問》婚禮變禮諸條作爲主要論據。其共同觀點建立在婚禮禮程與婚禮權利義務相關的觀點之上，提示了《曾子問》婚禮變禮諸條可以用來定義婚禮禮程的權利義務關係，對於婚禮權利義務關係的研究具有重要的意義。

二、汪、曹成婦禮程點的意義及其與 "女未廟見而死" 條的關係

　　《曾子問》以變禮形式來闡述婚禮中男女雙方的關係，僅涉及禮程的片段。可貴的是《士昏禮》禮典文本尚存，《曾子問》五條提問也能與之對應，因此，將《曾子問》婚禮諸條置入《士昏禮》整體禮程當中，從婚禮整體的角度，檢視汪、曹二人的觀點，解析婚禮禮程與雙方權利義務的關係。④

　　以《士昏禮》禮程爲基礎，將《曾子問》諸條置入如下：⑤

---

① 以婚禮禮程先後順序來説，這一條當在"有吉日，女之父母死"之後，可能因爲錯簡而置此條在"女未廟見而死"條之後。〔漢〕鄭玄注，〔唐〕孔穎達疏：《禮記注疏》卷一八，第 366 頁 b。
② 〔清〕汪中：《述學内外篇》卷一，《四部叢刊初編》第 1854—1855 册，無錫孫氏小緑天藏汪氏精刊本，第 14 頁 a—15 頁 b。
③ 〔清〕曹元弼：《禮經校釋》卷一四，光緒十八年（1892）刻后印本，第 11 頁 a—19 頁 b。
④ 禮典文本具有整體性的特質，片段文獻與整體之間具有現象學中整體與環節的關係，解讀片段的禮典文本，須將其置入到禮典整體當中。關於禮典文本整體性的相關討論，詳見拙文《試論〈儀禮〉禮典文本辨識禮文獻場合的功能》，《歷史文獻研究·總第 43 輯》，揚州：廣陵書社，2019，第 41—53 頁。
⑤ 《士昏禮》禮程採朱熹《儀禮經傳通解》分章及名稱。見〔宋〕朱熹：《儀禮經傳通解》卷二，文淵閣《四庫全書》本，第 1—28 頁。

	1	2	3	4	5	6	7	8	9	10	11	12	13	14
士昏禮	納采	問名	醴賓	納吉	納徵	請期	陳器饌	親迎	婦至	婦見	醴婦	婦饋	饗婦	舅姑饗送者
曾子問					納幣	有吉日		親迎		廟見				

（一）曹元弼“納幣”成婦説點出“納幣”禮是婚姻契約權利與義務的開端

曹元弼主張“納幣”成婦，雖説徵引諸多經典，然其主要根據爲《曾子問》“取女，有吉日而女死”條。“納幣”這個婚禮禮程點究竟包含了男女雙方何種權利與義務關係呢？

將《曾子問》所述“納幣”“有吉日”禮，對應《士昏禮》禮程，則爲“納徵”“請期”禮。“納徵”是男女雙方議定婚事，男方正式遣使者致送聘禮“玄纁、束帛、儷皮”①到女家表達選擇女子爲婚配對象。“請期”則是行聘之後，男方卜得婚禮吉日，派使者以雁爲摯，請女家選擇，確定婚期。

《曾子問》“納幣”“有吉日”逢喪條。逢喪的對象有二種，一爲雙方父母，一爲新郎、新娘本人。

“納幣、有吉日”之後，若雙方有父母死亡，一方必須以其父母的名義派人弔唁。若新娘死亡，則由新郎本人“齊衰而弔”。根據《喪服》夫爲妻“疏衰裳齊，牡麻絰，冠布纓，削杖，布帶，疏屨，期者”，②可見“納幣、有吉日”之後，新郎參加新娘的喪禮，已經穿着身爲新娘夫婿的喪服了。“夫死亦如之”，“有吉日”之後，新娘爲其夫婿服斬衰。③曹元弼所以主張納幣成婦，就是因爲“納幣”禮程之後夫爲妻齊衰，妻爲夫斬衰，喪服確定了夫妻的身份。

毛奇齡（1623—1716）《曾子問講録》認爲《曾子問》所以特別對“有吉日”一問一答加以説明，乃因婚禮請期是經過雙方商議達成，因喪無法如期舉行，必將依禮告知女方，並審度他日。④

從《曾子問》婚禮變禮的討論以“納幣”開始，以及曹元弼指出男女雙方“納幣”之後，穿着夫妻身份的喪服，還有，毛奇齡特別指出男女雙方婚禮中斷日期的協商，可以説，“納幣”是婚姻契約訂立的開始，也是雙方權利與義務的開端。

有了開端之後，男女雙方的權利與義務呈現怎麼樣的關係呢？《曾子問》“女之父母死”條，“女死”條，説“如婿之父母死，則女之家亦使人弔”“夫死亦如之”，顯示在婚禮禮程“納幣”“有吉日”雙方的權利與義務是對等的。

其中，“親迎，女在塗，而婿之父母死”條需要進一步討論。“親迎”逢喪，喪事對象也有二種：其一，新郎的父母；其二，婿宗族齊衰、大功關係的人。順着“納幣”“有吉日”逢喪條，

---

① 〔漢〕鄭玄注，〔唐〕賈公彦疏：《儀禮注疏》卷四，重刊宋本《十三經注疏》附《校勘記》，臺北：藝文印書館，1981 年，第 42b 頁。

② 〔漢〕鄭玄注，〔唐〕賈公彦疏：《儀禮注疏》卷三〇，第 353 頁 b。

③ 《喪服》：“斬衰裳，苴絰杖，絞帶，冠繩纓，菅屨者。……妻爲夫。”〔漢〕鄭玄注，〔唐〕賈公彦疏：《儀禮注疏》卷二八、二九，第 338 頁 a、第 347 頁 a。

④ 〔清〕毛奇齡：《曾子問講録》卷三，《續修四庫全書》第 108 册，上海：上海古籍出版社，2002 年，第 112 頁 b—113 頁 a。

新娘穿着的是夫家宗族成員的喪服了。

此條，《曾子問》説明的是改服的地點與禮儀。遭逢新郎父母死亡，新娘當場卸下婚禮禮服，改服"婦人始喪未成服之服""布深衣、縞總"，前往喪禮現場。[①]反之，若死亡的是女方父母，新娘則"奔喪服期"。[②]若是新郎宗族齊衰、大功之喪，新人則繼續親迎禮儀，直至夫家，再依禮改服。[③]

若是"親迎"途中，"女之父母死，則女反"。"親迎"出了家門的女子，途中返家奔喪，穿着什麼喪服？是什麼身份？鄭玄説"奔喪服期"，[④]根據《喪服》："女子子在室爲父，布總，箭笄，髽，衰，三年。"[⑤]則"奔喪服期"則是"女子子適人者爲其父母"的喪服與喪期。女子既以適人的身份爲父母服喪，其婿亦當依禮服喪。

從《曾子問》"納幣""有吉日""親迎"逢喪，婚禮雙方無論是哪一方死亡，另一方行禮"亦如之"，顯示在婚禮禮程中雙方的權利與義務以對等的方式依禮而行。

(二)汪中"親迎"成婦説點出"親迎"禮已具有成婦的可能

汪中主張女子"親迎"成婦，其主要根據是《曾子問》"親迎，女在塗，而婿之父母死"條。"親迎"這個婚禮禮程點究竟顯示出男女雙方何種權利與義務關係呢？

"親迎"逢喪，由於吉凶不相干，婚禮因此中斷。中斷的婚禮如何再行，或者是否再行，是《曾子問》討論的另一個重點。

婚禮逢喪中斷，上節已談過"有吉日"的情況是在葬禮之後再議，或延期，或另行婚嫁。對於"親迎"逢喪所造成的婚禮中斷，《曾子問》以再度提問的方式説明：

"除喪，則不復昏禮乎？[⑥]孔子曰："祭，過時不祭，禮也。又何反於初？"[⑦]

根據孔子的回答，"親迎"逢喪，除喪之後不再行婚禮。換句話説，婚禮雖然没有完成，新娘却已然成婦，所以，不需要再舉行婚禮。這是汪中所以主張親迎成婦的緣故。

但是，既然婚禮並未完成，新娘究竟如何成婦呢？這就得從新娘所參與的喪禮來看。新娘改服參與舅姑或宗族喪禮，除穿着相應人倫關係的喪服之外，也將依其夫婿與亡者的關係，隨着婦人即位行禮。

新娘之位，根據《士喪禮》：

---

① 〔漢〕鄭玄注，〔唐〕孔穎達疏：《禮記注疏》卷一八，重刊宋本《十三經注疏》附《校勘記》，第 365 頁 b。
② 〔漢〕鄭玄注，〔唐〕孔穎達疏：《禮記注疏》卷一八，第 365 頁 b。
③ 鄭玄："不聞喪即改服者，昏禮重於齊衰以下。"〔漢〕鄭玄注，〔唐〕孔穎達疏：《禮記注疏》卷一八，第 365 頁 b。
④ 〔漢〕鄭玄注，〔唐〕孔穎達疏：《禮記注疏》卷一八，第 365 頁 b。
⑤ 〔漢〕鄭玄注，〔唐〕賈公彦疏：《儀禮注疏》卷二九，第 347 頁 b。
⑥ 〔漢〕鄭玄注，〔唐〕孔穎達疏：《禮記注疏》卷一八，第 365 頁 b。
⑦ 〔漢〕鄭玄注，〔唐〕孔穎達疏：《禮記注疏》卷一八，第 365 頁 b。

入，坐於牀東。衆主人在其後，西面。婦人俠牀，東面。親者在室。衆婦人戶外，北面。衆兄弟堂下，北面。

朝夕哭，……。婦人即位於堂，南上，哭。丈夫即位於門外，西面，北上。外兄弟在其南，南上。賓繼之，北上。門東，北面，西上。門西，北面，東上。西方，東面，北上。①

小斂前，新娘與衆婦人即位於室中；朝夕哭時，即位於堂上。即位的位序是以主婦爲基準，按照宗族長幼關係排列。

喪禮即位的意義爲何？《國語·晉語》中記載公子重耳拒絕秦穆公使者復國之邀的故事，或許可以提供解答：

公子重耳出見使者，曰："君惠弔亡臣，又重有命。重耳身亡，父死不得與於哭泣之位，又何敢有他志以辱君義？"再拜不稽首，起而哭，退而不私。②

重耳以"哭泣之位"説明其未能盡人子送終之責，因此，不敢對於復國有所想望。從重耳説法來理解，喪禮的"位"代表了生者與亡者的親屬倫理關係，在位上依喪禮執禮，是生者與亡者親屬倫理關係中權利義務的一種表達。

喪禮執禮，與異姓女子宗族身份的關係，在《孔子家語·本命解》有相關的記載。"三不去"之條的第二條"與共更三年之喪"，③以女子服喪完成其宗族義務，説明女子在宗族擁有永久的地位，因此，其夫不能出妻。

"親迎"逢喪，新娘雖未行完婚禮，但因以夫家宗族成員身份參與喪禮，依宗族身份隨主婦即位室中或堂上，踐履其對於亡者的義務或者説責任。同時，之後也將依宗族倫理關係，與族人一起服喪完成喪期。新婦既然已因喪禮執禮成婦，自然不需再補行婚禮。

"親迎"逢喪，新娘所以成婦的原因，並非來自婚禮，而是來自喪禮。汪中因《曾子問》新娘"親迎"逢喪成婦，同時，注意到《士昏禮》"親迎"前後新娘的稱呼有"女""婦"的差異，指出"親迎"出門的新婦，已然具有成婦的可能，確是卓識。可惜忽略了《曾子問》婚禮是否再行的提問，誤認新娘成婦來自婚禮。

（三）"女未廟見而死"條點出成婦前的婚禮契約具有解除的可能性

曹元弼主張成婦女子與其夫的關係爲：

---

① 〔漢〕鄭玄注，〔唐〕賈公彦疏：《儀禮注疏》卷三五、卷三七，第 410 頁 a、第 438 頁 ab。
② 〔周〕左丘明：《國語》，臺北：宏業書局，1978 年，第 310 頁。
③ 〔魏〕王肅注：《孔子家語》卷六，《四部叢刊初編》第 309—311 冊，景印江南圖書館藏明覆宋刊本，第 15 頁 a。

婦人以夫爲天，夫死自稱未亡人，未亡者，待亡也。所繫已隕，生不如死，以身殉之，良可哀矣。即有遺議，亦不過以毀滅性，以死傷生而已。乃以未嘗事之而爲之死，豈爲不仁，於戲！彼豈惡生而好死哉，誠以身既繫之，心即事之，此義無逃於天地之間，而又恐强暴之來侵辱，以恫亡靈，懼親戚之令，改圖以傷苦志，於是從而死之，斯乃成仁取義守禮之至者矣。[①]

曹元弼引《喪服》"三從"及"不貳斬"之義，推斷女子爲夫服斬衰則爲成婦，因此，已行納幣禮的女子，縱使未行完婚禮，也當視爲成婦。夫妻之義"無逃於天地之間"，已爲夫服斬衰的女子，守節殉夫都是其所當爲，或者説天經地義。

此觀點自有其回應當時社會女子守節問題的需求，也確有成理可據，然却無法解釋《曾子問》"女未廟見而死"條之"歸葬於女氏之黨，示未成婦"之説。

曹元弼有注意到這個問題，他説：

至合葬之禮，以未成婦者，歸葬女氏，相較似厚薄不均，然由服斬之義推之，則合葬無不可者。[②]

曹氏從"服斬之義"説明女子既已成婦，則屬夫家宗族成員，既爲夫家宗族成員，死亡當葬於宗族墓地，所以説"合葬無不可者"。不過，既然"合葬無不可者"，何以《曾子問》仍有"歸葬於女氏之黨"之説？

首先，檢視"廟見"禮前婚禮禮程，[③]根據朱熹分章，婚禮禮程共有 14 節，至"廟見"之前，是從第 1 節"納采"禮進行到第 9 節的"婦至"禮。

"婦至"禮的內容爲：

婦至，主人揖婦以入。乃寢門，揖入，升自西階，媵布席於奥。夫入於室，即席，婦尊西，南面。……贊告具。揖婦，即對筵，皆坐。皆祭，祭薦、黍、稷、肺。……三飯，卒食。贊洗爵，酳酢主人，主人拜受，贊户内北面答拜。酳婦亦如之。……三酳用卺，亦如之。……主人説服於房，媵受；婦説服於室，御受。姆授巾。御衽於奥，媵衽良席在東，皆有枕，北止。主人入，親説婦之纓。[④]

① 〔清〕曹元弼：《禮經校釋》卷一四，第 17 頁 b—18 頁 a。
② 〔清〕曹元弼：《禮經校釋》卷一四，第 17 頁 a。
③ 此處對於《曾子問》"女未廟見而死"中"廟見"的定義，採取鄭玄"謂舅姑没者也"的觀點。〔漢〕鄭玄注，〔唐〕孔穎達疏：《禮記注疏》卷一八，第 366 頁 a。
④ 〔漢〕鄭玄注，〔唐〕賈公彦疏：《儀禮注疏》卷五，第 50 頁 b—52 頁 b。

“婦至”禮就是夫婦同牢合卺共枕席。所以，《曾子問》“女未廟見而死”的女子，已然與其夫婿同牢合卺共枕席。已與夫婿敦倫行禮，祇因未行“廟見”之禮，便須歸葬女家，挑戰了汪、曹所在社會女子從一而終殉烈守節的觀念。

曹元弼主張納幣成婦，最主要的理由是納幣之後女子爲夫服斬衰。《曾子問》既説“納幣，有吉日”，女子爲夫服斬衰；却又説女子與夫婿同牢合卺共枕席仍然未成婦，須歸葬女家。看來，對於《曾子問》來説，服斬衰與成婦之間並未有直接的關係。

那麼女子爲夫服斬衰的意義是什麼呢？從《曾子問》“納幣，有吉日”，夫死，女子爲服斬衰而弔，既葬而除之；加上“女未廟見而死”，夫爲服齊衰“不杖、不菲、不次”，並未成婦來看，對於《曾子問》來説，女子縱使與其夫同牢合卺共枕席，也因爲婚禮未完成，無法成婦。所以，已行“婦至”禮的女子，從《曾子問》的觀點，或者稱爲成妻更爲合適。

對《曾子問》來説，“成妻”並不等於“成婦”，爲夫服斬衰是成妻的一種表現，就如同相對偶的夫方爲妻服齊衰。未“廟見”的女子，由於未完成婚禮，並未取得夫家宗族成員身份，仍屬女家宗族成員，因此，須歸葬女氏之黨。

女子既歸葬女氏之黨，其夫又爲其服齊衰送葬，完成夫妻之間的權利與義務，那麼，除服也表示“納幣”訂立的婚姻關係結束。從《曾子問》變禮諸條來看，到“婦至”禮，婚禮的契約都可在完成義務之後被解除。換句話説，成婦之前，婚禮契約是可以解除。

《曾子問》女子納幣之後，就需爲夫服斬衰。不過，除服之後，雙方的婚約也可以結束。那麼女子自然可以再嫁，再斬衰。所以説，《曾子問》婚禮變禮諸條與曹元弼定義女子納幣成婦，將“無逃於天地之間”的“不貳斬”內涵並不相同。[①]

三、“合葬無不可者”是婚禮成婦者的權利

曹元弼“納幣”成婦説與《曾子問》“女未廟見而死”條中有關“歸葬於女氏之黨”有所矛盾，因此，提出了“合葬無不可者”的模糊主張。這個問題與婚禮成禮有關，以下從兩個方面進行討論。

（一）“納幣”成婦的主張是以婚禮小成爲大成

曹元弼“納幣”成婦的證據之一，是鄭玄注“納徵”：“徵，成也。使使者納幣，以成昏禮。”曹元弼將此“成”視爲成婦之意。其實，鄭玄在《士昏禮》中以“成”字作注，除了“納徵”之外，還有三處：

---

① 《曾子問》婚禮諸條女子再嫁、再斬衰的觀點，與《服傳》“不貳斬”之説，有關女子婚嫁的概念差異巨大。王鍔《曾子問成篇年代考》曾從文獻考據，論證《曾子問》爲曾子的著作，成篇於戰國初期。筆者以爲可以再加上《曾子問》與《服傳》婚嫁概念差異，更進一步討論。沈文倬《漢簡〈服傳〉考》以《服傳》撰作年代之上限在《禮記》論禮諸篇成書以後，也可以再加上《曾子問》一篇。

三飯而成禮也。

贊禮婦者,以其婦道新成,親厚之。

莫酬者,明正禮成,不復舉。①

鄭玄注《士昏禮》的四個"成"字,包括了四種不同的意涵。

其一,指儀節的完成。如,"三飯而成禮",是在"婦至"禮中的儀節,是同牢合巹中"飯"這個儀節的完成。

其二,指小禮的完成。如,"徵,成也",又如"正禮成"(説明見其四)。雖然,鄭玄説納幣"以成昏禮",賈公彦也説"納幣帛,則昏禮成"。② 但是從婚禮禮典的構成來看,"納徵"僅是 14 個小禮中第 5 個小禮,將之視爲婚禮的完成,女子取得夫家宗族成員的身份,恐不相宜。

"以成昏禮"更合理的解釋應當是男女雙方確定婚姻契約,也就是後世俗稱的"定婚"。再從《曾子問》納幣女子父母死,"婿使人弔",並非親自穿着喪服送葬來看,也可以知道雙方的權利與義務還未到達婚禮完成的階段。

《士昏禮》是個多日禮典,像"納采"和"問名""納徵""納吉""請期"等都在不同的時日舉行,自然也都自有開始與結束。因此,鄭玄注"納徵"之"成"是小禮的完成,可以稱爲"小成"。

其三,指身份的完成。如,"婦道新成"。指婚禮第二天,新婦行過"婦見"禮拜見舅姑之後,由贊襄助進行"醴婦"禮,鄭玄注説明的是新婦在"婦見"禮成婦,舅姑以醴酒表示親厚之意。③

以"醴禮"來慶賀身份轉換完成,在《士冠禮》中也有,三加成冠之後,爲冠子行醴禮,標誌成人。鄭玄在冠子行醴禮時拜賓,賓答拜,也説:"明成人與爲禮。"④

其四,指禮典的完成。如,"正禮成"。新婦成婦之後,行"盥饋"禮,第一次以新婦的身份象徵性地侍候舅姑,舅姑以"饗禮"象徵性地慰勞新婦的辛勞。鄭玄注"正禮成"可以理解爲"饗婦"禮的完成,也可以理解爲整個婚禮禮典的完成。

婚禮第二天,新婦行"婦見""醴婦""婦饋""饗婦"禮,四個小禮在同一天接續舉行,新婦行過"婦見""醴婦"已然成婦,再以成婦的身份,進行"婦饋"象徵性地服侍舅姑,完成整個婚禮主禮。所以,鄭玄注"正禮成"之成,可以稱爲"大成"。

曹元弼以鄭玄注"徵"爲"成"的説法,有誤將"小成"當成"大成"之嫌,但也指出"納幣"是婚禮"小成",是婚禮契約確定,雙方權利與義務開始的特殊意義。

---

① 〔漢〕鄭玄注,〔唐〕賈公彦疏:《儀禮注疏》卷五,第 52 頁 a、53 頁 b、55 頁 a。
② 〔漢〕鄭玄注,〔唐〕賈公彦疏:《儀禮注疏》卷四,第 39 頁 a。
③ 身份轉換完成之後舉行醴禮,表示祝賀之意,在《士冠禮》也可以看見。冠子三加之後,在户西尊位舉行醴禮慶賀成冠。
④ 〔漢〕鄭玄注,〔唐〕賈公彦疏:《儀禮注疏》卷二,第 21 頁 a。

（二）婚禮大成，新婦成婦，方能葬於夫家族墓

從上表《士昏禮》與《曾子問》的對照，得知"廟見"包括了"婦見""醴婦""婦饋""饗婦"四小禮，女子因故未行"廟見"禮無法成婦，即無法取得夫家宗族成員的身份，因此，女子就不能享有身爲宗族成員的全部權利，所以《曾子問》說："不遷於祖，不祔皇姑，婿不杖、不菲、不次，歸葬於女氏之黨。"

"不遷於祖"，依據《士喪禮》是葬前一日的"遷柩朝祖"禮，[①] 將棺柩從寢移往祖廟，進行朝祖禮。女子因爲未成婦，不能行"遷柩朝祖"禮，但是，"遷柩朝祖"禮之前的喪禮禮程可以舉行嗎？舉行地點是女家或夫家？

《曾子問》没有説明，但以其使用負面列舉的方式來推論，"遷柩朝祖"禮之前的禮儀，應當是在夫家舉行，至"遷柩朝祖"禮時，不行此禮，直從夫家出門，送往女家族墓之地，舉行葬禮。

根據《士喪禮》禮典禮程，推論未廟見女子在"遷柩朝祖"禮之前可能取得喪禮權利的内容如下：

> 第一章，始死諸雜儀。凡八節，一始死、二復、三楔齒綴足、四奠、五赴君、六面位、七君使人弔、八襚。
>
> 第二章，含襲諸儀。凡四節，一陳設、二沐浴、三飯含襲、四設重。
>
> 第三章，小斂禮，凡六節。一陳具，二小斂，三奉尸於堂，四小斂奠，五重記襚禮，六爲燎。
>
> 第四章，大斂之儀，凡六節。一陳具、二徹小斂奠、三大斂、四殯、五大斂奠、六就次。
>
> 第五章，君視斂。
>
> 第六章，殯後諸雜儀，凡五節。一成服、二朝夕哭、三徹大斂奠、四朝夕奠、五朔奠。
>
> 第七章營葬。凡四節，一筮宅、二井椁、三獻明器、四卜日。[②]

由於女子未成婦，其喪禮儀節自須減殺，如第一章當中之"五赴君、六面位、七君使人弔、八襚"又如第五章"君視斂"，這是應當是具有宗族身份者才能享有的權利，自然會減殺。由於女子將歸葬女氏之黨，如"第七章營葬"，也不會施行。但是像"第一章始死諸雜儀"中的前四節"一始死、二復、三楔齒綴足、四奠"，還有"第二章含襲諸儀""第三章小斂禮""第四

---

① 此據張爾岐《既夕》禮分章章目。見〔清〕張爾岐：《儀禮鄭注句讀》卷一三，臺北：商務印書館，文淵閣《四庫全書》本，第3頁b。

② 此據吳廷華分章章目。見〔清〕吳廷華：《儀禮章句》卷一二，臺北：商務印書館，文淵閣《四庫全書》本，第2—28頁。

章大斂之儀"等,都是涉及尸體處理的禮儀,縱使女子身份不完整,禮數上有所減殺,夫家還是得依禮備辦葬具、奠禮諸物,進行諸收斂禮儀。

另外,第六章"成服"也當有所減殺。從服制上來説,若已成婦,根據喪服五服服制,整個宗族五服之内都有相關的喪服、喪期禮數。以其夫婿與舅姑爲例:

> 疏衰裳齊,牡麻絰,冠布纓,削杖,布帶,疏屨,期者。……妻。①
> 大功布衰裳,牡麻絰纓,布帶,三月。受以小功衰,即葛。九月者。……適婦。②
> 小功布衰裳,牡麻絰,即葛,五月者。……庶婦。③

婦爲舅姑本服爲齊衰,舅姑爲嫡婦服大功,爲庶婦服小功,④其夫婿則必須爲其服齊衰期年。因爲女子未成婦,舅姑及宗族之人並不需要爲其服喪。也因爲女子已成妻,其夫婿則需要爲其服喪,因此,當喪禮禮程進行至"成服"時,其夫婿將換上齊衰喪服,但是不用杖,不穿草屨,不居喪次,禮數不備,有所減殺。葬禮之後,其夫婿應當如"納幣"條,除服,雙方的婚禮契約解除。

至於"不祔於皇姑",本來根據喪禮,葬後三虞、卒哭的隔天,會依據禮制將亡者的神主依照昭穆祔祭於先祖,⑤婦則祔祭於其皇姑之廟。因其未成婦,無法取得夫家宗族身份,因此,不能祔祭於其皇姑之廟。

"歸葬於女氏之黨",女子若已成婦,死亡當葬於夫家族墓。因爲未成婦,所以歸葬於女家,表示其非夫家宗族成員。曹元弼所以説"合葬無不可者",正因爲他主張女子納幣就已成婦,同時,又見《曾子問》"歸葬於女氏之黨",不得已的情况之下採用了一種模糊的論斷。

《曾子問》"女未廟見而死"條之"歸葬於女氏之黨"説,清楚地説明了惟有完成整個婚禮禮典,女子才能取得夫家宗族成員的身份,死亡時,也才能擁有宗族成員完整的權利,完備的喪禮,葬於族墓,祔於皇姑。

四、小結

透過《曾子問》婚禮諸條與汪、曹二人成婦的主張解析,再佐以《士昏禮》來看,婚禮禮程與婚禮雙方權利義務關係的建立具備相關性,其中有幾個特點值得注意:婚禮是異姓女子取得夫家宗族身份的禮典,女子取得的身份一般稱爲成婦,析分之,則女子取得的身份有二,

---

① 〔漢〕鄭玄注,〔唐〕賈公彦疏:《儀禮注疏》卷三〇,第 353 頁 a、353 頁 b。
② 〔漢〕鄭玄注,〔唐〕賈公彦疏:《儀禮注疏》卷三一、三二,第 371b、377a 頁。
③ 〔漢〕鄭玄注,〔唐〕賈公彦疏:《儀禮注疏》卷三三,第 386 頁 a、387 頁 a。
④ 丁鼎:《〈儀禮·喪服〉考論》,北京:社會科學文獻出版社,2003 年,第 173 頁。
⑤ 《既夕》:"三虞。卒哭。明日,以其班祔。"〔漢〕鄭玄注,〔唐〕賈公彦疏:《儀禮注疏》卷四〇,第 473 頁 a。

一爲妻，一爲婦。婚禮必須完整舉行，女子才能取得夫家宗族身份與權利，即成婦。婚禮契約確定，雙方權利與義務開始的禮程點是"納徵"禮。婚禮六禮程諸節點，雙方權利與義務大抵相當，並隨禮程加長而加重。權利義務主要表現在喪禮上，因禮程點與對象而有所差異，然一切依禮而行。親迎之後，被喪事中斷的婚禮不再補辦，女子可因喪禮而成婦。另，成婦之前，婚姻契約具有解除的可能性。

（林秀富，洛陽師範學院副教授）

《漢書·藝文志》不録《楚辭》辨説

郭 玥

[摘 要] 由劉向、劉歆父子統領的國家中秘圖書的整理活動歷經二十餘年,共校理西漢典籍一萬三千餘卷,如此浩繁的经籍仍非漢代圖書留存之全貌。囿於文獻整理的實際考量和目録體例的限制,漢代許多書籍並未包含在此次校書活動之内,《漢書·藝文志》未録的《楚辭》便是其中之一,歷代史學研究者、楚辭學研究者都曾争論過這一問題。回到劉向校書工作的真實情況中,《楚辭》是劉向在整理文學文獻材料時別爲一集,最終流行於中秘之外的別行之本。《楚辭》未録於《詩賦略》,既有出於實際的文獻學考量,也與《楚辭》的特殊性質以及元、成時期經學極盛的時代背景息息相關。

[關鍵詞] 漢書·藝文志 楚辭 劉向

漢成帝河平三年(前 26)秋,有感於書册散亡、篇籍離亂的成帝命謁者陳農廣收天下遺書,使光禄大夫劉向統領步兵校尉任宏、太史令尹咸、侍醫李柱國等共同校理秘府中書,至劉向卒時校書工作仍未完成,其子劉歆承父業,于綏和二年(前 7)幾近完成,書成《七略》。由於《七略》原書已佚,在《七略》基礎上增删而成的《漢書·藝文志》(下文簡稱《漢志》)成爲重構向、歆校書活動的範本,除各略小序有《別録》《七略》與班固自述相雜糅的情況外,類目中的改動,班固皆以"出""入""省"標明,還原劉氏原書的情況尚有迹可循。此次對國家藏書歷時近二十年的大規模搜校工作,使歷經多次散亡的先代典籍在漢代以新的面貌被整理、分類,成爲探源周秦學術的門徑,經整理的文本形態發生了新的變化,有學者稱之爲一次重大的"文本革命"。①

除班固增入的五十篇外,向、歆校書凡一萬三千餘卷,如此浩繁的典籍仍非漢代圖書留存的全貌。囿於文獻整理的實際情況和目録體例的限制,漢代許多書籍並未包含在此次校書活動範圍之内,而選録的書籍經過重新整理與寫定,篇章名目頗多改易,學界的諸多聚訟由此而起,遍及經史子集各部。其中,《漢志·詩賦略》未録《楚辭》一事,成爲《漢志》研究中語焉不詳的疑點,也成爲《楚辭》一書編集流傳問題的焦點之一。

一、《漢志》不録《楚辭》之争論

由於《漢志》不録《楚辭》的討論同時涉及《漢書》研究與楚辭學研究,因此在探尋各家

---

① 徐建委:《文本革命:劉向、〈漢書·藝文志〉與早期文本研究》,北京:中國社會科學出版社,2017 年。

理路時從史學研究與楚辭學研究兩方面分別述略,以明確各家立論要點與研究立場。

(一)史學研究

《漢志》研究長久以來依隨《漢書》的研究而進行,陳直先生認爲,最早對《漢書》進行注解的爲東漢桓帝時的延篤,至唐代顏師古時已有《漢書》注家 24 家之多。① 有學者統計,在這 24 家之中涉及《詩賦略》内容的僅有服虔、顏師古兩家,皆以辨字、注音、考釋名物典章爲主。② 陳國慶先生在《漢書藝文志注釋彙編》中也言顏氏以前的《漢志》研究多在訓釋,而對學術流派的論述不多,至宋代王應麟《漢書藝文志考證》與鄭樵《通志·校讎略》,對其中各書的内容進行了真僞存佚、學術流派與分類得失的討論,使《漢志》的研究走入了"新的境界"。③

清代樸學大興,文獻刊布、版本異同等情況成爲考辨文史的工具,文獻目録成爲校讎學之肯綮,經錢大昕、周壽昌、王先謙、章學誠等學者的推動,《漢志》研究更具系統性和專門性,六藝、諸子、詩賦以及兵書、數術、方技各部分内容的研究也不斷深入,對《詩賦略》具體内容的商討漸出,其中《漢志》與《楚辭》的問題逐漸被學者注意到。王國維在孫德謙《漢書藝文志舉例》一書跋文中以"《漢志》無《楚辭》,並無景差、東方朔賦"④ 爲《漢志》未達之事,言此事"蓋久蓄於心"而未得其説。事實上,清代沈欽韓、姚振宗等學者已對《楚辭》與《詩賦略》的關係進行了探討,姚振宗認爲,《楚辭》由劉向編集而不録於《詩賦略》,是中秘之外的別行之本。⑤

近代以來,孫德謙、顧實、張舜徽等學者不斷深入《漢志》的專題研究,對《詩賦略》詳加考察。⑥ 顧實於"屈原賦二十五篇"條言:"王逸言劉向典校經書,分《楚辭》爲十六卷,而舊本《楚辭》亦題:'護左都水使者光禄大夫臣劉向集。'惟班《志》無《楚辭》,豈以原本《七略》而從略耶?"⑦ 張舜徽先生辯駁顧説,言"屈賦與《楚辭》不可混爲一談",⑧ 認爲《楚辭》爲劉向編輯的一部文學類總集,《楚辭》之名至劉向而定,屈賦僅爲其中一家,《詩賦略》録屈原以下諸家不必重複著録《楚辭》。

2000 年以後,對《漢志》進行專題研究的著作數量遠多於通釋、通解類研究,其中也有涉及《漢志》與《楚辭》關係的文章,如尹海江《〈漢書·藝文志〉爲何不録〈楚辭〉》一文,認爲《楚辭》在當時的文學地位不高,且編輯之學尚未成熟,因此《別録》不收;孫保珍《〈漢書·

---

① 陳直:《漢書新證·序》,天津:天津人民出版社,1979 年,第 1—10 頁。
② 王曉慶:《〈漢書·藝文志〉詩賦略文獻研究》,武漢:華中師範大學博士學位論文,2009 年,第 2 頁。
③ 陳國慶:《漢書藝文志注釋彙編》,北京:中華書局,1983 年,第 3 頁。
④ 王國維:《觀堂集林》卷四,石家莊:河北教育出版社,2003 年,第 699 頁。
⑤ 王承略、劉心明主編:《二十五史藝文經籍志考補萃編·漢書藝文志拾補》第 2 卷,北京:清華大學出版社,2011 年,第 208 頁。
⑥ 傅榮賢先生稱之爲"專題派《漢志》研究",見《〈漢書·藝文志〉研究源流考》,合肥:黃山書社,2007 年,第 450 頁。
⑦ 張舜徽:《廣校讎略·漢書藝文志通釋》,武漢:華中師範大學出版社,2004 年,第 348 頁。
⑧ 張舜徽:《廣校讎略·漢書藝文志通釋》,第 348 頁。

藝文志〉爲何不録〈楚辭〉》推斷《楚辭》的結集時間在《別録》成書之後,因此未録。《漢志》與《楚辭》之間的複雜關係逐漸成爲學者們關注的問題。

縱觀史學研究,《漢志》不録《楚辭》的問題自清代以來不斷被學者探索,其根源多歸結於具體校讎工作的考量,如體例不合或成書時間先後等問題,很少涉及對劉向編集《楚辭》工作的否定和懷疑,而這恰好是楚辭學研究中爭論的焦點。

(二)楚辭學研究

相較于史學研究,楚辭學研究中的問題更爲紛繁複雜,涉及《楚辭》篇次、編輯、甚至作家作品真僞的討論。

宋代晁補之、黄伯思等人重新校訂編輯《楚辭》時已注意到《漢志》所謂"屈原賦二十五篇"與王逸《楚辭章句》中篇目的對應問題。晁補之在《重編楚辭》中便提出今本《楚辭》的編輯,天聖中有陳説之集結各篇但未編次,因此晁氏重新序列篇章爲《重編楚辭》,其中題爲屈原所作的篇章僅二十四篇,[1] 若將《國殤》《禮魂》分爲兩篇則又溢爲二十六篇,難與二十五篇之數相合。洪興祖則認爲《漁父》以上二十五篇爲《漢志》所録"屈原賦二十五篇"。晁補之、黄伯思、朱熹、洪興祖等學者雖注意到《楚辭》的成書編輯過程相對複雜,但未否定劉向的編集工作與《楚辭》作品的真僞,至清代《四庫全書總目》也依然認爲是劉向裒集屈原等作家的作品及自作編爲《楚辭》十六篇。[2]

自二十世紀二十年代開始,廖平首先提出對屈原其人的懷疑,胡適繼其踵。其後何天行《楚辭作於漢代考》一書專門對屈原的作品進行了從文獻到作品的全方位考證,認爲從戰國末年到漢代這段時間從未有《離騷》等篇的記載,直至漢代,其傳説與篇章才逐漸豐富成型,因此《楚辭》各篇當爲漢人所作,將《離騷》創作者的身份鎖定爲淮南王劉安,何天行先生此書雖未懷疑劉向對《楚辭》的編輯工作,但直接否定了屈原的作者身份。[3] 隨後,王雲渠在《北平晨報·學園》先後發表《楚辭十六卷是劉向所校集的嗎?》《楚辭非劉向所集的一個新證據》兩篇文章,[4] 朱東潤先生也注意到《漢志》未録《楚辭》一事,認爲這是《楚辭》的"六項可疑"之一。[5] "五四"前後對屈原問題的討論尚未引起國内學界的深入討論,直至二十世紀六十年代開始,岡村繁、鈴木修次、白川静、三澤鈴爾等學者在日本漢學界掀起"屈原否定論"的風潮,將流傳於日本的《楚辭作於漢代考》稱爲"最周密、最系統"的著述,[6] 一時間引起了

---

① 晁氏以《離騷》、《九歌》(九篇)、《天問》、《九辯》、《卜居》、《漁父》、《遠遊》、《大招》爲屈原所作。李誠、熊良智主編:《楚辭評論集覽》,武漢:湖北教育出版社,2003 年,第 133 頁。

② 〔清〕紀昀總纂:《四庫全書總目提要》,石家莊:河北人民出版社,2000 年,第 3812 頁。

③ 何天行撰,周膺、何寶康編校:《何天行文集》,杭州:浙江大學出版社,2014 年,第 151—202 頁。

④ 據姜亮夫先生《楚辭書目五種》載,兩篇文章於 1931 年 10 月先後分別發表于《北平晨報·學園》204 至 206 期、226 至 229 期。姜亮夫:《姜亮夫全集·楚辭書目五種》,昆明:雲南人民出版社,2003 年。

⑤ 朱東潤:《朱東潤文存》,上海:上海古籍出版社,2014 年,第 634 頁。

⑥ 引自湯炳正:《〈離騷〉決不是劉安的作品——再評何天行〈楚辭作於漢代考〉》,《求索》1984 年第 3 期。

學界的紛紜聚訟。[①]梁啓超、謝無量、聞一多、郭沫若、姜亮夫、湯炳正、沈知方、林維純等學者先後批駁此説,在對屈原作者身份的真僞、《楚辭》編輯成書經過的質疑中,開始聚焦劉向是否編集過《楚辭》一事。

謝無量在《楚詞的篇目》中言:"我仍絶對信任古來的傳説,屈原有賦二十五篇,是可靠的。"[②]梁啓超認爲今本《楚辭》雖非舊本,但對屈原所作諸篇仍依《漢志》"屈原賦二十五篇"的數目考訂。[③]湯炳正考察《楚辭》的成書過程,認爲此書經歷五次編輯而成今本之形態,劉向爲古本《楚辭》的編集者之一,這一説法得到了崔富章、熊良智等衆多學者的支持。[④]對此提出異議的學者,如郭建勛分六點質疑劉向編集《楚辭》的説法,認爲王逸編訂《楚辭》一書較爲合理。[⑤]黄靈庚先生更直接認爲劉向編輯的《楚辭》十六卷本並不存在,稱"如果劉向真曾纂輯過的《楚辭》總集,則必定會在《詩賦略》中著録出來"。[⑥]

回顧楚辭學研究中對《漢志》與《楚辭》關係的討論,無論是對屈原其人的質疑還是對《楚辭》編集本身的質疑,最終指向劉向與《楚辭》編集、流傳之間的關係。這場歷時長久的爭論持續至今,表明了《漢志》與《楚辭》之間的複雜關係在歷代研究中並未得以澄清的事實,那麼劉向究竟是否編輯過《楚辭》?《漢志》又緣何不録《楚辭》? 試以下文探賾索隱。

二、劉向與《楚辭》的編集

考察歷代研究,清代以前對《楚辭》一書的編輯,皆循王逸"逮至劉向,典校經書,分爲十六卷"[⑦]之説,故有《四庫全書總目》"裒屈、宋諸賦,定名《楚辭》,自劉向始也"[⑧]的觀點,自二十世紀二三十年代的"屈原否定論"開始,學者相繼發表文章對劉向編集過《楚辭》以及《楚辭》最早定本出於劉向之手的説法提出了質疑。五十年代初,以朱東潤先生爲代表的學者相繼提出《楚辭》集於王逸之手,而稱劉向所集不過是假以自重,否則《漢書・藝文志》不可能不著録。[⑨]延及當代,也仍有學者詳加考證,以《詩賦略》不録《楚辭》,以及《詩賦略》與《楚辭》對文學作品計數方式的不同作爲劉向未曾編輯過《楚辭》之證。[⑩]各類質疑的來由,除《漢

---

① 1987 年,中日學者之間的爭論彙集爲《中日學者屈原問題論争集》。黄中模編:《中日學者屈原問題論争集》,濟南:山東教育出版社,1990 年。

② 費振剛、韓兆琦主編,檀作文、唐建、孫華娟:《中國古代詩歌研究論辯》,南昌:百花洲文藝出版社,2006 年,第 60 頁。

③ 梁啓超認爲《離騷》一篇,《九辯》一篇(今本題爲宋玉所作),《九歌》十篇(今本十一篇),《卜居》一篇,《漁父》一篇,《天問》一篇,《招魂》一篇(今本題爲宋玉所作),《遠遊》一篇,《九章》九篇合爲二十五篇皆爲屈原所作。梁啓超:《儒家哲學國學要籍研讀法四種》,北京:北京聯合出版公司,2014 年。

④ 湯炳正:《屈賦新探》,濟南:齊魯書社,1984 年,第 102—104 頁。

⑤ 郭建勛:《漢魏六朝騷體文學研究》,長沙:湖南教育出版社,1997 年,第 20—30 頁。

⑥ 黄靈庚:《〈楚辭〉十七卷成書考辯》,《復旦學報(社會科學版)》2008 年第 3 期,第 2—9 頁。

⑦ 〔南宋〕洪興祖:《楚辭補注》,北京:中華書局,1983 年,第 48 頁。

⑧ 〔清〕紀昀總纂:《四庫全書總目提要》,第 3812 頁。

⑨ 朱東潤:《朱東潤文存》,第 633—636 頁。

⑩ 黄靈庚:《〈楚辭〉十七卷本成書考辯》,《復旦學報(社會科學版)》2008 年第 3 期,第 2—9 頁。

志》不録《楚辭》外,也與"楚辭"類文獻在史籍中的記載和流傳有關。

"楚辭"之名,先秦典籍未曾載録,直至漢代始才出現,最初爲"書楚語,作楚聲,紀楚地,名楚物"這類具有鮮明地方色彩的作品之代稱,《史記·酷吏列傳》載朱買臣"言楚辭"得舉之事便是其例。此外,《史記·屈原賈生列傳》中録有《天問》《漁父》《懷沙》等作品,在《楚辭》結集以前,"楚辭"類作品已出現單篇流傳的情況。史籍記載,漢武帝時期淮南王劉安奉詔作《離騷傳》,明確了屈原以及漢人擬騷作品大量出現並開始由官方結集的現象,因此章太炎、姜亮夫認爲,最早結集楚辭類作品的當爲劉安。

湯炳正先生通過《楚辭釋文》的篇章次第,詳盡地考證了《楚辭》漸進結集的過程,回應了朱東潤、沈知方等學者的質疑。他認爲屈原作品首次結集于宋玉,至武帝時期劉安受命作《離騷傳》爲第二次結集,此後劉向在劉安基礎上,編入自作以及西漢文人等的其他擬騷作品成爲一集,共十三篇。而王逸所見的十六卷本則是在劉向編輯之後經人增補而成,最終由王逸加入自己所作的《九思》成爲今本十七卷《楚辭章句》。[①]湯先生的考證雖無確切的文獻佐證,也有許多學者提出各自不同的意見,但都基本認可《楚辭》一書是漸進而成的觀點。

事實上,在宋人重新校訂編排《楚辭》時,篇卷數量和篇章次第仍處在變化之中。晁補之《離騷新序》:"天聖中,有陳説之者,第其篇,然或不次序。"[②]黃伯思在《新校楚辭序》中言:"而伯思所見舊本,乃有揚雄《反騷》一篇,在《九歎》之後。此文亦見雄本傳,與《九思》共十有八篇。"[③]則至宋代,《楚辭》的次序與卷數在各家整理者手中呈現不同的樣貌,甚至如晁氏依照己意重新編排,文本形態並不固定。

至於漢代,由於書寫材料及抄寫者的不同,同一本書常有篇卷計數之差異,在後代流傳轉抄中的篇卷次第變化差異更大。黃靈庚先生以《楚辭》與《漢志》篇卷計數不同判斷劉向未編輯《楚辭》一事,認爲《詩賦略》中所録賦皆以"篇"爲單位,《楚辭》則以"卷"稱,認爲"倘若真有所謂的劉向集《楚辭》十六卷,王逸則稱《屈原賦》七卷不就完了麽? 何必在兩篇《後叙》裏要别稱'屈原賦二十五篇'?"[④]

然而在漢代,書寫材料爲竹帛共用並行,所謂"《詩》遭秦而全者,以其諷誦不專用竹帛故也",[⑤]明確説明這兩類文獻載體在保存經典文獻上的貢獻。同時,《漢志》在編録文獻數量時也存在篇、卷混用的情況。清劉咸炘引章學誠《文史通義·篇卷》:"故《漢志》所著幾篇,即爲後世幾卷,其大較也。"及曾樸《補後漢書藝文志叙録》:"《漢志》録書,篇、卷並存……"[⑥]余嘉錫先生在《目録學發微》言:"及縑帛盛行,易篇爲卷……故多以一篇爲

---

① 湯炳正:《屈賦新探》,第 92—109 頁。
② 李誠、熊良智主編:《楚辭評論集覽》,第 133 頁。
③ 李誠、熊良智主編:《楚辭評論集覽》,第 139 頁。
④ 黃靈庚:《〈楚辭〉十七卷本成書考辯》,《復旦學報(社會科學版)》2008 年第 3 期,第 2—9 頁。
⑤ 〔漢〕班固撰,〔唐〕顏師古注:《漢書》,北京:中華書局,1997 年,第 1708 頁。
⑥ 〔清〕劉咸炘《部次流别 以道統學》,北京:生活·讀書·新知三聯書店,2018 年,第 47、48 頁。

一卷。"①因此《漢志》所録"《爾雅》三卷,二十篇"即是"篇卷過少者,則以數篇爲一編策一卷軸矣"。②因此,漢代的"篇""卷"之分,僅爲書寫材料之不同,與内容無關,同一部書"篇""卷"並稱也爲常例,其功能衹在計數。"《楚辭》十六卷"與"屈原賦二十五篇"之間,差異僅僅在於書寫材料不同,或同一書寫材料的不同計數方式,並不能以此證明十六卷本《楚辭》不存在以及劉向未曾經手其編集工作。

　　考察今本王逸《楚辭章句》共十七卷,題有"漢護左都水使者光禄大夫臣劉向集"及"後漢校書郎臣王逸章句",③今本《章句》在正文、注文前後有王逸序,後叙僅有《離騷》《天問》兩篇,其餘十五篇皆有前序。學界雖然對《章句》某些篇章的序文是否皆爲王逸所作仍有争論,但《離騷》、《天問》後叙及劉向《九歎》序基本可確定爲王逸親筆,④而這幾篇序文中保留了許多《楚辭》編集的綫索。如《離騷》後叙載:"逮至劉向,典校經書,分爲十六卷。"⑤《九歎》序載:"向以博古敏達,典校經書,辯章舊文,追念屈原忠信之節,故作《九歎》。"⑥因此,《楚辭章句》依據劉向所集《楚辭》而作爲歷代學者所認可。

　　除兩處序言直接提及劉向編輯的事實之外,《天問》後叙有:"至於劉向、揚雄,援引傳記以解説之,亦不能詳悉。"⑦而在劉向自作的《九歎》中:"歎《離騷》以揚意兮,猶未殫於《九章》。"⑧直接提到《離騷》《九章》,可見劉向研習過屈原的作品,並且對這些作品有過學術研究,以上材料都直接、間接地將劉向與《楚辭》編輯的關係勾勒出來。

　　自後漢至清,學者以劉向編輯《楚辭》爲不刊之論,近代以來隨着"屈原否定論"帶來的質疑,使劉向與《楚辭》編輯之間的關係得到了相對細緻的梳理與考證,史學或楚辭學研究皆以各家學術理路給出結論,雖然推進了研究的深度,但《漢志》與《楚辭》的内在關係始終難以明瞭。劉向是否爲首位纂輯《楚辭》的人雖難以確言,但可以確定其身份爲今本《楚辭》編輯者之一。作爲《楚辭》編集者之一的劉向,並未在《漢志》中收録這部文集,却在《詩賦略》的"屈原賦之屬"録除東方朔之外《楚辭》所有作家的作品,這兩者之間有着緊密的聯繫。從整體上看,兩部文獻的具體編輯工作既有區别也緊密相關,編輯目的的差異反映在《詩賦略》與《楚辭》性質、體例的不同上,最終造成《漢志》不録《楚辭》的原因,既與文獻編輯的實際考量相關,也與《楚辭》的獨特性質密不可分。

①　余嘉錫:《目録學發微·古書通例》,北京:中華書局,2009年,第36頁。
②　余嘉錫:《目録學發微·古書通例》,第37頁。
③　〔南宋〕洪興祖:《楚辭補注》,第1頁。
④　林維純《試論〈楚辭章句〉"序文"的作者問題》,暨南學報(哲學社會科學),1986年第2期。蔣天樞、力之等學者也對此問題進行探討。
⑤　〔南宋〕洪興祖:《楚辭補注》,第48頁。
⑥　〔南宋〕洪興祖:《楚辭補注》,第282頁。
⑦　〔南宋〕洪興祖:《楚辭補注》,第118頁。
⑧　〔南宋〕洪興祖:《楚辭補注》,第300頁。

三、《漢志》不録《楚辭》探索

在説明《漢志》不録《楚辭》問題之前，有必要澄清一個既明確又易被忽略的事實：始于漢成帝，由劉向統領六藝、諸子及詩賦的校書活動，其整理對象爲國家中秘藏書，即《漢書・成帝紀》所言"河平三年秋八月，光禄大夫劉向校中秘書"，[①]"中秘書"框定了此次校書的範圍，並非面向成帝以前所有書籍。現存《别録》佚文中，其言"所校中書某某"，即是説明此書爲國家中秘所藏，换言之，劉向《别録》中的書目是以中秘書爲入録標準，所有入録書籍必有中秘底本。

（一）劉向所校中秘藏書

據傅榮賢考證，所謂"中"（或稱"内"）是一個泛稱概念，是若干藏書機構的總名，大致包括：延閣、廣内、秘府之室、天禄、石渠、石室、麒麟、温室等，[②]因此劉向言"所校中書《晏子》十一篇""所校中書《説苑雜事》""中《鄧析》書四篇"[③]等並不特指某一處所藏。漢代藏書館閣雖多，中秘之書的分量却甚爲特殊，自秦火以來，典藏於皇家的文獻成爲控制文化思想的中樞，"挾書之禁"直至漢惠帝時期才廢除，武帝"置寫書之官，下及諸子傳説，皆充秘府"至成帝"使謁者陳農求遺書於天下"，[④]故有劉氏父子校書之事。[⑤]武帝以後雖廣開獻書之路，但藏于禁中的秘府中書仍爲皇家珍貴之物，官員非獲准不得閱讀中書，更明令禁止大臣外泄與轉寫。宣帝時大臣霍山因"泄秘書"而獲罪，揚雄曾上書"願不受三歲之奉"[⑥]受詔才得見石室秘書，劉氏父子領校的便是這批被國家嚴密收藏的中書。

中秘之書衹是漢代皇家禁中之典藏，未收于中秘的典册數量也極其龐大，總體而言，可分爲兩類：一爲當世流傳之書，二爲後世之新書。余嘉錫先生舉《漢書・楚元王傳》中"元王亦次之《詩》傳，號曰《元王詩》，世或有之"一例，説明當世書册若未收入秘府，則《漢志》不著録。[⑦]而西漢末年尚未納入中秘的後代新書，劉氏自然不收，至班固《漢書》僅以"出""入""省"注明其增補改易，除增入的劉向、揚雄、杜林三家外，也未曾補入後代新書。

整理國家藏書時，僅僅依靠"中書"是難以開展校讎工作的，因此"中秘"書在校訂時會參以"外書"，包括博士、太史、民間及劉向等私人的藏書，這部分藏書被用作中書的校本。《北齊書・樊遜傳》據《别録》所載劉氏校書言："漢中壘校尉劉向受詔校書，每一書竟，表上，輒

① 〔漢〕班固撰，〔唐〕顏師古注：《漢書》，第 310 頁。
② 傅榮賢主編：《出土簡帛與中國早期藏書研究》，北京：知識産權出版社，2014 年，第 193 頁。
③ 〔漢〕劉向、劉歆撰，姚振宗輯録，鄧駿捷校補：《七略别録佚文　七略佚文》，上海：上海古籍出版社，2008 年。
④ 〔漢〕班固撰，〔唐〕顏師古注：《漢書》，第 1701 頁。
⑤ 匡亞明主編，徐興無撰：《劉向評傳》，南京：南京大學出版社，2005 年，第 231 頁。
⑥ 〔清〕嚴可均輯：《全上古三秦漢三國六朝文》第 1 册，石家莊：河北教育出版社，1997 年，第 731 頁。
⑦ 余嘉錫先生言，中秘藏書也有不入校讎者，如國家法律典册等官書。余嘉錫：《目録學發微・古書通例》，第 190 頁。

言臣向書、長水校尉臣參書、太史書、太常博士書、中外書合若干本,以相比較,然後殺青。"①劉向經手的外書皆爲圍繞中書搜求,其根本目的仍是對中書進行全面的整理,《別録》所録皆爲中書書目,不會增收作爲校本的外書。

囿于校理中秘藏書的限制,未被《別録》《七略》收入的書籍數量尤巨,因此自宋至清,不少學者對《漢志》進行了拾補工作,宋代王應麟作《漢書藝文志考證》補入未著録的文獻共 27 部;明代胡應麟補入漢代未載的賦家 13 家;清人姚振宗作《漢書藝文志拾補》6 卷,共補入書籍 280 餘種,這些經後人拾補之書目皆爲漢代典籍,未被著録的原因僅僅是非中秘所藏而已。

(二)《楚辭》爲别集、别行之本

劉氏父子的校書活動始于漢成帝時期,劉向雖爲此次國家中秘之書整理工作的領校之官,但其負責的具體校讎内容爲六藝、諸子、詩賦三部分,其餘兵書、數術、方技部分由通於其學的專門人員承校。前文已論及,劉氏校書對象爲中秘舊藏,劉向校理書目中提要完整留存者僅《戰國策》《孫卿子》《説苑》《晏子》《管子》《列子》《鄧析子》七篇,提要佚文皆以"所校中書"或"所校中"説明此書爲中秘所藏。書録中明確校中書時參以外書,經過整理去取,最終繕寫殺青的過程。現以《説苑》提要爲例説明劉向校書的原則:

> 護左都水使者光禄大夫臣向言:"所校中書《説苑雜事》及臣向書、民間書,誣校讎。其事類衆多,章句相溷,或上下謬亂,難分别次序。除去與《新序》復重者,其餘者淺薄不中義理,别集以爲百家後。令以類相從,一一條别篇目,更以造新事十萬言以上,凡二十篇七百八十四章,號曰《新苑》,皆可觀。臣向昧死。"②

引文説明《説苑》舊藏原名爲《説苑雜事》,經劉向自持與民間搜求的本子校讎並且與《新序》篇章相區别,最終整理爲《新苑》。歷代學者討論中外書之差異,或者條别篇章、釐定目次的整理原則,却未關注"别集"一詞。"除去與《新序》復重者,其餘者淺薄不中義理,别集以爲百家後"説明劉向在校書時有將文本材料擇取後另外編集的工作。徐復觀先生在《兩漢思想史》中也注意到此事,認爲"所謂'别集以爲百家後'者,是把這些不中義理的材料,也不輕易拋棄,另外編在一起,以列於百家之後。《漢志·小説家》末有《百家》百三十九篇,可能便是收録的這批被淘汰的材料"。③

《别録》佚文中所謂"别集",與清儒章學誠所謂之"别裁"相類似,章學誠《校讎通義·别裁第四》:

---

① 〔唐〕李百藥:《北齊書》,北京:中華書局,1972 年,第 614 頁。

② 〔漢〕劉向、劉歆撰,姚振宗輯録,鄧駿捷校補:《七略别録佚文 七略佚文》,第 47 頁。

③ 徐復觀:《兩漢思想史》第 2 卷,上海:華東師範大學出版社,2001 年,第 40 頁。

　　蓋古人著書,有采取成説,襲用故事者,其所采之書,別有本旨,或歷時已久,不知所出;又或所著之篇,於全書之内自爲一類者,並得裁其篇章,補苴部次,別出門類,以辨著述源流。至其全書,篇次具存,無所更易,隸於本類,亦自兩不相妨。蓋權於賓主重輕之間,知其無庸互見者,而始有裁篇別出之法耳。①

　　章氏舉《弟子職》與《管子》、《三朝記》與《大戴禮記》的關係説明《弟子職》《三朝記》爲裁篇別出之書,此説雖然遭到後世學者如胡楚生、王重民、孫振田等質疑,其質疑點則集中在《弟子職》《三朝記》等書舉例不當的問題上,事實上,仍有其他例證可以説明劉向"別集"或曰"別裁"之法,《別録》佚文所記載《百家》與《新苑》之關係,是較爲明確的"別裁"。

　　《詩賦略》也不乏其例,《孫卿賦》與《荀子》的關係正是如此。《諸子略》儒家著録《孫卿子》33 篇,其中第三十二有《賦篇》6 篇,劉向在整理荀子的作品時,別出此 6 篇並補入中秘所藏其他篇目,成爲詩賦一略中的《孫卿賦》10 篇,其目的即是章氏所謂"裁其篇章,補苴部次,別出門類,以辨著述源流",因此別出篇章重新加以整理編集的工作即是"別集",也就是章氏所謂"別裁"的類型之一。②

　　章學誠的"別裁"是根據目録中所收書籍的類目比較而得出的校讎方法,事實上在《漢志》中也有"別集"成書却最終未收入目録的情況,劉向在整理"六藝"中書時重新序次的《儀禮》即是如此。《四庫提要》載:"漢代所傳凡有三本:一曰戴德本……一曰戴聖本……一曰劉向《別録》本。"③三本在漢代的篇目次序差異很大,鄭玄最終采用了劉向《別録》本,賈公彦在《士冠禮》疏言:"《別録》尊卑吉凶,次第倫序,故鄭用之。二戴尊卑吉凶雜亂,故鄭不從之也。"④1959 年甘肅武威磨嘴子 6 號漢墓出土的西漢晚期《儀禮》竹簡篇章次第又與大小戴、《別録》本不同,在漢代《儀禮》版本衆多、篇序各異,由於鄭玄的采用,《別録》本才得以流傳至今。"《別録》本"之稱,直接説明劉向此本是在參與校理中秘圖書時重新序次的版本,與"別集以爲百家後"異曲同工。

　　同是劉向別集整理之本,流傳方式却大有殊異。《百家》百三十九篇最終收入"小説家"一類,《孫卿賦》十篇收入《詩賦略》的"孫卿賦"類,而劉向整理的《儀禮》却並未納入此次國家藏書之中,今《漢志》六藝之中僅有后氏、戴氏兩家却無《別録》本,而被鄭玄所采用,説明此本雖不收于秘府,最終却成爲流行於中秘之外的別行之本。⑤由此我們可以瞭解,劉向在參與校書活動時有將文本材料別集成書、重新序次整理的工作,而最終成書是否收入最終的國家藏書目録之中是不確定的,納入目録者即是章學誠所謂"別裁"之本,未納入目録者

---

①　〔清〕章學誠撰,王重民通解,傅傑導讀,田映曦補注:《校讎通義通解》,上海:上海古籍出版社,2009 年,第 24 頁。
②　參見楊新勛:《〈七略〉"互著""別裁"辨正》,《史學史研究》2001 年第 4 期。
③　王承略、劉心明主編:《二十五史藝文經籍志考補萃編·漢書藝文志拾補》,第 208 頁。
④　李學勤主編,十三經注疏整理委員會整理:《儀禮注疏》,北京:北京大學出版社,1999 年,第 4 頁。
⑤　王承略、劉心明主編:《二十五史藝文經籍志考補萃編·漢書藝文志拾補》,第 208 頁。

則很可能流行於中秘之外,成爲區别于秘府所藏的别行之本。

那麽《楚辭》與《詩賦略》又有何關係呢? 首先從《楚辭》與《詩賦略》所録篇目的關係來看,詳見下表:

《楚辭》《漢志·詩賦略》作者篇目表

作品 ＼ 作者	屈原	宋玉	賈誼	淮南小山	東方朔	嚴忌	王褒	劉向	王逸
《楚辭》	《離騷》《天問》《九歌》《九章》《遠遊》《卜居》《漁父》(《大招》)	《九辯》《招魂》	《惜誓》	《招隱士》	《七諫》	《哀時命》	《九懷》	《九歎》	《九思》
《詩賦略》"屈原賦之屬"	屈原賦二十五篇	宋玉賦十六篇	賈誼賦七篇	淮南王群臣賦四十四篇	無	莊夫子賦二十四篇	王褒賦十六篇	劉向賦三十三篇	無

由於《詩賦略》的小序以及《别録》書録皆不存,没有文獻佐證劉向整理中秘圖書中的詩賦作品與集結《楚辭》的去取原則和具體篇目,因此祇能通過文本對比探知兩者的關係。

首先,《詩賦略》皆以"篇"爲單位,可見這批辭賦作品在中秘圖書中以單篇形式流傳,包含先秦至漢哀帝綏和年間的一百餘家、一千三百多篇作品,至劉向整理後才以時間爲序、以作者爲目開始集結,這恰與《楚辭》篇目的編輯邏輯一致。[①]

《楚辭》收録的作家全部見於《漢志》的"屈原賦"一類,"陸賈賦""孫卿賦"皆不涉及,因此歷代學者認爲《楚辭》與"屈原賦"之間有着緊密的内在聯繫。從作者而言,除王逸《九思》爲東漢時期作品,東方朔《七諫》不録外,[②]《楚辭》中的作品皆被《漢志》收録,可見劉向校書時,這些作家的文學作品皆被收入中秘。從篇目數量看,同一作者的作品,《漢志》所收篇目均遠多於《楚辭》,其緣由首先爲兩書體例差異。《漢志》的體例是廣泛收集中秘所藏作家的文學作品進行整理分類,相較于《楚辭》僅録擬騷作品而言,在收録作家和作品方面有更寬泛的範圍,因此從收録原則和數量上涵蓋了《楚辭》的篇目。其次,從《漢志》與《楚辭》收録篇目的多寡可以反映出西漢文士群體的辭賦創作情況,采用擬騷形式,是在寄托與屈原相似的文人情懷時有意識選擇的體裁,因此《楚辭》所録作品爲西漢文士群體作品中數量較少且性質較爲獨特的一部分。

從劉向的個人創作來看,根據《楚辭章句》所録《九歎》序文的記載,認爲《九歎》恰是作于劉向校書期間。歷代衆多學者對《漢志》的編輯工作進行了還原,孫德謙在《劉向校讎學纂微》中將其總結爲備衆本、訂脱誤、删重複、條篇目、定書名等二十三條,[③]因此,著録於

---

① 今本《楚辭章句》與《楚辭釋文》的具體篇目序次雖有差異,但基本以先秦至漢代的時序排序。
② 《詩賦略》不録《七諫》問題較爲複雜,有學者以爲或收入《漢書·藝文志·諸子略·雜家》的《東方朔集》二十篇; 或由於漢代文學發展未盛,因此對文學作品的收録和分類工作尚不成熟而未收等觀點,不贅述於此。
③ 孫德謙:《孫德謙著作集·劉向校讎學纂微》,上海:上海大學出版社,2019 年,第 295—401 頁。

《漢志》的典籍必然經過規模化、系統化的整理，"屈原賦""宋玉賦""陸賈賦"等被收錄其中，結合《九歎序》"典校經書，辯章舊文，追念屈原忠信之節，故作《九歎》"的記載，恰好證明了這一批屈騷作品有極大的可能在劉向校書期間被整理和編輯。徐復觀、徐興無等學者認爲劉向是在廢官十餘年期間搜集屈宋諸賦定名爲《楚辭》，無論編定時間爲何，從《九歎》借屈原之情抒發個人政治失意之感采用的文學體裁，以及王逸對《九歎》創作時期的記載，可見劉向在作《九歎》時已經大量閱讀屈騷類作品，因此劉向在整理詩賦一略時，將這些楚辭類作家作品選入其中，並進行系統梳理。

"屈原賦"與《楚辭》的關係雖語焉不詳，從作家、作品、編集邏輯以及劉向個人的創作來看，他在參與校書活動時大量收集和整理文學作品，從而選取特定作品另外編爲《楚辭》的工作，與前文所述《新苑》與《百家》，《孫卿賦》與《孫卿子》，《儀禮》與《儀禮》"《別錄》本"的關係基本一致。作爲"別集"而成的《楚辭》最終不錄于中秘也並非個例，與劉向重新序次的《儀禮》不錄於《漢志》類似，因此清人姚振宗認爲"蓋當時別行之本（《儀禮》'《別錄》本'）在中秘書之外，猶屈、宋辭賦既錄於《詩賦略》中，又集爲《楚辭》十六卷也"。[①] 由此，劉向在整理漢代詩賦作品時別集而成的《楚辭》，最終成爲流傳于中秘之外的別行之本。故而《楚辭》未被納入《詩賦略》的原因並非劉向未曾經手編輯，恰恰是出於整理文獻的實際考量，劉向將《楚辭》另別一集也與兩部文獻的性質、體例有關。

（三）《楚辭》性質、體例與《詩賦略》不合

與六藝經書、百家諸子不同，中秘所藏的文學作品在分類和編輯上有極爲不同的複雜情況，也成爲《楚辭》無法收入《詩賦略》的原因之一。據《漢書》載，成帝興起的校書活動是出於整理中秘藏書中的五經衆本的目的，《漢書·楚元王傳》曰："上方精於《詩》《書》，觀古文，詔向領校中五經秘書。"[②] 這與成帝本人"壯好經書"的偏好相關。

對六藝經書的整理，依托于漢代經學極盛的學術發展。自武帝采納董仲舒的諫言立五經博士開始，經學承擔了政教思想的傳播，也成爲躋身官僚系統的路徑，隨着五經博士人數漸多，解經之說隨之衆起，至宣帝一朝各家說法已聚訟紛紜，劉向曾受《穀梁》，參與石渠閣之議。石渠會議辯論五經之後，新立學官繼起，錢穆先生認爲，漢代自宣、元以下儒術逐漸走盛，而博士經說各分家法當在宣帝石渠奏議之後，這也體現在《漢志》所錄六藝書籍之中。據徐建委考證："《漢書·藝文志》並未將西漢五經的各個版本全部載錄，而僅著錄了漢宣帝時期學官所立有關聯的五經版本。""在《書》《禮》《春秋》《論語》《孝經》各類文獻的經、傳、說之後，均有石渠《奏議》存錄。"[③] 則自宣帝而盛的師傳家法爲劉向校書"六藝"提供了天然的類例流別。

---

① 王承略、劉心明主編，姚振宗著：《二十五史藝文經籍志考補萃編·漢書藝文志拾補》，第 208 頁。

② 〔漢〕班固撰，〔唐〕顏師古注：《漢書》，第 1950 頁。

③ 徐建委：《文本革命：劉向、〈漢書·藝文志〉與早期文本研究》，第 96 頁。

劉氏父子對歷史文獻的分類遵循"古制"尤其體現在諸子一略。《隋書·經籍志·薄録篇》言:"古者史官既司典籍,蓋有目録以爲綱紀,體制埋滅,不可復知。……漢時劉向《別録》、劉歆《七略》,剖析條流,各有其部,推尋事迹,疑則古之制也。"① 自《莊子·天下篇》《荀子·非十二子》《韓非子·顯學》等典籍,對古代學術之分類已頗爲詳盡。漢代司馬談《論六家要旨》對先秦學術進行系統的探源與總結,百年之後的劉向集先代"古制"之大成,尤其發揚司馬父子之成果,在"六家"之上增益爲"十家九流",梁啓超先生認爲追增四家的原因是出於編録方便的文獻學考量實屬"殆非得以",② 更表明劉氏對古制之依賴。

反觀中秘所藏文學作品,首先從文獻形態上異於六藝、諸子,西漢時期的辭賦皆爲單篇流傳,無文集之概念。③ 司馬相如賦作在創作之初便以單篇形式流傳於世,甚至不著作者,才有了武帝初讀《子虛賦》,感嘆"獨不得與此人同時"之感;至西漢末期,揚雄獻賦之形式也爲每一祀獻一賦。六藝、諸子類文獻則不然,《史記·太史公自序》稱"凡百三十篇,五十二萬六千五百字,爲《太史公書》";④ 陸賈"凡著書十二篇,每奏一篇,上讀之,未嘗不稱善,號其書曰《新語》",⑤ 皆爲"成書"形式流傳,與詩賦作品的流傳方式迥然相異,現存兩漢史料中,也未見稱引或閱讀某文士作品集的記載。劉向在處理這些單篇流傳的文學作品時,無法按照師傳家法或子集流別類分,因此《詩賦略》的一級分類以文體爲別,將是否可歌可唱作爲賦、詩分類的標準,是從文學文獻的根本性質出發剖判區別而成的體例。

縱觀詩賦一略的辭賦作品,雖然校書活動始于成帝,歷經二十餘年至漢哀帝綏和年間爲止的一百餘家、一千三百多篇作品中,所録先漢作品數量極少,元、成時期的辭賦家所作篇目不多,作品數量最爲龐大的爲武宣時期入藏的辭賦作品。自武帝、宣帝"言語侍從之臣,若司馬相如、吾丘壽王、東方朔、枚皋、王褒、劉向之屬,朝夕論思,日月獻納"⑥ 而最終發展爲別於六藝、諸子蔚爲大觀的一類文學文獻。相較于六藝,宣帝以來師法家傳流別昭然可循;諸子著述又有司馬父子九流十家之論可據,自漢方才興起的文學類文獻在元、成二朝逐漸走向式微而處在相對邊緣的位置,如何妥善分類這一批文獻是劉氏父子面臨的新困難。劉向將文學作品以文人群體類分,再把作品歸結於個人的體例雖與著録諸子典籍相似,但別以"屈原賦""陸賈賦""孫卿賦""雜賦"之名實屬創造。故《隋書·經籍志》稱:"別集之名,蓋漢東京之所創也。自靈均已降,屬文之士衆矣,然其志尚不同,風流殊別。後之君子,欲觀其體式,而見其心靈,故別聚焉,名之爲集。"⑦ 詩賦一略的分類,顯然是劉向全面考察了漢興以來辭賦

---

① 〔唐〕魏徵等:《隋書》,北京:中華書局,1997 年,第 992 頁。
② 梁啓超:《清代學術概論》,北京:東方出版社,2012 年,第 176 頁。
③ 余嘉錫:《目録學發微　古書通例》,第 224 頁。
④ 〔漢〕司馬遷撰,〔南朝宋〕裴駰集解,〔唐〕司馬貞索引,〔唐〕張守節正義:《史記》卷一百三十,北京:中華書局,2013 年,第 3999 頁。
⑤ 〔清〕嚴可均撰,孫寶點校:《嚴可均集》,杭州:浙江古籍出版社,2013 年,第 179 頁。
⑥ 引自班固《兩都賦》。馬積高主編:《歷代辭賦總匯·先秦漢魏晉南北朝卷》第 1 冊,長沙:湖南文藝出版社,2014 年,第 222 頁。
⑦ 〔唐〕魏徵等:《隋書》,第 1081 頁。

發展的新特點所總結出的最爲可行的分類方法。

　　經劉向編輯的《楚辭》並未收録於《詩賦略》,從文體看,《楚辭》皆爲不可配樂歌唱的誦詩,無法納入歌詩一類,[①] 那麼是否可以全部歸入"屈原賦"一類? 不少學者也就此問題有所討論,認爲《楚辭》即是從"屈原賦"節選而成,[②] 但深入分析《楚辭》的編輯過程以及其特質,這類推論似乎難以成立。

　　首先,從編輯過程看,《楚辭》是整理中秘文學作品時別集而成的文集,與從《新苑》之中擇取集成的《百家》一致,與《漢志》整理工作雖有所聯繫,但是兩套完全不同的編集方式,並不存在節選的關係;再看《楚辭》的性質,其書非成于一人一時,既包含先秦時期作品,也加入了漢代擬騷作品,爲屈原、宋玉及後代文人擬騷作品的集合,對情志與創作體裁的限定極爲嚴格。以宋玉爲例,現存宋玉賦 12 篇,[③] 除《九辯》《招魂》外皆爲賦體,劉向唯獨納此二篇入《楚辭》;漢代文人同樣如此,賈誼之作最爲典型,《惜誓》與《吊屈原賦》《鵩鳥賦》皆感傷屈子之志,而文學體裁的差異使《楚辭》僅録擬騷體的《惜誓》而不録其他賦體,這樣的去取正是源于《楚辭》的文學特性。反觀劉向整理卷帙浩繁的詩賦作品所遵從的準則,其最終目的,是將中秘各個時期搜求的詩賦作品依照先秦至漢代的文學發展特點進行妥當的分類與整理,因此《楚辭》相對獨特的性質、體例與《詩賦略》統覽西漢以來歷代文人詩賦各類題材、體裁的性質和體例全然不同。

　　"屈原賦"的内涵廣于《楚辭》,所收文人的創作不限於楚辭體作品,涉及有楚聲、楚詞及與屈原類似政治情懷的文士作品皆可收録。由此,兩者雖在編輯過程和作品體裁上雖有所重合,但性質決然不同,收録的體例也無法彌合,因此無需重複著録《楚辭》。由此,《詩賦略》中不見《楚辭》絶非劉向未經手此書的編輯,而是結合實際的文獻學考量和對不同文獻性質的深刻認識作出的選擇,也是最終促使《楚辭》流傳于中秘之外的原因之一。

四、餘論

　　河平三年(前 26),劉向時年五十有四,開始領校中秘圖書。在漢元帝朝與外戚宦官集團的鬥爭失敗,經歷十餘年廢官在野之後重新得用的劉向,同年上書《洪範》,次年上書《論王氏封事》諫"政由王氏,灾異浸甚",[④] 以君王所善之灾異説勸諫成帝,此時成帝已是劉向侍奉的第三位君主。現存《別録》佚文中,書録完整留存者僅《戰國策》《孫卿子》《説苑》《晏子》《管子》《列子》《鄧析子》七篇,每篇書録最後,劉向皆附對此書的評價,並建議成帝御覽。

---

① 趙敏俐:《歌詩與誦詩:漢代詩歌的文體流變及功能分化》,《首都師範大學學報(社會科學版)》2007 年第 6 期。
② 周禾:《〈楚辭〉選自"屈原賦之屬"考論》,《華中師範大學學報(人文社會科學版)》2000 年第 6 期。
③ 包括《對楚王問》,共 12 篇,具體參考馬積高先生《歷代辭賦總匯》所録篇章。馬積高主編:《歷代辭賦總匯·先秦漢魏晉南北朝卷》,第 56—76 頁。
④ 錢穆:《兩漢經學今古文平議》,北京:商務印書館,2001 年,第 47 頁。

《戰國策書録》:"皆高才秀士,度時君之所能行,出奇策異智,轉危爲安,運亡爲存,亦可喜,皆可觀。"《孫卿子書録》:"其書比於傳記,可以爲法。"《晏子書録》:"《晏子》蓋短。其書六篇,皆忠諫其君,文章可觀,義理可法,皆合六經之義。……凡八篇,其六篇可常置旁御觀。"《筦(管)子書録》:"凡《筦子》書務富國安民,道約言要,可以曉合經義。"①以上諸書,所言可觀之處皆與"國運"緊密相關,作爲三朝老臣的劉向,嘔心瀝血校理圖書時思慮政治的苦心表露無遺。

回溯漢興以來的辭賦文學,武、宣之世,通經與獻賦皆爲漢代文人得以仕進的兩條捷徑,辭賦發展盛極一時,文臣日月獻納、時時間作之賦充之秘府,尚有曲終奏雅的諷諫之義;元、成之際則轉變爲經學極盛、儒者大進的時代,"蓋非經術士,即不得安其高位",②辭賦的發展在這一時期讓位于經學讖緯,逐漸走向衰退,皮錫瑞先生在《經學歷史》中總結:"經學自漢元、成至後漢,爲極盛時代。"言武、宣之世"《詩》《書》不盡用經術也",③但至元、成則"上無異教,下無異學",這樣的經學風氣如實地反應在元成時期的文學創作當中,形成了元、成時代"循環相因;雖軒蓊出轍,而終入籠内"的摹擬文風。④辭賦的諷喻功用讓位於潤色鴻業,因此揚雄少時極力效仿司馬相如作賦以諷,晚年却發出"童子雕蟲篆刻,俄而曰壯夫不爲也"的感慨。從《諸子略》與《詩賦略》的序言對比來看,劉向的人生理想更多寄托於六藝、諸子著書立説,而達到"若能修六藝之術,而觀此九家之言,舍短取長,則可以通萬方之略矣"⑤的政治圖景,對辭賦作品則更多的是對其"没諷喻之義"的批判與惋惜,編輯與去取更多的是對這批相對較新的詩賦文獻發展歷程的梳理和最實際的文獻學整理。

對歷經三朝,屢次獲罪,曾廢官十餘年在野的老臣而言,此次歷時長久的校書活動中,將融匯歷代失志賢人情志的《楚辭》别爲一集,並不是校讎編纂工作的特例,呈現的却是區别於六藝、諸子系連"國運""經義"之外的個人情懷,即劉向在《九歎》中發出"道修遠其難遷兮,傷余心之不能已""不顧身之卑賤兮,惜皇輿之不興"⑥的沉鬱悲憤,而這顯然是盛大的國家校書活動中最無足輕重的部分,《楚辭》雖因其特質未被收入中秘,却以更爲長久的方式流傳於世,最終成爲歷代文人的精神歸處。

(郭玥,首都師範大學中國詩歌研究中心博士研究生)

---

① 〔漢〕劉向、劉歆撰,姚振宗輯録,鄧駿捷校補:《七略别録佚文　七略佚文》,第35、40、45、51頁。
② 錢穆:《秦漢史》,北京:生活·讀書·新知三聯書店,2005年,第211頁。
③ 皮錫瑞:《經學歷史》,北京:中華書局,2012年,第66—67頁。
④ 許結:《漢代文學思想史》,南京:南京大學出版社,1990年,第177頁。
⑤ 〔漢〕班固:《漢書》,第1746頁。
⑥ 〔南宋〕洪興祖:《楚辭補注》,第287、307頁。

《國語》地理條辨*

俞志慧

[摘 要] 論文以《國語》一書中涉及地名的 17 則文本爲討論對象,考察了《國語》中若干歷史地理問題,或揭歷史地名的特殊音讀,如祭、虢、乾溪;或正經傳注疏之錯謬,如千畝、樊、甬句東;或補前賢之所未及,如大原、戲、蒲城、拾,藉以揭示《國語》中諸多歷史事件所發生的準確地理位置,并呈現同一地名在不同空間的遷延,如密、芮、中牟、繒、鄭,以及與此相關的文獻意義。

[關鍵詞] 國語 地理 辨正

《國語》一書,包括周、魯、齊、晉、鄭、楚、吳、越八語,從西周穆天子時期(約前 976—前 922 在位)到戰國前期趙襄子(?—前 425),涉及很多歷史地理問題,其中不乏前人深入研究者,但因涉及面廣,歷史上地名變動較多,故仍有很大的討論空間。本人爬梳了大量文史材料,經過長期的田野調查,并及於地方史志文獻,遂有涓滴積累,在此摘出十七則,或揭歷史地名的特殊音讀,或正舊釋之誤,或補前賢之所未及。藉以揭示《國語》中諸多歷史事件所發生的確切地理位置,呈現相關地域在不同時期的不同稱謂,同一地名在不同空間的遷延,希望有助於先秦文史研究與古文獻閱讀。

1. 祭

《國語·周語上·穆王將征犬戎》:"穆王將征犬戎,祭公謀父諫曰:'不可。'"[①] 三國吳韋昭注(以下簡稱韋注):"祭,畿内之國。"佚名《國語舊音》:"祭,莊界反。"[②] 清譚沄《國語釋地》(以下簡稱《釋地》):"《括地志》云:'祭城,在鄭州管城縣東北十五里。'管城,今河南開封府鄭州也。"[③]

祭,作爲古國名,字亦從邑作"鄒"。祭伯城遺址在今河南省鄭州市金水區,2005 年,該遺址曾有過一次考古發掘。當地有一條祭城路,祭伯城、祭城、祭城路之"祭"方言皆讀如"榨""炸"。漈,今天的閩北方言讀如"寨",猶有古音孑遺。

---

* 本文是國家社科基金重大招標項目"《國語》文獻集成與研究"(19ZDA251)的階段性成果。

① 本文所據《國語》及韋昭注以民國八年(1919)上海商務印書館《四部叢刊初編》本爲底本,該本據上海涵芬樓借杭州葉氏藏明嘉靖間吳郡金李澤遠堂翻宋本景印,鑒於本文旨在討論歷史地理問題,故於《國語》各版本的異文,除非嚴重影響討論,一般不予辨正。爲方便讀者檢索,所引《國語》正文於各語下出以標題,標題文字依上海師範大學古籍整理研究所校點、上海古籍出版社 1998 年版《國語》,所引《國語》正文、韋昭注以及有關《國語》之前人著述,因係同一出版品,且在同一條目之下,故除需要特別説明者外,衹在首次出現時出注頁碼。

② 〔三國吳〕韋昭注:《宋本國語》第 4 册,北京:國家圖書館出版社,2017 年,第 39 頁。

③ 宋志英選編:《〈國語〉研究文獻輯刊》第 7 册,北京:國家圖書館出版社,2012 年,第 403 頁。

2. 密

《周語上·密康公母論小醜備物終必亡》:"恭王游於涇上,密康公從。"韋注:"康公,密國之君,姬姓。"《史記·周本紀正義》引《括地志》:"陰密故城在涇州鶉觚縣西,其東接縣城,即古密國。"[1] 清汪遠孫《國語發正》(以下簡稱《發正》):"密有二,姬姓者在河南,姞姓者在安定。"[2] 徐元誥《國語集解》(以下簡稱《集解》):"今陝西涇川縣南有密故城。"[3] 在《周語中·富辰諫襄王以翟女爲后》"密須(亡)由伯姞"下,韋注又云:"伯姞,密須之女也。《傳》曰:'密須之鼓''闕鞏之甲',此則文王所滅而獲鼓、甲也。《大雅》云:'密人不恭,敢距大邦。'不由嫁女而亡。《世本》云:'密須,姞姓。'"《發正》云:"密須滅於恭王,不滅於文王也。密須姞姓,取伯姞,即指同姓三女奔之之事,與鄅由叔妘、聃由鄭姬皆是取同姓以致滅亡一例,韋云不由嫁女而亡,大謬。"日本冢田虎《增注國語》持不同觀點:"伯姞,似非密須之女,蓋與下'鄅由叔妘'同,密須之君娶同姓女也,此亦可謂明禍之所由也。"[4] 則是否定密須爲姞姓。或謂姬姓,或謂姞姓;或謂滅於文王,或謂滅於恭王,莫衷一是。

涇川,今屬甘肅省平涼市。1935 年重修《靈臺縣志·古迹》云:"密須國城故址,在縣西五十里,即今之百里鎮地。文王伐密後,其地歸周,其城亦漸廢,現在鎮西偏獨有故城遺址。"[5] 密須國遺址在今甘肅省靈臺縣百里鄉達溪河流域,該地有一批西周墓葬群,曾出土大量珍貴文物。周文王所滅之密須,據《世本》"密須,姞姓",可謂前密。姞姓密滅亡之原因,《國語》謂"由伯姞",除韋注娶同姓"密須之女也"而外,并無其他材料可證,韋注所引《詩·大雅·皇矣》"密人不恭,敢距大邦,侵阮徂共"或許才是主因,位於今甘肅靈臺一帶的密國向涇水下游擴張,與向西擴張的周人迎頭撞上,故云"不恭"。至於密須之鼓,則頗似"匹夫無罪,懷璧其罪"。姞密滅亡之後,周武王復於其舊地置姬姓密國,可謂後密,恭王時,"三女奔(密)康公,康公不獻,遂亡",《發正》混爲一談,其後吳曾祺《國語韋解補正》(以下簡稱《補正》)復因襲其說,亦誤。韋注謂姞姓者爲密須,姬姓者爲密國,或以示區別耳。《皇矣》稱前者亦爲密,疑爲簡稱。

河南之姬密,齊思和《西周地理考》認爲乃後密的余緒,云:"密本在甘肅,後封於豫西,亦曰新密。"[6] 或是也。

3. 彘

《周語上·召公諫厲王弭謗》:"國人莫敢出言。三年,乃流王于彘。"韋注:"彘,晉地,漢爲彘縣,屬河東,今曰永安。"《釋地》:"彘城,今山西霍州。"其事亦載清華簡《繫年》,唯《繫

---

① 〔漢〕司馬遷,〔南朝宋〕裴駰集解,〔唐〕司馬貞索隱,〔唐〕張守節正義:《史記》,北京:中華書局,2013 年,第 153 頁。
② 宋志英選編:《〈國語〉研究文獻輯刊》第 8 冊,北京:國家圖書館出版社,2012 年,第 194 頁。
③ 徐元誥集解,王樹民、沈長雲點校,《國語集解(修訂本)》,北京:中華書局,2002 年,第 9、10 頁。
④ 〔日〕冢田虎:《增注國語》卷二,日本平安書林角田多助、矢代仁兵衛合梓,享和元年(1801),第 4 頁。
⑤ 楊渠統等修,王朝俊等纂:《重修靈臺縣志》,臺北:臺灣成文出版社有限公司 1976 年據南京京華印書館 1935 年鉛印本影印,第 167 頁。
⑥ 齊思和:《西周地理考》,《燕京學報》1946 年第 30 期,第 104 頁。

年》彘書作"徹",釋者以爲二字通假,或是也。關於厲王流彘的原因及時間,《史記·周本紀》全承《國語》,《周本紀》並云:"共和十四年,厲王死于彘。"[1] 是年爲前 828 年。今山西霍州於周時稱作彘,東漢爲永安,隋爲霍邑,明置霍州,其地今尚存周厲王墓。

4.芮

《周語上·芮良夫論榮夷公專利之害》:"厲王説榮夷公,芮良夫曰。"《補正》:"芮良夫,姬姓,伯爵,食采於芮,今山西芮城。"[2] 楊伯峻《春秋左傳注·桓公三年》:"芮國有二,一爲殷商時之芮,與虞國爲鄰,《詩·大雅·緜》所謂'虞、芮質厥成'者是也。一爲周畿内國,姬姓,嘗爲王朝卿士。《尚書序》云:'巢伯來朝,芮伯作《旅巢命》。'此武王時之芮伯也;《顧命》有芮伯,成王時也;《詩·桑柔序》云:'《桑柔》,芮伯刺厲王也。'《逸周書》有《芮良夫篇》,則厲王時也。"[3]

"虞、芮質厥成"之芮在今山西芮城和平陸交界處的西侯、洪池、嶺底、陌南東部一帶,今有閑田、讓畔城等遺迹,尚可與"虞、芮質厥成"相關的傳説相印證,是爲姜芮,此芮國在武王克商後成爲新封的姬姓魏國的一部分。

西周姬姓芮國,在今陝西省大荔、韓城、澄城一帶,1929 年,在大荔縣趙渡鎮出土過春秋早期器"内伯鼎","内"即"芮"之初文,學界認爲芮良夫所在的芮國即在此地。2006 年以後,與大荔祇隔一個合陽的韓城市昝村鎮梁帶村兩周墓葬中,陸續出土了含有"内(芮)公"、"内(芮)大(太)子白"等字樣的青銅器,證公元前八世紀初芮姜及其子芮伯萬將政治中心遷移至此。該芮在秦晉韓原之戰後屬秦。又,2018 年,在澄城縣王莊鎮劉家洼東周遺址考古中,出土過兩件鑄有"芮公"的銅鼎和銘有"芮公作器"的建鼓,考古界認爲該遺址是一處芮國後期的都城遺址及墓地。《補正》混同前後芮,誤。

5.虢

《周語上·虢文公諫宣王不籍千畝》:"宣王即位,不藉千畝。虢文公諫。"韋注:"虢叔之後,西虢也。宣王都鎬,在畿内。"《補正》:"西虢,在弘農陝縣東南。"西虢,在今陝西省寶雞市陳倉區東,爲文王異母弟虢文公虢叔封地,故名,韋注無誤。當地有虢鎮,虢,方言音鬼。傳世有周宣王時銅器虢文公鼎,書作"虢文公子𣪘",容庚《商周彝器通考》第四章疑即此虢文公,可從。著名的虢季子白盤也出土於這一帶。《補正》所指者在今河南三門峽,爲北虢,非西虢。

6.千畝

《周語》同篇:"戰于千畝,王師敗績于姜氏之戎。"韋注:"姜氏之戎,西戎之別種,四嶽之後也。《傳》曰:'我諸戎,四嶽之裔胄。'"晉孔晁云:"宣王不耕籍田,神怒民困,爲戎所伐,戰

---

① 〔漢〕司馬遷,〔南朝宋〕裴駰集解,〔唐〕司馬貞索隱,〔唐〕張守節正義:《史記》,第 182 頁。
② 吳曾祺:《國語韋解補正》卷一,上海:商務印書館,1933 年,第 7 頁。
③ 楊伯峻編著:《春秋左傳注》,北京:中華書局,1981 年,第 99—100 頁。

於近郊。"①《發正》:"《漢書·西域傳》:'周衰,戎狄錯居涇渭之北。'是宣王時王畿近地已爲戎狄所薦居。孔以千畝爲近郊,其説近是。王自伐戎,而遠戰於晉地,必不然矣。"《釋地》:"《括地志》云:'千畝,原在晉州岳陽縣北九十里。'沄案:岳陽縣,今屬山西平陽府,晉穆侯之戰在此地。張守節以證宣王伐戎之戰,則誤矣。姜戎在周之西,豈宣王西伐姜而東戰於晉之千畝原乎?蓋周別有千畝在姜戎之地。姜戎,今鳳翔府寶雞縣南七里有姜氏城。"《補正》:"《内傳·桓二年》杜注:'西河界休縣南有地名千。'"張以仁《國語集證》:"閻若璩《潛邱劄記》云:'此千畝乃周之籍田,離鎬京應不甚遠。……天子既不躬耕,竟久成烏鹵不毛之地,惟堪作戰場。故王用戎戰於此。'王不耕,是否即廢籍田爲墟,雖不可知,然謂此千畝實源於籍田千畝之義則似得其實也。"②孔、汪、張等説皆可從。清華簡《繫年》下列文字復可爲之補證:"昔周武王監觀商之不恭上帝,禋祀不寅,乃作商籍,以登祀上帝天神,名之曰千畝。"又云:"宣王是始棄帝籍,弗田。立卅又九年,戎乃大敗周師於千畝。"③其中將千畝與籍田相聯繫,雖山西介休亦有名曰千畝的地名,但周武王至周宣王之籍田斷不會捨近求遠,而當在王畿之内,杜預、張守節、吳曾祺之説失考。

上古時期,在陝西岐山、驪山、涇水中游、山西汾水下游和河南洛水流域散居著稱爲戎的部落。寶雞姜城堡仰韶文化遺址傳爲姜炎文化發祥地,未聞與姜戎有關,《釋地》似望文生義,不足據。

7. 樊

《周語上·仲山父諫宣王立戲》:"王立戲,樊仲山父諫。"韋注:"仲山父,王卿士,食采於樊。"《發正》:"陽,《内傳》作'陽樊',今河南濟源縣,地在周東都畿内,仲山父所封之地在此,此封邑,非采地。韋云食采於樊,恐未是。"《釋地》:"今河南懷慶府濟源縣東南三十八里有陽樊城。"沈鎔《國語詳注》:"樊,在今山東滋陽縣西南。"④《左傳·僖公二十五年》杜注、服注及王應麟《詩地理考》卷四皆謂此樊即陽樊,地在今河南濟源縣承留鎮曲陽村,不知沈鎔何以指山東滋陽樊城爲仲山父之樊。又,仲山父爲王卿士,《詩·大雅·崧高》《烝民》皆盛贊其人,然樊在東都畿内,未聞仲山父受封之説,《發正》封邑説無據,故仍以韋解采邑爲是。

8. 大原

《周語上·仲山父諫宣王料民》:"宣王既喪南國之師,乃料民于大原。"《發正》:"大原,蓋在雍州之北而近西者。"《釋地》:"太原,即今固原州也。"《補正》:"此太原乃在平涼,與河東之太原無涉。"汪、譚、吳三説互有交集。《今本竹書紀年》:"(宣王)四十年,料民於太原。"可與《國語》此文互證。《詩·小雅·六月》亦云:"玁狁匪茹,整居焦穫。侵鎬及方,至

---

① 〔東漢〕鄭玄箋,〔唐〕孔穎達正義:《毛詩正義》,〔清〕阮元校刻:《十三經注疏》,北京:中華書局,1980年,第433頁下。
② 張以仁:《張以仁先秦史論集》,上海:上海世紀出版股份有限公司、上海古籍出版社,2010年,第469頁。
③ 清華大學出土文獻研究與保護中心編,李學勤主編:《清華大學藏戰國竹簡(貳)》,上海:上海文藝出版集團有限公司、中西書局,2011年12月,圖版:上册第39頁、40頁,釋文:下册,第136頁。
④ 宋志英選編:《〈國語〉研究文獻輯刊》第7册,第31頁。

于涇陽。……薄伐玁狁,至于大原。"朱熹《詩集傳》謂"今在大原府陽曲縣",①《國語》之"大原"當與時間相近之《詩》"大原"同,但《國語》與《詩經》上文都指向涇陽及以北地區。平涼市崆峒區安國鎮油坊莊村涇河北岸的二級臺地上有一座漢代古城遺址,考古界認爲此即古涇陽城。顧炎武《日知錄》已云:"'薄伐玁狁,至于大原。'毛、鄭皆不詳其地,其以爲今太原陽曲縣者,始於朱子,而愚未敢信也。古之言大原者多矣,若此詩則必先求涇陽所在,而後大原可得而明也。《漢書·地理志》:安定郡有涇陽縣,开頭山在西,《禹貢》涇水所出。《後漢書·靈帝紀》:'段熲破先零羌於涇陽。'注:'涇陽縣屬安定,在原州。'《郡縣志》:'原州平涼縣,本漢涇陽縣地,今縣西四十里涇陽故城是也。'"②顧氏的文獻考察與考古發掘正相吻合。

涇陽北面的固原,古稱大原。周穆王、孝王、夷王、宣王皆先後在這一帶用兵。料民當與兵員、軍賦有關,蓋因長期用兵致人户鋭減,下文仲山父所謂"示少"是也。准此,若在周人多年經營的涇水流域進行戰爭動員不致引起强烈反彈,而在新開拓的固原及附近一帶則易生變,仲山父之諫阻蓋有由也。顧炎武,《發正》《釋地》《補正》説俱各有當。

9.戲

《魯語上·里革論君之過》:"厲流于彘,幽滅于戲。"韋注:"戲,戲山,在西周。"孔晁:"戲,西周地名。"③孔穎達《詩·王風》"王城譜"正義:《史記》云麗山,《國語》言於戲,則是麗山之下有地名戲。皇甫謐云:'今京兆新豐東二十里戲亭是也。'潘岳《西征賦》述幽王之亂滅云:'軍敗戲水之上,身死麗山之北。'則戲亦水名。韋昭云戲山名,非也。"④《釋地》:"蘇林曰:'戲,邑名,在新豐東南四十里。'新豐故城在今西安府臨潼縣東北。"《左傳·昭公二十六年》正義引《汲冢書紀年》云:"平王奔西申,而立伯盤以爲大子,與幽王俱死于戲。"⑤可與《國語》互證。《釋地》所引蘇林之語見載《史記·秦始皇本紀》集解,《史記集解》復引應劭注云:"戲,弘農湖西界也。"⑥則是各家所指並非某一具體的節點,而是一個大致的地區,加之或指山,或指水,則戲之名蓋因山水而得,進而更有戲邑、戲亭、戲驛(見《史記·高祖本紀》索隱)。近出清華簡《繫年》於幽王覆滅事言之甚詳,唯未及戲地,劉國忠據此推斷《史記·周本紀》所載幽王烽火戲諸侯爲小説家言,⑦或是也。檢先秦文獻,未見幽王烽火戲諸侯之記載,甚至幽王之時是否有烽燧制度也是一個需要論證的問題,《史記·十二諸侯年表》祇作"幽王爲犬戎所

---

① 〔南宋〕朱熹注:《詩經》,上海:上海古籍出版社,1987年,第78頁。
② 〔清〕顧炎武著,〔清〕黄汝成集釋:《日知錄集釋》,長沙:嶽麓書社,1994年,第94頁。开,當係"開"之形訛,文獻多作笄頭山,今呼作雞頭山,據當地人介紹,從東邊看,崆峒山的這個山峰形似雞冠,故名。
③ 〔東漢〕鄭玄箋,〔唐〕孔穎達正義:《毛詩正義》,〔清〕阮元校刻:《十三經注疏》,第330頁上。
④ 〔東漢〕鄭玄箋,〔唐〕孔穎達正義:《毛詩正義》,〔清〕阮元校刻:《十三經注疏》,第330頁上。
⑤ 〔晉〕杜預集解,〔唐〕孔穎達正義:《春秋左傳正義》,〔清〕阮元校刻:《十三經注疏》,北京:中華書局,1980年,第2114頁中。
⑥ 〔漢〕司馬遷,〔南朝宋〕裴駰集解,〔唐〕司馬貞索隱,〔唐〕張守節正義:《史記》,第338頁。
⑦ 詳見劉國忠:《從清華簡繫年看周平王東遷的相關史實》,《"簡帛·經典·古史"國際論壇論文》,香港中文大學,2011年11月。

殺",在鄭桓公欄又云:"立三十六年,與幽王俱死犬戎之難也。"①頗疑該傳說因地名戲附會成動詞戲所致。

10. 令支、孤竹

《齊語》:"刜令支、斬孤竹而南歸。"韋注:"二國,山戎之與也。令支,今爲縣,屬遼西,孤竹之城存焉。"《釋地》:"令支,在今直隸永平府遷安縣。孤竹,在永平府盧龍縣西十五里。"《補正》:"令支,一作'離枝',有孤竹城。故伯夷國,在平州盧龍縣南十二里。"令支,在今河北遷安、遷西及灤縣北部一帶。孤竹,在今河北盧龍、撫寧、遷安、遷西、灤縣、豐潤、樂亭一帶,其勢力達遼西地區。《(光緒)樂亭縣志》云:"《漢書·地理志》令支下有孤竹城,令支,今遷安地。《魏書·地形志》肥如下有孤竹山祠,並有令支城。肥如,今盧龍地。"②父丁孤竹罍即該地出土的商代青銅器。位於灤縣的後遷義遺址,1999 年考古發掘中,發現其上層屬商文化,與傳說中的孤竹國時間相合。

11. 中牟

《齊語》:"築五鹿、中牟、蓋與、牡丘。"《補正》:"中牟,在今河南彰德府湯陰縣西四十里。"今中牟,在今河南省鄭州、開封之間,春秋稱圃田,漢初始置中牟縣,屬河南郡。古中牟在黃河以北,《左傳·定公九年》"晉車千乘在中牟",同書《哀公五年》"趙鞅伐衛,范氏之故也,遂圍中牟",《論語·陽貨》"佛肸以中牟畔",《史記·趙世家》"(趙)獻侯少即位,治中牟",凡此皆在黃河以北,《史記·趙世家》正義云:"相州蕩陰縣西五十八里,有牟山,蓋中牟邑在此山側也。"③相州蕩陰,即今河南湯陰,縣西五十八里,已入今鶴壁市境內,當地文史學者亦認爲鶴壁市石林鎮耿寺村即古中牟,該村在牟山南側,與《史記正義》之説合。

12. 繒

《鄭語》:"申人、繒人召西戎以伐周,周於是乎亡。"韋注:"繒,姒姓,禹後也。繒及西戎素與申國婚姻同好。幽王欲殺宜咎以成伯服,求之於申,申人弗予,遂伐之。故申、繒召西戎以伐周,殺幽王於戲。"《補正》:"《漢書·地理志》:'南陽郡宛縣,故申伯國。'今山東兗州府嶧縣東有鄫城。鄫,姒姓,《鄭語》作'繒'。"《補正》所指在山東兗州者爲姒姓鄫國。另有一姬姓繒國,與申國相鄰,地在今湖北隨州、荆門、襄陽一帶,近幾十年考古發掘中,在隨州市淅河鎮蔣寨村葉家山發現西周墓地,考古界認爲該墓與曾國或曾侯有關。又有隨州市文峰塔發現春秋時期曾國墓;荆門市京山市蘇家壠發現兩周之際曾國墓地;襄陽市棗陽郭家廟擂鼓墩發現春秋早期曾侯墓,此皆韋注所謂"與申國婚姻同好"者也,《補正》説非。

13. 蒲城

《晉語一·史蘇論驪姬必亂晉》:"重耳處蒲城。"韋注:"蒲,今蒲坂。"《釋地》因襲其説,云:"蒲坂,今蒲州府永濟縣東南隅蒲坂古城是也。"《漢書·地理志》"蒲子"下應劭注:"舊

---

① 〔漢〕司馬遷,〔南朝宋〕裴駰集解,〔唐〕司馬貞索隱,〔唐〕張守節正義:《史記》,第 655 頁。
② 〔清〕陳金駿纂修:《(光緒)樂亭縣志》,清光緒三年刻本,卷一第 2 頁。
③ 〔漢〕司馬遷,〔南朝宋〕裴駰集解,〔唐〕司馬貞索隱,〔唐〕張守節正義:《史記》,第 2153 頁。

邑,武帝置。"顔注:"重耳所居也,應説失之。"①《史記·秦始皇本紀》正義曰:"蒲邑故城在隰州縣北四十五里,在蒲水之北,故言蒲陽。即晉公子重耳所居邑也。"②《元和郡縣志》卷一五亦云:"文城故城,在(文城)縣北三十里。故老曰:此城晉文公爲公子時避驪姬之難,從蒲奔狄,因築此城,人遂呼爲文城。"③蒲坂,在今山西永濟市蒲州鎮,其後的黃河鐵牛和普救寺就在這一帶,韋昭和譚沄説是。若依張守節及《元和郡縣志》之説,則此蒲非蒲坂,而在今山西臨汾下轄的隰縣和吕梁下轄的交口縣,隰縣寨子鄉有去延村,當地傳説該名稱係從寺人披追殺重耳"斬袪垣"的故事音訛而來;交口縣近年確實也有一些東周墓葬出土,唯從重耳流亡路綫上看,從臨汾一帶往北到隰縣,到下一站翟,並與翟君獵於渭濱,再到柏谷(今河南靈寶),在路綫上不免多費周折,姑且存疑。陳桐生譯注《國語》在"重耳處蒲城"下注云:"在今山西隰縣西北。"④又在"蒲與二屈"下注云:"晉國南部有陸渾,與蒲城接壤。"⑤則不能兩存。

14. 重耳所奔之翟

《晉語二·驪姬譖殺大子申生逐群公子》:"公令奄楚刺重耳,重耳逃于翟。"韋注:"翟,北翟,隗姓也。"關於晉公子重耳流亡之翟之所在及此前後之路綫,韋昭以重耳所奔之翟爲北翟,不知何所據,《左傳·成公十三年》晉大夫吕相云:"白狄及君同州,君之仇讎,而我婚姻也。"或本此。至於指此翟爲隗姓,自有重耳娶叔隗可證。無定河流域有重耳流亡的遺迹與傳説;1986 年,在内蒙古和林格爾盛樂古城出土銘有"耳鑄公劍"的青銅劍,有學者進一步認定這就是重耳之劍。祇是即使該器主確屬重耳,也不能就此斷定重耳到過盛樂,正如望山楚墓出土過銘有"越王鳩淺自乍用劍"的越器,不能據此斷定越王句踐到過江陵。重耳在翟時間長達十二年,後者每逐水草而居,其活動半徑應該不小,唯見於文獻記載者似僅以下數條:《晉語二》下文狐偃云:"夫翟近晉而不通……走之易達。"魯僖公五年,重耳集團流亡初期經過柏谷(地在今河南靈寶);魯僖公九年,晉獻公薨,其時秦、晉之使尚通於重耳,如果流亡到無定河及以北地區,秦晉之使不易抵達;晉惠公時期,重耳本人在渭濱被寺人披追殺,重耳回國後責問後者:"爲惠公從余于渭濱,命曰三日,若宿而至。"(《晉語四》)這應該是從晉都出發的行程。綜此數條,疑此翟爲錯居中國之赤翟,其地當在今秦、晉交界地帶。陝西蒲城縣境内,洛河東岸,與澄城縣交界處有村名曰避難堡,相傳因重耳避難於此而得名。《太平寰宇記》卷二八以及各時代《同州志》與《澄城縣志》《蒲城縣志》都有記載,春秋前中期,這一帶曾是赤狄活動地區。目前,還保留着王城(大荔)、羌白鎮(大荔)、羌村(富縣)等古地名,相關傳説或有史影在焉。

---

① 〔東漢〕班固,〔唐〕顔師古注:《漢書》,北京:中華書局,1975 年,第 1551 頁。
② 〔漢〕司馬遷,〔南朝宋〕裴駰集解,〔唐〕司馬貞索隱,〔唐〕張守節正義:《史記》,第 290 頁。
③ 〔唐〕李吉甫:《元和郡縣志》,文淵閣《四庫全書》第 468 册,上海:上海古籍出版社,1987 年,第 307 頁。
④ 陳桐生譯注:《國語》,北京:中華書局,2013 年,第 282 頁。
⑤ 陳桐生譯注:《國語》,第 291 頁。

15.鄭、棫林(咸林)、拾

《舊音》於《鄭語》下注謂鄭桓公友"封於咸林,今京兆鄭邑是也",《世本》則云:"桓公居棫林,徙拾。"①《毛詩·鄭譜》:"宣王封母弟友於宗周畿内咸林之地,是爲鄭桓公,今京兆鄭縣是其都也。"②杜預《世族譜》:"鄭國,姬姓,周厲王子宣王母弟桓公友之後也。宣王封友于鄭,今京兆鄭縣是也。及周幽王無道,友徙其民于虢、鄶,虢、鄶之君分其地,遂國焉。今河南新鄭縣是也。"③《釋地》:"宣王封友於西周畿内咸林之地,是爲鄭桓公。幽王之滅,桓公死焉,其子武公併虢、鄶之地,遂國於河南新鄭。"

在《鄭譜》,封於咸林之地與"今京兆鄭縣是其都"是二層意思,咸林與鄭縣既未必在同一時間,也未必在同一地域,更没有將咸林與鄭都等同,後人將現今華陰別稱作咸林,疑基於對《鄭譜》的誤讀。關於《世本》中的"拾",《史記索隱》引宋忠云:"棫林與拾皆舊地名。"④後來學者皆祖述其說。其實,此"拾"并非地名,而是數字,《國語·鄭語》在記載桓公傾聽史伯的分析以後有以下一段文字:"公説,乃東寄帑與賄,虢、鄶受之,十邑皆有寄地。"韋昭注云:"十邑,謂虢、鄶、鄢、蔽、補、丹、依、疇、歷、莘也。後桓公之子武公竟取十邑之地而居之,今河南新鄭是也。"雖然《國語》明道本與公序本文字有差異,但此"拾"指十邑應該没有問題。徙拾之前呢? 從上揭文獻可知,有咸(棫)林,有鄭(今之華陰),因爲二者都在京畿,故光憑上揭文獻很難判斷二者是共時還是有先後,如果有先後,又不能遽定孰先孰後。

咸林,又書作棫林,《左傳·襄公十四年》載:"(諸侯聯軍)濟涇而次。秦人毒涇上流,師人多死。鄭司馬子蟜帥鄭師以進,師皆從之,至于棫林,不獲成焉。"則是棫林分明在涇水之西,而非杜預所指的京兆鄭縣、《舊音》的京兆鄭邑(今陝西華縣)。1975 年,陝西扶風莊白村出土了一批西周時期的青銅器,其中的㝬簋,銘文中有表地名的𤔲林,唐蘭《伯㝬三器銘文的譯文和考釋》、賈海生《周代禮樂文明實證》中《由考古發現論〈棫樸〉〈執競〉的本事》一文⑤皆以爲棫林在扶風、寶雞一帶,二說有後出轉精之妙,可從。唯鄭桓公所封之地,《漢書·地理志》、《史記·秦本紀》裴駰《集解》、張守節《正義》、《史記·鄭世家》司馬貞《索隱》皆以爲在今陝西華縣。《史記·秦本紀》云:"(秦武公)十一年(前 687),初縣杜、鄭。"⑥《史記集解》等以此鄭爲華州,即今華縣,可以認爲該地因曾屬鄭國而得鄭名。綜合上述文獻,知鄭桓公曾居於陝西扶風的咸林,並受封於今陝西華縣。

16.乾谿

《楚語上·范無宇論國爲大城未有利者》:"三年,陳、蔡及不羹人納棄疾而殺靈王。"韋

---

① 〔漢〕司馬遷,〔南朝宋〕裴駰集解,〔唐〕司馬貞索隱,〔唐〕張守節正義:《史記》,第 2110 頁。

② 〔東漢〕鄭玄箋,〔唐〕孔穎達正義:《毛詩正義》,〔清〕阮元校刻:《十三經注疏》,第 335 頁下。

③ 〔晉〕杜預《春秋釋例》卷八,《文淵閣四庫全書》第 146 册,上海:上海古籍出版社,1987 年,第 55 頁。

④ 〔漢〕司馬遷,〔南朝宋〕裴駰集解,〔唐〕司馬貞索隱,〔唐〕張守節正義:《史記》,第 2110 頁。

⑤ 唐蘭:《伯㝬三器銘文的譯文和考釋》,《文物》1976 年第 6 期;賈海生《周代禮樂文明實證》,北京:中華書局,2010 年,第 215—228 頁。

⑥ 〔漢〕司馬遷,〔南朝宋〕裴駰集解,〔唐〕司馬貞索隱,〔唐〕張守節正義:《史記》,第 231 頁。

昭注:"靈王爲無道,棄疾入國爲亂,三軍畔之於乾谿,王自殺。"《補音》:"乾,古寒反。"《左傳·昭公六年》"次于乾谿"杜注:"乾谿,在譙國城父縣南,楚東竟。"[1]乾谿,清華簡《楚居》中書作"秦溪",則其時"乾"字聲母屬群,《正德潁州志》卷一載:"乾溝,在州西北四十五里。張村鋪北,古城父地也。乾溪,在張村南七〈十〉里,俗呼乾溝。"[2]地在今安徽省利辛縣張村,當地方音有三讀:乾(干)溝、干鷄溝、乾(音前)溪溝,其遺址又稱作乾(音前)溪陰陽城。

17. 甬句東

《吴語·句踐滅吴夫差自殺》:"寡人其達王於甬句東。"韋注:"甬句東,今句章東海口外洲也。"《補正》:"甬東即舟山,在今寧波府定海縣。"《越語上》復有"達王甬句東",韋注:"甬,甬江。句,句章也。"按韋昭的理解,此"甬句"爲兩個地名。唯句章似不宜簡稱句,《左傳·哀公二十二年》作"請使吴王居甬東",《史記·吴太伯世家》作"句踐欲遷吴王夫差於甬東",《史記集解》引賈逵注曰:"甬東,越東鄙,甬江東也。"[3]《吴越春秋·夫差内傳》作"吾請獻勾、甬東之地",[4]《吴越春秋·句踐伐吴外傳》作"吾置君於甬東",[5]則似上文之"甬句"爲"句甬"之誤倒,句甬、勾甬即甬也,疾言緩言之別耳,人名、地名前加一前綴乃中國東部地區特別是吴越地區上古漢語的常例,如居庸、句容、居巢、姑蘇、姑蔑、於越、於潛、餘姚、餘杭、無錫等等,傳抄者不明此例,將"句甬"二字誤倒,並《越語上》下一處"句甬"亦誤倒,韋昭更以"句"屬之句章,亦誤。《元和郡縣志》卷二十七云:"翁洲,入海二百里,即《春秋》所謂甬東地也。"[6]今浙江舟山定海區城東街道有村名甬東,在地方史志文獻中可追溯至宋代。當地口傳,夫差自殺未遂,忍辱蟄居舟山島南部原徐偃王城一帶,當地至今仍有吴榭、吴家山頭等與吴國有關的地名,晚近還置有吴洞鄉;1982年考古發掘中,甬東村附近的金鷄村徐家墩與城隍頭村毛家鳥墩均發現春秋戰國時期遺址,頗疑其餘部有流放至舟山者,故有此類史影。復次,清華簡《越公其事》亦作"甬句重(東)",抑或《越語上》與《越公其事》同出一源乎?

(俞志慧,紹興文理學院人文學院教授)

---

① 〔晉〕杜預集解,〔唐〕孔穎達正義:《春秋左傳正義》,〔清〕阮元校刻:《十三經注疏》,第2045頁上。

② 〔明〕劉節纂修:《正德潁州志》卷一,《天一閣藏明代方志選刊》第24册,上海:上海古籍書店1982年據明正德六年(1511)刻本影印,第8頁。

③ 〔漢〕司馬遷,〔南朝宋〕裴駰集解,〔唐〕司馬貞索隱,〔唐〕張守節正義:《史記》,第1773頁。

④ 周生春:《吴越春秋輯校匯考》,上海:上海古籍出版社,1997年,第93頁。周氏在"勾"下斷,并注云:"勾,句章。"承韋昭《國語解》之説。

⑤ 周生春:《吴越春秋輯校匯考》,第170頁。

⑥ 〔唐〕李吉甫:《元和郡縣志》,文淵閣《四庫全書》第468册,第452頁上。

"瀦野澤"諸問題辨正*

王勝明

[摘　要]　文獻所見"瀦野澤"相關名稱有"都野澤""休屠澤""白亭海""魚海子""青土湖"等。漢代之後,"瀦野澤"水域變化大,南北朝時蜕變爲東西兩湖。歷代名稱演化繁雜,所在地域區劃變更頻仍。南北朝以來,"瀦野澤"相關湖泊文獻記錄問題頗多,其要有三:其一是闞駰、李吉甫誤讀文獻,杜撰蕭州"白亭水"乃至"白亭海",唐代及其後文獻以訛傳訛,歷代相因。其二是明清文獻混淆"休屠澤""白亭海""魚海子"方位及名稱,多誤以"魚海子"爲"白亭海"或"休屠澤",乃至誤記"瀦野澤"("魚海子")在清代武威縣等。其三是受歷代文獻誤記影響,今人歷史地圖編纂中存在誤標、漏標"瀦野澤"相關湖泊及名稱,以及標識位置失當等問題。

[關鍵詞]　瀦野澤　休屠澤　白亭海　魚海子

　　"瀦野澤"又名"都野澤"。其稱最早見於《尚書·禹貢》:"原隰底績,至于豬野。"①此後,《史記》《漢書》《水經注》《元和郡縣志》《舊唐書》《新唐書》《太平寰宇記》《明一統志》《邊政考》《肇域志》《明史》《(乾隆)甘肅通志》《(乾隆)府廳州縣圖志》《(嘉慶)大清一統志》《行水金鑒》《清文獻通考》《禹貢錐指》《方輿考證》《辛卯侍行記》《〈漢書·地理志〉補注》《蒙古遊牧記》《古微堂集》《清史稿》等言及"瀦野澤"相關湖泊,但諸家所述頗多抵牾。

　　今人王宗元先生《〈水經注·都野澤〉考疏》,②李并成先生《先史時期的瀦野澤及其歷史變遷》③《瀦野澤及其歷史變遷考》④《白亭軍考》⑤等通過地理學方法,利用歷史文獻,借助衛星圖像等現代手段對古"瀦野澤"、唐白亭軍方位等做過田野調查和文獻分析,初步確定了古"瀦野澤"大致範圍,簡要討論了古"瀦野澤"的歷史變遷,對於推動"瀦野澤"問題的深入研究做出了重要貢獻。但因漢代之後"瀦野澤"水域變化較大,南北朝時已蜕變爲東、西兩湖,歷代名稱演化繁雜,所在地域區劃變更頻仍,儘管歷代文獻記錄頗夥,今人亦有討論,但"瀦野澤"相關湖泊及其名稱的記錄和使用依然混亂,"瀦野澤""休屠澤""白亭海"地望及相

---

*　本文是西華師範大學英才基金項目"《三國演義》文化研究"(17YC481)的階段性成果。本文得到西華師範大學科研創新團隊資金資助。

①　〔漢〕孔安國傳,〔唐〕孔穎達疏:《尚書注疏》卷六,〔清〕阮元校刻:《十三經注疏》,北京:中華書局,1980年,第150頁下欄。
②　王宗元《〈水經注·都野澤〉考疏》,《西北師院學報》1986年增刊。
③　李并成《先史時期的瀦野澤及其歷史變遷》,《西北師範大學學報(自然科學版)》1992年第1期。
④　李并成《瀦野澤及其歷史變遷考》,《地理學報》1993年第1期。
⑤　李并成《白亭軍考》,《西北師院學報》1994年第1期。

互關係等問題依然未能釐清,《元和郡縣志》《太平寰宇記》等文獻中"瀦野澤"相關湖泊的誤記依然未能辨正。在歷史地圖編纂中,對"瀦野澤"相關湖泊的標注或缺或誤,亦有必要補正。

一、"瀦野澤"諸稱名辨

迄今所見文獻,"瀦野澤"相關湖泊名稱主要有"都野澤""休屠澤""白亭海"(白亭海子、白海)、"魚海子"(魚兒海子、魚海)、"青土湖"等,但歷代文獻所述頗爲混亂,甚至抵牾。如《方輿考證》卷四十:"《水經注》:豬野與白亭海分爲二。按今輿圖,三岔河自鎮番東北出邊,又三百餘里瀦爲澤,方廣數十里,俗名魚海子,即白亭海,古休屠澤也,去涼州殆五百餘里…又外域西套厄魯特谷水,即三岔河,在涼州府城東,東北流經鎮番縣東,又東北出邊至旗界入白亭海子。又休屠澤,在旗界。"① 梳理這段文字,可見清人許鴻磐對"瀦野澤"相關湖泊的認識:其一,古"瀦野澤"一分爲二,爲"瀦野澤""白亭海"兩湖;其二,"魚海子",即"白亭海",亦即古"休屠澤";其三,"白亭海"與"休屠澤"爲不同湖泊;其四,清代"瀦野澤"又名"休屠澤"。其中對"瀦野澤"相關湖泊及其名稱關係的叙述既相互矛盾,又不合史實。類似記述,還有很多,不再贅述。爲避免此類問題的延續和對今後相關研究的誤導,現考辨"瀦野澤"相關湖泊名稱如下。

1. "瀦野澤""都野澤""休屠澤"所指有階段性差異。

"瀦野"又作"豬野",最早見於《尚書·禹貢》,《史記》《漢書》皆有徵引,但名稱不一。《漢書·地理志》作"豬壄",② 其"武威"(縣)注云:"休屠澤在東北,古文以爲豬壄澤。"③ 明言"休屠澤"即古文《尚書》中的"豬野澤",在漢武威縣(今甘肅省民勤縣連古城一帶)。其"姑臧"(縣)注云:"南山,谷水所出,北至武威入海,行七百九十里。"④ 此處"武威"亦指漢武威縣,"海"指"休屠澤"。漢代以"休屠"稱"豬野澤",蓋因秦漢時"瀦野澤"地區爲匈奴休屠王領地。"(元狩二年)秋,匈奴昆邪王殺休屠王,并將其衆合四萬餘人來降,置五屬國以處之。以其地爲武威、酒泉郡。"⑤ "益發戍甲卒十八萬酒泉、張掖北,置居延、休屠以衛酒泉。"⑥ 儘管元狩二年(前 121)後休屠王地入漢王朝版圖,"休屠澤"之稱依然沿用。

《史記·夏本紀》則作"都野":"原隰厎績,至于都野。"⑦ 鄭玄注襲《漢書·地理志》之說:

① 〔清〕許鴻磐撰:《方輿考證》卷四十,濟寧潘氏華鑒閣本。
② 〔漢〕班固撰,〔唐〕顏師古注:《漢書》卷二十八上,北京:中華書局,1964 年,第 1532 頁。
③ 〔漢〕班固撰,〔唐〕顏師古注:《漢書》卷二十八下,第 1612 頁。
④ 〔漢〕班固撰,〔唐〕顏師古注:《漢書》卷二十八下,第 1612 頁。
⑤ 〔漢〕班固撰,〔唐〕顏師古注:《漢書》卷六,第 176—177 頁。
⑥ 〔漢〕班固撰,〔唐〕顏師古注:《漢書》卷六十一,第 2700 頁。
⑦ 〔漢〕司馬遷撰,〔南朝宋〕裴駰集解,〔唐〕司馬貞索隱,〔唐〕張守節正義:《史記》卷二,北京:中華書局,1959 年,第 65 頁。

“《地理志》：都野在武威，名曰休屠澤。”① 可見，漢人觀念中，“都野”即“豬野”，皆指“休屠澤”。“都野”“豬野”之異，蓋古文、今文家數之別，《漢書·地理志》所言“古文以爲豬野澤”，正是表達這個意思。當然，《尚書·禹貢》中“豬野澤”與漢代及之後“瀦野澤”“都野澤”等所覆蓋的區域範圍差異巨大。

《水經注》中，“都野”“瀦野”所指已不相同：《水經·禹貢山水澤地所在》云：“都野澤在武威縣東北。”注云：“縣在姑臧城北三百里，東北即休屠澤也。古文以爲豬野也…澤水又東北流逕馬城東，城即休屠縣之故城也，本匈奴休屠王都，謂之馬城河。又東北與橫水合，水出姑臧城下…其水側城北流，注馬城河。河水又東北，清澗水入焉，俗亦謂之爲五澗水也。水出姑臧城東，而西北流注馬城河。河水又與長泉水合，水出姑臧東揟次縣，王莽之播德也，西北歷黃沙阜，而東北流注馬城河。又東北逕宣威縣故城南，又東北逕平澤、晏然二亭東，又東北逕武威縣故城東…屆此水流兩分，一水北入休屠澤，俗謂之爲西海；一水又東逕百五十里，入豬野，世謂之東海。通謂之都野矣。”② 此段文字是最早詳述“瀦野澤”水系的文獻，所述“都野”“瀦野”與“休屠澤”關係分兩個階段：第一階段爲漢代，此時“瀦野澤”尚爲一體，漢人稱“休屠澤”，此即後世所謂“古休屠澤”，古文家稱“都野澤”，“都野”“瀦野”與“休屠澤”所指爲同一湖泊。第二階段爲南北朝時期，此時“瀦野澤”一分爲二，名稱和所指發生變化，“瀦野”特指古“瀦野澤”一分爲二之後的“東海”，而“西海”則爲“休屠澤”，兩澤相距一百五十餘里。“都野”指古“瀦野澤”，或統稱“瀦野澤”“休屠澤”，即一分爲二的古“瀦野澤”。此時“都野”“瀦野”既不專指“休屠澤”，也不互指。由此可見，歷史上“瀦野澤”所指有二：一是古“瀦野澤”，即漢代及之前整個“瀦野澤”水域；二是小“瀦野澤”，即南北朝及之後一分爲二的“東海”。“休屠澤”所指亦有二：一是“古休屠澤”，即漢代整個“瀦野澤”水域；二是小“休屠澤”，即一分爲二後的“西海”，亦即唐代“白亭海”、清代和民國的“青土湖”。歷代文獻未詳審“瀦野澤”水域和名稱的歷史性變化的差異性，以致多混淆“瀦野澤”相關湖泊名稱和位置關係。

2. “白亭海”即唐代“西海”（小“休屠澤”），而非“東海”（小“瀦野澤”）。

“白亭海”最早見於唐人文獻。《元和郡縣圖志·隴右道下》“姑臧縣”條云：“白亭軍，在縣北三百里馬城河東岸。舊置守捉，天寶十年哥舒翰改置軍，因白亭海爲名也。”③ 李吉甫未明言“白亭海”具體位置，但從其“白亭軍，在縣北三百里馬城河東岸”且“因白亭海爲名也”之述可以推知，“白亭海”應爲一分爲二後的“西海”（小“休屠澤”），李吉甫謂“白亭軍”在姑臧縣北三百里馬城河（即漢代谷水）東岸，而前引《水經注》云漢武威縣在姑臧城北三百里。可見，唐白亭軍當在漢武威縣舊地。漢武威縣東北即古“休屠澤”，南北朝及之後一分爲二的“西海”（小“休屠澤”）即白亭軍得名的“白亭海”。正因如此，唐代之後文獻，多有將

---

① 〔漢〕司馬遷撰，〔南朝宋〕裴駰集解，〔唐〕司馬貞索隱，〔唐〕張守節正義：《史記》卷二，第 66 頁。
② 〔北魏〕酈道元著，陳橋驛校證：《水經注校證》，北京：中華書局，2007 年，第 952—953 頁。
③ 〔唐〕李吉甫撰，賀次君點校：《元和郡縣圖志》，北京：中華書局，1983 年，第 1019 頁。

"白亭海""潴野澤"并列者,如《太平寰宇記·隴右道三》"姑臧縣"條:"白亭海。白亭水色潔白,因以爲名,又東有達狹迴海。五澗谷水,自番和縣界北流入白海。野潴澤,在今縣北,即《書》謂'至于潴野。'"①《明一統志·陝西行都指揮使司》:"白亭海,在涼州衛東北境,衛西南五澗谷水流入此海,以水色潔白,故名。一名小闊端海子。"②"潴野澤,在涼州衛城東北,《禹貢》'至于潴野'即此,一名休屠澤。"③《明史·地理志三》:"涼州衛⋯東南有洪池嶺。又東北有白亭海,有潴野澤。"④《(乾隆)甘肅通志·山川·涼州府》"武威縣"條:"潴野澤,在縣東北一百八十里,《禹貢》'至于潴野'即此,亦名休屠澤。白亭海,在縣東北境,五澗谷水注之。"⑤ 上述資料將"白亭海"和"潴野澤"并列,説明"白亭海"即"西海"(小"休屠澤"),而非"東海"(小"潴野澤")。但明清文獻中,"潴野澤"一(亦)名"休屠澤"之説則又將"東海"(小"潴野澤")與"西海"(小"休屠澤")混淆,此類誤記,應予糾正。

3."魚海子"應指"東海"(小"潴野澤")而非"西海"(小"休屠澤""白亭海")。

"魚海子"之名,最早見於明代文獻,如陳元素《古今名將傳·王驥傳》云:"時西虜阿台、朵兒祇伯數侵盜甘涼諸邊戍⋯都督蔣貴、都御史曹翼追虜至魚海子。"⑥ 方孔炤《全邊略記·寧夏略》:"正統二年,賊由迭烈孫雪山入境⋯蔣貴走夜不收于賀蘭山後⋯阿台等欲往亦集乃而屯,貴等各軍至魚海子,逗遛彌月而還。"⑦ 何喬遠《名山藏·臣林記》:"張玉,字世美,仕元樞密知院。元亡,從遁沙漠。久之,自拔歸高帝,以裨校從征捕魚海子喇哈有功,授濟南衛副千户。"⑧ 此外,唐鶴徵《皇明輔世編》卷一、王世貞《弇州山人四部續稿》卷八十七、徐昌治《昭代芳摹》卷十一、徐日久《五邊典則》卷十一、徐象梅《兩浙名賢録》卷三十一、顏季亨《國朝武功紀勝通考》卷三、佚名《秘閣元龜政要》卷十四、尹守衡《皇明史竊》卷九十三、張萱《西園聞見録》卷七十二等亦提及"魚海子",但明代文獻多不言"魚海子"地望。

清代文獻對"魚海子"位置的記述相對明確,但所指有三:其一指"白亭海"。如傅恒《御批歷代通鑒輯覽》卷一百三:"先是,都督蔣貴追敵魚海子,將及之,都指揮安敬以前無水草,遂引軍還。"注云:"魚海子,在今涼州府鎮番縣東北,即白亭海,古休屠澤也。"⑨ 胡林翼《讀史兵略續編》卷九:"魚兒海子,在鎮番縣東北,即白亭海,古休屠澤也。"⑩ 其二指"休屠澤"。如《讀史兵略·宋紀》:"十六年,魏主遣尚書賀多羅使涼州觀虛實⋯官軍往年北伐,雖不克,實

---

① 〔宋〕樂史撰,王文楚等點校:《太平寰宇記》卷一百五十二,北京:中華書局,2007 年,第 2937 頁。

② 〔明〕李賢等:《明一統志》卷三十七,《四庫全書》第 472 册,臺北:臺灣商務印書館 1983 年影印文淵閣本,第 940 頁下欄。

③ 〔明〕李賢等:《明一統志》卷三十七,《四庫全書》第 472 册,第 941 頁上欄。

④ 〔清〕張廷玉等:《明史》卷四十二,北京:中華書局,1974 年,第 1015 頁。

⑤ 〔清〕許容等監修,李迪等編纂:《(乾隆)甘肅通志》卷六,《四庫全書》第 557 册,臺北:臺灣商務印書館 1983 年影印文淵閣本,第 223 頁上欄。

⑥ 〔明〕陳元素撰:《古今名將傳》卷十六,天啓刻本。

⑦ 〔明〕方孔炤輯:《全邊略記》卷六,崇禎刻本。

⑧ 〔明〕何喬遠撰:《名山藏》卷五十八,崇禎刻本。

⑨ 〔清〕傅恒:《御批歷代通鑒輯覽》卷一百三,《四庫全書》第 339 册,臺北:臺灣商務印書館 1983 年影印文淵閣本,第 304 頁上下欄。

⑩ 〔清〕胡林翼:《讀史兵略續編》卷九,光緒二十六年(1900)刻本。

無所損戰馬。”注云：“涼州城外四面皆谷水通流，水發南山下，流爲哈拉泊，即休屠澤也。”①
《（嘉慶）大清一統志·阿拉善厄魯特旗》：“按三岔河自鎮番東北流出邊，又三百餘里瀦爲大
澤，方廣數十里，俗名魚海子，蒙古名哈喇鄂模，即古休屠澤。”②“哈拉泊”“哈喇鄂模”當皆
“魚海子”蒙古語音譯，上述文獻中指“休屠澤”或“古休屠澤”。其三指與“休屠澤”并列的
湖泊，即“瀦野澤”。如儲大文《存硯樓文集·雜著·取道》：“宣政院救大寶令，且交馳西南
數萬里，明幸趺蕃患，又恬視速檀內犯患，裁畫鎮夷、鎮番…永樂時大松山北魚海、休屠澤。”③

　　結合清代文獻對“魚海子”的描述及漢代以來對“瀦野澤”相關湖泊的記錄分析，可知
“魚海子”應指“東海”（小“瀦野澤”）而非“西海”（小“休屠澤”“白亭海”），原因有二：第
一，前引《水經注》謂南北朝時古“瀦野澤”一分爲二，小“休屠澤”爲“西海”，小“瀦野澤”
爲“東海”，兩澤相距一百五十餘里。又謂“都野澤”在漢武威縣東北，縣在姑臧城北三百里，
東北即休屠澤。而《（乾隆）甘肅通志·疆域·涼州府》云：“治在布政司西北五百六十里…
東北至口外魚海子四百八十里。”④則“魚海子”在涼州府治姑臧城東北“四百八十里”，與“西
海”（小“休屠澤”）相距一百八十里，與《水經注》所載“西海”（小“休屠澤”）與“東海”（小
“瀦野澤”）“百五十餘里”之説吻合。

　　第二，明清文獻記載“魚海子”在阿拉善厄魯特旗界，而非涼州府或鎮番縣（今甘肅民勤
縣）內，而“白亭海”則在鎮番縣。《明一統志·陝西行都指揮使司》云：“白亭海，在涼州衛東
北境。”⑤説明“白亭海”在涼州衛東北境內，涼州衛東北境即鎮番縣，則“白亭海”在鎮番縣
境內。《（乾隆）甘肅通志·山川·涼州府》“武威縣”條云：“谷水，一名沙河，在縣東北五十里。
其源出自洪水泉，至三岔水合而爲一，逾鎮番界北入白海。”“五澗谷，一名五澗水，在縣東南
七十里。源自番禾界出，流入白海。”⑥意即谷水（洪水河）與五澗水（白塔河）皆入鎮番縣後
北入“白海”（“白亭海”），也説明“白海”在鎮番縣。《清文獻通考·物異考》云：“（康熙）
三十九年秋，直隸巡撫疏進嘉禾四十一本。是年，甘肅鎮番州（應爲鎮番縣）之白亭海水潮丈
餘，井水皆溢。”⑦明言“白亭海”在鎮番。

　　“魚海子”則在鎮番縣外，阿拉善厄魯特旗境內。《（嘉慶）大清一統志·阿拉善厄魯特旗》
云：“休屠澤，在旗界，即古瀦野。…按三岔河自鎮番東北流出邊，又三百餘里瀦爲大澤，方廣
數十里，俗名魚海子，蒙古名哈喇鄂模，即古休屠澤。”⑧文中雖誤以“魚海子”爲“休屠澤”，但
明言三岔河從鎮番縣出境後，“又三百餘里瀦爲大澤，方廣數十里，俗名魚海子”。“魚海子”

① 〔清〕胡林翼：《讀史兵略》卷十八，咸豐十一年（1861）武昌節署刻本。
② 〔清〕穆彰阿：《（嘉慶）大清一統志》卷五百四十五，《四部叢刊續編》景舊鈔本。
③ 〔清〕儲大文：《存硯樓文集》卷八，北京：北京出版社，2011年，第324頁下欄。
④ 〔清〕許容修：《（乾隆）甘肅通志》卷四，《四庫全書》第557冊，第145頁上欄。
⑤ 〔明〕李賢等：《明一統志》卷三十七，《四庫全書》第472冊，第940頁下欄。
⑥ 〔清〕許容修：《（乾隆）甘肅通志》卷六，《四庫全書》第557冊，第222頁下欄—223頁上欄。
⑦ 〔清〕張廷玉等：《清文獻通考》卷二百六十八，《四庫全書》第638冊，臺北：臺灣商務印書館1983年影印文淵閣本，第
　 232頁上欄。
⑧ 〔清〕穆彰阿：《（嘉慶）大清一統志》卷五百四十五。

蒙古名"哈喇鄂模"，又譯爲"哈拉泊""哈喇泊"，前引何喬遠《名山藏·臣林記》作"魚海子喇哈"，亦説明其在蒙古地界，而非鎮番縣。在描述鎮番衛（縣）方位的明清文獻中，"魚海子"是其境外"八到"之地，如張雨《邊政考·形勝》"鎮番衛"條："本衛東至寧夏界沙河六百里⋯東北至魚海子二百八十里，西南至永昌衛三百二十里，西北至亦集乃一千二百五十里，至甘鎮七百里。"①《（嘉慶）大清一統志·涼州府》："鎮番縣在府東北二百里，東西距七百里，南北距四百十里⋯東北至魚海子二百八十里，西北至額齊納一千二百五十五里。"②

綜上可知，明清兩代的"魚海子"應指古"瀦野澤"一分爲二後的"東海"（小"瀦野澤"），而非"西海"（小"休屠澤""白亭海"）。

文獻所載"魚海子"之誤有二：其一是誤以"魚海子"爲"白亭海"或"休屠澤"。如前引傅恆《御批歷代通鑒輯覽》卷一百三、胡林翼《讀史兵略續編》卷九、《（嘉慶）大清一統志》卷二百六十七、《清史稿》志五十三等誤以"魚海子"爲"白亭海"，《讀史兵略》卷十八、《（嘉慶）大清一統志》卷五百四十五等誤以"魚海子"爲"休屠澤"。今人王宗元先生等認爲"魚海子"既爲"白亭海"，又爲"休屠澤"："唐代的白亭海就是《水經注》中的西海——休屠澤，是清代的魚海子，民國時期的青土湖。"③此類誤記，應予糾正。其二是清代文獻誤記"瀦野澤"（"魚海子"）在清武威縣。如《（乾隆）甘肅通志·山川·涼州府》"武威縣"條："瀦野澤，在縣東北一百八十里，《禹貢》'至於瀦野'即此，亦名休屠澤。"④此説錯誤有二：其一，沿襲《漢書·地理志》之説，誤以漢"武威縣"爲清代涼州府治武威縣。漢武威縣在清代鎮番縣（今甘肅民勤）："鎮番縣，漢置武威、宣威二縣，屬武威郡。後漢因之，晉以後爲後涼呂氏將楊軌所據，後魏改置武安郡，西魏郡縣皆省入姑臧。唐郭元振爲涼州都督，置白亭軍⋯明洪武二十九年分置鎮番衛，屬陝西行都司。皇清初因之，雍正三年改衛爲鎮番縣。"⑤西魏以來，武威廢入姑臧縣，故宋代文獻謂"瀦野澤"在姑臧縣，如《通典·州郡三·古雍州上》引"原隰底績，至于瀦野"，注云："高平曰原，下濕曰隰。瀦野，地名。言皆致功也。今武威郡姑臧縣即瀦野澤。"⑥清代涼州府治武威縣即漢代以來姑臧縣："武威縣，漢武帝開置武威郡，治姑臧縣。魏晉因之⋯後魏改林中縣，後周復故名。隋因之，唐貞觀初曰涼州，亦爲武威郡。開元中置河西節度使，治武威。廣德初，陷於吐蕃⋯皇清初因之，雍正三年改涼州衛爲武威縣，隸涼州府。"⑦漢武威縣治在清代涼州府治武威縣（清雍正之前姑臧縣）北三百里。其二，誤以漢代文獻所載古"瀦野澤"爲南北朝後一分爲二的小"瀦野澤"（"魚海子"），故《（乾隆）甘肅通志·涼州府》"武威縣"條"瀦野澤，在縣東北一百八十里"之説應刪除。

---

① 〔明〕張雨：《邊政考》卷四，嘉靖刻本。

② 〔清〕穆彰阿：《（嘉慶）大清一統志》卷二百六十七。

③ 詳參王宗元：《〈水經注·都野澤〉考疏》，《西北師院學報》1986 年增刊。

④ 〔清〕許容等監修，李迪等編纂：《（乾隆）甘肅通志》卷六，《四庫全書》第 557 册，第 223 頁上欄。

⑤ 〔清〕許容等監修，李迪等編纂：《（乾隆）甘肅通志》卷三，《四庫全書》第 557 册，第 101 頁下欄。

⑥ 〔唐〕杜佑，王文錦等點校：《通典》卷第一百七十三，北京：中華書局，1988 年，第 4505 頁。

⑦ 〔清〕許容修：《（乾隆）甘肅通志》卷三，《四庫全書》第 557 册，第 101 頁上欄。

二、"白亭海"地望辨正

"白亭海"是"瀦野澤"水域面積變化與名稱演變過程中最爲重要的環節,但唐代及之後文獻中,對"白亭海"地望的記載和描述抵牾不斷。問題集中於兩點:其一是"白亭海"究竟在肅州還是涼州?其二是"白亭海"與"瀦野澤""休屠澤""魚海子"是何關係?

第二個問題,前文業已辨明:"白亭海"即唐代"西海"(小"休屠澤"),而非"東海"(小"瀦野澤"),是古"瀦野澤"或古"休屠澤"的一部分。此處重點考辨"白亭海"地望問題。

如前所述,"白亭海"首見於《元和郡縣圖志·隴右道下》"姑臧縣"條:"白亭軍,在縣北三百里馬城河東岸。舊置守捉,天寶十年哥舒翰改置軍,因白亭海爲名也。"① 按照就近取名原則,"白亭軍"當在"白亭海"附近。據《水經注》:"都野澤在武威縣東北。縣在姑臧城北三百里,東北即休屠澤也,古文以爲豬野。"② 則唐白亭軍當在漢武威縣舊治一帶,"白亭海"即南北朝之後的"西海"("休屠澤")。但《元和郡縣圖志·隴右道下》"酒泉縣"條下又云:"白亭海,在縣東北一百四十里。一名會水,以衆水所會,故曰會水。以北有白亭,故曰白亭海。方俗之間,河北得水便名爲河,塞外有水便名爲海。"③ 則"白亭海"似在肅州酒泉縣,而涼州"白亭軍"因千里之外肅州"白亭海"爲名。

此種記録令人疑惑。清人許鴻磐提出兩種可能原因,其一是白亭軍在涼州,故將附近"休屠澤"與肅州"白亭海"混爲一處:"今按《元和志》:白亭軍在姑臧縣北三百里馬城河東岸,因白亭海爲名。又白亭海一名會水,在肅州酒泉縣東北百四十里以北,有白亭故名白亭海。是軍與海相距八九百里,徒遥取爲名耳。後人以軍在姑臧而名白亭,遂混爲一處。"④ 其二是因"異地而同名":"《寰宇記》亦確言白亭海在姑臧,又言五㵎谷水流入白亭海,是以白亭爲休屠不自《行都司志》始也。《元和志》肅州會水雖亦有白亭海之目,焉知非異地而同名者哉?竊謂唐人方輿之學最精,白亭軍建于磧北馬城河畔,謂之磧口軍可也,謂之馬城軍可也,或取之于古,謂之休屠軍、謂之都野軍無不可也,必遥遥於八九百里外取一白亭爲名,其義何居?且軍建于郭元振,《元和志》謂建于哥舒翰,是皆在唐全盛之時,既非僑置,亦非徙治,又何必以涼州之軍越甘州而取肅州之水以爲名哉?郡邑山水異地而同名者多矣。"⑤ 今人劉振剛則認爲唐白亭軍得名於肅州"白亭海":"唐白亭軍與姑臧白亭海的關係,應是出於諱飾。酒泉白亭海的形成應早于闞駰,也就是説酒泉白亭海在北魏已形成。在漢代,會水注入居延海,其時并無酒泉白亭海。大約五代時已有姑臧白亭海之稱。姑臧白亭海當爲比附《元和郡縣志》

---

① 〔唐〕李吉甫撰,賀次君點校:《元和郡縣圖志》,第 1019 頁。
② 〔北魏〕酈道元著,陳橋驛校證:《水經注校證》,第 952 頁。
③ 〔唐〕李吉甫撰,賀次君點校:《元和郡縣圖志》,第 1024 頁。
④ 〔清〕許鴻磐:《方輿考證》卷四十。
⑤ 〔清〕許鴻磐:《方輿考證》卷四十。

白亭軍地望的記載而得名。"①

上述觀點的核心意思是："白亭海"本在肅州,涼州白亭軍因肅州"白亭海"得名;涼州"休屠澤"又因比附白亭軍而誤稱"白亭海"。但考諸文獻,上述説法均不能令人信服。

綜合分析現有文獻,可知肅州"白亭海"之説應爲李吉甫望文生義。前引《元和郡縣志》"酒泉縣"條中,爲肅州"白亭海"來源的合理性,提供了三個支撐:第一是眾水"會"於酒泉縣東,似乎形成了湖泊,名曰"會水",爲自然地理條件。第二是因"會水"北部有白亭,故名"白亭海",得名有依據。第三是"塞外有水便名爲海","白亭海"之稱"海"名至實歸。必須承認,李吉甫之説也并非完全空穴來風,《元和郡縣志》所述肅州"白亭海"地望及其名稱來源有兩個依據:其一是北魏闞駰所纂《十三州志》:"眾羌之水所會,故曰會水。北有白亭,俗因謂之白亭水也。"② 其二是《太康地記》:"河北得水爲河,塞外得水爲海也。"③ 但《十三州志》和《太康地志》原書已佚,今見皆爲清人輯本,難免文獻失真變形。儘管如此,上述有關肅州"白亭海"文獻至少存在四個問題:

其一,肅州并無"白亭海",李吉甫生搬《太康地志》"河北得水爲河,塞外得水爲海"説,把《十三州志》所謂"會水"俗稱"白亭水"改爲"白亭海",遂生肅州"白亭海"。

其二,"會水"爲漢縣名,闞駰誤爲水名。《漢書·地理志下》云:"酒泉郡,武帝太初元年開。莽曰輔平…縣九:禄福,呼蠶水出南羌中,東北至會水入羌谷。莽曰顯德…會水,北部都尉治偃泉障。東部都尉治東部障。莽曰蕭武…"④ 可見,"會水"爲漢代酒泉郡所轄九縣之一,新莽時名蕭武縣,并非水名,故不存在"會水"俗稱"白亭水"之説。此外,以有白亭而名"白亭水"之説過於牽强。河流命名有其基本原則,不會隨意而爲。有據水源地山脈命名者,有據河流特點命名者,有爲紀念重要人事而命名者,有寄寓美好意願而命名者,有以少數族語言音譯命名者等。闞駰因普通亭子而名大澤,不合常理。

其三,"河北得水爲河,塞外得水爲海"與史實不合。爲"河"爲"海",并不因水體在河北還是塞外,而在其形態和規模,如果僅爲一般河流,即使在塞外,也不能稱爲"海",下文所引黑水、弱水、呼蠶水、羌谷水等,皆在塞外,也未見有稱其爲"海"者。能稱之爲"海"者,必然是規模巨大的湖泊,故程大昌《北邊備對·四海》云:"若夫西北二虜,有西海、柏海、青海、蒲類海、蒲菖海、居延海、白亭海、鮮水海,皆嘗並海立稱矣。然要其實致,則眾水鍾爲大澤如洞庭、彭蠡之類,故借海以名之,非真海也。"⑤

其四,諸水會于會水縣并未形成湖泊,而是流入終端湖居延海,故無命名"白亭海"的自然條件。匯于會水縣的河流有弱水(即删丹河,黑河東源上游)。《史記》卷二:"黑水西河惟

---

① 劉振剛:《蘇武與白亭海關係的疑案》,《中國邊疆史地研究》2016 年第 1 期。

② 〔北魏〕闞駰纂,〔清〕張澍輯:《十三州志》,上海:商務印書館,1936 年,第 14 頁。

③ 佚名纂,〔清〕王謨輯:《太康地志》,〔清〕王謨:《漢唐地理書鈔》,北京:中華書局,1961 年,第 167 頁。

④ 〔漢〕班固撰,〔唐〕顏師古注:《漢書》卷二十八下,第 1614 頁。

⑤ 〔宋〕程大昌撰:《北邊備對》,明古今逸史本。

雍州：弱水既西，涇屬渭汭。”司馬貞索隱：“按：《水經》云‘弱水出張掖刪丹縣西北，至酒泉會水縣入合黎山腹’。”①對於弱水流向，魏源考述頗爲詳盡：“弱水出其（祁連山）山南，又西徑合黎山與黑水合，水經合黎山，在酒泉郡會水縣西北。案：會水縣在今肅州之東北，高臺縣之西北，有溜賴河下游與山丹河合，即古之合黎水，今俗通名黑河。蓋山丹黑河即弱水之正流，及至合黎而會《禹貢》之黑水，故經曰‘至于合黎’。”②呼蠶水（亦即北大河、金河）。《漢書·地理志》云：“呼蠶水出南羌中，東北至會水入羌谷。”③《太平寰宇記·隴右道三》卷“酒泉縣”條：“呼蠶水，一名潛水，亦名羌谷水，俗又謂福祿河。西南自吐谷渾界流入。”④羌谷水（即張掖河、甘州河，黑河西源上游）。《史記·夏本紀》正義引《淮南子》云：“合黎，一名羌谷水，一名鮮水，一名覆表水，今名副投河，亦名張掖河，南自吐谷渾界流入甘州張掖縣。”⑤呼蠶水會于弱水後爲合黎水，即黑河，并未形成湖泊。王先謙考述“會水”問題頗爲清楚：“師古曰：闞駰云衆水所會，故曰會水⋯《元和志》‘合黎山，俗名要塗山，在張掖縣西北二百里’。‘張掖刪丹’下，班注‘弱水至酒泉合黎’。案，弱水至此亦有合黎水之稱，是所謂會水者，謂衆水會于弱水也。”⑥呼蠶水與弱水合流後的合黎水（黑河）流入終端湖居延海。《漢書·地理志下》：“羌谷水出羌中，東北至居延入海。”⑦P.2672《敦煌佚名詩集》：“金河，亦名呼蠶水。縣名標鎮武，波浪出西涼。直入（注）居延海，分流襲（洗）戰場。”據鄭炳林等考證，此詩當作于“晚唐張氏歸義軍時期”。⑧從上述文獻可知，漢唐時期，弱水、呼蠶水等於會水縣匯流而爲合黎水（黑河），流入居延海，并未瀦爲湖泊，故無肅州“白亭海”存在的自然地理條件。

此外，肅州“白亭海”之説，僅見於《元和郡縣志》及抄録、轉載其説者，而不見於其前後其他文獻。涼州“白亭海”則又有其他文獻支撐。如《新五代史·四夷附録第三》記録後晉天福三年（938）張匡鄴、高居誨出使于闐事：“居誨記曰：‘自靈州過黃河，行三十里，始涉沙入党項界，曰細腰沙、神點沙⋯渡白亭河至涼州，自涼州西行五百里至甘州。甘州，回鶻牙也⋯西北五百里至肅州，渡金河，西百里出天門關，又西百里出玉門關。’”⑨此段記録亦以《使于闐記》名目録於朱熹《通鑒綱目》卷六、顧祖禹《讀史方輿紀要》卷六十三等。其中，《讀史方輿紀要》將“白亭河”改爲“白亭海”。高居誨等出使于闐路綫是從靈州過黃河，穿越沙漠（今騰格里沙漠）至涼州，經甘、肅二州，出玉門關。其間兩次渡河，涼州渡“白亭河”，肅州渡“金河”。“白亭河”當即“白亭海”或流向“白亭海”的馬城河，因“白亭海”而稱“白亭河”，

① 〔漢〕司馬遷撰，〔南朝宋〕裴駰集解，〔唐〕司馬貞索隱，〔唐〕張守節正義：《史記》卷二，第65頁。
② 〔清〕魏源撰：《古微堂集》外集卷五，光緒四年（1878）淮南書局刻本。
③ 〔漢〕班固撰，〔唐〕顏師古注：《漢書》卷二十八下，第1614頁。
④ 〔宋〕樂史撰，王文楚等點校：《太平寰宇記》卷一百五十二，第2946頁。
⑤ 〔漢〕司馬遷撰，〔南朝宋〕裴駰集解，〔唐〕司馬貞索隱，〔唐〕張守節正義：《史記》卷二，第70頁。
⑥ 〔漢〕班固撰，〔清〕王先謙補注，上海師範大學古籍整理研究所整理：《漢書補注·地理志第八下》，上海：上海古籍出版社，2008年，第2657頁。
⑦ 〔漢〕班固撰，〔唐〕顏師古注：《漢書》卷二十八下，第1613頁。
⑧ 魯挑建、鄭炳林：《晚唐五代時期金河黑河水系變遷與環境演變》，《蘭州大學學報》2009年第3期。
⑨ 〔宋〕歐陽修撰，〔宋〕徐無黨注：《新五代史》卷七十四，北京：中華書局，1974年，第917頁。

即如《方輿考證》稱"休屠澤"來水"谷水"爲"休屠澤水"："休屠澤水,今日鎮番衛河,澤即《禹貢》之豬野也。"① "金河"即在"會水"（縣）匯入羌谷水的呼蠶水。高居誨的記錄,以旁觀者視角見證了五代時"白亭海"在涼州而不在肅州的事實。

綜上所述,肅州并無"白亭海",《元和郡縣志》所錄肅州"白亭海"爲李吉甫誤改《十三州志》"白亭水"爲"白亭海"而致。而《十三州志》又誤以漢縣"會水"爲水名而望文生義。唐代"白亭海"應在涼州姑臧城北三百里馬城河東岸漢武威縣治一帶。"白亭海"因湖水顏色而得名,初名"白海",後演變爲"白亭海"："白亭海。白亭水色潔白,因以爲名。"②《（乾隆）甘肅通志·山川·涼州府》等多有"逾鎮番界北入白海"③之類記錄,"白海"即"白亭海"。

"白亭海"地望之誤,始於《元和郡縣志》,宋代及之後文獻抄録李吉甫之説,或引用其意者,皆誤以"白亭海"在肅州;而以李吉甫之説爲文獻依據者,則會認爲先有肅州"白亭海",唐"白亭軍"因肅州"白亭海"得名;後涼州"休屠澤"因"白亭軍"誤稱"白亭海",如《太平寰宇記·隴右道三》："會水,一名白亭海,在縣東北三十里。《十三州志》云:'衆羌之水所會,故曰會水。北有白亭,俗因謂之白亭海也。'"④ 魏了翁《經外雜抄》："肅州白亭海:方俗之間,河北得水便名爲河,塞外有水便名爲海。李吉甫《元和郡縣誌》中録此書,比其他地志頗爲有益於學者。"⑤ 類似之説,又見於《禹貢錐指》卷十、《方輿考證》卷四十、《（乾隆）府廳州縣圖志》卷二十六、《（嘉慶）大清一統志》卷二百七十八四、《漢志水道疏證》卷一、《〈後漢書〉疏證》卷二十六、《落帆樓文集》卷一、《〈漢書〉補注》地理志第八下、《〈漢書地理志〉補注》卷五十八、《甘肅通志》卷六、《西域考古録》卷五、劉振剛《蘇武與白亭海關係的疑案》、魯挑建等《晚唐五代時期金河黑河水系變遷與環境演變》等,現已辨明肅州"白亭海"乃李吉甫等誤改,相關文獻誤記應予糾正。

與"白亭海"地望相關的是唐白亭軍位置失誤。白亭軍（守捉）位置,唐代以來文獻有三個資料:其一爲涼州西北三千里,《元和郡縣志》"涼州"條主之:"白亭軍。涼州西北三千里。管兵一千七百人。"⑥ 其二爲姑臧縣北三百里,《元和郡縣志》"姑臧縣"條主之:"白亭軍,在縣北三百里馬城河東岸。"⑦ 其三爲涼州西北五百里,其他文獻主之。如《舊唐書·地理志》云:"白亭守捉,在涼州西北五百里,管兵千七百人。"⑧《新唐書·地理志四》條:"（涼州武威郡）西北五百里有白亭軍,本白亭守捉,天寶十四載爲軍。"⑨《通典·州郡二》："白亭守捉,武威郡西

---

① 〔清〕許鴻磐撰:《方輿考證》卷四十。
② 〔宋〕樂史撰,王文楚等點校:《太平寰宇記》卷一百五十二,第 2937 頁。
③ 〔清〕許容修:《（乾隆）甘肅通志》卷六,《四庫全書》第 557 冊,第 223 頁下欄。
④ 〔宋〕樂史撰,王文楚等點校:《太平寰宇記》卷一百五十二,第 2946 頁。
⑤ 〔宋〕魏了翁撰:《經外雜抄》,民國景明寶顏堂秘笈本。
⑥ 〔唐〕李吉甫撰,賀次君點校:《元和郡縣圖志》,第 1018 頁。
⑦ 〔唐〕李吉甫撰,賀次君點校:《元和郡縣圖志》,第 1019 頁。
⑧ 〔後晉〕劉昫等撰:《舊唐書》卷三十八,北京:中華書局,1975 年,第 1386 頁。
⑨ 〔宋〕歐陽修、宋祁撰:《新唐書》卷四十,北京:中華書局,1975 年,第 1044 頁。

北五百里,管兵千七百人。"①此處的"涼州(武威郡)西北五百里",當指州(郡)治姑臧城西北五百里。三個資料所描述白亭軍方位及其與州(郡)治姑臧城距離均有極大差距。

白亭軍(守捉)之名稱,不見於《唐六典·尚書兵部》:"其四曰河西節度使,其統有赤水、大斗、建康、玉門、墨離、豆盧六軍,新泉守捉、甘州守捉、肅州鎮守三使屬焉。"②但見於兩《唐書》之《地理志》及其他文獻。白亭軍前身爲白亭守捉,郭元振大足元年(701)所置,以防備突厥。《舊唐書·郭元振傳》:"大足元年,遷涼州都督、隴右諸軍州大使。先是,涼州封界南北不過四百餘里,既逼突厥、吐蕃,二寇頻歲奄至城下,百姓苦之。元振始于南境硤口置和戎城,北界磧中置白亭軍,控其要路,乃拓州境一千五百里。"③白亭守捉改軍時間,《元和郡縣志》稱在"天寶十年"(751):"天寶十年,哥舒翰改置軍。"④《唐會要》所載則在天寶十四載(755):"白亭軍,天寶十四載正月三日置。"⑤

白亭軍(守捉)名稱的由來,《元和郡縣志》謂"因白亭海爲名",前考"白亭海"即姑臧縣北縣北三百里馬城河東岸的"西海"(小"休屠澤"),則白亭軍(守捉)當在漢武威城一帶。張雨《邊政考》云:"元振于南硤口築和戎城,今古浪也;北境磧中建白亭軍,今鎮番也。"⑥認爲唐"白亭軍"在鎮番縣内,此説極當。

綜上所述,唐白亭軍(守捉)當在涼州(武威郡)治姑臧縣北縣北三百里馬城河東岸漢武威城一帶,毗鄰"西海"(小"休屠澤")。《元和郡縣志》所載唐白亭軍(守捉)在涼州西北三千里,及兩《唐書》之《地理志》《通典》等所載白亭軍(守捉)在涼州(武威郡)西北五百里之説爲誤記,應予糾正。

三、"豬野澤"相關湖泊地圖位置訂補

"豬野澤"相關湖泊的地圖標識,以《中國歷史地圖集》⑦爲代表。譚其驤先生團隊的貢獻在於:在戰國及兩漢部分地圖中標識了"豬野澤"及其名稱。如第一册《戰國時期全圖》(第31—32頁)標注"豬野澤"。第二册《西漢時期全圖》(第13—14頁)、西漢時期《涼州刺史部》地圖(第33—34頁)標注"休屠澤",在《東漢時期全圖》(第40—41頁)標注"都野",在東漢《涼州刺史部》地圖(第57—58頁)標注"都野(休屠澤)",第三册三國時期《涼州》圖(第17—18頁)標識"都野澤"。在十六國時期、隋代部分地圖中,標識古"豬野澤"(古"休屠澤")一分爲二後的東、西兩澤及正確名稱。如第四册北朝魏時期《雍、秦、豳、夏等州,

①〔唐〕杜佑撰,王文錦等點校:《通典》卷第一百七十二,北京:中華書局,1988年,第4480頁。
②〔唐〕李林甫等撰,陳仲夫點校:《唐六典》卷五,北京:中華書局,2014年,第158頁。
③〔後晉〕劉昫等:《舊唐書》卷九十七,第3044頁。
④ 天寶三年即稱"載"而不稱"年",此條記録可疑。
⑤〔宋〕王溥:《唐會要》卷七十八,北京:中華書局,1955年,第1428頁。
⑥〔明〕張雨:《邊政考》卷十二,嘉靖刻本。
⑦ 譚其驤主編:《中國歷史地圖集》第1—8册,北京:中國地圖出版社,1982年。

沃野、薄骨律等鎮》地圖(第54—55頁)、《河州、涼州、敦煌鎮》地圖(第56—57頁),均于武安郡内標識東、西兩澤,西爲"休屠澤"、東爲"豬野澤"。第五册隋代《河西諸郡》地圖(第9—10頁)依然,僅武安郡區劃易爲武威郡。

可訂補之處有三:其一,誤標"潴野澤"相關湖泊及其名稱。誤標湖泊有三處:第一處在第五册唐代《隴右道東部》地圖(第61—62頁),標識了肅州"白亭海(會水)",這顯然是受《元和郡縣志》誤解文獻影響。可貴的是,雖然標識了"白亭海(會水)"名稱,但圖示僅見河流而不見湖泊,可能譚先生等也在懷疑李吉甫之説。第二處在第五册《五代十國時期全圖》(第82—83頁),僅標識"白亭河"及其尾閭湖,而不見十六國時期到唐代地圖明晰可見的東、西二澤。"白亭河"尾閭湖水域極小,規模約爲唐代"白亭海"十分之一。此種標識,應受前引《新五代史》卷七十四等所載後晉高居誨《使于闐記》"渡白亭河至涼州"之説影響。但高居誨所言"白亭河"當爲"白亭海"或流向"白亭海"的馬城河,因"白亭海"而誤稱"白亭河",譚先生等未詳審"白亭河"之實,而誤以爲五代時一分爲二的古"潴野澤"已蜕變爲"白亭河"。第三處在第八册清代《甘肅》地圖(第30頁),僅標一"海",名爲"魚海(哈喇泊)"。前文已辨明,"魚海子"即"東海"(小"潴野澤"),清代《甘肅》地圖僅標"魚海(哈喇泊)"意味着"西海"(小"休屠澤""白亭海")已消失。但清代文獻如《清文獻通考》卷二百六十八、《(嘉慶)大清一統志》卷二百六十七等一直有"白亭海"相關記録,陶保廉光緒十七年(1891)撰《辛卯侍行記》卷四尚云:"今鎮番人訛呼休屠爲白亭海子。"[1]"白亭海"清代、民國又稱"青土湖",1953年乾涸,故清代《甘肅》地圖僅標"魚海子"(小"潴野澤")而不標"白亭海"或"青土湖"爲誤標和漏標。

誤標湖泊名稱較多,如第五册唐代《隴右道東部》地圖(第61—62頁)標"西海"爲"休屠澤",而"東海"標爲"白亭海","白亭守捉"亦標於"東海"附近。前文已辨明唐代"白亭海"爲"西海"(小"休屠澤")而非"東海"(小"潴野澤"),故《隴右道東部》地圖將"東海"(小"潴野澤")誤標爲"白亭海"。又如第七册元代《陝西行省》(第17—18頁)可見"東海"及"西海"局部,"東海"標爲"白海"(即"白亭海")。元代《甘肅行省》地圖(第21頁)"東海"標爲"白海","西海"未標注名稱。明代《陝西一》地圖(第59—60頁)"東海"標爲"白亭海(潴野澤)"。此類文獻中"白海"指"白亭海",皆誤以"東海"(小"潴野澤")爲"白亭海"。

其二,漏標"潴野澤"相關湖泊或其名稱。漏標"潴野澤"相關湖泊者,如第一册《夏時期全圖》(第9—10頁)、《商時期全圖》(第11—12頁)、《西周時期全圖》(第15—16頁)、《春秋時期全圖》(第20—21頁),第二册《秦時期全圖》(第3—4頁)、《關中諸郡》地圖(第5—6頁)皆可見附近地域青海、居延澤而不見"潴野澤"。第四册《東晉十六國時期全圖》(第3—4頁)可見附近地域野莫(青海)、居延澤,及敦煌郡内未名大澤(冥水尾閭湖),但不見"潴野澤"或"休屠澤"。十六國時期《成、前趙、前涼、後趙》地圖(第7—8頁)、《前秦》地圖(第

---

① 〔清〕陶保廉:《辛卯侍行記》卷四,光緒二十三年(1897)養樹山房刻本。

11—12頁)、《後秦、後燕、西秦、後涼、魏》地圖(第 13—14 頁)《後秦、魏、南涼、北涼、西涼、南燕、夏、西秦、北燕》地圖(第 15—16 頁)等，皆可見附近地域野莫(西海)、居延澤，及敦煌郡安西附近未名大澤，雖標識谷水，但不見“瀦野澤”或“休屠澤”。直到十六國時期《宋、魏時期全圖》(第 17—18 頁)，消失不見的“瀦野澤”(“休屠澤”)才再次出現于武安郡内，已一分爲二，但皆不標名稱。第六册《金、南宋時期全圖(一)》(第 42—43 頁)可見附近地域青海、居延澤，亦不見古“瀦野澤”或“休屠澤”東、西二“海”。第八册《清時期全圖(一)》(第3—4)《清時期全圖(一)》(第 5—6)可見附近區域青海、居延澤，不見東、西二“海”。

漏標“瀦野澤”相關湖泊名稱問題，大致分兩類：一類是特定時段全圖或區域圖中有“瀦野澤”相關湖泊圖示而不標名稱，如第一册《諸侯稱雄形勢圖》(第 33—34 頁)可見古“瀦野澤”圖示，不標名稱。第三册《三國時期全圖》(第 3—4 頁)、《西晉時期全圖》(第 33—34 頁)、西晉時期《涼州》地圖(第 44—45 頁)，可見“休屠澤”圖示，未標名稱。第四册《宋、魏時期全圖》(第 17—18 頁)，可見已一分爲二的東、西二澤，但不標名稱。第五册《隋時期全圖》(第 3—4 頁)、《唐時期全圖(一)》(第 32—33)、《唐時期全圖(二)》(第 34—35 頁)、《唐時期全圖(三)》(第 36—37 頁)，可見東、西二澤圖示，但不標名稱，而同一時期的青海、居延澤等皆明確標識名稱，且敦煌郡區域十六國時期的無名湖泊也標識了“大澤”。第五册《五代十國時期全圖》(第 82—83 頁)白亭河尾閭湖亦不標名稱。第六册《遼、北宋時期全圖》(第 3—4 頁)，遼、北宋時期《西夏》地圖(第 36—37 頁)，第七册《元時期全圖(一)》(第 3—4 頁)、《元時期全圖(二)》(第 5—6 頁)，可見東、西二澤，但未標名稱。此種情況較多，對地圖使用和學術研究的影響并不很大，但會影響地圖繪製的準確性。

《中國歷史地圖集》標識“瀦野澤”相鄰地域野莫(又名西海，即青海)、居延澤，甚至敦煌郡(鎮)安西附近未名大澤而不標識“瀦野澤”相關湖泊，與編纂者對“瀦野澤”水域規模的認識不足有關，可能在編纂者看來，在特定歷史時期，青海(野莫、西海)等水域面積要比“瀦野澤”大很多，從地圖標識看，青海(野莫、西海)一般是“瀦野澤”相關湖泊的三到四倍，居延澤一般爲“瀦野澤”相關湖泊的兩倍，未名或標“大澤”的敦煌冥水尾閭湖與“瀦野澤”(“休屠澤”)接近。但從現有文獻資料看，“瀦野澤”水域面積并不小。僅以《水經注》所云“届此水流兩分，一水北入休屠澤，俗謂之爲西海；一水又東逕百五十里入豬野，世謂之東海，通謂之都野矣”估算，尚爲一體的古“瀦野澤”周長當在 1200 里左右，而李并成先生據 1980 年《河西走廊衛星圖像圖解》測算，史前“瀦野澤”面積約有 525—540 公里左右，南北朝時“東海”面積約爲 240 公里。[①] 在同期不標注“瀦野澤”(“休屠澤”)，而從秦代一直到十六國時期與青海、居延澤等頻繁現諸該期地圖的未名敦煌冥水尾閭湖，“東西二百六十里，南北六十里”，[②] 水域面積小於“瀦野澤”(“休屠澤”)。因此，上述地圖不標注“瀦野澤”相關湖泊并

① 李并成：《先史時期的瀦野澤及其歷史變遷》，《西北師範大學學報(自然科學版)》1992 年第 1 期。
② 〔唐〕李吉甫撰，賀次君點校：《元和郡縣圖志》，第 1028 頁。

不合適。

另一類則是特定區域詳圖中標識"潴野澤"相關湖泊,但一般"東海"標注名稱,而"西海"則不標注,如第七册元代《陝西行省》(第 17—18 頁)、元代《甘肅行省》(第 21 頁)"東海"標爲"白海","西海"則不標名稱。第七册明代《陝西一》地圖(第 59—60 頁),"東海"標"白亭海(潴野澤)",但"西海"不標名稱。此類情况會影響讀者理解和使用,更會影響學術研究方向和結果。

《中國歷史地圖集》標識同期青海、居延澤等名稱,而不標識"潴野澤"相關湖泊名稱,或者僅標"東海"名稱而不標"西海"之名,可見編纂者對圖中"潴野澤"相關湖泊位置及名稱的不確定或猶豫不决。如前所述,"潴野澤"相關湖泊的水域和名稱變化頗大,先後有"潴野澤""都野澤""休屠澤""白亭海"(白亭海子、白海)"魚海子""青土湖"等名稱,"潴野澤"("休屠澤")又有古"潴野澤"(古"休屠澤")與一分爲二的小"潴野澤"(小"休屠澤")的區别,非常複雜。在整個《中國歷史地圖集》中,已標識了的"潴野澤"相關湖泊名稱,《戰國時期全圖》爲"潴野澤",《西漢時期全圖》、西漢時期《涼州刺史部》地圖爲"休屠澤",《東漢時期全圖》爲"都野",東漢《涼州刺史部》地圖爲"都野(休屠澤)",三國時期《涼州》圖爲"都野澤"。在十六國時期、隋代部分地圖中,"西海"爲"休屠澤"、"東海"爲"潴野澤"。唐代地圖中,"西海"爲"休屠澤"、"東海"爲"白亭海"。元、明、清地圖中,"東海"標爲"白海""白亭海""魚海",而"西海"不標注名稱,可見對於不同時期"潴野澤"相關湖泊名稱的正確名稱,編纂者也小心翼翼,不是很明確。按"潴野澤"相關湖泊及其名稱演變軌迹,對於一分爲二前的古"潴野澤",漢代之前可標"潴野澤",漢代及之後標注"休屠澤"即可,而不必小心翼翼的區别以"都野(休屠澤)"等。一分爲二後"西海"標"休屠澤","東海"標"潴野澤"。唐代及之後"西海"標"白亭海(休屠澤)",清代標"青土湖(白亭海)"。明清兩代"東海"標"魚海子(潴野澤)"。

其三,"潴野澤"相關湖泊位置失當。《中國歷史地圖集》是在今《中華人民共和國地圖》框架上繪製的,可瞭解古代城邑、山川、河流等在今天地圖的位置。通過古今地圖對比,可見《中國歷史地圖集》所標"潴野澤"相關湖泊地理位置失當。如第一册《諸侯稱雄形勢圖》(第 33—34 頁)標識古"潴野澤",第二册《西漢時期全圖》(第 13—14 頁)、西漢時期《涼州刺史部》地圖(第 33—34 頁)標識"休屠澤",《東漢時期全圖》(第 40—41 頁)、東漢《涼州刺史部》地圖(第 57—58 頁)標識"都野",第三册三國時期《涼州》圖(第 17—18 頁)標識"都野澤"等,皆在今甘肅省民勤縣境内。第四册開始標識古"潴野澤"一分爲二後的東、西二"海",如北朝魏時期《雍、秦、幽、夏等州,沃野、薄骨律等鎮》地圖(第 54—55 頁)、北朝魏時期《河州、涼州,敦煌鎮》地圖(第 56—57 頁)、《西魏》地圖(第 63—64 頁)、《周》地圖(第 67—68 頁),第五册隋代《河西諸郡》地圖(第 9—10 頁)等,皆標識"休屠澤""潴野澤",第五册唐代《隴右道東部》地圖(第 61—62 頁)標"休屠澤""白亭海",但澤皆在今民勤縣境内。第七册元代《陝西行省》(第 17—18 頁)《甘肅行省》(第 21 頁)標識東、西二"海","西海"未標注名稱,在甘肅民勤境内,"東海"標爲"白海",大部分在民勤境内,極小部分進入阿拉善左旗。明代《陝西一》地圖(第59—60頁)"西海"未標名稱,"東海"標"白亭海(瀦野澤)",皆在長城及陝西行都司界域之外。"西海"在民勤界内,"東海"約六分之一在阿拉善左旗。第八册清《甘肅》地圖(第30頁)僅標"魚海(哈喇泊)",在當時甘肅境外,今甘肅民勤境内。此種位置標識與歷史文獻所述差異較大。前引張雨《邊政考》卷四、《(嘉慶)大清一統志》卷二百六十七描述鎮番衛(縣)"八到"皆謂東北至"魚海子"二百八十里,《(嘉慶)大清一統志·阿拉善厄魯特旗》則明言三岔河自鎮番東北流出邊,又三百餘里瀦爲大澤,方廣數十里,俗名"魚海子",則古"瀦野澤"一分爲二後的"東海"(小"瀦野澤""魚海子")當完全在鎮番衛(縣)之外,而在阿拉善厄魯特旗内。而南北朝及之前的古"瀦野澤"(古"休屠澤")水域面積更大,最起碼其東部應深入今阿拉善左旗。

《中國歷史地圖集》所載"瀦野澤"相關湖泊的問題是由多方面原因造成的,但這些問題的存在會影響人們對"瀦野澤"相關湖泊的正確認識,更會影響"瀦野澤"相關問題研究的方向和結論,因此希望《中國歷史地圖集》在修訂時及時補充和修正。

(王勝明,西華師範大學文學院教授)

《古寫本〈史記〉殘卷》異文再探
——兼及北宋《史》《漢》校刻

劉 仁

[摘　要]　今本《史記》《漢書》文字的面貌主要源自北宋官方的數次校刻,其校刻的質量直接關係到今本《史記》《漢書》的文字優劣。通過《史記》刊本系統與宋以前古寫本系統的對校,可以發現異文中的寫本正確文字多與《漢書》相同,羅振玉所影印的《古寫本〈史記〉殘卷》中的兩種即是如此。此種情形是由於北宋時期《漢書》文本的保存情況優於《史記》,致使《漢書》的校勘質量也高於《史記》。但是寫本文字亦有據《漢書》而回改致誤者,校勘實踐中要具體對待。

[關鍵詞]　史記　漢書　古寫本　校勘　異文

今本《史記》文字的面貌主要源自北宋官方的數次校刻,其校刻的質量直接關係到今本《史記》的文字優劣。但是,傳世諸刻本都是以北宋官本爲祖本,在同一版本譜系内,顯然無法以後出的刻本爲基礎來對祖本的優劣進行評判,故而所能利用的材料祇有他書中所引的文字,其中最重要的部分當然是《漢書》。祇是,《漢書》畢竟是一部另外的著作,以古人著書的通例而言,是有權對所引文字進行刪削與改寫的,故而以《漢書》作爲標準往往也不能如意。但是,幸而東鄰日本保存有珍稀的宋以前的寫本《史記》殘卷多種,可以使我們跳出宋本系統的局限,有了一把可以衡量宋本系統文字優劣的標尺。羅振玉所影印的《古寫本〈史記〉殘卷》就是其中重要的一種,今考述如下。

一、異文考校

《古寫本〈史記〉殘卷》是羅振玉在日本見到了兩種他認爲是六朝寫本的殘卷後,通過影印的方式流傳於世的。羅振玉跋云:"《史記》殘卷二:甲、日本古寫本,前佚其半,京都神田香岩翁所藏。乙、張丞相傳之後半至酈生陸賈列傳,高山寺藏。"其中"甲"種爲《河渠書》之後半。"乙"種爲《張丞相列傳》之後半部分及《酈生陸賈列傳》之大部分。據張玉春《〈史記〉版本研究》,《河渠書》實際爲唐寫本;乙種爲六朝寫本,然並非藏於"高山寺",而是藏於"石山寺"。① 但李由認爲,乙種也並非六朝寫本,而是日本人於公元 825 年左右據初唐鈔本所轉

---

① 　見張玉春:《〈史記〉版本研究》,北京:商務印書館,2001 年,第 58—61、78—82 頁。

寫的一個本子。[1] 雖然,羅氏的判斷略有誤差,但是這兩種寫本的價值是毋庸置疑的,日本人瀧川資言在作《史記會注考證》時就取以爲校正的材料。賀次君《史記書録》詳列其中異文,并加論斷。羅繼祖復取此卷對中華書局點校本進行勘誤。[2] 王叔岷《史記斠證》、水澤利忠《史記會註考證校補》等皆使用此本進行全面校證。中華書局點校本《史記》的修訂本,亦采用此殘卷爲校勘的資料。李由又利用日本所存各種古寫本對修訂本進行校勘,其中亦包括這兩種殘卷。[3] 可見對這兩種殘卷的利用已較爲充分。但是,其中仍有一些異文值得重新關注,今以修訂本《史記》爲底本校録如下:

1. 其後人有上書欲通褒斜道及漕,事下御史大夫張湯。湯問其事,因言:“……”天子以爲然,拜湯子印爲漢中守,發數萬人作褒斜道五百餘里。道果便近,而水湍石,不可漕。[4]

按:“水湍石”,寫本作“水多湍石”,《漢書·溝洫志》同。[5]《史記會注考證》據改。[6] 王叔岷《史記斠證》[7] 亦從之。羅繼祖亦以爲當補“多”字。《通典》卷十:“湯問其事,因言……道果便近,而水多湍石,不可漕。”[8]《通典》雖不言引文出處,然此必《史記》文。“湯問其事,因言……”,《漢書》作“湯問之,言……”,而《通典》文字近於《史記》。可知杜佑所見本亦作“水多湍石”。且“水湍石”不詞,疑“水多湍石”是。然《史記》作“水湍石”亦由來已久。《白氏六帖事類集》卷二“漕第三十六”“褒斜道通漕”引文作“漢時人上書言通褒斜道及漕,事下張湯,湯問其事,言‘可行船漕,漢中之穀可致,便於底柱之漕’。從之,道果近,而水湍石,不可漕”。[9] 亦作“湯問其事”,此引文當源自《史記》。知唐代已有《史記》版本作“水湍石”。

2. 其後莊熊羆言:“臨晉民願穿洛以溉重泉以東萬餘頃故鹵地。”[10]

按:“鹵”,寫本作“惡”,《漢書·溝洫志》同。[11]《史記會注考證》據改。[12]《通典》卷二,“其後莊熊羆言:‘臨晉民願穿洛以溉重泉以東萬餘頃故惡地,誠得水,可令畝十石。’”[13]《通典》雖不言引文出處,然此必《史記》文。所以知者,“莊熊羆”三字,《漢書》作“嚴熊”。故知杜佑所見本亦作“惡”。疑惡(“惡”,鮮于璜碑)字下半之“心”漫漶,故訛爲“鹵”。

① 李由:《從日傳〈史記〉鈔本看〈史記〉新修訂本的校勘》,《域外漢籍研究集刊》第12輯,北京:中華書局,2015年,第362頁。

② 羅繼祖:《日本古寫本〈史記〉殘卷勘誤》,《書品》1987年第2期,第18—19頁。

③ 李由:《從日傳〈史記〉鈔本看〈史記〉新修訂本的校勘》,第357—383頁。

④〔漢〕司馬遷撰,〔南朝宋〕裴駰集解,〔唐〕司馬貞索隱,〔唐〕張守節正義:《史記》卷二九《河渠書》,北京:中華書局,2014年,第1701—1702頁。

⑤〔漢〕班固:《漢書》卷二九《溝洫志》,北京:中華書局,1962年,第1681頁。

⑥〔日〕瀧川資言:《史記會注考證》卷二九,太原:北嶽文藝出版社,1999年,第2002頁。

⑦ 王叔岷:《史記斠證》卷二九,北京:中華書局,2007年,第1224頁。

⑧〔唐〕杜佑:《通典》卷一〇《食貨十》,上海:上海人民出版社2008年影印日本宮內廳藏北宋刊本,第299頁。

⑨〔唐〕白居易:《白氏六帖事類集》卷二,北京:文物出版社1987年影印傅增湘藏南宋紹興刻本,第39頁b。

⑩〔漢〕司馬遷撰,〔南朝宋〕裴駰集解,〔唐〕司馬貞索隱,〔唐〕張守節正義:《史記》卷二九《河渠書》,第1702頁。

⑪〔漢〕班固:《漢書》卷二九《溝洫志》,第1681頁。

⑫〔日〕瀧川資言:《史記會注考證》卷二九《河渠書》,第2002頁。

⑬〔唐〕杜佑:《通典》卷二《食貨二》,第172頁。

3.佗小渠披山通道者，不可勝言。然其著者在宣房。①

按："披"，寫本作"陂"，《漢書·溝洫志》同。②又《史記·五帝本紀》亦有"披山通道"之語，其文曰："天下有不順者，黄帝從而征之，平者去之，披山通道，未嘗寧居。"③此處"披"字當作何解，頗有異説。《集解》引徐廣曰："披，他本亦作'陂'。字蓋當音詖。陂者，旁其邊之謂也。披，語誠合今世，然古今不必同也。"是以"披"當爲"陂"。《索隱》則不以徐説爲然，以爲披即披開之意。其言曰："披音如字，謂披山林草木而行以通道也。徐廣音詖，恐稍紆也。"④段玉裁《説文解字注》又駁司馬貞之説，曰："'披''陂'皆有旁其邊之意，中散能知之，而《索隱》云……此則司馬貞不知古義之言。蓋俗解訓披爲開。《廣韻》云：'披，開也，分也，散也。'"⑤是以爲"披""陂"爲通假字。王叔岷《史記斠證》之説同。⑥

檢《廣韻·五支》，"披"音敷羈切，今音 pī，"陂""詖"音彼爲切，今音 bēi。徐廣以爲"披"字不通，而因他本之"陂"字悟此處之"披"實當爲"陂"，故云"披"字"蓋當音詖"，即當作"陂"字。而以"披，語誠合今世，然古今不必同也"一語推之，徐廣之意，"披"字雖合於今，似若可通，而"陂"字始合於古也。然則謂徐廣以爲"披"字爲"陂"字之誤，亦無不可。司馬貞以爲讀作 pī 即可，不必改字，實即徐廣所謂不知古今不必合而以今釋古者。何故？蓋若解"披山"爲開山，在《五帝本紀》中雖似無誤，然若置於《河渠書》中則扞格難通。以《河渠書》"披山通道"乃描述"小渠"之狀態，而非修建"小渠"時之情形。徐廣云"陂者，旁其邊之謂也"，正與文中所謂"小渠陂山通道"之情形相合。蓋水勢就下，水渠理應沿山谷，即山之邊緣而下，此即"旁其邊"之謂。又《漢書·溝洫志》顏師古注云："陂山，因山之形也……一曰，陂山，遏山之流以爲陂也。"⑦《史記會注考證·河渠書》引中井積德亦曰："《漢志》，'披'作'陂'，謂隨山勢造陂隄以導水也。"⑧雖解説略有小異，而皆不以"披山"爲開山，司馬貞説之誤顯然，段氏駁之，是也。

唯段氏及王叔岷以爲"披""陂"通假，實亦無據。《後漢書·馮衍傳》云："陂山谷而閒處兮，守寂寞而存神。"⑨章懷太子注云："陂，謂傍其邊側也。"⑩足見若作"傍其邊側"解，字當作"陂"。作"披"者，或形近之誤，或爲時人以慣常用法所改，徐廣亦未顯言其誤，非以之爲通假也。

簡言之，《史記·五帝本紀》之"披山通道"之"披"，實當作"陂"。然此誤産生時代甚早，

①〔漢〕司馬遷撰，〔南朝宋〕裴駰集解，〔唐〕司馬貞索隱，〔唐〕張守節正義：《史記》卷二九《河渠書》，第 1705 頁。
②〔漢〕班固：《漢書》卷二九《溝洫志》，第 1684 頁。
③〔漢〕司馬遷撰，〔南朝宋〕裴駰集解，〔唐〕司馬貞索隱，〔唐〕張守節正義：《史記》卷一《五帝本紀》，第 4 頁。
④〔漢〕司馬遷撰，〔南朝宋〕裴駰集解，〔唐〕司馬貞索隱，〔唐〕張守節正義：《史記》卷一《五帝本紀》，第 7 頁。
⑤〔清〕段玉裁：《説文解字注》第一二篇上，北京：中華書局 2013 年影印經韻樓刊本，第 608 頁下欄。
⑥ 王叔岷：《史記斠證》卷二九，第 1229 頁。
⑦〔漢〕班固：《漢書》卷二九《溝洫志》，第 1684 頁。
⑧〔日〕瀧川資言：《史記會注考證》卷二九《河渠書》，第 2008 頁。
⑨〔南朝宋〕范曄：《後漢書》卷二八下，北京：中華書局，1965 年，第 1001 頁。
⑩〔南朝宋〕范曄：《後漢書》卷二八下，第 1002 頁。

至遲六朝時已如此,故徐廣亦未改字,以此推之,唐人所讀之《五帝本紀》皆作"披"。而《河渠書》"陂山通道"之文,雖至唐仍未誤,無奈《五帝本紀》乃《史記》開篇,後人既習見"披山通道"之"披",故"陂"亦終訛爲"披"。今以古寫本考之,"披"實當作"陂"。又《通典》卷二云:"關中輔渠、靈軹引諸水……佗小渠陂山通道不可勝言。"①此正據《史記》,蓋《漢書》此節作"關中靈軹、成國、湋渠引諸川"。②換言之,杜佑所見之《史記》作"陂",仍爲未誤之本,亦是一證。

4. 其時京兆尹趙君……復使人脅恐魏丞相,以夫人賊殺侍婢事而私獨奏請驗之……而丞相司直繁君奏京兆尹趙君迫脅丞相,誣以夫人賊殺婢,發吏卒圍捕丞相舍,不道。③

按:侍,寫本作"傅"。下"婢"字,寫本上有"傅"字。這段文字並非司馬遷原文,而是後人所補。張玉春《〈史記〉版本研究》校正此條云:"'傅婢'是漢時人常用語,《漢書·王吉傳》:'(吉孫崇)爲傅婢所毒,薨。'顏師古注:'凡言傅者,謂傅相其衣服袵席之事。一説傅曰附,謂近幸也。'按顏氏訓傅爲傅相,純屬望文生義,其所引一説得之。《小爾雅·廣詁》:'傅,近也。'可與一説相輔相成。所謂傅婢,即近婢。《漢書·趙廣漢傳》述此事,侍婢亦作'傅婢',可證唐抄本爲《史記》舊文。又'傅婢'亦見于《後漢書·公孫瓚傳》《呂布傳》,可見'傅婢'一語在漢時所用甚廣,而至宋代,此語已不爲常人所知,故或刪'傅'字,或改爲'侍婢'。"④張氏所校甚是。

然尚有可以補充者。"傅婢"之所指,漢代與唐代有所不同。漢代指的是侍妾,唐代則指未成年人的保姆。《漢書·趙廣漢傳》:"廣漢使所親信長安人爲丞相府門卒,令微司丞相門内不法事。地節三年七月中,丞相傅婢有過,自絞死,廣漢聞之,疑丞相夫人妒殺之府舍。"⑤趙廣漢既然懷疑"傅婢"是魏相的夫人"妒殺",顯然是因爲嫡夫人嫉妒寵妾是常見現象,所以趙廣漢會如此懷疑,可知"傅婢"顯然指的是侍妾。《漢書·王商傳》:"前頻陽耿定上書言商與父傅通,及女弟淫亂。"顏師古注曰:"傅謂傅婢也。"⑥此明言是"父"之"傅",顯然也是指侍妾。《漢書·王崇傳》:"歲餘,崇復謝病,乞骸骨,皆避王莽,莽遣就國,歲餘,爲傅婢所毒薨,國除。"⑦當也是指侍妾。《後漢書·呂布傳》:"卓又使布守中閤,而私與傅婢情通。"⑧呂布所通者,顯然是董卓的侍妾。《後漢書·公孫瓚傳》公孫瓚上書言袁紹之罪云:"《春秋》之義,子以母貴。紹母親爲傅婢,地實微賤。"⑨《後漢書·袁紹傳》李賢注引袁松曰:"紹,司空逢之

① 〔唐〕杜佑:《通典》卷二《食貨二》,第172頁。
② 〔漢〕班固:《漢書》卷二九《溝洫志》,第1684頁。
③ 〔漢〕司馬遷撰,〔南朝宋〕裴駰集解,〔唐〕司馬貞索隱,〔唐〕張守節正義:《史記》卷九六《張丞相列傳》,第3255頁。
④ 張玉春:《〈史記〉版本研究》,第83頁。
⑤ 〔漢〕班固:《漢書》卷七六《趙廣漢傳》,第3205頁。
⑥ 〔漢〕班固:《漢書》卷八二《王商傳》,第3372頁。
⑦ 〔漢〕班固:《漢書》卷七二《王崇傳》,第3068頁。
⑧ 〔南朝宋〕范曄:《後漢書》卷七五,第2445頁。
⑨ 〔南朝宋〕范曄:《後漢書》卷七三,第2360頁。

孽子。"① 亦是指袁紹之母爲侍妾。

自隋唐以後,"傅婢"的意義有明顯轉變。《顔氏家訓·序致篇》云:"禁童子之暴謔,則師友之誠,不如傅婢之指揮。"② 獨孤及《殤子韋八墓誌》:"生有奇表,温明聰秀,覃訏於保姆傅婢之手,嶷然異于凡童。"③ 權載之《殤孫進馬墓誌銘》:"劇大病之際,上辭尊長,下訣幼弟妹,恬然不亂,且謂其傅婢曰:'空中佛事儼然在目。'"④ 此皆指未成年人的保姆。意義明顯,無需贅言。

《説文解字》:"傅,相也。"⑤ 然"傅"實與"附"通,《左傳·僖公十四年》:"皮之不存,毛將安傅。"《釋文》:"傅音附。"⑥ 引申爲親近,漢代"傅婢"之意蓋本此。"傅"作"親近"的含義,在魏晉時仍然顯豁,故而《小爾雅》將其解釋爲"近也"。⑦ 南北朝末至隋初的顔之推已經將"傅婢"之"傅"作"保傅"用,知其"親近"之義逐漸淹没,而唐人因襲之。故而顔師古在注釋"傅婢"時,會首先以"傅相"來進行解釋,是受到了唐代習慣用法的影響。但《漢書》中的意義畢竟與唐代的用法不同,所以迂曲地解釋爲"傅相其衣服袵席之事",這樣就具有了"侍妾"的意味。應當從其所引的另"一説",即謂爲"近幸"之意。

所以,寫本作"傅"應當是接近原貌的,六朝人仍然明了"傅婢"的含義,在抄寫時保存了原貌。作"侍婢",應當是後人不明"傅婢"在漢代的意義所改。如果原本作"侍",後人不可能會將"侍"字改爲"傅"字,因爲"侍婢"自古至今一直沿用,含義也無變化。"侍",當據寫本改爲"傅"。而寫本中後一"傅"字,則難以斷定是脱漏,還是原本省略,可不論。

二、北宋《史》《漢》校刻情形

據上文有限的考察,凡是古寫本文字與今本《史記》不合,而與《漢書》相合的,基本與宋代之前諸書所引的《史記》也相合,這牽涉到《史》《漢》異同的問題。自北宋倪思《班馬異同》一書問世後,《史》《漢》異同問題屢見討論,但無論持何種觀點,"相關討論有一個共同的默認前提,即以《史記》文本在先,《漢書》文本在後,班馬異同之處,皆當是《漢書》改易《史記》",⑧ 然而賀次君先生《史記書録》中取《史記》古寫本與今本進行校對,得出了不一樣

---

① 〔南朝宋〕范曄:《後漢書》卷七四上,第 2373 頁。
② 王利器:《顔氏家訓集解(增補本)》卷一,北京:中華書局,2016 年,第 1 頁。按:王利器以爲"傅婢"即"侍婢",並引《後漢書·吕布傳》等爲證,非是。
③ 〔唐〕獨孤及:《毗陵集》卷一〇,《四部叢刊》初編影印亦有生齋校刊本,第 10 頁 a。
④ 〔唐〕權載之:《新刊權載之文集》卷二六,上海:上海古籍出版社 2013 年影印宋蜀刻本,第 261 頁。
⑤ 〔漢〕許慎、〔宋〕徐鉉校定:《説文解字》,北京:中華書局,2013 年,第 161 頁。
⑥ 〔晉〕杜預集解,〔唐〕孔穎達正義,〔唐〕陸德明音義:《春秋左傳注疏》卷一三,〔清〕阮元校刻:《十三經注疏》第 6 册,臺北:藝文印書館 2013 年影印南昌府學本,第 225 頁上欄。
⑦ 〔清〕胡承珙:《小爾雅義證》,合肥:黄山書社,2011 年,第 9 頁。按據《四庫全書總目》,今本《小爾雅》並非《漢書·藝文志》所著録之本,乃鈔自《孔叢子》之一篇,正是魏晉間人所作。〔清〕紀昀等:《欽定四庫全書總目》卷四三,北京:中華書局,1997 年,第 572—573 頁。
⑧ 蘇芃:《日本宫内廳藏舊鈔本〈史記·高祖本紀〉年代新證》,《文學遺産》2019 年第 1 期,第 186 頁。

的結論:"余初讀《史記》,見酈道元《水經注》及唐、宋諸類書所引,多與《漢書》相符而與今行各本不同,竊疑班固取《史記》文字以入《漢書》,並非有意增損,特古今傳本有異耳。今得此卷校之,向所疑者遂得有力之論證,益信班固抄錄司馬遷文句,既承其是,亦緣其非,初無所謂長短也。"①這一觀點也得到現代學者的認同,比如蘇芃在以日本宮内廳所藏《高祖本紀》寫卷與今本相較後發現其異文"有許多與《漢書》相同,而與傳世本相異"的情形,由此推測"傳世本《史記》的文本也有後世傳抄改易的可能",且認爲"過去班馬異同論的研究前提值得反思"。②上述認識蘊含了兩個判斷:一、除《漢書》所進行的體例性變更外,《史》《漢》異同並非班固在書籍編纂過程中的有意立異,而是文本在流傳過程中形成的;二、今本《漢書》的文本很大程度上保存了原貌,而今本《史記》的文本則有較大的改動。

　　如果我們認同以上結論,那麼需要追問的是:爲什麼今本《漢書》文本面貌優於今本《史記》呢?因爲依照文獻傳寫的一般規律,《史》《漢》中相同的文字在流傳過程中當然會由於各自出現的訛脱衍倒以及有意改動等現象,致使後世文本面貌互有異同,但却不會出現某本文字大幅度優於某本的現象。我們認爲,這種現象與北宋時期對《史記》和《漢書》的校刻情況有很大關係。

　　已有學者經由古寫本《史記》《史記索隱》與景祐本《史記》的校勘認識到,景祐本《史記》的文本與此前的文本之間存在的"明顯差異",在文獻傳寫規律下自然所致外,北宋的《史記》校勘過程中的有意校改應當是其重要原因,③這部分證明了今本《史記》文字面貌在北宋時期確有較大改動,以致失去了原貌。但上述問題還没有得到完全解決,因爲在北宋時期《史記》與《漢書》的校勘基本是同步進行的,其校勘原則應當也不會有太大差異,在《史記》存在不少不當校勘以致文本失去原貌時,爲何《漢書》却還能比較好地保存文字原貌呢?我們還是要重新對北宋《史記》《漢書》的校勘情形進行考察。

　　《史記》《漢書》的首次刊刻是在宋太宗淳化五年(994),據《麟臺故事》記載:

　　　　淳化五年七月,詔選官分校《史記》,前、後《漢書》,虞部員外郎崇文院檢討兼秘閣校理杜鎬、屯田員外郎秘閣校理舒雅、都官員外郎秘閣校理吴淑、膳部郎中直秘閣潘慎修校《史記》,度支郎中直秘閣朱昂再校。又命太常博士直昭文館陳充、國子博士史館檢討阮思道、著作佐郎直昭文館尹少連、著作佐郎直史館趙况、著作郎直集賢院趙安仁、將作監丞直史館孫何校前、後《漢書》。既畢,遣内侍裴愈賫本

---

① 賀次君:《史記書録》,北京:商務印書館,1958年,第4頁。

② 蘇芃:《日本宮内廳藏舊鈔本〈史記·高祖本紀〉年代新證》,第186頁。

③ 參見易寧:《敦煌初唐卷子本裴注〈史記〉殘卷研究——敦煌本與〈索隱〉本、北宋景祐本〈史記〉之異同及傳承關係考論》,《中國典籍與文化論叢》第10輯,南京:鳳凰出版社,2008年,第30—46頁;易平:《日本高山寺藏裴注〈史記·殷本紀〉文本源流考》,《史學史研究》2007年第3期,第95—103頁。李由《從日傳〈史記〉鈔本看〈史記〉新修訂本的校勘》一文也認同這一點,《域外漢籍研究集刊》第12輯,北京:中華書局,2015年,第357—383頁。

就杭州鏤版。①

這次的刻本就是淳化本，已不存於世。這次的《史記》《漢書》的刻本在文字上都有較多的缺陷，所以就有了此後的數次校勘。《麟臺故事》曰：

> 咸平中，真宗謂宰相曰：“太宗崇尚文史，而三史版本，如聞當時校勘官未能精詳，尚有謬誤。當再加刊正。”乃命太常丞直史館陳堯佐，著作郎直史館周起，光禄寺丞直集賢院孫僅、丁遜覆校《史記》。尋而堯佐出知壽州，起任三司判官。又以著作佐郎直集賢院任隨領其事。景德元年正月校畢，任隨等上覆校《史記》並刊誤文字五卷，詔賜帛有差。
>
> 又命駕部員外郎直秘閣刁衎，右司諫直史館晁迥與丁遜覆校前、後《漢書》版本。迥知制誥，又以秘書丞直史館陳彭年同其事。至二年七月，衎等上言：“《漢書》歷代名賢競爲注釋，是非互出，得失相參，至有章句不同，名氏交錯，苟無依據，皆屬闕疑，其餘則博訪群書，遍觀諸本，儻非明白，安敢措辭，雖謝該通，粗無臆説，凡修改三百四十九，簽正三千餘字，録爲六卷以進。”②

這一次《史記》的校勘成果是五卷的“刊誤文字”，但是具體的校勘情況則不得而知。《漢書》的情況相對清楚，“博訪群書，遍觀諸本”，校勘有版本作爲依據，成果共六卷，比《史記》的五卷稍多。這是淳化本之後《史記》和《漢書》的第一次校勘，所形成的本子成爲景德本，景德本也已不存於世。但所謂的“景德本”可能衹是在“淳化本”的版片上進行了挖改，而没有另行刊刻。《宋會要輯稿》也記録了這次的校書，與《麟臺故事》所載基本相同，惟文末多出一句話，云：“今之行者，止是淳化中定本，後雖再校，既已刻版，刊改殊少。”③而且，校勘的成果也不算多，似乎没有重新刻版的必要。此後，景祐年間又在此基礎上進行了校勘，《麟臺故事》曰：

> 景祐二年九月，詔翰林學士張觀等刊定《前漢書》《孟子》，下國子監頒行。議者以爲前代經史，皆以紙素傳寫，雖有舛誤，然尚可參讎，至五代，官始用墨版摹六經，誠欲一其文字，使學者不惑。至太宗朝，又摹印司馬遷、班固、范曄諸史，與六經皆傳，於是世之寫本悉不用。然墨版訛駁，初不是正，而後學者更無他本可以刊驗。會秘書丞余靖建言，《前漢書》官本差舛，請行刊正。因詔靖及王洙盡取秘閣古本校對，踰年乃上《漢書刊誤》三十卷。至是，改舊摹版，以從新校。然猶有未盡者。而

---

① 〔宋〕程俱撰，張富祥校證：《麟臺故事校證》之《麟臺故事殘本》卷二中，北京：中華書局，2000 年，第 281 頁。
② 〔宋〕程俱撰，張富祥校證：《麟臺故事校證》之《麟臺故事殘本》卷二中，第 283—284 頁。
③ 〔清〕徐松輯，劉琳等點校：《宋會要輯稿·崇儒四》第 5 册，上海：上海古籍出版社，2014 年，第 2815 頁。

司馬遷、范曄史尤多脱略，惜其後不復有古本可正其舛謬云。[①]

此次校勘後所形成的景祐本，《史記》和《漢書》均有存世。據上所引文字，可以明顯地看到《史記》的校勘質量要遠低于《漢書》，因爲《史記》的校勘面臨着一個窘境，"不復有古本可正"。而《漢書》因爲"盡取秘閣古本校對"，所以形成了重要的成果——三十卷的《漢書刊誤》，而《史記》則未言及有何成果。正由於《史記》無他本可正，校勘條件差，此後的嘉祐年間進行的校勘活動中，沒有包含《史記》，《玉海》曰：

> 嘉祐六年十二月，命秘書丞陳繹重校前、後《漢書》，又詔參政歐陽修看詳。熙寧二年八月六日，參政趙抃進新校《漢書》印本五十册，及陳繹所著是正文字七卷。[②]

從北宋數次的校書活動中可以看到，在北宋時代《史記》的"古本"留存情況要差於《漢書》，以致於《史記》因爲"不復有古本可正"而多臆改以致文字失去原貌，而《漢書》則因爲多有"古本"相證而大體保存原貌。因此，形成了古寫本《史記》中正確的異文，多與《漢書》相合的現象。北宋的這數次校勘與刊印，是後世《史記》與《漢書》文字面貌的主要來源，《史記》《漢書》文本的差異自然也就在後世諸本中保存了下來。北宋之前古寫本的存在則提供了一個標尺，使得我們能夠跳出宋本系統的文字面貌，衡量與評估《史》《漢》文本的異同。

三、寫本訛誤舉隅

但是，任何一個流傳久遠的文本都不可能完全無誤，《漢書》中必然也有訛誤存在。所以，我們還應該警惕另外一種可能：即古寫本中也存在據《漢書》校改而致誤的現象。不能因爲寫本文字與《漢書》一致，就認爲寫本文字是正確的。

《史記·孝文本紀》："（十四年冬）於是以東陽侯張相如爲大將軍，成侯赤爲内史，欒布爲將軍，擊匈奴。"[③]按：有古寫本"成侯赤"上有"建"字，下無"爲"字。[④]《漢書·文帝紀》作"於是，以東陽侯張相如爲大將軍，建成侯董赫、内史欒布皆爲將軍，擊匈奴"。寫本文字與《漢書》相合，似乎是正確的。但是，錢大昭《漢書辨疑》曰："'十四年，建成侯董赫、内史欒布皆爲將軍'，建成侯董赫，《史記·孝文紀》作'成侯赤'，徐廣曰赤姓董。《漢書·匈奴傳》作'成侯董赤'，《功臣表》及《漢紀》俱無建成侯董赫，但有'成敬侯董渫'，孝惠元年'康侯赤嗣'，是'建

---

① 〔宋〕程俱撰，張富祥校證：《麟臺故事校證》之《麟臺故事輯本》卷二，第 70 頁。
② 〔宋〕王應麟撰，武秀成、趙庶洋校證：《玉海藝文校證》卷一五，南京：鳳凰出版社，2013 年，第 725 頁。
③ 〔漢〕司馬遷撰，〔南朝宋〕裴駰集解，〔唐〕司馬貞索隱，〔唐〕張守節正義：《史記》卷十《孝文本紀》，第 542 頁。
④ 此處所用之寫本指狩野亨吉舊藏東北大學藏延久五年（1073）古鈔本。異文亦見於《史記會注考證校補》，然據《史記會注考證》，"赤"下當有"爲"字。筆者據原本圖像復核，確無"爲"字，《史記會注考證》誤。〔日〕水澤利忠：《史記會注考證校補》卷一〇，臺北：廣文書局，1972 年，第 730 頁。

成侯' 衍 '建' 字，'赫' '赤' 古字通。又考《百官表》'文十四年' 有 '内史董赤'，而無欒布，《布傳》又不言曾爲内史，竊意内史二字當在成侯之上。"①是《史記》所載與史實相合，當不誤。

又《史記·匈奴列傳》："成侯董赤爲前將軍。"②與《孝文本紀》"爲内史" 當屬文獻記載之異。據《史記·匈奴列傳》，此次戰爭，匈奴使 "奇兵入燒回中宫，候騎至雍甘泉"。③《正義》引《括地志》云："雲陽也，秦之林光宫，漢之甘泉，在雍州雲陽西北八十里。秦始皇作甘泉宫，去長安三百里，望見長安。"④是匈奴之兵已近京畿之地。《漢書·百官公卿表》："内史：周官，秦因之。掌治京師。"⑤内史之責本在護衛京師，匈奴之兵逼近京師，命爲内史，自然就有對抗匈奴的意味。而 "前後左右將軍：皆周末官，秦因之。位上卿，金印紫綬。漢不常置，或有前後，或有左右。皆掌兵及四夷"，⑥知將軍之職本不常置，當是戰時方任命。同樣是此年冬爲對抗匈奴，在任命張相如等稍前，文帝以 "中尉周舍爲衛將軍，郎中令張武爲車騎將軍"，⑦《漢書·百官公卿表》"中尉：秦官，掌徼循京師"，⑧ "郎中令：秦官，掌宫殿掖門户"。⑨是以本職兼帶將軍之衘，戰爭結束即撤銷。董赤之前將軍應當也是以内史之職兼帶，而以内史之職較重要，故而《孝文本紀》書内史而不是前將軍，而《匈奴列傳》乃主要記載對匈奴的戰爭情況，故不書内史而書前將軍。二者并無衝突。

疑《漢書·文帝紀》文字原與《史記》相同，因脱 "成侯赤爲内史" 之 "爲" 字，變成 "成侯赤内史欒布爲將軍"，如此，則 "内史" 之職歸于欒布。而後人又爲文氣順暢，妄增一 "皆" 字。而 "成侯" 上之所以會衍一 "建" 字，考《漢書》，曹參曾封 "建成侯"，吕后之兄吕釋之曾爲 "建成侯"，宣帝時丞相黃霸亦曾爲 "建成侯"，是 "建成侯" 習見，而 "成侯" 不習見，抄寫者以爲脱一 "建" 字，而妄補。《史記》抄寫者應當是以《漢書》校讀《史記》，乃據《漢書》删補《史記》文字，因此致誤。⑩

文獻傳抄中的輾轉致誤情由往往複雜多樣，這提醒我們，對任何一個版本都不可盲從，在没有足夠的文獻依據下，絶不可以改字。每一條異文，都應當當作個例，以經驗主義的態度來對待，而不能在一種原則與教條的指導下，不加判别地進行異文選擇。

（劉仁，南京師範大學文學院講師）

---

① 〔清〕錢大昭：《漢書辨疑》卷一，《續修四庫全書》第 267 册，上海：上海古籍出版社 2003 年影印清橅李沈氏銅熨斗齋叢書本，第 247 頁上欄。

② 〔漢〕司馬遷撰，〔南朝宋〕裴駰集解，〔唐〕司馬貞索隱，〔唐〕張守節正義：《史記》卷一一〇《匈奴列傳》，第 3507 頁。

③ 〔漢〕司馬遷撰，〔南朝宋〕裴駰集解，〔唐〕司馬貞索隱，〔唐〕張守節正義：《史記》卷一一〇《匈奴列傳》，第 3506 頁。

④ 〔漢〕司馬遷撰，〔南朝宋〕裴駰集解，〔唐〕司馬貞索隱，〔唐〕張守節正義：《史記》卷一百十《匈奴列傳》，第 3507 頁。

⑤ 〔漢〕班固：《漢書》卷十九上《百官公卿表》，第 736 頁。

⑥ 〔漢〕班固：《漢書》卷十九上《百官公卿表》，第 726 頁。

⑦ 〔漢〕班固：《漢書》卷四《文帝紀》，第 125 頁。

⑧ 〔漢〕班固：《漢書》卷十九上《百官公卿表》，第 732 頁。

⑨ 〔漢〕班固：《漢書》卷十九上《百官公卿表》，第 727 頁。

⑩ 需要説明的是，延久本所呈現的 "爲" 字脱漏現象來源甚早。考《史記》卷一一〇《匈奴列傳》"大發車騎往擊胡"，《集解》引徐廣曰："内史欒布亦爲將軍。" 可知徐廣所見本已無 "爲" 字，延久本的異文亦淵源有自。〔漢〕司馬遷撰，〔南朝宋〕裴駰集解，〔唐〕司馬貞索隱，〔唐〕張守節正義：《史記》卷一一〇《匈奴列傳》，第 3507、3508 頁。

《金牛太子寶卷》及相關問題考論*

王晶波　朱國立

[摘　要]《金牛太子寶卷》是明清、民國時期流傳廣泛的一類民間寶卷,來源於七世紀初的佛本生經典《銀蹄金角犢子經》。唐宋以來,相關故事通過民間講唱、戲劇演出、佛教壁畫、民間故事等形式流衍傳播,並衍生出"狸貓換太子"的故事。本文以《金牛太子寶卷》爲中心,結合唐代寫本與中外文獻,對該類寶卷的文本内容、系統、故事來源、傳播途徑及中外影響進行考察,爲深入瞭解這類寶卷的故事來源及多元文化影響提供一個有益的視角與例證。

[關鍵詞] 金牛太子　佛本生故事　狸貓換太子　寶卷　傳播

　　《金牛太子寶卷》又稱《金牛寶卷》《金牛卷》,是明清、民國時期流行的衆多寶卷中的一類。主要講述因宫廷紛争而起的對太子的迫害及太子托身牛犢、出逃、娶親、回歸、成佛等神異經歷,保留了較多的佛本生故事痕迹。雖然故事情節曲折神奇,但在近幾十年來的寶卷研究熱潮中未受到多少關注。筆者在考察敦煌存唐寫本《佛説孝順子修行成佛經》時,發現該經典内容與《金牛太子寶卷》存在傳承關係,曾撰文加以討論,[①]但圍繞《金牛太子寶卷》本身及其衍生故事、中外傳播等諸多問題,未遑做深入考察。現在已有研究的基礎上,對這類寶卷的内容、系統、傳播及其衍生故事等進行全面考察梳理。

一、《金牛太子寶卷》及其系統

(一)《金牛太子寶卷》概况

　　《金牛太子寶卷》今存文本多爲清代及民國時期的鉛印、石印及手抄本。今人所編各種寶卷書目中多有提及、著録,如胡士瑩《彈詞寶卷書目》中著録了1種,[②]李世瑜《寶卷綜録》著録6種,[③]車錫倫《中國寶卷總目》著録14種。[④]筆者調查又得數種,綜合起來,目前所知的以《金牛太子寶卷》《金牛寶卷》《金牛卷》《小金牛太子》命名的寶卷近三十種。此外,還有一些寶卷内容涉及或提到金牛太子故事,如《正信除疑無修證自在寶卷》等,數量亦不少。

---

*　本文是山東省社科基金項目《韓國藏明刻本〈釋迦如來十地修行記〉》(19CWTJ07)的階段性成果。

① 王晶波:《從敦煌本〈佛説孝順子修行成佛經〉到〈金牛寶卷〉》,《敦煌學輯刊》2017年第3期,第77—94頁。王晶波、韓紅:《"牛犢娶親"故事的佛教源流及其演變》,《甘肅社會科學》2018年第1期,第100—107頁。
② 胡士瑩:《彈詞寶卷書目》,上海:古典文學出版社,1957年,第87頁。
③ 李世瑜編:《寶卷綜録》,北京:中華書局,1961年,第24頁。
④ 車錫倫編著:《中國寶卷總目》,北京:北京燕山出版社,2009年。

《金牛太子寶卷》的這些文本,刊印、抄寫的時間都比較晚近,多爲清及民國時期的印本和抄本。也有當代抄寫的,如牛津大學博德利圖書館藏《金牛太子寶卷》抄於 1950 年,[①]《中國·河陽寶卷集》(以下簡稱《河陽寶卷》)所收《小金牛太子(狸貓換太子)》抄於 2001 年。[②]

刊印的寶卷大多配有插圖。如國圖存民國初年石印本(袁蔚山題署),前有插圖二頁,前頁繪普賢真人、玻璃國王、金牛太子,後頁繪金花小姐、皇后、龍王,服飾呈明朝風格,與戲劇中相應人物的裝扮相似。手抄本插圖不多。蘇州戲曲博物館藏光緒 34 年抄本扉頁有手繪“金牛太子聖像”一幅。

這些寶卷均不分品,有一卷本或二卷本,或稱册,由開卷、正文、結卷三部分組成,體式繁簡不一。

大多《金牛太子寶卷》的體式都很簡要,書題之後,有簡單的開卷偈和緣起解題,接着便是正文,最後有簡單的結卷偈。如國圖藏民國石印本《金牛太子寶卷全集》,首題後即爲開卷偈:

> 太子寶卷初展開,恭請諸佛降臨來。善男信女虔心聽,增福延壽免消災。

然後是緣起解題:

> 恭聞西方清净之界接引道人,只爲三界仙神動了殺戒,我佛慈悲,東土來度有緣之人。此時興周滅紂,周分列國……。

國圖藏民國抄本也很簡單,開篇是舉香贊與緣起:

> 爐內入名香,浮生在佛場。聖君千萬歲,太子壽無疆。爐內重裝一炷香,賀佛人人在壇場。要保齋主增延壽,在堂男女福壽長。

接下來是正文內容,最後以簡短的回向發願作爲結卷。

體式較繁的亦有,如抄本《金牛卷》(《民間寶卷》、《寶卷初集》本),共有六個部分:

(1)舉香贊:

> 爐香乍熱,法界蒙薰,諸佛海會悉遥聞。隨處結祥雲。誠意方殷,諸佛現全身。

---

① 崔藴華:《牛津大學藏中國寶卷述略》,《北京社會科學》2015 年第 4 期,第 48 頁。

② 篇末題“辛巳年桃月陸文淦抄本”,即 2001 年。中共張家港市委宣傳部、張家港市文學藝術界聯合會、張家港市文化廣播電視管理局編:《中國·河陽寶卷集》,上海:上海文化出版社,2007 年,第 1473—1474 頁、1505 頁。

（2）和佛：

> 南無采雲蓋菩薩，摩呵薩（致三聲）。

（3）緣起：

> 法筵初起道場開，玉皇天宫送福來。今晨齋主焚香燭，自然降福又消災。勸君第一戒，不要殺生害命。殺者非是持刀而殺……第一勸君莫殺生，父母皮肉有同情……

（4）開卷偈：

> 金牛太子寶卷開，諸佛菩薩降臨來。奉請大衆齊聲賀，能消八難與三災。

（5）正文：

> 聽宣亳州吴員外，家中積祖有金良……釋迦凡胎爲太子，歷遭苦况受難辛。文佛慈悲來解救，陳屠心好治朝庭。

（6）回向發願懺悔：

> 經也完來卷也完，人也歡來伏也歡。伏喜人歡添喜慶，人人聽卷保安寧。齋主虔誠焚香燭，闔家康泰永安寧。……金牛寶卷已完成，懺悔消災福壽增。在堂仝念千聲伏，齊到靈山見世尊。

《金牛太子寶卷》的語言，一般都採用韻散相間的語言形式，散文説白用來叙述故事提示情節，韻文吟誦用來展現場景、描述人物内心活動或者重複故事情節，韻文主要是詩偈，有五言、七言及十言（三三四句式）幾種形式。

（二）《金牛太子寶卷》的系統

這些不同的《金牛太子寶卷》，文本數量雖多，但情節内容大同小異，體式形制也區别不大。仔細比較下來，根據故事内容背景、人物、情節、性質，可約略劃分爲兩個系統。

第一，點明佛本生故事性質、以宣佛勸孝爲目的的一系。

這個系統是《金牛太子寶卷》的主流。這類寶卷故事以波利國（或作玻璃國、金波國）爲背景,講述太子出生及成長過程中的種種磨難、孝行及神異命運經歷,勸喻世人奉佛行孝,大多寶卷雖未在題目中標出爲佛本生故事,但其中往往有"釋迦凡胎爲太子,歷遭苦況受艱辛"或者"我佛慈悲,化現度人……再化昭陽寶蓮善友惡友金牛鹿王"等類似的句子,則清晰顯示了佛本生故事性質。從結構來看,這一系統的寶卷,開頭有舉香贊、開卷偈、緣起等,中間爲正文故事主體,末尾有收結偈、發願回向等,前後呼應,首尾完整。故事表現出明顯的佛教宣傳目的和超脱出世傾向。

蘇州戲曲博物館藏的光緒年間抄本,其中一卷首題寫"佛説釋迦牟尼尊佛金牛太子本行集經"之語,清楚表明該寶卷的本生性質;另一抄本書口題"金牛化身"四字,也點出了性質。

除去首尾的儀式性內容,主體部分故事情節如下:

(時代背景或周或宋,或無明確時代)亳州吳員外之第三女金花,一心向佛,不願出嫁,在往靈山途中被老石精劫去,世尊派遣天兵及波利國王救回。波利王納金花爲第三妃,稱普滿夫人(娘娘)。波利王夜夢不祥,離宮避災。金花誇口將以太子迎接國王回宮,引二位王后嫉妒,以剥皮貓子掉換新生太子,多般殘害,喂母牛吞食。普滿被打入冷宮推磨。母牛生金角銀蹄小牛犢,王愛之。二后詐病欲食牛心肝,陳屠户以犬心肝(或親子心肝)替之。金牛出城,行至高麗國被公主招爲婿,與公主同被逐出。金牛得太白金星(或觀音)贈仙丹仙果,脱去牛皮變現人身。至金輪國成爲國王。太子帶兵歸國救母,見父王説明因由,救出母親,饒恕二后,讓王位于陳屠户。太子與父母岳父母超升净土。

此系統中的一卷本《金牛卷》,[1]篇中叙述二位王后用種種手段害太子,有這樣一段記載:

> 宮娥承命蒸太子,上方玉帝早知聞。就宣太白金星到,玉皇開言降敕文:今有
> 下方波利國,釋迦文佛受難辛。却被二宮來磨難,今番要上鐵蒸籠。你今急忙到下
> 界,立時去救釋迦尊。

這幾句話,清楚表明金牛太子就是釋迦文佛的化身,點明了寶卷的佛本生故事性質。國圖本《金牛太子寶卷》篇末結語也同樣強調了這一點:"《太子寶卷》宣完成,古鏡重磨透光明。我佛慈悲身化現,九轉皇宮降凡生,捨身發願來度衆,三世下降現金身。遺留寶卷世人鑒,古佛形迹一覽明。"[2]

明代民間宗教羅教所奉《五部六册》中的第四部《正信除疑無修證自在寶卷》,其中第五品"無極化現度衆生品",用"無極聖祖"替代佛祖,將佛本生故事直接附會於無極聖祖,其中就有化現金牛太子一説:

---

① 周燮藩主編,濮文起分卷主編:《中國宗教歷史文獻集成》之《民間寶卷》第 17 册,合肥:黃山書社,2005 年,第 237 頁。
② 《金牛太子寶卷》,國家圖書館藏民國石印本,第 15 頁。

　　無極聖祖，大慈大悲。恐怕眾生作下業障，又轉四生六道，不得翻身，故化現昭
陽寶蓮宮主太子，……又化現鹿王、善友惡友、金牛太子，勸化眾生……①

　　明代蘇州僧人蘭風的注解本中，②也明確點出金牛太子故事的佛本生性質，可見明代流
傳的金牛太子故事，無論是專門題名爲《金牛太子寶卷》，還是收入其他文獻的故事，都保留
了它原有的佛本生故事性質。

　　大多的印本、抄本《金牛太子寶卷》都屬這一系統，可知這是《金牛太子寶卷》的正宗和
主流。

　　第二，經過世俗改編，失去佛本生故事性質，強調世俗趣味與現實追求的一系。

　　故事時代背景或爲明朝或爲唐、宋等朝。主體部分故事情節如下（以《河陽寶卷》所收《金
牛寶卷》爲例）：③

　　明嘉靖皇帝因夢不吉，離宮避災。其三宮皇后生下太子，遭正宮、二宮用狸貓換却，將太
子喂牛吞下。三宮被刺瞎，入冷宮舂米。母牛生金角銀蹄小牛犢，王愛之。小牛冷宮探母，
舔母目使復明。兩宮詐病要吃金牛心肝，陳屠户以狗心肝替之，背牛出城。金牛至高麗國爲
公主招爲婿，與公主被逐出國。得觀音贈桃梨，金牛脱皮變現人身。太子携妻歸國，講明真相，
救出母親，殺掉作惡諸人，封陳屠户爲縣官。太子繼位，接來高麗國王、王后同住，共享天倫
之樂。

　　第二系統所存文本不多。這顯然是在第一系統《金牛太子寶卷》基礎上發展演化而來
的。故事雖然還保留有佛教勸善勸孝色彩，但更注重現實生活追求與奇異趣味，應是在民間
講唱過程中，以宮廷鬥爭爲背景而改編的結果，並與宋代李宸妃“狸貓換太子”傳說相互滲
透。因此這一系統的寶卷還被稱作《狸貓換太子》。④不過，這與清代流傳極廣的李宸妃故事
並不是同一個（説詳後）。

　　第二系統《金牛太子寶卷》中世俗趣味與民間價值觀念的最明顯體現，除以古代宮廷爲
背景外，主要集中在故事結局部分的伸冤報恩上，如真相大白後，國王——審問穩婆、國舅、
醫生以及正宮、二宮，用了剮、斬、絞及剝皮、凌遲、熬油點燈等殘忍手段殺死諸人，實現所謂
“作惡治罪冤來伸”；而其報恩，也符合專制皇權的特點及其中民眾的心理期待：

　　有恩不報非君子，我把江山與你平半分。陳大聽説稱不敢，怎能受得這般恩？
　　太子見他不肯受，陪到大廳把酒飲。太子親敬三杯酒，謝謝陳大一片心。送他黃金

---

① 《正信除疑無修證自在寶卷》第二卷，王見川、林萬傳主編：《明清民間宗教經卷文獻》第1册，臺北：新文豐出版公司，
　1999年，第700—703頁。
② 《正信除疑無修證自在寶卷》第二卷，《明清民間宗教經卷文獻》第1册，第703頁。
③ 《中國・河陽寶卷集》，上海：上海文化出版社，2007年，第1013—1024頁。
④ 《中國・河陽寶卷集》中所收《金牛寶卷》又稱《狸貓換太子》；附錄所收《河陽寶卷總目》中又有《小金牛太子》，亦標
　注《狸貓換太子》。《中國・河陽寶卷集》，第1013—1024頁、第1505頁。

一百兩,又增三百兩雪花銀。封他一個縣官做,立刻上任管萬民。陳大接位上了任,榮華富貴過光陰。①

故事最後,太子並未像前一系統故事那樣超凡成佛、度化親人,而是按傳統禮俗與小姐正式成婚,繼承王位,並將岳父母接來一同享受人間幸福生活。這種結局安排,完全不同於前一系統的超脱與寬恕,而充滿世俗趣味,是明清時期民間社會價值與追求的反映。

《河陽寶卷》中的《金牛寶卷》(狸貓換太子)《小金牛太子》(狸貓換太子)屬於這一系統。

以上兩個系統的《金牛太子寶卷》,雖然故事主旨、發生背景有一定差異,但故事主體部分的情節結構還是相當一致,即兩后謀害太子、太子托身爲牛犢、牛犢與公主成親、回國救母報恩的核心情節都是一樣的。

二、《金牛太子寶卷》的故事淵源及流變

按照學者對寶卷體式的考察,認爲早期寶卷與後期寶卷的區別,體現在是否分品上:"後期寶卷不分品,祇分上集和下集,或者上册和下册。以上爲新舊寶卷最大的區別。"② 以此標準來對照《金牛太子寶卷》的體制,很容易得出該寶卷產生較晚的看法。③ 實際上並不盡然。根據筆者考察,《金牛太子寶卷》的出現應該比較早,國圖石印本《金牛太子寶卷》末尾述及故事源流,除提到佛祖化現度人、九轉皇宮的事迹,還概括了漢地佛教流傳的歷史:"漢明帝金人感夢,莊立佛像,釋教啟開。梁武帝大興佛教沙門,廣建叢林。達摩降世,少林寺面壁九年。一花五葉,教分南北。漕洞靈濟,祖祖相傳。大明正德,三降塵寰,苦悟大乘正法,廣度衆生,不論在家出家,祇要辨心,同成正覺。"這段話至少説明兩個問題,一是該寶卷至遲在明正德年間(1506—1521)即已成書,二是該故事的流傳,很可能與禪宗有着密切關係。而若追尋金牛太子故事淵源,則可追溯到七、八世紀的隋唐時代。

根據學者研究,《金牛太子寶卷》源自印度佛本生經典《銀蹄金角犢子經》,該經典在七世紀初已被翻譯著録,④ 到唐代,又別稱爲《孝順子應變破惡業修行經》或《佛説孝順子修行成佛經》,⑤ 一直被當作偽經看待。其經典於九世紀之後亡佚,但它所講述的金牛太子佛本生

---

① 中國宗教歷史文獻集成編撰委員會編:《民間寶卷》第 17 册,合肥:黃山書社,2005 年,第 253 頁。

② 曾子良:《寶卷》,魏子雲主編,臺灣十八院校百位教授合著:《中國文學講話 第 9 册 明代文學》,貴陽:貴州教育出版社,2014 年,第 194 頁。

③ 近期新出的《石家莊毗盧寺釋迦殿"金牛太子"壁畫考辨》一文,推測石家莊附近較早流行《金牛太子寶卷》的地區之一,並推測該地區"爲《金牛太子寶卷》文學母本的誕生地",將其時間定爲明代弘治、正德年間。參張熙、郭静:《石家莊毗盧寺釋迦殿"金牛太子"壁畫考辨》,《河北大學學報(哲學社會科學版)》2018 年第 3 期,第 150 頁。

④ 釋彦琮編《仁壽録》卷四有"《銀蹄金角犢子經》,一卷",歸入偽妄類(《大正藏》第 55 卷,臺北:新文豐出版公司,1983 年,第 174 頁)。其後,釋明佺等編《大週刊定衆經目録》(《大正藏》第 55 卷,第 473 頁)、智昇《開元釋教録》(《大正藏》第 55 卷,第 676 頁)、圓照《貞元新定釋教目録》(《大正藏》第 55 卷,第 1021 頁)均有著録,皆判作偽經。

⑤ 方廣錩:《敦煌寫經〈佛説孝順子修行成佛經〉簡析》,《南亞研究》1988 年第 2 期,第 60—72 頁。

故事並未失傳,歷經隋唐宋元諸朝,至明清民國時代以多種形式(尤其是寶卷形式)流傳,至今仍存。[①]

今日可見最早的金牛太子故事文本,爲敦煌本《佛説孝順子修行成佛經》,[②]亦即隋代經録中的《銀蹄金角犢子經》的唐寫本殘卷,其中保存了原經的絶大部分内容。它的發現,使世人在一千多年之後,又重新見到失傳已久的《銀蹄金角犢子經》的唐代面貌。方廣錩先生依據敦煌本《佛説孝順子修行成佛經》,從故事結構、表現方法、思想特點等方面舉出13個證據,論證了《銀蹄金角犢子經》不是僞經,而是印度佛教初期密教的佛本生故事經典。[③]此外,中日學者還就敦煌寫本與韓國所藏《釋迦如來十地修行記·第七地》的異同進行了討論,[④]一致認爲《釋迦如來十地修行記·第七地》的内容來源於《佛説孝順子修行成佛經》。筆者在前人基礎上,又根據所見寶卷,論證了《金牛太子寶卷》也是《佛説孝順子修行成佛經》影響的産物,[⑤]《金牛太子寶卷》的韻散相間的講唱形式,至遲到元代泰定五年(1328)已經定型,也可能早在宋代就已出現,並不是到寶卷時代才出現的形式。由故事與講唱形式淵源已久兩方面來判斷,《金牛太子寶卷》可能並不像今存本所表現的那樣晚出,很可能是早期産生的寶卷種類之一。

爲直觀看出金牛太子故事在一千餘年間的源流演變,現將這幾部代表性典籍的相關内容情節表列如下:

書名情節	佛説孝順子修行成佛經(敦煌)	釋迦如來十地修行記·第七地(高麗大學)	金牛太子寶卷全集(國圖)	金牛卷一卷(黄山書社本)	金牛寶卷(河陽寶卷)
	晚唐早期抄本	明刻本1428年	民國初年刻本	舊抄本	民國抄本
緣起	殘	如來昔日在波利國中爲太子	開卷偈、緣起。吳員外女金花往靈山途中爲石精攝去,玻璃王救回	舉香贊、緣起。吳員外女金花去靈山途中爲石精攝去,波利國王與天將救回	開卷偈、緣起
國家	殘	波利國	玻璃國亳州	亳州	明朝嘉靖皇帝時期
后宫	殘	王有三夫人,稱殊勝、净德、普滿	玻璃王納金花入西宫稱普滿娘娘	波利王納金花入后宫封普滿娘娘	

①　王晶波、韓紅:《"牛犢娶親"故事的佛教源流及其演變》,《甘肅社會科學》2018年第1期,第100—107頁。

②　卷號爲Дх.2142+Дх.3815+BD04264,由俄中兩國所藏殘本綴合而成。首殘尾全。圖版見《俄藏敦煌文獻》第9册(上海:上海古籍出版社,莫斯科:俄羅斯科學出版社東方文學部,1998年,第44頁)、《國家圖書館藏敦煌遺書》第57册(中國國家圖書館編,任繼愈主編,北京:北京圖書館出版社,2007年,第258—261頁)。

③　方廣錩:《敦煌寫經〈佛説孝順子修行成佛經〉簡析》,《南亞研究》1988年第2期,第60—72頁。

④　〔日〕牧野和夫、〔日〕齊藤隆信:《中國國家圖書館藏〈佛説孝順子修行成佛經〉俄羅斯科學院聖彼德堡分所藏同經斷簡と朝鮮順治十七年刊〈釋迦如來十地修行記〉所收〈第七地金犢太子〉について》,《日本實踐女子大學文學部紀要》第45集,2002年,第1—24頁;方廣錩:《關於〈佛説孝順子修行成佛經〉的若干資料》,《南亞研究》2007年第1期,第69—77頁。

⑤　王晶波:《從敦煌本〈佛説孝順子修行成佛經〉到〈金牛寶卷〉》,《敦煌學輯刊》2017年第3期,第77—94頁。

續表

書名 情節	佛説孝順子修行成佛經(教煌)	釋迦如來十地修行記·第七地(高麗大學)	金牛太子寶卷全集(國圖)	金牛卷一卷(黄山書社本)	金牛寶卷(河陽寶卷)
王離宫	殘(後文有"遊戲迴還"字)	王夢凶，解夢，清涼山迴避	王夢凶；丞相解夢，五臺山清净寺避災百日	王夢凶；丞相解夢，五臺山清涼寺避災百日	帝夢凶，閣老解夢，遠避120天(鳳凰閣)
三妃迎候之物	料理宫殿、刺繡補方、太子(據後文補)	四季之果、御衣萬件、生子	四時鮮果、錦繡龍袍、太子	四時花果、錦繡龍袍、太子	龍袍、花果、太子
定計	殘	二后買通産婆	二后、國舅薦穩婆定計	二后、國舅薦穩婆定計	二后逼穩婆定計
掉换	殘	産婆貓兒换太子	貓兒换太子	貓兒换太子	貓兒换太子
殺害	牛吞嬰兒	刀割、繩絞、棄山澗等，牛吞	被悶、刀斬、抛下、籠蒸、抛河、棄山、牛吞	被壓、刀斬、抛下、籠蒸、抛河、棄野、牛吞	被壓、抛、斫、抛河、棄山、籠蒸、牛吞
報王知	二后書報王，命處罰	兩夫人表奏，王命處罰	王回宫處罰	表奏皇帝	皇帝回宫得知三后産怪物
受罰	磨坊中將作輪課奴婢	罰在磨房推磨	刺瞎雙目，廚房粗做，挨磨天明	普滿入冷宫舂米磨麵	三宫被刺瞎，打入冷宫，磨麵受苦
牛産太子	牛産銀蹄金角犢子(以上俄藏部分)	牛産犢，毛分九色，頭似金妝蹄如銀裹	母牛口中吐小牛，金角銀蹄九龍文	母牛口中吐出小牛，金角銀蹄九龍文	牛口吐太子，金角銀蹄兩龍文
王護牛	缺	賜金牌封大將軍，引駕	遭打不死，賜金牌護身	遭打不死，賜金牌護身	遭打不死，賜金牌護身
牛犢認母	缺	磨房認母	冷宫認母	磨房認母	牛入冷宫，以舌舔母目使復明
詐病害牛	二后詐病要食牛牛心肝，王不忍	二夫人詐病要吃牛心肝，王不忍	兩后詐病害牛，王不忍	兩后詐病害牛，王不忍	兩宫詐病害牛，王不忍
屠户救牛	牛向屠兒求救，屠以犬心肝代牛	牛祈求屠户，屠户以家犬代之	牛向陳屠户訴實情，屠户殺親子代牛	牛向陳屠訴實情，屠户欲殺親子，從妻言换犬	牛訴實情，陳屠欲殺親子，從妻言以犬代
出城	犢子夜半出城，西北角留脚迹	告别屠户，出城東行	陳屠裝牛袋中送出城，行二百里	陳屠裝牛袋中送出城，行三百里	陳屠裝牛袋中出城，至天仙角
避災期滿			金星引至天心城住六年，相當十八年	金星領牛到天心城住六年	牛犢住六年，相當於十八年
所至國	犢子離國三千餘里，至舍婆提國	逢老人同東游至高麗國	行至海東高麗國	東行至海東高利國	途過高麗
公主招婿	王女金鍾盛蒲桃酒，選中犢子	得偶，絶妙公主抛繡球中牛身	寶蓮公主招親，抛珠球中牛身	寶蓮公主選婿，抛球中牛身	公主抛球中牛角
逐出	王逐女、牛	王逐出牛、女	王逐牛、女	王逐牛、女	王逐牛、女
脱皮變人	經木土鐵銅銀城，至金城國，脱牛皮變現	仙人予金丹，牛兒脱去皮毛	至化龍廟海仙池，金星予梨，龍潭内脱皮	海仙潭烏龍廟太白金星予仙丹，脱去牛皮	中原烏龍廟觀音予桃梨，黑龍潭内脱皮毛
爲王	號金城國天子，宫殿自然	至金輪國栴檀林修行，國王來迎爲王	金輪國揭榜爲王	至金輪國揭榜爲王	

續表

書名\情節	佛説孝順子修行成佛經(敦煌)	釋迦如來十地修行記·第七地(高麗大學)	金牛太子寶卷全集(國圖)	金牛卷一卷(黄山書社本)	金牛寶卷(河陽寶卷)
探母	夫妻潛回國内探母,不忍相認				
帶兵救母	合舍婆提與金城國兵,回國救母	帶軍馬回國,西過高麗,尋爺救母	一年後回國,先至高麗國	一年後思回國,先至高利國見岳父母	
國王出降	梅陀羅顏黎國王出降,太子不使跪		帶三軍至波利國城下,化五百牛陣	帶三軍至波利國城下,占化牛陣	
與父母相見	相見問詢,母子、父子相認	至波利國見父説因由,見母親	上殿見父王,説緣由\n父子母子相認	見父細説因由,見母	回中原見父細説前因,父封母爲正宫
舐目復明		舌舐母目復明	以舌舐目復明	以舌舐母目,復明,容顏如昨	
處置二后	王欲殺二后,太子告佛,不得殺	父欲治罪,太子寬免	求父王寬恕二后、國舅	太子饒恕兩后、國舅、穩婆	萬歲審問,殺穩婆、國舅、醫生及二宫
報恩	國王出家,太子以屠兒爲國相	封屠户爲大臣	王位傳陳屠户	王位傳陳屠户	太子繼位,封陳屠户爲縣官,賜金銀
結局	太子與母成佛。二后不改過,被帝釋猛風吹死	載母歸金國,太子與母先後坐化	與父母、公主入五臺山修行,升非相天宫,並度岳父母及臣下	念往生净土咒,度父母岳父母、忠臣義士升上界	完婚,接來高麗王夫婦共享皇宫之福
回向發願	會中聽者皆悟道。解釋太子身份		述九世化現度人,及中土佛教禪宗簡史	釋迦凡胎爲太子歷遭苦況受艱辛	在會大衆得長生。祝願齋主福壽平安
結尾	佛説經竟,天龍八部帝王人民皆大歡喜,作禮奉行		結卷偈	今宣寶卷勸賢良,各行孝道敬爺娘	大家要聽别的卷,我下次會上再講清

　　由以上表格可以看出,從最早的八世紀寫本,到民國乃至當代,歷經一千多年的流傳演變,金牛太子故事的内容情節並没有大的改變,祇在少數細節、人名、國名上有一些變化,如太子被招親之國由原來的舍婆提國變成高麗國;二后結局由早期的被帝釋懲罰而死變成第一系統的寬恕,又變成第二系統的由國王處死;暗中幫助太子的人,由早期的帝釋,變成後代的太白金星、觀音菩薩等;主流故事也一直保留了佛本生故事的性質。

三、金牛太子故事的傳播與影響

　　明清、民國以至當代,《金牛太子寶卷》所講的佛本生故事通過寶卷宣講、戲劇表演、本生故事畫及民間故事的形式在廣大地區流傳。

（一）講唱傳播

以寶卷的宣唱爲主。從存世及刊刻抄寫情況來看,今存《金牛太子寶卷》大多爲清末民國時期刊刻及抄寫本,刊刻地以北方及東南等地區較多,尤其是有關金牛故事的寶卷宣講、傳寫都比較流行。可知明清至民國時期的金牛太子本生故事傳播更加廣泛。

值得注意的是,除了明確標出《金牛太子寶卷》《金牛寶卷》或《金牛卷》之名的,還有一些未標此名的寶卷也提到或傳播這個故事,如明代民間宗教羅教的《正信除疑無修證自在寶卷》,其第五品爲"無極化現度衆生品",其中提到無極聖祖數次托化以勸衆生:

> 無極聖祖,大慈大悲。恐怕衆生作下業障,又轉四生六道,不得翻身,故化現昭陽寶蓮宮主太子,歡退浮雲一切雜心,顯出真心參道,究這本來面目,出離輪回生死苦海。又化現鹿王、善友、惡友、金牛太子,勸化衆生。①

明代蘇州僧人蘭風的注解本中,對這些内容進行了解説,其中對"化現金牛勸衆生"是這樣解説的:

> 先師云:無極聖祖,就是佛的妙覺真心。金牛太子,就是吾佛第七世化身,化現金波國中,第三妃子普滿腹内。正宮與二妃生起毒心,三妃臨產,生下太子,送入深山與虎狼食啖……又送後園草内,惡牛吞在腹中……太子再三不肯,波王棄舍恩情,父子三妃,同往入山修道。②

這段解説内容詳盡地介紹了金牛太子故事,除未提及"狸貓換太子"之情節,其餘内容基本與《金牛太子寶卷》相同。可見,這個故事隨着羅教《五部六册》,在羅教教衆中也有着廣泛傳播。③

此外,筆者注意到國圖石印本《金牛太子寶卷》尾末一段話:"此部《金牛太子寶卷》是周朝興基,成爲八百六十年天下,分爲列國。我佛慈悲,化現度人,歌利王割截身體成爲忍辱仙人,再化昭陽寶蓮、善友惡友、金牛、鹿王,第九世化現釋迦文佛,涅槃成西。"與上舉《正信除疑無修證自在寶卷》中説法極爲相似,也許是同一歷史時期共同傳播時互相影響而造成了這種相似。

---

① 《正信除疑無修證自在寶卷》第二卷,王見川、林萬傳主編:《明清民間宗教經卷文獻》第1册,臺灣:新文豐出版公司,1999年,第700—703頁。
② 《正信除疑無修證自在寶卷》第二卷,《明清民間宗教經卷文獻》第1册,第703頁。
③ 據學者考察,《五部六册》至少複刻二十八次。從這一點即可見出其傳播之久之廣。王見川、林萬傳:《明清民間宗教經卷文獻》導言,《明清民間宗教經卷文獻》第1册,第14—16頁。

(二)戲曲傳播

明清、民國時期"金牛太子"故事,還以戲劇曲藝等表演形式流傳。據學者調查,明清時期陝西西路、南路演出的秦腔劇目中都有《金牛脫殼》一劇,講述唐僖宗時,西宮吳妃陷害何皇后,何后生太子,吳妃以狸貓換之,太子托身牛犢,屠兒放生,金星贈梨棗,牛兒吃下脫去皮殼變身爲人,何后之兄帶兵來救,真相大白。[①] 與第二系統的《金牛太子寶卷》幾乎一樣。

《鄧州鑼卷戲》中收録有一出《狸貓換太子》,演繹的也是第二系統的《金牛太子寶卷》故事,故事發生時代不明,祗稱爲"天朝",釋迦佛托生爲興國王之太子,被正宮朱娘娘以狸貓換却喂牛……最後被東海國公主招親,歸家講明真相。[②] 據研究者考察,鑼卷戲的成熟時期在明末清初,[③] 故其劇目的出現也不會太晚。

越劇中亦有。藝術家袁雪芬1939年所演劇目中,有《金牛太子》一劇,且有"五本"之多,[④]可見演繹內容相當細緻豐富。

民國時期,雲南評書有《金牛太子走國》的曲目,據《中國曲藝志·雲南卷》記載,1948年7月有四川籍藝人劉青雲、關紹同、陳海雲,在雲南澄江縣講演雲南評書,所講曲目中有《金牛太子走國》,[⑤] 從題目中可判定是金牛太子故事。

值得注意的是,演繹金牛太子故事的戲曲迄今仍舊保存在民間戲班的演出劇目中,如浙江台州民間戲班在1992年的演出劇目裏就有《金牛太子》。[⑥] 雖然沒有看到劇本內容,但從劇名看,顯然就是由《金牛太子寶卷》發展而來的故事。

(三)壁畫傳播

據筆者考察,有關金牛太子故事的壁畫見於文獻記載的共有三處。

其中早期的一處是依《銀蹄金角犢子經》內容繪製的本生故事畫,爲晚唐五代時期天水麥積山石窟中的"銀蹄金角犢兒"本生故事畫。五代王仁裕在《玉堂閒話》中記載天水麥積山"上有散花樓、七佛閣、金蹄銀角犢兒"。[⑦] 結合《銀蹄金角犢子經》,筆者推測,"金蹄銀角犢兒"可能是"銀蹄金角犢兒"的誤寫,極可能是指繪製有《銀蹄金角犢子經》佛本生故事畫的一個窟室。[⑧] 這屬於《金牛太子寶卷》前身故事的影響結果。已不存。

明清時代受《金牛太子寶卷》直接影響的此類壁畫有兩處。

---

① 陝西省藝術研究所編:《秦腔劇目初考》,西安:陝西人民出版社,1984年,第245—246頁。
② 朱雲詩、梁光傑、朱國棟等編著:《鄧州鑼卷戲》,河南省鄧州市文化局《鄧州鑼卷戲》編委會,2010年,第321—387頁。
③ 朱雲詩、梁光傑、朱國棟等編著:《鄧州鑼卷戲》,第11頁。
④ 袁雪芬:《求索人生藝術的真諦——袁雪芬自述》,上海:上海辭書出版社,2002年,第358頁。
⑤ 中國曲藝志全國編輯委員會、《中國曲藝志·雲南卷》編輯委員會編:《中國曲藝志·雲南卷》,北京:中國ISBN中心,2009年,第33頁。
⑥ 傅謹:《草根的力量——台州戲班的田野調查與研究》,南寧:廣西人民出版社,2001年,第230頁。
⑦ 〔宋〕李昉等編:《太平廣記》卷397,注出《玉堂閒話》。北京:中華書局,1961年,第3181頁。
⑧ 李小榮在其文中已有相同的推測。參李小榮:《〈狸貓換太子〉的來歷》,《河北學刊》2002年第2期,第151頁注①。

其一爲明代山西平遥縣南神廟耶輸祠正殿的佛本生故事壁畫。明嘉靖四十一年（1562）《重修耶輸神祠鐘樓碑記》載："始立正殿一所，内塑妝耶輸聖像容儀，兩壁彩繪十地修行故事"，耶輸祠正殿既彩繪了"十地修行故事"，其中當然會有"第七地"，即"金牛太子"的故事。壁畫的繪製時間，應與建廟設祠的時間一致，即嘉靖四十一年（1562）碑記撰寫之前。已不存。①

其二爲河北石家莊毗盧寺釋迦殿"金牛太子"本生故事壁畫。毗盧寺初建于唐天寶間，今存建築爲明代重修，存前後殿。釋迦殿爲前殿。《重修毗盧禪寺碑記》（明嘉靖十四年）中記載："前殿三間，中塑釋迦佛一，阿難迦葉二。棟施五彩，壁畫十地"，②可知釋迦殿中所繪是釋迦如來"十地修行"故事。其中的"第七地"，即金牛太子故事，繪製於東壁，保存完整，每一畫面均有榜題，共 42 個，故事情節與《金牛太子寶卷》相同，而與韓國高大本《釋迦如來十地修行記》不全相同。可知"第七地"部分，主要受民間流傳的《金牛太子寶卷》的影響。③

在以上幾處有關金牛太子的佛本生故事畫中，石家莊毗盧寺釋迦殿東壁所繪的"金牛太子"佛本生故事畫，雖然漫漶，但保存内容完整，是迄今所知唯一保存下來的由《銀蹄金角犢子經》發展而來的佛本生故事壁畫。

（四）金牛太子故事的中外影響

1. 寶卷對中外民間故事的影響

明清、民國以來，由於《金牛太子寶卷》的流行，再加上戲曲、壁畫圖像等方式，金牛太子故事得到了廣泛的傳播，逐漸演變成一類民間故事在普通民衆中繼續流傳。這類故事，往往被稱爲"牛犢娶親""牛犢子""金牛犢""牛身兒子的故事"等，在多地區、多民族中廣泛流傳。筆者調查到的相關故事文本有三十多個，有漢、滿、回、蒙、朝鮮、達斡爾等民族的多種文本，流傳的區域，東起朝鮮半島，西到新疆，北起蒙古，南到江浙雲桂，分佈遍及中國、蒙古，以東北地區居多，西北、華北、華東次之。民間文學研究者對這類故事已有所關注，有學者認爲是中國獨有的故事類型，並判定是李宸妃"狸貓換太子"傳説在民間影響的結果；更多則認爲這與湯普遜、丁乃通判定的"三個金娃娃"同類。金榮華在他編的《民間故事類型索引》中，將這類故事重新擬定類型名稱，由"三個金兒子"以及艾伯華的"變形男孩"④ 改爲了"狸貓

---

① 參董金寶主編：《平遥佛教文化史輯》，太原：山西人民出版社，2012 年，第 36 頁；雷桂萍：《平遥縣南神廟劇場考論》，載《中華戲曲》編輯部編：《中華戲曲》第 47 輯，北京：文化藝術出版社，2014 年，第 74—89 頁。

② 轉引自張永波、田亞濤：《石家莊毗盧寺釋迦殿壁畫内容考釋》，《文物建築》第 5 輯，北京：科學出版社，2012 年，第 61 頁。

③ 有關此殿壁畫主要内容的辨析，歷經了從"狸貓換太子"到"第七地""金牛太子"的過程。相關研究，可參張永波、田亞濤《石家莊毗盧寺釋迦殿壁畫内容考釋》（《文物建築》第 5 輯，第 57—62 頁）；田亞濤《石家莊毗盧寺釋迦殿壁考》（《中國文物報》2011 年 12 月 21 日，第 7 版）；王晶波《從敦煌本〈佛説孝順子修行成佛經〉到〈金牛寶卷〉》（《敦煌學輯刊》2017 年第 3 期，第 92 頁）；王晶波、韓紅《石家莊毗盧寺釋迦殿壁畫内容新考——兼及敦煌本〈佛説孝順子修行成佛經〉的壁畫流傳》（《寫本學國際學術研討會暨中國敦煌吐魯番學會 2018 年理事會會議論文集》上册，2018 年 7 月，第 5—23 頁）；張熙、郭静《石家莊毗盧寺釋迦殿"金牛太子"壁畫考辨》（《河北大學學報》2018 年第 3 期）。

④ 〔德〕艾伯華著，王燕生、周祖生譯：《中國民間故事類型》，北京：商務印書館，1999 年，第 58—59 頁。

換太子",^①就代表了學界對這一類型故事的基本看法。不過,從上面我們的論述來看,這類故事的最早源頭是印度佛教本生故事,直接影響則來自明清、民國的《金牛太子寶卷》。

不過,與金牛太子故事的佛本生性質不同,這類民間故事,已經消褪了佛本生故事色彩,側重講述民間多妻家庭由於妻妾紛爭而對庶子加以迫害,庶子托身牛犢,歷經出逃、招親、回歸、講明真相、懲罰長妻等種種奇異經歷。

2. 由《金牛太子寶卷》影響並衍生出的"狸貓換太子"故事

李宸妃"狸貓換太子"故事,講的是宋真宗朝李宸妃生子被劉妃、產婆用狸貓調換,嬰兒得宮人救護,被皇兄養於宮外,數年後立爲太子。劉妃生疑,譖於皇帝,被賜死的李妃在宮人幫助下逃出皇宮。太子繼位,却不知身世。包拯遇到流落民間的李妃,爲之勘斷案情,真相大白。這個傳說宋元以來民間即有流傳,清代時因收入評書《三俠五義》而廣爲世人所知。

關於"狸貓換太子"故事情節的源頭,學界討論頗多。有學者認爲它起源於《六度集經》卷三中的"國王本生"故事及《雜寶藏經》卷一的"蓮花夫人緣"與"鹿女夫人緣";^②或認爲受《銀蹄金角犢子經》《大阿育王經》及中國歷史傳說的共同影響;^③或認爲汲冢竹書《師春》中周穆王寵姬以玄鳥換太子的情節是這個故事的正源。^④不過,就其核心情節"狸貓換太子",以及故事產生的宮廷背景、人物結構、爭寵衝突等方面而言,它與《銀蹄金角犢子經》以來的一系列典籍——《佛說孝順子修行成佛經》《釋迦如來十地修行記·第七地》《金牛太子寶卷》——的關係更加緊密。可以說,李宸妃故事中的"狸貓換太子"情節,是"犢子經"類佛本生故事影響的直接結果。這一點,單從其採用出自佛典的情節來命名整個故事的做法,便可知其影響所自。明清以來流傳的多種宣講李宸妃故事的寶卷,如《狸貓換太子寶卷》《狸貓寶卷》《李宸妃寶卷》《豐茂寶卷》《龍圖寶卷》《李宸妃冷宮受苦寶卷》等,不僅極力渲染"狸貓換太子"的奇異情節,更有許多寶卷直接以這一情節來命名整個故事,所反映的正是《銀蹄金角犢子經》及其後世流傳故事在民間的影響。而清末石玉昆收在評書《三俠五義》中的故事,應當是依據這些李宸妃故事的寶卷而來。因這兩類故事(金牛、狸貓)同源,又都有宮廷鬥爭背景和狸貓調換太子的情節,所以《金牛太子寶卷》的第二系統有時也被混稱爲"狸貓換太子"。可以明確認爲,中國民間的類似故事,其真正源頭是印度佛本生故事典籍《銀蹄金角犢子經》《佛說孝順子修行成佛經》,而非宋代李宸妃生子被換的宮廷傳說。《金牛太子寶卷》與《狸貓換太子寶卷》都是這部佛本生故事典籍影響的結果,而《狸貓換太子寶卷》中的相關部分,又受到了《金牛太子寶卷》的影響。

(王晶波,杭州師範大學人文學院教授;朱國立,蘭州大學敦煌學研究所博士研究生)

---

① 金榮華:《民間故事類型索引》,新北市:中國口傳文學學會,2007年,上冊,第247—248頁,型號707。
② 劉守華:《佛經故事與中國民間故事演變》,上海:上海古籍出版社,2012年,第70—73頁。
③ 李小榮:《〈狸貓換太子〉的來歷》,《河北學刊》2002年第2期,第149—152頁。
④ 伏俊璉、劉子立:《"狸貓換太子"故事源頭考》,《文史哲》2008年第3期,第75—79頁。

西涼亡國夢讖新解

范英傑

[摘　要]　西涼亡國史事中，有關夢讖及附帶異象的書寫頗值得關注。結合《晉書·李士業傳》文本叙事，西涼亡國夢讖及相關災異書寫當與先秦兩漢以來的陰陽五行、天人感應、災異、讖緯諸説及諸子學説中的君臣治道内容息息相關。“南風動，吹長木”隱喻陰陽失序，與《五行志》所謂“厥罰恒風”“木不曲直”有關。“胡桐椎，不中轂”既是對《五行志》“工匠之爲輪矢者多傷敗”的表達，又是對李歆不能團結群臣的一種影射。白頭公扮演了溝通天人的角色，其言讖有“詩妖”的性質、衣帢則屬“服妖”之例，象徵李歆敗亡之兆。令狐熾則與“狐上南門”等異象密切相關，實指北涼胡族昌盛之意。文本所記種種災異，反映的也是陰侵陽之事。西涼亡國夢讖及相關災異書寫，可謂中古陰陽五行説及災異理論的一則生動案例。

[關鍵詞]　西涼　夢讖　陰陽五行　災異

　　先秦兩漢高度發展的“讖”，在漢末魏初與“緯”結合而有“讖緯”之説。[①] 魏晉南北朝時期，讖在形式上多樣、數量上空前，以讖入史更爲頻繁，趙翼《廿二史劄記》卷八“晉書所記怪異”條言：“采異聞入史傳，……而《晉書》中僭僞諸國爲尤甚。”[②] 史書尤其正史《五行》《天文》諸志所載之讖往往附有明確解説，以突出其應驗本質。比較而言，西涼亡國夢讖似乎是個例外。

　　所謂西涼亡國夢讖，見於《魏書》《晉書》之李歆本傳，蓋均采自北魏崔鴻所撰《十六國春秋·西涼録》。《晉書·李士業傳》載：

> 　　士業之未敗也，……又有敦煌父老令狐熾夢白頭公衣帢而謂熾曰：“南風動，吹長木，胡桐椎，不中轂。”言訖忽然不見。士業小字桐椎，至是而亡。[③]

　　西涼後主李歆（字士業）承其父李暠基業，以敦煌、酒泉爲根據地，與北涼爭衡。420 年，李歆一意孤行，東伐北涼，懷城、蓼泉之敗最終導致身死國亡。

　　今人對此則夢讖之解讀，主要有：（1）尚恒元、彭善俊二位認爲，“南風動”爲李歆失敗之時，李歆爲長木，“轂”爲京城，讖言後兩句意爲：“爲什麽士業不能久留京城”；[④]（2）丁鼎、

---

① 張峰屹：《兩漢讖緯考論》，《文史哲》2017 年第 4 期，第 24 頁。
② 〔清〕趙翼著，王樹民校證：《廿二史劄記校證》，北京：中華書局，1984 年，第 161 頁。
③ 〔唐〕房玄齡等：《晉書》卷八七《李士業傳》，北京：中華書局，1974 年，第 2270 頁。
④ 尚恒元、彭善俊編：《二十五史謠諺通檢》，太原：山西人民出版社，1986 年，第 217—218 頁。

楊洪權二位主張，"胡桐椎，不中轂"預示了糊塗的李歆没有聽從大臣們的正當意見以致敗死，白頭公的出現是基於李歆性格托夢的；[①]（3）謝貴安指出，夢讖預言李歆出師不利，將有不測；[②]（4）趙向群認爲，讖言表明西涼百姓民心所向；[③]（5）馮培紅將"南風"解讀爲流寓敦煌的南人，進而提出夢讖反映了南人與以令狐氏爲代表的敦煌大族之間存在着矛盾；[④]（6）王忠禄將"南風吹"解讀爲北涼將由南向西北侵襲西涼政權，長木指李歆，"不中轂"指桐木鬆軟不適宜做車軸，全句暗喻李歆不堪大用。[⑤]上述意見中，"南風動"爲李歆失敗之時以及將"轂"釋爲京城的見解，難以成立。據"木子爲李"而言"長木"爲李歆的主張，恐有望文生義之嫌。主張白頭公的出現是基於李歆性格托夢，亦未得其實。將"南風"釋爲"南人"似有所據，然主觀成分較大，且以令狐氏爲敦煌大族代表作爲立論前提，難言可靠。比較而言，將"南風動"釋爲北涼侵襲西涼、"不中轂"釋爲桐木不適合做車軸的觀點有其合理的一面，但仍有待深入。

綜合來看，以往對西涼亡國夢讖之解讀，缺少對李歆本傳史料文本的整體關照，似未觸及本質。本文試圖在前人研究基礎上，對史書記載的這則夢讖及相關災異書寫作全面的闡釋。

一、令狐熾與白頭公

誠如學者所言，中古敦煌大族勢力得到顯著發展並發揮着舉足輕重的作用。令狐氏即爲敦煌著姓之一，將令狐熾作爲敦煌大族代表似乎順理成章。不過，就十六國時期的敦煌社會而言，令狐氏並非尤著者，何以安排令狐熾登場？恐另有深意。

《晉書·李士業傳》頗引人注意的是氾稱提到的大量災異，其以災異論政是基於董仲舒以陰陽闡釋"公羊學"思想基礎上製造出的"天人感應"新理論闡發的，即所謂"以《春秋》災異之變推陰陽所以錯行"。[⑥]不難發現，氾稱所言災異涉及到與令狐氏頗爲相關的"狐"：

> 諺曰："野獸入家，主人將去。"今狐上南門，亦災之大也。又狐者胡也，天意若
> 曰將有胡人居于此城，南面而居者也。[⑦]

---

① 丁鼎、楊洪權：《神秘的預言：中國古代讖言研究》，太原：山西人民出版社，1993年，第127—128頁。

② 謝貴安：《中國讖謡文化研究》，海口：海南出版社，1998年，第50頁。

③ 趙向群：《五涼史探》，蘭州：甘肅人民出版社，1996年，第160頁。

④ 馮培紅：《敦煌大族與西涼王國關係新探》，饒宗頤主編：《敦煌吐魯番研究》第13卷，上海：上海古籍出版社，2013年，第155—156頁；馮培紅：《河西走廊上的會稽與建康》，凍國棟、李天石主編：《"唐代江南社會"國際學術研討會暨中國唐史學會第十一屆年會第二次會議論文集》，南京：江蘇人民出版社，2015年，第265頁。

⑤ 王忠禄：《多元文化交流視野下的五涼文學研究》，蘭州：蘭州大學出版社，2018年，第175—176頁。

⑥ 〔漢〕班固撰，〔唐〕顏師古注：《漢書》卷五六《董仲舒傳》，北京：中華書局，1962年，第2524頁。相關論述，參見陳侃理：《儒學、數術與政治：災異的政治文化史》，北京：北京大學出版社，2015年，第40—68頁。

⑦ 〔唐〕房玄齡等：《晉書》卷八七《李士業傳》，第2269頁。

　　引文中"天意若曰"高度符合經董仲舒開闢、劉向敷衍及歷代《五行志》頻繁使用的"天戒"理論模式。[①]氾稱之言有明顯的徵驗特徵,屬"讖"的範疇。其所引諺語,史籍有類似記載,見表 1。

表 1　史籍所見野獸、野鳥入居室有關記載[②]

出　處	諺　語
賈誼《鵩鳥賦》	異物來崪,私怪其故,發書占之,讖言其度。曰:"野鳥入室,主人將去。"
《漢書·五行志》	熊,山野之獸,而來入宮室,王獨見之,此天戒大王,恐宮室將空,危亡象也。
	野鳥入廟,敗亡之異也。
《晉書·戴洋傳》	野獸向城,主人將去。
京房《易飛候》	野獸入邑,及至朝廷若道,上官府門,有大害,君亡。
	野鳥入君室,其邑虛,君亡之他方。
	非常之鳥,來宿於邑中,邑有兵。
	鳥無故巢居君門及殿屋上,邑且虛。
劉向	野鳥入處,宮室將空。
京房《易傳》	野獸入邑,其邑大虛。
	野獸無故入邑朝廷門及宮府中者,邑逆且虛。

　　氾稱所引諺語與上表所舉,當有相似的文本來源。古人觀念中,鳥獸屬陰類,故歷代《五行志》中多有鳥獸入城邑、宮室、廟堂的記載,象徵甲兵、敗亡之兆。具體到狐,有所謂"狐入君室,室不居""狐入室,必有大喪,將出室不居""狐入室,有暴喪"。[③]漢唐時人以狐爲"妖",[④]而妖爲"禍之先"。[⑤]按照董仲舒的理論,人君失政失德,導致陰陽乖失、災害叢生,不自省則怪異、妖孽滋生乃至敗亡。[⑥]氾稱强調的怪異、妖孽就是"狐",並明白地以之喻"胡夷"。"狐上南門"既是對先秦以來妖祥之説的引申,同時也是五胡時代對胡人的蔑稱,[⑦]與

① 游自勇:《天道人妖:中古〈五行志〉的怪異世界》,首都師範大學博士學位論文,北京,2006 年,第 78—83 頁。
② 表中引文史料來源,參見〔漢〕班固撰,〔唐〕顏師古注:《漢書》卷四八《賈誼傳》,第 2226 頁;〔漢〕班固撰,〔唐〕顏師古注:《漢書》卷二七中之上《五行志中之上》,第 1396 頁;〔漢〕班固撰,〔唐〕顏師古注:《漢書》卷二七中之下《五行志中之下》,第 1411 頁;〔唐〕房玄齡等:《晉書》卷九五《戴洋傳》,第 2474 頁;〔唐〕魏徵等:《隋書》卷二二《五行志上》,北京:中華書局 2019 年點校本二十四史修訂本,第 711 頁;〔唐〕魏徵等:《隋書》卷二三《五行志下》,第 718、719 頁;〔宋〕歐陽修、〔宋〕宋祁:《新唐書》卷三四《五行志一》,北京:中華書局,1975 年,第 891 頁;〔梁〕蕭子顯:《南齊書》卷一九《五行志》,北京:中華書局 2017 年點校本二十四史修訂本,第 429 頁。
③ 〔唐〕魏徵等:《隋書》卷二二《五行志上》,第 710 頁;〔唐〕瞿曇悉達:《開元占經》卷一一六《獸占》,北京:九州出版社,2011 年,第 1106—1107 頁。
④ 〔漢〕許慎撰,〔清〕段玉裁注:《説文解字注·犬部》,上海:上海古籍出版社 1981 年影印經韻樓本,第 478 頁上欄;〔唐〕魏徵等:《隋書》卷二三《五行志下》,第 738 頁;〔唐〕李鼎祚撰,李一忻點校:《周易集解》,北京:九州出版社,2003 年,第 773 頁。
⑤ 許維遹:《吕氏春秋集釋》,北京:中華書局,2009 年,第 144 頁。
⑥ 〔清〕蘇輿撰,鍾哲點校:《春秋繁露義證》卷一三《同類相動》,北京:中華書局,1992 年,第 358—359 頁。
⑦ 黄永年:《讀陳寅恪先生〈狐臭與胡臭〉兼論狐與胡之關係》,載《黄永年文史論文集》第 4 册《文史論考》,北京:中華書局,2015 年,第 80 頁。

作爲讖言載體的令狐熾當有前後呼應之關聯。《説文·火部》言：“熾，盛也。”① 令狐熾名號之擬構，或有令胡人昌盛的意蘊。《春秋文耀鈎》有所謂“王者不用仁義爲政，則吝臣熾”，② 十分相近。

白頭公在五行觀念中屬妖類，在讖應中則起到了“神啓”的角色。在古人知識系統中，出現日月食、五星失行、地震等反常現象，往往會有“大人”或“神人”出現。《文子·精誠》云：

> 逆天暴物，即日月薄蝕，五星失行，四時相乘（乖），晝冥宵光，山崩川涸，冬雷夏霜。天之與人，有以相通，故國之狙亡也，天文變，世俗亂，虹蜺見。……故大人與天地合德，與日月合明，與鬼神合靈，與四時合信，懷天心，抱地氣，執沖含和，不下堂而行四海，變易習俗，民化遷善，若出諸已，能以神化者也。③

白頭公的出現，可視爲五星失行而降爲精怪。又《晉書·天文志》言：

> 凡五星盈縮失位，其精降于地爲人。歲星降爲貴臣；熒惑降爲童兒，歌謠嬉戲；填星降爲老人婦女；太白降爲壯夫，處於林麓；辰星降爲婦人。吉凶之應，隨其象告。④

換言之，吉凶之兆，往往有貴臣、童兒、老人、壯夫、婦人伴隨出現承擔告象角色。熒惑星降爲童子，如《晉書·五行志》“詩妖”條中的“異小兒”，⑤ 充當天與人之間溝通、傳遞的角色。與白頭公對應的是化爲老人、婦女的填星，與君王德政、軍事征伐頗有關聯。《文子·精誠》説：“四時失政，鎮星搖蕩，日月見謫，五星悖亂慧星出。”⑥《晉書·天文志》云：“填星……故四星皆失，填乃爲之動。動而盈，侯王不寧。縮，有軍不復。所居之宿，國吉，得地及女子，有福，不可伐；……天子失信，則填星大動。”⑦ 這是從《史記·天官書》繼承下來的説法。⑧ 又緯書如《春秋緯》《文耀鈎》等將填星與德行相關聯，言“填星主德。德失，則宮室高，臺榭繁，故填星縮”，⑨ 象徵安危存亡。此與李歆失政頗能相應。據敦煌所出 P.2632+P.2941《新集天

---

① 〔漢〕許慎撰，〔清〕段玉裁注：《説文解字注·火部》，第 485 頁下欄。

② 〔清〕趙在翰輯，鍾肇鵬、蕭文郁點校：《七緯：附論語讖》卷二五《春秋文耀鈎》，北京：中華書局，2012 年，第 474 頁。

③ 〔戰國〕文子著，李定生、徐慧君校釋：《文子校釋》卷二《精誠》，上海：上海古籍出版社，2004 年，第 53—54 頁。

④ 〔唐〕房玄齡等：《晉書》卷一二《天文志中》，第 320 頁。

⑤ 〔唐〕房玄齡等：《晉書》卷二八《五行志中》，第 843 頁。

⑥ 〔戰國〕文子著，李定生、徐慧君校釋：《文子校釋》卷二《精誠》，第 94 頁。

⑦ 〔唐〕房玄齡等：《晉書》卷一二《天文志中》，第 319 頁。

⑧ 〔漢〕司馬遷撰，〔南朝宋〕裴駰集解，〔唐〕司馬貞索隱，〔唐〕張守節正義：《史記》卷二七《天官書》，北京：中華書局 2013 年點校本二十四史修訂本，第 1568—1569 頁。

⑨ 〔唐〕瞿曇悉達：《開元占經》卷三八《填星占》，第 399 頁。

鏡手决》等有所謂白衣讖説,[①]舉凡河西一道敦煌、晉昌、酒泉、張掖、武威五郡,以所占太陽異常有對應的災禍事尤,除立白衣爲主,還包括外國兵侵城、伐外國、各姓稱王。《日暈占》有"日暈者,有赤色,酒泉馬可乞得外中兵來""日暈半絶者,秋七月酒泉失地""日暈……胡人作逆",占日月食、暈等用五星符,五郡對應五星,有"酒泉鎮星",[②]頗值得深思。其雖屬唐人占書,但李歆本傳中"日赤無光"及白頭公的出現很可能就是基於此類占候傳統。敦煌文書P.3288+Дx.01366v+S.2729v+P.3288 及 P.2610《新集三鏡經·太史所占十二時善惡吉凶法》中亦有頗具神秘色彩的"白頭老人"。[③]

"白頭公衣帕",與《五行志》所記"服妖"有關。《宋書·五行志》"服妖"條言:

> 魏武帝以天下凶荒,資財乏匱,始擬古皮弁,裁縑帛爲白帕,以易舊服。傅玄曰:"白乃軍容,非國容也。"干寶以爲縞素,凶喪之象,帕,毀辱之言也。蓋革代之後,攻殺之妖也。……永嘉之後,二帝不反,天下媿焉。[④]

《五行志》認爲"風俗狂慢,變節易度,則爲剽輕奇怪之服"。[⑤]漢末出現的"帕"在魏晉時人眼中屬凶喪之象,爲漢魏鼎革之際象徵戰爭殺戮的"攻殺之妖"。《説文·虫部》"蠁"下注:"衣服歌謡艸木之怪謂之祆。"[⑥]故衣帕又爲妖之典型特徵。"白頭"更加起到渲染作用,"白乃軍容",主兵之象。《晉書·天文志》言"凡五星色……白爲喪",[⑦]李歆本傳特別言及白頭公衣帕,正是基於魏晉之際服飾特徵及西涼敗亡的時代背景,而非學者所説的基於李歆性格。"白帕"的出現,與讖緯、星占語辭中的"白衣"相似,更多地强調了改朝換代和除舊佈新的革命意義,[⑧]西涼亡國夢讖白頭公衣帕當也包含了這種暗示。

總之,白頭公和令狐熾的登場與氾稱上疏言災道異前後呼應。無論是作爲夢者的令狐熾還是通夢、言讖者的白頭公,更可能是時人或後人依據《五行志》爲代表的陰陽相配、天人感應理論僞託編造敷衍的,以"士業之未敗"彰顯徵應的時效。

二、釋"南風動,吹長木"

針對學者將"南風動,吹長木"解讀爲南人動搖了西涼統治的意見,筆者曾以其引用《魏

---

① 關長龍輯校:《敦煌本數術文獻輯校》,北京:中華書局,2019 年,第 554—556、559、561、647—648 頁。
② 關長龍輯校:《敦煌本數術文獻輯校》,第 558、561 頁。
③ 關長龍輯校:《敦煌本數術文獻輯校》,第 590、615 頁。
④ 〔南朝梁〕沈約:《宋書》卷三〇《五行志一》,北京:中華書局 2018 年點校本二十四史修訂本,第 968 頁。
⑤ 〔漢〕班固撰,〔唐〕顔師古注:《漢書》卷二七中之上《五行志中之上》,第 1353 頁。
⑥ 〔漢〕許慎撰,〔清〕段玉裁注:《説文解字注·虫部》,第 673 頁下欄。
⑦ 〔唐〕房玄齡等:《晉書》卷一二《天文志中》,第 322 頁。
⑧ 趙貞:《敦煌遺書中的星占著作:〈西秦五州占〉》,《文獻》2004 年第 1 期,第 64 頁。

書》史料的片面性予以否定，並據《晉書》所載李歆“立四年而宋受禪……將謀東伐”之語而認爲南風或指代劉宋取代東晉之時局變動。① 可是，這一認識恐怕同樣有欠深入。“南風動，吹長木”，當與《五行志》記錄的“厥罰恒風”“木不曲直”有關。

董仲舒提出“王者承天意以從事，故任德教而不任刑。……爲政而任刑，不順於天”，② 並強調“陽爲德，陰爲刑。……是故天數右陽而不右陰，務德而不務刑。……爲政而任刑，謂之逆天，非王道也”。③ 不難發現，氾稱上疏最鮮明的觀點是李歆“繁刑峻法，宮室是務”引起陰陽失序，進而引發災異，“風”即爲其中之一端。《春秋繁露·王道》言：“王不正則上變天，賊氣並見。”注引《管子·四時篇》云：“刑德易節失次，則賊氣遫至。”④《淮南子·天文訓》則言：“天之偏氣，怒者爲風。”又云：“誅暴則多飄風。”⑤ 這與李歆“用刑頗嚴”背景下，張顯所言“屢有賊風暴雨”、氾稱所言“昏霧四塞”是吻合的。

“風”與政治頗爲相關，管輅認爲大風象徵“執正之憂”，⑥ 具有譴告人君的作用。《春秋繁露·暖燠常多》云：“故聖主在上位，天覆地載，風令雨施。雨施者，布德均也；風令者，言令直也。”蘇輿注引《翼氏風角》曰：“凡風者，天地之號令，所以譴告人君者也。”⑦《淮南子》等亦以“風至木動”而言陰陽諷政治。⑧ 漢代緯書也將風、木與政治緊密聯繫起來，其言：“木氣生風，……失政於木，則風來應。”又曰：“風者，政令播也。風者，所以鼓盪萬物也。政令遠行，則風爲之先聲，若王者政刑暴虐，妄行布誥，風必應以暴厲，臣下不奉法，多逆謀，風必應以淒涼。”⑨《論衡·變動篇》亦重在突出以災異譴告人君的思想，其言：“夫風至而樹枝動，樹枝不能致風。”又云：“六情風家言，風至，爲盜賊者感應之而起。”注言此本於《五行大義》引服虔《左氏說》所云“風作木，木屬東方”“怒爲風”。⑩《漢書·五行志》引《五行傳》云：“思心之不容，是謂不聖，厥咎霿，厥罰恒風，厥極凶短折。”並進一步解釋：“言上不寬大包容臣下，則不能居聖位。……雨旱寒奥，亦以風爲本，四氣皆亂，故其罰常風也。常風傷物，故其極凶短折也。”⑪ 可見，君王不納諫、不容臣下，就會導致“罰常風”“凶短折”的後果。而李歆本傳記載張顯、氾稱上疏苦諫，李歆“並不納”。氾稱上疏言及宋襄公爲楚所擒之事，其中也涉及到“風”。《漢書·五行志》載：

① 范英傑、王晶波：《歷史時期河西會稽置廢遷移再探》，陝西師範大學歷史文化學院等編：《絲綢之路研究集刊》第 4 輯，北京：商務印書館，2019 年，第 210 頁。
② 〔漢〕班固撰，〔唐〕顏師古注：《漢書》卷五六《董仲舒傳》，第 2502 頁。
③ 〔清〕蘇輿撰，鍾哲點校：《春秋繁露義證》卷一一《陽尊陰卑》，第 326—328 頁。
④ 〔清〕蘇輿撰，鍾哲點校：《春秋繁露義證》卷四《王道》，第 101 頁。
⑤ 劉文典撰，馮逸、喬華點校：《淮南鴻烈集解》卷三《天文訓》，北京：中華書局，1989 年，第 81、84 頁。
⑥ 〔南朝梁〕沈約：《宋書》卷三四《五行志五》，第 1068 頁。
⑦ 〔清〕蘇輿撰，鍾哲點校：《春秋繁露義證》卷一二《暖燠常多》，第 348 頁。
⑧ 劉文典撰，馮逸、喬華點校：《淮南鴻烈集解》卷二〇《泰族訓》，第 663 頁。
⑨ 〔日〕安居香山、〔日〕中村璋八輯：《緯書集成》，石家莊：河北人民出版社，1994 年，第 989—990 頁。
⑩ 黃暉：《論衡校釋》卷一五《變動篇》，北京：中華書局，1990 年，第 650、652 頁。
⑪ 〔漢〕班固撰，〔唐〕顏師古注：《漢書》卷二七下之上《五行志下之上》，第 1441 頁。

　　釐公十六年"正月,六鷁退飛,過宋都"。《左氏傳》曰"風也"。劉歆以爲風發於它所,至宋而高,鷁高飛而逢之,則退。經以見者爲文,故記退飛;傳以實應著,言風,常風之罰也。象宋襄公區霧自用,不容臣下,逆司馬子魚之諫,而與彊楚爭盟,後六年爲楚所執,應六鷁之數云。京房《易傳》曰:"潛龍勿用,衆逆同志,至德乃潛,厥異風。其風也,行不解物,不長,雨小而傷。政悖德隱兹謂亂,厥風先風不雨,大風暴起,發屋折木。……"①

　　李歆不納諫,與宋襄公"區霧自用,不容臣下"可謂如出一轍。《五行志》以京房《易傳》"大風暴起,發屋折木"釋之。大風折木又與"木不曲直"有關。《漢書·五行志》言:

　　　說曰:木,東方也。於《易》,地上之木爲《觀》。其於王事,威儀容貌亦可觀者也。……若乃田獵馳騁不反宮室,飲食沈湎不顧法度;妄興繇役以奪民時,作爲奸詐以傷民財,則木失其性矣。蓋工匠之爲輪矢者多傷敗,及木爲變怪,是爲木不曲直。

　　上引文中"工匠之爲輪矢者多傷敗",如淳以爲"揉輪不曲,矯矢不直也"。②"木不曲直",象徵陰陽不和,主要由君王失德失政所致。

　　"南風動,吹長木"與氾稱所言"日赤無光"等天象之間亦存在某種聯繫,這在漢代觀念中有所體現。《五行傳》將"飄風厲疾,暴雨折木"與"日月無光,星辰錯行"同視爲"國無道""陰陽錯氛""國多不祥"之徵兆。③《史記·天官書》將"雲風"與"日月暈適"一併作爲"天之客氣"。④《漢書·五行志》引京房《易傳》言:"弒君獲位兹謂逆,厥食既,先風雨折木,日赤。"⑤《後漢紀》載張衡言"政惡則咎徵見。……昔成王疑周公而大風拔樹木"。⑥《宋書》《晉書》之《五行志》所舉大風折木之例甚多,⑦皆爲木失其性。致災緣由,《五行傳》將"治宮室,飾臺榭"⑧列於首要。"南風動,吹長木"很可能指的就是"厥罰恒風"和"木不曲直"代表的陰陽失序。

　　"長木"或與《左傳》所載"長木之斃,無不摽也"相關。摽爲擊之義。《春秋左傳正義》曰:

① 〔漢〕班固撰,〔唐〕顏師古注:《漢書》卷二七下之上《五行志下之上》,第1442—1443頁。
② 〔漢〕班固撰,〔唐〕顏師古注:《漢書》卷二七上《五行志上》,第1318—1319頁。
③ 〔漢〕韓嬰撰,許維遹校釋:《韓詩外傳集釋》卷二,北京:中華書局,1980年,第74頁。
④ 〔漢〕司馬遷撰,〔南朝宋〕裴駰集解,〔唐〕司馬貞索隱,〔唐〕張守節正義:《史記》卷二七《天官書》,第1603頁。
⑤ 〔漢〕班固撰,〔唐〕顏師古注:《漢書》卷二七下之下《五行志下之下》,第1480頁。與"日赤"頗類似的是"天赤",敦煌文書羽042v《雲氣占》有"天赤大風,發屋折木"的記載。參見關長龍輯校:《敦煌本數術文獻輯校》,第536頁。
⑥ 〔晉〕袁宏著,張烈點校:《後漢紀》卷一八《孝順皇帝紀》,北京:中華書局,2002年,第356頁。
⑦ 相關記載,參見〔南朝梁〕沈約:《宋書》卷三〇《五行志一》,第963—964頁;卷三四《五行志五》,第1068—1074頁。〔唐〕房玄齡等:《晉書》卷二九《五行志下》,第885—888頁。
⑧ 〔南朝梁〕沈約:《宋書》卷三四《五行志五》,第1067頁。

"長木，喻吳國大也。"①此指吳國失道。巧合的是，讖言中後半句的"椎"亦爲撃之義。如此，將讖言中的"長木"與西涼對應，於理不悖。"長木"的另一個意涵，是象徵軍事征伐的牙竿。李暠《述志賦》云："建朱旗以啓路，驅長轂而迅征，靡商風以抗旆，拂招搖之華旌。"②朱旗即牙竿。《晉書·五行志》載惠帝太安二年（303），成都王司馬穎撃長沙王司馬乂，"及軍引而牙竿折"，旋即戰敗；又桓玄篡位"龍旂竿折"，③同爲木失其性。宋周密《齊東野語》卷七"出師旗折"條引《真人水鏡經》云："凡出軍立牙，必令堅完，若折，則將軍不利。"又引《玉曆通政經》云："軍行，牙竿旗幹折者，師不可出，出必敗績。"④因此，"南風動，吹長木"的書寫除表示陰陽失序外，還暗含西涼征伐北涼出現的牙竿折之異象。

前揭白頭公或爲鎮星降臨，敦煌所出 P.2811《星占書》也記載了鎮星表徵與大風的某種關聯，其云："人君若不思慮政道教令，不行信德，以詐於物，則鎮星降之色微，其國不昌，大風起，損其萬物。其星所臨之國，明潤者國富人昌，不可攻伐。"⑤而西涼及其近鄰北涼就是這樣的情況，這一點頗引人深思。

綜上，"南風"實與南人無關。西涼立國之初遷都，同時遷徙了苻堅曾遷至敦煌的江漢南人和中州人，但以之比附李暠遷都酒泉近二十年後之西涼亡國夢讖中的"南風"，似顯牽強。結合文本完整語境，"南風動，吹長木"之意蘊爲《五行志》"厥罰恒風"和"木不曲直"。緯書所言風"上陽下陰""木者陽精"，⑥"南風動，吹長木"指陰侵陽，符合北涼侵西涼這一史事。

夢讖之所以選擇"木"，一方面與李歆小字"桐椎"有關，另一方面則涉及到"木"在五行中的地位。《春秋繁露·五行五事》言："王者與臣無禮，貌不肅敬，則木不曲直，而夏多暴風。風者，木之氣也，其音角也，故應之以暴風。"注引《孔子家語》云："五行用事，先起於木，王者則之，首以木德。其次，以所生之行轉相承也。"⑦因此，如果説"南風動，吹長木"爲木不曲直，那麼"胡桐椎，不中轂"就是所謂的"以所生之行轉相承"。

三、釋"胡桐椎，不中轂"

在李歆本傳中，我們既看到了君臣之間的休戚關係，也看到了先秦兩漢諸子著述中理想君臣的反面典型。"不中轂"可在諸子學説中找到合理的定位。《説文·車部》言轂"輻所湊也"，並引老子所云："三十輻共一轂。"⑧很明確，轂爲車輪之核心部件，帶動輻輞以使車輪運轉。

① 〔清〕阮元校刻：《十三經注疏》，北京：中華書局 1980 年影印原世界書局阮元刻本縮印本，第 2170 頁中欄。
② 〔唐〕房玄齡等：《晉書》卷八七《涼武昭王李玄盛傳》，第 2267 頁。
③ 〔唐〕房玄齡等：《晉書》卷二七《五行志上》，第 802 頁。
④ 〔宋〕周密撰，張茂鵬點校：《齊東野語》，北京：中華書局，1983 年，第 118 頁。
⑤ 關長龍輯校：《敦煌本數術文獻輯校》，第 494 頁。
⑥ 〔清〕趙在翰輯，鍾肇鵬、蕭文郁點校：《七緯：附論語讖》卷一《易乾坤鑿度卷上》，第 7 頁；卷二四《春秋元命苞》，第 413 頁。
⑦ 〔清〕蘇輿撰，鍾哲點校：《春秋繁露義證》卷一四《五行五事》，第 387 頁。
⑧ 〔漢〕許慎撰，〔清〕段玉裁注：《説文解字注·車部》，第 724 頁下欄。

值得注意的是,諸子論説常以轂喻君王。《管子·任法》云:"群臣修通輻湊,以事其主。"房玄齡注:"謂各得自通於君,如輻之湊也。"①《韓非子·難篇》亦言:"百官修同,君子輻湊。"②《文子·微明》云:"志欲大者,兼包萬國,一齊殊俗,是非輻輳,中爲之轂也。"③《淮南子·主術訓》多次强調群臣之於人主爲輻湊,言"群臣歸君,若輻之湊轂","志欲大者,兼包萬國,一齊殊俗,並覆百姓,若合一族,是非輻湊而爲之轂"。高誘注:"轂,以諭王。"④此又同於《老子道德經河上公章句》所謂"侯王自稱孤寡不轂"。河上公注更明白地説"不轂喻不能如車轂爲衆輻所湊"。⑤可見,"不中轂"即"不轂"。

按照諸子學説,人主承天之意,與臣下乃是休戚與共的關係,但還需受到一定約束。《春秋繁露·玉杯》言:"故屈民而伸君,屈君而伸天,《春秋》之大義也。"蘇輿云:"屈民以防下之畔,屈君以警上之肆。夫天生民而立之君,此萬古不敝之法也。聖人教民尊君至矣,然而盛箴諫以糾之,設災異以警之,賞曰天命,刑曰天討,使之罔敢私也。視自民視,聽自民聽,使之知所畏也。崩遷則有南郊稱天告謚之文,有宗廟觀德之典,屈伸之志微矣。故曰《春秋》大義。"⑥張顯、氾稱上疏李歆言諫論説災異,就起到了這個作用。作爲君王,當"不失其群",⑦然而李歆却拒諫,不納臣言。"胡桐椎,不中轂"巧妙化用了這一點。

"胡桐椎"之"胡",一則可作"爲何"之解,即爲何李歆不能團結群臣。此外,讖言往往採用押韻、諧音、雙關等現象,並不具有單一性。"轂"與前半句"木"對應押韻。丁鼎、楊洪權二位以糊塗釋"胡",似乎涉及到了諧音。從雙關的角度來看,可解作"胡桐",即胡楊之别稱,就其材質而言,其"雖大裏空虚"⑧"曲屈空朽不材,只充柴薪耳",⑨可見胡桐易折,"不中"本義有不適合之意,⑩故而可解讀爲胡桐不適合做車轂,但這仍衹是字面含義。從敦煌文書P.3638《辛未年正月六日沙彌善勝於前都師慈恩手上見領得諸物曆》中,我們得知,敦煌地區確有所謂的"梧桐轂"。不過,從文書内容看,這種轂並非車之輪軸,而是用來紡織的物什。

在漢唐歷史語境中,"胡"往往被釋爲胡族。⑪《晉書·李士業傳》中多處明確地指出"胡"即北涼匈奴盧水胡沮渠氏。前引李歆主簿氾稱言及"狐上南門","狐"即作胡人之解。然更有以"胡桐"指代西域者,如《元武壽墓誌》有"胡桐路遠,俄超六夏之遥"。⑫王國維曾言"魏

① 黎翔鳳撰,梁運華整理:《管子校注》卷一五《任法》,北京:中華書局,2018 年,第 1001—1002 頁。
② 〔清〕王先謙撰,鍾哲點校:《韓非子集解》卷一五《難一》,北京:中華書局,1998 年,第 353 頁。
③ 〔戰國〕文子著,李定生、徐慧君校釋:《文子校釋》卷七《微明》,第 278 頁。
④ 劉文典撰,馮逸、喬華點校:《淮南鴻烈集解》卷九《主術訓》,第 293、310 頁。
⑤ 王卡點校:《老子道德經河上公章句》卷三《法本》,北京:中華書局,1993 年,第 156 頁。
⑥ 〔清〕蘇輿撰,鍾哲點校:《春秋繁露義證》卷一《玉杯》,第 32 頁。
⑦ 〔清〕蘇輿撰,鍾哲點校:《春秋繁露義證》卷五《滅國上》,第 133 頁。
⑧ 王重民等編:《敦煌變文集》,北京:人民文學出版社,1957 年,第 244 頁。
⑨ 〔清〕和寧撰,孫文傑整理:《回疆通志》卷一二《物産》,北京:中華書局,2018 年,第 289 頁。
⑩ 〔漢〕許慎撰,〔清〕段玉裁注:《説文解字注·丨部》,第 20 頁下欄。
⑪ 參見吕思勉:《吕思勉讀史札記》,上海:上海古籍出版社,2005 年,第 1309 頁;唐長孺:《魏晉雜胡考》,載《魏晉南北朝史論叢》,北京:中華書局,2011 年,第 430 頁。
⑫ 胡戟、榮新江主編:《大唐西市博物館藏墓誌》,北京:北京大學出版社,2012 年,第 173 頁。

晉以來，凡草木之名冠以"胡"字者，其實皆西域物也"。^①不過，"胡桐椎"之"胡"，顯然並非指此。

"椎"，《説文・木部》釋爲"擊"，^②並不能延伸爲學者所説的車輪。《淮南子・主術訓》有所謂"木擊折轄（軸）""不罪木石而罪作舟車者之拙也"。^③結合上文，胡桐本易折，故而不能以之擊打，此則《淮南子・原道訓》所謂"兵强則滅，木强則折……堅强者，死之徒也"^④之理。又"椎"與"墜"諧音，似有墜落之意。氾稱以星隕於宋而襄公被擒之事言"隕星於建康"之災。星隕於宋，周内史叔興認爲"是陰陽之事，非吉凶所生"，^⑤董仲舒、劉向認爲是宋襄公欲行伯道將自敗之戒，劉歆認爲是宋襄公將得諸侯而不終。^⑥"胡桐椎"可理解爲李歆墜亡。如此，則意爲李歆敗死、西涼亡國，其原因是不附群臣。

前引《晉書・五行志》及《春秋繁露》言及"咎之於木""工匠之爲輪矢者多傷敗"，結合"南風動，吹長木"來看，"胡桐椎，不中轂"也有"木失其性""木不曲直"之意蘊。

四、《晉書・李士業傳》所見災異書寫

氾稱除言及"狐上南門"之外，尚有"日赤無光""昏霧四塞""隕星於建康"及"基陷地裂"等，^⑦這屬於異象出現之前"災"的部分。

古代政治語境中，日月與陰陽、刑德密切攸關。氾稱所謂"日者太陽之精，中國之象，赤而無光"，^⑧典出《禮記》《洪範五行傳》，《續漢書・五行志》引《日蝕説》言："日者，太陽之精，人君之象。君道有虧，爲陰所乘，故蝕。蝕者，陽不克也。"^⑨《晉書・五行志》"七曜"條更加豐富：

> 日爲太陽之精，主生養恩德，人君之象也。人君有瑕，必露其慝以告示焉。故日月行有道之國則光明，……其君無德，其臣亂國，則日赤無光。日失色，所臨之國不昌。日晝昏，行人無影，到暮不止者，上刑急，下不聊生，不出一年有大水。^⑩

引文中明確説，日赤無光是"君無德""臣亂國"所致。"光"在古代政治語境中同樣意

① 王國維：《西胡考上》，載《觀堂集林》，北京：中華書局，1959 年，第 607 頁。
② 〔漢〕許慎撰，〔清〕段玉裁注：《説文解字注・木部》，第 263 頁下欄。
③ 劉文典撰，馮逸、喬華點校：《淮南鴻烈集解》卷九《主術訓》，第 277 頁。
④ 劉文典撰，馮逸、喬華點校：《淮南鴻烈集解》卷一《原道訓》，第 25 頁。
⑤ 〔清〕阮元校刻：《十三經注疏》，第 1808 頁下欄。
⑥ 〔漢〕班固撰，〔唐〕顏師古注：《漢書》卷二七下之下《五行志下之下》，第 1518—1519 頁。
⑦ 〔唐〕房玄齡等：《晉書》卷八七《李士業傳》，第 2269 頁。
⑧ 〔隋〕虞世南：《北堂書鈔》卷一四九《天部・日》，天津：天津古籍出版社 1988 年影印孔氏三十三萬卷堂影鈔本，第 674 頁。
⑨ 《續漢書・五行志六》，〔南朝宋〕范曄撰，〔唐〕李賢等注：《後漢書》"志第十八"，北京：中華書局，1965 年，第 3357 頁。
⑩ 〔唐〕房玄齡等：《晉書》卷一二《天文志中》，第 317 頁。

義非凡，《尚書考靈曜》云："日有九光，光照四極。"①《瑞應圖》則有所謂"聖人在上，（日）有大（天）光，天下和平"之説。②董仲舒以日食爲"夷狄主諸夏之象"。③陰陽五行學説衍生的災異論認爲，日食、地震反映的陰盛陽衰的指稱雙方除臣之於君、子之於父、妻之於夫外，尚有夷狄之於中國。④劉歆也指出"晝象中國，夜象夷狄"。⑤進言之，漢政權西涼爲陽而勢弱，胡族北涼屬陰而勢强，西涼即赤而無光之"日"，爲中國之象。氾稱所謂"赤而無光，中國將爲胡夷之所陵滅"，正基於此。

《宋書·五行志》"日蝕"條記載諸多徵象及應驗之例，⑥與"昏霧四塞""日赤無光"頗相近。《魏書·靈徵志》"霧"條引班固之説："上不寬大包容臣下，則不能居聖位。貌、言、視、聽，以心爲主，四者皆失，則區瞀無識，故其咎霧。"並舉例如"濁氣四塞""陰霧四塞""土霧四塞""黑霧四塞""黄霧蔽塞"幾種。⑦《元命包》以"陰陽亂爲霧"，董仲舒有所謂"太平之世，霧不塞望"，《晉中興書》則以"黄霧四塞"爲"王敦之應"。⑧《新唐書·五行志》説霧是"百邪之氣，爲陰冒陽"，其中明確提到了"昏霧四塞"，並有"黄霧四塞，日無光"的記録，所占有"國昏亂""有破國""兵起"。⑨日赤無光、黄霧四塞、晝晦又常常伴隨着大風，亦即《五行志》所記録"夜妖""黄眚"。⑩凡此種種，史書明確説到，日赤無光、昏霧四塞，就是陰盛侵陽。

《漢書·五行志》"日出赤如血，亡光"僅一例，⑪且未有解説。《續漢書·五行志》同樣僅一例，其言："靈帝時，日數出東方，正赤如血，無光，高二丈餘乃有景。……其占曰，事天不謹，則日月赤。是時月出入去地二三丈，皆赤如血者數矣。"劉昭補注引書對這一異象作了解讀，見表 2。

表 2　劉昭補注《續漢書·五行志》"日赤無光"引書及解説⑫

引　書	解　説
《京房占》	國有佞讒，朝有殘臣，則日不光，闇冥不明。
《春秋感精符》	日無光，主勢奪，群臣以讒術。色赤如炭，以急見伐，又兵馬發。
《禮斗威儀》	日月赤，君喜怒無常，輕殺不辜，戮於無罪，不事天地，忽於鬼神。時則天雨，土風常起，日蝕無光，地動雷降。其時不救，兵從外來，爲賊戮而不葬。
《京房占》	日無故日夕無光，天下變枯，社稷移（亡）〔主〕。

① 〔清〕趙在翰輯，鍾肇鵬、蕭文郁點校：《七緯：附論語讖》卷一〇《尚書考靈曜》，第 197 頁。
② 鄭炳林：《敦煌地理文書匯輯校注》，蘭州：甘肅教育出版社，1989 年，第 18、35 頁。
③ 〔漢〕班固撰，〔唐〕顏師古注：《漢書》卷二七之下《五行志下之下》，第 1499 頁。
④ 〔漢〕班固撰，〔唐〕顏師古注：《漢書》卷六〇《杜周傳》，第 2671 頁。
⑤ 〔漢〕班固撰，〔唐〕顏師古注：《漢書》卷二七之下《五行志下之下》，第 1509 頁。
⑥ 〔南朝梁〕沈約：《宋書》卷三四《五行志五》，第 1106—1107 頁。
⑦ 〔北齊〕魏收：《魏書》卷一一二上《靈徵志上》，北京：中華書局 2017 年點校本二十四史修訂本，第 3169—3170 頁。
⑧ 〔唐〕瞿曇悉達：《開元占經》卷一〇一《霧占》，第 995—996 頁。
⑨ 〔宋〕歐陽修、〔宋〕宋祁：《新唐書》卷三六《五行志三》，第 949—950 頁。
⑩ 〔唐〕房玄齡等：《晉書》卷二九《五行志下》，第 888—889、892 頁。
⑪ 〔漢〕班固撰，〔唐〕顏師古注：《漢書》卷二七之下《五行志下之下》，第 1507 頁。
⑫ 《續漢書·五行志六》，〔南朝宋〕范曄撰，〔唐〕李賢等注：《後漢書》"志第十八"，第 3373 頁。

　　從這四條來看，日赤無光或指於君王不利，或言君王無道，預示兵甲和亡國之象。此外，《開元占經》保留下來的古兵法、緯書、占辭中有關"日變色""日無光"解説，大體不脱以上幾點。其中，《荆州占》和京房《易妖占》明確提出了日赤無光，主凶，有兵喪。董仲舒《災異占》同樣指出日赤無光預示"天下兵起"。①

　　關於"隕星於建康"，除"椎"與"墜"諧音之外，還有一層含義，即周内史所言"陰陽之事"。京房《易傳》曰："星者，陰精也，……太星隕下，陽失其位，災害之萌也。"陰陽五行理論下的"星隕"象徵"四夷爲邪""侯伯伐王"，②"陽爲中國，陰爲四夷"。③"太史公推古今天變"，以日蝕、星隕而言天子與諸侯，華夏與夷狄之勢力。④《春秋運斗樞》亦言"星孛北方，夷狄内侵"，⑤於中原而言夷狄在北方。具體到西涼，沮渠北涼正在建康這個方位，故"隕星於建康"有北涼侵西涼的意藴。

　　"基陷地裂"在陰陽五行的話語體系中爲陰高陽卑，是君亡、國亡、兵起、胡夷反叛的徵兆。⑥京房《易妖占》亦云"地自陷，其君亡""地分裂，羌夷叛"，⑦這與氾稱所説的"地者至陰，胡夷之象"相吻合。

　　李歆本傳文末所載異象與亡國夢讖構成完整語境，同樣值得關注，此即：

> 　　士業之未敗也，有大蛇從南門而入，至於恭德殿前；有雙雉飛出宮内；通街大樹上有烏鵲爭巢，鵲爲烏所殺。⑧

此是對氾稱言災道異的補充，亦屬董仲舒、劉向的"天戒"理論，即《春秋繁露·必仁且智》言："災常先至而異乃隨之。……而天出災害以譴告之；譴告之而不知變，乃見怪異以驚駭之；驚駭之尚不知畏恐，其殃咎乃至。"⑨

　　"大蛇從南門而入，至於恭德殿前"，《春秋潛潭巴》言："朝有大蛇，親屬無道，將何爲。"宋均注："蛇陰物。"⑩很明顯，從南門而入之大蛇指北涼沮渠氏胡族勢力。京房《易妖》言："蛇見於邑，不出三年，有大兵。國有大憂。"⑪《搜神記》有"蛇見德陽殿"，淳于翼以爲"蛇有鱗，甲兵之象也"。⑫又 P.2682《白澤精恠圖》言及"蛇無故入人家裏、社廟、跡匝道者，皆大

---

① 〔唐〕瞿曇悉達：《開元占經》卷五《日占》，第 48—56 頁。
② 〔唐〕瞿曇悉達：《開元占經》卷七六《雜星占》，第 759 頁。
③ 〔唐〕瞿曇悉達：《開元占經》卷三三《熒惑占》，第 337 頁。
④ 〔漢〕司馬遷撰，〔南朝宋〕裴駰集解，〔唐〕司馬貞索隱，〔唐〕張守節正義：《史記》卷二七《天官書》，第 1595—1600 頁。
⑤ 〔清〕趙在翰輯，鍾肇鵬、蕭文郁點校：《七緯：附論語讖》卷二六《春秋運斗樞》，第 494 頁。
⑥ 〔唐〕瞿曇悉達：《開元占經》卷四《地占》，第 34—38 頁。
⑦ 〔唐〕魏徵等：《隋書》卷二三《五行志下》，第 736、737 頁。
⑧ 〔唐〕房玄齡等：《晉書》卷八七《李士業傳》，第 2270 頁。
⑨ 〔清〕蘇輿撰，鍾哲點校：《春秋繁露義證》卷八《必仁且智》，第 259 頁。
⑩ 〔清〕趙在翰輯，鍾肇鵬、蕭文郁點校：《七緯：附論語讖》卷三四《春秋潛潭巴》，第 618 頁。
⑪ 〔南朝梁〕沈約：《宋書》卷三四《五行志五》，第 1091 頁。
⑫ 〔晉〕干寶撰，李劍國輯校：《新輯搜神記》卷一二《妖怪篇》，北京：中華書局，2007 年，第 193 頁。

凶”“蛇蟲蟄藏之時而見人家，家必喪亡”。① “大蛇從南門入”與氾稱所言“狐上南門”“南門崩”以及讖言中的“南風”可相對應。就當時西涼、北涼並峙的形勢來講，指的是北涼沮渠氏由東南入主酒泉、敦煌。

“雙雉飛出”，《漢書·五行志》有“飛雉集於庭，歷階登堂而雊。後雉又集太常、宗正、丞相、御史大夫、大司馬車騎將軍之府，又集未央宮承明殿屋上”，又言：“天地之氣，以類相應，譴告人君，甚微而著。雉者聽察，先聞雷聲，故《月令》以紀氣。”② 按照這種説法，雉預示災異，擔負的同樣是譴告人君的角色。而《春秋感精符》則有所謂“魯昭公時，雉啁環入”，注曰：“雉之爲言弟也。”③ 結合李歆本傳，“雙雉飛出”似乎預示着李歆敗亡後，其弟李翻、李恂與諸子等棄敦煌，奔於北山之事。④ “雉”，《漢書·高后紀》注引荀悦曰：“諱雉之字曰野雞。”⑤ 西涼國亡，故稱李翻、李恂兄弟爲“雙雉”似無不可。另一方面，據董仲舒所言之“六鷁退飛”“鸛鷁來巢”，⑥ 其所舉失政之例與李歆之作爲頗類同。“六鷁退飛”涉及宋襄公故事，《漢書·五行志》就此而言：“天戒若曰，德薄國小，勿持炕陽，欲長諸侯，與彊大争，必受其害。”又《左氏傳》曰：“鷁退飛，風也。”京房《易傳》曰：“距諫自彊，兹謂却行，厥異鷁退飛。適當黜，則鷁退飛。”⑦ 因此，“雙雉飛出”更可能與“六鷁退飛”相近，是基於李歆失政、拒諫而致敗亡的異象。《地鏡》所謂“（野禽）鳥却飛，世主失國”。⑧ 緯書《禮斗威儀》《易萌氣樞》言及“日變色”“暴風發屋折木”時，有所謂“蛇入都邑，雉從雞宿”，《春秋潛潭巴》言及日蝕後有“蛇群入市，雉死廟堂之中，主失國，野鳥趺趺，或致鴝鵒。君王危，天下驚，鄰國入，主出”。⑨ 由此，“大蛇從南門而入”“雙雉飛出宮內”與氾稱所言“日赤無光”及夢讖“南風動，吹長木”似亦有所關聯。

“鸛鷁來巢”涉及魯昭公敗於季氏出奔齊國之事，董仲舒認爲是悖亂之徵。⑩《漢書·五行志》載“鸛鷁來巢……陰居陽位……去宮室而居外野”“烏鵲鬥死之祥”。⑪ “烏鵲争巢”，與此相近，屬妖祥。干寶提及“烏鵲鬥死之祥”，並言“烏群鬥者，師戰之象也”。⑫ “鵲爲烏所殺”，暗示李歆兵敗於沮渠蒙遜被殺之事。

《左傳》云：“天反時爲災，地反物爲妖。”杜預注“地反物爲妖”即“群物失性”。⑬ 氾稱

---

① 關長龍輯校：《敦煌本數術文獻輯校》，第 1052、1056 頁。
② 〔漢〕班固撰，〔唐〕顏師古注：《漢書》卷二七中之下《五行志中之下》，第 1417 頁。
③ 〔清〕趙在翰輯，鍾肇鵬、蕭文郁點校：《七緯：附論語讖》卷二七《春秋感精符》，第 525—526 頁。
④ 〔唐〕房玄齡等：《晉書》卷八七《李士業傳》，第 2270 頁。
⑤ 〔漢〕班固撰，〔唐〕顏師古注：《漢書》卷三《高后紀》，第 95 頁。
⑥ 〔清〕蘇輿撰，鍾哲點校：《春秋繁露義證》卷四《王道》，第 108 頁；卷六《二端》，第 156 頁。
⑦ 〔漢〕班固撰，〔唐〕顏師古注：《漢書》卷二七下之下《五行志下之下》，第 1519 頁。
⑧ 〔唐〕瞿曇悉達：《開元占經》卷一一五《禽占》，第 1098 頁。
⑨ 〔唐〕瞿曇悉達：《開元占經》卷五《日占》，第 49、51 頁。
⑩ 〔清〕蘇輿撰，鍾哲點校：《春秋繁露義證》卷六《二端》，第 156 頁。
⑪ 〔漢〕班固撰，〔唐〕顏師古注：《漢書》卷二七中之下《五行志中之下》，第 1414、1415 頁。
⑫ 〔晉〕干寶撰，李劍國輯校：《新輯搜神記》卷一一《妖怪篇》，第 181 頁。
⑬ 〔清〕阮元校刻：《十三經注疏》，第 1888 頁上欄。

提到的地震、星隕、基陷地裂等即屬天災，而"狐上南門""蛇上南門""雙雉飛出""烏鵲爭巢"及令狐熾夢讖、白頭公衣帢則屬群物失性的地妖。天災與地妖的出現，是由李歆失德失政導致的。

結語

經董仲舒開創及劉向、劉歆父子的敷衍，陰陽五行、災異諸說成爲漢唐之際所修正史《五行志》的核心思想。讖緯與休咎之徵深刻影響到中古時期的政治文化，史家甚至認爲"闕而不序，史體將虧"。① 正史《天文志》《五行志》等確立的諸多理論模型，不厭其煩地將之引向具體史事。此正如學者指出的：一個理論模型能否恰切地解釋歷史現象，並不祇是審視理念本身是否清晰與嚴密，更要看其解釋力能否遍及於大量的歷史事例。② 涉及到李歆本傳中諸多災異尤其白頭公、令狐熾、南風、長木等，往往於史可徵，但同時並不排除其在理論解釋範疇外存在的模糊、多樣的一面。

要之，李歆本傳所載西涼亡國夢讖及災異可謂是漢代以來天人關係及陰陽五行、災異諸說的生動案例，氾稱言災於前，異象與夢讖在後，密不可分，凡此皆與董仲舒所謂"《春秋》異之，以此見悖亂之徵"③ 高度契合。就西涼亡國夢讖本身來講，如果說"南風動，吹長木"象徵着陰陽相乖的話，"胡桐椎，不中轂"就是對"災異之變，何緣而起"④ 的一種回應。

（范英傑，蘭州大學敦煌學研究所博士研究生）

---

① 〔南朝梁〕沈約：《宋書》卷三〇《五行志一》，第 962 頁。
② 馮樹勳：《中國陰陽五行的"家族相似"結構——先秦到西漢中葉》，《漢學研究》第 27 卷第 2 期，2009 年，第 240 頁。
③ 〔清〕蘇輿撰，鍾哲點校：《春秋繁露義證》卷六《二端》，第 156 頁。
④ 〔漢〕班固撰，〔唐〕顏師古注：《漢書》卷五六《董仲舒傳》，第 2496 頁。

日本宮內廳書陵部藏《出師表》寫卷新研

王子鑫

[摘　要]　日本宮內廳書陵部所藏《出師表》寫卷爲《昭明文選》中所收載的《出師表》傳抄本。此卷具備豐富的寫本特徵，是同爲宮內廳書陵部所庋藏的九條本《文選》卷一九殘帙，在“釋李善、五臣異同”“辨李善注中所記異文竄入正文”“輯《文選集注》所闕之佚注”等方面具有獨特價值。

[關鍵詞]　出師表　九條本　文選　李善

日本宮內廳書陵部藏《出師表》寫卷，卷高 28.5 釐米，界高 21.4 釐米，絹本、卷軸裝、烏絲欄；雖經蟲損修補，今見仍首尾完整。此卷由三紙粘接而成，凡 50 行，行 12—14 字不等。全卷書法工整遒勁，有唐人筆意，且多見宋前或日本漢文寫卷所用的常見俗體，如“願”字或作“顧”“顧”二形，“二十”作“廿”，“爾”字作“尒”等（詳下節）。卷首題“《出師表》一首，諸葛孔明”，卷末至“不知所云”止。卷尾裱接新紙，上書明治己卯（1879）冬日畑成文觀跋語：“右《出師表》，東寺古篋底所傳大江匡房真迹云。必有來由，古色靄然，最可寶重矣。”寫卷所鈐印章，卷首有篆字陽文朱印“宮內省圖書印”[①]及日本明治時期著名藏書家寺田望南所用篆字陽文朱印“讀杜艸堂”。卷末跋語後有陰文朱印“季文”及陽文朱印“柳兮”。又卷背第二、三紙粘接處前紙側下方鈐有“連”字陽文楷書墨印。卷中除楷書正文外，行間有朱筆句讀及墨筆中文注釋。又卷背有抄手補入的“隱義”，[②]可以補充寫卷正面因卷幅所限而未能盡注的內容。

該卷現收藏於日本宮內廳書陵部，最早所見之影印本來自邱棨鐀《文選集注研究》的附錄，此本得自當時供職於宮內廳圖書課的橋本不美男教授。對於此卷的形制，邱棨鐀也在該書所收文章《日本宮內廳藏舊鈔本〈文選·出師表〉卷跋》有所闡述。[③]唯因其書在臺灣出版，故而大陸學界對此知之不多。2015 年，宮內廳書陵部官網刊布了全部圖版，並對寫卷作了簡

卷首所鈐 “宮內省圖書印”

---

①　臺灣學者邱棨鐀誤認“印”字爲“己”字，云“蓋爲記之省”，不可從。參見邱棨鐀：《日本宮內廳藏舊鈔本〈文選·出師表〉卷跋》，《文選集注研究》，臺北：文選學研究會，1978 年，第 31 頁。

②　“隱義”是一種主要見於宋前寫本中，隨後因刻本取代寫本而消失不見的注釋類型。它一般書於寫卷的卷背，往往摘字作注，補充寫卷正面注釋未臻完善的部分。過去有學者認爲隱義是指對古書內容微言大義的解釋，但蘇芃認爲：“‘隱義’類文獻多出現在古代經典的紙背，所謂‘隱’衹是對古書形制的描述，無關古書內容的微言大義。”參見蘇芃：《隱義：一種消失的古書形制》，《光明日報》2017 年 4 月 15 日第 11 版。

③　文章從文本、寫本材質、裝幀、藏地、跋語、印章等角度介紹該卷。詳參邱棨鐀：《文選集注研究》，第 31—32 頁。

要介紹。[①]

一、《出師表》寫卷的性質

關於寫卷的性質，日本《圖書寮漢籍善本書目》、邱棨鐊、傅剛、嚴紹璗、宫内廳官網、太田晶二郎等均有論及。日本《圖書寮漢籍善本書目》卷四："《文選》斷簡一軸，舊鈔卷子本。審其書體殆是鎌倉初期（公元十二世紀末）所寫。"[②]這種説法得到了傅剛的認同。傅剛在《文選版本研究》中羅列日藏《文選》寫本、鈔本，分别著録有"書陵部藏平安末鎌倉初寫本《出師表》"及所謂"九條家本"。[③]這似乎表明傅剛并未意識到二者間的關聯。然而，傅剛在同書《日本宫内廳藏九條本〈文選〉研究》一文中又對兩卷關係作了略顯曖昧的表述。[④]邱棨鐊則依據其文本與李善注、五臣注及唐鈔《文選集注》互有異同，認爲寫卷"是頗早之傳鈔善本，白文三十卷本"。[⑤]而對於寫卷的抄寫時間，邱氏並存《圖書寮漢籍善本書目》所謂鎌倉初期及寫卷後跋語所載大江匡房生活的冷泉天皇、三條天皇時期（約公元十世紀末至十一世紀初期）兩説，未下按斷。[⑥]嚴紹璗《日藏漢籍善本書録》將此卷定爲平安時期（約公元八世紀—十二世紀）抄本，附録於《漢丞相諸葛忠武侯全集》之下。[⑦]嚴氏此舉有將寫卷誤歸爲《諸葛亮集》節抄本之嫌，實不可從。而宫内廳官網雖言及本卷抄於康和元年（1099），但對作出此論的依據却語焉不詳。實際上，早在1980年，太田晶二郎就已經據二者同出於東寺且卷背紙張粘接處均有"連"字墨印推測此一名"《文選》斷簡"的《出師表》寫卷與九條本《文選》卷一九的關係，認爲本卷應是九條家本《文選》卷一九卷首所缺之一部分。[⑧]可惜此論一出，

---

① 參見https://db2.sido.keio.ac.jp/kanseki/T_bib_body.php?no=007540（2022年6月1日）。

② 〔日〕日本宫内省圖書寮：《圖書寮漢籍善本書目》，北京：國家圖書館出版社，2012年，第419頁。

③ 參見傅剛：《文選版本研究》，西安：世界圖書出版公司，2014年，第384頁。

④ 傅剛在引述九條本《文選》書箱上簽條所記的識語後，謂"宫内廳書陵部藏卷十九卷首僚紙亦寫有"畑成文觀所書的那段跋文，這易使人認爲他主張本卷即九條本《文選》卷一九的一部分。實際上，這段跋文書於本卷卷末，而他在論述時應是受到了山崎誠的影響，不唯如此，由於在參考時未解釋"僚紙"一語的含義，遂令論述曖昧不明。山崎誠指出："とあつて近世初頭は東寺旧藏であつたと知れる。因に卷十九の卷首の僚紙が别に書陵部に收あられるが、その奥にも……"中文譯本應作："（九條本）可知是近世初期東寺舊藏，卷一九卷首的同源文書另被書陵部收藏，在這卷文書的最後寫道……"其中，"僚紙"應對譯作"同源文書"或"相關文書"，此義應從表"同僚"義的"僚"字引申而來。至於山崎誠本人是否認爲本卷屬九條本《文選》卷一九的一部分，則可從他列舉的九條本《文選》存卷表中測知。表中著録的九條本《文選》卷一九首三葉爲别筆所抄平安時期斷簡（即《薦禰衡表》前半），而自《薦禰衡表》後半至《求自試表》前半均殘缺，這符合今存九條本《文選》卷一九的實際面貌。表中又補充稱書陵部藏有名爲《文選》斷簡的"僚紙"，而未明言其與九條本《文選》卷一九第二部分本爲一卷，後來才一分爲二（詳下文）。傅剛説詳所著《日本宫内廳藏九條本〈文選〉研究》，《文選版本研究》，第439頁。山崎誠説詳所著《式家文選學一斑——〈文選集注〉の利用》，國文學研究資料館編：《國文學研究資料館紀要》15，1989年；此據山崎誠所著《中世學問の基底と展開》，大阪：和泉書院，1993年，第418—424頁。此論蒙中國社會科學院汪馨如博士賜示，謹致謝忱。

⑤ 邱棨鐊：《文選集注研究》，第31頁。

⑥ 參見邱棨鐊：《文選集注研究》，第31—32頁。

⑦ 嚴紹璗：《日藏漢籍善本書録》，北京：中華書局，2007年，第1395頁。

⑧ 參見〔日〕太田晶二郎：《日本漢籍史札記》，《書志學月報》第6號，東京：青裳堂書店，1980年；此據所著《太田晶二郎著作集》第1册，東京：吉川弘文館，1991年，第317—318頁。

仿若石沉大海,長期以來鮮被學界重視及引用。例如,近出劉躍進著、徐華校訂《文選舊註輯存》①雖將本卷書影附入書首,以存其真,並且列九條本作參校本,但在《出師表》一篇的校語中卻一言未及本卷,這表明該書著者並未認清其性質,亦未取之參校,令人略感遺憾。

總體而言,雖然多數學者對本卷抄寫年代的判斷與實情相差無幾,但在討論寫卷的性質時除太田晶二郎外皆未中肯綮。我們贊同太田晶二郎的意見,認爲本卷即日本宫內廳藏九條本《文選》卷一九《出師表》的部分,而抄寫時間則應依九條本《文選》卷一九第二部分的題識"康和元年九月廿日巳刻書了"定作康和元年。②其理由有以下幾點。

(一)用字特點

《出師表》寫卷與九條本《文選》卷一九第二部分的用字書風高度一致。用字上如《出師表》"每與臣論此事"、九條本《文選》卷一九《求自試表》"誠與國分形同氣"二句中,"與"字前句誤作"**興**",後句誤作"**興**"。二者皆"興"字異體,且抄手皆在字旁注"與"字予以校改。

表 1 《出師表》寫卷與九條本《文選》卷一九第二部分用字書風對照表

《出師表》文句	本卷用字	九條本《文選》卷一九出處	文句	字形
三顧臣於草廬之中	顧		顧尚西有違命之蜀③	顧
恐托付不效	恐		恐鉤射之術	恐
以章其慢	慢	《求自試表》	誠念其慢主凌君也	慢
故臨崩寄臣以大事也	事		臣之事君	事
以傷先帝之明	明		欲逞其能於明君也	明
不效	效		志在效命	效
後值傾覆	後		異姓爲後	後
不宜偏私	私		下情得展於私室	私
願陛下親之信之	願	《求通親親表》	願陛下沛然垂詔	願
欲報之於陛下也	陛			陛
此悉賢良死節之臣	節		四節得展	節

---

① 劉躍進著,徐華校訂:《文選舊註輯存》,南京:鳳凰出版社,2017 年。

② 此日本宫內廳書陵部藏九條本《文選》卷一九於《薦禰衡表》後半《出師表》全部《求自試表》前半均殘缺。《薦禰衡表》與《求自試表》相拼接之處粘痕明顯,兩者在抄寫書風上也全然不同,當出自不同寫手。因此,現存九條本《文選》卷一九應當被分爲兩部分區別對待,自卷首至《薦禰衡表》"年廿四字正平淑質"屬於第一部分,之後的內容屬於第二部分。

③ 此句尚、西二字誤倒。中華書局景清胡克家本作"顧西尚有違命之蜀"。

續表

《出師表》文句	本卷用字	九條本《文選》卷一九出處	文句	字形
每與臣論此事	每	《讓開府表》	每極顯重之地	每
是以眾議舉寵爲督	寵		恩寵不可久謬	寵
此前漢所以興隆也	所		德未爲眾所服	所
蓋追先帝之過（遇）	過		誠在過寵	過
益州疲弊	弊		願復守先人弊廬	弊
爾來廿有一年矣	年		方漸八年	年
忠志之士忘身於外者	外	《陳情表》	外無期功强近之親	外
猥自枉屈	猥		猥以微賤	猥
此臣所以报先帝而忠陛下之職分也	職		辭不就職	職
益州罷弊	罷		州司臨門	門
此皆良實	實		實爲狼狽	實
不求聞達於諸侯	達		本圖宦達	達
志慮忠純	慮		朝不慮夕	慮
是以先帝簡拔以遺陛下	拔	《謝平原內史表》	振景拔跡	拔
兵甲已足	足		尚不足者	足
是以眾議舉寵爲督	督	《勸進表》	侍中、都督	督
今南方已定	定		則戚藩定其傾	定
此後漢所以傾頹也	漢	《爲吳令謝詢求爲諸孫置守冢人表》	昔漢高受命	漢
未嘗不歎息痛恨於桓、靈也	嘗		力嘗均勢	嘗
苟全性命於亂世	亂		值亂臣之强	亂

　　上表所列三十字均分別截自《出師表》寫卷原卷及九條本《文選》卷一九第二部分，其字形、書風皆高度相似，可見兩者由同一書手抄録。

　　另外，寫卷使用了大量見於中古時期碑刻及寫卷的俗字，這些俗字在宋以後的刻本中較少出現。正文中使用了大量俗字如弊（弊）、夫（失）、丼（獎）、定（定）、職（職）、靈（靈）、閗（關）等。注文中俗字亦不鮮見，如㣲（微）、勅（敕）、費（費）等。尤其值得注意的是以下三例，三者均或直接或間接地體現了宋代以前寫本時代的用字面貌。

例一,表"欲願"義的"願"字。在寫卷中,表"欲願"義的"願"凡兩見:①願陛下親之信之,字作"**願**";②願陛下托臣以討賊興復之效,字作"**顧**"。其中,"**願**"是《説文·頁部》訓"顛頂"義的"**顛**"字的或體,而"**顧**"是《説文》中訓"大頭"義的"願"字訛形,二字在不同的歷史時期均可借作表"欲願"義的"願"的正字。蘇芃曾對漢魏到唐宋的璽印、碑刻、寫卷、刻本中表"欲願"義的"願"的用字做過詳盡研究,並得出了以下結論:唐中期以前一直以"**顛**"形爲"欲願"義的"願"的正字。雖然有時會借用"大頭"義的"願"字,但用例極少;唐代後期"**顛**"仍有使用。到了北宋初期,"**顛**"從文獻中幾乎消失了,在表"欲願"義時,用"願"字取而代之。① 因此,卷中"**顛**""願"混用的現象恰恰説明本卷的抄寫時代較早,當不晚於北宋。

例二,《出師表》"爾來二十有一年矣"句,"爾"字《文選》諸宋刻本均如此,而卷中字作"**尒**"("尒"的訛俗字)。抄於嘉禎二年(1236)的鴨脚本《日本書紀》卷二《神代紀下》中"爾"字凡九見,除一例作"**爾**"、兩例作"尒"形外,其餘均作"**尒**"形。② 如"自**尒**及今,曾無廢絶"③ 句中,截圖字即"尒"的訛俗字。張涌泉在考辨敦煌寫本甘博附一三三號實爲僞卷時指出,卷中"七寶滿爾""爾時"等語中的"爾"字,敦煌佛經寫本多用"尒",或其變體"尔"等形。④ 可見在寫本時期,時人多用"尒""尔"等字作詞尾或指示時間的代詞,而在日本寫本中也常用"尒"的訛俗字"**尒**""**尒**"等形,卷中的"**尒**"字正符合這一特徵。

例三,同上例句中"二十有一"一語,自宋北監本以降的傳世刻本皆如此,唯本卷中"二十"作"廿"。宋前寫本時期在表示"二十""三十""四十"時往往寫作合文"廿""卅""卌"。⑤ 如敦煌寫本伯三一九二《論語》卷末抄七言詩:"卅餘年在戰場,百生千死位(爲)軍(君)王"句中,"卅"衹能解作"三十"二字的合文,否則便不合詩律。這從另一角度表明本卷不大可能轉錄自刻本,而應自寫本傳抄。

(二)行款形制

兩卷在形制乃至於裝幀上的某些共同性也值得重視。行款上,九條本《文選》卷一九第二部分與《出師表》一樣,正文每行均十二至十四字不等,行間有烏絲欄。不唯正文如此,這種共同性也體現在注釋上。二者的注釋都以行間夾注、天頭地脚補注以及"隱義"三種形式存在。就文本而言,對於非李善注的注家,除音注之外,注者必標明來源。如引五臣注書"向曰",引《文選音決》云"《音決》作某",引《文選鈔》謂"《鈔》曰"等。此外,注釋中又常有"今案",且内容多與日藏《文選集注》合,這是表明寫卷注釋來源於《文選集注》的明顯證據。

---

① 參見蘇芃:《"**顛**"、"願"、"愿"的歷時演變研究——兼談在文獻考訂中的應用價值》,《文史》2017 年第 3 輯,北京:中華書局,2017 年,第 51—66 頁,第 140 頁。
② 參見"漢字規範史資料組保存會單字檢索":https://search.hng-data.org/search/%E7%88%BE (2022 年 6 月 1 日)。
③ 〔日〕舍人親王:《日本書紀》卷二,東京:古典保存會,1941 年,第 33 頁。
④ 參見張涌泉:《敦煌寫本文獻學》,蘭州:甘肅教育出版社,2013 年,第 669 頁。
⑤ 參見蘇芃:《"廿""卅""卌"唐宋變革説——以〈史記〉傳本用字演變爲例》,葉煒主編:《唐研究》第二十五卷,北京:北京大學出版社,2020 年,第 265—276 頁。

此外，《出師表》寫卷第二、三紙粘接處第二紙一側下方有墨印楷書"連"字，此"連"字印亦屢見於九條本《文選》卷一九第二部分卷背的紙張粘接處。

（三）書寫與校讀符號

本卷正文中書寫符號僅一見：在"愚以爲宮中之事，事無大小"句中，下"事"字寫卷徑書作重文符。與此類似的重文符亦見於九條本《文選》卷一九第二部分。如曹子建《求通親親表》篇題，下"親"字九條本即徑書作重文符。又李密《陳情表》"氣息奄奄"句，下"奄"字亦作重文符，卷中例甚多，不備舉。

在注文中，本卷及九條本《文選》卷一九皆常用短豎省代正文文字。如《出師表》"未嘗不歎息痛恨於桓、靈也"句，注云："桓、靈，後漢二帝也。"桓、靈二字即省書作二短豎。九條本卷一九曹子建《求通親親表》"下思伐木友生之義"句，旁注謂："｜｜，燕朋友故舊也。"此注與今存李善注全同，二短豎在刻本中皆作"伐木"二字。

綜合以上三點，我們認爲，此寫卷即是抄於康和元年的九條本《文選》卷一九第二部分的殘帙，應將其綴入今存的九條本《文選》卷一九第二部分中，唯因後者殘缺較多，與《出師表》分別於前後銜接的《薦禰衡表》後半及《求自試表》前半仍不知所蹤，至於它們是否存於天壤之間，則祇能期待以後的發現了。

二、《出師表》寫卷的價值

（一）釋李善、五臣注本異同

作爲抄寫年代較早的寫本，《出師表》寫卷可以對李善、五臣注本異同的現象做出新的解釋。傅剛認爲："後世刻本中所謂李善、五臣同異，往往並非原貌。"[1]這一意見值得重視。一方面，現存的李善、五臣異同有可能是因爲《文選鈔》《文選音決》或李善、五臣幾種注家的異文相互竄亂而致；另外一種值得注意的情況是，在傳世本《文選》的刊刻過程中，刊刻者有時會憑己見輕改《文選》正文。例如尤刻本《文選·出師表》："深追先帝遺詔，臣不勝受恩感激。今當遠離，臨表涕泣，不知所云。"[2]胡刻本同。[3]梁章鉅據六臣本校胡刻謂："六臣本無'遺詔'二字，六臣本無'激今'二字。《蜀志》'泣'作'零'，'云'作'言'。"[4]然而，胡刻本的祖本尤刻本此句實據《三國志·蜀書·諸葛亮傳》所收《出師表》中的文句剟改補入而成。此二刻本版心均載刻工姓名：尤刻本刻工爲王明；胡刻本刻工爲陳氏，版心處又注"乙丑重刊"

---

① 傅剛：《文選版本研究》，第 373 頁。
② 〔梁〕蕭統輯，〔唐〕李善注：《文選》卷三七，《中華再造善本》景中國國家圖書館藏宋淳熙池陽郡齋刻本，北京：北京圖書館出版社，2004 年，第 6 頁。
③ 〔梁〕蕭統編，〔唐〕李善注：《文選》，景印清胡克家覆刻南宋尤袤刊本，北京：中華書局，1977 年，第 517 頁下欄。
④ 〔清〕梁章鉅撰，穆克宏點校：《文選旁證》，福州：福建人民出版社，2000 年，第 844 頁。

左圖　《中華再造善本》景中國國家圖書館藏
宋淳熙池陽郡齋刻本李善注《文選》

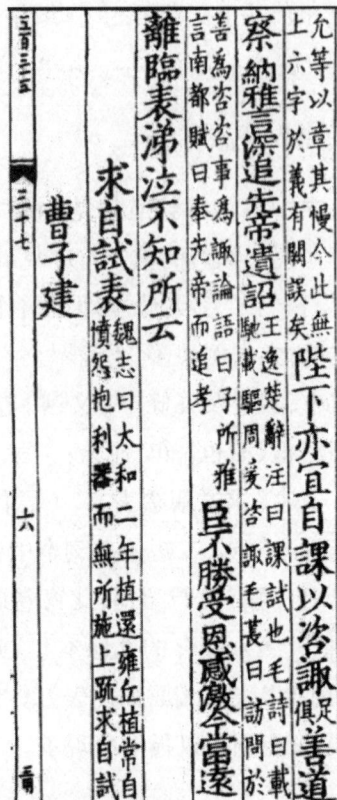

右圖　中華書局景清胡克家覆宋尤袤
刻本李善注《文選》

字樣。對於尤刻本中未標明重刊字樣的葉子，郭寶軍指出："與淳熙原刊本相比，這些頁子實際上已經重刊過，祇不過没有在版心注明而已。"[1] 今見國圖藏尤刻本《文選·出師表》的這一葉實際上已經經過了重刊，但在版心處並未注明。[2]

對於這一處重刊，胡克家《文選考異》明言袁本、茶陵本無"遺詔""激今"等字，並提出此爲尤袤據《蜀志》校添。[3] 尤刻本後來成爲元明清三代通行李善注刻本的祖本，後世學者據此探討李善、五臣注本異同，不免因而致誤。幸得本卷正作"深追先帝，臣不勝受恩。感當遠離，臨表涕泣，不知所云"，這恰恰保存了《文選》系統中《出師表》的原貌。如此一來，《出師表》寫卷以及其所從屬的九條本《文選》作爲更爲可靠的版本依據的價值就不言而喻了。

（二）辨李善注所載《文選》別本異文竄入正文

李善在注釋《文選》時，時而會依據見於他書的引文定《文選》正文之是非，但並不據此

---

① 郭寶軍：《胡克家本〈文選〉研究》，開封：河南大學出版社，2014 年，第 9 頁。

② 金少華校以北宋監本、《文選集注》本謂皆無"遺詔""激今"四字；按本卷亦同之，此三本可謂皆近於《文選》成書原貌。金説參見其所著《國家圖書館藏尤刻本〈文選〉係修補本考論》，浙江大學古籍研究所編：《在浙之濱——浙江大學古籍研究所建所三十周年紀念文集》，北京：中華書局，2016 年，第 542—543 頁。

③ 參見〔清〕胡克家：《文選考異》，〔梁〕蕭統編，〔唐〕李善注：《文選》，北京：中華書局，1977 年，第 939 頁。

輕改正文，而僅將觀點書於注中，後世刻本的刊刻者反而會據此徑改正文。

尤刻本《文選·出師表》："願陛下託臣以討賊興復之效。不效，則治臣之罪，以告先帝之靈；責攸之、褘、允等咎，以章其慢。"[①]《四部叢刊》本於"以告先帝之靈"後則作"若無興德之言，則戮允等以章其慢"，[②]句下注云：

> 五臣作"彰"，五臣本〔善本〕作"責攸之、褘、允等咎以彰其慢"。善曰："《蜀志》載亮《表》云：'若無興德之言，則戮允等以章其慢。'[③]今此無上六字，於義有闕誤。"向曰："……若攸之等有罪咎，則亦責之，以彰其慢，使眾知之。"

諸本此句的文字異同如下表。

版本	文字
《出師表》寫卷	責攸之、褘、允等之咎以章其慢
《文選集注》	責攸之、褘、允等之咎以章其慢
宋刊北監遞修本李善注《文選》	責攸之、褘、允等咎以章其慢
尤刻本李善注《文選》	責攸之、褘、允等咎以章其慢
明州本六家注《文選》	責攸之、褘、允等之咎以彰其慢
奎章閣本六家注《文選》	責攸之、褘、允等之咎以彰其慢
朝鮮正德四年刻五臣注《文選》	責攸之、褘、允等之咎以彰其慢
《四部叢刊》本六臣注《文選》	〔若無興德之言〕，則戮允等以章其慢

如不考慮《四部叢刊》本的異文，那麼各本除兩種李善注單刻本"等"後無"之"字及以五臣注正文爲底本的明州本、奎章閣本、正德四年本"章"字作"彰"外，均無甚異同，唯《四部叢刊》本六臣注《文選》的文本面貌與它本大相徑庭。一般而言，六臣注《文選》的正文應襲自李善注本，但《四部叢刊》本《文選·出師表》在小注中却標列了李善注本、五臣注本兩種版本的異文，這很難不啓人疑竇。需要引起注意的是，以五臣注正文爲底本的明州本六家注《文選》及奎章閣本六家注《文選》在標列李善注本異文時並未如《四部叢刊》本一樣指出"善本作'責攸之、褘、允等咎以彰其慢'"。這進一步説明了李善、五臣兩種注本在這句話上本不存在異文。而《四部叢刊》本中正文此句則恰同於李善注中引自《三國志·蜀志·諸葛亮傳》的文句，這顯係校刻者取李善注中所載的他書引文校改了該本《文選》的正文。

據此可知，《四部叢刊》本中的"若無興德之言"一語，實際上也是校刻者擅自濫入正文的。事實上，這次校改應該追溯到《四部叢刊》本六臣注《文選》的底本贛州本。贛州本六

---

① 〔梁〕蕭統輯，〔唐〕李善注：《文選》卷三七，宋淳熙池陽郡齋刻本，第 6 頁。
② 〔梁〕蕭統編，〔唐〕李善、〔唐〕呂延濟、〔唐〕劉良、〔唐〕張銑、〔唐〕呂向、〔唐〕李周翰注：《六臣注文選》，北京：中華書局，1987 年，第 687 頁上欄。
③ "若無興德之言，則戮允等以章其慢"，語出《三國志·董允傳》。參見〔晉〕陳壽撰，〔南朝宋〕裴松之注：《三國志》，北京：中華書局，1959 年，第 985 頁。

臣注《文選·出師表》此句正作"若無興德之言,則戮允等以章其慢"。

因此,雖然贛州本系統六臣注《文選》在理論上應當與李善注本《文選》的正文一致,但校刻者人爲地製造了異文,致使該本與它本間出現了較大的文字歧異。如果說刻本之間的對校還不能明確異文來由的話,那麼早期寫本中所保存的文本面貌就能夠成爲解釋刻本間異文的關鍵證據。這種文本校改也使我們得到了以下啓示:贛州本六臣注系統的《文選》正文,可能曾據六臣注注文中所保存的他校材料校改,因此,在校勘各本《文選》時,似不當以這類經過校改的文本作爲主要的對校材料。

(三)輯日藏《文選集注》中的佚注

寫卷的輯佚價值同樣值得重視。由於傳世《文選集注》本此篇殘損不全,相當一部分注解已經亡佚,因而無由考見其面貌。幸而有此寫卷,《文選集注》中《出師表》一篇的注文才能在一定程度上有所恢復。注文中有不見於傳世文獻者,如"《鈔》曰"所引多處反切注音及《文選音決》之版本異文等。尤其值得注意的是此前提到的抄寫於寫卷卷背的"隱義"五則。這五條注解中的大部分内容不見於傳世文獻,今特輯録如下:

表2　寫卷所見"隱義"表

正文	注文
侍衛之臣不懈於内,忠志之士忘身外於者[①]	《鈔》曰:"内謂侍衛左右也。外謂致敵也("也"字疑衍),於陳也。"
平明之理	太平明白之理也。
費禕、董允	費禕。《蜀志》曰:"費禕,字文偉。"董允。
忠純	不奢侈也。
三顧臣於草廬之中	三顧草廬。《鈔》曰:"先帝,備也。"陸善經曰:"《蜀志》,徐表薦高(亮)。先主曰:'与俱來。'庶曰:'此人可就見,不可屈致也。將軍宜枉駕顧之。'於是先主遂詣亮。"《鈔》曰:"草廬,洁(結)草爲守田舍也。"吕向曰:"言先帝自同衆人枉屈,其身三度顧盻我於廬舍之中也。"《七略詩》曰:"構洁(結)野草起室廬。"

餘論

在對日本宮内廳書陵部藏《出師表》寫卷的研究中,我們認定,此卷是與之藏地相同的九條本《文選》卷一九第二部分的殘帙。其正文文本與今所見《文選集注》本及宋代多種刻本均有不合,其注文則多能補《文選集注》之亡佚。本卷在"釋李善、五臣注本異同""辨李善注所載《文選》別本異文竄入正文""輯日藏《文選集注》中的佚注"等方面的價值值得重視。

此外,從第二節的研究中不難發現:《文選·出師表》與《三國志》所收的《出師表》應當被視爲是兩個不同的概念。從來源上看,《三國志》所收《出師表》來自原書作者陳壽所編定

---

① 本卷"外""於"二字誤倒。

的《諸葛亮集》。①而根據岡村繁的研究，《文選》中所收錄的大部分作品實際上蒐集自既有的選集而並非來自文人所創作的原始詩文。②這就爲分別存在於《三國志》《文選》的兩篇《出師表》間的文本歧異提供了一種解釋，或許那些異文在兩書成書時就已經存在。長久以來，由於《三國志》中所收錄的《出師表》文從字順，這篇文章不僅往往被類書引用，被選入各種較晚結集的文學總集與選集，甚至還爲書法家所鍾愛——唐李邕所寫行書《出師表》及舊題岳飛所書的草書本即是生動鮮活的例證。而作爲總集中的一篇作品，《文選·出師表》一定程度上不受世人重視。由於其部分語句較《三國志》中所收的《出師表》而言略顯拗口，

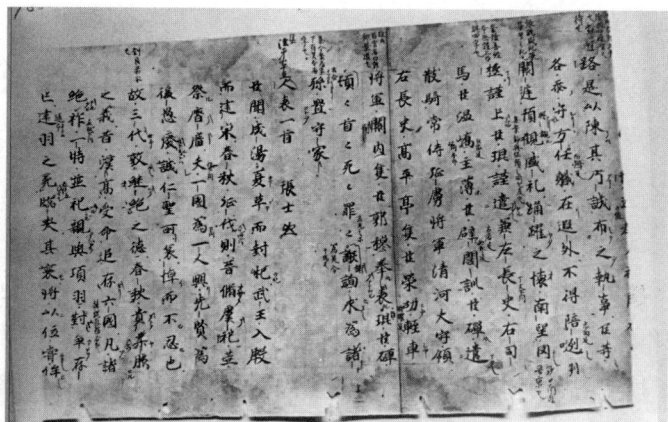

日本宮内廳書陵部藏九條本《文選》卷一九第二部分局部

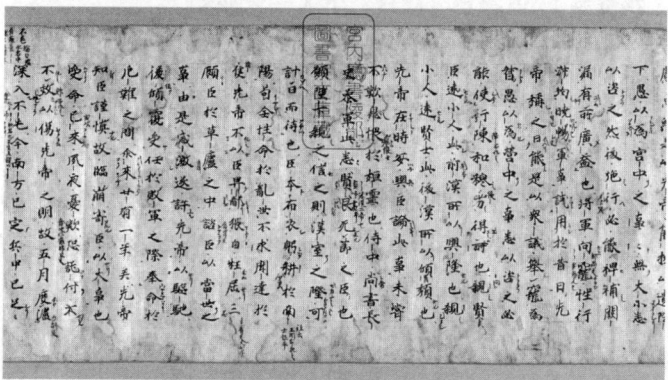

日本宮内廳書陵部藏《出師表》寫卷局部

時至刻本通行的宋代以後，部分版本的《文選》有時便依據《三國志》輕改其文本，這種做法恐不足取。從校勘學的角度看，被整理者視作版本對校所得的異文實際上却出自此前刊刻者依據他書引文所作的對正文的校改，如此一來，這些異文搖身一變，成了現今古籍整理出校改字的依據。實際上，這類版本異文的價值和地位值得學術界作進一步的討論和界定。

論文撰寫過程中，浙江大學金少華先生、南京師範大學蘇芃及王永吉先生、業師張小豔先生先後提出寶貴意見，文中日文材料的處理則多賴中國社會科學院汪馨如博士的幫助，在此一併致謝。至於文中的疏誤，則一概由筆者負責。

（王子鑫，復旦大學中文系出土文獻與古文字研究中心博士研究生）

---

① 陳壽在自編《諸葛亮集》目錄後還叙及編纂此集的緣起、經過。《三國志·蜀書·諸葛亮傳》："臣前在著作郎，侍中領中書監濟北侯臣荀勖、中書令關内侯臣和嶠奏，使臣定故蜀丞相諸葛亮故事。亮毗佐危國，負阻不賓，然猶存錄其言，恥善有遺，誠是大晉光明至德，澤被無疆，自古以來，未之有倫也。輒刪除複重，隨類相從，凡爲二十四篇，篇名如右。"參見〔晉〕陳壽撰，〔南朝宋〕裴松之注：《三國志》，第929—930頁。
② 參見〔日〕岡村繁著，陸曉光譯：《文選之研究》，上海：上海古籍出版社，2002年，第83—87頁。

《後漢書》李賢注引《後漢紀》析論*

李 博

[摘 要] 東晉袁宏編撰的《後漢紀》是研究東漢一朝歷史的重要著作。唐代李賢在爲《後漢書》作注時屢次徵引《後漢紀》,而李賢注所引文字與傳世本《後漢紀》多有異同。本文是對李賢注引《後漢紀》的整理與研究,通過與傳世本《後漢紀》進行詳細比較,對引文中的部分問題展開分析、討論。

[關鍵詞] 後漢書 注釋 引文 後漢紀

東晉袁宏編撰的《後漢紀》一書,起自西漢末年王莽時期農民大起義,終於曹丕代漢、劉備稱帝,記録了東漢一百九十多年的治亂興亡,是研究東漢一朝歷史的重要著作。唐代李賢在爲《後漢書》作注時屢次徵引《後漢紀》,而李賢注所引文字與傳世本《後漢紀》多有異同。本文即是對李賢注引文所做的整理與研究,通過與傳世本《後漢紀》進行詳細比較,對引文中的部分問題展開分析、討論。

(一)李賢注引《後漢紀》與今本《後漢紀》對照表

經梳理歸納,得到李賢注引《後漢紀》文字共19條,同今本《後漢紀》對比(兩書重要異文用"＿＿"標出),列表如下:

李賢注引《後漢紀》與今本《後漢紀》對照表

序號	《後漢書》李賢注引《後漢紀》	今本《後漢紀》
1	永平中崇尚儒學,自皇太子、諸王侯及功臣子弟,莫不受經。又爲外戚樊氏、郭氏、陰氏、馬氏諸子弟立學,號四姓小侯,置五經師。以非列侯,故曰小侯。① (卷2頁113)	永平中,崇尚儒術學,自皇太子,諸王侯及大臣子弟,莫不受經。又爲外戚樊氏、郭氏、馬氏諸子弟立學,號曰四姓小侯。置五經師,醂以明經充焉。② (卷14頁415)
2	時未晡八刻。太史令王立奏曰:"晷過度,無變也。"朝臣皆賀。帝令候焉,未晡一刻而食。賈詡奏曰:"立司候不明,疑誤上下,請付理官。"帝曰:"天道遠,事驗難明,欲歸咎史官,益重朕之不德也。"(卷9頁373)	未晡八刻,太史令王立奏曰:"日晷過度,無有變色。"於是朝臣皆賀。帝密令尚書候焉,未晡一刻而蝕。尚書賈詡奏:"立司候不明,疑誤上下;太尉周忠,職所典掌。請皆治罪。"詔曰:"天道幽遠,事驗難明。且災異應政而至,雖探道知微,焉能不失?而欲歸咎史官,益重朕之不德。"(卷27頁764)

---

* 本文是江蘇師範大學博士學位教師科研支持項目《〈後漢書〉〈後漢紀〉史料異文研究》(19XFRX034)的階段性成果。

① 〔宋〕范曄撰,〔唐〕李賢等注:《後漢書》;〔晉〕司馬彪撰,〔梁〕劉昭注補:《後漢書志》,北京:中華書局,1965年,第113頁。下引該書,僅隨文標注卷數與頁碼。

② 〔晉〕袁宏撰,周天游校注:《後漢紀校注》,天津:天津古籍出版社,1987年,第415頁。下引該書,僅隨文標注卷數與頁碼。

續表

序號	《後漢書》李賢注引《後漢紀》	今本《後漢紀》
3	孛於天市,將從天子移都,其後上東遷之應也。(卷9頁375)	有星孛於天市。占曰:"民將徙,天子移都。"其後上東遷之應也。(卷27頁766)
4	是時馬騰以李傕等專亂,以益州刺史劉焉宗室大臣,遣使招引共誅傕。焉遣子範將兵就騰。故涼州刺史种劭,太常拂之子也。拂爲傕所害,劭欲報仇,遂爲此戰。(卷9頁376)	是時李傕等專亂,馬騰等私求不獲,騰怒,以益州牧劉焉宗室大臣,遣使招引,欲共誅傕等。焉遣子範將兵就騰。岐州刺史种邵,太常种拂之子。拂爲傕所害,中郎將杜廩與賈詡有隙,並與騰合,報其讎隙。(卷27頁773)
5	時敕侍中劉艾取米豆五升於御前作麋,得滿三盂,於是詔尚書曰:"米豆五升,得麋三盂,而人委頓,何也?"(卷9頁376)	帝疑廩賦不實,敕侍中劉艾取米豆各五升,燃火於御前,作麋得二盆。於是艾出問尚書:"米豆五升,得麋二盆,而民委頓,何也?"(卷27頁775—776)
6	迎氣北郊,始用八佾。(卷9頁383)	九月,公卿迎氣北郊,始用八佾。(卷29頁821)
7	秋七月,武威太守張猛殺雍州刺史邯鄲商。李賢注:袁宏《漢紀》"雍州"作"涼州"也。(卷9頁384)	秋七月,武威太守張猛殺涼州刺史商邯。(卷29頁828)
8	爲傕所略,不敢自言。(卷10頁451)	及關中破,爲李傕所略,不敢自説也。(卷27頁762)
9	浮屠,佛也,西域天竺國有佛道焉。佛者,漢言覺也,將以覺悟群生也。其教以修善慈心爲主,不殺生,專務清静。其精者爲沙門。沙門,漢言息也,蓋息意去欲而歸於無爲。又以爲人死精神不滅,隨復受形,生時善惡皆有報應,故貴行善修道,以煉精神,以至無生而得爲佛也。佛長丈六尺,黄金色,項中佩日月光,變化無方,無所不入,而大濟群生。初,明帝夢見金人長大,項有日月光,以問群臣。或曰:"西方有神,其名曰佛。陛下所夢,得無是乎?"於是遣使天竺,問其道術而圖其形像焉。(卷42頁1429)	浮屠者,佛也,西域天竺有佛道焉。佛者,漢言覺,將悟群生也。其教以修善慈心爲主,不殺生,專務清净。其精者號爲沙門。沙門者,漢言息心,蓋意去欲而歸於無爲也。又以爲人死精神不滅,隨復受形,生時所行,善惡皆有報應。故所貴行善修道,以煉精神而不已,以至無爲而得爲佛也。佛身長一丈六尺,黄金色,項中佩日月光,變化無方,無所不入,故能化通萬物而大濟群生。初,帝夢見金人長大,項有日月光,以問群臣。或曰:"西方有神,其名曰佛,其形長大。"而問其道術,遂於中國而圖其形象焉。(卷10頁276—277)
10	尚書侍郎冷宏議,以爲自非聖人,不能無過,故王太子生,爲立賢師傅以訓導之。是以目不見惡,耳不聞非,能保其社稷,高明令終。萇少長藩國,內無過庭之訓,外無師傅之道,血氣方剛,卒受榮爵,幾微生過,遂陷不義。臣聞《周官》議親,蠢愚見赦。萇不殺無辜,以譴呵爲非,無赫赫大惡,可裁削奪損其租賦,令得改過自新,革心向道。案黃香集,香與宏共奏,此香之辭也。(卷50頁1674)	尚書侍郎岑宏議以爲"非聖人不能無過,故王侯世子生,爲立賢師傅以訓導之,所以目不見異,耳不聞非,能保其社稷,高明令終。萇少長藩國,內無過庭之訓,外無師傅之道,血氣方剛,卒受榮爵,幾微生過,遂陷不義。臣聞周官議親,蠢愚見赦,萇不殺無辜,以譴訶爲非,無赫赫大惡,可裁削奪,損其租賦,令得改過自新,革心向道"。(卷16頁459)
11	基字憲公,茲字季公,並爲長史,聞固策免,並棄官亡歸巴漢。南鄭趙子賤爲郡功曹,詔下郡殺固二子。太守知其枉,遇之甚寬,二子託服藥夭,具棺器,欲因出逃。子賤畏法,勅吏驗實,就殺之。(卷63頁2088)	初,固二子憲公、季公,並爲長吏,聞策免,皆棄官歸。(卷21頁562)
12	荀彧字文若。李賢注:袁宏《漢紀》"彧"作"郁"。(卷70頁2281)	初,潁川人荀彧,字文若,舉孝廉,爲亢父令。(卷26頁749)

續表

序號	《後漢書》李賢注引《後漢紀》	今本《後漢紀》
13	滂字公熙。純素寡欲,終不言人短。當權寵之盛,或以同異致禍,滂獨中立於朝,故愛憎不及焉。(卷 72 頁 2321)	滂字公熙,閱之孫也。純素寡欲,終不言人之短。當權寵之盛,或以同異致禍,滂獨中立於朝,故愛憎不及焉。(卷 24 頁 679)
14	蒙後爲催所殺。(卷 72 頁 2334)	二月,李催殺右將軍樊稠、撫軍中郎將李象。(卷 28 頁 778)
15	李催數設酒請汜,或留汜止宿。汜妻懼與催婢妾私而奪己愛,思有以離間之。會催送饋,汜妻乃以豉爲藥。汜將食,妻曰:"食從外來,儻或有故?"遂摘藥示之,曰:"一棲不兩雄,我固疑將軍之信李公也。"他日催請汜,大醉,汜疑催藥之,絞糞汁飲之乃解,於是遂相猜疑。(卷 72 頁 2337)	催數設酒請汜,或留汜止宿。汜妻懼催與汜婢妾而奪己愛,思有以離間之。會催送饋,汜妻乃以豉爲藥。汜將食,妻曰:"食從外來,儻或有故。"遂摘藥示之曰:"一棲無兩雄,我固疑將軍信李公也。"他日催復請汜,大醉,汜疑催藥之,絞糞汁飲之乃解。於是遂相疑,治兵相攻矣。(卷 28 頁 778)
16	濟使太官令孫篤、校尉張式宣諭十反。(卷 72 頁 2339)	使太官令狐篤、綏民校尉張裁宣諭十反。(卷 28 頁 786)
17	煨與楊定有隙,煨迎乘輿,不敢下馬,揖馬上。侍中种輯素與定親,乃言曰:"段煨欲反。"上曰:"煨屬來迎,何謂反?"對曰:"迎不至界,拜不下馬,其色變,必有異心。"太尉楊彪等曰:"煨不反,臣等敢以死保,車駕可幸其營。"董承、楊定言曰:"郭汜今且將七百騎來入煨營。"天子信之,遂露次於道南,奉、承、定等功也。(卷 72 頁 2339)	煨與楊定有隙,迎乘輿,不敢下馬。侍中种輯素與定親,乃言段煨欲反。上曰:"煨屬來迎,何謂反?"對曰:"迎不至界,拜不下馬,其色變也,必有異心。"於是太尉楊彪、司徒趙溫、侍中劉艾、尚書梁紹等:"段煨不反,臣等敢以死保,車駕可幸其營。"董承、楊定言曰:"郭汜來在煨營。"詔曰:"何以知?"文禎、左靈曰:"弘農督郵知之。"因脅督郵曰:"今郭汜將七百騎來入煨營。"天子信之,遂路次於道南。(卷 28 頁 791)
18	催、汜繞營叫呼,吏士失色,各有分散意。李樂懼,欲令車駕御舡過砥柱,出盟津。楊彪:"臣弘農人也。自此以東,有三十六難,非萬乘所當登。"宗正劉艾亦曰:"臣前爲陝令,知其危險。舊故〔有〕河師,猶時有傾危,況今無師。太尉所慮是也。"(卷 72 頁 2341)	催等統營叫喚,吏士失色,各有分散之意。李樂懼,欲令車駕御船過砥柱,出孟津。詔曰:"千金之子,坐不垂堂。孔子慎馮河之危,豈所謂安居之道乎?"太尉楊彪曰:"臣弘農人也,自此東有三十六灘,非萬乘所登也。"宗正劉艾曰:"臣前爲陝令,知其險。舊故有河師,猶有傾危,況今無師。太尉所慮是也。"(卷 28 頁 794)
19	誅議郎侯祈、尚書馮碩、侍中(壺)〔臺〕崇,討有罪也。封衛將軍承、輔國將軍伏完、侍中丁沖、种輯、尚書僕射鍾繇、尚書郭溥、御史中丞董芬、彭城相劉艾、馮翊韓斌、東郡太守楊衆、議郎羅邵、伏德、趙蕤爲列侯,賞有功也。贈射聲校尉沮儁爲弘農太守,旌死節也。(卷 72 頁 2342)	於是誅羽林郎侯折,尚書馮碩,侍中臺崇,討有罪也。封衛將軍董承、輔國將軍伏完、侍中种輯、尚書僕射鍾繇、尚書郭浦、御史中丞董芬、彭城相劉艾、左馮翊韓斌、東萊太守楊衆、羅邵、伏德、趙蕤爲列侯,賞有功也。追贈射聲校尉沮儁爲弘農太守,矜死節也。(卷 29 頁 801)

(二)李賢注引《後漢紀》析論

通過列表對比可以看出:

首先,李賢注引《後漢紀》有部分爲節引、意引。

節引例如(2)中《後漢紀》"太尉周忠,職所典掌","且灾異應政而至,雖探道知微,焉能不失"。《續漢書·五行志》劉昭注引《後漢紀》作"太尉周忠,職所典掌","且灾異應政而至,雖探道知機,焉能無失”,^① 幾乎全同,而李賢注所引則省略了這兩處文字。又如(18)中《後漢紀》“詔曰:‘千金之子,坐不垂堂。孔子慎馮河之危,豈所謂安居之道乎?’”李賢注也省略掉了。

意引例如(4)中《後漢紀》“中郎將杜廩與賈詡有隙,並與騰合,報其讎隙”。李賢注不言杜廩,僅言種劭欲爲父報仇,意引作“劭欲報仇,遂爲此戰”。又如(14)中《後漢紀》“二月,李傕殺右將軍樊稠、撫軍中郎將李象”,李賢注改寫成“蒙後爲傕所殺”。

另外,李賢注引文還存在節引、意引參雜的情況。如(17)中《後漢紀》:“董承、楊定言曰:‘郭汜來在煨營。’詔曰:‘何以知?’文禎、左靈曰:‘弘農督郵知之。’因脅督郵曰:‘今郭汜將七百騎來入煨營。’”李賢注引《後漢紀》:“董承、楊定言曰:‘郭汜今且將七百騎來入煨營。’”李賢注省去了“郭汜來在煨營”一句及漢獻帝與文禎、左靈之間的對話,並且將弘農督郵説的“今郭汜將七百騎來入煨營”直接移植到“董承、楊定言曰”後面,變成了董承、楊定的話。

其次,李賢注引《後漢紀》中附有校讎、解釋。

李賢注引《後漢紀》,有時是爲了提供與《後漢書》不同的文本異文以備校勘之用,而不單純是爲了補充史料。如(7)中《後漢書》:“秋七月,武威太守張猛殺雍州刺史邯鄲商。”李賢注:“袁宏《漢紀》‘雍州’作‘涼州’也。”今本《後漢紀》正作“涼州”。周天游云:“按興平元年,分涼州河西四郡置雍州,武威屬河西四郡,當以《范書》爲是。”^② 又如(12)中《後漢書》“荀彧字文若”,李賢注:“袁宏《漢紀》‘彧’作‘郁’。”今本《後漢紀》已作“彧”,與李賢注引不同。這可能是因爲《後漢紀》在唐代以後的流傳中被抄刻者改動過。

李賢注在徵引《後漢紀》時又或對其内容進行考證、解釋。如(10)中李賢注“案黄香集,香與宏共奏,此香之辭也”,便是在考證《後漢紀》所載冷宏奏議的歸屬問題。

又如(1)中李賢注:“號四姓小侯,置五經師。以非列侯,故曰小侯。”頗疑“以非列侯,故曰小侯”是李賢注解釋小侯名義之語,原非《後漢紀》内容。其證有四:

一、(1)中文字見於今本《後漢紀》張酺的傳記,整段文字都是在叙述張酺生平,“置五經師”後接“酺以明經充焉”,語意連貫,文從字順。而李賢注引“置五經師”後突然出現解釋小侯名義的語句,致使文意割裂,條理不順。

二、李賢注“以非列侯,故曰小侯”下尚有“《禮記》曰‘庶方小侯’,亦其義也”。既然李賢注引《禮記》來解釋小侯的含義,並且説“亦其義也”,這就表明前文“以非列侯,故曰小侯”是在解釋小侯的含義。兩句都是解釋性的文字,應是一個整體。

三、《東觀漢記》卷16《張酺傳》:“永平九年,詔爲四姓小侯開學,置五經師,張酺以明經授於南宫。”^③《後漢書》卷45《張酺傳》:“永平九年,顯宗爲四姓小侯開學於南宫,置五經

① 〔宋〕范曄撰,〔唐〕李賢等注:《後漢書》;〔晉〕司馬彪撰,〔梁〕劉昭注補:《後漢書志》,第3371頁。
② 〔晉〕袁宏撰,周天游校注:《後漢紀校注》,第828頁。
③ 吳樹平:《東觀漢記校注》,北京:中華書局,2008年,第713頁。

師。醣以《尚書》教授,數講於御前。"①兩處和今本《後漢紀》相近的文字,都没有出現李賢注引的"以非列侯,故曰小侯"。

四、考《顏氏家訓》卷 6《書證》:"明帝時,外戚有樊氏、郭氏、陰氏、馬氏爲四姓。謂之小侯者,或以年小獲封,故須立學耳。或以侍祠猥朝,侯非列侯,故曰小侯。《禮》云:'庶方小侯。'則其義也。"②《顏氏家訓》解釋小侯列出了兩種説法,其中"或以侍祠猥朝,侯非列侯,故曰小侯。《禮》云:'庶方小侯。'則其義也"與李賢注十分接近,李賢注可能是襲用了《顏氏家訓》的舊説。③

第三,李賢注引《後漢紀》可補充今本《後漢紀》内容。

如(11)中《後漢紀》載李固二子聽聞李固被罷免,"皆棄官歸"。李賢注引《後漢紀》則補充了李固二子棄官後的情况,叙述了李固二子被趙子賤殺害的經過。此事又見於常璩《華陽國志》。《華陽國志》卷 10 下《漢中士女》:"子賤初爲郡功曹。李固之誅,詔書下郡殺固二子憲公、季公。太守知其枉,遇之甚寬。二子託服藥死,具棺器,欲因出逃。子賤畏法,敕更驗實,就殺之。"④常璩和袁宏都是東晉時人,他們能見到的東漢史料大體相同,因此記叙的内容相仿。

第四,李賢注引《後漢紀》可與今本《後漢紀》互相勘正。

以李賢注校正今本《後漢紀》,如(10)中《後漢紀》"所以目不見異,耳不聞非","異"當從李賢注改作"惡",與"耳不聞非"之"非"爲對文。又如(13)中《後漢紀》"閎之孫也",當從李賢注删。周天游云:"閎乃袁安孫袁彭之孫,袁逢、袁隗爲其從父,乃汝南袁氏。袁滂係陳郡人,與袁閎雖同姓而不同宗,故非閎之孫明矣。"⑤

以今本《後漢紀》校正李賢注,如(18)中李賢注"舊故〔有〕河師",中華書局本《後漢書》校勘記:"'舊故河師'不成文理,今據《袁紀》補一'有'字。⑥又如(19)中李賢注"侍中(壺)〔臺〕崇",中華書局本《後漢書》校勘記:"《集解》引惠棟説,謂'壺'當作'臺',詳見《獻帝紀》。今據改。"⑦

雖然李賢注引《後漢紀》和今本《後漢紀》能夠起到相互補充、勘正的作用,但目前尚不能確定兩者之間的源流關係,因此對於其中部分文本差異,我們認爲:

一、兩者皆可讀通的,最好存而不論,以俟將來。

如(3)中李賢注的"從"與今本《後漢紀》的"徙",(10)中李賢注的"冷宏"和今本《後

---

① 〔宋〕范曄撰,〔唐〕李賢等注:《後漢書》;〔晉〕司馬彪撰,〔梁〕劉昭注補:《後漢書志》,第 1528 頁。
② 〔北齊〕顏之推撰,王利器集解:《顏氏家訓集解(增補本)》,北京:中華書局,1993 年,第 462 頁。
③ 王利器認爲《顏氏家訓》這段文字是從《後漢紀》而來,並云見《後漢紀·明帝紀》。王氏所據實爲李賢注引《後漢紀》,而非今本《後漢紀》。今考證李賢注乃承用《顏氏家訓》,與王説不同。
④ 〔晉〕常璩撰,任乃强校注:《華陽國志校補圖注》,上海:上海古籍出版社,1987 年,第 609 頁。
⑤ 〔晉〕袁宏撰,周天游校注:《後漢紀校注》,第 679 頁。
⑥ 〔宋〕范曄撰,〔唐〕李賢等注:《後漢書》;〔晉〕司馬彪撰,〔梁〕劉昭注補:《後漢書志》,第 2349 頁。
⑦ 〔宋〕范曄撰,〔唐〕李賢等注:《後漢書》;〔晉〕司馬彪撰,〔梁〕劉昭注補:《後漢書志》,第 2350 頁。

漢紀》的“岑宏”。

二、即使在難以讀通的情況下，仍需反復斟酌，不宜遽作校改。

如(15)中《後漢紀》“汜妻懼傕與汜婢妾而奪己愛，思有以離間之”，周天游云:“《袁紀》此句與《三國志·董卓傳》注引《典略》同。然《范書·董卓傳》注引《袁紀》作‘汜妻懼傕婢妾私而奪己愛’，《御覽》卷八五六引《袁紀》‘傕’上有‘與’字，餘同《范書》注。疑今本‘傕與汜’當是‘汜與傕’之誤，又‘妾’下脱‘私’字。又《范書》注亦脱‘與’字。”①

周天游以爲《後漢紀》原文當作“汜妻懼汜與傕婢妾私而奪己愛”，今按周説未必是。

首先，《後漢書》卷72《董卓傳》李賢注引《後漢紀》實作“汜妻懼與傕婢妾私而奪己愛”，②與《太平御覽》同，周氏引文有誤。

其次，李賢注引《後漢紀》文意固通，然今本《後漢紀》不用乙正文字也能讀通，而且於義爲長。“汜妻懼傕與汜婢妾而奪己愛”之“與”不是介詞，而是動詞，給予之意。如《老子》第三十六章:“將欲奪之，必固與之。”③曹植《賞罰令》:“功之宜賞，於疏必與;罪之宜戮，在親不赦。”④郭汜之妻似乎不必害怕郭汜跟李傕的婢妾私通。即便確有私通，婢妾終究還歸於李傕，如何奪己愛? 況且一旦東窗事發，李傕豈能善罷甘休? 郭汜之妻害怕的應該是李傕送給郭汜婢妾，從而導致自己失寵。

再次，與人婢妾之舉在東漢三國亦非鮮見，且多是出於籠絡人心的目的。如《後漢書》卷58《孝明八王列傳》載漢安帝詔書謂臨湖侯劉旻“出入顛覆，風淫於家，娉取人妻，餽遺婢妾”。⑤《三國志》卷55《吳書·韓當傳》裴松之注引《吳書》:“遂共圖計，以當葬父，盡呼親戚姑姊，悉以嫁將吏，所幸婢妾，皆賜與親近，殺牛飲酒歃血，與共盟誓。”⑥李傕、郭汜各自擁兵，彼此不服，爲緩和矛盾，李傕以贈送婢妾的方式來拉攏郭汜，也就容易理解了。

總之，李賢注引《後漢紀》與今本《後漢紀》文字不必一味趨同，可以兩存，以備進一步研究。像張烈點校本《後漢紀》直接據李賢注改動原文，⑦就略失審慎了。

（李博，江蘇師範大學文學院講師）

---

① 〔晉〕袁宏撰，周天游校注:《後漢紀校注》，第779頁。

② 〔宋〕范曄撰，〔唐〕李賢等注:《後漢書》;〔晉〕司馬彪撰，〔梁〕劉昭注補:《後漢書志》，第2337頁。

③ 朱謙之:《老子校釋》，北京:中華書局，1984年，第143頁。

④ 〔清〕嚴可均:《全三國文》，北京:商務印書館，1999年，第143頁。

⑤ 〔宋〕范曄撰，〔唐〕李賢等注:《後漢書》;〔晉〕司馬彪撰，〔梁〕劉昭注補:《後漢書志》，第1673頁。

⑥ 〔晉〕陳壽撰，〔宋〕裴松之注:《三國志》，北京:中華書局，1959年，第1286頁。

⑦ 〔晉〕袁宏撰，張烈點校:《後漢紀》，北京:中華書局，2017年，第535頁。

蕭子顯 "字景陽" 辨誤

李鶴麗

[摘　要]　梁蕭子顯是南朝重要的史學家和文學家,《梁書》《南史》有傳,均稱其 "字景陽",今人一般皆從之。但根據梁元帝《法寶聯璧序》所載與唐代徐堅《初學記》所引,以及《舊唐書·經籍志》《新唐書·藝文志》之著録,子顯當 "字景暢"。《南史》蕭子顯本傳源於《梁書》,稱 "字景陽" 者實屬孤證,蓋《梁書》傳寫偶失,《南史》習焉不察,遂成此誤。

[關鍵詞]　蕭子顯　景陽　景暢　法寶聯璧序

梁蕭子顯(489—537)是齊高帝蕭道成之孫,豫章文獻王蕭嶷之子,南朝重要的史學家、文學家。子顯平生著述甚多,據《隋書·經籍志》著録,即有《後漢書》一百卷、《晉史草》三十卷、《齊書》六十卷、《普通北伐記》五卷、《貴儉傳》三卷(《梁書》作 "三十卷")等,又有文集二十卷。而傳於今者,唯有 "二十四史" 之一的《南齊書》(爲區别《北齊書》,後人加 "南"字)。子顯事迹,詳見《梁書》卷三五、《南史》卷四二本傳。今人述其生平,皆本於二史,但云子顯 "字景陽",[①]則恐有誤,今辨正如下:

蕭子顯 "字景陽",初見於《梁書·蕭子顯傳》:"子顯字景陽,子恪第八弟也。幼聰慧,文獻王異之,愛過諸子。"[②]復見於《南史》本傳:"子顯字景陽,子范弟也。幼聰慧,嶷偏愛之。"[③]二史皆稱子顯字 "景陽",似無可疑,但子顯同時人梁元帝蕭繹撰寫的《法寶聯璧序》却記載有異:"侍中、國子祭酒、南蘭陵蕭子顯,年四十八,字景暢。"[④]《法寶聯璧》撰成於梁武帝中大通六年(534)。《南史》卷三八《陸罩傳》載:"初,簡文在雍州,撰《法寶聯璧》,罩與群賢並抄掇區分者數歲。中大通六年而書成,命湘東王爲序。其作者有侍中、國子祭酒、南蘭陵蕭子顯等三十人,以比王象、劉邵之《皇覽》焉。"[⑤]《法寶聯璧序》也有説明:"以今歲次攝提,星在監德。百法明門,於兹總備。千金不刊,獨高斯典,合二百二十卷。"[⑥] "攝提" 即 "攝提格",是寅年的别稱,"監德" 則借指正月。《漢書》卷二六《天文志》云:"太歲在寅曰攝提格。歲星正

①　僅見逯欽立《先秦兩漢魏晉南北朝詩》蕭子顯小傳稱 "字景暢"(北京:中華書局,1983 年,第 1815 頁),但未作辨誤,亦未言所據。

②　〔唐〕姚思廉:《梁書》,北京:中華書局,1973 年,第 511 頁。

③　〔唐〕李延壽:《南史》卷四二《蕭子顯傳》,北京:中華書局,1975 年,第 1072 頁。

④　〔唐〕釋道宣:《廣弘明集》卷二〇,《四部叢刊初編》本,上海:上海書店,1989 年。

⑤　〔唐〕李延壽:《南史》卷三八《陸罩傳》,第 1205 頁。按:蕭繹在《法寶聯璧序》中詳載參與編纂者之官銜、姓名等,共三十八人,此言 "三十人",顯脱 "八" 字。

⑥　〔唐〕釋道宣:《廣弘明集》卷二〇,《四部叢刊初編》本。

月晨出東方，石氏曰名監德，在斗、牽牛。"① 此言《法寶聯璧》成於寅年正月，中大通六年即爲甲寅年，與《南史·陸罩傳》所言相合。此書由梁簡文帝蕭綱（時爲晉安王出鎮雍州）主持編纂，子顯與蕭繹（時爲湘東王）等三十餘人共同參與完成，蕭繹序文即作於此時。《法寶聯璧》雖然亡佚了，但蕭繹序却有幸在唐釋道宣編纂的《廣弘明集》中保存了下來。此序稱子顯"字景暢"，頗可信據，理由有二：第一，蕭繹與蕭子顯關係頗爲密切，其言必不誤。蕭繹是梁武帝蕭衍寵愛的第七子，蕭子顯亦深受蕭衍喜愛。《梁書》卷三五《蕭子顯傳》載："高祖（即梁武帝）雅愛子顯才，又嘉其容止吐納，每御筵侍坐，偏顧訪焉。"② 蕭繹是蕭綱的七弟，子顯則是蕭綱文學集團的重要成員，並且蕭繹與子顯共同參與《法寶聯璧》的編纂，可見二人不僅同時，而且熟識，該序是第一手原始資料，其言"字景暢"，是完全可以取信的。第二，"景暢""景陽"，"暢""陽"形近，易於致誤，但經過多方考察，"景暢"並無傳寫訛變的可能。首先從蕭繹序言文本流傳的整體情況看，"景暢"訛誤的可能性較小。蕭序末尾詳細列叙了參與該書編纂人員的官職、爵位、籍貫、姓名、年齡、表字等，③ 凡38人。除蕭子顯之外，有22人在《梁書》或《南史》中有本傳或附傳，現具列於下：蕭繹字世誠，劉溉字茂灌，④ 王規字威明，劉孺字孝稚，褚球字仲寶，謝僑字國美，劉遵字孝陵，褚澐字士洋，袁君正字世忠，陸襄字師卿，王藉字文海，徐摛字士秀，劉顯字嗣芳，蕭幾字德玄，韋棱字威直，張緬字孝卿，蕭子范字景則，陸罩字洞元，王訓字懷範，庾肩吾字子慎，庾仲容字仲容，⑤ 蕭清字元專。⑥ 此22人的表字，序文所載皆有《梁書》或《南史》本傳或附傳相印證，無一誤例，因此可以基本排除序文所稱"字景暢"的傳寫訛誤。其次，從唐人的反復稱引也能得到很好的印證。開元時徐堅等編撰的《初學記》卷一一《職官部上·中書舍人》引《齊書》即稱"蕭景暢《齊書》"，⑦ 其文曰："永明元年，熒惑入紫微。時中書通事舍人四人，各注（當作"住"）一户，謂之四户。既總重權，勢傾天下，會玄象失度，太史奏云：'宜修福禳之。'太尉王儉謂帝曰：'天文乖忤，此由四户。'仍（當作"乃"）其（當作"具"）舍人王文明等各（當作"名"）奏之。"⑧ 此文又見於《太平御覽》卷二二二引《齊書》⑨（當采之《初學記》）。今本《南齊書》不載此文，與《南史》卷七七《吕文顯傳》⑩ 亦有小異，疑編者所據爲别本或稿本《齊書》，又或誤别家《齊書》（開元時流傳有劉陟《齊書》

---

① 〔汉〕班固撰，〔唐〕颜师古注：《漢書》卷二六《天文志》，北京：中華書局，1962年，第1289頁。
② 〔唐〕姚思廉：《梁書》卷三五《蕭子顯傳》，第511頁。
③ 〔唐〕釋道宣：《廣弘明集》卷二〇，《四部叢刊初編》本。
④ "劉"當作"到"。到溉，彭城人，《梁書》卷四〇、《南史》卷二五有傳。"到"原作"劉"，蓋後人不熟"到"姓，以爲彭城爲劉氏郡望，"到"乃形近致訛而誤改。
⑤ 庾仲容，字仲容，《梁書》卷五〇本傳所載相合，可證此序所載不誤，《南史》卷三五本傳作"字子仲"，疑有誤。
⑥ "清"，《南史》卷四一《蕭幾傳》同，《梁書》卷四一《蕭幾傳》作"爲"，當誤。
⑦ 〔唐〕徐堅等：《初學記》卷一一《職官部上·中書舍人》，《日本宮内廳書陵部藏宋元版漢籍影印叢書》第一輯，揚州：揚州廣陵古籍刻印社，2001年，第184頁。
⑧ 〔唐〕徐堅等：《初學記》卷一一《職官部上·中書舍人》，第184頁。
⑨ 〔宋〕李昉等：《太平御覽》卷二二二《職官部二〇·中書舍人》，北京：中華書局，1960年，第1055頁。
⑩ 〔唐〕李延壽：《南史》卷七七《吕文顯傳》，第1932頁。

八卷）爲蕭子顯《齊書》。雖然如此，但徐堅改稱"蕭子顯《齊書》"爲"蕭景暢《齊書》"，^① 顯然熟知"景暢"爲子顯字。"蕭景暢"之稱又別見於兩《唐志》。《舊唐書》卷四六《經籍志上》云："《晉史草》三十卷，蕭景暢撰。"^②《新唐書》卷五八《藝文志二》亦云："蕭景暢《晉史草》三十卷。"^③ 此蕭景暢即蕭子顯，《隋書》卷三三《經籍志二》載"《晉史草》三十卷，梁蕭子顯撰"^④ 可證。兩《唐志》史源皆本于開元時毋煚編撰的《古今書録》，尤其是《舊唐志》，即删節《古今書録》而成，《古今書録》則据官修《開元群書四部録》删訂而成，其著録依據即開元間朝廷藏書，其稱"蕭景暢"，應是本自《晉史草》傳本上的撰人題署。據《舊唐志序》，《古今書録》"有小序及注撰人姓氏"，^⑤ 即對所録圖書之著者有注釋説明，此頗類似於王儉《七志》的"傳録體"。由此可知，《古今書録》對蕭景暢即蕭子顯是會有説明的。從兩《唐志》著録與《初學記》稱引著者在名與字的轉換上看，唐朝玄宗時學人是認可蕭子顯字景暢的，此更可證蕭繹《法寶聯璧序》所載子顯"字景暢"之可信。

　　或以爲古代一人二字亦非罕見，故存有一種可能，即蕭子顯實有兩個表字：一爲"景陽"，一爲"景暢"。但這種一人二字的情況對蕭子顯並不適用。一般而言，有兩個表字者，其形音、取義都有一定的區別，若取義相近而又字形相似，一般都屬於傳寫致誤或致異。檢《南史》，一人有兩字者凡十八例。^⑥ 這些一人二字的情況，有一個明顯的特徵，即兩表字之間形義相差很大，或兩個表字用字全異，或同一字而另一字形義大異，並沒有形音、取義相同相近之例。如《南史》卷一六《王瞻傳》載："（王）瞻，字明遠，一字叔鸞。"^⑦ 卷五〇《劉虬傳》載："劉虬字靈預，一字德明。"^⑧ 同卷《庾黔婁傳》載："（庾）黔婁，字子貞，一字貞正。"^⑨ 卷六二《徐摛傳》載："徐摛，字士秀，東海郯人也，一字士繢。"^⑩ 南朝皇室子弟有二個表字的祇有一例，即《南史》卷五三《武陵王傳》所載："武陵王紀，字世詢，武帝第八子也……大智，紀別字也。"^⑪ 二字亦形義迥別。十八例中僅有一例較爲特殊，即《南史》卷三九《劉苞傳》所載"（劉）苞，字孝嘗，一字孟嘗"^⑫ 例，兩個表字中同用"嘗"字，而"孝""孟"二字又字形稍近。^⑬ 但即使

---

① 〔唐〕徐堅等：《初學記》卷一一《職官部上·中書舍人》，第 184 頁。

② 〔後晉〕劉昫等：《舊唐書》卷四六《經籍志上》，北京：中華書局，1975 年，第 1991 頁。

③ 〔宋〕歐陽修：《新唐書》卷五八《藝文志二》，北京：中華書局，1975 年，第 1460 頁。

④ 〔唐〕魏徵、〔唐〕令狐德棻：《隋書》卷三三《經籍志二》，北京：中華書局，1973 年，第 955 頁。

⑤ 〔後晉〕劉昫等：《舊唐書》卷四六《經籍志上》，第 1966 頁。

⑥ 此十八例分别爲《南史》卷一六《王瞻傳》、卷二二《王筠傳》、卷二四《王晏傳》、卷二五《垣崇祖傳》、卷三九《劉苞傳》、卷四六《王廣之傳》、卷五〇《明僧紹傳》《庾黔婁傳》《劉虬傳》、卷五三《梁武帝諸子·武陵王紀傳》、卷五四《王茂傳》、卷六二《徐摛傳》、卷七〇《阮長之傳》《范述曾傳》、卷七五《宗測傳》《顧歡傳》《吳苞傳》、卷七六《范元琰傳》。

⑦ 〔唐〕李延壽：《南史》卷一六《王瞻傳》，第 467 頁。

⑧ 〔唐〕李延壽：《南史》卷五〇《劉虬傳》，第 1248 頁。

⑨ 〔唐〕李延壽：《南史》卷五〇《劉虬傳》，第 1245 頁。

⑩ 〔唐〕李延壽：《南史》卷六二《徐摛傳》，第 1521 頁。

⑪ 〔唐〕李延壽：《南史》卷五三《武陵王傳》，第 1328—1331 頁

⑫ 〔唐〕李延壽：《南史》卷三九《劉苞傳》，第 1008 頁。

⑬ 按：東漢薛苞字孟嘗（《後漢紀》卷一一《孝章皇帝紀》、《太平御覽》卷一八一引華嶠《後漢書》、卷四一四引《汝南先賢傳》），與劉苞同名，字亦相近，疑劉苞"一字孟嘗"緣此而誤。

如此，其字音、取義亦顯然有別。兩個表字若形音相近，取義相似，則無由而起，加之傳記文獻又未稱有“一字”者，則其一字宜視作字誤，而不應視作一人二字。若“景暢”與“景陽”，皆與其名“子顯”之義相應，因“顯”而大暢或因“顯”而大明，取義並無異趣，加之史傳之作本在《法寶聯璧序》後，亦不稱其別有“一字”，而“暢”“陽”二字又形音相近易誤，則實不宜以“一名二字”視之。

綜上所言，梁蕭繹《法寶聯璧序》屬於第一手資料，文本流傳狀況良好，又有唐開元時《初學記》與《古今書錄》（兩《唐志》之藍本）兩種没有史源關係的文獻互相印證，其稱子顯“字景暢”十分可信；而稱子顯“字景陽”者，雖有《梁書》《南史》唐初兩種正史爲據，但皆晚於蕭繹《序》，且二史有史源關係，即《南史》蕭子顯本傳源自《梁書》，“字景陽”實爲孤證。蓋《梁書》傳寫偶然形近致訛，《南史》襲焉而不察，故有此誤。清人章宗源、姚振宗等以爲“景暢”爲“景陽”之誤，[①]則當因未見蕭繹《序》之記載與《初學記》之稱引，乃僅就兩《唐志》之異文而作出的臆斷。

（李鶴麗，南京大學文學院博士後）

---

① 見章宗源《隋經籍志考證》卷一“晉史草”條，清光緒元年（1875）湖北崇文書局刻《三十三種叢書》本；姚振宗《隋書經籍志考證》卷一一“《晉史草》”條，民國二十五年（1936）上海開明書店《快閣師石山房叢書》排印本。

宋代鄭剛中世系考*

任　群　劉澤華

[摘　要]　鄭剛中是兩宋之際重要的政治家、文學家，有文學作品和學術著作傳世。他的家世，學界已有討論，但不太深入。文章根據近年浙江金華新出土鄭剛中之子鄭良嗣撰《宋故宣撫資政鄭公之墓》《先妣墓志》，並結合《北山文集》、宋人何耕撰《宋故資政殿學士鄭公墓志銘》等傳世文獻，考證其高祖至孫輩七代人的相關情況，並附《世系表》於文後。

[關鍵詞]　鄭剛中　出土墓志　傳世文獻　世系

鄭剛中（1088—1154），字亨仲，號北山，又號觀如居士，婺州金華人（今屬浙江），兩宋之際重要的政治家、文學家。宋高宗紹興二年（1132）第三名登進士第，累官至尚書吏部侍郎、川陝宣撫副使、四川宣撫副使等，後因忤秦檜遭黜，紹興二十四年（1154）卒於封州，謚"忠愍"，事迹詳見《宋史》卷三百七十本傳。鄭剛中著述頗豐，今有學術著作《周易窺餘》十五卷、詩文集《北山文集》三十卷和詞作傳世。

本文討論鄭剛中世系問題，就筆者目前所見，祇有柏文莉撰《權力關係：宋代中國的家族、地位和國家》第九章有所涉及。[①]本文所據材料主要有四種，分別是：浙江金華新出土鄭剛中之子鄭良嗣所撰《宋故宣撫資政鄭公之墓》（以下簡稱《鄭公之墓》），《先妣墓志》（按：即鄭良嗣母石氏），[②]宋人何耕撰《宋故資政殿學士鄭公墓志銘》（以下簡稱"何《志》"），[③]鄭剛中撰《北山文集》。[④]前三種，正是柏著未能獲取的。

鄭良嗣《鄭公之墓》撰於其父卒後不久，當時"權臣（按：即秦檜）之凶焰未熄，不肖孤僅

---

* 本文是安徽省教育廳人文社科重點項目"宋代鄭剛中及其《北山文集》研究"（SK 2020 A 0082）、國家社科基金重大項目"全宋詞人年譜、行實考"（17 ZDA 255）的階段性成果。

① 〔美〕柏文莉著，劉雲軍譯：《權力關係：宋代中國的家族、地位與國家》第九章《婺州當地士紳：兩個個案研究》之《北宋：金華鄭氏》，南京：江蘇人民出版社，2015年，第232頁。另外，關於鄭剛中的研究，目前主要有何紅玉：《地方權威與中央控制：論鄭剛中之死》，《社會科學戰綫》2010年3期；秦丹丹：《鄭剛中及其詩歌研究》，華中師範大學碩士學位論文，武漢，2012年；王化雨：《南宋紹興前期的中央遣蜀帥臣》，《四川師範大學學報（社會科學版）》2014年1期；李超：《屈膝與求和之間：紹興八年和議中秦檜角色的再思考》，《中外論壇（學術版）》第4期，上海：上海古籍出版社，2020年。然而討論其家世問題的文章未見。

② 〔宋〕鄭良嗣：《宋故宣撫資政鄭公之墓》《先妣（石氏）墓志》，浙江省文物考古研究所編：《浙江宋墓》，北京：科學出版社，2009年，第127—128頁。

③ 〔宋〕何耕：《宋故資政殿學士鄭公墓志銘》，曾棗莊、劉琳等編：《全宋文》第225冊，上海：上海辭書出版社、合肥：安徽教育出版社，2006年，第276—281頁。

④ 〔宋〕鄭剛中：《北山文集》，《金華叢書》本。關於鄭剛中文集的版本問題，參任群與劉澤華合作《鄭剛中〈北山集〉版本考》，《傳統中國研究集刊》第十九輯，上海：上海社會科學院出版社，2018年。

能叙次年月以納諸壙”。① 所以，他祇能簡單列出厥父簡歷，不敢稱道功德。宋孝宗淳熙四年（1177），其母石氏卒，他在《先妣墓志》裏也祇是簡單概括其母的生平及子女情況，因爲“其淑德秘行，非良嗣敢稱述者，當求名筆撰次，與先君俱表於神道”。② 於是他繕録《家傳》八卷，轉求於秘書監何耕，“倘不擯拒，爲一肆筆，勒爲銘文，使永表於神道，則死者不死，而某亦得與人子齒矣。”③（鄭良嗣《與何秘監書》）

何耕（1127—1183），字道夫，漢州綿竹（治所在今四川綿陽）人，紹興十八年（1148）進士，累官至秘書監。他曾受知於鄭剛中，“嘗爲三百許言以送公（按：即鄭剛中），至以諸葛武侯、韋南康爲公比，而論者不以爲過。”④（“何《志》”）因爲這層關係，何耕不便推脱，乃“退考其家傳，而次第其本末”，⑤ 可見“何《志》”雖出於何耕之手，但材料源頭仍在鄭良嗣，其時所謂“權臣”秦檜早已灰飛煙滅，所以長篇大論，叙事頗爲詳盡，特別是在涉及與秦檜關係上較少顧忌，對鄭剛中亦不乏溢美之詞。

以上是三種墓志的大致狀況，本文擬據此與相關史料勾勒出鄭剛中家族世系，以求正於方家。

一

鄭氏先人自五代末自閩避亂於婺州金華，遂世爲金華人。

《鄭公之墓》云：“世爲婺之金華人。”⑥ “何《志》”云：“其先閩人，五代末避亂浙東，散居婺之金華與衢之西安。”⑦ 鄭剛中《北山文集》卷十三《知旨齋記》云：“鄭自五季家金華”，⑧ 卷十《山齋賦》云：“予世居金華赤松之下”，⑨ 又卷二十七《擬墓表》云：“榮陽氏，五季末有自閩中避亂趨浙東者，一族居婺之金華，今爲拱坦鄭，一族居衢之西安，今爲石室鄭。”⑩ 拱坦，地名，今屬於浙江省金華市。

高祖百藥，曾祖克允，祖父諮，皆不仕。

剛中《擬墓表》云：“拱坦有諱百藥者，生三子，曰克從、克允、克明，後枝爲東、西、中三派。克從有子曰詳，以進士官至朝請大夫，累贈中散大夫。克從亦贈至金紫光禄大夫。蓋東鄭也。克允有子曰諮，累貢禮部不第。克明有子曰誥，進士特奏名，不顯，故西、中兩鄭凋落

① 〔宋〕鄭良嗣：《與何秘監書》，〔宋〕鄭剛中：《北山文集》第 8 册卷末，第 48 頁 a—b。
② 〔宋〕鄭良嗣：《先妣（石氏）墓志》，浙江省文物考古研究所編：《浙江宋墓》，第 128 頁。
③ 〔宋〕鄭良嗣：《與何秘監書》，《北山文集》第 8 册卷末，第 50 頁 a。
④ 〔宋〕何耕：《宋故資政殿學士鄭公墓志銘》，《全宋文》第 225 册，第 281 頁。
⑤ 〔宋〕何耕：《宋故資政殿學士鄭公墓志銘》，《全宋文》第 225 册，第 276 頁。
⑥ 〔宋〕鄭良嗣：《宋故宣撫資政鄭公之墓》，浙江省文物考古研究所編：《浙江宋墓》，第 127 頁。
⑦ 〔宋〕何耕：《宋故資政殿學士鄭公墓志銘》，《全宋文》第 225 册，第 276 頁。
⑧ 〔宋〕鄭剛中：《北山文集》第 4 册卷十三，第 85 頁 b。
⑨ 〔宋〕鄭剛中：《北山文集》第 4 册卷十，第 43 頁 a。
⑩ 〔宋〕鄭剛中：《北山文集》第 7 册卷二十七，第 67 頁 a。

不能起。"① 剛中爲西鄭。"何《志》"云："金華之祖百藥，生三子：克從、克允、克明。克從之子詳，仕至中散大夫。公，克允之曾孫也。大父諮，累貢禮部不第。"② 鄭良嗣《鄭公之墓》云："曾祖諱克允，祖諱諮，皆潛德弗耀。"

克從有子鄭詳，字敏甫，著有《退翁吟稿》三卷，於剛中爲伯祖，即所謂"中散公"。

《北山文集》卷十五《族嫂陳氏墓志銘》云："某族有兄諱浚，字資深，世居婺之金華，故中散公諱詳之孫，故知録公諱汝嘉之子。"③ 同書卷二十五《畫記》云："予伯祖中散公敏甫，慶曆間仕宦於蜀。"④ 又卷七《族兄宗魯行狀》云："祖詳，以儒學發身，官至中散大夫。"⑤ 可知，剛中所稱"中散"即鄭詳。考清雍正《浙江通志》卷二百四十八《經籍八》"建隆至天禧時人"條："《退翁吟稿》三卷（嘉靖《金華縣志》，鄭詳著，字敏甫）。"⑥

鄭詳爲宋仁宗慶曆二年（1042）楊寘榜進士。

明萬曆《金華府志》卷十八："慶曆壬午（按：即慶曆二年）楊寘榜"條有"鄭詳"，云："金華人，權知饒州、潤州。"⑦《北山文集》卷六《祭中散墳文》云："伯祖中散，以書生起家，五福備具，爲時聞人。"⑧

鄭詳皇祐四年（1052）曾任溫州樂清知縣。

《北山文集》卷十六《跋中散留題》："元祐中，某爲兒，聞伯祖中散嘗宰樂清，至大觀中叔父承議宰平陽。紹興五年（1135）某爲州幕吏，蓋三世仕宦於溫矣。"⑨ 考明永樂《樂清縣志》卷七《宦迹》，可知鄭詳知樂清縣在皇祐四年。⑩

鄭詳有子汝嘉、汝能。汝嘉曾爲安州録事參軍。

剛中《族兄宗魯行狀》云："祖詳，以儒學發身，官至中散大夫。曾祖克從，以中散累贈至金紫光禄大夫。父汝嘉，以中散任子恩，爲安州録事參軍。録事公大姓之後，在官以潔廉自將，不治産，食口衆，且好客，而又疏放，不事上位，向窮躓矣。"⑪ 安州，宋屬荆湖北路，治所在今湖北省安陸市。

鄭汝嘉有子二人，分別爲鄭浚、鄭洙。

鄭浚，字資深，有五子，分別爲瑞、管、琚、璟、玶，見前文引《族嫂陳氏墓志銘》。鄭洙，字

① 〔宋〕鄭剛中：《北山文集》第 7 册卷二十七，第 67 頁 a。
② 〔宋〕何耕：《宋故資政殿學士鄭公墓志銘》，《全宋文》第 225 册，第 276 頁。
③ 〔宋〕鄭剛中：《北山文集》第 5 册卷十五，第 24 頁 b。
④ 〔宋〕鄭剛中：《北山文集》第 7 册卷二十五，第 49 頁 b。
⑤ 〔宋〕鄭剛中：《北山文集》第 3 册卷七，第 66 頁 a。
⑥ 〔清〕嵇曾筠、李衞等修，〔清〕沈翼機等纂：《雍正浙江通志（六）》，《中國地方志集成·省志輯·浙江》第 8 册，鳳凰出版社、上海書店、巴蜀書社 2010 年影印光緒刻本，第 110 頁下欄。
⑦ 〔明〕王懋德修，陸鳳儀纂：《萬曆金華府志》卷十八，《中國地方志集成·善本方志輯·第一編》第 71 册，鳳凰出版社、上海書店、巴蜀書社 2014 年影印明萬曆六年（1578）刻本，第 326 頁下欄 b。
⑧ 〔宋〕鄭剛中：《北山文集》第 3 册卷六，第 53 頁 a。
⑨ 〔宋〕鄭剛中：《北山文集》第 5 册卷十六，第 28 頁 a。
⑩ 《樂清縣志》卷七，《天一閣藏明代方志選刊》，上海古籍書店 1964 年影印天一閣藏明刻本，第 395 頁。
⑪ 〔宋〕鄭剛中：《北山文集》第 3 册卷七，第 66 頁 a。

宗魯，終身務農不仕。徽宗宣和六年（1124）卒，享年五十八，見上文引《族兄宗魯行狀》。又據此行狀可知，宗魯六子，分別是瑎、琗、斌、瑤、瑢、瑷，《北山文集》卷六有《代琗侄等祭母文》即爲六子所作。

汝能，見後文所引《族兄巨中、嫂王氏、姚氏合葬銘》。汝能有子曰溥。

鄭溥字巨中，其續弦爲鄭剛中同母異父姊姚氏，二人同卒於宋徽宗宣和三年（1121）五月的方臘之亂。《北山文集》卷七有《族兄巨中、嫂王氏、姚氏合葬銘》，云：

> 吾兄巨中，諱溥，婺之金華人。宣和辛丑，盜據婺城，二月戊辰掠拱坦，謂巨中鄭姓，家世宦學，害之。其妻姚氏，銜負禍毒，哭之百日不絶聲，以其年五月乙巳卒。……巨中，故中散大夫詳之孫，故鄉貢進士汝能之子，享年四十九。姚，故同郡士人公度之女，享年四十一。巨中失王氏，欲不復娶，則無念以事其母。姚亦歸故三班奉職廖幾道矣，寡居誓守，而迫於貧。巨中聞其在家孝，甚力求婦之，姚不得已，執其罍筐。①

鄭溥爲鰥夫，姚氏爲寡婦，遂重組家庭。又同書卷六《祭族兄巨中並同母姊姚氏文》云：

> 伏自庚子，盜起鄰邦。時方羈寓，於彼浦陽。越辛丑春，所在搶攘，鄉曲甿隸，化爲豺狼。兄於是時，遺我書曰："姊命爾歸，俱遁岩穴。"念欲從兄，道已阻絶。遙遙北望，回首心折。仲春之初，有逃者來，具言我家，爲鬼爲灰，如我兄輩，等罹禍灾。②

庚子即宣和二年（1120），是年方臘起事於睦州（今浙江建德），故曰鄰邦。這次戰亂，剛中親族罹難者多人，慘烈甚已。

鄭溥子曰玠，見《族兄巨中、嫂王氏、姚氏合葬銘》，《北山文集》卷六《代玠侄祭祖母文》《代玠祭考妣文》《代玠舉葬父母文》《代玠祭妻方氏文》皆爲其作。

另外，鄭剛中集中還提到了通判叔、四五叔，③或係同族，待考。

<h2 style="text-align:center">二</h2>

鄭剛中父曰卞，字子憲，鄭諮之子，生於宋仁宗天聖九年（1031），卒於宋徽宗崇寧四年（1105），享年七十五。

鄭良嗣《鄭公之墓》："父諱卞，官承事郎，贈中奉大夫。"《北山文集》卷二十七《擬墓表

---

① 〔宋〕鄭剛中：《北山文集》第3册卷七，第61頁a。
② 〔宋〕鄭剛中：《北山文集》第3册卷六，第49頁b。
③ 按：參《北山文集》卷六《祭叔通判文》《代四五叔祭叔母文》。

係省記》云："諱某,字子憲,生於天聖辛未七月二十五日某甲子,卒於崇寧乙酉十一月四日某甲子,享年七十有五。"又云："乙酉冬三日,飲醇酒,觀圖畫,夜猶讀細字書,翌旦如有所不樂,盥濯正衣冠以逝。"①

鄭卞累官至醴陵令,居官清苦。

鄭剛中《擬墓表係省記》云："嘗主衛之汲縣、嶽之平江、潭之湘鄉簿,由湘鄉升爲醴陵令,由醴陵令致仕,得承事郎。"又云:

> 其在湘鄉,洞蠻寇邵州,朝廷出察訪使者,湖南北兩道安撫使交兵以進,期會旁午,先生事至即辦,酬賞第功,同列或攘取之,先生與而不爭。掛冠之日,醴陵士民相與言曰："鄭大夫貧無以歸,各致厚賻。"先生中夜挐舟去,一錢不取。至鄉,無屋可入,從族人借環堵之舍,編竹以居,時年七十四。每歲時祭享,見其尊夫人畫像,必流涕俯伏移時,顧謂其子某曰："吾以不自振耀,使吾母半世桑苧,與辛苦同盡,兹爲大痛。汝勉卒業求富貴,他時無寒瘁汝母如吾母也。"②

鄭卞於崇寧三年(1104)罷歸。未久,即去世。

《北山文集》卷三有《宣和壬寅十月,余遊江南,二十五日道出月岩。方崇寧甲申,先子休官長沙,挈家人宿岩下,此後二十年間,哭父母,失姊妹,禍患百端,今日雖使余富貴過此,尚當悲感不自已,況復羈孤無聊,爲萬里旅人耶? 欲作一詩,梗切未能就,止以二十八字叙其事,翌日得四韻》③一詩,指出時間爲崇寧甲申,即崇寧三年。歸家未久,即去世。《北山文集》卷二十五《三硯記》云："崇寧間,先子掛冠歸自長沙,不一年棄諸孤。"④

鄭卞卒之次年,即徽宗大觀二年(1108)三月十六日,始葬於東陽鄉官田山祖塋之側。⑤後以剛中顯貴,累獲贈宣教郎、奉議郎、中奉大夫。

"何《志》":"父卞,亦八上,晚用累舉恩,調醴陵令,致仕,終於承事郎,以公貴,累贈中奉大夫。"⑥宋高宗紹興七年(1137),鄭剛中爲樞密院編修官,鄭卞獲贈宣教郎。⑦(《庚申歲焚黄祭文》)紹興十年(1140)十二月,鄭剛中除試禮部尚書,鄭卞又獲贈奉議郎。⑧贈中奉大夫,時間不詳。

---

① 〔宋〕鄭剛中:《北山文集》第7冊卷二十七,第69頁a。
② 〔宋〕鄭剛中:《北山文集》第7冊卷二十七,第68頁b—69頁a。
③ 〔宋〕鄭剛中:《北山文集》第2冊卷三,第85頁a。
④ 〔宋〕鄭剛中:《北山文集》第7冊卷二十五,第49頁b。
⑤ 〔宋〕鄭剛中:《北山文集》第7冊卷二十七,第69頁a。
⑥ 〔宋〕何耕:《宋故資政殿學士鄭公墓志銘》,《全宋文》第225冊,第276頁。
⑦ 〔宋〕鄭剛中:《北山文集》第5冊卷十四,第7頁b。
⑧ 參〔宋〕張嵲:《權尚書禮部侍郎鄭剛中故父卞可特贈奉議郎制》,曾棗莊、劉琳等編:《全宋文》第187冊,上海:上海辭書出版社,合肥:安徽教育出版社,2006年,第27頁。

鄭剛中嘗請潘良貴爲父撰墓表，以潘病逝，未果。

此事見《北山文集》卷二十七《擬墓表係省記》。潘良貴（1094—1150），字子賤，金華人，剛中友人，有《默成文集》，事迹詳見《宋史》卷三七六本傳。

鄭卞有詩才，曾有詩文集二十卷，後毀於兵火。

《擬墓表係省記》云：“（鄭卞）有《詩集》二十卷。山谷嘗詠其‘看書就日影，對客避簷風’，及‘酒量晚年終是減，花天雨意自然多’之句，曰：‘平澹不刻削，雜置古作者中，未見孰先後’。其爲名流所推重如此。”又云：“先公所留詩文二十卷，又悉因盜火化去。”[①]此“盜”，即方臘。鄭剛中《罪回禄》（《北山文集》卷二）序云：“宣和辛丑，睦州妖賊嘯聚，服絳衣，執兵戈，破郡縣，所至民居無小大焚之。”[②]又《北山文集》卷二《憶書》云：“去門聞盜興，烈炬燃通衢。反復竊自計，蕭然一先廬。茅茨蓋空壁，下無金與珠。盜當知我貧，肯爲留此居。方更埋書帙，顯號緘鎖魚。誰知妖焰來，一燎鄰里墟。家雖托南巷，屋火書亦無。萬古聖賢語，隨煙入空虛。”[③]家破書焚，皆爲當日寫實。

剛中母盛氏，宋神宗元豐三年（1080）歸鄭卞，或卒於宋徽宗政和七年（1117），初贈令人，[④]後以剛中貴，贈淑人。

鄭良嗣《鄭公之墓》：“母盛氏，贈淑人。”鄭剛中《擬墓表係省記》云：“（鄭卞）且五十，始娶盛氏。”鄭卞五十歲，時爲神宗元豐三年（1080）。關於盛氏卒年，《北山文集》卷二十六有詩《宣和丁酉太夫人終天，墓廬中讀〈金光明經〉，見摩訶薩埵投身飼虎因緣，嘗以頌讚嘆之，紹興庚午臨封，又得是經誦讀，復成一偈（前誦見初集）》。[⑤]按：初集即《北山文集》前十二卷，第十一卷有《讀〈金光明經·捨身品〉》可證，然而宣和一共七年，無丁酉年，疑爲政和丁酉（七年）之誤。

父卒家貧，盛氏含辛茹苦以養其孤。

“何《志》”：“家徒四壁，母盛氏夫人賢而嚴，爲躬桑苧，以濟其須。”[⑥]《北山文集》卷六《祭先妣太孺人文》云：“某自七歲讀書……又十年，吾父捐捨，於時薄宦遠歸，家四壁立，孤遺相倚，糠豆不贍。母嘗撫某而戒之，曰：‘嗇衣食，躬桑苧，爲爾力當門戶之責爾。’其刻意礪志，求寸禄以活諸孤，某感激在念，夙夜不忘。”[⑦]

盛氏去世，剛中請梅執禮撰墓志銘，宇文郎中書碑，今佚。

梅執禮（1079—1127），字和勝，婺州浦江人。徽宗崇寧五年（1106）進士。歷官國子司業，中書舍人，給事中，擢禮部侍郎。宣和四年（1122），以忤王黼出知蕲州，後卒於靖康之亂，年

---

① 〔宋〕鄭剛中：《北山文集》第7册卷二十七，第70頁a。
② 〔宋〕鄭剛中：《北山文集》第2册卷二，第56頁b。
③ 〔宋〕鄭剛中：《北山文集》第2册卷二，第68頁a。
④ 〔宋〕張嵲：《權尚書禮部侍郎鄭剛中故母盛氏可特贈令人制》，《全宋文》第187册，第28頁。
⑤ 〔宋〕鄭剛中：《北山文集》第7册卷二十六，第64頁a。
⑥ 〔宋〕何耕：《宋故資政殿學士鄭公墓志銘》，《全宋文》第225册，第276頁。
⑦ 〔宋〕鄭剛中：《北山文集》第3册卷六，第51頁a—b。

四十九。《宋史》卷三五七有傳。《北山文集》卷九《與梅和勝》云：

> 某頃坐荼毒，冒昧以銘文爲請。顧母氏餘懿，雖當爲大筆所播傳，尚慮執事以某不孝荒謬，凡今日禍灾窮困皆其自取，無足憫憐而拒絶之。八月十三日，吳彥成附致所賜緘書文字等。①

事遂，剛中撰《謝梅右司作先夫人埋銘書》（《北山文集》卷四）致謝。宇文郎中書墓志銘事，見剛中《謝宇文郎中書先夫人埋銘書》（《北山文集》卷四）。宇文郎中，待考，或是宇文虛中家族成員。

剛中有弟一人，小名邵老，早卒。有妹二人，長嫁申屠晏，次適楊應夢。

《北山文集》卷二十七《擬墓表》云："男子二人，長曰某，次曰邵老，未名而卒。女子二人，長適申屠晏，次適楊某，皆同郡士。"②

申屠卒於方臘之亂，長妹以此未百日而病亡。

申屠晏，字伯村，《北山文集》卷六《祭申屠伯村並亡妹文》云：

> 君以門戶淪落，飄泊異邑，力弱而搖，孤年未蹈，歷苦辛，僅幸安處。一旦死於狂賊之手，非命也歟？妹以寒家女子，蚤歸屠氏，貧患相須，哭乃夫荼毒之禍，未百日抱病而亡，非命也歟……君死矣，能以一妹付我猶可，蓋痛月在仲夏，微恙而殂……余年三十四矣。③

剛中三十四歲，爲宣和三年，本年仲夏，正值方臘爲患之時，到秋季戰火方熄。

仲妹生於宋哲宗紹聖四年（1097），出嫁楊氏，卒於高宗建炎元年（1127），卒年三十一。《北山文集》卷七《楊氏女弟墓石書丹》云：

> 兹墓有女，婺州進士楊應夢之孺人也。孺人同郡承事郎鄭公諱某之幼女，生於衛之汲縣……公没，母兄以之歸楊氏，楊雖大姓，既孺人歸，則其家已凋……矻矻勞苦，晝夜不休，竟感疾而卒，建炎丁未八月十七日也……享年三十一。④

建炎丁未即建炎元年。

---

① 〔宋〕鄭剛中：《北山文集》第 4 册卷九，第 8 頁 a。
② 〔宋〕鄭剛中：《北山文集》第 7 册卷二十七，第 67 頁 b。
③ 〔宋〕鄭剛中：《北山文集》第 3 册卷六，第 50 頁 b—51 頁 a。
④ 〔宋〕鄭剛中：《北山文集》第 3 册卷七，第 63 頁 b—64 頁 a。

三

鄭剛中妻石氏,名柔中,婺州浦江人,生於宋哲宗紹聖五年(1098),卒於孝宗淳熙四年(1177),享年八十。

鄭良嗣《先妣墓志》云:"先妣大寧郡太夫人,姓石氏,諱柔中。……太夫人享年八十,淳熙丁酉(1177)歲正月二十五日終於臨安府之官舍。"而"何《志》"云:"公娶石氏,累贈永寧郡太夫人。……後公二十四年卒。"[1]剛中卒於宋高宗紹興二十四年(1154)五月二十三日,石氏卒於宋孝宗淳熙四年(1177),實際不足二十四年,所謂"後公二十四年卒"者,蓋取其整數。

石氏十七歲來歸。

鄭良嗣《先妣墓志》云:"婺州浦江縣隱士吉之曾孫,雄州防禦推官沔之孫,進士簗之女,生十有七年歸金華鄭氏。"石氏生於紹聖五年(1098),十七歲,則爲宋徽宗政和四年(1114)。《北山文集》卷十四《祭外舅姑文》所云"某拜舅於政和甲午",[2]政和甲午正爲政和四年。二者相合。

石氏爲浦江大族,剛中寒士,得以攀附者,實耐外姑杜氏之力。

《北山文集》卷十五《外姑墓志銘》云:

> 浦江進士杜諲妻謝氏,生女晬而諲死,後四年,謝攜其女再適故贈朝請郎何至。至育之十年,擇同邑士者石子文歸之,今孤子石知彰之母夫人是也。夫人生三男,長曰知彰,次知柔、知言,女三人,長適具位鄭某。……於時石氏蕃大,非豪門不姻,人見以所愛女歸一寒士,家貧姑嚴,營糠豆而事禮法,皆不以爲樂,獨夫人甘心焉。其後某雖忝竊科名,可以少塞相貴重之意。[3]

又《北山文集》卷十四《祭外舅姑文》云:

> 維外舅姑之視甥己子若也,以所愛女歸書生寒士,謂其後日或能振拔,則可以爲富貴之地,外舅姑之懷此意有遺恨矣。[4]

宋濂《浦陽人物記》卷上云:

---

[1] 〔宋〕何耕:《宋故資政殿學士鄭公墓志銘》,《全宋文》第225冊,第280頁。
[2] 〔宋〕鄭剛中:《北山文集》第5冊卷十四,第8頁a。
[3] 〔宋〕鄭剛中:《北山文集》第5冊卷十五,第17頁a—b。
[4] 〔宋〕鄭剛中:《北山文集》第5冊卷十四,第8頁a。

石范字宗卿，其先由青社來徙浦陽，家素勝貴。其大母杜氏有賢行，以女歸寒士鄭剛中。[①]

據《外姑墓志銘》可知，杜氏卒於高宗紹興八年（1138）六月。

石氏有賢行，厥後剛中被謫封州，家耐其調護。

"何《志》"云："有賢行，始能安公之貧，中能相公富貴，末能經紀其患難。方禍之作，良嗣亦就逮謫柳州，夫人往來封、柳間，調護甚至。公死，獨任後事，以喪歸葬，皆夫人之力也。"[②]《北山文集》卷三十《封州寄良嗣書》，乃剛中與其子鄭良嗣家書，提到"得媽媽安信""媽媽得書""媽媽頭雪白"，[③] 此"媽媽"必爲石柔中。

石氏與剛中育有二男二女。

《先姒墓志》云："生二男子，長良顯早卒，次即良嗣。""何《志》"云："公二男子，良顯早卒，次即良嗣。今爲朝散郎、直徽猷閣、權知揚州、主管淮東安撫司公事。"[④]

長子良顯生數日即夭折。

《北山文集》卷九《答潘叔豹》有云："小子生不旬日，以毒瘍化去，家人憂苦成疾。盛暑中，子死妻病，百端煎悲。"[⑤]

次子良嗣，仕宦頗爲顯要。

鄭良嗣生年不詳，鄭剛中有詩《甲辰年得男子，經道以詩相賀因報之》[⑥]（《北山文集》卷三），"甲辰"爲徽宗宣和六年（1124），若"此男子"即鄭良嗣，則宣和六年當爲良嗣生年。又《北山文集》卷九《答徐彥思》云："一男子六歲，二女子皆過十歲，此曹相催已成老翁。"[⑦] 良顯早夭，可知此男子即良嗣。

良嗣履歷，《全宋詩》詩人小傳較爲詳細，如下：

> 高宗紹興十九年（1149），爲四川宣撫司書寫機宜文字。以父忤秦檜除名，柳州編管。孝宗淳熙七年（1180），知揚州。八年，兼提舉淮東常平。十一年，改除秘閣修撰。[⑧]

另據史料，其人曾於孝宗乾道七年（1171）八月初九日至乾道九年（1173）九月十八日任

---

① 〔明〕宋濂：《浦陽人物記》，北京：中華書局，1985 年，第 10 頁。
② 〔宋〕何耕：《宋故資政殿學士鄭公墓志銘》，《全宋文》第 225 冊，第 280 頁。
③ 〔宋〕鄭剛中：《北山文集》第 8 冊卷三十，第 18 頁 a、18 頁 b、20 頁 b。
④ 〔宋〕何耕：《宋故資政殿學士鄭公墓志銘》，《全宋文》第 225 冊，第 280 頁。
⑤ 〔宋〕鄭剛中：《北山文集》第 4 冊卷九，第 13 頁 b。
⑥ 〔宋〕鄭剛中：《北山文集》第 2 冊卷三，第 80 頁 a。
⑦ 〔宋〕鄭剛中：《北山文集》第 4 冊卷九，第 22 頁 b。
⑧ 北京大學古典文獻研究所：《全宋詩》第 38 冊，北京：北京大學出版社，1998 年，第 23715 頁。

浙東提舉。^①淳熙元年（1174）二月十四日至次年三月任福建路提刑。^②良嗣著有《可軒奏議文集》，^③今佚。

良嗣有子樞孫、莊孫、正孫、季孫四人，孫男有伯衍、伯謙、伯源、伯衎、伯光、伯永、伯承、伯慧等。

“何《志》”云：

> 孫男女一十一人。男曰樞孫，宣教郎；曰莊孫，承事郎；曰正孫，通仕郎；曰季孫，將仕郎。女適迪功郎詹密，進士俞恪，將仕郎李耆嶽，進士蔣處和，餘在室。曾孫男女亦一十一人，男曰伯衍，將仕郎；伯謙、伯源舉進士，餘皆幼。^④

《先姚墓志》云：

> 孫男女一十人。男曰樞孫，宣義郎、新浙西提刑司幹辦公事；曰莊孫，承奉郎、監臨安府糧料院；曰正孫，通仕郎；曰□僧，尚幼。曾孫男女一十一人。^⑤

此“□僧”“季孫”當爲同一人。

剛中長女嫁邢晦。

《先姚墓志》云：“二女子，長適前知肇慶府持服邢晦，次適故吏部侍郎章服。”“何《志》”云：“二女子，長適新權知柳州邢晦，次適故吏部郎章服。”^⑥

邢晦，字德昭，剛中《北山文集》卷二十二《臘月十三日送邢婿還鄉》即爲其作。邢晦父名商佐，剛中《北山文集》卷二十七《祭邢商佐文》云：“吾有女，爲公冢婦，女有子，實公長孫”^⑦云云。又《北山文集》卷二十九有《寄商佐親家》一文。

高宗紹興末，邢晦曾任郴州司户。時秦檜已死，被流放到海南的鄭剛中故人李光陸續返回内地，途經郴州，曾經得到邢晦的款待。李光有《郴士爲作暖閣既成，是夕雪作，喜而成詩》，自注云：“郴士謂郴户曹邢晦”。^⑧胡銓由海南移衡陽，遇到邢晦，爲剛中遺作書跋，云：

---

① 〔宋〕張淏：《（寶慶）會稽續志》卷二，《宋元方志叢刊》第7册，北京：中華書局1990年影印清嘉慶刻本，第7118頁上欄a。

② 〔宋〕梁克家：《（淳熙）三山志》卷二十五，《宋元方志叢刊》第8册，北京：中華書局1990年影印明崇禎刻本，第8004頁下欄a。

③ 〔元〕吳師道：《敬鄉録》卷四，《叢書集成續編》第149册，上海：上海書店1994年影印《適園叢書》本，第529頁下欄a。

④ 〔宋〕何耕：《宋故資政殿學士鄭公墓志銘》，《全宋文》第225册，第280頁。

⑤ 〔宋〕鄭良嗣：《先姚（石氏）墓志》，浙江省文物考古研究所編：《浙江宋墓》，第127頁。

⑥ 按：章服卒於孝宗乾道九年（1173），年六十八，見陳亮《吏部侍郎章公德文行狀》。何耕銘作於孝宗淳熙八年（1181），詳見文内，故云“故吏部郎章服”。

⑦ 〔宋〕鄭剛中：《北山文集》第7册卷二十七，第71頁a。

⑧ 〔宋〕李光：《莊簡集》卷五，《宋集珍本叢刊》第33册，北京：綫裝書局2004年影印本，第755頁下欄a。

丙子夏，銓蒙恩徙衡。戊寅冬，公之婿郴司户邢晦德昭罷官過雁峰，出示公遺墨，讀之潸然出涕。①

胡銓於紹興八年上書，反對與金議和，請斬秦檜、孫近、王倫三人以謝天下，鄭剛中亦牽涉其中，後來一同受到了秦檜的迫害，是以對故人墨迹，胡銓不禁潸然淚下，也在情理之中。

邢晦有子，小名蓬孫。

《北山文集》卷十三《蓬孫小名序》云：

> 章郎生子之月，余新除監察御史，書至其家，德文小名其子曰"臺孫"。邢郎生子之月，余以秘書少監出陝西，德昭②遺書見報，且請小名其子，余名之曰"蓬孫"。烏臺、少蓬，皆借外祖官，他時兩孫長大，登科書小録，念老人否？③

次女爲章服續弦。

陳亮《吏部侍郎章公德文行狀》云：

> 公諱服，字德文，其先建之浦城人，五代之亂，徙杭之鹽官，國初來婺，因家永康。公外舅樞密都承旨鄭公剛中宣諭川陝，故辟公以行。鄭公留宣撫四川，而公歸矣。娶陳氏，早卒，贈宜人。再娶鄭氏，四川宣撫副使公之女也。④

可知，章服原配陳氏早卒，剛中遂以女續弦之。

章服，爲剛中友人章之邵之侄。

章之邵字少董，⑤剛中對章服青睞有加，《北山文集》卷九《與章少董》云：

> 某今年二月於令侄德文處領所惠教筆具。……德文少年力學，醖藉深遠，定爲令器，蓋家有名叔，自當薰染如是也。⑥

章服五子，分別是濤、渭、涣、充⑦、湜。

章濤即乞陳亮爲乃父撰行狀者。陳亮《吏部侍郎章公德文行狀》云："濤以行實爲請，且

---

① 〔宋〕胡銓：《跋鄭亨仲樞密送邢晦詩》，曾棗莊、劉琳等編：《全宋文》第 195 册，上海：上海辭書出版社、合肥：安徽教育出版社，2006 年，第 291 頁。
② 按："德昭"二字原作"得詔"，於文意不通，德昭爲邢晦字。
③ 〔宋〕鄭剛中：《北山文集》第 4 册卷十三，第 78 頁 b。
④ 〔宋〕陳亮著，鄧廣銘點校：《陳亮集（增訂本）》卷三十四，北京：中華書局，1987 年，第 456、451、455 頁。
⑤ 參《北山文集》第 7 册卷二十五《石花記》，第 51 頁 b。
⑥ 〔宋〕鄭剛中：《北山文集》第 4 册卷九，第 31 頁 b。
⑦ 按：《陳亮集（增訂本）》原校："'充'，疑當作'流'或'涗'，以其餘四子名俱有水旁也。"第 455 頁。

言：'先君實知子。'亮屢道罪逆不能，固辭；濤固以請。"① 洪邁《夷堅志》中有章濤的相關記載，如《章簽判妻》條："婺人章濤，德文侍郎之子，娶永嘉盧氏，生一男。……紹熙五年，章簽書贛州判官。"又《玉環書經》條："章濤從外祖鄭亨仲資政入蜀。"② 鄭剛中《蓬孫小名序》所謂"臺孫"者待考，其章濤之小名歟？

章服四女，長女嫁鄭樞孫，四女嫁鄭莊孫。

陳亮《吏部侍郎章公德文行狀》云："女四人，長適宣義郎、兩浙西路提點刑獄司幹辦公事鄭樞孫，次適進士陳檜，次適迪功郎、江州德化縣主簿楊注，次適承奉郎、監臨安府糧料院鄭莊孫。"③

樞孫、莊孫，或即鄭良嗣之子。陳亮《吏部侍郎章公德文行狀》撰於淳熙元年六月（1174），鄭良嗣《先姚墓志》撰於孝宗淳熙四年（1177）十月，時間相差祇有三年。且莊孫、樞孫的官職在這兩篇文章中相同，樞孫爲"兩浙西路提點刑獄司幹辦公事"，莊孫爲"監臨安府糧料院"。如此，莊孫、樞孫很可能就是陳亮《吏部侍郎章公德文行狀》中的鄭莊孫、鄭樞孫。

綜合以上考證，鄭剛中家族世系如下：

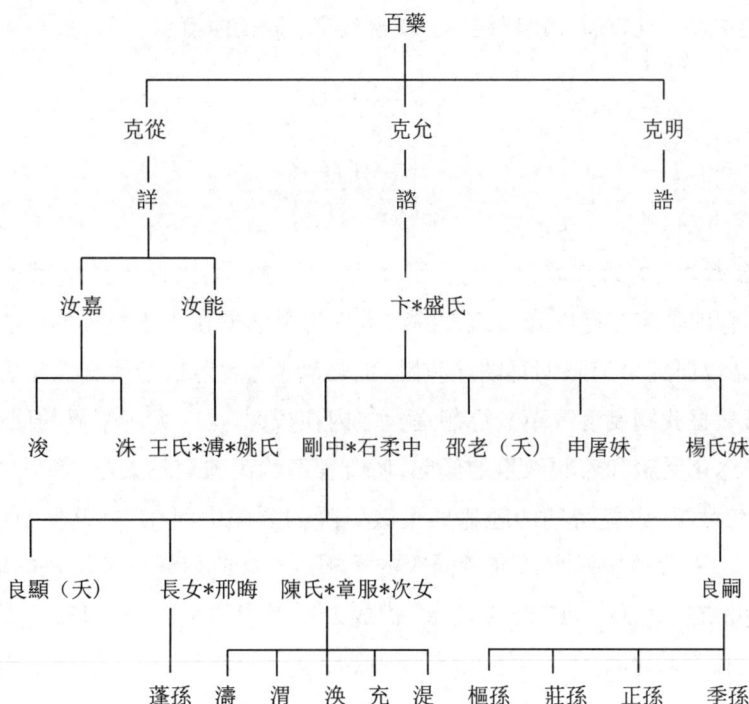

（説明：＊表示婚姻關係）

（任群，安徽師範大學中國詩學研究中心副教授；劉澤華，華東師範大學中文系博士研究生）

---

① 〔宋〕陳亮：《陳亮集（增訂本）》卷三十四，第 456 頁。
② 〔宋〕洪邁：《夷堅志》，北京：中華書局，2006 年，第 887 頁。
③ 〔宋〕陳亮：《陳亮集（增訂本）》卷三十四，第 455 頁。

論沈欽韓的生涯
——十九世紀早期知識人應世困境的映射

劉國宣

[摘　要]　身處危機四伏的嘉道之際，十九世紀早期的知識人面對着立功與立言的雙重困境。以沈欽韓爲例，"留意功名"的他，無奈於社會階層的固化而無緣事功，轉而從事學術研究，因追隨風尚、關懷現實而屢次挪移知識興趣，這是那個時代知識人普遍的應世姿態。在世運變遷、學術遞嬗的歷史背景下，沈欽韓用力於彌合樸學與現實的鴻溝，試圖解答調和道術、樸學經世的可能性，爲改良制度提供歷史資源的支持。除去他宏博的著述，在其對包世臣《説儲內篇》的批識中集中而直接地展現出這一意圖。就思想史的角度觀之，嘉道知識社群的所思所爲，已具備晚清維新改制的黎明運動的意義。

[關鍵詞]　嘉道之際　沈欽韓　樸學經世　漢書疏證　説儲內篇

一、引言

1983 年，臺灣"中央研究院"近代史研究所召開過一場以近代經世思想爲主題的研討會，[①]其直接影響即是將嘉慶以降知識人的經世思想與活動拉入史學界的中心視域。當時劉廣京先生曾倡議以研究嘉道時期爲關注重點，並強調"此大題目乃研究儒家思想今日尚未發明之關節"，"可發掘我國制度改革及思想進化之內在根源"。[②]大陸學界的回應稍晚，雖然有所深化，然而概念化泛論和宏觀敘事的傾向，使既存討論尚難熨帖人心。

相較於清初鼎革、康乾時期的隆盛與道咸以降的國破山河在，自乾隆晚期降至嘉慶、道光的半個世紀，迄未獲得中西方研究者同等的重視。[③]嘉慶朝終止了清代的盛景，道光朝開啟了晚清的衰世，在"乾嘉"與"道咸以降"構成人所慣用的學術語境時，不少人對銜接兩個時代的"嘉道之際"猶覺陌生。這絕非近代中國最衰敗的時代，却是最無生機的時代。清帝國在這一階段由盛世持續向衰，繁華不復，秩序凌替，一切衰朽的癥結無可遏制地呈露。社

---

① 此研討會與會者論文和相關討論多收錄於次年出版的《近世中國經史思想研討會論文集》中，臺灣"中央研究院"近代史研究所編輯發行，1984 年。

② 引自王爾敏：《經世思想之義界問題》，《"中央研究院"近代史研究所集刊》1984 年第十三期，第 27 頁。劉先生有《19世紀初葉中國知識份子：包世臣與魏源》一文，收入《"中央研究院"國際漢學會議論文集》，對本文最具啟示。

③ 關於中國與西方學者對嘉道歷史研究的普遍缺失，詳參 Seunghyun Han, After the Prosperous Age : State and Elites in Early Nineteenth-Century Suzhou, Cambridge, MA : Harvard University Asia Center, 2016, pp.6—11.

會經濟危機與政治腐化相糾纏，失範現象叢生，興利除弊、再造秩序隨之成爲自上而下的共同蘄向。放眼於長時段的歷史視域之中，當時人的所思所爲，反映出的實係在過渡時期踟躕彷徨的共相。

同時，十九世紀早期也是學術進路多歧、學術觀念多元的時期，相承逾百年的考證學與理學、今文經學、經世史學、諸子學以及詩界中的宋詩風尚等新思潮並存齊進。身處這一歷史時期的知識人，表現出顯著的群體特徵。由乾隆引至道光以降，享譽學林的知識人表率，由惠棟、戴震、錢大昕等一輩著述等身的通人變爲陶澍、賀長齡、林則徐等志在經濟的彥才，兩廂比照，對知識的崇尚日趨退減，致用的意態與時俱增，但訴求篤定，前後無異。夾處於這兩段風氣迥異的時代之間的知識人，却在學問與事功之間徘徊調試，舉步維艱。一方面，在政治約束漸趨寬鬆的環境中，安身立命的需求與士大夫的濟世懷抱，令他們對書齋外的時務傾以更多的關注，躬行踐履，然而社會階層的固化，終使彼輩無所用武。另一方面，考證學典範危機的發生，促生知識人對所從事學問的反思與更新，追求實學致用，兼顧學統約束，是那一代學人普遍的自覺意識，於是"言經者及今文，考史者兼遼金元，治地理者逮四裔"，"乾嘉之學精"漸趨"道咸以降之學新"。[1]

學術史由若干學術轉捩連綴通貫而成，學術的轉向更替終需由知識人的參與而臻於定型，是以在學術趨變過程中的知識人的思想、言說，最應得到研究者"瞭解之同情"。沈欽韓（1775—1831）是嘉道之際知識人的典型，在他身上兼具對知識的虔誠和對時務的熱忱，集中映射出當時士大夫的訴求與焦慮。潛心經籍與關懷世運交互作用於學術的結果，表現爲對考證學舊軌的自覺疏離，這一轉向非僅限於沈氏一人，而是整個時代學術的大勢所趨。摯友包世臣（1775—1855）稱沈欽韓"博聞兼綜，同符顧(炎武)、錢(大昕)"，[2]透露出的其實是那一代知識人治學應世的集體取向與共同期待。

憑沈欽韓的著述功業和學術成就，自應有比現在更爲深廣的影響，但在今日的學術史叙述中却屬相對失語者，迄未得到深入的理解，有待於對其學術思想重加建構與闡釋。晚近學術思想史叙述的基調與主流在於激進的革新，舉凡傾向保守甚至激進色彩不甚顯著的人物，大抵被摒棄於相關叙述之外，似亦不足深怪。我們今天日益堅信古典文明的更生仰賴於個體研究的推進，本文即取個案研究的模式，以沈欽韓爲例證，爬梳綜理其與時代息息相關的生平際遇、思想學術，在尊重但不輕易接受既有成説的前提下，試圖從論政、治學兩方面展論其個人在過渡時代的應世困境，期於見微知著，具象地揭示嘉道知識社群的集體樣態。

---

[1] 王國維：《沈乙庵先生七十壽序》，傅傑編校：《王國維論學集》，昆明：雲南人民出版社，2008 年，第 485 頁。齊思和曾根據王國維、鄧實等前賢的成説，總結清代學術的三次轉變，其中發生在道咸時代的第三次轉變的表現，即是以魏源爲代表的知識人"好言經世，以圖富强，厭棄考證，以爲無用"（齊思和《魏源與晚清學風》，《燕京學報》1950 第 39 期）。這一説法迄今左右着學術史的叙述，但如馮天瑜教授即曾指出，"道咸經世實學的勃起，在嘉慶間已現端倪，至道光初則從涓涓細流匯爲巨川"，即已從"實學"角度動搖了齊氏的論説。《中國實學思想史》下卷，北京：首都師範大學出版社，1994 年，第 23 頁。
[2] 〔清〕包世臣：《藝舟雙輯》卷一一《江蘇吳縣木瀆鎮沈欽韓年五十七狀》，臺北：文海出版社，1968 年，第 23 頁。

二、危懼叙述：沈欽韓與嘉道時代的世運

乾隆四十年(1775)，沈欽韓生於吴縣木瀆鎮，道光十一年(1831)十二月病卒，五十七歲的生涯正内嵌在清代國勢就衰、學術典範轉移的過渡期中。他的家鄉蘇州是清代漢學的重鎮，同時也是理學、佛學交融的所在，與今文經學、諸子學等新思潮發端的常州、揚州地域相接。沈氏家族並非名門，但却頗有以學稱名者，從祖沈彤(1688—1752)就是與漢學領袖惠棟(1697—1758)同時齊名的宗匠。沈欽韓的經學成就集中表現在禮學與《左傳》研究上，很可能得自這位從祖的影響。[①] 他自幼家境貧窘，直至晚年，也還爲了稻梁之謀而奔波四方。雖然學無師承，但天資明敏，勤學不輟，靠着借書抄録，淹貫群籍，學養富厚。因爲不擅制藝，在科場上屢屢受挫，年逾而立，始成諸生，科名却終止在嘉慶十二年(1807)中舉之後。其間曾"閱燕齊之殊俗，尋漢唐之舊墟"。[②] 四十八歲時，選授安徽寧國縣訓導，這是一向被視爲安置無用舉子的閑缺。欽韓"挈家來此，乃大失所望。士習凡鄙，八股鮮有能通者"，他慚恨"作教官不能得一士"，於是"明年官滿，便决引去"，[③] 遂蟄居里巷，終老於家。

與大多數樸學家無異，沈欽韓一生在仕宦事功方面並無足觀，與之相應，他留在學術史上的形象，也是一位皓首窮經、學術深湛的老師宿儒。殊不知，這斷斷乎不是他的初衷。他曾反復向友人强調"亦欲留意功名，著録竹帛"的夙願，[④] 使人很容易感受到縈繞在他心中的别樣情結，思想所及，已然遠遠超越了學術的畛域，但時代終究没有給他一展抱負的機緣。經濟世務不成，轉而從事於藝文著述；起初欲恃詞章詩文成家，但到底伏案書齋，將太半心血傾注於經史考據。這是雙重的悲劇，沈欽韓人生軌轍的一再轉向，或謂人生意義的挪移，反映的是那個時代知識人無所出人頭地的迷茫與無奈，並非祇是他一人命途的窮蹇多舛。這並不足異，立功、立言在傳統士大夫的心目中，一向輕重有别。"修齊治平"的經典教訓，合"道統""政統"爲一的理想抱負，使埋首墳籍、尋章摘句的學術事業，總抵不過經邦緯國來得不朽。著書立説，往往是無緣事功之後的退讓選擇，仿佛精湛著述、峥嶸詩文，僅是一種無可奈何的人生餘事，即使是刻意與時事世務矜持相待的乾嘉考證學者，也不能完全擺脱這種情結的糾纏。

清代的盛世在嘉慶一朝趨於坍圮，但嘉慶帝本人恢復康乾榮光的心志與付諸實踐的改革，在事實上促成了士人議政的熱忱，一股維新精神開始在知識社群中植根、傳播，如洪亮吉亢言上書，不宜視爲一個孤立的事件。揆諸史實，相較於清代中葉士林的暗啞寂寂，嘉道

① 案沈彤"以窮經爲事"，"群經皆有撰述，尤邃於禮"，又著有《春秋左傳小疏》。參見〔清〕江藩纂，漆永祥師箋釋：《漢學師承記箋釋》，上海：上海古籍出版社，2013年，第214—215頁。
② 〔清〕宋翔鳳：《樸學齋文録》卷二《沈小宛詩古文序》，吉林大學圖書館藏清嘉慶二十五年(1820)刻《浮溪精舍叢書》本，第29頁a。
③ 〔清〕沈欽韓：《幼學堂文稿》卷七《上潘副河書》，北京大學圖書館藏清嘉慶十八年(1813)刻道光間續刻本，第31頁b。
④ 〔清〕沈欽韓：《幼學堂文稿》卷一《與吴玉松太史書》，第25頁a。

之際進入了一個議論橫生的時代，其鮮明的表徵，便是此時學人文集中討論世務的篇什大量增加，諸如農業、水利、鹽政、漕運、軍事、財政甚至前代不敢齒及的官制、吏治等成爲當時對話的主要議題。時人議政論學，大都少見輕裘緩帶的從容之風而趨向偏激，這些討論被視作嘉道時代的歷史記憶，在過度塗抹濃厚的危機色彩的同時，也不免誤導後世輕視當時人的維新努力。蒿目時艱，士林之中，重新興起了宋代士大夫“致君望堯舜，學業根孔姬”（王禹偁《吾志》）的風習。有志經世的知識人對時代憂慮、悲觀，願意憑藉一己所學經國濟世，澄清世風，然而却苦於社會結構的膠滯，進身無門。轉而回歸藝文，却難以放棄士人的責任，斬斷對事功的眷念，終於在學問與事功之間徘徊調試，其結局即是嘉道知識社群在近代史上的整體晦黯。

無疑，沈欽韓對他所處的時代抱持深切的焦慮。他説：

> 夫太平日久，凡兵農禮樂、鼓舞磨厲之具，不能不小有得失。加風俗益醨，人材日劣，良法美意，一切視爲空文。當局者不思所以振作之，熟睹閭閻之疾苦，奸慝之滋彰，曰幸今無事，姑畀其責於後之賢者。設令後賢又復有待是，終莫適任，以至寖衰寖微也。孔子曰：“知者見變思刑，愚者睹怪諱名。”不及今更化善俗，後雖欲勵精圖治，安可及邪！①

就儒學的本意而言，危懼叙述正是一種世運關懷的表達。察其生平議論，沈欽韓面臨或關注的問題不外兩端，其一爲經濟民生，其二爲人才士風。清代中葉社會經濟的長期發展，以及由此衍生出的商業化、都市化進程，造成了資源配置的極度不均與貧富分化的持續加劇，兼之貪虐橫行，天災相乘，民窮財匱隨之成爲社會問題癥結所象。沈氏相信“事無大小，莫不敗於貧薄齒窳，而成於富庶殷阜”，②但現實情狀却是連富庶如太湖地區，也充斥着“物力凋耗”的現象，“十室愁歎者八九，若使禾稼不可賴籽，即强者挺爲盜賊，弱者捐於溝壑”，③因以極倡勸課農桑、藏富於民，從根本上消弭亂源。④一旦戰亂不免，則有賴於昔日保甲法的恢復與推行，使民集結自衛；而欲使保甲得以完善的組織，則希冀於地方世家大族的主持維繫。⑤後來曾國藩勘定大亂，湘軍所到之處，扶植地方耆宿，重建保甲制度，恢復秩序，即可見沈欽韓所持主張之可踐。

---

① 〔清〕沈欽韓：《幼學堂文稿》卷一《與吳玉松太史書》，第24頁。
② 〔清〕沈欽韓：《幼學堂文稿》卷二《詠勤堂記》，第6頁a。
③ 〔清〕沈欽韓：《幼學堂文稿》卷一《與吳玉松太史書》，第25頁a。
④ 參見《幼學堂文稿》卷四《儀徵縣初行紡織記》，卷六《寧國縣誌物産風俗序》。
⑤ 説詳《幼學堂文稿》卷五《族譜論》《保甲論》。沈欽韓興保甲、尊氏族的主張也許有取於顧炎武的成説。案顧炎武《亭林文集》卷五《裴村記》：“予嘗歷覽山東、河北，自兵興以來，州縣之能不至於殘破者，多得之豪家大姓之力，而不盡恃乎其長吏。（中略）欲藉士大夫之勢以立其國者，其在重氏族哉！”錢穆稱讚顧氏的政論“針對時弊，博徵史實，而又斟酌人情以出之”，沈氏亦有以當之。錢穆：《中國近三百年學術史》，北京：商務印書館，1997年，第165頁。

　　相比於社會經濟問題，對人才士風的憂思尤重。沈欽韓自述"年少氣盛時，以爲天下之大，必有魁才碩學殊絶于吾人，冀相挽於三不朽之大業，久之而不得。又久之，而曩所僅許之人稍稍汩於流俗，趨於淫詖"，①而現實却是"人才日益敗壞，風俗日以偷薄"。②在他看來，根源即在科舉制度之弊，戕害人才的培植：

　　　　（唐宋）以帖經詩賦取士，則皆鶩於捃摭記誦，已戾古人原本殫洽之旨，然未有如八股盛行，而舉劉歆、荀勖之所簿録，孔、鄭、班、馬之述作，盡束諸高閣，而呻吟於陳腐俚鄙之故紙。其狡者又或掇取側句新字以就程試，爛然滿紙。（中略）人之心思才力，其可用者僅二三十年，而此可用之年，既消耗於腐敗之帖括，復窮揣於俳優之文辭，終其身無讀書之日矣。③

　　語語俱見憤懣不平之氣，蓋致慨於八股帖括的同時，也歉恨自身久躓場屋，仕途多舛。舉業的標準在"帖括"與"文辭"，無關實用，士人醉心科名，棄擲"可用之年""讀書之日"去揣摩程試，即使中第，也不過一不學傃倖之徒。這一集體化的價值取向，增益偷惰的士習，風俗日趨澆漓。於是"彼其衡文者，即向之傃倖無名子也，今之傃倖無名子，又後之衡文者也。以不狂爲狂，啁然喪其廉恥是非之心"。④欲使"澆風漸返，化雨方滋"，惟有"不以科名爲弋獲，兵農禮樂備，庶不以帖括爲專家"。⑤這固然是在以道德約束作理想化的推闡，却畢見沈欽韓改變士人心志的強烈願望。他深察當時"士大夫求爲富人之食客而不得，富人愈驕而士節愈喪"的不良風氣，⑥主張由地方長吏擔當教養士人的責任，由學宫教官教之成材：

　　　　士大夫蒞官恪勤，亦未渠期於崇獎風流、藻鑒人倫之任。其於高才而不遇者，苟能衣食之，噢咻之，矜其飢寒而慰其痛癢，斯亦可矣。（中略）長民之急務，莫過於舉賢才以夾輔；古今之大患，無甚於賢不肖之混淆。由其道則日見其潤，失其涯則坐致槁落。⑦

　　書生議政，難免偏於理想而不切實際。類似言論的思想史意義，不必完全體現在言論價值本身，亦在從中透露出的立説者的關懷與焦慮。所要強調的是，由此反映出的沈欽韓的歷史形象，與既存的學術史叙述業已大相徑庭。黄濬（1891—1937）曾論及近代知識人治學經

---

① 〔清〕沈欽韓：《幼學堂文稿》卷七《答包慎伯書》，第2頁a。
② 〔清〕沈欽韓：《幼學堂文稿》卷七《答董琴南書》，第15頁b。
③ 〔清〕沈欽韓：《幼學堂文稿》卷四《南塾書目後序》，第6頁b。
④ 〔清〕沈欽韓：《幼學堂文稿》卷七《答董琴南書》，第15頁a。
⑤ 〔清〕沈欽韓：《幼學堂文稿》卷二《送周保緒之淮安教授序》，第15頁b。
⑥ 〔清〕沈欽韓：《幼學堂文稿》卷七《答董琴南書》，第17頁a。
⑦ 〔清〕沈欽韓：《幼學堂文稿》卷三《代劉芙初與盛觀察書》，第22頁。

驗與經世實踐之間的隔膜,稱其所讀之書"非周秦六經,即馬班兩史","日溺於近,而心馳于古",恃以應變者,"率皆墟墓簡策間言",^① 所見極的。晚清經世取向大抵遵循回溯先秦的舊傳統,結果即是用以經世的思想資源無法因應現實,所學無以致用。對此,沈欽韓當可免其誚責,如其明確宣導"三代之善不可復",即使推行保甲,也要"思所以變通之"以適應現實,^②便絲毫不見拘泥古制的迂腐之氣。其人志在事功,已有異於前代師儒;所恃以經邦濟世的資源雖仍不脫樸學窠臼,但以致用爲治學導向,與斯世斯民一脈相通,不復"爲學問而學問",即知先後途轍漸易,已疏離於考證學舊軌了。

三、調和道術: 樸學何以經世?

依照今日的後見之明,考證學在嘉道之際發生的典範轉移,^③ 很大程度上來自於外部環境的逼迫與刺激。樸學範式在現實關懷上的缺失影響到知識人對樸學價值的信奉,質疑與反思最終促成知識人在趨時致用的導向下力求學術的更新。晚清今文經學、經世史學及諸子學等新思潮的演進,一向都被視作爲乾嘉考證學的逆流,然而追溯諸派思潮在清代的發軔,却均導源於乾嘉時代。無論莊存與之於《公羊傳》、汪中之於先秦諸子學,諸如此類在學術史上具有開創性意義的事例,就其方法論層面而論,均不能逾越經典考證的範疇。換言之,諸種新思潮的出現,乃考證學典範由小學、經學向史學、子學全面拓展與深化的直接結果。包括晚清詩界的同光派,其審美與創作也與乾嘉學人的知識考古淵源極深。

學人治學的歷程向來是研究者極爲關注之事,此中反映出的不惟學人性格與學術旨趣,同時也透露着時代學術升降遞嬗的消息。在清代學術史上,沈欽韓被劃歸爲吳派學人。與治學"求其是"的皖派相較,吳派學術以"求其古"爲旨歸,至有佞古之譏,但若就治學範疇觀之,求古甚或佞古,反映的恰是吳派重史學的取向,如惠棟、王鳴盛、錢大昕、江藩等俱不外是。《清儒學案》稱"吳中學派,定宇前茅,南園後勁,先生其中權矣",^④將沈欽韓置於惠棟與陳奐之間,許爲吳派承先啟後之人,所據正是他經史考證上的卓越成就。

在潛心考證之前,沈欽韓曾在詩文創作上傾注以全部的心力,"早年雕琢詞章,與輕薄之

---

① 黃濬:《花隨人聖庵摭憶》,上海:上海古籍書店,1983 年,第 26—27 頁。
② 〔清〕沈欽韓:《幼學堂文稿》卷五《族譜論》,第 19 頁 b。同卷《保甲論》,第 22 頁 a。
③ 章太炎嘗論清世"多忌,故歌詩文史梏;愚民,故經世先王之志衰",但政治對學術的深刻作用,在嘉道之際已明顯趨變。語見《檢論》卷四"清儒",《章太炎全集》第 3 冊,上海:上海人民出版社,1984 年,第 473 頁。曾國藩述及當時學術,稱"嘉道之際,學者承乾隆季年之流風,襲爲一種破碎之學。辨物析名,梳文櫛字,刺經典一二字,解說或至數千萬言。繁稱雜引,遊衍而不得所歸。張己伐物,專抵古人之際。或取孔孟書中心性仁義之文,一切變更故訓,而別創一義。群流和附,堅不可易"。這段論述歷來爲研究者注意,但所述不過考證學末流的特徵,以嘉道時期學術理念之繁複、取徑之多歧,殊不足以盡當時學術的全貌。〔清〕曾國藩:《朱慎甫遺書序》,《曾國藩全集·詩文》,長沙:嶽麓書社,1986 年,第 222—223 頁。
④ 徐世昌:《清儒學案》卷一三五《小宛學案》,北京:中華書局,2008 年,第 5293 頁。

徒角逐",①後來被他引爲尾隨時尚的憾事。欽韓自幼好詩,由摹擬魏晉而入於杜、韓;稍後迎合漢學興起後的浮靡風尚,專注於駢儷四六的鋪陳,後來始折中於駢散之間,而以古文爲主。就清代文學而言,宋學尚古文,漢學重駢文,沈氏詩文的屢屢轉向,呈現出一種回溯宋代的總體趨向,②正是清代中晚期文學潮流的縮影。

近代以來,稱賞欽韓詩文者不乏其人,如徐世昌稱以"駢文雅贍,希蹤稚威(胡天遊)",③王欣夫稱以"詩則兼綜唐宋,文則並擅駢散,與孫星衍《岱南閣》、凌次仲《校禮堂》差堪鼎足",④但平心而論,多不脱文獻家言,遠不及今人袁行雲所評爲諦:

> 欽韓與包世臣、李兆洛、周濟交善,名亦相埒,詩皆非所長。蓋世臣好爲經世之言,兆洛駢散當家,周濟擅長倚聲,欽韓樸學根柢獨深,不徒以詩顯耳。集中讀史、題圖之作最多。(中略)山水詩遒峭生澀,學韓、蘇不易到。續刻亦以涉及歷史文獻者佳耳。⑤

沈氏的交遊將於下文有所展述。袁先生指出的"學韓、蘇不易到"可謂隻眼獨具,沈欽韓最顯著的詩風正在以學爲詩與追步宋詩。韓愈、蘇軾而外,沈欽韓對王安石、陳師道推崇備至,《幼學堂詩稿》尚理致而不以神韻見長的風格,多映射出諸家身影。沈氏論詩,提倡"寧澀毋俗,寧拙毋佻,寧聱軋而毋滑易",⑥顯然是對陳師道"寧拙毋巧,寧朴勿華,寧粗勿若,寧僻勿俗"的承襲(《後山詩話》)。對於乾嘉詩壇鉅子沈德潛、袁枚殊爲不滿,在他看來,二人一主格調,一倡性靈,"皆不知教學者以讀書,窮究根本于詩文之先,沛乎有餘,稍束諸繩墨,則所言皆有體要,自能成立"。⑦又云"經史百家,蘊畜不深,則操筆索然,敗氣隨之","積學而涉文,千言立就也",⑧實際上申述了以學問爲詩的主張。種種迹象,足以指向沈欽韓近於宋詩一派。晚清宋詩派的主張與創作,和乾嘉知識考古存在內在理路的一致性,其發生、演進與樸學範式淵源甚深,⑨對此,沈氏確屬有力的推動者,惜乎少見論者齒及。當然,詩固不必强分唐宋,但昔人既長期持有此見,約定俗成,便應承認其爲文學史上的客觀存在,那麽徑承舊日術語,或於當時語境更爲熨帖。

錢鍾書自述早年有意兼顧"文""學"兩事,"欲從而體察屬辭比事之慘澹經營,資吾操

① 〔清〕沈欽韓:《幼學堂文稿》卷七《答潘望之書》,第 31 頁 a。
② 關於晚清思想文化領域出現的"崇宋學"取向,説詳羅志田:《道咸"新學"與清代學術史研究——〈論中國近三百年學術史〉導讀》,《四川大學學報》2006 年第 5 期。
③ 徐世昌:《晚晴簃詩匯》卷一一九,民國十八年(1929)徐氏退耕堂刊本。
④ 王欣夫撰,鮑正鵠、徐鵬標點整理:《蛾術軒篋存善本書錄》,上海:上海古籍出版社,2002 年,第 288 頁。
⑤ 袁行雲:《清人詩集叙錄》,北京:人民文學出版社,2016 年,第 1985—1986 頁。
⑥ 〔清〕沈欽韓:《幼學堂文稿》卷四《答王勤甫夋積堂書》,第 38 頁 b。
⑦ 〔清〕沈欽韓:《幼學堂文稿》卷七《答潘望之書》,第 3 頁 b。
⑧ 〔清〕沈欽韓:《幼學堂文稿》卷四《答王勤甫夋積堂書》,第 37 頁 b。
⑨ 相關論述,詳參陳居淵:《清代樸學與中國文學》,南昌:百花洲文藝出版社,2000 年。

觚自運之助”。① 蓋“文”對於“學”的仰賴，每能促成學力的積澱。沈欽韓對經史、詩文確然有所軒輊，並因此而轉移了治學興趣和重心，愈趨晚年，重學問而輕詩文的傾向愈發顯著，蓋不出“必考證尊於詞章，而後能使詞章體尊”的“漢學家見地”。② 淩廷堪（1755—1809）論及當時學界風尚説：“近日學者風尚，多留心經學，於辭章則卑視之，而于史事，又或畏其繁密。”③ 卑視辭章而“留心經學”，風氣如此，對“文”“學”二事先後的專注與側重，均係追隨時尚的主動選擇。沈欽韓早年的詩文創作對後來的樸學研究發揮了積極的作用，以學爲詩的取向，以及鋪叙駢文運事用典、擷花釀蜜的技法，爲他的經史考證活動和具體的著述形態提供了帶有預示性的典則法度。

嘉道時期的知識人尚勉能信奉經典周於世用的價值，但却隱而不顯地表現出對此傳統觀念的修正，一個顯徵即應世資源中經學影響的持續衰微。由嘉道時期肇始的衰亂，導致時人對知識的價值及不同學術門類的認知發生轉變，以經世、“資治”爲導向的史學愈發得到注重，④“通經致用”向“通史致用”的意識更替，促進着晚清學術的結構性轉換。着落於沈欽韓一身，即是樸學研究的問題化意識與弱經強史的傾向。他的著述性質多屬史學考證，學術成就集中於史學，與正統考證學的最大差別，在於小學著作的缺位。在給劉文淇（1789—1854）的信中，沈欽韓不無自負地歷數自己的著作：

> 不佞十餘年來，得失自知，所恨不能曆算，至此輒憤憤，其他事理，皆能根究。所著《漢書疏證》《左傳補注》《水經注疏證》，《昌黎》《半山》二集注，《三國志補注》《范石湖集注》《駁王施查三家蘇詩注》，皆攻故記之謬，發新聞之秘，非好與昔人索鬥也，理之所在耳。⑤

這還不包括《後漢書疏證》《駁〈金石萃編〉條記》（附《幼學堂文稿》卷末）和對新、舊《唐書》的考異之作，⑥ 其餘擬撰而未成的著述尚多（如存世的手稿“《沈小宛手録十五種》二册”⑦）。這些注疏體的著作後來成爲相關經典的權威注本，雖然未能臻於盡善，如混詩文於史，以注經史之法解釋詩文，有違文學意趣，考實過度，也未必盡符詩人原意，但爲沈欽韓贏得了學界的

---

① 錢鍾書：《談藝録（補訂本）》，北京：中華書局，1984 年，第 346 頁。

② 錢鍾書：《談藝録（補訂本）》，第 178 頁。

③ 〔清〕淩廷堪撰，王文錦點校：《校禮堂文集》卷二五《與張生其錦書》，北京：中華書局，2006 年，第 226 頁。

④ 嘉道時期的史學發展取向經世，參見陸寶千：《嘉道史學：從考據到經世》，《近代史研究所集刊》第四期，第 523—550 頁。道光二十一年七月，曾國藩以“經濟宜何如審端致力”爲題，請教名儒唐鑒，唐答云：“經濟不外看史。古人已然之迹，法戒昭然。歷代典章，不外乎此。”可以代表當時史學者的普遍意識。〔清〕曾國藩：《曾國藩全集·日記》，長沙：嶽麓書社，1986 年，第 92 頁。

⑤ 〔清〕沈欽韓：《幼學堂文稿》卷七《與劉孟瞻書》，第 29 頁 b 至第 31 頁 a。

⑥ 案沈欽韓《與劉孟瞻書》：“新、舊《唐書》異同優劣，不佞亦頗多疏記，不暇卒業。”《幼學堂文稿》卷七，第 27 頁 b。

⑦ 王紹曾：《清史稿藝文志拾遺》，北京：中華書局，2000 年，第 276 頁。案此書今以《香山草堂叢鈔》之名行世，由沈欽韓親手抄録了《行朝録》《南忠紀詠》等十五種南明史著述。

隆譽。他的經史研究對同時學人産生了深刻的影響,如《左傳》研究之於劉文淇,①《通鑒》研究之於周濟(1781—1839)。若就研究對象橫向而論,沈氏之學,博及四部,但史學著述所占比重最大,即使對《左傳》和宋代幾部文集的箋注,也不外乎歷史考證,而非對經義與詩文的闡發批評,史學品格遠過經學與文學氣息,這與上引凌廷堪説的在史學上"畏其繁密"的學風出入甚多。再就著述時代縱向觀之,由《左傳補注》《漢書疏證》以至《沈小宛手録十五種》,貫通了先秦兩漢至明清之交,且無重古輕今的偏蔽,呈現出的通貫氣象也非乾嘉考證學者所尚。②

在清代經學史上,沈欽韓的《左傳》研究被認爲擁有與顧炎武、惠棟兩家鼎足的地位,③宗旨於"以禮爲宗而釋其義",④偏近歷史考察而絶少發揮。他恪守着古文經學家法,視同時已成氣候的常州今文經學有如冰炭,言辭中對劉逢禄、凌曙頗多譏貶。⑤從清代中晚期學術思潮趨向觀察,這一態度不免被指責爲因循墨守,但在謹肅的學人看來,今文經學家刻意標榜微言大義,正猶陳寅恪所説的"奇詭悠謬,而不可究詰",⑥直至清末,朱一新與康有爲的論爭仍就此發端。

本來,經史之學同屬考證學範疇,但在清代却出現明顯的經盛史衰的趨勢,陳寅恪對此的解釋至今仍極具啟示。他指出,這一學術現象根源於經學、史學文獻依據的不同,經學"材料往往殘闕而又寡少,其解釋尤不確定",研究取向與價值在很大程度上左右於學者的性格德行,"其謹願者,既止於解釋文句,而不能討論問題;其誇誕者,又流於奇詭悠謬,而不可究詰"。有異乎此,"史學之材料大都完整而較備具,其解釋亦有所限制,非可人執一説,無從判決其當否也"。在"群捨史學而趨於經學之一途"的風氣之下,⑦自況"謹願好學"⑧的沈欽韓取向弱經強史,也可説是性之所近了。可以稍予補充辨析的是,在傳統知識人的思維中,經史之間並不存在後世懸殊的差別,"以事言曰史,以道言曰經。事即道,道即事",史學"以明善惡,示訓戒,存其迹以示法",⑨與經學不異。沈氏弱經強史的取向具有明確的現實關懷和經世意識(詳後),但在根本觀念上與晚清經世史學並不完全一致。

---

① 案清劉文淇《青溪舊屋文集》卷三《與沈小宛先生書》:"文淇駑鈍無似,於學問之途未窺涯涘,然側聞先生緒論,及拳拳誘掖之盛心,稍知感奮,不敢自棄。前歲得尊毛箸《左傳補注》,已録副本,披尋再四,竊歎左氏之義,爲杜征南剥蝕已久,先生披雲撥霧,令從學之士復睹白日,其功盛矣!"光緒九年(1883)八月刊本,第 8 頁 b。

② 錢大昕對乾隆時代學者逼仄的學術視域甚爲不滿,曾謂"自惠、戴之學盛行於世,天下學者但治古經,略涉三史,三史以下茫然不知,得謂之通儒乎?"轉録自江藩:《國朝漢學師承記》卷三《錢大昕》,北京:中華書局,1983 年,第 49 頁。可以甄見當時學術取徑的狹窄與重心所在。清代史學受經學影響而偏重在周秦三代,政治高壓又逼迫學人有意回避晚近歷史,是以正統考證學者實際能够從歷史中攝取的思想資源相當有限。

③ 潘景鄭:《著硯樓書跋》,上海:上海古籍出版社,2006 年,第 8 頁。

④ 張素卿:《清代漢學與左傳學:從"古義"到"新疏"的脈絡(增訂版)》第四章第四節,臺北:五南出版社,2020 年。

⑤ 參見〔清〕沈欽韓:《幼學堂文稿》卷七《與黄修存書》,第 5 頁 a。同卷《與劉孟瞻書》,第 30 頁 a。

⑥ 陳寅恪:《陳垣〈元西域人華化考〉序》,《金明館叢稿二編》,北京:生活·讀書·新知三聯書店,2001 年,第 269 頁。

⑦ 陳寅恪:《陳垣〈元西域人華化考〉序》,《金明館叢稿二編》,第 269 頁。

⑧ 沈欽韓《與友人書》:"僕一謹願好學者耳。"《幼學堂文稿》卷七,第 21 頁 a。

⑨ 錢鍾書:《談藝録(補訂本)》,第 263—265 頁。

歷來取向史學經世者，莫不重《通鑒》，清代中期以降，此風尤劇。[①] 這部以 "資治" 爲名的史學名著，貫穿的不獨是司馬光 "關國家盛衰，系生民休戚，善可爲法，惡可爲戒" 的著史意識，同時寄託着傳統知識人的經世理念。在政治學尚未成立的昔日，史學以興亡治亂、安危利害的記錄維繫着士大夫與國家社會，是以寄意經世的知識人總與史學關聯稔密。王夫之所謂的 "取古人宗社之安危，代爲之憂患，而已之去危以即安者在矣；取古昔民情之利病，代爲之斟酌，而今之興利以除害者在矣。得可資，失亦可資也；同也資，異亦可資也"，[②] 差可揭示史學經世的涵義。沈欽韓推崇《通鑒》，引爲經世之資與著史典範，在十九世紀初份屬開風氣者。在他看來，"爲學之要，無急於" 精熟《通鑒》，[③] 並自陳研讀次第曰：

> 總其治亂興亡、賢奸消長之故，究溫公平日言不用而身退，發憤爲此，冀人君感
> 悟之大旨。次則參究形勢戰勝攻取之術。又觀其刪潤史文，光景一新，可以通達事
> 理。[④]

三者基於各自不同的關懷。概括言之，首條着眼於 "得君行道" 的士人傳統，次則立足於經濟現世的事功精神，最末才屬治學著書的立言範疇。

沈欽韓未嘗從事著史活動，而是基本遵循考證學典範進行考史研究，且奉胡三省注釋《資治通鑒》爲鵠的。以最博盛譽的《漢書疏證》爲例。作者自叙撰著《疏證》的旨趣，"其小者，明古今之異同，具典物之精粗；大者則以漢去古未遠，欲掇其意美法備者裨於政術"，[⑤] 實即治史爲時勢服務。包世臣稱："凡植國之體，端由制度，漢氏雖近古，然離秦立法，爲後世濫觴。君故上推姬周，下比有明，詳哉乎其言之。損益悉陳，得失備見。使來學有所依據，以當後王取法者。"[⑥] 與沈欽韓心意所指，符契相合，但後世對此普遍難以同情，因而也就不免隔閡之論。如劉聲木（1876—1959）即說：

> 解證經書及周秦諸子，立言最須矜慎，不容有一語之出入，即考核史書，亦不得
> 以後世之事闌入。不然，山經地志，後出者日多，若蔓衍支離，車載斗量，更僕難數，
> 不特無人顧問，實亦無此體裁。我朝吳縣沈欽韓茂才文起學問非不淵博，撰述非不

---

① 措意《通鑒》，奉爲撰著新史的標準，成爲晚清史學的新潮，沈垚、丁晏、周濟等皆屬其類。二十世紀初，章太炎以 "詳遠古而略近代" 爲近代史學的一大弊端，稱 "歌頌三代，本屬科舉流毒，二十四史自可束諸高閣。然人事變遷，法制流傳，有非泥古不化所能明其究竟者"，並舉《資治通鑒》的編纂爲例，肯定其時代愈後，則取材愈博、考證愈備的方法，"誠以近代典籍流傳且富，治史學既有所依據，而其爲用又自不同。蓋時代愈近者，與今世國民性愈接近，則其激發吾人志趣，亦愈易也。" 章太炎：《救學弊論》，《章太炎全集·太炎文錄續編》卷一，第 102—103 頁。
② 〔清〕王夫之：《讀通鑒論》，北京：中華書局，1975 年，第 1114 頁。
③ 〔清〕沈欽韓：《幼學堂文稿》卷四《答王勤甫殳積堂書》，第 38 頁 a。
④ 〔清〕沈欽韓：《幼學堂文稿》卷七《與劉孟瞻書》，第 27 頁 a。
⑤ 〔清〕沈欽韓：《幼學堂文稿》卷七《答包慎伯書》，第 1 頁。
⑥ 〔清〕包世臣：《藝舟雙輯》卷一一《江蘇吳縣木瀆鎮沈欽韓年五十七狀》，第 23 頁。

宏富,所撰《漢書疏證》等書,坐受此弊。言龐事雜,蕪累寡要,自穢其書,致爲通人
詬病,亦決難傳世行遠。①

晚清王先謙撰《漢書補注》,對《疏證》做了廣博的徵引,即至近代錢穆撰《先秦諸子繫
年》,亦對其書倍加珍視,汲養頗深,可見劉氏所稱《疏證》"決難傳世行遠"的預判未中。至
稱《疏證》"言龐事雜,蕪累寡要",尤屬不解沈氏著述精神的膚廓之言。試拈一例爲説,《漢
書疏證》卷二《景帝紀》元光元年"郡國舉孝廉"條疏證:

> 《册府元龜》貞觀十八年,詔諸州所舉孝廉十有一人,並以不能對問放還。其
> 舉主以舉非其人罪論,加一等。實應二年六月,禮部侍郎楊綰奏,諸州每歲貢人,依
> 鄉舉里選察秀才孝廉。敕旨:州縣每歲察孝廉,取在鄉閭有孝弟廉恥之行薦焉。委
> 有司以禮待之,試其所通之學。五經之内,精通一經,兼能對策達於禮體者,並量行
> 業授官。德宗建中二年六月,敕孝廉科宜停。(原注:自是以後,秀孝路絶,時稱業
> 明經者爲孝廉,業進士者爲秀才。)明太祖洪武六年,下詔罷科舉,亦有孝廉、秀才之
> 目,旋凌替不行。崇禎九年,吏部復議舉孝廉,由司道以逮巡按,覆核疏聞,驗試録
> 用。於是薦舉遍天下,然皆授以殘破郡縣,卒無大效。今亦有孝廉方正之舉,然多
> 避不就試而選濫矣。②

其書雖爲疏證《漢書》之作,但注釋範疇已逾越兩漢,拓延至晉唐以下史實的補訂闡述。
王鳴盛(1722—1797)曾指示"讀史之法與讀經小異而大同",主張"讀史者不必横生意見、
馳騁議論以明法戒也,但當考其典制之實","不必强立文法,擅加予奪以爲褒貶也,但當考其
事迹之實",③揭示了考證學家的史學認識和著述精神,其爲考證而考證的學術追求,轉使史
學與現實脱節。試持其説比况《漢書疏證》,可謂圓鑿方枘。傳統考證學著述多取文字訓詁
式的經學注釋方式,標榜"疏不破注"的尺度,《疏證》以考詳增訂歷史事實爲主的體例,實際
上已經違背了考證學著述傳統,劉聲木的責難即立足於此。

細繹《疏證》立説及其理路,可知掩藏於考證之下的,實是一種以歷史資源指導世俗的
精神。疏釋史實制度,追溯源流,原本始末,目的在於古爲今用,自不妨且應當"以後世之事
闌入",沈欽韓自謂"欲掇其意美法備者裨於政術",並非張惶之論。各條注解,具備相對特定
的現實針對性,貫穿古今的論證,絶似《日知録》《讀史方輿紀要》的移植,而所述更爲清明
切要。貌若對漢代史實制度的考證,然而究其實質,不失爲一部期於致用、供人參驗的中國

---

① 〔清〕劉聲木:《萇楚齋三筆》卷七"撰述聯額各有體裁"條,沈雲龍主編:《近代中國史料叢刊》第 22 輯,臺北:文海出版
社,1968 年,第 100 册,第 823 頁。
② 〔清〕沈欽韓:《漢書疏證》卷二,清光緒二十六年(1900)浙江官書局刻本,第 18 頁。
③ 〔清〕王鳴盛撰,黄曙輝點校:《十七史商榷》,上海:上海古籍出版社,2013 年,第 1 頁。

制度史。可以説，《漢書疏證》是一部謹肅學風與經世關懷相融的經典之作，推闡其書寫心理的症候，沈欽韓仿佛在進行一項針對考證學著述體例的革新實驗，但其意義已指向對考證學典範的重塑，試圖解答調和道術、樸學經世的可能性。這一意圖幾乎貫徹了沈氏的全部著述。

四、"烏托邦衝動"：《説儲》批語所見沈欽韓的改制設想

研究者通過著述瞭解作者的心志，然而囿於立言環境、著述體裁的限制，兼及對著述傳播、影響、立言物件等多方面的考量，作者往往在有意無意之間，書不盡言、言不盡意，其真實意態隨而隱晦不彰。如上引包世臣所云，《漢書疏證》考釋内容的時代下限多及晚明而止，輕易不涉當朝，偶爾言及，亦一筆帶過，不置臧否，可見形格勢禁，沈欽韓對當身政治忌諱猶存顧慮。

與沈欽韓相比，包世臣尤以經世實踐著名，但系統表述他對清代制度改良設想的《説儲内篇》，迄清末方始刊行。此書稿本今庋藏於上海圖書館，卷尾有劉師培跋（1903）粗述其書梗概，文曰：

> （《説儲》）内篇之中，多改制之言，嘉道之際，文網尚嚴，故此編無刻本。吾觀此書精義，大抵在於重官權、達民情二端，其説多出於昆山顧氏，行於今雖多不合，然當嘉道之際而具此思想，仁和龔氏之外，一人而已。書眉有沈小宛、周保緒二先生所加按語，頗足補《説儲》所不及，可與此書並存云。[①]

包世臣的政論是否"多出於昆山顧氏"，暫置不論。王汎森觀察到，顧炎武在道光時代得到"重新發現"，甚至改變了此前官方的敘史傳統，[②]究其根源，實由顧氏的學説與嘉道時代出現的經世思潮符契相合。這部實録性文獻保存了沈欽韓、周濟的批識，其中沈氏19條、周氏3條，發明包世臣政見，兼事補訂修正，在記載包氏改制主張的同時，也通過沈、周的批識，展現二人尤其沈欽韓的改制設想。就讀者的立場觀之，這一稿本營造出一個議政的對話場景，先由作者立一主題，詳悉陳述，再由批識者就腹笥所知，對作者的論説深加探討。沈欽韓的批識，針對的恰是他樸學著作中幾乎未嘗涉及的清代政制，足資考察沈氏改制思想的趨向。

包世臣扭轉衰頹世運的改制設想更多來源於他長年奔波的從政經驗，所有針砭痼疾的

---

① 劉師培於1906年刊行《説儲》，收入《國魂叢書》中，但删去了沈欽韓的批識。三十年後，吳慰祖購得《説儲》稿本，並由江蘇省立國學圖書館的柳詒徵影印出版，沈欽韓的批識始爲世人所知。
② 王汎森：《清代儒者的全神堂——〈國史儒林傳〉與道光年間顧祠祭的成立》，《權力的毛細管作用：清代的學術、思想與心態》，北京：北京大學出版社，2015年。

舉措,大致取向法家,不免刻意求成,急功近利。①沈欽韓的應對則兼顧歷史源流與現實需求,取向穩健的革新,是以他一再强調,"君相立法,不禁人情之所便,尤當慮世教之所維,矜心作意,操之太急,必有偏枯蹶張之弊,斟酌得其中,寧使網漏吞舟,勿如名法家之酷烈"。②所持政見,立足於"參酌唐宋之制,以仿佛商周之意"。③如針對清代科舉"取之之途濫,而用之之途太寬",他主張:

> 今誠於孝弟力田寓鄉舉里選之意,仿兩漢之法於其台進之時,而復參酌唐、宋省試、廷試之制,嚴其考核於後。如此,(禮部)侍郎雖中才以下,皆可令其知貢舉矣。④

針對清代官制監察機構的虛設,他指出:

> 考元世官品冗濫,不足取法,惟御史臺之設爲最善。今誠依此制而行之,良有裨於國事也。⑤

鑒於"今日之外吏張空拳而奉文書","成法之弊,使賢與不肖皆坐而無所施",⑥亟亟期望於中央權力之適當下移;針對官吏貪墨與民情不能上達,極力支持"唐時禁錮子孫之科"和包世臣的"通政"舉措,等等。諸如此類相對持重而較具實踐可能性的政論,在嘉道之際被視爲突破傳統的不經之論,隨着時代推移,趨新意識與改制訴求愈來愈成主流,當初這一知識社群的政治見解反被認作保守,這種尷尬的歷史境遇,誠然有類乎宋人所説的"半間不界"。

以現代社會學的理念,學者的研究活動應秉持一種與價值無涉的科學誠實觀,追求的當是對社會的理解與闡釋,而非對實踐的指導。傳統士大夫則一貫將學術研究與資政意圖相混,將自身設定於仲裁者與改良者的位置上。嘉道知識人的議政,已爲晚清維新運動開出一片光焕的圖景。

---

① 關於《説儲》的文獻概況和包世臣的改制思想,參見施立業《包世臣〈説儲〉初探》(《安徽大學學報》1997 年第 6 期)和鄭大華《包世臣與嘉道年間的學風轉變》(《安徽史學》2006 年第 4 期)二文,以及〔美〕羅威廉(William T.Rowe)《言利:包世臣與 19 世紀的改革》第二章(許存健譯,倪玉平審校,北京:社會科學文獻出版社,2019 年)。
② 〔清〕包世臣:《説儲》附録,《包世臣全集》,合肥:黄山書社,1991 年,第 192 頁。
③ 〔清〕包世臣:《説儲》附録,《包世臣全集》,第 197 頁。
④ 〔清〕包世臣:《説儲》附録,《包世臣全集》,第 196 頁。
⑤ 〔清〕包世臣:《説儲》附録,《包世臣全集》,第 193 頁。
⑥ 〔清〕包世臣:《説儲》附録,《包世臣全集》,第 198 頁

五、結語

特具經世才具的王鎏(1786—1843)枚舉嘉道學界中精擅地理之學者，稱"沈君小宛、徐君星伯、沈君子敦，雖古賈耽、劉敞之徒，未之或先也"。[①]以徐松、沈垚並舉，又況以唐人賈耽、宋人劉敞，是對沈欽韓精地理之學而才兼經濟的肯定。可以説，沈欽韓一生的學術研究基本建立在歷史制度源流與地理沿革之上，時代重心在漢唐以降。以"法後王"的取向，進行引古籌今的嘗試，期於裨益當身後世的制度改良，體現出一位士大夫極有分寸的經世苦心。

個體在失序時代，"以一身立於過去遺骸與將來胚胎之中間，赤手空拳，無一物可把持，徒彷徨於過渡之時期中而已"。[②]沈欽韓的生涯，映射出十九世紀早期知識社群的集體困境：從政弗由，經世之途轉趨著述，把對時代的關懷、焦慮托之於歷史考證，在古今一體的理念下，對樸學既存價值進行問題化的更新，試圖再造典範，以應現實之需。觀夫沈欽韓學術歷程中的種種面相——棄詩文而從事樸學，取異於今文經學，重史輕經，取向史學經世等等，背後恰是晚清諸種思潮此起彼伏的發生與演進。

爬梳以沈欽韓爲代表的嘉道知識人的思想言説，每與清初士大夫遥相呼應。萬斯同申述自己對"經世"的義界，云"將盡取古今經國之大猷，而一一詳究其始末，斟酌其確當，定爲一代之規模，使今日坐而言者，他日可以作而行耳"。[③]摒除此中的遺民語境，足以寫照嘉道知識人的整體取向。以知識社群的活動取向爲標準，由十八世紀晚期向十九世紀的演進，可稱爲知識時代向經世時代的過渡。無奈身處十九世紀早期的知識人身處政治、學術同時趨變的世局，面臨的是從政與治學的雙重困阨。沈欽韓的晚年，正值龔自珍撰《蒙古圖志》(1821)、包世臣著《中衢一勺》(1825)、魏源編《經世文編》(1826)之時。這些凝聚了編撰者經世意識的著作，折射出嘉道時代知識人不能"見之於行事"而衹得"載之空言"的應世困境。迄於清末維新運動的興起，知識人以著述寄託經世理念與設想，以學術干預政治、爭取話語權的努力未曾中止。就思想史的角度觀之，彼輩所思所爲，已具有晚清維新改制的黎明運動的意義。

沈欽韓那些顯豁表陳的經世政論，集中見載於《幼學堂文稿》中，但這部文集素稱罕覯，[④]直接導致了世人對其經世思想的無視。近人張舜徽察知《廣雅叢書》所收沈氏文集僅有一卷，"但刻其説經、考文、釋禮之作"，"蓋皆以欽韓之學，所長在考證也"。[⑤]可見，沈欽韓被後

---

① 〔清〕王鎏：《〈海録〉序》，引録自〔美〕陳潤成等編：《張蔭麟文集》，北京：清華大學出版社，2013年，第1747頁。關於嘉道以降地理考證學的發展狀況，參見朱玉麒：《徐松與〈西域水道記〉研究》，北京：北京大學出版社，2015年。

② 黃遠庸：《遠生遺著》上冊，臺北：華文書局，1938年，第126頁。

③ 萬斯同：《與從子貞一書》，引録自楊向奎：《清儒學案新編》第1冊，濟南：齊魯書社，1985年，第214—215頁。

④ 鄭振鐸曾言："沈欽韓《幼學堂集》，藏書家素目爲難得之書，每獲睹一部，必競收之，然藏此者，海内亦不過寥寥三數家耳。"鄭振鐸：《西諦書跋》，北京：文物出版社，1998年，第272頁。

⑤ 張舜徽：《清人文集別録》，武漢：華中師範大學出版社，2004年，第338頁。

世一再誤讀,既不聞其經世言説,又不解其著述精神,而唯重其考證。重塑沈氏的心志形象,成爲本文撰寫的初衷。在具體的考察過程中,筆者未曾因探尋古人行爲的政治學術動機,而視歷史人物爲木偶機器,鑿空逞臆,濫施"同情"。凡熱衷於宏大主題的研究者,對歷史的複雜面相多存取捨,夷考其實,清晰純粹的歷史叙述多不足信,"其言論愈有條理系統",則去歷史"真相愈遠"。[①] 近年來,羅志田教授曾倡議"把隱去的'人'召回歷史",試圖構建以人爲主體的學術史,蓋"歷史的共性,本藴藏於,也可以展現在個人的經歷和體驗之中",[②] 惜乎應和者寡。拙文還原歷史現場,將沈欽韓置於所處時代語境與知識社群之中,縱橫考量,期望以個體把握時代,以碎片衡量整體,有取於羅先生説。

(劉國宣,南京師範大學文學院講師)

---

① 陳寅恪:《馮友蘭〈中國哲學史〉上册審查報告》,《金明館叢稿初編》,北京:生活·讀書·新知三聯書店,2001 年,第 247—248 頁。
② 羅志田:《學術史:學人的隱去與回歸》,《讀書》2012 年第 11 期,第 10—11 頁。

明清閨秀總集的出版及其在日本的流通模式
——以《女中七才子蘭咳集》二種爲例

王紅梅

[摘　要]　明清兩朝先後有一些女性詩文總集傳入日本，並被重新翻刻。這種跨疆域的文獻流通一方面受到中日海洋貿易的影響，另一方面則反映出明清閨秀寫作文化在東亞漢字文化圈的輻射，和刻本對底本內容的調整又折射出書籍在流通過程中的被接收情況。文章以明末清初長洲周之標所編刻《女中七才子蘭咳集》及《蘭咳二集》兩部女性詩文總集爲例，以國家圖書館所藏明刻本和日本藏晚明蘇州寶鴻堂刻本及明和七年日本重刻本爲基礎，從士人評選與書坊刊印兩個角度分析並探討明清閨秀總集在商業出版中的基本模式及特點，並嘗試從日本漢詩傳統及海洋貿易兩個方面探究明清閨秀總集傳入日本的兩種模式。

[關鍵詞]　女中七才子蘭咳集　漢籍　女性詩文集

　　明清兩代不僅是出版業發展的黃金時期，也是女性作家的噴湧期。據胡文楷等編《歷代婦女著作考》統計，明清約有女性作家 3750 餘人，不少曾有詩文集傳世。閨秀作品的大量湧現也引發了士人、書商乃至才女群體對女性詩文的編選熱情，這些總集參差不齊，影響稍遜者多與八股時文一般與時湮没，而選輯人稍有聲名或選輯範圍、內容或有可取的選本則在名士和書坊間廣泛流通。隨着東亞朝貢體系的輻射及民間貿易往來，一些經典選本也隨之傳入朝鮮、日本等周邊國家，在東亞漢文文化圈引發迴響。而成書於晚明並分別見藏於中國和日本的女性詩文總集《女中七才子蘭咳集》及《蘭咳二集》就是其中一個系列。

　　明清時期漢籍傳入朝鮮和日本一般經由南北兩條綫路，北方綫路即靠出使北京的使節私下購買漢籍携帶回國，尤以朝鮮爲多。而日本則主要通過南方綫路輸入，即由南京、杭州等地出發的商船運往長崎口岸。隨船搭載的書籍以醫書、經史典籍、叢書、類書、通志、文人總集或名人選本爲主。與女性詩文集相關的有錢謙益《列朝詩集》及《列朝詩集小傳》、袁枚《隨園全集》《隨園三十種》等。純閨秀集則主要有《彤管新編》《古今女史》《鸝吹集》《午夢堂全集》《名媛詩歸》《吳中女士詩鈔》等幾種常見著作。除《午夢堂全集》僅收錄吳中葉氏的家族作品，《吳中女士詩鈔》僅限吳中地區女性外，其餘多爲收錄較廣的斷代或通代作品集。[①] 而在傳入日本的閨秀集中，由晚明蘇州出版商周之標所編選《女中七才子蘭咳集》及《蘭咳二集》二種出版後在國內似乎影響有限，反而傳入日本後保存有更多副本，並被重新校定刊印。這似乎與傳統認知中閨秀集多因在國內暢銷進而遠銷海外的情況不甚相符，也爲

---

① 這與坊間樂於刻印名家批點諸子全書或常見名人總集以利於銷售的現象相一致。

我們了解閨秀集在東亞的域外流通提供了新的思路。

一、周之標及其《女中七才子蘭咳集》二種

周之標,字建甫,江蘇長洲(今蘇州)人,晚明戲劇家及出版商,曾主持編刻散曲集《吳歈萃雅》、蘇州名妓圖詠《吳姬百媚》、曲選《新刻出像點板增訂樂府珊瑚集》、小說集《香螺巵》、駢文集《四六管朗集》等。周氏所編選女性作品多偏香豔閨情,《蘭咳集》二種即屬此類。《蘭咳集》系列包括《女中七才子蘭咳集》五卷和《女中七才子蘭咳二集》八卷,[①]約刻於明末。[②]初集今見藏於國家圖書館及南京圖書館,爲同一版本。[③]國圖本序跋均已不存,正文也有大量闕頁。《蘭咳二集》有上海圖書館藏鈔本八卷,刻本今有首都圖書館藏八卷本及日本國立公文書館藏蘇州寶鴻堂刻本、静嘉堂文庫刻本及日本明和七年(1770)據以重刻《明七女才子詩集》本。其中,公文書館與静嘉堂文庫所藏爲同一版本。

(一)國圖本《蘭咳集》及蘇州寶鴻堂刻本《蘭咳二集》

國圖本《蘭咳集》行款每半葉八行,行二十字,白口,四周單邊,無魚尾,版心有"蘭咳集"、卷數、詩人姓名及頁碼,正文有圈點及雙行小字夾註,間有評語,評語與正文字體一致。並有手寫朱色眉批及圈點,爲後人增入。每卷卷首題"女中七才子蘭咳集卷某",下署"長洲周之標君建甫選輯"。此版後被影印收入《中華再造善本》,也是此集目前最常見的版本。[④]書後附錄周之標妻室胡貞波編著《古牌譜》二卷。前無序文,正文部分也缺損嚴重。卷二第十、十三、十四葉,卷三第三、四、十到十三、十七到二十一葉,卷四第四到七、九到十一、十三到十五葉,卷五第十四到十六、二十一到二十二葉均已亡佚。全書現存三十九葉,闕二十四葉,僅存三分之二。至今尚未見有全本。

首都圖書館藏《蘭咳二集》共八卷,四冊。日本國立公文書館所藏《蘭咳二集》封面有內閣文庫藏書標識,卷首有淺草文庫藏書印,封面題"周君建先生評選《女中七才子》",又有"金閶寶鴻堂梓",可知爲蘇州書坊刻本。[⑤]行款爲每半葉八行,行二十字,白口,四周單邊,無魚尾,版心亦有書名"蘭咳二集"、卷數、詩人姓名及頁碼。正文有圈點和雙行小字批語,每位詩人後亦有評語。批語等字體與正文一致。卷前有清代支如增所撰《蘭咳二集叙》,署"武水盟弟支如增書於清旦閣"。另有《女中七才子蘭咳二集姓氏》,列七人姓氏,以次排列,並附個人小傳,包括姓氏字里和作品集,附錄之人無小傳。正文前附《參訂社友姓氏》,共錄相關

---

① 以下分別簡稱爲《蘭咳集》和《蘭咳二集》。

② 兩書均署由周之標編選。

③ 以下將國家圖書館藏本簡稱爲"國圖本"。

④ 《中華再造善本·明代編》,北京:國家圖書館出版社,2012 年。

⑤ 此《蘭咳二集》藏於日本國立公文書館,編號:358—0117,下文簡稱爲"寶鴻堂本"。日本重刻《明七才女詩集》,下文簡稱爲"和刻本"。

成員一百零七人,均爲士人。就正文來看,初集和二集行款一致,字體也相近,《蘭咳二集·參訂社友姓氏》中有不少人也出現在《蘭咳集》中。可知,兩書應是由以周之標爲首的同一批士人編選刊刻。因此,我們可以藉助《蘭咳二集》的相關信息推知前者的編選情況。[①] 據參訂表中諸人的生卒年限大體可以推知兩書刻於明末。[②] 而結合兩書所選之人及作品内容來看,《蘭咳集》系列刻印時也似尚未入清。又《二集·目録》下載吳綃"有《嘯雪庵詩》二卷,未刻"。可知周之標等人編選時參考的是稿本。已知《嘯雪庵集》最早刻於順治十六年(1659),也與推論時間相合。

(二)内容差異及編選標準

《蘭咳集》與《蘭咳二集》所選均爲晚明頗有名氣的才女之作,内容以詩詞爲主。其中才名俱顯者多從其個人集中選録佳作,姓名失考而作品獨傳者則徑録原作。前者如沈宜修《鸝吹集》,後者有會稽女子題壁詩等。目録及每卷卷首均標明文獻來源和擇選數目,如卷三沈宜修《鸝吹集》五言古詩原刻四十首,集中僅選六首。兩書主要選入七位女詩人,除傳主外,另附録一些相關女性,多爲妾室。如《蘭咳集》主要收録馮小青、王修微、尹紉榮、杜瓊枝、會稽女子、徐安生、佘五娘七人之作,同時附録劉玄芝《宮詞》。《蘭咳二集》除選録吳綃、浦映淥、沈宜修、王鳳嫻、徐媛、余尊玉、陸卿子七人作品外,又於浦湘青下附録妾室周姍姍的遺作。[③] 總體而言,初集所選七人多小星之列,二集多閨秀之屬,尤以吳中閨秀爲主。除"女才子"的作品外,兩部總集中還收録了大量周之標等人的評語、和詩及其他士人爲七人撰寫的傳記、悼文等。

現存國圖本《蘭咳集》中並無編選者的信息,但書後所附《古牌譜》前有周之標《序》,云:"余刻《女中七才子》一書,因憶此譜可附以傳。"[④] 又,支如璔在《蘭咳二集叙》中道:"吾友君建氏,具有慧業,足秤量千古,乃女中才子適凑於數十年間得恣其秤量。初已拔七子爲一編矣,頃又得七子再編,並名'蘭咳',其人皆大家、道韞流亞。"[⑤] 可證《蘭咳集》系列由周之標主持編選。但從兩書内容及二集《參訂社友姓氏》表來看,此書的參訂群體十分龐雜,且多是於史可徵的地方名流,甚或有文壇、政壇翹楚。比如政治有范景文、劉榮嗣、王獻吉、吳百朋,文學則有曹學佺、周亮工、萬壽祺、鄒祗謨、葉紹袁,明公安派有袁中道,竟陵派領袖鍾惺、譚元春與集中詩妓王修微也有詩文贈答。其參訂"社友"範圍涵蓋整個江南地區,並輻散至福建、江西、山東、河北等地。且表中諸人多與復社有密切關係。名單中不僅有復社"眉目"沈自炳、吳昌時、黃周星、周景濂、李令哲、許重熙等,其餘如池顯芳、支如璔、宋徵璧、宋存標等

---

① 日本重刻本與寶鴻堂本有較大出入,將於後文專門討論。
② 如劉榮嗣(1570—1638)等。
③ 浦湘青,毗陵四才子之一黄永之妻。周姍姍,黄永妾。
④ 胡貞波輯:《周君建鑒定古牌譜》二卷,明末刻本,國家圖書館藏本。
⑤ 寶鴻堂本《女中七才子蘭咳二集》,《叙》第2頁a。

也頗有名氣。且兩部集子中收録了不少成員的和詩,可見參訂姓名表應非掛名。比如初集採録了申繼揆、申紹芳等人和會稽女子題壁詩。其中,申紹芳與復社成員侯峒曾於萬曆己未(1619)秋日途次新嘉驛。而周之標和詩後有吳楨的評語,復社領袖張溥又曾爲吳楨《別言》作序。另有復社吕尚絅、鄭超宗等屬和佘五娘詩。此外,與王修微交遊的譚、鍾二人代表的竟陵派又於啟、禎間與復社密切往還,身份交疊。凡此種種,都將《蘭咳集》二種與復社串聯起來,周氏更像是總其大成者。而表中諸人除了文學派別上的歸屬,還以家族爲單位錯綜勾連。如姓氏表中出現的家族就有,支氏:支如增小白及其四子支隆求武侯、支遵范文侯、支揆英惠侯、支景良留良。湯氏:湯本沛、湯傳橄、湯傳楷、湯傳模。周氏:周亮工、周亮節。類似的現象也出現在周之標編選的《香螺卮》中。據黄霖先生考東京大學綜合圖書館所藏《香螺卮》,書中"第一卷卷首題'長洲周之標君建甫選評,同社徐文衡以平甫參訂',以下各卷選評者題名相同,參評者則各異,分別爲'同社'申紹芳維烈、吳思穆靜腑、湯本沛行仲、徐文堅季柔、趙玉成彥琢、徐遵湯仲昭、曹璣子玉、鄭敷教士敬"。① 這批"同社"參訂者與《蘭咳二集》中有不少重合,其中曹璣與姓氏表中的江陰曹玘子瑜、曹玑子求疑爲同族兄弟。

由此可知,《蘭咳集》二種的選輯背後是以家族、學術交錯關聯的參訂群體,這個士人群體可能與晚明最重要的政治及學術組織復社有所牽涉。而在晚明,士人與書坊之間借助出版形成一個互利的權力空間,士人通常以文社的方式集結,和詩題序,選評佳作並刊刻流通,藉以擴大話語權。② 《蘭咳集》二種的成書即與此類似。若仔細考察初集和二集中女詩人的社會關係,其背後的編選群體就更呼之欲出。這一點,可在比較兩集異同後可知。

周之標雖常被視作出版商,但因其往往周旋於江南名士之中,加之此二集參評人衆多,《蘭咳集》的編選刊刻便不能以周氏個人的意趣爲唯一考量。而與坊間爲迎合市場追求利潤編刻書籍不同,士人選本有着更強烈的男性注視和道德規訓。因此,初集和二集的選録標準也投射出公共文學活動中女性群體的變化以及才女被定義和劃分標準的轉變。這一點與後期二集傳入日本後被重刻也有關係。正如前文所言,《蘭咳集》與《蘭咳二集》在選輯女性時有鮮明的身份之別。初集多收録姬妾、名妓等身份低微的邊緣女性,而二集所收録的女詩人或出身名門,或爲名士才子的"正夫人",即所謂大家、道韞流亞。這兩類女性正是明清文學女性的兩大陣營,也是與士人群體互動最多的文學女性。故初集仍有較爲鮮明的以名士賞玩爲導向的男性品評的色彩,二集則將名士家族閨秀納入自身公共文化活動的圈層。這種身份區分在周之標初選初集時與申紹芳③的一段對話中被更爲直接地表達出來。

　　余偶輯《蘭咳集》成,質之青門申少司農,知其長日無事,讀書自娱,必有餘閒
爲吾玄晏也。青門性慧,一目十行俱下,笑謂余曰:"七才子得子表而出之,差不寂

---

① 參見黄霖:《關於古小説〈香螺卮〉》,《明清小説研究》1999 年第 3 期,第 174 頁。
② 張獻忠:《文社、書坊與話語權力——晚明商業出版與公共空間的興起》,《學術研究》2015 年第 9 期,第 101—115 頁。
③ 〔明〕申紹芳,字青門,蘇州長洲人。申時行孫,萬曆丙辰進士,官至户部侍郎。

竇千古。佳則佳矣，然都是怨姬愁女，且大半在小星之列。尹少君與劉晉仲解元有
伉儷之雅，晉仲又子之友也，留以待閨中七才子如徐小淑、陸卿子輩，更得子表而
出之，豈不炳炳烺烺，更足千古？”余曰：“吾固知之，然業以晉仲昔年見托，不欲負
其意而遽相許矣。尹少君十九而亡，冥冥之中亦應是怨姬愁女，把臂入林，似亦不
惡。……當今固不乏才。閨中七才子，更爲訂而入之，可也。”①

周之標選輯初集時曾拿給同邑申紹芳審閱，申氏以集中多女妓、姬妾，提出應將劉晉仲正室
尹紉榮與同屬閨秀的徐媛、陸卿子別列一集，名之“閨中七才子”，這樣會比編選姬妾作品集
“更足千古”，因此推薦用李宗定的姬人劉玄芝所作《宮詞》三十七首取代尹氏之作。而周之
標以受好友所托爲辭在初集中保留了尹紉榮的作品，但把劉玄芝《宮詞》附錄於後，並留下
這段文字記錄始末，感歎“兩才豈相厄哉？”可見，申紹芳對才女的身份——名妓與閨媛，姬
妾與正室有强烈的分別意識，而申紹芳也是表中參訂人之一。周之標借申紹芳之口將初集、
二集的區別宣之於外。參考《蘭咳二集》所收七人中六人均係“正夫人”，一人爲名士女孫，
在小傳中凸顯家世，正是應了申紹芳“閨中七才子”的提議。而這種變化與晚明至清代文學
女性的主體由名妓到閨秀的轉變也是一致的。

除此之外，名士選本的第二個表現爲《蘭咳二集》中閨秀的家族成員幾乎都在《參訂社
友姓氏》表或《蘭咳二集》正文之中。如吳中沈宜修有丈夫葉紹袁、族兄沈自炳；華亭王鳳
嫻則有兄長王獻吉；長洲吳綃有丈夫許文玉；無錫浦湘青有丈夫黃永；余尊玉則有世交徐鍾
震作序等，吳縣徐媛和陸卿子更有一衆吳中士人唱和，集中也保留了男性親屬的大量文字。
如果説《蘭咳集》收錄的女性更側重於所謂“名士”對“遭時不遇”的邊緣女性及其詩才的
憐惜，集中充滿了文學的想像互動。如對傳奇女子馮小青、詩妓王修微、揚州鹽商之妾余五
娘、名姓不詳而身世淒慘的會稽女子等人立傳屬和。②本質上是文學場域的一場雅集式歡娱，
性質與揚州鄭元勳主持評選黃牡丹花詩會並無差別。③《蘭咳二集》中的作者則爲社員的家
族女性形成的吳中閨秀群，這種男性的鑒賞由公共領域轉向了家庭成員內部，故其選評的格
調也由娛樂走向了嚴肅。正如前文所言，晚明時期，文社和商業出版的聯合成爲一種新的趨
勢，文人及其社團借助出版争奪並鞏固話語權，同時又可以主導和傳播有利的信息。《蘭咳
集》系列的推出一方面順應了出版女性詩文集的風潮，另一方面可以對文學女性進行重新的
定義和歸類。如初集中以馮小青、會稽女子爲代表的中下層女性和二集中士紳階層的女性。
以周之標爲代表的江南士人通過編選詩文集確立了對名妓文學的主控權，隨後又將家族才

---

① 國圖本《蘭咳集》卷4，第12頁。
② 會稽女子，一説名爲“李芳”。其詩最早由袁中道收錄，此後引發了文人的一系列唱和，轟動一時。
③ 關於初集的娛樂性，韓國學者崔琇景也有所論述，但未能將初集與二集統一分析，而將其與純粹追求效益的書坊刻本等
同尚有不妥。參見〔韓〕崔琇景：《詩集의俗化：17세기女性詩文總集『蘭咳集』研究》，《中國語文學論集》第79號，2013年
04月，第335—361頁。

女推舉出來，以閨中"七才子"的名號確立其吳中閨秀的地位。這也流露出士人選本求名與書坊選本追求商業利益不同的企圖心。這種身份區隔隨着時間推移逐漸凸顯，而在明和重刻本《蘭咳二集》中有更明確的表現，甚至實現了"七才女"與"明七子"的對標。

二、漢學傳統與海上貿易

（一）和刻本《明七才女詩集》

如前文所言，《蘭咳二集》在日本有公文書館及静嘉堂文庫藏本。明和七年（1770），京都井上忠兵衛等人以公文書館所藏寶鴻堂刻本爲底本刻於京師書林，題名爲《明七才女詩集》，今收入日本學者長澤規矩也所輯《和刻本漢詩集成·總集篇》第七輯第三種。[①]該書是在周之標《蘭咳二集》基礎上的再選本，共一册，七卷，藏於內閣文庫。[②]

和刻本以寶鴻堂本爲底本重刻，與原版相比，此本有删減和文字改動，同時也保留了原版的一些刊印形式，以七卷行世。每卷卷端題書名、卷數，如"明七才女詩集卷之一"，下署"長洲周之標君建甫選輯"。卷末有牌記："明和七年庚寅年九月吉旦"，刻於"京師書林"，署名有"井上忠兵衛""木村莊兵衛""梅村三郎兵衛""梅村源二郎"。和刻本每半葉八行，行十四字，版面疏朗。版心刻有書名、卷數和頁碼，但省去了作者名字。同時，此本在原版基礎上做了大量減省。除卷首新增《女七才詩序》外，原序衹保留了支如增序文，題爲《明七才女詩集之叙》，版心著爲"女中七子·唐序"。此外，和刻本還删除了《參訂社友姓氏》和周之標等人的評語，正文中僅收録詩人極少的作品，並調整了作者順序。比如，原版按照吳片霞（綃）、浦湘青（映淥）、沈宛君（宜修）、王文如（鳳嫻）、徐小淑（媛）、余其人（尊玉）、陸卿子的順序排列，而和刻本將徐媛、沈宜修、陸卿子提前，把浦映淥、王鳳嫻、余尊玉、吳綃推後。若以當下研究者的視角來看，這種排序似乎更符合後人對七人才名的認知，這顯然是入清後七人才名的變化被重新論定後調整的。這種調整既符合此刻本距初刻已逾百年產生的歷史變化，同時也考慮到新的讀者對內容的接受度。爲方便對比，兹將《明七才女詩集》內容調整之處列成下表。

和刻本《明七才女詩集》目次及內容表

目録及卷數	作者（原版卷數及內容）	收録內容
卷一	徐小淑（卷六，86 首）	僅收五言古詩，共 9 首。
卷二	沈宛君（卷三，103 首，卷四 60 首）	僅收七言古詩，共 6 首。
卷三	陸卿子（卷八，80 首）	選詩 26 首。

① 〔日〕長澤規矩也輯：《和刻本漢詩集成》，東京：昭和五十三年（1978）東京汲古書院影印本。收入陳廣宏、侯榮川編：《日本所編中國詩文選集彙刊·明代卷》第 14 册，桂林：廣西師範大學出版社，2019 年。
② 《明七才女詩集》，明和七年（1770）本，藏於日本內閣文庫，書號爲 358-0115。

續表

目錄及卷數	作者（原版卷數及内容）	收錄内容
卷四	浦湘青（卷二，49 首，附周姍姍相關 32 首）	共 48 首。
卷五	王文如（卷五，58 首，附張文姝 14 首，張媚姝 9 首）	共 16 首，附張文姝 3 首，張媚姝 8 首。
卷六	余其人（卷七，46 首）	共 26 首，附余席人 8 首。
卷七	吳片霞（卷一，93 首）	共 32 首。

如上表所示，《明七才女詩集》爲保持原刻本的精髓，將篇幅並不多的内容仍分成了七卷，但每卷内容很少。① 尤其前兩卷徐媛、沈宜修部分删減到不足十首，所選詩文集的序文、題辭也被删除，其删減後的詩作仍保留了之前的順序，而卷三則將詩歌順序也重新調整。另外，此版也删去了正文前的目次。因此，相較而言，日本明和七年刻本版面疏闊，内容精簡，易於閲讀。全書將原版四册縮爲一册，易於刊印，也便於流通。

和刻本雖以寶鴻堂本爲底本，但在内容精確度上不及原版，除版片模糊導致重刻闕字，也新增不少訛誤。寶鴻堂本中，支如增《叙》"居嘗設一癡想，倘" 字以下 "慧業" 之 "慧" 字因紙面破損致筆畫殘缺，但尚能猜出原字，② 和刻本《明七才女詩集》徑作闕文 "口"。③ 另外，寶鴻堂本徐媛《送孟年伯母還楚》詩其二 "聚散（儼）蓬飄"，"儼" 字模糊，④ 和刻本亦作闕文 "口"。⑤ 此外，和刻本新增不少常識性錯字，如 "評沈宋優劣" 中 "沈宋" 二字，本指唐詩人沈佺期、宋之問，和刻本誤作 "沉宋"；"閑傢俱" 又誤爲 "間傢俱"；支如增沿用其父支大綸室號 "清旦閣"，和刻本誤作 "清且閣" 等。可見重刻之人雖極力保存原刻精髓，但因對漢學並不算精通，刻本仍有不少疏漏之處。而書前增入的序文可以幫助我們瞭解此版的刊刻緣起。

> 孔夫子曰："不學《詩》，無以言也。" 人以書諸紳首欲學之，文不在兹乎？ 蓋至唇腐齒落，而鳥之關關，鹿之呦呦，亦從公冶長、葛盧而始可以言焉。夫於是乎自西自東，自北自南，讀《三百篇》而亡思不以則焉，故正。其詩猶古之詩也隆然，時俗易好，山川異言，楚《騷》及漢魏之變，衰於齊梁而唐振之，衰於宋元而明名家繼起，莫不以息一自任。嘉隆之際，於斯尚哉！ 有七子雄視一世，迴狂瀾於繼倒。復有才女焉七人，讀其詩，實林下風、閨房秀也。刜厥氏請之序，而已經其目者，於余曾有半面識，東武南滬江君也先卒。明和庚寅秋崗鳳鳴撰。⑥

---

① 寶鴻堂本《蘭咳二集》中除沈宜修詩詞占兩卷外，其餘六人每人一卷，和刻本延續了一人一卷的體例，又對每卷内容作了大量删減，原書爲八卷本，和刻本僅七卷。

② 寶鴻堂本《蘭咳二集》，《叙》，第 1 頁 a。

③ 《明七才女詩集》，《和刻本漢詩集成·總集篇》第 7 輯第 3 種，東京：汲古書院 / 古典研究會，1978 年，第 152 頁 a。

④ 寶鴻堂本《蘭咳二集》，卷 6，第 2 頁 b。

⑤ 《明七才女詩集》，卷一，2b。

⑥ 《明七才女詩集·序》。

此序以草書寫就,内容由岡鳳鳴撰成,[①] 文末有陽印"岡"及陰印"一字肅夫"共兩枚。序文以《詩經》爲導引追溯漢詩傳統,首以孔子論詩開篇,末至"嘉隆之際",讚頌明七子一挽頹勢,並以明七才女接續"盛明七子"。此舉大異於明清士人在閨秀集序文中將女詩人從男性爲主導的詩學正統體系中排除,另立女性詩學脈絡,即一般《詩經》以下直接接續其人其詩的傳統作法,因此更凸顯了對七人文學的肯定。而這一點也透露了《明七才女詩集》刊刻的背景,即江户時期漢詩的興盛及近世出版的繁榮。

(二)從明七子到明七才女

通過《序》中"衰於齊梁而唐振之,衰於宋元而明名家繼起"及"有七子雄視一世,迴狂瀾於繼倒"可知,岡鳳鳴尚唐明而斥宋詩,又頗爲推崇明七子。這與江户中期以荻生徂徠爲首的漢學流派萱園一派頗爲相近。江户漢學在"元禄到天明"時期真正進入"唐宋之争"階段,漢學家主張通過學習明詩來接近唐詩,尤其推重後七子。[②] 加上此時商業出版的繁榮,明七子詩文集在江户時期被廣泛刻印傳播,[③] 尤其李攀龍、王世貞的著作在日本相繼出現了節本選本注本等。大約同時期荻生徂徠一派的漢學家葛鳥石曾訂校序刊《明七才子詩集》,故岡鳳鳴所云"復有才女焉七人"讓人不得不推測《明七才女詩集》的刊刻也受此風氣影響。葛鳥石師從推崇明七子的荻生徂徠門人服部南郭,並於元文元年(1736)訂校序刊本《明七才子詩集》。其序一《題明七才子七律新刻》云:"按,嘉隆七子七律海内鑽仰,雖魏張諸人雁行一時哉,尸祝李王之至,往往私録其選。"[④] 而此本卷尾刊記爲"元文二丁巳年五月吉日""京師書堂",下署"井上忠兵衛、山岡四郎兵衛、梅村三郎兵衛合刻"。除同刻於京師書坊外,合刻者中井上忠兵衛、梅村三郎兵衛二人同樣參與了《明七才女詩集》的刊印。另外,此二人也曾參與刊刻寬延二年(1749)宮維翰著《明李王七言律解》、寶曆七年(1757)井通熙著《明七子詩解》、寶曆十一年(1761)宇野明霞注本《嘉靖七子近體集》,均與明七子相關。《蘭咳二集》的重刻也應受到日本漢詩復興的影響。

無獨有偶,日本江户後期的漢學詩家大窪行因推崇性靈詩,曾編選《隨園女弟子詩選選》二卷,由碓井歡、福田廷芳同校。是選將原刻六卷本縮爲兩卷,並題辭稱讚,其辭曰:"數卷新詩鬥麗華,深紅淺碧各堪誇。金針巧繡宜男草,玉指故挑求子花。句句讀來才氣饒,篇篇足以比瓊瑤。纖纖女手何精巧,織出鮫人五色綃。倉山老叟據詩壇,閨秀才峰争榮勳。若非天寶風流陣,便是平陽娘子軍。"[⑤] 另有江户末明治時期匿名編選《名媛詩歸絶句抄》鈔本一册,

---

① 〔日〕岡鳳鳴,原名岡懋德,號鳳鳴、肅夫,著有《唐明詩學解環》。參見陳廣宏、侯榮川編著:《日本所編明人詩文選集綜録》,桂林:廣西師範大學出版社,2018 年,第 195 頁。

② 陳廣宏:《明代文學東傳與江户漢詩的唐宋之争》,《上海師範大學學報(哲學社會科學版)》2010 年第 6 期,第 68—70 頁。

③ 早在江户初期,明七子詩作已陸續傳入日本,此後庶民出版的興起使得京都和江户書肆出現了大量明詩的重刻本。參見張博:《日本江户時代前期大衆文化雛形研究》,南開大學博士論文,天津,2012 年。

④ 見陳廣宏、侯榮川編著:《日本所編明人詩文選集綜録》,第 72、69 頁。

⑤ 《隨園女弟子詩選選》在原序基礎上增入大窪行題辭,此書有文政十三年(1830)東都和泉屋莊次郎等刻本,並有"邨田氏藏記",後被影印收入《和刻本漢詩集成總集篇》第 8 輯第 5 種。

將原三十六卷縮爲兩卷。凡此種種，正是日本漢詩傳統的餘波。

此外，江户中期女教類書籍陡增，種類較前代翻倍，如《女五常訓》《女四書》《繪本女貞木》等。而以收錄名門閨秀自持的《蘭咳二集》某種程度上起到了對女性文學內容的規訓效應。岡鳳鳴也曾編女訓書籍《女忠教操文庫》，有安永三年（1774）、享和元年（1801）再版本。和刻本請岡鳳鳴作序或與其對女性的關注有關。明和七年對應乾隆三十五年，已是清代中期閨秀文化取代名妓文化的時期。此時，以邊緣女性爲主的《蘭咳集》沒有被重刻，而以閨秀爲主的《蘭咳二集》被引入日本翻刻似乎並非偶然。

在國內藏書機構僅存一種《蘭咳二集》藏本的情況下，保存於日本公文書館及静嘉堂文庫的蘇州刻本和明和七年序刊本《明七才女詩集》，使我們得以大致追溯這部女性詩文總集在域外的流傳情況及在國內外的不同刻印面貌。而與《蘭咳二集》少見於國內轉而見藏於異國不同，閨秀總集傳入日本更主流的方式是因暢銷而産生的輻射性擴散，多借助海上商船大量流出。即前文所説南方綫路。

（三）常見書坊選本閨秀集的域外流通

如果説《蘭咳二集》傳入日本並被重刻更多是受到文學傳統的影響，同時期《名媛詩歸》《古今女史》《午夢堂集》等經典女性詩文總集的外銷則似乎更多與明清海洋貿易相關。這些選集在杭州、蘇州等地銷量甚好，並不斷輻射到周邊國家。如明末問奇閣出版的《古今女史》二十卷自刻印後暢銷數百年。[1] 日本公立藏書機構所藏《古今女史》至少有五部，同書坊刻印的其他典籍有數種也存於日本公立藏書機構五部以上。由於銷量可觀及書坊的地緣優勢，這類書籍在出版後往往和其他暢銷書籍一同通過商船傳入日本。因此，影響此類閨秀集外銷的其中一個因素就是中日海上貿易政策。

明清的海禁政策對於書籍外銷有着直接的影響。明中晚期，中日關係緊張，私人海上貿易雖不能完全禁止，但商業活動受限頗多。直至康熙二十三年（1684）開海禁後中日海上貿易才逐步進入繁榮期，不少書籍隨商船運往日本。張伯偉先生曾統計過江户時代運往日本的舶載書目中的明清閨秀總集，其中《古今女史》《彤管遺編》等均赫然在列。兹將"各類舶載書目"徵引如下。

《古今女史》一部一套，元禄八乙亥年（1695）

《閨貞集》一部一本，元禄十六癸未年（1703）

《名媛詩歸》，享保八癸卯年（1723）；一套八本，天明六年（1786）寅拾番船

《古今名媛詩歸》一部一套，寬政十一己未年（1799）

《彤管新編》一部四本，享保十一丙午年（1726）

---

[1] 直至 1922 年，掃葉山房在《古今女史》原刻本的基礎上重新刪定刊刻了《歷代女子詩集》。1981 年，臺北廣文書局又印行了《歷代女子詩集》，綿延至今。

《午夢堂詩》一部八本，安永八己亥年（1779）

《本朝名媛詩鈔》一部一套，天明三癸卯年（1783）；一套二本，天明六年（1786）寅拾番船

《名媛尺牘》五部各一套（一部新渡，一部阪上領作，三部買請人），天保十二丑歲（1841）；一部一套，天保十二丑歲（1841）

《彤管遺編》一部二套，申三番船，嘉永二酉歲（1849）五月；一部二套，申四番船，嘉永二酉歲（1849）五月。①

如上文所示，舶載書目中閨秀集的輸入時間也多始於十七世紀末至十八世紀初，正與開海時期相對應。這也在某種程度上解釋了閨秀集自初次刻印到流入日本的時間差。如《古今女史》成書於崇禎初年，初刻於杭州，距元禄八年（1695）已逾五十年。《彤管遺編》早期於嘉靖四十三年（1564）和隆慶元年（1567）分別在蘇州和南京刻印，至嘉永二酉歲（1849）已近兩百年。這個時間差既是明清中日海交史的側面呈現，同時亦可見兩書付梓後暢銷不衰。而這種模式與《蘭咳集》系列的東傳並不相同。

影響漢籍搭載商船東傳的另一個因素是刻印地。一般而言，江浙商船是康熙開海後漢籍傳入日本的主要載體，主要集中於南京和杭州兩地，這與康熙後期對商船貿易地點的限定以及江户幕府對江浙商船的政策性優惠有關。而此時的出版中心也已經由宋元的福建轉向明清的蘇州、南京、杭州等地，據日本本土文獻記載"元禄（1688—1704）初年之前，來日唐船以包括福州船在内的福建船居多，但到了正德年間，來自江浙的唐船後來居上"。②書籍刻印和對外運輸口岸的地理優勢的統一使得書籍外傳越發便捷。如《性理大全》《江南通志》《譚友夏合集》等書在這一時期頗爲常見。1757 年之後，甚至有《皇明實錄》《欽定古今圖書集成》等書隨船夾載。在元禄年間之前，來日的福建商船中很少載有書籍。③由此可見，《古今女史》《彤管遺編》等這些集中刻印於杭州、南京的閨秀總集東傳便有着天然的地理優勢。隨着中日雙方貿易政策的穩定化，江户後期輸入的書籍數量又進一步增多。這也是明清閨秀集傳入日本的主流模式。

三、餘論

書籍市場中閨秀別集和總集的流通有着較大的差異。閨秀別集一般卷帙相對偏少，故常限於作者的才名及作品數量等因素使傳播受阻。而總集却可按照編者的理念擇優選録，按照家族、地區或體裁等以通代或斷代的方式編輯以囊括多位女性的精華作品，再添入士人的

---

① 張伯偉：《明清時期女性詩文集在東亞的環流》，《復旦學報（社會科學版）》2014 年第 3 期，第 100 頁。
② 〔日〕大庭修著，戚印平等譯：《江户時代中國典籍流播日本之研究》，杭州：杭州大學出版社，1998 年，第 43 頁。
③ 〔日〕大庭修著，戚印平等譯：《江户時代中國典籍流播日本之研究》，第 35—36、115、126 頁。

評點等，增加了選本的容量和可讀性，故而從商業出版的角度，總集更利於銷售和流通。其次，閨秀總集中又可按照編選主體和模式分爲士人選本與書坊選本。周之標等人編選的《蘭咳集》系列即近似於士人選本，與杭州書坊編選的《古今女史》在內容和傳播範圍上有很大差異。相較而言，士人選本更注重體例、作品雅趣及士人與才女的互動品評來樹立某種規範，書坊選本則更貼合大衆審美需求，收羅廣泛，內容龐雜，小説雜劇中的女性歌辭也一併錄入，在易讀性和包容性上更勝一籌。

因此，在對外的傳播途徑上，《蘭咳集》系列代表了一種不同於由商業出版成功而外銷的新模式——日本漢詩傳統的復興。這套閨秀集在國內刻印後影響有限，既不如《午夢堂集》《隨園女弟子詩選選》等經典總集暢銷，也不同於《古今女史》走坊間選本路綫，雅俗共賞。初集刻印後傳本有限，至今難覓全本。《蘭咳二集》在日本被接受並重刻則是受到了當地文學傳統的影響，即江户時期一些漢學家對明代詩學和明七子的推崇。因此，討論明清閨秀集在東亞各國流通，除了要關注以漢字爲基礎的閨秀文學在明清江南、日本、朝鮮興起這一共同的社會基礎外，兩國文學傳統、對外政策及海洋貿易都應予以考量，才能理解明清閨秀集在域外流通中呈現的不同面貌。即將書籍的流通置於文學和歷史的雙重語境下剖析。但不論是名士選本還是坊間選本，閨秀集的編輯出版賦予了女性恣游於閨門之外的全新身份和形態。這種女性主體性雖仍受制於士人的凝視及文學正統性的規訓，但反響利用規則，才女們跳脫了以貞節爲唯一標準的價值束縛，在秩序和枷鎖下實現自我的表達，這種表達在約同時期的日本社會也引發了類似的迴響。

（王紅梅，香港中文大學深圳人文學院講師）

周亮工集外佚文輯考

王明霞

［摘　要］　周亮工是明末清初著名文士、學者,與同時代文士多有交往。朱天曙整理編校的《周亮工全集》搜羅其詩文頗全,然尚有遺珠之憾。筆者翻檢明清典籍,輯得周亮工《江寧府志序》《金陵四十景圖跋》《履心集原序》《孟津詩序》《六朝選詩定論序》《與而庵先生書》《寄杜于皇》(二則)、《與冒辟疆書》佚文 8 題 9 篇。這些佚文涉及的内容皆與周亮工本人事迹及相關史實印合,屬周亮工所作無疑。因此,對這些佚文的發掘、輯考,不僅有助於考察周亮工的生平行實及交遊活動,且爲探究其詩學觀提供新的文獻資料。

［關鍵詞］　周亮工　賴古堂集　佚文　交遊　詩學觀

　　周亮工(1612—1672),字元亮,號減齋,又號櫟園、櫟下生、陶庵,時人多稱“櫟園先生”,河南祥符(今開封)人,長期寓居金陵(今南京)。明崇禎十三年(1640)進士,授山東濰縣(今濰坊市)令,十七年,擢浙江侍御史,未及赴任,輒遇“甲申之變”;後入弘光朝,受誣而下獄,事解後,拂衣而去。入清,起授兩淮鹽運使、淮揚兵備道,後歷官福建布政使、都察院左副都御史、户部右侍郎,遭參劾,繫獄幾死,旋被赦免;康熙初,起復爲青州海防道,後遷江安督糧道,再遭彈劾,後事白遇赦,居家數年,以病卒。

　　周亮工才大學博,生平著述宏富,尤工於詩文。錢謙益讚其詩云:“情深而文明,言近而指遠,包涵雅故,蕩滌塵俗,卓然以古人爲指歸,而不墮入於昔人之兔徑與近世之鼠穴,信元亮之雄於詩也。”[①] 李焕章論曰:“評騭海内詩家,虞山、金谿(指周亮工)、婁東、廬江爲當代冠冕。”[②] 周亮工更以憐才愛士著稱,主持一時風雅,其才名、聲望幾可與“江左三大家”、曹溶等相比肩。如王鐸稱“風雅一道,今歸櫟下矣”;[③] 吳偉業謂其“風流儒雅,爲一世師”;[④] 佟世思云:“先生,天下文章之宗工也。”(《祭櫟園先生文》)[⑤] 張文光稱“中州遺老如王覺斯、周櫟園、王蓼航、宋綿津諸君子,樹幟登壇,海内所仰,可嗣美於前明何、李”,[⑥] 則又揭櫫其在中州

---

① 〔清〕錢謙益著,〔清〕錢曾箋注,錢仲聯標校:《牧齋有學集》卷十七《周元亮賴古堂合刻序》,上海:上海古籍出版社,1996 年,第 766—767 頁。

② 〔清〕李焕章:《織水齋集·己酉南遊日記》,《四庫全書存目叢書》集部第 208 册,濟南:齊魯書社 1997 年影印江西省圖書館藏清乾隆間鈔本,第 642 頁。

③ 〔清〕周亮工編:《藏弄集》卷八,朱天曙編校整理:《周亮工全集》第 10 册,南京:鳳凰出版社,2008 年,第 473 頁。

④ 〔清〕周亮工編:《瑞木紀》卷首,朱天曙編校整理:《周亮工全集》第 18 册,第 141 頁。

⑤ 當代學者亦指出:“順康間主持風雅者,大吏之中,以周亮工、曹溶及龔鼎孳最爲相關。”謝正光、佘汝豐編著:《清初人選清初詩彙考》,南京:南京大學出版社,1998 年,第 153 頁。

⑥ 〔清〕張文光:《斗齋詩選》,清乾隆二十七年刊本。

文壇的重要地位。

因晚年自焚文集、書稿，加之，乾隆時期《四庫全書》校驗官以其"人皆漢魏上，花亦義熙餘"語涉違礙，奏請抽毀其集，致使周亮工流傳後世之作品多有散佚。今所流存的《賴古堂集》二十四卷(即《賴古堂焚餘詩文集》)乃其下世後，由長子周在浚整理、刊刻於康熙十四年(1675)，上海古籍出版社已據此影印，收入《清人別集叢刊》，但此集並不完備。朱天曙整理編校的《周亮工全集》(全18冊，鳳凰出版社2008年版)，不僅搜羅甚富，較爲全面、精確地收錄了周亮工的著述，且專門設有"詩文補編"(第18冊)，對《賴古堂集》集外佚作予以輯錄。具体而言，《周亮工全集》第18冊的"詩文補編"輯錄佚詩17首、[①]佚文31篇、案牘25通，抉幽搜奇，厥功甚偉。然而，周亮工生平著述甚富，加之有清一代文獻資料甚夥，求全不易，因而《全集》難免有遺珠之憾，後来學者雖然續有拾遺、補闕，[②]但相關佚文仍時有發現。筆者於明清文獻中，輯得周亮工佚文凡8題9篇，現輯錄並作考釋如下。

一、《江寧府志序》

國必有史，所以紀朝廷之功實，詳統馭之經權，而各方英彥臣子經營無不盡歸誌載，其外更有天官、河渠、藝文、孝友、逸民、烈女諸尚紀，所以分端羅列闡悉，天下之盛美者，慮無不具備矣。然要以國家爲統紀，而因之散見於方州，不能盡十之三四；若其勝迹遺烈，不得不待區分疆畫者之各極其該詳。其事雖分隸於各郡邑，而掌之司牧，繫之職業，請之御史中丞，其究同於國典，非一人之私言也，但其間方土有厚薄，人才有衆寡，不足盡光傳述，而一時有其責者，又未即爲賢士大夫號爲才學淹通者流，以故雖多成書而未足備藝林採覽。至金陵，古稱龍盤虎踞，歷代帝王所都居，山川宮闕之壯麗，人物制度之風流，迣迣甲於他方。及考其紀載之書，自六朝而後，惟宋馬制使光祖《景定建康志》最稱詳洽，今既不可得見，而元張鉉《金陵新志》雖存，膚蔓實無足觀。前正德間，府丞寇公天叙曾一修之，書亦不傳。至萬曆五年，府尹汪公少泉復事重修，紀事較稱簡確，今所傳府志是也。以今觀之，山水、人文猶未盡六朝之盛，而萬曆以後紀載尚復缺如。皇清興，改都爲省，其間沿革吏治，懿烈貞芳，足與史乘相表裏者，歷二十餘禩，未見表章，識者悼之。以金陵地勢攬勝中區，而遺聞同乎若滅若没，其所關文獻絶續，豈細事而已哉？太守大亨陳君蒞茲土也，惠我人斯以膏以雨，乃於政成之日，痛斯事之將湮也，慨然謀所以修舉之。於是請

---

① 其中所收《穆陵關欲雪同劉公蕃司李用峜州韻》《從山后倒入無想寺與僧惺悟》《寇退寄詢文大士姊丈》《入無想寺》四詩，俱見於《賴古堂集》，並非周亮工佚詩。

② 陳開林輯錄周亮工佚文《大愚集序》《菜根堂五言集序》兩篇，見其《清代名家佚文輯考——以周亮工、陳維崧、戴名世、程廷祚、袁枚、趙翼、張惠言爲中心》，《重慶第二師範學院學報》2017年第2期，第63—69頁；又續輯周亮工佚文《巴魚集序》(案：當爲《巴餘集序》)、《飲醇堂文集序》兩篇，見其《清代名家佚文續輯——以黃宗羲、顧炎武、周亮工、張之洞、李鴻章爲中心》，《重慶第二師範學院學報》2018年第3期，第67—72頁。

之督公，請之撫公，請之藩、臬諸公，僉曰"允宜哉！"陳君則於退食暇即手一編，勤纂輯，而一時博雅有聲者，亦不吝虛心諮訪，得而參佐之，適八閱月而志成。因取其書讀之，闕者續，略者詳，一時學士遺編、故老傳説，莫不兼茹而精探。不獨風土、節烈、聲名、文物之大，足以昭示來許，即其一二軼事，可傳士林、資談佐者，固將不勝其漁取。於是知陳君之以著作之才，而託之一方，見之當世，殆有耀簡册而彌光者矣。夫以天下之大，職方所隸之多且廣，合計其誌載遺編，當不啻繁星之麗天，支山之亘地，雖使窮年孜矻，莫能竟其疆域。居平每作僻想，安得好事者流盡舉百國之方書，芟繁亂而就統紀，勒爲一編，藏之石室，與七十二代之金函、二十一家之載筆，並傳不朽，豈非更爲極快？而終不能苟學者恣意搜討，但攬其一二最勝以蓋其餘，如讀史者之先馬、班，獵百家者之首韓、蘇、歐、柳，則捨是編其何求？豈徒孟堅《兩京》之作，太沖《三都》之製，爲各侈方風、腴文炫麗而已哉！知後有作者，僅能增其所未歷，而莫能文其所已備也已。予少遊金陵，每愛此間名勝，今復官江左，得觀郡志之成，因喜陳君芳烈，有將與此志聲施無窮者，遂因其請，略識始末，以爲之序。若夫陳君惠政，昭昭耳目間，人士親之，如飲旨醴焉。金陵有口者，固能言之，不俟予之詳述之矣。郡八邑，邑各有志。要之，多統於郡志，或文不雅馴，尤以郡志爲斷云。時康熙陸年歲次丁未長至前二日，管理江南江安等處督糧道、布政使司參議加一級、前山東分巡青州海防道、總督錢法户部右侍郎、協理院事都察院左副都御史、福建布政使司左右布政使、按察司按察使、江南淮揚海防鹽法道布政司右參政檗下周亮工撰。①

《（康熙）江寧府志》三十四卷，陳開虞纂修，②有清康熙七年刻本。卷首除周序外，還有屈盡美、韓世琦、法若真、鄧旭、陳開虞所作序文。陳開虞，字大亨，一字嗣徽，陝西富平人。康熙六年，任江寧太守，與周亮工（時任江安督糧道，治所在江寧）爲同僚。陳氏爲政之餘，感於府志有缺，遂有修志之意。據《國朝金陵詩徵》卷五："康熙六年，上元張怡、江寧白夢鼎、常熟錢陸燦等，集南京萬竹庵，共修府志。"③知其時與修者有張怡、白夢鼎、錢陸燦等。張怡《白雲道者自述稿》云："丁未，道者六十歲。……時檗公（即周亮工）遷南糧憲。郡伯大亨陳公開虞時修郡志，訪士於檗公。公以道者應，力辭不獲。"④又魏憲《詩持二集》卷一載："先生（即張怡）恪守初服，忘情婚宦，構松風閣於雨花臺畔，閉門却軦，以詩文自娱。御史大夫周檗

① 〔清〕陳開虞纂修：《（康熙）江寧府志》，《金陵全書》甲編·方志類·府志第 11 册，南京：南京出版社，2011 年，第 43—64 頁。
② 據南京大學圖書館藏《（康熙）江寧府志》三十四卷，清康熙七年初刻本，題作"清陳開虞修，清張怡、鄧旭等纂"，可知張怡、鄧旭亦是此志的主要編纂人。
③ 〔清〕朱緒曾編：《國朝金陵詩徵》卷五，南京圖書館藏清光緒十三年刻本。
④ 〔清〕張怡：《白雲道者自述》，南京圖書館藏鈔本。

園、太守陳嗣徽徵修郡乘，始一掃徑。"① 可知，康熙六年，周亮工向陳開虞薦請好友張怡參修府志，張氏力辭不獲，遂應之。據白夢鼎《萬竹園，同張瑤星、孫阿匯、錢湘靈諸公修郡志，呈周櫟園、鄧元昭先生》："今古遙遙集此中，發潛搜隱賴群公。山川不讓《東吳志》，人物還他江左風。百代品題雙眼白，千年憑弔一燈紅。鍾峰日月龍江雨，常在三山二水中。"② 同書卷十一又有詩《仲秋，園居即事，呈櫟園、元昭兩先生。時郡志初成》，可知周亮工是康熙六年纂修府志的重要顧問、參謀。

據周序可知，此志約纂修於康熙六年四月至十二月，歷時八月而成。周亮工還對此志裨補闕略、昭垂後世之功予以讚許。此志爲清代江寧府的第一部官修府志，也是清代現存最早的一部《江寧府志》。康熙二十二年，江寧知府于成龍在此志基礎上重修成《江寧府志》四十卷。

二、《金陵四十景圖跋》

金陵高岑蔚生以畫名海內。郡志成，太守陳公屬蔚生圖其勝迹，蔚生抽筆得七十餘幅，刊列志首。金陵山水，舊傳八景、十景、四十景，畫家皆有圖繪，見之絹素，已多笨本，刓從棗梨間覓生活。今得蔚生筆，峥嵘蕭瑟，工皴染，所不能及荆、關不傳之秘，往往於鐘劃之餘，天真畢見，金陵山水不大爲吐氣乎？顧蔚生本從山水爲模索，意有所會，胸中爲之浩浩落落，固不向荆、關乞靈，又豈斤斤於一樹一石已哉？其振筆潑墨，高出前代有以也。予以蔚生老畫師，一紙半幅爲時人爭貴，其必傳於後無疑，而以此圖自託，使後世知龍江鐘阜、雲林煙水中有虬髯高士在焉，固將與紀載之編，並聲施於不朽矣。蔚生兄康生，名阜，年二十許，無知之者，天墉子至金陵，見其制舉業，目爲奇人。今猶傲岸諸生間，不俛仰隨俗，競逐榮利，以詩文自娱，典③蔚生卜築青谿湄，所居滿薜荔，遠近聞而過之者，望其牆宇，皆識爲兩高子，吮筆更可以想見其高致矣。目披是圖而識其略，以補志中所不及云。康熙七年歲次戊申，櫟下周亮工題於賴古堂。④

《金陵四十景圖》，高岑繪，載録於康熙六年陳開虞纂修《（康熙）江寧府志》卷二圖紀下，後有周亮工跋。高岑（1621—1691），字蔚生，江寧（今南京）人，高阜（字康生）弟，"早年即

---

① 〔清〕魏憲輯：《詩持二集》卷一，《四庫禁毀書叢刊》集部第 38 册，北京：北京出版社 1998 年影印清康熙枕江堂刻本，第 128 頁上欄a。
② 〔清〕鄧漢儀輯：《詩觀初集》卷十一，《四庫禁毀書叢刊》集部第 1 册，北京：北京出版社 1998 年影印北京大學圖書館藏清康熙慎墨堂刻本，第 615 頁下欄。
③ 當爲"與"字之訛誤。
④ 〔清〕陳開虞纂修：《（康熙）江寧府志》卷二，《金陵全書》甲編·方志類·府志第 11 册，第 308—310 頁。

厭棄舉子業，學爲詩，詩好中晚，恒多雋句。……幼時學同里朱翰之畫，晚乃以己意行之。"[①]周、高二氏交誼既篤，且爲姻亲。[②]亮工與高阜爲同窗好友，因是結交高岑。高氏昆仲同稱高士，爲周亮工所敬重。其《讀畫録·高蔚生》云："岑與阜同有時譽，予與阜交最久，晚乃交岑。……阜與岑皆至性過人，所居多薜蘿，閑绿冷翠中，兩高士在焉。"[③]周亮工與高氏兄弟交情頗篤，《賴古堂集》中多有題贈之作，如《與高蔚生，兼示康生》《有懷高康生、蔚生》《江上留別高康生、蔚生》《高康生、蔚生依依不舍别，信宿舟中，始去》等。高岑嘗作有《與櫟園先生》（《藏弆集》卷十五）與周亮工論畫談藝。周亮工十分推重高岑的繪畫技藝，將他與吳宏、鄒喆等並稱爲"金陵八家"。周亮工與高岑之交遊是周亮工與"金陵八家"交遊的一個縮影，也反映其在金陵畫壇的重要地位。

據上文"郡志成，太守陳公屬蔚生圖其勝迹，蔚生抽筆得七十餘幅，刊列志首"，"康熙七年歲次戊申，櫟下周亮工題於賴古堂"可知，高岑繪製《金陵四十景圖》當在康熙七年。然而，請高岑繪製《金陵四十景圖》的謀劃者是周亮工，而非陳開虞。周亮工《金陵覽古詩序》云："昔余幼峰先生以生平所遊覽金陵諸勝，得景二十，……其後元介先生廣爲四十景，景各爲圖，……往修郡乘時，予屬高子蔚生取前諸景仿而拓之，弁諸卷首。每一披閱，山川勝概，不出几案，具列目前。一時觀者，咸稱爲快。"[④]可見高岑乃應好友周亮工之請，也再次反映了周氏對修志一事不乏襄助之功。此跋既揭橥周亮工對高岑繪畫成就之褒揚，稱頌此圖可與《江寧府志》并傳不朽，又體現其對高阜、高岑昆仲安貧樂道、淡泊自守品格的推重。

三、《履心集原序》

新安吴子冠五生而岐嶷，少攻舉子業，不售。負才莫展，聊小試於浙之臬曹。雖任事閱四年，究莫展其胸中之蘊。嗣丁父艱，服闋後，遂不復仕，甕牖繩樞，恬然自適，興至，旋嘯詠於山巔水涯，其胸中鬱抑憤懑，輒托物言情，形之於詩，由是冠五之詩名天下，遠近以詩鳴者，爭相編紵訂交。至權貴之子，且欲羅致門下，而冠五不屑也。後有事於閩中，居閩半載，始赴王丹霞司理之召，時予方任閩藩，敷政之餘，常樂與諸同志論詩，聞冠五名，思覿一面，而不可得。及予待罪圜扉，幾罹不測，平日親朋散盡，而司理亦爲予案被逮，冠五因候司理，乃始顧予於顛沛流離中，片語投洽，不避艱險，即毅然以扶危是任。自中外對簿，以至事白得釋，數載患難相依，曾不少倦。噫嘻，夫冠五非素所謂磊落難合者哉，兹何以得此於冠五也。余愧無以酬患難知己，而冠五絕不以此對予有德色。每當風雨晦明、花晨夕月之際，惟促膝與

---

① 〔清〕周亮工著，羅琴點校：《讀畫録》卷三，杭州：浙江人民美術出版社，2018 年，第 54 頁。
② 高遇，字雨吉，高阜子，清初畫家。周亮工"愛其俊爽有逸氣，以從兄子恭女妻之"（《讀畫録》卷三）。
③ 〔清〕周亮工著，羅琴點校：《讀畫録》卷三，第 54 頁。
④ 〔清〕周亮工：《賴古堂集》卷十五，上海：上海古籍出版社，1979 年，第 617—618 頁。

余談詩。余謂："作詩者,有真性情,而後有真詩。所謂真者,本乎性,達乎情,止乎禮義,毋襲爲浮響虛調是也。試觀我孔子所刪定之三百篇中,興觀群怨,無體不備,而玩其詞,索其旨,何一而非真性情之所迫而欲出,以宣諸吟詠者乎? 不然,性情之不真,縱極雕香刻翠、琢月裁雲,宮羽相諧、低昂中節,或足豔稱一時,究之浮響虛調,亦等於朝菌夕槿而已。夫以孔子之所取者如彼,而今之作如此,尚得謂之詩乎? 顧執是以論詩,而天下若無詩矣;苟循是以爲詩,而天下之真詩出矣。"冠五深是余言,繼有所作,伐毛洗髓,倍加精切,而冠五之詩日益進。今出其《履心集》一帙示余,余讀之不忍釋手,乃不禁爲之歎賞曰："詩至此,庶不愧爲真詩乎!"冠五居恒所作,既已獨出心裁,不肯片語寄人籬下,而斯集尤覺字字心聲,觀其詞旨,似無意於摹古,而長篇短章風流蘊藉,罔不與古人先後相合,以此而挽頽瀾,奚患今詩之不返古耶? 嗟乎! 以冠五之雄才偉略,未獲大用於世,而僅以詩人目之,豈冠五之志哉? 雖然,詩之爲體,微矣;詩之爲用,廣矣。吾稽古昔勵精圖治之主,他務未遑,而惟命太史采風爲急務,良以上考政事之得失,下微風俗之盛衰,莫若詩也。今冠五正一己之詩而推之,可以正天下人之詩,則冠五之詩其有關於世道人心者匪淺鮮矣。吾知冠五之詩,傳冠五之名,定由此以不朽矣。而冠五又何他慕焉。余固拙於詩者,而於論詩,頗有一日之長,故不敢不以自言所得者,用慰勉吾冠五,並以激勵天下之詩人。而深於詩學者,必有以知余意之所存,而非阿其所好也夫。年家眷弟周亮工頓首拜撰。①

《履心集》四卷,吳宗信撰。此集卷首除周序外,還有姜承烈、毛奇齡、王概、程文彬、勞啟鑒、周振舉序及吳宗儞(宗信弟)跋。吳宗信(1624—1697),字冠五(或作冠吾),號拙齋、螺隱,安徽休寧人,著有《屯溪集》《履心集》等。吳、周二人交遊長達近二十年之久,交誼深厚。吳宗信不僅是周亮工的患難知交,陪伴他渡過繫獄期間命懸一綫的艱險時刻,更是他的文學知己、詩學同調。他們往往論詩談藝、賦詩唱和。《賴古堂集》卷五有《九月十三夜,冠五菊影中,看予爲詩,有作,次韻奉答,並簡蘭次》《九月十九日,宋人亦以是日爲重九,冠五燈下偶得"花寒今十日,酒冷古重陽"之句,予頗爲擊節,走筆奉和四章》,卷六有《送冠五還黃山》《冠五歸,臨歧黯然,不能出一語送之,別十日,得三詩却寄》等。吳宗信作有《菊影中看司農公作詩二首》《九月十九日古人亦以爲重陽,賦呈司農公》《七月二十日忽傳周司農公於六月二十三日捐館舍,計予別時,止月餘,何遽至此,輾轉終宵,哭不成聲》等。

周亮工此序作於何時呢? 成書於康熙元年的《尺牘新鈔》卷十二載:"吳宗信,冠吾,休

---

① 〔清〕吳宗信:《履心集》,《南開大學圖書館藏稀見清人別集叢刊》第4冊,桂林:廣西師範大學出版社,2010年,第333—334頁。

寧人，《屯溪集》。"①編成於康熙五年冬②的《尺牘新鈔》二選《藏弆集》卷三則著録："吳宗信，冠五，休寧人，《履心集》。"③可知，《履心集》約成書於康熙元年至五年。又據吳宗信《丙午冬，白下留別諸同人》："齊雲咫尺間，四載一還山。"知其自康熙二年至五年的四年間皆館於周氏。因此，周序當作於此間。周亮工在序中，以"作詩者，有真性情，而後有真詩"立論，高度讚許吳氏詩"獨出心裁""字字心聲""不愧真詩"的成就與價值，並揭櫫其不刻意摹擬，挽正詩風之意義。其實，"情真"亦是周亮工詩文的靈魂，如孫枝蔚評其云："櫟園先生著作今等身，人服才大，吾謂情真耳。"④這也是周亮工以吳氏爲知己、推重吳氏《履心集》的重要原因。由此可見，此序是周亮工"主情崇真"文學觀的反映，亦是其"詩以言性情"詩學觀的深化，體現出周亮工對前、後七子"捨性情而專言格調"的批駁和反對，在清初具有重要的詩學意義。此外，此序較爲詳當地記述吳宗信的個人行迹，爲我們瞭解吳氏生平行實提供重要參考。

四、《孟津詩序》

《孟津詩》者，合選孟津王文安公與其介弟學憲大愚先生詩也。文安以海涵地負之才，駘蕩縱橫，啟蟄振槁，其所著《擬山園集》傳播海内，海内之士聞風而興起者，亦既如嶽之尚嵩，河之宗海矣。凡欲追溯風雅，自信陽、北地後，必推孟津。是時，大愚先生接踵比肩，著作尤盛，人皆比於荀休若、陸士龍，實猶駸駸過之。於是天下讀兩先生詩者，又莫不翕然稱孟津孟津云。今年大愚先生較文之餘，先與比部趙君錦帆取文安公集而采輯之，搴其精英，不底浩瀚，又以自著《大愚集》，屬予與錦帆訂之。予與錦帆亦適如先生之所以采輯文安公者，既人各一編，都爲若干卷，予乃得而序焉。予聞古之善爲詩者，以三百篇爲經，以《離騷》爲緯，降而漢魏，以迄六朝、三唐，皆其抽黄對白者也。《風》《騷》極性情之變，專門名家，窮老盡氣，苟能通其條貫，究其指歸，則亦代不數人矣。漢魏而下，又皆《風》《騷》之子孫苗裔也。規之矩之，繩之墨之，猶恐軼其尺寸，而況願盡《風》《騷》之變，包舉而囊括之，誰實能此？著作之閎肆也，卷帙之繁多也，數百年之間指不數屈也。孟津之有是編，文安公既已茹古含今，倒見側出，而大愚先生復能特立壇墠，愈變而愈不窮，觀其茫茫浩如煙海，是其學殖之所醖釀，精氣之所結轖，豈一朝夕之故乎？世之學古之士，將必顛倒汗漫，終不能窺其條貫與其指歸，此則孟津之爲孟津，信不可幾及也已。予往在白門，聞有吳門士夫以詩質於文安公者，公晲之曰："詩道甚大，願公慎爲之。"

---

① 〔清〕周亮工編，羅琴點校：《尺牘新鈔》卷十二，長沙：嶽麓書社，2016 年，第 326 頁。
② 《藏弆集》卷首有陳維崧康熙六年正月所作之序。
③ 〔清〕周亮工編：《藏弆集》卷三，朱天曙整理編校：《周亮工全集》第 10 冊，第 224 頁。
④ 〔清〕周亮工著，朱天曙整理編校：《周亮工全集》第 18 冊，第 262 頁。

其人面頹去。今諦觀二編，渾渾熊熊，變現出没，置其身於寥廓之上，而復蘊其義於幾微毫芒之中，兼工並詣，罔不弋獲。孟津之詩，豈不大哉！則知襄之所語人者，固非矯己輕人者耳。予夙嘗奉教於文安公，而又從大愚先生游，且有年矣，因是編之成，復宣言之，將以告夫天下之嚮往孟津者。康熙五年歲次丙午新秋朔日，大梁年家後學周亮工頓首撰於青署之真意亭。①

《孟津詩》十九卷、續一卷，王鐸、王鑨撰，周亮工、趙賓②合為選訂，有清康熙五年王允明刻本，③卷首有周亮工序。王鐸（1592—1652），字覺斯，號十樵、嵩樵、癡庵，河南孟津人。明天啓二年（1622）進士，授編修，後擢禮部尚書。入清，復授禮部尚書。卒，諡文安。工詩文，善書畫，清初"京師三大家"之一，著有《擬山園集》。王鐸多以詩文與周亮工往还酬贈，作有《會周櫟園方伯》《賴古堂詩原序》《答元亮》《與周減齋》等。周、王二人既有同鄉之誼，又同經鼎革，同为貳臣，交契深洽。王鑨（1607—1671），字子陶，號大愚，王鐸弟。清順治元年（1644）拔貢，授昆山知縣，累遷刑部侍郎、山東學政，工詩善曲，著有《紅藥壇集》《大愚集》等。周亮工作有《大愚集序》（《大愚集》卷首）。

序文作於康熙五年初秋。是年，周亮工因與王鑨同官山左，④又因與其兄王鐸之交誼而與王鑨往來親近。同年春，王鑨嘗整理編訂王鐸詩文集，周亮工得閱之，其後周亮工嘗與趙賓參訂王鑨《大愚集》。四月，周氏爲《大愚集》作序。這就爲周亮工與趙賓選訂王氏兄弟詩作，合編成《孟津詩》奠定基礎。此序可與其是年所作《大愚集序》互爲參照。⑤序文中"追溯風雅，自信陽、北地後，必推孟津"之論，與"中州文章之大成，實歸孟津"（《大愚集序》）可謂同聲相應，可見周亮工對王氏兄弟詩作的推崇。周亮工讚譽孟津王氏，主要基於其能掃除學古而贗之弊病，上繼風騷之意，下盡性情之變，囊括包舉，廣大詩道。因此，此序對我們釐清王氏兄弟的詩歌成就及清初中州詩壇、清初杜詩學等相關問題不無裨益。此外，周亮工在序中交代了他與孟津王氏的交情，尤其自稱"夙嘗奉教於文安公"，可見其對王鐸敬重有加，二人關係匪淺。

---

① 〔清〕周元亮、趙錦帆選：《孟津詩》，《清代家集叢刊續編》第 138 冊，北京：國家圖書館出版社 2018 年影印清康熙五年刻本，第 5—24 頁。

② 趙賓（1609—1677），字珠履，號錦帆，河南陽武（今原陽）人。順治三年進士，授陝西淳化知縣，升刑部主事。與宋琬、施閏章等並稱"燕臺七子"，又與申涵光、彭而述等並稱"江北七子"，著有《學易庵詩集》。

③ 王允明还嘗在康熙四年刻王鑨《大愚集》。

④ 康熙三年，王鑨調任山東按察使司僉事、提調學政；康熙元年，周亮工起授青州海防道，次年春赴任，至五年五月初，擢江南江安督糧道，八月始選家金陵，繼而赴任。

⑤ 康熙五年四月，周亮工得閱王鑨《大愚集》而序之，云："詩道至少陵而集大成，……吾鄉王文安公繼起北地、信陽數君子之後。力洗前弊，獨操靈蛇，益以盤空排奡之才，揣摹經營，悉出意匠。其所著《擬山園集》，久已傳播四裔，號爲希聲。而其介弟大愚先生復與之連鑣而馳，接翼而翥，則其中之囊括變化可知也。……康熙丙午浴佛前一日，浚儀年家後學周亮工頓首序。"極力褒揚王氏兄弟詩作，贊其爲善學杜者，足爲後人法式。又云："予既親炙文安公，奉教有年，且與伯子學士藉茅（即王無咎，王鐸子）同譜之歡非一日矣。今又與先生（即王鑨）遭回此中，揚扢風雅。予於先生伯仲紀群之間，取益良厚。"對其與孟津王氏的交情亦有所交代。

五、《六朝選詩定論序》

自有聲詩以來,上下數千年,難以統紀。而昭明有選詩之目,世尚紛綸,《風》《雅》異轍。才智之士各趨其一,以爲質的。選詩之體遂與蘇李、顏謝、建安、開元以及李杜、錢劉、元白諸體爭道分馳,而譏呵之言至謂如"齊梁小兒",或極爲推崇,宜熟精其理,兩議交衡,迄無定旨。然要之網羅數代,折衷雅則,其於詩道殫悉能事,蓋有不可没者。觀有唐一代,輩起傑出,啟變化於無方,得之選詩者固十之六七也。乃世之論者詳於唐,而略於《選》,溺流而忘源,夫豈說詩之正則哉! 惟余鄉伯其吳先生雅能會其全,因推論往昔,溯虞夏以迄元明,條爲三際,而以自漢迄梁昭明所選爲中際,適與前際、後際相爲流通,如龍門之有譜牒、涑水之有編年。其說深爲有據,燦哉備矣! 乃尤於選詩獨加詳說。蓋以三代尚矣,《商頌》《周雅》《關雎》以下,刪定出之孔子,復經漢、宋諸儒之闡繹,則亦可以止矣。而繼三百之微文,顧不能揚扢風旨,以砥流極之趨,夫非事之闕如者乎? 因爲揭其旨要,領其菁英,條分縷析,使聲與情偕適,辭與事俱安。自非通敏博綜,心知其意,亦烏見臻斯至精者? 後世知宗趣三唐,而不知唐音全盛固已隱隱隆隆於選詩中,無所復遺。蓋自伯其之論出而始彰,伯其之功不可誣也。夫學《選》體得真唐,學唐音其流將至不可挽,故學唐而規規於唐,與不必規規於唐而從《選》體入者,其功則有間矣。此伯其論詩之旨也。吾觀伯其自爲詩,標新領異,峻拔千尋,粵中諸吟,傳誦滿藝苑,非其得力於選詩者有甚深歟? 吾鄉詩風,自高蘇門後有張林宗、王半庵、阮太沖、秦京諸先生後先倡道。予嘗梓天中四君子之詩,告之當世。近流榛蕪,雅風漸敝,得伯其力爲推挽,何患風微之不大振? 由是言之,伯其定論之功,豈獨闡揚昔賢而已哉! 康熙己酉春仲,里中同學周亮工頓首撰於賴古堂。[①]

《六朝選詩定論》十八卷,吳淇[②]撰,有康熙八年刻本(藏於上海圖書館),前有手書體周亮工序,作於康熙八年春。後又有康熙九年刻本(藏於南京圖書館),將周序改成宋體,又增刊吳偉業序[③]及目錄,今見《四庫全書存目叢書補編》本即據此影印。吳淇(1615—1675),字伯其,別號冉渠,河南睢陽(今商丘)人。順治年間進士,授廣西潯州府推官,後擢鎮江府海防同知。博學多識,精通道學、音律、詩詞等,著述宏富,有《雨蕉齋詩集》《選詩定論》《唐詩定論》《律吕正論》《參同契定論》《陰符經正論》《睢陽人物志》《雨蕉齋雜録》《道言雜録》等,惜

---

① 〔清〕吳淇:《六朝選詩定論》,《四庫全書存目叢書補編》第 11 册,濟南:齊魯書社 2001 年影印南京圖書館藏清刻本,第 1—5 頁。
② 《四庫全書總目》卷一九一"《選詩定論》提要"誤作"吳湛"。
③ 由"康熙九年歲次庚戌中秋年家治宗弟偉業頓首拜撰"可知,此集再刻當不早於康熙九年(1670)秋。

多亡佚。卒後，鄉人湯斌爲撰墓誌銘，稱其"古詩以《昭明文選》爲宗，近體初專師少陵，後遍究四唐，含咀英華，歸詣自然。論詩上下今古、升降正變，可出鍾嶸上"。①

周亮工此序言唐人作詩多得益於"選詩"，今人詳論唐詩，而忽略"選詩"，學唐而局限於唐詩，不能由唐體及選體，是爲"溺流而忘源"。吳淇則能慧眼獨具，將唐詩溯源至"選詩"，詳論選體詩，抉中由選及唐之肯綮，表而出之，闡微發幽，使得時人得見宗唐之正途。由此亦反映周亮工通達的詩學觀，其雖宗唐，但却不以唐詩爲限，而是提倡由唐詩而上溯先秦、漢魏、六朝，轉益多師。此序不僅爲周亮工與吳淇的交遊提供了佐證，拓展我們對周亮工生平交遊的認識，更爲我們考察周亮工的詩學觀提供有力論證。

六、《與而庵先生書》②

弟十年前耳先生之名，未及一爲把臂，忽以言詩，與先生針芥，迄今有年。文字苔岑，投契越於常分，但以各在一方，又弟近轍萍蹤，不能時邀良會，以爲歉仄。今春，放舟吳門，獲過高齋，曠談今古，陳說生平，一快夙昔。自恨此身，爲一官羈勒，不得稍行胸臆。或共訂栖山，賞奇文於接席；或周旋信宿，話古義於連牀，一帆高掛，卒卒便行，不及躊躇，悵結何限。而尊函適至，慰誨殷勤，惠然肯以大集借觀，喜先生一生心眼，全萃此編。陳之座右，如與先生促膝，不隔須史。反覆抽尋，至廢寢食，流連旬夕，形之舞蹈。因思詩之一道，以音韻爲程，以五字、七字爲壘，不及迴旋，盡其曲折，而作者相沿，不復顧其首尾，惟取句工，情旨有限，惟先生本三百之微文，窺古人之奧秘，句前句止，必有餘音，聯絡而成，全關妙會。將有一字而數十字不能盡其含藏，一句而數十句無以窮其涯際，深深廣廣，此道庶幾。自有聲詩以來，未有披撥雲霧，昭揭日星，洞然谿然，於今日若斯之盛者，告之當世，凡有吟詠，庶必自曉其云何。而讀人之詩者，亦必審其自起自止，然後辨其妍媸，定其真僞，不冥冥便加讚賞，或貿貿開口笑人也。夫唱歎之間，微文寓意，如童幼啼笑、蟲鳥和鳴，聞之者，皆能得其悲愉哀樂之所極，豈非詩之在天地間，必如斯，而後不爲虛設也哉！《說今詩》一刻，居然可續古人，然妙於存少，不惟不薄今人，適所以甚愛今人也。筆上佳句，正先生說詩一大印證，獨愧鄙人不足以當之耳。妄題先生索句圖，何能盡先生萬一，亦止是揭出說詩一段佳話，爲宇內瞻仰先生者，示一標指，然實虞渾穢太清矣。弟亮工頓首。③

---

① 〔清〕湯斌：《湯潛庵集》卷下《江南鎮江府海防同知冉渠吳公墓誌銘》，《叢書集成初編》第2474冊，北京：中華書局，1985年，第56頁。
② 題目爲筆者自擬。徐增《而庵說唐詩》卷首所錄此文，題作"《周櫟園先生書》"。
③ 〔清〕徐增：《而庵說唐詩》卷首，《四庫全書存目叢書》集部第396冊，濟南：齊魯書社1997年影印吉林大學圖書館藏清康熙九誥堂刻本，第545頁。

《而庵説唐詩》二十二卷、卷首一卷，徐增撰，有清康熙九誥堂刻本，卷首附周亮工書牘一則。徐增（1613—1673），字子能，號而庵、梅鶴詩人，江蘇吳縣（今蘇州）人。早歲師從錢謙益，又嘗從金聖歎問學。明亡後隱居石湖，以作詩爲樂。其詩學主張尊唐，對宋元詩頗有微辭。著有《而庵集》《九誥堂集》《而庵説唐詩》《而庵詩話》等。徐增爲周亮工友，作有《候周櫟園青州啟》《偶遂堂詩序》《周櫟園先生赴任青齊，遙送一律》《岱宗行，再送櫟園》《選〈賴古集〉畢，呈周元亮司農》等。

周亮工此書作於何時呢？周亮工《題而庵先生小像》小引云："自而庵先生出而言詩，而古人旌旗一變，古人之精神始出……丁未，余索其《説唐詩》一集，而庵以書來，寄一圖，命讚。展之，則而庵索句圖也。……索句一圖不足以盡而庵之生平哉！"①與上文所述"尊函適至，慰誨殷勤，惠然肯以大集借觀，喜先生一生心眼，全萃此編"，"妄題先生索句圖，何能盡先生萬一"，甚爲契合。因此，可斷定周書當作於康熙六年。由此則尺牘可知周亮工對徐增詩學觀頗爲認同。又據周亮工自言："余嘗以詩質而庵，而庵曰：'是可與言詩也。'説之如説古人詩。"（《題而庵先生小像》小引）可見二人乃詩學同調，論詩皆主張宗唐，對宋詩頗爲不滿。在創作實踐層面，周亮工作詩取法唐人而能有所創獲，也受到徐增的肯定、讚賞，如其云："今天下詩家不爲王、李、鍾、譚所搖動者，就余所睹記，前則有曹能始、錢牧齋、……曹秋嶽、龔芝麓、周櫟園、吳梅村、……"②將周亮工與"江左三大家"並列，儼然視其爲清初大家。此外，徐增還編選《賴古堂集》一卷，刊入《元氣集》，③也反映其對周亮工詩作的推重。總之，這則尺牘不僅爲周亮工與徐增的交游提供了依據，而且揭櫫、印證周亮工宗唐復古詩學觀。

七、《寄杜于皇》④

昨晤後，歸来讀大作，愈讀愈妙。先生真文人也，但愧弟不足以當之耳。三箋求大筆一揮，更求撿爲弟作，並同弟所賦諸作盡書其上，使弟如對大雅，教我良多矣，諸不悉。⑤

又

前者小集，喜高朋之入座，而未獲盡歡，殊爲悒悒。兹得手教，急爲發函，見三箋所書大作，無一字不深老。先生於此道，亦既伐毛洗髓，久證果位者，無庸弟之贅

---

① 〔清〕徐增：《九誥堂集》卷首，《清代詩文集彙編》第 41 冊，上海：上海古籍出版社 2010 年影印清鈔本，第 57 頁。

② 〔清〕周亮工著，朱天曙整理編校：《周亮工全集》第 18 冊，第 328 頁。

③ 《元氣集》又名《九誥堂詩選元氣集七種》，〔清〕徐增選。徐增自述："庚子歲，避暑恭壽堂，爲選《元氣集》，每一人刻一卷，約百餘首，欲滿百家，以盡當代名公之勝。"（《而庵説唐詩》卷首）

④ 題目爲筆者自擬。

⑤ 〔清〕杜濬：《變雅堂文集》，《四庫禁毀書叢刊》集部第 72 冊，北京：北京出版社 1998 年影印中國科學院圖書館藏北京圖書館藏清康熙刻本，第 323 頁。

讚。而獨是《讀畫》一篇，離離奇奇，雖在先生集中，亦真見所未見。何物讀畫樓，而辱先生之一記，又辱先生之一詩，弟所得於先生者，不爲不侈矣。謝謝。①

此二札見於杜濬《變雅堂文集》（不分卷，清康熙刻本）之《讀畫樓記》（己酉）後"附櫟園先生來札"，第二則手札亦見於《變雅堂遺集》（清光緒二十年黃岡沈氏刻本）附錄卷一。杜濬（1611—1687），原名紹先，字于皇，號茶村，湖北黃岡人，明末諸生，避亂居金陵，工詩文，著有《變雅堂文集》《變雅堂遺集》。杜濬與周亮工交善，作有《讀畫樓記》《與櫟園公言黃濟叔所注六書》《祭周櫟園侍御文》等。《祭周櫟園侍御文》云："濬辱交先生垂三十年，遭世之變，聊寄託於詩古文詞，荷先生推獎不一。"②可見他不僅與亮工交誼頗篤，且以高超的詩文創作成就而備受周亮工推重。

由"《讀畫樓記》（己酉）"可知，此二札當作於康熙八年。第一則手札表明周亮工對杜濬文作成就的高度讚揚，并請杜濬爲其題扇。第二則手札中所説的"《讀畫》一篇"，即杜濬所作《讀畫樓記》。又從"又辱先生一詩"可知，杜濬還爲周亮工"讀畫樓"題詩，惜其詩已佚，未能窺見其貌。然而，此札却不僅揭示出杜濬是"讀畫樓"集詠③的重要參與者，且證實了"讀畫樓"集詠的時間乃自康熙六年持續至八年。此外，縱覽周亮工別集或清初選集、總集等，却並無一則語涉其與杜濬交遊之文字記載，因此這二則手札爲我們考察周亮工與杜濬之交遊、詩文酬贈等提供重要的佐證。

八、《與冒辟疆書》④

自浙回，便往延令哭季夫子，途值蒼老，遂返。以爲邗江道上，或可與老年臺遇，不意，竟不獲遇也，爲之黯然。憶吾與老年臺同甲子，少壯幾何，今俱成六十外人。亮患難疊更，老遂易到，筋力既衰，萬念灰冷。初，顏吾堂曰"恕老"，近且更名曰"認老"。蓋直認爲老，則百事謝絶不爲，一切詩文亦謝絶不爲，近且爲不識字惰老人以視，老年臺龍馬精神，芝蘭臭味，日坐水繪庵中，著述日富，佳兒滿前，真有天淵之隔。盈盈帶水，空有健羨。于皇之弟蒼略先生與亮相知三十年，而與老年臺氣誼亦不薄，以貧故走雉皋奉謁。歲儉，我輩照拂人亦自難事，然我輩謝絶同人，則便成一

---

① 〔清〕杜濬：《變雅堂文集》，《四庫禁毀書叢刊》集部第 72 冊，第 323 頁。
② 〔清〕杜濬：《變雅堂文集》，《四庫禁毀書叢刊》集部第 72 冊，第 395 頁上欄 a。
③ 讀畫樓約建成於康熙六年，時周亮工任江安督糧道。邵長蘅《青門簏稿》卷三《讀畫樓歌，寄周櫟園先生并叙》："櫟園先生讀畫樓在金陵秦淮南，……樓中貯古今名畫千餘幅，或取元人'讀畫似看山，看山似讀畫（案：當作"讀畫似看山，看山如讀畫"）'句，賦詩美之。先生遂以名樓，一時名人皆有詩。"就筆者所睹見集詠之作而言，此次集詠並非局限於題詩，而是涉及詩、詞、記、賦多重體式。如題詩者有方文、王岱、陸進、汪懋麟等；賦詞者有紀映鍾、陳維崧、曹貞吉等；作文者有毛奇齡、杜濬、李澄中等。
④ 題目爲筆者自擬。

冰冷世界矣。故亮家徒四壁,已成一退院老僧,尚以淡菜薄粥接待四方頭陀,則老年臺不能辭蒼略之責矣。隨分一爲計較,亦仁人君子之用心也。亮去年六十,四方祝頌之詞,一概俱嚴爲謝絶,獨同人爲《恕老堂酌酒,與櫟下老人歌》者,欣然拜之,且將付之梓。幸老年臺走筆爲之,亮將補《樸巢酌酒歌》以謝,此時如我兩人,豈易多得也。留意,留意。揚城有仰瞻魯篦肆,但付之,十日便可達金陵矣。不盡。壬子正月。①

此牘見録於冒襄所輯《同人集》卷四。冒襄(1611—1693),字辟疆,號巢民、樸庵,如皋(今江蘇南通)人。明諸生,入清不仕,與周亮工、龔鼎孳、杜濬等交善。順治十八年,周亮工遇赦後,嘗作《送周櫟園先生南還,次龔芝麓韻十首》《喜周櫟園先生南還述叙四首》等。杜岕(1617—1693),原名紹凱,字蒼略,湖北黄岡人,杜濬弟,明末諸生。明亡後,同其兄一同流寓金陵,入清不仕,著有《些山集》。

此書作於康熙十一年正月,其時周亮工遊浙後而返家,途中遇見杜岕,得知其因荒年乏食而投奔冒襄,遂作書給好友冒襄,請冒氏代爲照拂。反映周亮工與冒襄、杜岕的交誼深厚,更彰顯其愛護遺民友人的良苦用心。據周亮工在書中所説"于皇之弟蒼略先生與亮②相知三十年",又杜濬《祭周櫟園侍御文》:"濬辱交先生垂三十年,遭世之變,聊寄託於詩古文詞,荷先生推獎不一。"③可見周亮工與杜氏兄弟交情之篤厚。然而,縱覽周亮工別集,却並無一與冒襄、杜岕交遊之文字記載,因此,這則書牘爲我們考察周亮工與冒襄、杜岕二人之交遊提供重要的佐證。

周亮工工詩善文,爲清初名家。筆者所發掘、輯考的9篇佚文,一方面,將裨益於其作品集的補充和完善;另一方面,則提供一些新的文獻材料,以便推進相關的研究。此外,周亮工生平所作詩文繁富,其佚作還有尚未發掘者,仍需後繼者搜羅、補輯。

(王明霞,南京師範大學文學院博士研究生)

---

① 〔清〕冒襄輯:《同人集》卷四,《四庫全書存目叢書》集部第385冊,濟南:齊魯書社1997年影印北京師範大學圖書館藏清康熙冒氏水繪庵刻本,第176頁下欄。
② 周亮工,原名亮。
③ 〔清〕杜濬:《變雅堂文集》,《四庫禁毀書叢刊》集部第72冊,第395頁上欄a。

古代文書視域下晚清疾疫防控機制的構建*

徐 燦 丁曉昌

[摘 要] 晚清防疫機制的構建一方面緣於晚清社會疾疫頻仍帶來的現實需求，另一方面也與西方醫學衛生觀念的傳入息息相關。從清代留存的官方文書來看，晚清疾疫防控機構構建初期受到西方和日本衛生觀念的影響，開始嘗試創建衛生防疫機構、制定防疫章程。宣統二年（1910）東三省肺鼠疫大規模爆發，引發嚴重後果，由此清政府加速疾疫防控機制的構建，防疫機構與防疫立法漸趨完善，同時開展中外協同防疫，使得東三省疫情得到有效控制。晚清對疾疫防控機制的有益探索，能夠爲當代疾疫防控工作提供智慧和思路。

[關鍵詞] 文書 晚清 疾疫 防控機制

　　一部人類社會發展史，某種程度上也是與疾疫的鬥爭史。晚清是中國社會由封建社會向現代社會的轉型時期，在傳統社會秩序與現代醫學觀念的激蕩中，晚清疾疫防控機制的構建走過了一段曲折的過程。清人在與疾疫鬥爭的二百多年中，前期並未樹立衛生防疫之概念，在對待疾疫的態度上，傳統做法是將疾疫歸入荒政之列，對疫病採取以避爲主、以治爲輔的應對措施。在重大疾疫事件面前，清代社會各階層普遍缺乏系統組織，無法採取有效對策，疾疫防控極爲被動，效率低下。晚清由於西方列强入侵致使國門被迫打開，由此西方醫學思想和醫療技術也隨之輸入，自此始有衛生防疫之說，馬允清先生在《中國衛生制度變遷史》一書中提出："故中國之衛生行政制度，自神農至清季，多爲醫藥之管理，人才之教育，及慈善事業之舉辦等類而已。至於防疫清潔等公共衛生事業，則未或一有。此盡世如此，非獨中國爲然。及光緒變法，歐化東來，衛生設施，亦漸漸略被，至於今日，始粗具規模。"[①] 可見清代衛生防疫自戊戌變法以來方才拉開序幕。晚清疫災防控過程中產生了大量官方文書，爲我們研究彼時清政府的疾疫防控機制提供了權威支撐。以史為鑒，可以知興替，對晚清疾疫防控機制進行研究，能夠爲當代疾疫防控機制提供借鑒和思考，以便在總結前人智慧結晶的基礎上更好地構建當代疾疫防控體系。

一、晚清疾疫防控機制形成背景

　　中國古代長期缺乏對疾疫的科學認識，疾疫流行在遠古時期一貫被認爲是自然灾害的

---

* 本文是江蘇省研究生科研創新計畫項目 "清代疾疫文書研究"（1812000024373）的階段性成果。
① 馬允清編：《中國衛生制度變遷史》，天津：益世報館，1934 年，第 17 頁。

一種,據《左傳·昭公元年》載:"天有六氣,降生五味,發爲五色,征爲五聲。淫生六疾。六氣曰陰、陽、風、雨、晦、明也。分爲四時,序爲五節,過則爲災。陰淫寒疾,陽淫熱疾,風淫末疾,雨淫腹疾,晦淫惑疾,明淫心疾。"[①]古人認爲自然氣候有其運行的規律,四時五節皆其順序,超過一定的限度就會引發人間疾疫,故將疾疫歸爲自然灾害。又《大戴禮記》載:"凡人民疾、六畜疫、五穀灾者,生於天。"[②]認爲百姓、牲畜、五穀受到灾害,都是源於天道不順而引發的自然灾害。這些記述都體現出古人樸素的疾疫觀念,認爲疾疫和水旱灾害一樣,屬自然灾害,水旱灾害破壞的對象是莊稼,疫病灾害破壞的對象是人畜。這種觀念在中國古代影響深遠,歷朝歷代政府例將疫灾視爲荒政一隅。天津古籍出版社出版的《中國荒政書集成》[③]一書中輯錄了宋至清末出版的各類荒政著作,其中收錄大量有關清代疫灾的史料。從該書關於清代疾疫灾害的記載來看,清前期面對疫灾仍採用傳統做法,以救治和隔離爲主,一方面積極對患疫病人進行治療,另一方面採取隔離之法防止疫情擴散蔓延。直至光緒以後,清政府才開始採用衛生之法進行疾疫預防,探其變化之由,主要有如下兩點:

首先,光緒至宣統年間乃清代疾疫高發時期,迫切的社會現實需求催生了政府疾疫防控機制的構建。筆者根據龔勝生先生主編的《中國三千年疫灾史料彙編·清代卷》一書對清代歷朝發生的疾疫縣次進行了統計,現將順治元年(1644)至宣統三年(1911)所發生的疾疫縣次統計如下[④]:

表 1　清代歷朝發生疾疫縣次統計表[⑤]

朝代	縣次	朝代	縣次
順治(1644—1661)	228	道光(1821—1850)	878
康熙(1662—1722)	719	咸豐(1851—1861)	334
雍正(1723—1735)	182	同治(1862—1874)	676
乾隆(1736—1795)	661	光緒(1875—1908)	2537
嘉慶(1796—1820)	373	宣統(1909—1911)	362

由表可見,清朝疾疫發生縣次在光緒朝達到頂峰,共計 2537 縣次,光緒和宣統兩朝所發生的疾疫縣次佔據整個清朝疾疫發生縣次的 41.7%,整個清朝末期疾疫發生頻次明顯高漲,波及範圍不斷擴大。如光緒三年(1877)至光緒四年(1878)發生的"丁戊奇荒",此次饑荒由大旱引發,饑荒又引起疾疫流行,涉及山西、陝西、河南、河北、山東、蘇北、皖北、隴東、川北等地區。據統計 1877—1878 年間發生的疾疫達到 239 縣次,[⑥]史料中對這些疾疫的記載多採

---

① 趙生群:《春秋左傳新注》下,西安:陝西人民出版社,2008 年,第 726 頁。

② 方向東:《大戴禮記匯校集解》下冊,北京:中華書局,2008 年,第 828 頁。

③ 李文海、夏明方、朱滸主編:《中國荒政書集成》,天津:天津古籍出版社,2010 年。

④ 爲了研究的科學性與準確性,本文採用以縣爲單位的疾疫統計方法,將每年發生疾疫的縣的數量進行統計,以年爲時間跨度,該縣發生過疾疫即爲 1 縣次,該年內疾疫持續時間以及疾疫發生次數不做參考因素,爲了統計方便,祇要該年內該縣發生過疾疫,在此統一算做 1 縣次。

⑤ 龔勝生編著:《中國三千年疫灾史料彙編·清代卷》,濟南:齊魯書社,2019 年。

⑥ 龔勝生編著:《中國三千年疫灾史料彙編·清代卷》,第 888—914 頁。

用"死人無算""斃者甚多""傷人無數""死者道路相望""人相食""父子相食""母女相食"等表述，可見灾疫之甚。又宣統二年（1910）至宣統三年（1911）滿洲里發生鼠疫，此次鼠疫蔓延至整個東三省，據東三省總督錫良奏稱："東三省自滿洲里冬初發生鼠疫後，逐漸蔓延至哈爾濱，而疫勢日厲，近每日死至百餘名之多。長春漸次傳染，奉省近亦延及，旬日之内染疫死者已十二人。"①奏摺中所述疫情擴散迅速，發展猖獗，疫斃人數甚多，疫情呈現出由北向南的傳播態勢，沿綫各地都籠罩在死亡的威脅之下。由此可見光緒、宣統兩朝乃清代疾疫高發期，頻繁的疾疫與嚴重的後果表明晚清社會所依賴的傳統醫學認知已不足以與大疫進行抗爭，一個全新的疾疫防控機制的構建變得迫在眉睫。

其次，西方的醫學的傳播對中國社會採用的傳統的救灾抗疫方法產生正面影響。隨着晚清列强的入侵，中國内地出現了大大小小的租界，這些租界在防疫方面的做法某種程度上爲晚清防疫機制的構建提供了助力。租界所推行的以清潔、消毒、檢疫及隔離爲主的衛生防疫舉措對晚清疾控機制起到了一定的示範作用。如19世紀60年代伊始，上海租界殖民當局就任命了"衛生稽查員"，負責監督界内公共衛生事務；1862年，工部局成立"糞穢股"負責界内住宅垃圾清除、馬房監管及道路清掃；1869年，成立"菜場股"負責稽查小菜場及馬房所租馬匹和工部局的獸醫工作；1898年工部局設立衛生處，標誌着租界内公共衛生管理進入制度化建設軌道，同年設立公共衛生實驗室，包括細菌實驗室、分析實驗室、牛痘疫苗實驗室等；1900年設華人隔離醫院，1904年增設外僑隔離醫院。②"糞穢股""菜場股"等衛生機構的設置旨在保護租界内環境衛生整潔和維護食品衛生安全，防止細菌滋生從而衍生出疾疫，同時設立實驗室和醫院，對一些已知疾疫進行研究，以達到防重於治之效用。隨着界内各項衛生機構的設立，租界的衛生防疫工作得到有效發展，這些工作的展開對中國地方官府開展衛生防疫行爲產生了一定的積極影響。但防疫體系的缺失導致防疫主權掌握在洋人手中，使得清政府在疾疫防控環節處於被動地位，這也因此成爲推動清政府開展防疫機制建設的主要因素之一。如光緒二十八年（1902）《著北洋大臣袁世凱等妥籌變通上海查船驗疫之法事上諭》載："據稱上海查船驗病係中西集資合辦，現在全由洋人作主，以西法治中人，慘酷異常，多至殞命，請飭南北洋大臣速籌善法。"③又光緒二十八年（1902）《總税務司赫德爲吴淞防疫可由執事酌辦等事致外務部總辦瑞良信函》中的"附件二"亦有對洋人粗暴查驗病人的情形做出説明："身本無病而洋人堅謂有病，押入蘆篷，逼令食冷水淘飯，穿換西衣，其種種虐待情狀無復人理，直疑羅刹地獄即在人間。"④上述情狀在彼時屢見不鮮，由洋人主導檢疫驗疫事務使得中國百姓無辜枉死者不在少數，民族尊嚴蕩然無存，由此晚清政府深刻認識到建立我國自己的驗疫檢疫制度，制定相關防疫章程並進而奪回防疫主權之重要性，晚清政府疾疫

① 李文海、夏明方、朱滸主編：《中國荒政書集成》第12册，第8186頁。
② 陳蔚琳：《晚清上海租界公共衛生管理探析（1854—1910）》，華東師範大學碩士學位論文，上海，2005年，第12—14頁。
③ 中國第一歷史檔案館：《清末防治瘟疫中外交涉檔案（上）》，《歷史檔案》2020年第3期，第29頁。
④ 中國第一歷史檔案館：《清末防治瘟疫中外交涉檔案（上）》，《歷史檔案》2020年第3期，第31頁。

防控機制的構建亦由此得以逐步實現。

二、列强入侵對晚清疾疫防控機制雛形之影響

晚清疾疫防控制度建立之初受西方影響較深，無論是疾疫防控的相關思想理論、具體措施，還是疾疫防控部門的管理手段、相關法律法規的制定執行等，都可以看到"西法"的影子。在近在咫尺的租界疾疫防控相關做法的影響下，晚清疾疫防控的雛形"依葫蘆畫瓢"得以初步建立，主要表現在創建衛生防疫機構與制定相關防疫章程兩端。

（一）創建衛生防疫機構

受到租界衛生防疫觀念的影響，以及西方和日本衛生觀念的傳入，晚清社會部分地區率先開始建立衛生防疫機構，由此開啟了中國近代衛生防疫機構從地方到中央，自下而上的建構歷程。衛生防疫率先從城市清潔開始，晚清社會對清潔與疾疫的關係已有了初步的科學認識，意識到清潔是疾疫防控的關鍵甚至首要因素。如光緒三十年（1904）《天津衛生局示》一文所載："照得衛民以防疫爲先，防疫以除穢爲本。"[①] 又光緒三十三年（1907）《蘇商總會擬訂治理城市衛生簡章》中提出："衛民之生，莫先清理街道。……臭穢汙塞，易染疾病，殊與衛生有礙。"[②] 又宣統二年（1910）《注重衛生之文告》開篇指出："衛生之道，清潔爲先。"[③] 又宣統三年（1911）《民政部奏臚陳辦理防疫情形摺》載："清潔街道，尤爲防疫要務，特設衛生警察隊，督飭清道夫役，將各街巷塵芥認真掃除。"[④] 隨着國人衛生意識的覺醒，民衆和晚清政府將街道清潔視爲防疫之要務，爲保障衛生清潔工作有序開展，相關衛生防疫機構相繼誕生。

自 19 世紀 80 年代始於上海華界設立"垃圾局"或"清潔局"，專司垃圾清運，這一做法受到相關政府部門和有識之士的借鑒和仿效。如光緒七年（1881）《清穢防疫》一文稱："因思城內虹橋浜、魚行橋浜等處，堆積垃圾，高與人齊，穢氣不堪……垃圾局早爲認真禁止，則方便居民不淺矣。"[⑤] 垃圾局的設立對街道清潔工作規範開展起到積極的督促作用。其後，於光緒二十三年（1897），黃遵憲就任湖南按察使職，向巡撫陳寶箴提出設立湖南保衛局的建議，光緒二十四年（1898）湖南保衛局正式開辦，其職責主要爲"去民害、衛民生、檢非違、索犯罪"，保衛局有權管理省城各街道的衛生及其有關事項，每一分局雇清道夫兩名，自備車輛、工具，每天清晨將所轄境內各户門前掃出的污穢棄物收拾乾净，堆積簣中，暫放一處，俟收清時，立即陸續運送出城。所轄境內各店住户，每日應在規定時間將所掃污穢棄物堆置門前，

---

① 《天津衛生局示》，《北洋官報》1904 年第 224 册，第 6 頁。
② 華中師範大學歷史研究所、蘇州市檔案館編：《蘇州商會檔案叢編》第 1 輯，武漢：華中師範大學出版社，1991 年，第 689—690 頁。
③ 《注重衛生之文告》，《北洋官報》1910 年第 2330 期，第 11 頁。
④ 《民政部奏臚陳辦理防疫情形折》，《北洋官報》第 2716 册，第 3 頁。
⑤ 《清穢防疫》，《申報》光緒七年三月初七日第 3 版。

以便清道夫前往收拾,不得逾時。① 保衛局於 1898 年開辦,隨着戊戌變法的失敗,最終遭到裁撤。後光緒二十六年(1900),八國聯軍攻破天津,戰亂使得街道污穢不堪,隨後在天津南設立臨時政府委員會,其對天津進行了現代化管理,並設立衛生局,光緒二十八年(1902),袁世凱接手天津,保留了衛生局,根據《天津衛生總局現行章程總綱》所載:"本局之設,以保衛民生爲宗旨,舉凡清潔道路、養育窮黎、施治病症,防檢疫症各端。"② 天津衛生局是晚清第一個城市衛生防疫機構,但不可否認天津衛生局的構建是帶有西方印記的。

天津衛生局的創建,爲晚清政府成立衛生防疫機構奠定基礎,光緒三十一年(1905),清廷借鑒西方及日本各國衛生行政的有益做法,於九月下諭旨設立巡警部:"巡警關繫緊要,迭經諭令京師及各省一體舉辦,自應專設衙門,俾資統率,著即設立巡警部,……所有京城內外工巡事務,均歸管理,以專責成。其各省巡警,並著該部督飭辦理。"③ 巡警部是集公安、民政、司法一體的機構,下設警政、警法、警保、警學、警務五司。其中警保司又分設保安科、衛生科等,衛生科有員外郎一人,總理科務;主事一人,辦理科務;一、二、三等書記官若干。衛生科掌考核醫學堂之設置,考驗醫生給照,並管理清道、防疫、計劃及審定一切衛生、保健章程。④ 巡警部警保司設有衛生科,是晚清政府第一次設置專管衛生的機構。光緒三十二年(1906),預備立憲釐定官制,認爲警政中包含民政不合理,又巡警本屬民政,故將巡警部改爲民政部,仍設五司,分別爲民治、警政、疆理、營繕、衛生。衛生司下設三科,爲保健科,負責檢查飲食物品、清潔江河道路、貧民衛生及工廠、劇場公共衛生;檢疫科,負責預防傳染病、種痘、檢霉、停船檢疫;方術科,負責考醫、驗穩婆、驗藥業、管理病院。⑤ 中央衛生防疫機構的設立,又對地方衛生防疫機構的設立起到助推作用,爲了便於對各省巡警進行管理,於光緒三十三年(1907)各省增設巡警道,巡警道應就所治地方,設立警務公所……公所分總務、行動、司法、衛生四課,衛生課掌衛生警察之事。凡清道、防疫、檢查食物、屠宰考驗、醫務、醫科及官立醫院各事項皆屬之。⑥ 可見,晚清衛生防疫機構的構建經歷了由地方到中央,中央又影響到地方的過程,中央民政部衛生司與省巡警道衛生課形成晚清衛生行政體系,上下呼應。其主要歷程可歸納爲表 2,具體如下:

表 2　晚清衛生防疫機構構建歷程

時間	1880s	1898	1900	1902	1905	1906	1907
機構	於上海設垃圾局或清潔局	於湖南設立保衛局	天津臨時政府委員會設立衛生局	袁世凱接手天津,並保留天津衛生局	於京師設立巡警部設警保司,下設衛生科	改巡警部爲民政部,設衛生司,下設保健、檢疫、方術三科	於各省增設巡警道,下設衛生課

① 馬玉生:《中國近代中央員警察機構建立、發展和演變》,北京:中國政法大學出版社,2015 年,第 42 頁。
② 甘厚慈:《北洋公牘類纂》卷二五,京城益森印刷有限公司,1907 年,第 1825 頁。
③ 〔清〕朱壽朋編:《光緒朝東華錄》,北京:中華書局,1958 年,第 5408 頁。
④ 鄧鐵濤、程之範主編:《中國醫學通史　近代卷》,北京:人民衛生出版社,2000 年,第 328 頁。
⑤ 鄧鐵濤、程之範主編:《中國醫學通史　近代卷》,第 329 頁。
⑥ 《大清光緒宣統新法令》第 1 函第 4 册第 2 類《官制》。

與此同時,由於洋人主導的檢疫備受詬病,現代醫院的設立也初現端倪。晚清時期,洋人於通商口岸設立醫院用於檢疫隔離,但"有人由輪船南下,行至吳淞口,被查船驗病之洋人扣留,令坐無篷洋劃,帶至距吳淞三十餘里之三夾水,其地四面皆水,身本無病,洋人堅謂有病,種種虐待,無復人理"。[①] 洋醫在檢疫過程中可謂肆意妄爲,故意虐待中國百姓,由此部分官員提出自設醫院用於檢疫,如光緒二十八年(1902)關於吳淞口驗疫的一則劄文中提出:"至三夾水是否即原章之崇寶沙,地既濱海荒僻,應如何改於查驗之附近地方另設醫院,以便稽查保護。"[②] 同年總稅務司赫德致外務部總辦瑞良信函的附件中提出:"思維至再,惟有籲懇俯念人命至重,籌撥鉅款,擇海濱高阜地建造廣廈兩區,一爲中醫院,一爲西醫院。仿照泰西醫院制度,其居處、飲食、衣服、器具以及侍疾之傭工,務令事事得宜,與西人分投辦理。上船驗病,入院調治,西人則歸西醫經理,中人則歸中醫經理。"[③] 爲防止國人在檢疫過程中被洋醫粗暴對待,奪回檢疫主動權,官員們支持在口岸附近開設醫院,用於國人的驗疫、隔離及治療等,醫院屬於衛生防疫機構的分支,乃衛生防疫的關鍵一環,此舉於國人健康、國體尊嚴都至關重要。但不可否認的是,晚清政府主張設立的檢疫醫院具有臨時性,疫情得到控制之後即予以停止。

(二)制定相關防疫章程

開展科學的疾疫防控需要相關防疫章程對其工作進行規範和保障。正如上文所述,殖民地和租界地區是國人認識衛生防疫的窗口,西方及日本的衛生防疫思想不僅催生了我國的衛生防疫機構,也爲晚清防疫章程的制定提供了可供效仿的模板。疾疫來臨之際,強制檢疫乃預防疾疫流行的強有力措施,檢疫一般分爲國境衛生檢疫和疫區檢疫,晚清檢疫以海港檢疫爲主,隨之出現大量有關海港檢疫的規章。早於同治十二年(1873),南洋諸國霍亂流行,爲防止疾疫沿海路傳播,上海江海關稅務司瑞特擬成《檢疫簡章》,該章程共有四條,從此上海開始了中國最早的依章驗疫。[④] 又如十九世紀九十年代,鼠疫在香港一帶流行,港英當局制定《香港治疫章程》對疫區的清潔標準、疫死者埋葬之法、患者的隔離治療等方面做出明確規定。[⑤] 此外,其他港口也陸續出臺衛生防疫章程,起初這些章程基本是海關與各國領事制定,經費也由其承擔。

隨着西方防疫法規逐漸滲入晚清社會,晚清政府也積極參與驗疫章程的制定,光緒帝於光緒二十八年(1902)上諭著袁世凱、劉坤一設法變通驗疫方法,以順輿情而保民生。雖然未能完全扭轉檢疫被動的局面,但部分官員已經意識到原有驗疫章程之不足,開始在文書中提

---

① 中國第一歷史檔案館:《清末防治瘟疫中外交涉檔案(上)》,《歷史檔案》2020年第3期,第28頁。
② 中國第一歷史檔案館:《清末防治瘟疫中外交涉檔案(上)》,《歷史檔案》2020年第3期,第28頁。
③ 中國第一歷史檔案館:《清末防治瘟疫中外交涉檔案(上)》,《歷史檔案》2020年第3期,第32頁。
④ 上海出入境檢驗檢疫局編著:《中國衛生檢疫發展史》,上海:上海古籍出版社,2013年,第11頁。
⑤ 《香港治疫章程》,《申報》光緒二十年五月二十二日第5版。

出建議,如光緒二十九年(1903)《外務部爲聲復吳淞驗疫應妥訂章程並酌籌經費事致江海關道劄文稿》提出："兹據領銜美使函稱,前因亟應由該道與各國領事暨税司切籌辦法,本部詳閲前送章程,有不便者二端。一則崇寶沙河距口太遠,地又荒僻,病人雖受虐待,無可聲訴;一則醫官驗船費論次數,病人藥費、飯資論人數,或疑以多得規費之故,致無病亦謂有病。又況中西地氣不同,體制各異,若以治西人之法概施之於華人,衛民而轉以病民,群情尤爲不服。相應劄行該關道迅即查察情形,另訂妥章,務在查驗之附近地方設立醫院,派員照料。並選派中醫,……至立法固期盡善,辦理尤在得宜,仍應由該關道認真稽察,一有不便,隨時商改。"① 文中對《上海、吳淞兩口續修防護輪船染疫等各章程》中部分規章提出質疑,一來將醫院設於崇寶沙西南盡頭過於偏僻,病人若受到虐待也不便申訴;二來驗疫經費收取不合理,驗船費按次收取,病人費按人頭收取,不免有貪財者爲多收規費而將無疫之人歸爲有疫之流。因此劄行該關道體察實際情形,制定合適的規章,提議於查驗地方附近設立醫院,選派中醫協同西醫一同檢疫,洋醫薪水按月薪或年薪計算,不論所驗人數或船數,避免產生靡費。

又光緒三十年(1904)袁世凱在《遵旨妥籌驗疫辦法折》中叙述："伏查北洋爲通商巨埠,商旅雲集,輪舶往來,帆檣相望,海口驗疫向未專設醫院,僅由津海關飭派華醫隨同查驗,而一切章程辦法皆由外人主持,與上海情形又復歧異。迨至亂後,則統由聯軍派西醫管理,華官更無從過問。臣欽奉寄諭,正值議交天津之際,即擬變通辦法,收回事權。當今劄飭津海關道督同試用知府屈永秋等,參酌西人防疫之法釐定章程,在大沽、北塘各海口建蓋醫院,就近由北洋醫學堂選派高等畢業生及中國女醫前往住院經理。"② 晚清政府鼓勵地方官參照西方防疫方法,制定防疫章程,同時提倡建造醫院,選派中國醫生管理。可見,在遭受到西醫檢疫的不公平對待後,國人意識到構建自己的衛生檢疫體系、掌握檢疫主權的重要性,這一點在制定大沽驗疫章程時有所凸顯,據 2020 年第 3 期《歷史檔案》刊載《大沽查船驗疫章程》載："其華醫官二員,諳習西學,爲北洋醫學堂畢業學生;華女醫士爲北洋前女醫學館畢業學生。""華醫官等每日趁潮乘小火輪出口到輪,專驗華人。""其餘醫官、司事、夫役人等概係華人。"③ 該章程中多處提及任用華人醫官驗疫,此舉對增強晚清政府在海關檢疫中的主動性具有一定的推動作用。

此外,光緒三十年(1904)營口一帶發生鼠疫,天津地方當局制定《查防營口鼠瘟鐵路沿途設立醫院防疫章程十條》,這份天津防疫章程中不僅涵蓋海港檢疫的相關內容,還制定了疫區檢疫的相關規章,其中規定對患瘟病故者,需用硫磺對病故人住房進行薰蒸,封閉十日後方准住用;病故人棺木應掘坑至七尺深,鋪用白灰,再行掩埋;裝過病人之車輛、船隻,均須用硫磺熏過,以消疫氣等。④ 可見晚清政府開始逐步認識到疫區檢疫的重要性。

---

① 中國第一歷史檔案館:《清末防治瘟疫中外交涉檔案(上)》,《歷史檔案》2020 年第 3 期,第 35 頁。
② 天津圖書館、天津社科院歷史研究所編,廖一中、羅真容整理:《袁世凱奏議(下)》,天津:天津古籍出版社,1987 年,第 1064 頁。
③ 中國第一歷史檔案館:《清末防治瘟疫中外交涉檔案(上)》,《歷史檔案》2020 年第 3 期,第 38 頁。
④ 中國第一歷史檔案館:《清末防治瘟疫中外交涉檔案(上)》,《歷史檔案》2020 年第 3 期,第 39 頁。

綜上,在晚清疾疫防控機制構建萌芽時期,清政府無論是設立的防疫機構、還是制定的防疫章程均具有泊來性,都是參照西方已有模式構建的。雖然如此,在具體行政過程中,清政府也注意根據實際社會情形,逐步在機構設立和章程制定中融入中國社會元素,使得晚清疾疫防控機制的構建功能初顯。

三、宣統鼠疫加速晚清疾疫防控機制構建

宣統二年(1910)—宣統三年(1911)間東三省爆發了一場嚴重的肺鼠疫,此次鼠疫沿滿洲里鐵路由北向南傳播,波及七十餘市縣,六萬多人染疫身亡,給當時的社會生活帶來了嚴重危害。疾疫流行初期清政府缺乏科學的防疫手段,致使疾疫迅速蔓延,由此所引發的殘酷事實迫使清政府認識到疾疫防控的重要性,清政府開始採取近代防疫手段應對疾疫,從而加速了近代疾疫防控機制的構建。

(一)防疫機構與防疫立法漸趨成熟

在處置東三省肺鼠疫中,晚清政府相關部門充分認識到防疫機構與防疫立法的重要性,並以此爲依託開展工作。有了前期設立防疫機構的相關經驗,宣統鼠疫發生後,即嚴飭吉林西北路兵備道於馴興開辦防疫局所,選派中日醫員,由奉天馳往擔任檢診,並經外務部遵委醫官伍連德爲哈埠總醫官,統轄中外各醫員,授以醫務上全權,樹三省防疫設施上之模範,並於三省設防疫總局及防疫會。如奉天所設防疫行政機關,主要有總局、事務所、鄉鎮事務所、北路分局。宣統三年(1911)十二月十四日奉天設防疫總局,總局內設總辦、提調外,另設醫務科專司防疫醫務各事項,文牘科專司防疫文牘各事,報告科專司防疫公佈各事,調查科專司防疫調查各事,會計科專司防疫經費報銷各事,庶務科專司總局各項雜務及出納物品各事,此外於總局設細菌研究室和防疫講習所;另設奉天省城防疫事務所,並設稽核部稽查防疫事宜,醫務部監督醫務事宜,埋葬部專管埋葬尸體,病人戶口調查部專管搜疫事宜,檢診部監督各區檢診醫官診斷疫病事宜,隔離部監督隔離收容之事並管各所之潔净法及衛生法、消毒部管理染疫之家房屋的消毒,藥療部管藥品、器材及衛生材料的購置支給事宜,捕鼠部專管捕鼠及鼠族購買事宜,微生物試驗部專管微生物檢查事宜及病症之決定;另設奉天省城鄉鎮防疫事務所,於承德縣署內各立設防疫所,又於四鄉德勝營子、永安橋、柳條湖三處設留養所,其事務所人員之組織,設事務、文牘、稽查、庶務、防疫員二員至五員,另設隔離所所長一員,巡長三員,醫官五員,檢診消毒十九員,承德縣知縣林忠爲總辦;另設北部防疫分局,宣統三年(1911)正月,疫氣傳播日盛,於奉天以北懷德以南鐵嶺地方設立防疫分局,其組織規制主要有本部組織和分部組織,本部組織包括總管理、支部管理、會計員、醫生、書記,分部組織包括醫藥部、消毒部、燃燒部、埋葬部、按查部、輜重部;此外,設有多處奉天省外防疫機構,負

責檢疫、隔離、消毒等相關防疫事宜。[①] 除奉天省外,吉林省與黑龍江省亦設有大量防疫機構和防疫人員,據《東三省疫事報書》統計,東三省設防疫各機構及辦防疫人員數量如下表:

表3　奉天省防疫機構暨辦防疫人員數目表[②]

防疫機構數								防疫人員數	
防疫總局	防疫事務局	檢驗所	隔離所	病院	收容所	防疫會	接濟所	醫官	辦事人
1	150	189	181	130	92	152	2	632	2382

表4　吉林省防疫機構暨辦防疫人員數目表[③]

防疫機構數											防疫人員數	
防疫局	防疫所	防疫分卡	檢疫所	診疫所	隔離所	疑似病院	養病所	庇寒所	掩埋場	糧米柴炭市場	醫官	辦事人
23	61	105	196	97	112	27	19	96	28	4	420	7452

表5　黑龍江省防疫機構暨辦防疫人員數目表[④]

防疫機構數						防疫人員數	
防疫所	檢驗所	隔離所	病院	留養所	防疫會	醫官	辦事人
21	17	7	20	4	5	20	73

由此可見,清政府在應對東三省肺鼠疫的過程中,設置大量防疫機構,安排衆多防疫人員,全力抗擊疫情,相較於前期防疫機構的設置,東三省肺鼠疫期間所設防疫機構組織更加全面,分工更爲細緻,涵蓋檢疫、隔離、收容、疑似病院、養病、收容、掩埋等相關機構,促使晚清鼠疫防控向更科學的方向發展,在此次疾疫防控中起到強制執行之效。彼時民衆觀念落後,懼怕隔離、消毒等防疫之法,對於疫情往往隱匿不報,甚至在患者死後隨意拋尸,致其尸骸裸露,加劇疫氣流行。由此設置防疫機構顯得尤爲重要,有助於嚴行檢查,肅清疫源。

東三省肺鼠疫發生後,促使清政府更加重視防疫立法,大量實用且具有近代意識的防疫章程應運而生,如《奏請訂往來驗疫章程並防疫各種臨時規則電》所載:"竊查各國防疫辦法,國家頒定臨時遵守之各種法律,平時注意衛生行政,全國一致,無一息之懈忽。"[⑤]1910至1911年間中央和地方當局頒佈了各類防疫法規,根據《東三省疫事報告書》《盛京時報》《大公報》《申報》所載文獻及遼寧省、吉林省檔案館所存檔案統計,1910—1911年頒佈的防疫法規數目如下表:

表6　1910—1911年防疫法規數目表[⑥]

類型	綜合	衛生行政	防疫治疫	行業規章	獎懲條例	善後章程	防疫示諭
法規數量	1	12	16	24	14	3	16

期間民政部、各省防疫局及防疫所制定了八十餘件防疫法規,涉及到檢疫、清潔、消毒、遮

---

① 李文海、夏明方、朱滸主編:《中國荒政書集成》第12冊,第8322—8324頁。
② 李文海、夏明方、朱滸主編:《中國荒政書集成》第12冊,第8331—8332頁。
③ 李文海、夏明方、朱滸主編:《中國荒政書集成》第12冊,第8341—8342頁。
④ 李文海、夏明方、朱滸主編:《中國荒政書集成》第12冊,第8344—8345頁。
⑤ 李文海、夏明方、朱滸主編:《中國荒政書集成》第12冊,第8189頁。
⑥ 焦潤明:《清末東北三省鼠疫灾難及防疫措施研究》,北京:北京師範大學出版社,2011年,第150—152頁。

斷交通、防疫獎懲、防疫善後等相關事宜。在這些防疫法規中，民政部擬定的《防疫章程》可謂中國近代第一部全國性防疫法規，由東三省督臣錫良奏請制訂，據《外務部、民政部、郵傳部會奏議定往來全疫章程並訂定防疫規則折》載：“其各種規則，應由各該省督撫體察地方情形，臨時斟酌辦理。”① 可知《防疫章程》主要根據各省防疫工作中得出的實際經驗擬定，但由於此次抗擊鼠疫主要以西醫理論爲指導並借鑒當時世界上一些先進的防疫成功案例，所以該章程的制定不可避免地參考借鑒了日本和西方國家的防疫法規。雖然該法規依然帶有舶來性質，但相較於前期防疫章程的制定，該法規是依據各省的實際經驗總結而來，不僅對當時的鼠疫防控起到積極作用，也爲後來防疫法規的制定提供了模板，加速了近代防疫立法的進程。

（二）團結中外力量協同防疫

在提供組織與政策保障的基礎上，晚清政府在處置東三省肺鼠疫防控過程中注重中外合作，團結各方力量共同抵禦疫情，在華各國廣泛參與到疾疫防控之中，提高了防疫工作效率。清末防治疾疫中外交涉檔案中記錄了在華各國對晚清鼠疫防控的關注與支持，如宣統二年（1910）《外務部司員伍璜赴領衔使館交換防疫消息會晤問答節略》載：“宣統二年十二月十九日上午十一鐘，司員伍璜遵往領衔使館交換防疫消息。見顧使後，告以民政部昨將辦理衛生防疫，……顧云，請代道謝堂憲，外交團於貴國所辦防疫各事頗欲隨時得知。……又云，外交團所擬在使館界內自行防疫章程尚未決定，俟一二日内決定後當遍發傳單，登報通告。”② 清政府在鼠疫防控過程中及時與領衔使館交換防疫消息，同時外交團協助中方擬定防疫章程，爲缺乏大規模疾疫防控經驗的清政府提供了防疫過程中所遵循的標準，避免了防疫工作的無序開展。又宣統二年（1910）《日本駐京使署所收東北病疫事報告》載：“現中國官員已由日本雇聘醫官、醫士各一員，在奉天、長春鐵路界内已建立治瘟病院數所及一切防疫辦法均歸防疫會總理節制。再，鐵路界内外各處所有特別應辦事宜，則與中國地方官公同辦理。……關東總督與南滿鐵路已由日本招致防疫專家數名，分駐長春、奉天二處。”③ 中方主動聘請日本醫士及專家協助鼠疫防控，吸納其有益防控經驗的同時彌補了清政府防疫醫官不足的缺陷。此外，清政府先後向俄、英、法、德、英、美、奥等國聘請醫生來華協助抗疫，④ 以借鑒利用他國先進防疫經驗，有效控制疾疫蔓延。又宣統三年（1911）《度支部爲議復東三省疫重地廣請商借各國銀兩自辦賑捐事奏片》載：“前奏現尚未准部復，處此艱危，朝不待夕，不得已惟有徑向各國銀行先行商借銀二百萬兩，以救眉急。……現該督以防疫正當吃緊，銀行借款又無成議，擬向各國銀行借款濟急，亦係萬不得已之舉。”⑤ 晚清政府財政可謂捉襟見肘，

---

① 李文海、夏明方、朱滸主編：《中國荒政書集成》第 12 冊，第 8190 頁。
② 中國第一歷史檔案館：《清末防治瘟疫中外交涉檔案（下）》，《歷史檔案》2020 年第 4 期，第 27 頁。
③ 中國第一歷史檔案館：《清末防治瘟疫中外交涉檔案（下）》，《歷史檔案》2020 年第 4 期，第 29 頁。
④ 焦潤明：《清末東北三省鼠疫灾難及防疫措施研究》，第 249 頁。
⑤ 中國第一歷史檔案館：《清末防治瘟疫中外交涉檔案（下）》，《歷史檔案》2020 年第 4 期，第 34 頁。

彼時疫情有如燎原之勢席捲三省，若無經費支撐防疫勢必無法進行，向外國借款可解清廷燃眉之急，以保障防疫工作穩步開展。可見中外雙方在疾疫防控中保持密切聯繫有利於彼此及時瞭解疫情的走勢與動向，從而制定出有效的應對措施，提供必要的技術、人員與經濟援助。

中國民族歷來善於總結，在清末鼠疫基本肅清之際，清政府組織召開奉天萬國鼠疫研究會，如慶親王奕劻在其奏摺中提出訂明三月初五日在奉天省城開會，會期以十四日或至十五日爲限。並電出使各國大臣，向各該政府切實聲明，此舉專爲研究疫狀、發明醫術起見，並非辦理防疫事宜。[①] 會議旨在集各國權威醫士就東三省肺鼠疫傳染症學理、微生物學與病理、防疫相關內容等進行研究，向世界各國學習先進防疫經驗，總結出科學的防疫模式，爲將來應對疾疫提供理論基礎，此次萬國鼠疫研究會亦是中外合作防疫的體現。據《東三省疫事報告書》疫事之研究一編記載，該會議由美國、奧國、法國、德國、英國、義國、和國、墨國、俄國、日本、中國派代表與會，共計聚議二十三次，主要研討了病原體與病毒傳播途徑、議定了鼠疫防控與清潔消毒之法、同時加速了對西醫西藥的引進，奉天萬國鼠疫研究會是中國召開的首次國際醫學大會，凸顯出清政府緊密團結各國共同防疫的誠意，跨出了中外聯合防疫史上的重要一步。

結語

在晚清社會疾疫頻仍帶來的現實需求與西方醫學衛生觀念傳入的雙重作用下，清政府的疾疫防控機制得以初步建立並有所成效。光緒年間由於西方和日本衛生觀念的影響，清政府開始初步嘗試創建衛生防疫機構，關注防疫章程的制定；隨後宣統年間爆發的東三省肺鼠疫加速了清政府疾疫防控機制的構建，有了外國範本與前期經驗積纍，清末鼠疫期間東三省設立防疫局、檢驗所、隔離所、病院等防疫機構近一千七百餘處，任用醫官及辦事人達萬人，制定相關防疫法規約八十餘件。同時其團結外國力量，借鑒先進經驗、聘請外籍專家、籌措防疫經費、召開學術會議，採取一切有益手段，全力撲滅疫情，這一系列舉措，初步奠定了近代疾疫防控體系，也是前人給我們留下的寶貴財富。研究當時的疾疫防控機制對當今的防疫工作有着深遠意義，疾疫與人類社會相伴始終，即使在醫療衛生條件較爲發達的今天，人類也不能完全杜絕流行性傳染病的發生，但我們可以在總結前人防疫經驗的基礎上，提升抵禦疾疫風險的能力。縱觀歷史，人類正是在戰勝一次次考驗中成長，在克服一場場危機中發展。中國當前在新冠疫情中的立場和做法某種程度上也是在總結歷史防疫抗疫經驗和管理經驗基礎上的與時俱進、不斷創新。

（徐燦，南京師範大學文學院博士研究生；丁曉昌，江蘇省高等教育學會會長、南京師範大學文學院教授）

---

① 中國第一歷史檔案館：《清末東北地區爆發鼠疫史料（上）》，《歷史檔案》2005 年第 1 期，第 24 頁。

2021 年元代典籍與歷史文化學術研討會暨
中國歷史文獻研究會第 42 屆年會綜述

趙玉龍

　　2021 年 7 月 9 日至 12 日，由中國歷史文獻研究會、内蒙古師範大學聯合主辦，内蒙古師範大學文學院承辦的“2021 年元代典籍與歷史文化學術研討會暨中國歷史文獻研究會第 42 屆年會”在草原青城呼和浩特隆重召開。與會學者克服新冠肺炎疫情帶來的諸多不便，抱着極大的學術熱忱齊聚呼和浩特，其中有來自北京大學、浙江大學、中國人民大學、北京師範大學、復旦大學、山東大學、武漢大學、南京師範大學、中華書局、鳳凰出版社、中州古籍出版社等國内近百餘家高校、科研院所和出版單位的 250 多位學者參加了會議。會議共收到論文 209 篇，其規模之大，討論問題之多，涉及學者之廣，都是歷次會議少見的。這一方面是由於前半年受疫情影響，學者們外出考察交流的機會相對較少，另一方面主要是學者們學術研究的使命感和責任感强，熱切渴盼進行學術交流和討論，以繁榮和發展我國的哲學社會科學。

　　開幕式於 7 月 10 日上午舉行，内蒙古師範大學教授閆豔主持，内蒙古師範大學副校長宫箭，中國歷史文獻研究會會長、南京師範大學教授趙生群先生分别致辭。趙先生在致辭中指出，内蒙古是歷史上北方民族和蒙古族的主要活動區域，見證了元朝的百年風雲，在中國歷史上有着特殊的地位。

　　開幕式結束後，中國歷史文獻研究會副會長、東北師範大學教授曹書傑先生主持大會發言，周少川、劉進寶、諸偉奇、閆豔、張濤五位學者分别作了大會主題報告，報告主要圍繞古代類書文獻的整理與研究、敦煌文獻、新中國初期古籍整理工作和《永樂大典》本《析津志》等問題展開交流討論，中國歷史文獻研究會副會長、山東大學教授杜澤遜先生作了精彩點評。

　　大會根據本次參會學者和收到的論文情況，將會議議題分爲六個小組，分别是：元代典籍與類書文化研究、經學文獻與經學史研究、史學文獻與歷史文化研究、版本目録專題研究、文學文獻研究和出土文獻與語言文字研究。下面分别綜述之，以見其反映出的問題意識與學術創新。

一、元代典籍與類書文化研究

　　本組共收到論文 34 篇，主要涉及元代經學典籍、歷史文化、文學藝術和古代類書等内容。研究範圍廣，視野開闊，既有個案的深入考察，又有綜合性的群體研究，在研究方法上體現出多元化的特徵。

（一）元代經學典籍與儒學發展。在易學典籍方面，謝輝《金元時期北方學者的易學著作與易學研究》，認爲金元時期由北方學者撰寫的易學著作，遠少於同時期南方學者的著作，并指出，在金代與金末元初，北方學者主要通過閱讀南方學者之書，瞭解到南方易學的發展情況，並加以吸收利用，而南方學者對北方易學則全無認識。元朝建立後，隨着南北方學者的交流互動，南北方易學開始呈現交融態勢。楊效雷、汪明傑《吳澄〈易纂言〉〈易纂言外翼〉的成就》，較爲系統地總結了元代中期著名學者吳澄的易學成就，并認爲吳澄易學成就主要體現於其卦主説、卦統説和卦變説。孔帥《〈元代易學史〉審讀報告》則是從出版單位的角度，爲《元代易學史》書稿撰寫的初審、複審及終審三審次意見，這對提升書稿的質量，規範成果出版流程都有一定意義。元代《尚書》學典籍研究方面，李英《論元初江南學官的多維度建構——以王天與〈尚書纂傳〉研究爲例》，以王天與《尚書纂傳》爲典型個例，剖析了以王天與爲代表的江南學官群體在元初如何通過對自我身份認同、儒家文化認同、傳統政治模式認同等多維度認同建構來守護自己作爲儒家士人的擔當和追求，這對於瞭解易代之際士人群體的心理狀況和變化有一定意義。

在儒學發展與新變方面，徐公喜《元代朱子學發展主要特點》，從宏觀上對元代朱子學發展的一些特點作了闡釋，并認爲元代朱子學形成了以雅正爲特徵的“流而爲文”學風。莊國瑞《徐僑與宋元時期婺州理學發展》指出，南宋徐僑出入朱熹、呂祖謙兩家學術，從學徐僑者甚衆，宋末至明代傳承不斷，宋末元初代表性人物有朱元龍、康植、葉由庚等人，元代有王炎澤、石一鼇、黃溍等人，諸人承徐僑之學，亦各有思辨發明與獨特貢獻。

（二）元代史學典籍與歷史。在元代史學典籍的個案研究方面，周娜、杜朝暉《〈至正條格校注本〉標點辨誤》，利用古籍整理的方法，對韓日學者共同整理的元末法律文獻《至正條格校注本》中的標點錯誤作了分析，將其致誤原因總結爲不明文意、不明詞義、不明語法、不明典制等方面。杜朝暉、邵麗《元代直講體史書〈直説通略〉的語料價值》，對元人鄭鎮孫撰作的史書《直説通略》作了研究，分析了其與《資治通鑒》在語言表達上的差異，討論了其中的語料價值。姜勇《〈心史〉真僞問題再思考——基於〈大義略叙〉記事特點的分析》，通過對《大義略叙》所記宋末史事的分析，考證了鄭思肖《心史》並非僞作。

在元史研究方面，曹書傑、閆雪瑩《元初丞相伯顏祖系、軍功方略及其文藝活動》，考證了元初人伯顏先祖的世系，并對伯顏的軍功智略、文學創作、書法藝術等活動進行了討論。郭媚媛《危素南下訪書初探》，分析了危素南下訪書的路綫及時間、訪書之成果，及其由訪書之難所反映出的元廷與江南士人互動的情況。孫旭楓《元代的“前太學士”》，從太學士的角度，對元代的學官制度等問題作了分析。另，郭超穎《從〈吏學指南〉看元代吏員意識》、楊洪濤《丘處機西行與成吉思汗陵寢所在地蠡測》等，也對元史相關方面的問題作了研究。

（三）元代文學藝術研究。近年來，學界日益認識到元代文獻，特別是文學藝術研究的獨特價值，相關研究呈現出了多元化的特徵，在《全元文》《全元詩》《全元散曲》和《全元賦》的整理研究基礎上，學界又作了多方位、多層次的探索，進一步推動了元代文獻的深層次研究。趙昱《劉壎詞校理芻議》、李曉明《馬致遠〈漢宮秋〉與元曲中的王昭君文化》、趙君堯《元代詩詞中海洋意象的描寫》等,從元代詩詞曲的角度對元代文學的相關問題作了探討。在群體文人研究方面,有張明《元代館閣文人群體構成研究》、温世亮《入世書寫:元末明初江右詩僧和僧詩考論》等,這都加深了我們對元代文人群體創作的認識和瞭解。在元代藝術研究方面,李俊義《元文宗行書"永懷"二字拓本流傳考》,對元文宗臨唐太宗李世民《晉祠銘》"永懷"二字拓本作了詳細考證,這在推進元代書法藝術研究方面有一定意義。

(四)古代類書研究。古代類書是傳統中國獨具特色的典籍,是中華民族豐富文化的結晶。近年來,關於類書的研究成果不斷推出,本次年會的一些學者就圍繞類書的相關問題作了深入研究。在專門性類書研究方面,孫順霖《陳耀文和〈天中記〉》,對明代人陳耀文編纂的類書《天中記》作了研究,梳理了《天中記》的版本系統,并探討了《天中記》相較其他類書的獨特價值。鍾同玲《明清社會文化發展與女性專門類書〈奩史〉的成書》和張鶴天《〈新編古今事類全書〉編刻考略》,也對相關類書作了深入討論。在類書綜合性研究方面,劉全波《武周時代的類書編纂者群體及其影響——以"珠英學士"爲中心》,周生傑、陳桂聲《類書與古代私家藏書文化的新變》,全建平《宋元日用類書研究利用價值再認識》等,就類書的編纂、社會文化和類書的價值等問題作了研究。

整體上看,本組論文大都角度新穎,内容豐富,研究方法適當,既有個案考察,又有綜合性探討,問題意識强,創新程度高。

二、經學文獻與經學史研究

本組共收到論文38篇,研究内容涉及經學版本研究、經學與經學史具體問題研究、專人專書研究、經學專題研究和海外經學文獻研究等諸多方面,研究對象包括《周易》《尚書》《詩經》《禮記》《春秋》《論語》等。

(一)易學研究。杜澤遜《〈周易注疏·略例〉校勘札記》,以校勘的的形式,梳理了《周易》各版本系統。孫悦《日本静嘉堂文庫所藏日韓本易籍考察》,對日本静嘉堂文庫所藏易籍作了調查分析。張童粟《淺析〈大丹直指〉中的易學思想》,對《大丹直指》所蘊含的豐富易學思想作了掘發。

(二)《尚書》學研究。董恩林、孫娟《劉逢禄"變〈書〉"説發微》,分析了清代學者劉逢禄"變《書》"説的基本内涵、思想淵源與依據,以及經學史意義。江曦《閻若璩〈尚書古文疏證〉闕佚新證》,對閻若璩《尚書古文疏證》闕佚的原因作了分析,深入論析了錢穆等人的説法,并提出了新的觀點。余康《〈今文尚書〉命名考》,就《今文尚書》的命名意涵和稱謂作了研究,認爲在晉末劉宋初年,《今文尚書》或指歐陽《尚書》,或指大小夏侯《尚書》,或指歐陽、大小夏侯《尚書》。到了唐宋時期,《今文尚書》一般指歐陽、大小夏侯《尚書》。

(三)《詩》學研究。劉立志《清代〈詩〉學禁書考述》,對滿清朝廷和太平天國先後查禁的諸多《詩經》類圖書，包括三百篇原文和研究著作，作了鈎稽和梳理，并指出，滿清政府和太平天國查禁《詩經》類著述，政治用心顯著，手段粗暴，刑戮慘酷，意在加強思想與言論的掌控，嚴重妨礙了學術的正常發展。任夢一《浙江省圖書館藏阮元手批本〈詩考考〉考論》，從《詩考考》的版本、文本情况和阮批《詩考考》三個方面對清代陶思曾《詩考考》作了較爲全面的研究。

（四）《禮》學研究。呂友仁、王麗芸《試論〈禮記〉何以從“三禮”的老幺變成“三禮”的老大》，追根溯源，就《禮記》何以從“三禮”的老幺變成老大，給出了十八條具體的理由，並指出，《禮記》的很多内容是站在哲學的高度立論的，具有與時俱進的品格，而《周禮》《儀禮》則不是這樣。王鍔《談拜揖拱手禮》，對文獻中所載拜、稽首、稽顙、頓首、再拜稽首、拜手稽首、拜稽顙等古禮，以及它們間的關係作了考索和闡釋。侯婕《“返經汲古”：明清〈禮記〉文本、讀本撰刻及啟示》，對明清以來學者圍繞《禮記》文本、讀本所做的版本校刻、文獻編纂與注解闡釋等作了研究，認爲“返經汲古”的學術理念，對我們當下《禮記》文獻的整理研究工作仍具示範作用與借鑒價值。徐道彬《程瑶田禮學思想探微》，討論了清代考據學者程瑶田的禮學思想，認爲其思想上承江永的“棄理言禮”思想，下啟凌廷堪的“以禮代理”學説，在清代禮學和哲學史上具有承上啟下的思想意義。

（五）《春秋》學研究。樊寧《阮元〈春秋左傳注疏校勘記〉的承襲系統與成書》，認爲阮元《春秋左傳注疏校勘記》在相當程度上是依託清人陳樹華《春秋經傳集解考正》而來，並分析了其主要承襲手法。李曉明《越儒吳時任〈春秋管見〉的解經特色》，對越南學者吳時任《春秋管見》的特點作了總結。崔曉新《〈春秋辨疑校勘記〉考實》，對《春秋辨疑校勘記》的來龍去脈、自身價值以及存在的問題等進行了詳細考察，釐清了其真實面目，並糾正了相關書目的著録錯誤。劉德州《〈春秋〉刑書説考論》，對宋元儒者研治《春秋》倡導的“刑書”之説作了分析，認爲這是對《春秋》性質的一次重新審視。

（六）“四書”學研究。郝桂敏等《明代姚光祚〈四書吾學望洋編〉的學術特點》，從《四書吾學望洋編》的作者、體例特點、内容特徵等方面作了研究。任夢茹《四庫本〈讀四書叢説〉校正》，對文瀾閣《四庫全書》本《讀四書叢説》從訛、衍、脱、倒、多重錯誤五個方面進行了校正。夏静、丁延峰《〈論語文獻集成〉序言》，詳細闡發了《論語》的内容、意義、文獻源流等情况。程建《由孔子義利之辨看其政治建樹》指出，孔子通過君子與小人之分、公義與私利之辨，爲後人留下了珍貴的政治遺産和精神財富。

本組論文從時間和空間跨度上來看，從先秦到民國，從國内到國外；從數量上來看，《禮》學類和《春秋》學類占比最大；從研究方法來看，既有宏觀研究，也有微觀考察。研究内容大都考證詳密，論説精當，有對前人舊説的延續，更有駁正前人的新見，對推動經學文獻和經學史研究有較高價值。

三、史學文獻與歷史文化研究

本組共收到論文 36 篇,主要以傳統史部典籍研究爲主,旁涉古代歷史文化與人物研究,也有關於社會史、思想史、宗教史和禮制史方面的論文。具體如下:

(一)傳統史部典籍研究。《史記》研究方面,王永吉《〈史記〉校札十則》,對中華書局點校本《史記》修訂本提出修訂意見十條,涉及《殷本紀》《周本紀》等六篇中正文及三家注的文字及標點問題。陳冬冬、向尚《〈史記·秦楚之際月表〉"五年之間號令三嬗"問題發覆》,認爲《史記·秦楚之際月表》中"五年之間,號令三嬗"與《史記·太史公自序》中"八年之間,天下三嬗"相互矛盾,重新建立了"五年之間"表述的係譜,並通過對"五年之間"的再解釋,彌合了《月表》與《自序》的矛盾,又對"八年之間"提出新解。李俊、蘇芃《試述王伯祥〈史記選〉撰作經過及其特點》,對王伯祥《史記選》的編選注釋經過、校釋特點等作了論述。《漢書》研究方面,王紅娟《〈漢書·藝文志〉"六經"排序考論》,認爲劉歆是因以《易》爲"原"、推崇《春秋》而置二者於序之首尾,另將其餘四經與"土行"以外的四行對應後依"五行相生"的逆序排列。另有郭玥《〈漢書·藝文志〉不録〈楚辭〉辨説》等研究。《魏書》研究方面,袁剛《今本〈魏書·蠕蠕傳〉史源及相關問題探賾》,梳理了《魏書·蠕蠕傳》的散佚與補綴過程,辨析了《魏書·蠕蠕傳》與《北史·蠕蠕傳》的淵源關係。還有學者對《續資治通鑒長編》《唐國史補》《宋史》《金史》《大明一統志》《册府元龜》等典籍作了研究。

(二)基於文獻的人物研究。黃愛平《明末清初北方大儒孫奇逢史學探研》,認爲孫奇逢的史學著述鮮明地體現出其倡導實學、砥礪躬行,重視道統、崇尚節義,摒棄門户、主張和合的思想主張,也突出地反映了其重視當代史、地方史、學術史和人物史的特色。李如冰《吕大臨年譜簡編》,對北宋著名理學家、金石學家吕大臨的生平行事作了編年研究。周國林《張舜徽先生的羅振玉學術研究》、邱亞《"樹之鵠而後放矢":余嘉錫治學的成功之道》,則是對張舜徽和余嘉錫兩位學術大家的專門研究。

(三)歷史文化綜合研究。王晶波《地獄信仰影響下佛教罪罰觀念的倫理化與世俗化》,認爲至少從南北朝開始,人們已經利用冥報輪回之説來宣揚中國傳統的倫理觀念,佛教的地獄懲罰之説逐漸由教義標準向世俗標準妥協。和溪、朱人求《禮俗流變中的神聖空間——朱子祠堂制度的建構》,認爲在朱子所處的南宋時代,儒家祭祀禮儀難以推行的情況下,朱子折中損益諸家觀點,打破家廟的身份限制,將祭祖場所定名爲"祠堂",並以《司馬氏書儀》爲藍本,綜合已有的祭祀場所形制,於《家禮》之中首創祠堂制度。安尊華《清至民國清水江流域房地經營——基於苗、侗族契約文書的考察》,通過對貴州清水江流域苗、侗族的民間文獻的梳理,並根據契約文書所載的數據,大致得到了房地經營的方式和單位面積的房地賣價。

概之,本組論文在堅持傳統文獻整理研究方法的基礎上,注重吸收採納新的研究方法,如人類學、社會學的方法,在研究材料和範圍上都有所拓展,促進了相關領域的研究。

四、版本目録專題研究

版本目録是中國古代歷史文化研究的重要内容，是實證之學，解決的是歷史文獻研究中的文獻傳承與刊刻問題，在學術研究中具有重要意義。本組共收到論文 34 篇，研究範圍廣，領域寬。

（一）專書版本研究。方向東《〈五禮通考〉版本的變遷及優劣》，梳理了《五禮通考》的版本遞變過程，指出其版本經歷了味經窩初印本、乾隆本、《四庫全書》本和光緒本四種版本的變遷，並對各版本間的優劣作了剖析。竇秀豔《黄省曾刻〈帝範〉輯考》，鈎稽爬梳了明代黄省曾嘉靖己丑（1529）年刊刻的《帝範》各版本，通過考證認爲，黄刻本是與日繫本、《永樂大典》繫本同源異流的又一重要版本繫統，清初尚有傳本。李學辰《和珅本與阮刻本〈禮記注疏〉關係考》，從阮元《禮記注疏校勘記》對和珅本的暗引，阮元校刻《禮記注疏》南昌府本時對和珅本的利用，以及和珅本與阮刻《禮記注疏》中華本校勘價值的對比等方面，考量了和珅本與阮刻本《禮記注疏》的關係，揭示了和珅本的學術價值。

（二）稿抄本研究。楊新勛《上海圖書館藏〈四庫全書總目〉稿本申論——兼論〈四庫全書總目〉的編纂方式》，對上海圖書館藏《四庫全書總目》稿本作了較爲系統的研究，指出上圖稿原稿大部分寫成於乾隆四十六年二月之前，但也不能排除小部分抄寫於是年二月之後，並認爲上圖稿的修改要早於天津圖書館藏《總目》稿本和中國國家圖書館藏《總目》稿本的抄寫時間，應在乾隆四十六年二月至四十七年四月之間。周喜存《清稿本〈灃西先生留稿〉考略》，對關學大儒柏景偉的《灃西先生留稿》作了較爲詳細的介紹。文章認爲，研究此書，對清末關中地區的書院教育和科舉考試研究具有一定價值，本書不僅體現了柏景偉卓越的時文寫作水準，更可窺見其重視踐履的實學思想。沙鷗《蕭雲從〈易存〉抄本考略》，對明末清初畫家蕭雲從生平及其《易存》的流傳抄寫情況作了考述，重點分析了藏於浙江圖書館的清抄本《易存》的情況。

（三）目録學研究。陳才《上海博物館藏稀見上海方誌叙録》，對上海博物館收藏的一些稀見方誌，包括府誌、小誌和專誌等，作了叙録，描述了其版本信息，並簡要介紹了方誌的修纂者信息、地方概況和編纂體例，也説明其著録和影印、點校等情況。王獻松《〈四庫全書總目·性理字訓〉提要辨正——兼談〈北溪字義〉提要之誤改》，對《四庫全書總目》子部儒家類存目部分收録的"《性理字訓》一卷"作了研究，考證認爲《性理字訓》確爲程端蒙所作，後經程若庸增補爲《增廣性理字訓》，二者皆非僞書。朱曦林《黄景昉見存著作考述》，爬梳考索了明末清初政治家黄景昉著作的存佚情況，並略述了其見存書目的概貌。

此外，本組論文中還有對書籍形制與裝潢、域外漢籍的研究，如曹萌《清宫"天禄琳琅"藏元刻本裝潢形制研究》、聶濟冬、丁蒙恩《加拿大不列顛哥倫比亞大學圖書館藏〈妝史〉文獻學考察》等。整體上看，這些論文都考論嚴謹，富有創見。

五、文學文獻研究

本組共收到論文 35 篇,内容涉及《楚辭》《吕氏春秋》、漢賦、《梁書》《文選》《全宋詩》《明文案》等,視域廣闊,内容豐富,具體如下:

(一)詩文類文學文獻研究。朱傑人《朱子〈楚辭後語〉發覆》,全面考察了朱子《楚辭後語》的成書背景、創作動機和目的,也討論了是書的選目標準等,讓我們更形象地看到了一個憂國憂民、忠君愛國的理學家的博大胸懷和擔當。郝潤華《如何整理古代别集——我的〈李夢陽集校箋〉心得》,以中華書局出版《李夢陽集校箋》爲中心,就整理過程中凡例的制訂、底本與校本的選擇、《四庫》本的優劣判定、全式標點的使用、箋注的範圍與方式、資料的採擇利用、整理與研究的互應,等等,均作了總結歸納,這對古籍整理者尤其是從事古代作家别集整理的青年學者具有一定借鑒作用。劉冬穎《詩樂之教的文化闡釋及歷史傳承考論》,通過梳理與中國"《詩》教"之源《詩經》相關的音樂文獻,溯源《詩》樂之教中教與學的重點内容,闡說了《詩》樂的社會功用和倫理道德内涵,考論了歷代歌《詩》傳承。張固也《殷璠初盛唐詩風三變説别解》,認爲唐代殷璠《河岳英靈集序》所謂"貞觀末標格漸高,景雲中頗通遠調,開元十五年後聲律風骨始備矣",並非像現代學者一樣通過全面研究當時的詩人及其作品後提出的,而是直接以慧净《續古今詩苑英華》、康顯貞《詞苑麗則》、孫翌《正聲集》選詩宗旨的變化,作爲詩風三變的標志,但也部分反映出初盛唐詩風演變的大致軌迹。南江濤《阮元録馮武、陸貽典、顧廣圻校本〈文選〉述略》,通過考察國家圖書館藏清代阮元録馮武、陸貽典、顧廣圻批校本《文選》,並與《文選考異》作比對,認爲卷内保留的顧廣圻校語,顧氏早期的校勘成果與最終成書的異同即可分明。同時,校本中保存的阮元校語,是阮元以校勘、訓詁的方式研究《文選》的實證。

(二)詞曲序跋類文學文獻研究。柳燕《湖北省圖書館藏〈四家宫詞〉版本價值及徐氏批校研究》,對《四家宫詞》的版本價值、徐行可批校《四家宫詞》之功,及其文獻學思想等作了研究。孫欣婷《清人選清詞總集編選概論》,從清人選清詞總集的編選宗旨、編選體例、編選過程等方面作了研究。范春義《〈天净沙·秋思〉經典化考論》,認爲《天净沙·秋思》選本的發掘與後代評價起到了提升其身價的重要作用;與馬致遠的結緣更實現了文以人顯,人以文榮的良性强化互動,其經典性得以確立。李寶《宋代題跋徵引詩詞所見異文現象述略》,探討了宋人題跋徵引詩詞出現的異文現象,以實例校正了宋人詩詞的誤録、誤字、誤題等。

(三)其他方面的研究。張升《〈永樂琴書集成〉真僞再考》,通過對《永樂琴書集成》造僞動機和文本比對的分析,認爲《永樂琴書集成》並非抄襲《琴書大全》而成的僞書,相反,《琴書大全》是據前者抄襲而成的。同時,通過梳理明清相關著録,認爲現存《永樂琴書集成》内容和來源均可靠與真實,應是永樂年間原書。鄭曉峰《精、陰陽、德與〈吕氏春秋〉道論的生成》,主要從氣化宇宙論、精與陰陽五行結合的認識論、天人關係的實踐論對《吕氏春秋》

道論進行了闡發。

總體來看,各篇論文占有材料豐贍,思路開闊,研究角度和方法多樣,大都能立足文獻發現問題、解決問題。

六、出土文獻與語言文字研究

出土文獻一般包括甲骨文、銅器銘文(金文)、簡牘、帛書、石刻等,本組共收到論文32篇,涉及簡帛、石刻、敦煌文書、西夏文獻等,具體如下:

(一)簡帛文獻研究。這方面研究涉及簡帛包括清華簡、武威漢簡、走馬樓吳簡、西北簡牘等。如楊棟《清華簡〈赤鵠〉篇的傳說性質及巫文化背景》,認爲清華簡《赤鵠》篇講述的伊尹救夏后故事,應該很早就在夏遺民中間口頭流傳,其敘事立場表現出明顯的崇夏抑商傾向,故其性質當是夏人傳揚其祖先異聞逸事的傳說。由於其來源甚早,故其中神話和巫術色彩比較濃厚。聶濤《武威漢簡參照下的清人〈儀禮〉今古文校勘成果析論》,從學術史的宏觀視域出發,以簡本爲參照,結合具體例證討論了清人校勘《儀禮》的今古文成果。

(二)石刻文獻研究。黃雲鶴《〈唐故鄉貢進士南陽郡張公墓誌銘〉的科舉資料價值》,以周紹良主編《唐代墓誌彙編》中《唐故鄉貢進士南陽郡張公墓誌銘》爲研究對象,通過對該墓誌的分析,勾稽出了唐代墓誌中有關科舉的資料,尤其是落第者的資料,並結合傳世文獻,對唐代落第貢舉人的社會地位作了探討。趙陽陽《〈校碑隨筆〉的印行與僞作〈續校碑隨筆〉的闌入》,對清末方若所撰《校碑隨筆》的歷次印行情況和《續校碑隨筆》的作僞情況作了研究。程繼紅《中國海洋石刻文獻:空間分布、敘事譜系與價值建構》,指出中國海洋石刻文獻空間分布呈帶狀、群狀和鏈狀特徵,主要敘事譜系以軍政、經濟和社會三大類爲建構。

(三)敦煌文獻及其他文獻研究。朱若溪、薛以偉《敦煌文獻〈金光明最勝王經〉咒語抄本殘卷綴合》,認爲《金光明最勝王經》咒語抄本,是摘錄義净本《金光明最勝王經》中咒語而成的一種密教文獻,並通過從敦煌文獻中調查出19號13組《金光明最勝王經》咒語抄本,將其中9號新綴合爲4組。潘文竹、范興昕《敦煌〈盂蘭盆經贊述〉二種再辨》,通過考察今存上圖本與法藏本《盂蘭盆經贊述》,認爲二者文本差異甚大,主要表現在解經側重點、引用經籍和對原經名物和文句的理解等方面。敦煌文獻外,還有對西夏文獻的研究,如胡冰玉《碎金散玉,切磋琢磨——古典文獻學視域下西夏文學文獻的整理與研究問題》,對西夏文學文獻的基本特點、整理思路與研究方法,及其整理研究的必要性和迫切性等作了闡發。

(四)語言文字及其相關文獻研究。柳建鈺、謝鐵强《〈元詩選〉〈全元詩〉未編碼疑難字考辨十三例》,對《元詩選》和《全元詩》中的十三個疑難字,從文獻使用、字形演變及異文佐證三個方面進行了考辨。李雄飛、顧千岳《滿漢對照〈同文彙集〉研究》,對《同文彙集》這部滿文辭書,從成書背景、責任者、責任方式、體例、版本、價值等方面作了研究。張斌斯《"相人偶"字義詞義考辨》,指出前人釋"人偶"爲禮儀形式說有誤、釋爲"相敬、相親"義也並不準確。"相人偶"中"相"爲"互相","人"可訓釋爲"仁",爲"親愛、親切"義,"偶"取動詞義表示"匹配、對待"。常海龍《宋刻本〈新編通用啟劄截江網〉俗字探析》,對《新編通用啟劄截江網》這部古代通俗類書中的部分俗字作了考釋。

整體而言,本組論文涉及學科廣泛,研究方法多樣,内容詳實,特別是對新出土文獻材料的研究利用,體現出了學科前沿。

7 月 11 日下午,大會舉行了閉幕式,董恩林教授主持,六個小組的代表分別作總結發言。中華書局古聯公司總經理洪濤發言,就中國歷史文獻研究會數字文獻分會的相關情况向大會作了説明。董恩林教授受中國歷史文獻研究會秘書處委託,向大會通報了學會第十四屆會長、副會長、秘書長、副秘書長、常務理事、理事和榮譽理事的換屆選舉名單,同時選舉産生了學會新一屆黨支部成員。還公布了學會新增會員名單。秘書長王鍔教授作中國歷史文獻研究會 2021 年度工作報告。下一屆年會的承辦單位代表,曲阜師範大學夏静教授發言。最後,董恩林教授宣布第 42 屆年會閉幕。

綜上,本次年會論文數量大、質量高,突出反映了學者們强烈的問題意識和創新精神。從研究内容可以看出,一是聚焦國家文化建設,二是重視基本典籍的研究,三是多學科交叉綜合研究受到廣泛關注,四是重視研究角度和方法的轉换,拓寬了研究領域,五是中國古代類書研究成爲新的研究熱點和方向。

總之,本次年會以學科前沿議題爲導向,學術視域廣闊,勇於突破學科邊界,推進融會貫通,篤行守正創新,呼應時代發展,成果豐厚。

本文撰寫過程中參考了謝輝、江曦、陳冬冬、陳才、南江濤、楊棟六位小組總結人在閉幕式上的發言,謹致謝忱。

(趙玉龍,内蒙古師範大學文學院講師)